MEYERS
TASCHEN
LEXIKON
Band 5

MEYERS
TASCHEN
LEXIKON

in 12 Bänden

Herausgegeben und bearbeitet
von Meyers Lexikonredaktion

Band 5: Gorg–Jani

B.I.-Taschenbuchverlag
Mannheim · Leipzig · Wien · Zürich

Redaktionelle Leitung:
Dr. Joachim Weiß

Redaktion:
Sabine-Walburga Anders,
Dipl.-Geogr. Ellen Astor,
Ariane Braunbehrens, M. A.,
Ursula Butzek,
Dipl.-Humanbiol. Silke Garotti,
Dr. Dieter Geiß,
Jürgen Hotz, M. A.,
Dr. Erika Retzlaff,
Barbara Schuller,
Marianne Strzysch

Bildredaktion:
Gabriela Horlacher-Zeeb,
Ulla Schaub

Die Deutsche Bibliothek – CIP-Einheitsaufnahme
Meyers Taschenlexikon: in 12 Bänden / hrsg. und bearb. von
Meyers Lexikonredaktion. [Red. Leitung: Joachim Weiß.
Red.: Sabine-Walburga Anders ...]. – [Ausg. in 12 Bd.]. –
Mannheim; Leipzig; Wien; Zürich: BI-Taschenbuchverl.
ISBN 3-411-12201-3
NE: Weiß, Joachim [Red.]
[Ausg. in 12 Bd.]
Bd. 5. Gorg–Jani. – 1996
ISBN 3-411-12251-X

Als Warenzeichen geschützte Namen sind durch
das Zeichen ® kenntlich gemacht. Etwaiges Fehlen dieses Zeichens
bietet keine Gewähr dafür, daß es sich um einen nicht geschützten
Namen handelt, der von jedermann benutzt werden darf.

Das Wort MEYER ist für Bücher aller Art für den Verlag
Bibliographisches Institut & F. A. Brockhaus AG
als Warenzeichen geschützt.

Alle Rechte vorbehalten
Nachdruck, auch auszugsweise, nicht gestattet
© Bibliographisches Institut & F. A. Brockhaus AG, Mannheim 1996
Satz: Grafoline T·B·I·S GmbH, L.-Echterdingen
Druck: Klambt-Druck GmbH, Speyer
Bindearbeit: Röck Großbuchbinderei GmbH, Weinsberg
Papier: 80 g/m^2, Eural Super Recyclingpapier matt gestrichen
der Papeterie Bourray, Frankreich
Printed in Germany
Gesamtwerk: ISBN 3-411-12201-3
Band 5: ISBN 3-411-12251-X

Gorgonen

Gorgonen, geflügelte Fabelwesen der griech. Mythologie mit Schlangenhaaren und versteinerndem Blick: Stheno, Euryale und Medusa; sie werden von ihren Schwestern (den *Graien*) behütet.

Gorilla [afrikan.-griech.-engl.] (Gorilla gorilla), sehr kräftiger, muskulöser, in normaler Haltung aufrecht stehend etwa 1,25 bis 1,75 m hoher Menschenaffe in den Wäldern Äquatorialafrikas; Fell dicht, braunschwarz bis schwarz oder grauschwarz, manchmal mit rotbrauner Kopfplatte; alte ♂♂ mit auffallend silbergrauer Rückenbehaarung *(Silberrückenmann).* Der pflanzenfressende G. lebt in kleinen Gruppen. Etwa alle vier Jahre wird nach durchschnittlich neunmonatiger Tragezeit ein Junges zur Welt gebracht. G. erreichen ein Alter von etwa 30 Jahren. Man unterscheidet zwei Unterarten: *Flachland-G. (West-G., Küsten-G.),* nur noch in Kamerun, Äquatorialguinea, Gabun, Kongo; mit kurzer Behaarung; *Berg-G. (Ost-G.),* in Z-Afrika von O-Zaire bis W-Uganda, v. a. im Gebirge; Fell sehr lang und dunkel.

Göring, Hermann, *Rosenheim 12. 1. 1893, †Nürnberg 15. 10. 1946 (Selbstmord), dt. Politiker (NSDAP) und Reichsmarschall. Schloß sich Ende 1922 der NSDAP an und übernahm die Führung der SA; MdR ab 1928, Reichstags-Präs. ab 1932, ab 1930 polit. Beauftragter Hitlers in Berlin; am 11. 4. 1933 preuß. Min.-Präs., bis 1. 5. 1934 zugleich preuß. Innen-Min.; ab dem 5. 5. 1933 auch Reichsluftfahrtminister; ab 1936 Generaloberst, ab 1938 Generalfeldmarschall; am 20. 8. 1939 von Hitler zum Vors. des Reichsverteidigungsrats berufen, am 1. 9. 1939 zu seinem Nachfolger bestimmt; am 19. 7. 1940 zum Reichsmarschall ernannt. G. war einer der Hauptverantwortlichen für den Einsatz ausländ. Arbeitskräfte zur Zwangsarbeit und für die Maßnahmen zur Vernichtung der Juden; in den Nürnberger Prozessen zum Tod verurteilt.

Gorizia [italien. go'rittsja] (dt. *Görz*), italien. Prov.hauptstadt an der slowen. Grenze, Friaul=Julisch-Venetien, 39 000 E. Sitz eines Erzbischofs; Museum, Textil- u. a. Industrien. Eine Befestigungsanlage (16. bis 18. Jh.) umschließt die Burg und die obere Altstadt. Got. Kirche Santo Spirito (1414 ff.); ehem. Wohn- und Postgebäude des Simon de Taxis (um 1562). In der unteren Stadt Dom (im 17. Jh. umgestaltet). – Im 13. Jh. Mittelpunkt der Gft. †Görz; 1307/1455 Stadtrecht; 1947 fielen die östlichen Außenbezirke an Jugoslawien *(Nova Gorica).*

Gorki, Maxim, eigtl. Alexei Maximowitsch Peschkow, *Nischni Nowgorod 28. 3. 1868, † Moskau 18. 6. 1936, russ. Schriftsteller. Wuchs in ärml. Verhältnissen fast ohne Schulbildung auf; wurde mit naturalist. Schilderungen des Landstreicherlebens bekannt (1898 und 1899); kritisch bejahendes Bekenntnis zum Bolschewismus; schrieb u. a. »Foma Gordejew« (R., 1899), »Nachtasyl« (Dr., 1902), »Die Mutter« (R., 1907; danach 1926 Stummfilm von W. I. Pudowkin) sowie die autobiograph. Schriften »Meine Kindheit« (1913), »Unter fremden Menschen« (1916), »Meine Universitäten« (1922).

Gorizia
Stadtwappen

Gorilla

Gorki [nach M. Gorki], bis 1932 und wieder seit 1990 †Nischni Nowgorod.

Gorleben, Gem. im Kreis Lüchow-Dannenberg, Ndsachs., am linken Elbufer, 600 E. – Hier war die Errichtung eines nuklearen Entsorgungszentrums

Görlitz

Görlitz 1).
Blick auf den Untermarkt mit dem Rathaus (im Kern 14./15. Jh., im 16. Jh. umgebaut und erweitert)

Görlitz 1)
Stadtwappen

Goslar
Stadtwappen

geplant, doch wurde die Genehmigung für eine Wiederaufbereitungsanlage 1979 von der niedersächs. Landesregierung verweigert. 1983 wurde ein Zwischenlager für abgebrannte Brennelemente fertiggestellt.

Görlitz, 1) Kreisstadt in der Oberlausitz, Sachsen, 71 400 E. Museen; u. a. Bau von Waggons und Keramikmaschinen. Spätgot. Kirche Sankt Peter und Paul (1423–97), Rathaus (14.–16. Jh.). – Zw. 1210 und 1220 gegr.; 1329 bis 1635/48 gehörte G. zu Böhmen, danach zu Kursachsen; 1815 zu Preußen.
2) (poln. Zgorzelec), Stadt an der Lausitzer Neiße, Polen, 36 000 E. Umfaßt die östlich der Neiße gelegenen Stadtteile von Görlitz.
3) Apostol. Administratur (seit 1972) für den westl. der Oder-Neiße-Linie liegenden Teil des Erzbistums Breslau; seit 1994 eigenständiges Bistum.

Görlitzer Abkommen, Vertrag vom 6. 7. 1950 zw. der DDR und Polen, der die Oder-Neiße-Linie als »unantastbare Friedens- und Freundschaftsgrenze« bestätigte.

Gorm der Alte, *um 860, †um 940, dän. König. Errang um 920 in Dänemark die Alleinherrschaft. G. unternahm einen neuen Anlauf zur Missionierung Dänemarks.

Gornergletscher, 14,1 km langer Gletscher auf der N-Seite der Monte-Rosa-Gruppe, Schweiz.

Görres, [Johann] Joseph von (seit 1839), *Koblenz 25. 1. 1776, †München 29. 1. 1848, dt. Publizist und Gelehrter. Eine der führenden Persönlichkeiten der Spätromantik; als Gegner Napoleons I. 1814–16 Hg. des »Rhein. Merkur«; 1819 Flucht wegen seiner Schrift »Teutschland und die Revolution«; 1827 Prof. für Geschichte in München, Mittelpunkt eines bed. kath. Gelehrter; Gründung der bald großdt. orientierten »Historisch-polit. Blätter« (1838 ff.).

Görres-Gesellschaft zur Pflege der Wissenschaft, 1876 anläßlich des 100. Geburtstages von J. von Görres von kath. Forschern und Publizisten in Koblenz gegr. Vereinigung zur Förderung der wiss. Arbeit dt. Katholiken.

Gortschakow, Alexander Michailowitsch Fürst [russ. gɐrtʃɪˈkɔf], *Haapsalu 15. 6. 1798, †Baden-Baden 11. 3. 1883, russ. Politiker. 1856–82 Außen-Min.; 1867 Reichskanzler. G. bereitete Bismarck in der Krieg-in-Sicht-Krise 1875 eine diplomat. Niederlage; wandte sich nach seiner Enttäuschung über den Ausgang des Berliner Kongresses dem Panslawismus zu.

Gortyn (Gortyna), bed. altkret. Stadt in der Mesaraebene; 1884 Ausgrabung, dabei Fund einer in Stein gehauenen Rechtskodifikation (5. Jh. v. Chr.).

Görz, 1) italien. Stadt, ↑Gorizia.
2) ehem. [gefürstete] Gft. mit dem Mittelpunkt Görz (heute Gorizia). Nach Aussterben der Meinhardiner (1500) habsburg.; 1815–1918 als *Görz und Gradisca* österr. Kronland. 1919 italien. Prov., wurde 1947 zw. Italien und Jugoslawien aufgeteilt.

Gorze, frz. Gem. sw. von Metz, Dép. Moselle, 1 200 E. Die ehem. Benediktinerabtei wurde 749 gegründet und war im 10. Jh. Zentrum der *Gorzer Reform* (Gorzer Bewegung, Lothring. Reform): bei Wahrung der Selbständigkeit der Klöster einheitl. Regelerklärung.

Gosainthan, Berg im Himalaja, ↑Xixabangma.

Goslar, Kreisstadt am N-Rand des Harzes, Ndsachs., 46 400 E. Museen, Archiv. Chem. und metallverarbeitende Ind., Glas- und Baustoffwerk. – Kaiserpfalz (11./12. Jh.) mit Ulrichskapelle; spätroman. Domvorhalle (12. Jh.) mit Kaiserstuhl (11. Jh.), roman. Klosterkir-

Goten

che (12. Jh.), Jakobikirche (um 1500 umgebaut), Marktkirche (um 1170, 1593 und 19. Jh.). Spätgot. Rathaus (um 1450) mit ausgemaltem Huldigungssaal; roman. Marktbrunnen; zahlr. Gilde- und Bürgerhäuser, Befestigungsanlagen (um 1500). – Ab 965/968 Abbau der Silbererzlager im Rammelsberg; Pfalz unter Heinrich II.; unter Heinrich III. und Heinrich IV. häufig Ort von Reichsversammlungen. Als Mgl. des Sächs. Städtebundes (1267/68) und Gründungs-Mgl. der Hanse nahm G. im 13. Jh. einen starken Aufschwung; 1290/1340 Reichsstadt; 1808 preuß., 1815 an Hannover.

Gospel [engl. 'gɔspəl] (Gospelsong), religiöse Liedform der nordamerikan. Schwarzen. Seine Stilmerkmale wurden v. a. für den Hardbop und den Soul einflußreich.

Gosplan, Abk. für russ. **Gos**sudarstwenny **plan**owy komitet Soweta Ministrow SSSR (»Staatl. Plankomitee«), 1921 gegr. höchstes Administrativorgan und zentrale Koordinierungsstelle der Planwirtschaft in der UdSSR.

Gossaert, Jan [niederl. 'xɔsa:rt], gen. Mabuse, *Maubeuge um 1478, † Breda um 1532, fläm. Maler. Vollzog nach einer Romreise den Schritt zum ↑Romanismus; mytholog. Bilder und Bildnisse.

Götakanal [schwed. 'jø:taka'na:l], schwed. Kanal zw. Vänersee und Ostsee, 195 km lang mit 58 Schleusen.

Götaland [schwed. 'jø:taland], histor. Bez. für das südlich der beiden Kerngebiete Schwedens.

Göteborg [schwed. jø:tə'bɔrj], schwed. Hafen- und Ind.stadt am Kattegat, 431 800 E. Hauptstadt des Verw.-Geb. Göteborg och Bohus; Univ., TH u. a. Hochschulen, Museen (u. a. Seefahrtsmuseum); botan. Garten. Sitz zahlr. Reedereien; Werften, Automobil-Ind., Kugellagerfabriken; Häfen, Fährverbindung nach Dänemark, internat. ✈. Domkirche (1815 klassizist. Wiederaufbau), Altes Rathaus (17. und 19. Jh.), Neues Rathaus (1934–37). – König Gustav II. Adolf ließ 1619 das heutige G. anlegen; 1621 Stadtrecht.

Goten, das Hauptvolk der Ostgermanen. Nach Einwanderung skandinav. Gruppen kam es an der unteren Weichsel auf der Grundlage einheim. eisenzeitl. Gruppen zur ersten Stammesbildung (Ethnogenese) der G. Ende des

Götakanal. Schleusentreppe mit sieben Schleusenkammern in der Nähe des Vretaklosters, Östergötland

Joseph von Görres

Göteborg
Stadtwappen

Goslar 1).
Kaiserpfalz; um 1005–15 erbaut, 1867–79 historisierend restauriert

Gotha

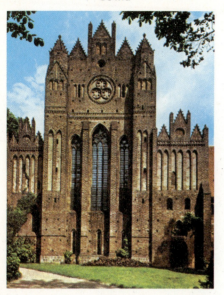

Gotik. Zisterzienserkirche in Chorin (1273–1334)

2. Jh. wanderten Teile in Richtung Schwarzmeerküste, wo es zu einer weiteren Stammesbildung kam, die G., andere german. Völker und einheim. Völkerschaften umfaßte. Im 3. Jh. fielen die G. auf dem Balkan und in Kleinasien ein und besetzten nach 270 die röm. Prov. Dakien (Rumänien). Ende des 3. Jh. Spaltung in ↑Ostgoten und ↑Westgoten. ↑Germanen.
Gotha, Kreisstadt im nördlichen Vorland des Thüringer Waldes, Thüringen, 54 100 E. Getriebewerk, Geographisch-Kartographische Anstalt. Schloß Friedenstein (1643–55) mit Forschungsbibliothek und Barockbühne; am Fuße des Schloßbergs Barockschloß Friedrichsthal; Rathaus (16. und 19. Jh.), spätgotische Margarethenkirche (15./16. Jh.). – Vor 1190 Stadt; 1247 an die Markgrafen von Meißen, von 1287 bis ins 15. Jh. als mainz. Lehen angesehen; 1485 an die Ernestiner; 1640 Residenz des selbständigen Ft. Sachsen-G. (1681–1825 Sachsen-G.-Altenburg; ab 1826 Sachsen-Coburg und Gotha).

Gotha-Torgauer Bündnis, Bündnis ev. Reichsstände, zunächst zw. Hessen und Sachsen geschlossen (am 27. 2. 1526 in Gotha, ratifiziert am 2. 5. in Torgau), in dem sie sich zu gegenseitiger Hilfe verpflichteten, falls sie wegen des ev. Glaubens angegriffen würden.
Gothic novel [engl. 'gɔθɪk 'nɔvəl »got. Roman«], in der Frühromantik entstandene englische Variante des ↑Schauerromans. Bed. Vertreter: H. Walpole, A. Radcliffe, M. G. Lewis, M. Shelley, C. R. Maturin.
Gotik, Stilepoche der europ. Kunst. Der Begriff G. war von G. Vasari abwertend von den Goten, in seinen Augen Barbaren, abgeleitet worden. Eine positive, bis heute gültige Sicht und Wertung gelang erst der dt. Romantik.
Baukunst: Das Entstehungsgebiet der G. ist die Île de France (Bau der Abteikirche Saint-Denis, 1137–44). Elemente, die der roman. Baukunst schon bekannt waren (Kreuzrippengewölbe, Dienst, Spitzbogen, Strebewerk, Doppelturmfassade), wurden hier zum ersten Mal in einen Zusammenhang gestellt, der eine Verschmelzung, Durchlichtung und Höhensteigerung der Räume ermöglichte. Die klass. frz. Kathedralen der Hochgotik (Bourges, um 1195 ff.; Chartres, nach 1194 ff.; Reims, 1211 ff.; Amiens, 1220 ff.) vollendeten die Auflösung der Wände. Ausgehend von der frz. Früh-G. entwickelte England zunehmend Schmuckformen (Decorated style, Perpendicular style), die wiederum der frz. Spät-G. (Flamboyantstil) und der portugies. Sonderentwicklung (Emanuelstil) wesentl. Impulse gaben. Auch die dt. G. ging vielfach von der frz. Früh-G. aus; v. a. bei Stifts- und Pfarrkirchen Vorliebe für großflächige, kaum gegliederte Wände und die Einturmfassade (Freiburg im Breisgau). Seit Mitte des 14. Jh. wurde die Hallenkirche der bestimmende Kirchentypus, v. a. bei den Bettelorden.
Plastik: Die Ausbildung der Säulenportale war die Voraussetzung für die Entstehung der aus dem Zusammenhang der Mauer herausgelösten, um eine eigene Körperachse gerundeten got. Gewändefigur (zuerst in Chartres [Westfassade 1145–55]); den Höhepunkt bilden die hochgot. Reimser und Straßburger Plastik sowie die Naum-

burger Stifterfiguren (um 1250). Im 15. Jh. Blüte des spätgot. Schnitzaltars (T. Riemenschneider, V. Stoß).

Malerei: Die Glasmalerei, die in der G. das Fresko ablöste, fand ideale Voraussetzungen in der ihr von Fenstern unterbrochenen got. Wandstruktur. Die Buchmalerei erlebte im 14. Jh. in Burgund einen Höhepunkt und stellte eine wichtige Quelle für die Tafelmalerei in den Niederlanden (J. van Eyck, R. van der Weyden, R. Campin) dar. In Italien belebte Giotto die Wandmalerei.

Gotisch, zur Ostgruppe der german. Sprachen gehörende Sprache der Goten; älteste in längeren Texten erhaltene und neben dem Urnordischen der Runeninschriften archaischste aller german. Sprachen; überliefert v. a. durch die Fragmente der Mitte des 4. Jh. n. Chr. entstandenen Bibelübersetzung des Westgotenbischofs Ulfilas und drei kurze Runeninschriften.

gotische Schrift, Sammel-Bez. für verschiedene Schriften: 1. Die erste g. S. wurde auf der Grundlage der griech. Unziale gebildet, erhalten im »Codex argenteus«. 2. Vom Ende des 7. bis zum Ende des 11. Jh. wurde im christl. Teil Spaniens die westgot. Schrift gebraucht, eine sehr enge Form der lat. Minuskel. 3. Seit dem 12. Jh. wurde aus der karoling. Minuskel eine Schrift mit spitzbogigem Duktus, die *got. Minuskel,* gebildet, in Form der *Textura* Prunkschrift des 14. und 15. Jh.; die gleichzeitig entwickelte *Notula* diente als Gebrauchsschrift. Aus beiden entstand die ↑Bastarda, auf deren Grundlage sich die Druckschriften ↑Schwabacher und ↑Fraktur entwickelten.

Gotland, schwed. Insel, mit 3001 km² die größte in der Ostsee, Hauptort Visby. – 1288 kam G. an Schweden; 1361 von Dänemark, 1392 von den Vitalienbrüdern erobert; 1398 an den Dt. Orden, 1408 an Dänemark, 1645 endgültig an Schweden.

Gott, in der *Religionsgeschichte* eine heilige, übersinnl., transzendente und unendl. Macht in personaler Gestalt, die als Schöpfer Ursache allen Naturgeschehens ist, das Schicksal der Menschen lenkt und die normative Größe für deren eth. Verhalten darstellt. Diese Fülle von Qualitäten vereinigt der ↑Monotheismus auf eine einzige G.heit, während der ↑Polytheismus die göttl. Funktionen als auf verschiedene G.heiten verteilt annimmt. Oft findet sich innerhalb des Polytheismus ein subjektiver Monotheismus, der dem Gläubigen den von ihm verehrten Gott als alleinigen erscheinen läßt *(Henotheismus).* Der G.glaube ist kennzeichnend und von zentraler Bedeutung für fast alle Religionen, jedoch ist sein Ursprung nicht völlig geklärt. Vorherrschend ist heute die Annahme eines ursprüngl. Hochgottglaubens (höchstes Wesen).

Gottebenbildlichkeit (Imago Dei), Aussage der theologischen Anthropologie, nach der der Mensch [Eben]bild Gottes ist.

Götterdämmerung ↑Ragnarök.

Gottesanbeterin ↑Fangheuschrecken.

Gottesbeweis, Versuch, aus Vernunftgründen, d. h. ohne Rückgriff auf Offenbarung, auf die Existenz Gottes zu schließen. – Die *Kausalitätsbeweise* (klass. in den »Quinque viae« [»fünf Wege«] des Thomas von Aquin) schließen von der Tatsache 1. der Bewegung, 2. des Verursachtseins, 3. der Kontingenz (Zufälligkeit), 4. der Unvollkommenheit und 5. der Zielgerichtetheit alles Seienden auf ein jeweils letztes, nicht mehr bedingtes oder zufälliges, vollkommenes und in sich selbst ruhendes Prinzip (»Gott«). Die *Finalitätsbeweise* (auch *teleolog. G.*) beruhen auf der Annahme einer zweck- bzw. zielgerichteten Ordnung der Welt, die auf einen zwecksetzenden Geist verweist. In den Intuitionsbeweisen *(moral. G.;* am bekanntesten ist der *ontolog. G.* des Anselm von Canterbury) wird intuitiv akzeptiert, daß etwas, das man als Ziel allen vernünftigen Handelns ansieht, auch existieren müsse. – Die entscheidende Kritik an jeder Art von G. formulierte Kant, indem er die Unmöglichkeit aufzeigte, vom *Begriff* Gottes auf sein *Dasein* zu schließen.

Gottesbild, svw. ↑Idol.

Gottesdienst, Bez. für die verschiedenen Formen der Gottesverehrung (↑Kult). – Im Verständnis der *reformator. Kirchen* ist G. jede Versammlung von Gläubigen, in der Gottes Wort als Schriftlesung bzw. -auslegung und/oder im Sakrament verkündigt wird und die Gemeinde im Gebet antwortet.

Gottesfriede, in der *Religionsgeschichte* der befristete Waffenstillstand zw.

Gotik. Querschnitt durch das Seitenschiff der Kathedrale von Amiens

Gottesgnadentum

kämpfenden Gruppen während gemeinsam begangener Kultfeiern. – Im MA Befriedung bestimmter sakraler Bezirke und Personengruppen.

Gottesgnadentum, Bez. für die göttl. Legitimität des christlich-abendländ. Herrschers, in der antike, german. und christl. Vorstellungen verschmolzen; bes. ausgeprägt im ↑Absolutismus.

Gotteslästerung, Beschimpfung der Gottheit durch Wort, Bild oder sonstige Ausdrucksmittel; in der BR Deutschland seit 1969 nicht mehr strafbar.

Gottesmutterschaft, Bez. für den bes. Charakter der Mutterschaft Marias (Gottesmutter, Gottesgebärerin, Mutter Gottes). Mit dem Begriff G. wird ausgesagt, daß Maria Mutter der ganzen gottmenschl. Einheit Jesu Christi ist.

Gottessohnschaft ↑Sohn Gottes.

Gottesstaat ↑Theokratie.

Gottesurteil. Darstellung der Wasserprobe auf einer Miniatur (um 1250)

Gottesurteil (angelsächs. Ordal, lat. Judicium Dei), i. w. S. das strafende Eingreifen eines Gottes (Gottesgericht), i. e. S. formelles Verfahren, in dem der Spruch der Gottheit zum Beweis einer Tatsache angerufen wird. Im mittelalterl. Gerichtsverfahren diente das G. der Entkräftung eines Verdachts *(Abwehrordal)* oder der Überführung eines Täters *(Ermittlungsordal),* z. B. *Wasserprobe* (der Proband wurde gefesselt an einer Leine ins Wasser geworfen; blieb er an der Oberfläche, galt er als schuldig, da das Wasser den »Unreinen« nicht annehmen wollte), *Feuerprobe (Feuerordal;* der Proband mußte ein glühendes Eisen tragen oder barfuß über glühende Pflugscharen gehen; blieb er unverletzt, galt er als unschuldig).

Gottfried IV. (G. von Bouillon), *um 1060, † Jerusalem 18. 7. 1100, Hzg. von Niederlothringen (seit 1089). Brach mit 20 000 Mann als erster Reichsfürst zum 1. Kreuzzug auf, schlug 1098 die türk. Seldschuken bei Antiochia und erstürmte 1099 Jerusalem; übernahm die Regentschaft des Kreuzfahrerstaats Jerusalem als »Vogt des Hl. Grabes«.

Gottfried von Straßburg, mhd. Dichter des frühen 13. Jh. War vielleicht als Jurist oder Kleriker in Straßburg tätig. Aus Bezügen zu anderen mhd. Werken wird geschlossen, daß er um 1220 gestorben ist. Unter seinem Namen ist in der Großen Heidelberger Liederhandschrift auch Lyrik überliefert. G. schuf mit seinem unvollendet gebliebenen Versepos »Tristan und Isolt« (zw. 1205/10) eines der klass. Werke des Mittelalters.

Gotthardgruppe, Massiv in den schweizer. Alpen, bis 3 192 m hoch; Quellgebiet von Aare, Reuß, Rhein und Rhone. Die 1882 eröffnete *Gotthardbahn* durchläuft die G. in einem 15 km langen Tunnel zw. Göschenen und Airolo. Sankt Gotthard (Paß) ↑Alpenpässe (Übersicht).

Gotthelf, Jeremias, eigtl. Albert Bitzius, *Murten 4. 10. 1797, † Lützelflüh (Kt. Bern) 22. 10. 1854, schweizer. Schriftsteller. Schauplatz seiner realist. Werke ist fast ausschließlich die Berner Bauernwelt. Seine Romane, v. a. »Der Bauernspiegel oder Lebensgeschichte des Jeremias Gotthelf«, »Wie Uli der Knecht glücklich wird« (1841, Neufassung 1846 u. d. T. »Uli der Knecht«) mit der Fortsetzung »Uli der Pächter« (1849), »Wie Anne Bäbi Jowäger haushaltet ...« (1843/44), »Zeitgeist und Berner Geist« (2 Teile, 1852) und »Erlebnisse eines Schuldenbauers« (1854) enthalten massive Zeitkritik aus konservativem Blickwinkel. In seinen polit. Traktaten und Erzählungen (u. a. »Die schwarze Spinne«, 1842) dominiert die Schärfe der Satire, in seinem dichter. Werk herrscht ein auf Menschenkenntnis beruhender Humor.

Göttingen, Kreisstadt an der Leine, Ndsachs., 122 700 E. Max-Planck-Institute, Univ., Museen; botan. Garten.

Gottwald

Göttingen. Blick auf den Markt mit dem Rathaus (1369 bis 1444, im 19. Jh. restauriert), davor der Gänselieselbrunnen

U. a. feinmechan. Werkstätten, Pharma-Ind., Verlage. Zahlr. Kirchen, u. a. Johanniskirche (14. Jh.), Jacobikirche (14./15. Jh.), Marienkirche (14. Jh.), Christuskirche (1954/55), Kreuzkirche (1960–62). Rathaus (1366–1403) am Marktplatz. – Stadtrecht spätestens im frühen 13. Jh.; ab 1235 zum welf. Hzgt. Braunschweig-Lüneburg und ab 1286 zum Ft. Göttingen; 1351–1572 Hansemitglied; 1584 an Braunschweig-Wolfenbüttel und 1635 an Calenberg, das spätere Kurhannover.

Göttinger Hain (Hainbund), dt. Dichterkreis, gegr. 1772 von J. H. Voß, L. Hölty, J. M. Miller u. a., die an der Univ. Göttingen studierten. Dem G. H. nahe standen G. A. Bürger, M. Claudius und v. a. Klopstock, der verehrtes Vorbild war und auf dessen Ode »Der Hügel und der Hain« sich der Name bezieht.

Göttinger Sieben, die Göttinger Prof. Wilhelm Eduard Albrecht (*1800, †1876), F. C. Dahlmann, Georg Heinrich August von Ewald (*1803, †1875), G. Gervinus, J. Grimm, W. Grimm und Wilhelm Eduard Weber (*1804, †1891), die am 18. 11. 1837 gegen die Aufhebung der Verfassung von 1833 durch König Ernst August II. protestierten und deshalb entlassen wurden.

Gottorf (Gottorp), europ. Dynastie, Nebenlinie des oldenburg.-dän. Königshauses.

Gottschalk, Thomas, *Bamberg 18. 5. 1950, dt. Funk- und Fernsehmoderator. Ausbildung als Lehrer; präsentiert seit 1971 beim Rundfunk, seit 1976 beim Fernsehen erfolgreiche Spiel- und Talkshows, u. a. »Wetten daß...« (1987–92 und seit 1993).

Thomas Gottschalk

Gottsched, 1) Johann Christoph, *Juditten (heute zu Königsberg [Pr]) 2. 2. 1700, †Leipzig 12. 12. 1766, dt. Literaturtheoretiker. Kritiker und Sprachzieher, Reformer und geistiger Führer der Frühaufklärung. Sein »Versuch einer Crit. Dichtkunst vor die Deutschen« (1730) zielte auf eine Reform der dt. Literatur, v. a. des dt. Dramas, das er nach dem Vorbild von Corneille, Racine u. a. im Sinne des frz. Klassizismus gestalten wollte. Seinen Bemühungen um die Erneuerung des dt. Dramas entsprach das Interesse an der Entwicklung einer Bühnen- und Schauspielkunst, die höheren Ansprüchen genügen sollte.

2) Luise Adelgunde Victorie, geb. Kulmus, gen. »die Gottschedin«, *Danzig 11. 4. 1713, †Leipzig 26. 6. 1762, dt. Schriftstellerin. Ab 1735 ⚭ mit Johann Christoph G.; übersetzte frz. Komödien und begründete mit eigenen witzig-satir. Komödien nach frz. Muster die »Sächsische Typenkomödie«.

Johann Christoph Gottsched

Gottwald, Klement, *Dědice (Mähren) 23. 11. 1896, †Prag 14. 3. 1953, tschechoslowak. Politiker. Ab 1929 General-

Klement Gottwald

Glenn Herbert Gould

Francisco José de Goya y Lucientes. (Selbstbildnis aus »Los Caprichos«; 1797–98)

sekretär der KPČ; ab 1946 Min.-Präs.; wandelte als Staats-Präs. ab 1948 die ČSR in eine Volksdemokratie um.

Gottwaldov ↑Zlín.

Götze, in der wertenden Sprache einer [monotheist.] Religion ein Gegenstand göttl. Verehrung in einer anderen Religion.

Götz von Berlichingen ↑Berlichingen, Götz von.

Gouache [gu'a:ʃ; italien.-frz.] (Guasch), Malerei mit Wasserfarben, denen Gummiarabikum oder Dextrin als Bindemittel und Deckweiß zugefügt sind (stark deckend); u. a. in der mittelalterl. Miniaturmalerei, in der Bildnisminiaturmalerei (15.–19. Jh.).

Gouda [niederl. 'xɔuda:], niederl. Stadt nö. von Rotterdam, 64 600 E. Museen; Käsehandel. Spätgot. Rathaus (1450 bis 1452), spätgot. Kirche (1485 ff.).

Gould, Glenn Herbert [engl. gu:ld], * Toronto 25. 9. 1932, † ebd. 4. 10. 1982, kanad. Pianist. Eigenwilliger Interpret bes. der Werke J. S. Bachs und der Wiener Schule.

Gounod, Charles [frz. gu'no], * Paris 17. 6. 1818, † Saint-Cloud bei Paris 18. 10. 1893, frz. Komponist. Schrieb Opern, u. a. »Faust« (1858; in Deutschland u. d. T. »Margarethe«), Oratorien, Messen, Sinfonien, Kammermusik.

Gourmet [gʊr'me:; frz.], Feinschmecker.

goutieren [gu...], Gefallen an etwas finden.

Gouvernement [guvɛrnə'mã:; lat.-frz.], Regierung; Verw.-Bez. militär. oder ziviler Behörden.

Gouverneur [guvɛr'nø:r; griech.-lat.-frz.], höchster Exekutivbeamter eines Gliedstaates (USA), einer Prov. (Belgien) oder einer Kolonie (Zivil-G.); oberster Befehlshaber einer Festung oder Garnison bzw. eines Standorts (Militärgouverneur).

Goya y Lucientes, Francisco José de [span. 'goja i lu'θientes], * Fuendetodos bei Zaragoza 30. 3. 1746, † Bordeaux 16. 4. 1828, span. Maler, Radierer und Lithograph. Ab 1789 Hofmaler; ab 1792 ertaubt; 1824 Emigration nach Bordeaux. Außergewöhnlich ist seine menschl. Anteilnahme an Not und Elend des Volkes, wie es in seinen bitteren Radierfolgen »Los Caprichos« (1797–98), »Desastres de la guerra« (1808–14), »Tauromaquia« (1815/16) und »Los Proverbios« (1816–24) sichtbar wird, ebenso in Gemälden wie »Die Erschießung der Aufständischen vom 3. Mai 1808« (1814; Madrid, Prado), die G. auch als bed. Kolorist und Porträtisten von schonungsloser Offenheit ausweisen. – *Weitere Werke* (alle Madrid, Prado): Die bekleidete Maja, Die unbekleidete Maja (beide um 1797), Die Familie Karls IV. (1800), Der Koloß (auch »Die Panik«, um 1808–12).

Gozzi, Carlo Graf, * Venedig 13. 12. 1720, † ebd. 4. 4. 1806, italien. Lustspieldichter. Versuchte (im Ggs. zu C. Goldoni) die Wiederbelebung der Commedia dell'arte durch Aufnahme von Märchenelementen. – *Werke:* Turandot (Kom., 1771; Opern von F. Busoni, 1917, und G. Puccini, 1926), König Hirsch (Kom., 1772; Oper von H. W. Henze, 1956).

Gozzoli, Benozzo [di Lese], eigtl. Benozzo di Lese di Sandro, * Florenz 1420, † Pistoia 4. 10. 1497, italien. Maler. Schüler (?) und Gehilfe Fra Angelicos; 1459–61 Fresken im Palazzo Medici-Riccardi (Florenz) in festl. und farbigem Erzählstil.

GPS, Abk. für Global Positioning System, digitales Satellitennavigationssystem, das sich noch im Aufbau befindet. Wenn alle Satelliten des Systems auf Umlaufbahnen sind, wird mit den Signalen von jeweils vier Satelliten weltweit eine exakte Positionsbestimmung (auf einige Meter genau) möglich sein.

GPU, Abk. für Gossudarstwennoje polititscheskoje uprawlenije [»staatl. polit. Verwaltung«], polit. Staatspolizei in Sowjetrußland; entstand 1922. ↑KGB.

Graaf, Reinier de [niederl. xra:f], * Schoonhoven 30. 7. 1641, † Delft 17. 8. 1673, niederl. Anatom. Erkannte die Funktion des Eierstocks und entdeckte die Eifollikel *(Graaf-Follikel).*

Grab, Beisetzungsstätte. Seit vorgeschichtl. Zeit gibt es Zusammenfassungen in Gräberfeldern oder Nekropolen bzw. einem Friedhof. Bed. waren die Megalithgräber, urspr. mit Erde aufgeschüttete *Großsteingräber* (Hünengräber) für Kollektivbestattungen mit Kammer-, Gang-, Galerie-G. sowie Dolmen. In Mykene (2. Jt.) Schacht- oder Kammergräber sowie *Kuppelgräber* (Schatzhaus des Atreus). Die myken.

Grabmal

Francisco José de Goya y Lucientes. Die Familie Karls IV. (1800; Madrid, Prado)

Tradition (Grabkammer mit Gang) strahlte nach Kleinasien aus, wo andererseits das ins 3. Jt. zurückreichende (Hatti, Hethiter, Urartu, Phryger) »Totenhaus« (mit Innenausstattung) tradiert wurde: Grabhügel, Felsgräber. Die etrusk. Tumuli bergen Kuppelgräber mit Wandmalereien. Ägypt. Formen waren ↑Pyramide und ↑Mastaba. Während der Bronzezeit in Europa zahlr. *Rundhügelgräber* (Kurgane) mit Einzelbestattungen (Erd- oder Brandbestattung); zahlr. Grabbeigaben; im nördl. Europa auch als Boot-G., in M- und W-Europa als Wagengrab.

Grabbe, Christian Dietrich, * Detmold 11. 12. 1801, † ebd. 12. 9. 1836, dt. Dramatiker. G. verfaßte die Tragödie »Herzog Theodor von Gothland« (entst. 1819–22, gedr. 1827), mit der er von der ästhet. und eth. Tradition der dt. Klassik abrückt und eine nihilist. Weltsicht präsentiert. Seine Deutung der Welt als »mittelmäßiges Lustspiel« fand ihren Niederschlag in der grotesken Literatursatire »Scherz, Satire, Ironie und tiefere Bedeutung« (Lsp., entst. 1822, gedr. 1827). Höhepunkte seiner schwer spielbaren Dramen sind »Napoleon oder Die hundert Tage« (1831) und »Hannibal« (1835). – *Weitere Werke:* Don Juan und Faust (Dr., 1829), Kaiser Friedrich Barbarossa (Dr., 1829), Die Hermannsschlacht (Dr., hg. 1838).

Graben, 1) *allgemein:* künstlich angelegte oder natürl. längliche Bodenvertiefung.
2) *Geologie:* (Grabenbruch) die Einsenkung eines Erdkrustenstreifens an Verwerfungen zw. stehengebliebenen oder gehobenen Schollen.

Grabfeld, nördlichster Teil des fränk. Gäulandes, von der Fränk. Saale durchflossen.

Grabmal, Monument für einen Toten an seiner Beisetzungsstätte, z. T. als Grabstätte (↑auch Grab). Das antike Griechenland pflegte die Grabstele mit Reliefbild; die hellenist. und röm. Welt verband die in Lykien aus kleinasiat.-pers.-numid. Traditionen entwickelten Totenhausformen (Pfeilergrab [Bienenhaus], Felsgrab, Sarkophaghaus [Speicher]) mit griech. Tempelarchitektur. Das Nereiden-G. von Xanthos ist ein Pfeilergrab, dessen Grabkammer eine Umhüllung in Form eines Tempels erhielt (Ausgangspunkt für das Mausoleum). Die Felsgräber erhielten Fassadengestaltung, meist eine ion. Säulen-

Reinier de Graaf

Christian Dietrich Grabbe

Grabschändung

Grabmal. Grabstele aus Athen (390 v. Chr.; Athen, Archäologisches Nationalmuseum)

front. Der Sockel des Sarkophaghauses konnte sich zu einem weiteren Grabhaus erweitern, der Kasten mit Spitzbogendeckel versehen oder zum Säulensarkophag mit Klinendeckel stilisiert werden. In der christl. Kirche wurde das in den Boden eingelassene Grab mit einer Grabplatte geschlossen, ebenso die freistehende Tumba, die bald in eine Wandnische rückte (Wandnischengrab). Seit dem 11. Jh. wurde auf der Grabplatte oft eine Liegefigur des Toten angebracht; später wurden dem Tumbengrab auch weitere Skulpturen hinzugefügt, in Renaissance und Barock die Figur des Toten oft aufgerichtet oder von der Grabplatte gelöst. Auf den Friedhöfen entstanden steinerne G.bauten (Familiengrüfte). Nördlich der Alpen setzten sich allmählich einfache Gedenksteine und Kreuze durch. – Im islam. Bereich ist der Grabturm (Türbe) verbreitet, v. a. 11.–16. Jh., er ist seldschuk. Ursprungs. Seit dem 12. Jh. wurde das G. gern mit anderen regligiösen Einrichtungen verbunden, seit dem 15. Jh. ist die Grabmoschee die Regel.

Grabschändung, Zerstörung oder Beschädigung einer Grabstätte sowie *beschimpfender Unfug;* wird mit Freiheitsstrafe oder mit Geldstrafe bestraft.

Grabwespen (Sandwespen, Mordwespen, Sphegidae), mit rd. 5000 Arten weltweit verbreitete Fam. 2–50 mm großer, keine Staaten bildender Hautflügler; in M-Europa rd. 150 Arten; graben meist Erdröhren als Nester für die Brut.

Gracchus ['graxʊs], Beiname des altröm. plebej. Adelsgeschlechts der Sempronier: **1)** *Gaius Sempronius,* *154 oder 153, †121 v. Chr., Volkstribun (123, 122). Bruder von Tiberius Sempronius G.; nahm das Reformwerk seines Bruders wieder auf: u. a. Gesetze zur Verteilung verbilligten Getreides an die Armen sowie ein Gesetz zur Anlage von Kolonien außerhalb Italiens. Als die Aufhebung der Gesetze beantragt wurde, kam es zu Kämpfen, in deren Verlauf sich G. von einem Sklaven töten ließ.

2) *Tiberius Sempronius,* *163 oder 162, †133, Volkstribun (133). Das von ihm 133 eingebrachte Ackergesetz sah – unter völliger Schonung des Privateigentums – eine Obergrenze für den Besitz an okkupiertem Staatsland vor, um Land für neue Bauernstellen zu gewinnen. Bei dem Versuch, seine Wiederwahl als Volkstribun zu erzwingen, mit 200–300 seiner Anhänger erschlagen.

Gracia Patricia, geb. Grace Kelly, *Philadelphia 12. 11. 1929, †Monaco 14. 9. 1982 (Autounfall), Fürstin von Monaco. 1949–56 Theater- und Filmschauspielerin, u. a. »Zwölf Uhr mittags« (1952); heiratete 1956 Fürst Rainier III. von Monaco.

Grad [lat.], **1)** *Geometrie:* Einheitenzeichen °, Einheit für ebene Winkel (früher auch als *Altgrad* bezeichnet); 1° ist gleich dem 90. Teil eines rechten Winkels, wobei gilt: $1° = 60'$ (Minuten) $= 3600''$ (Sekunden).

2) *Mathematik:* die höchste Potenz, in der eine Variable in einer Gleichung bzw. in einem Polynom auftritt.

3) *Physik:* Skalenteil bzw. die durch ihn dargestellte Größe oder Einheit (z. B. Härtegrad), speziell Temperatureinheit.

4) ↑Schriftgrade.

5) ↑akademische Grade.

grad., Abk. für **grad**uiert, in Verbindung mit einer näheren Bez. zeitweise eingeführter akadem. Titel, den Fachhochschulen, Gesamthochschulen und z. T. Hochschulen für bildende Künste verliehen, z. B. Ing. (grad.); heute durch den Diplomtitel abgelöst.

Gradation [lat.], in der *Fernsehtechnik, Photographie* u. a. die Abstufung der Helligkeitswerte eines [Fernseh]bildes.

Gradient [lat.], allg. svw. Gefälle oder Anstieg einer Größe auf einer bestimmten Strecke, z. B. Temperatur-, Druck-, Konzentrations-, Helligkeitsgradient

Gradierwerk, Holzgerüst, belegt mit Reisig oder Schwarzdornästen, über die Sole herabrieselt.

Gradnetz, i. w. S. jedes die Oberfläche der Planeten oder die Himmelskugel dem geograph. G. entsprechend unterteilendes Liniennetz, i. e. S. das aus *Längenkreisen* und *Breitenkreisen* gebildete Netz der als Kugel oder Rotationsellipsoid betrachteten Erdoberfläche. Die sich von Pol zu Pol erstreckenden Meridiane sind die Hälften von Großkreisen, die sich in beiden Polen schneiden; Nullmeridian ist der Meridian von Greenwich. Von den Breitenkreisen ist nur der Äquator ein Großkreis, während die parallel verlaufenden Breitenkreise polwärts immer kleiner werden.

Grado, italien. Hafenstadt, Seebad in Friaul-Julisch-Venetien, 9 600 E. Frühchristl. Bauten, u. a. Sant-Eufemia (geweiht 579) mit 900 m² Mosaikfußboden, oktogonales Baptisterium (5. Jh.). – In röm. Zeit Hafenort Aquilejas, ab 568 bis ins 12. Jh. Patriarchensitz.

Graduale [lat.], 1) in der kath. Liturgie ein auf den Stufen (lat. gradus) zum Ambo nach der Epistel vorgetragenes Responsorium.
2) seit dem 12. Jh. übliche Bez. für das liturgische Buch mit den Gesängen der Messe.

graduell [lat.-frz.], grad-, stufenweise, allmählich.

graduieren [lat.], einen akademischen Grad verleihen.

Graduiertenförderung, staatl. Maßnahmen nach dem Graduiertenförderungsgesetz zur Unterstützung des wiss., bes. des Hochschullehrernachwuchses.

Graecum [griech.-lat.], Nachweis über Kenntnisse in der griech. Sprache nach entsprechender Prüfung am Gymnasium oder an der Universität.

Graefe, Albrecht von, *Finkenheerd (heute zu Brieskow-Finkenheerd bei Eisenhüttenstadt) 22. 5. 1828, †Berlin 20. 7. 1870, dt. Augenarzt. Führte den von H. L. F. Helmholtz erfundenen Augenspiegel in die Praxis ein, verbesserte die Operation des grauen Stars und erkannte Zusammenhänge zw. Augenkrankheiten und anderen Erkrankungen.

Graetz-Schaltung [nach dem dt. Physiker Leo Graetz, *1856, †1941], zur Gleichrichtung von Wechselstrom verwendete Brückenschaltung, bei der vier Gleichrichter die Brücke bilden.

Albrecht von Graefe

Graf [griech.-mittellat.], im Früh-MA königliche Amtsträger in einem durch den Streubesitz des Königsguts nur lose bestimmten Gebiet (↑Grafschaft). Im Fränk. Reich ursprünglich Führer einer Heeresabteilung, dann Amtsträger zur Durchsetzung königlicher Gewalt (Verwaltungs-, Rechts-, Finanz- und Wehrdienst). Das Amt wurde von Hofdienst und Krone losgelöst durch Umwandlung in ein Lehen und durch Erblichkeit (9. Jh.). Der Titel Graf wurde bis in die Neuzeit als Adelstitel geführt (seit 1919 in Deutschland nur noch Teil des Familiennamens, in Österreich abgeschafft). Sonderformen waren u. a.: Burg-G., Land-G., Mark-G., Pfalzgraf.

Graf, 1) Dominik, *München 6. 9. 1952, dt. Filmregisseur und Drehbuchautor. Drehte u. a. »Die Katze« (1987), »Tiger, Löwe, Panther« (1989), »Die Sieger« (1994).
2) Oskar Maria, *Berg bei Starnberg 22. 7. 1894, †New York 28. 6. 1967, dt. Schriftsteller. Emigration 1933 über Österreich, die Tschechoslowakei und die UdSSR in die USA (ab 1938, ab 1958 amerikan. Staatsbürger); schrieb v. a. volkstüml.-realist., mitunter derbhumorvolle Dorf- und Kleinstadtromane, Schnurren und Schwänke, u. a. »Das bayr. Dekameron« (E., 1927), »Bolwieser« (R., 1931, 1964 u. d. T. »Die Ehe des Herrn Bolwieser«), »Der Abgrund« (R., 1936, 1976 u. d. T. »Die gezählten Jahre«), »Der große Bauernspiegel« (E., 1962), »Er nannte sich Bansho« (R., 1964), »Die Reise in die Sowjetunion 1934« (hg. 1974).

Oskar Maria Graf

Grafenwöhr

Graffiti.
Wandbild in New York von Keith Haring, Ausschnitt (Höhe 4,50 m, Gesamtbreite 15 m)

Granate.
Oben: ungeschliffen ◆
Unten: geschliffen

3) Stefanie (»Steffi«) Maria, *Mannheim 14. 6. 1969, dt. Tennisspielerin. Wimbledon-Siegerin 1988, 1989, 1991, 1992, 1993 und 1995 im Einzel, 1988 im Doppel (mit G. Sabatini); 1988 Grand-Slam-Siegerin; 1988 Olympiasiegerin.
4) Urs, *Solothurn gegen 1485, † Basel (?) 1527 oder 1528, schweizer. Zeichner. Goldschmied; schuf Vorlagen für Gefäße, Medaillons usw.; zahlr. Rohrfederskizzen aus dem Landsknechtsleben.
Grafenwöhr, Stadt am O-Rand der Fränk. Alb, Bayern, 5700 E. NATO-Truppenübungsplatz.
Graffiti, in den 1970er Jahren in den USA entstandene, mit Sprühdosen ausgeführte (illegale) Malerei auf Häuserwänden, Bussen und U-Bahnen. In Europa wurde bes. bekannt der »Sprayer von Zürich« Harald Naegeli (*1940). In den 1980er Jahren konnte sich eine *Graffiti-art* in New York als anerkannte neue Kunstrichtung durchsetzen (u. a. Keith Haring [*1958, † 1990], Jean-Michel Basquiat [*1960, † 1988]).
Graffito [italien.], Ritzinschrift und/oder -zeichnung auf einer Mauer bzw. Wand; vorgeschichtl. Ritzzeichnung auf Fels, Stein, Knochen; auch svw. ↑Sgraffito.
Grafschaft, Amtsbezirk des ↑Grafen zur Institutionalisierung des königl. Herrschaftsanspruchs v. a. zur Zeit Karls d. Gr. *(G. verfassung)*. Als Gebiete unmittelbarer Königshoheit verschwanden die G. im 11. und 12. Jahrhundert.
Graien ↑Gorgonen.
Grajische Alpen, Teil der Westalpen beiderseits der frz.-italien. Grenze, im vergletscherten *Gran Paradiso* 4061 m hoch.
gräkobaktrisches Reich ↑Baktrien.
Gral [frz.], in der mittelalterl. Dichtung ein geheimnisvoller sakraler Gegenstand (Schale, Kelch, Stein), der in einer tempelartigen Burg von Gralskönig und Gralsrittern bewacht wird; nur der dazu Vorherbestimmte kann ihn finden. – Die älteste erhaltene *Gralsdichtung* ist Chrétien de Troyes' »Perceval«, dem wenig später Robert de Borons »Roman de l'estoire dou Graal« folgte. Am Anfang der dt. Gralsdichtungen steht Wolfram von Eschenbachs »Parzival«, an den Albrecht (von Scharfenberg?) mit dem »Jüngeren Titurel« anknüpft.
Gram-Färbung [nach dem dän. Bakteriologen Hans Christian Gram, *1853, † 1938], Methode zur Charakterisierung von Bakterien. Durch Färben und Entfärben können *gramnegative* und *grampositive* Bakterien unterschieden werden. Gramnegative Bakterien sind i. d. R. wenig empfindlich gegen Penicillin und Sulfonamide, grampositiv

Gran Canaria

(d. h. den Farbstoff festhaltend) sind die meisten kokkenförmigen Bakterien.

Gramm [griech.-lat.-frz.] ↑Kilogramm.

...gramm [griech.], Nachsilbe von Zusammensetzungen mit der Bedeutung »Schrift, Geschriebenes«, z. B. Autogramm.

Grammäquivalent ↑Äquivalentmasse.

Grammatik [griech.], derjenige Teil der Sprach-Wiss., der sich mit den sprachl. Formen und deren Funktion im Satz, mit den Gesetzmäßigkeiten und dem Bau einer Sprache beschäftigt; auch Bez. für die Gesamtheit der Regeln einer Sprache.

grammatisches Geschlecht ↑Genus.

Grammatom (G-Atom), diejenige Menge eines chem. Elements, die seiner [relativen] Atommasse in Gramm entspricht.

Grammophon ® [griech.], in den 1920er und 1930er Jahren Bez. für Plattenspieler.

gramnegativ ↑Gram-Färbung.

Grampian Mountains [engl. 'græmpjən 'maʊntɪnz] ↑Highlands.

grampositiv ↑Gram-Färbung.

Gramsci, Antonio [italien. 'gramʃi], * Ales bei Cagliari 22. 1. 1891, † Rom 27. 4. 1937, italien. Politiker. Ab 1924 Abg. und Führer des Partito Comunista Italiano (PCI); 1928 zu 20 Jahren Gefängnis verurteilt. Die während seiner Haftzeit entstandenen Aufzeichnungen übten auf die Nachkriegskultur Italiens großen Einfluß aus.

Granada [span. graˈnaða], span. Prov.hauptstadt am Fuß der Sierra Nevada, 265 300 E. Univ., Jesuitenkolleg; Prov.- und archäolog. Museum; Verarbeitung von Erzeugnissen der westlich von G. gelegenen über 40 000 ha großen Bewässerungsoase. Generalife (Sommerresidenz der maur. Könige, 1319 vollendet); die ↑Alhambra ist einer der bedeutendsten islamischen Profanbauten (13./14. Jh.); Kathedrale (1523 bis 1703), Renaissancekirche San Jerónimo (16. Jh.); Palast Karls V. (1526 begonnen). Höhlenwohnungen, u. a. von Zigeunern, im Ortsteil Albaicín. – *Illiberis* (kelt. Gründung) wurde unter Augustus röm. Munizipium; nach der arab. Invasion im 8. Jh. Bildung des maur. Kgr. Granada (1030 50 und 1238–1492, seit 1246 unter Oberhoheit der christlichen Könige von Kastilien), dessen Hauptstadt Granada (bis dahin *Elvira* gen.) ab 1238 war.

Granat [niederdt.], svw. Nordseegarnele (↑Garnelen).

Granatapfelbaum [lat./dt.] (Granatbaum, Punica), einzige Gatt. der *Granatapfelgewächse* mit zwei Arten, von denen der *Granatbaum* in den Subtropen kultiviert wird; bis 1,5 m hoher Strauch oder bis 10 m hoher Baum; Frucht *(Granatapfel, Punischer Apfel)* eine Scheinbeere, apfelähnlich, 1,5 bis 12 cm breit; die Samen werden als Obst sowie zur Herstellung von Sirup *(Grenadine)* verwendet.

Granate [italien.] ↑Munition.

Granate [lat.] (Granatgruppe), Gruppe sehr verbreiteter gesteinsbildender Minerale; allg. chem. Formel $M^{II}_3 M^{III}_2 [SiO_4]_3$, wobei M^{II} die zweiwertigen Metalle Ca, Mg, Fe^{II}, Mn^{II}, und M^{III} die dreiwertigen Metalle Fe^{III}, Al, Cr^{III} sind. Die kubisch kristallisierenden G. sind durchsichtig bis undurchsichtig, glas- bis fettglänzend; Mohshärte 6,5–7,5; Dichte 3,5–4,2 g/cm³. Vorkommen in metamorphen kalkigen und dolomit. Gesteinen als Kontaktmineral sowie auf Seifen und in Sanden; Verwendung als Schmucksteine und als Schleifmittel.

Granatwerfer, mörserähnl. Steilfeuerwaffe zur Bekämpfung verdeckter Ziele.

Gran Canaria, mit 1 532 km² drittgrößte der Kanarischen Inseln, bis 1 980 m hoch, Hauptstadt Las Palmas de Gran Canaria.

Granatapfelbaum. Schemazeichnung: **a** blühender Zweig; **b** angeschnittene Frucht

Granatapfelbaum. Zweige von Punica granatum mit Früchten

Granada Stadtwappen

Gran Chaco

Grandville. Illustration aus »Scènes de la privée et publique des animaux« (1842)

Granny Smith

Granit. Zweiglimmergranit (mit Muskovit und Biotit)

Gran Chaco [span. gran 'tʃako], Großlandschaft in S-Amerika (Argentinien, Bolivien, Paraguay), zw. den Anden im W und Paraguay und Paraná im O, den Llanos de Chiquitos im N und den Pampinen Sierren und Pampas im S, 800 000 km², mit heißen Sommern und starken tägl. Temperaturschwankungen.
Grand [grã:; frz.], höchstes Spiel im Skat, bei dem nur Buben Trumpf sind.
Grand Ballon [frz. grãba'lõ], ↑Großer Belchen.
Grand Canyon [engl. 'grænd 'kænjən] ↑Colorado (Fluß).
Grande [lat.-span.], Angehöriger der obersten Klasse des span. Adels.
Grande Chartreuse [frz. grãdʃar'trø:z], bis 2 087 m hohes Massiv der frz. Voralpen. Berühmt ist das Kartäuserkloster G. C. (↑Chartreuse).
Grande Comore [frz. grãdkɔ'mɔ:r], früherer Name der Insel Njazidja.
Grand mal [frz. grã'mal] ↑Epilepsie.
Grand Prix [frz. grã'pri] ↑Großer Preis.
Grandseigneur [grãsɛn'jø:r; lat.-frz.], vornehmer, weltgewandter Herr.
Grand Slam [engl. 'grænd 'slæm], im *Golf* und im *Tennis* Bez. für den Sieg eines Spielers in bestimmten Turnieren innerhalb eines Jahres.
Grandville [frz. grã'vil], eigtl. Ignace Isidore Gérard, *Nancy 15. 9. 1803, †Vanves bei Paris 17. 3. 1847, französischer Zeichner, Karikaturist und Buchillustrator. Wurde v. a. durch seine Mensch-Tier-Karikaturen für die Zeitschrift »La Caricature« (1830–35) und »Le Charivari« (1832 bis 36) bekannt; illustrierte auch die Fabeln von La Fontaine (1838).
Granikos, antiker Name des heutigen Kocabaş çayı (Zufluß zum Marmarameer). Am G. siegte 334 v. Chr. Alexander d. Gr. über die Perser.
Granit, Ragnar, *Helsinki 30. 10. 1900, finn.-schwed. Neurophysiologe. Untersuchungen der mit dem Sehvorgang verbundenen physiolog.-chem. Vorgänge; Nobelpreis für Physiologie oder Medizin 1967 (zus. mit H. K. Hartline und G. Wald).
Granit [italien.], Tiefengestein, häufigstes Gestein der Erdkruste; Hauptbestandteile: Feldspat (der die Färbung – rötlich bis grau – bestimmt), Quarz, Glimmer.
Granne, steife Borste, die sich auf dem Rücken oder an der Spitze der Deckspelzen von Gräsern befindet.
Grannenhaare (Haupthaare, Stichelhaare, Konturhaare), zum Deckhaar zählende, über die Wollhaare hinausragende, steife, unterhalb ihrer Spitze verdickte Haare des Fells von Säugetieren.
Granny Smith [engl. 'grænɪ 'smɪθ], großer, grasgrüner bis gelblichgrüner Tafelapfel mit festem, saftigem, feinsäuerl. Fruchtfleisch.
Gran Paradiso ↑Grajische Alpen.

Graph

Grand Canyon

Gran Sasso d'Italia, italien. Gebirgsstock in den Abruzzen, im Corno Grande 2912 m hoch.

Grant [grɑːnt], **1)** Cary, eigtl. Archibald Alexander Leach, *Bristol (England) 18. 1. 1904, † Davenport (Ia.) 30. 11. 1986, amerikan. Filmschauspieler engl. Herkunft. Spielte u. a. in »Leoparden küßt man nicht« (1938), »Arsen und Spitzenhäubchen« (1944), »Ich war eine männl. Kriegsbraut« (1949), »Der unsichtbare Dritte« (1959), »Charade« (1963).
2) Ulysses Simpson, *Point Pleasant (Ohio) 27. 4. 1822, † Mount McGregor (bei Saratoga, N. Y.) 23. 7. 1885, amerikan. General und 18. Präs. der USA (1869–77; Republikan. Partei). Ab 1864 Oberbefehlshaber der Unionstruppen, zwang 1865 die Konföderierten zur Kapitulation.

Granulat [lat.], eine in Form unregelmäßiger Körnchen vorliegende Substanz (z. B. Arzneimittel).

Granulation [lat.], **1)** *Goldschmiedekunst:* Ziertechnik, bei der Gold- oder Silberkörnchen auf einen Metallgrund aufgelötet werden, ohne daß die Kügelchen verschmelzen.
2) *Medizin:* 1. Bildung von ↑Granulationsgewebe; 2. Bez. für kleine Fleischwarzen oder Gewebeknoten.

Granulationsgewebe, bei der Ausheilung von Wunden, Geschwüren u. a. sich bildendes, gefäßreiches Bindegewebe, das später in Narbengewebe übergeht.

Granulom [lat.] (Granulationsgeschwulst) geschwulstähnl. Neubildung aus Granulationsgewebe.

Granulozyten [lat./griech.], große Leukozyten (↑Blut), deren Verringerung im Blut zu Agranulozytose führt.

Granvelle [frz. ɡrãˈvɛl] (Granvel[l]a), Antoine Perrenot de, *Besançon oder Ornans bei Besançon 20. 8. 1517, † Madrid 21. 9. 1586, Kardinal (seit 1561) und Staatssekretär Karls V. (seit 1550). 1559–64 Berater der Margarete von Parma; 1571–75 span. Vizekönig von Neapel.

Grapefruit [engl. ˈɡreɪpfruːt], fälschlich auch als ↑Pampelmuse bezeichnete Art der Zitrusgewächse; hohe, kräftige Bäume. Die gelben, kugeligen Früchte enthalten das bittere Glykosid Naringin und sind reich an Vitamin C und B_1. Hauptanbaugebiete sind Israel und die USA (Florida).

Graph [griech.], **1)** *Mathematik* und *Natur-Wiss.:* jede graph. Darstellung.
2) *Schriftzeichen,* kleinste Einheit in Texten.

Ragnar Granit

Cary Grant

1347

...graph

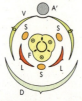

Gräser 1). Oben: schematische Darstellung des dreiblütigen Ährchens ♦ Unten: Blütendiagramm einer typischen Grasblüte; **A** Ährenachse, **A'** Ährchenachse, **D** Deckspelze, **F** Fruchtknoten, **H** Hüllspelze, **L** Lodiculae, **N** Narbe, **S** Staubgefäß, **V** Vorspelze

Grasmücken. Dorngrasmücke

Graphit. Kohlenstoffatome im Kristallgitter

...graph [griech.], Nachsilbe von zusammengesetzten Substantiven mit der Bedeutung »Schrift, Geschriebenes, Schreiber«, z. B. Autograph.
Graphem [griech.], in der *Sprach-Wiss.* kleinste distinktive (bedeutungsunterscheidende) Einheit in einem Schriftsystem, die ein ↑Phonem bzw. eine Phonemfolge repräsentiert; unter Umständen svw. Buchstabe. Ein G. ist nicht immer die visuelle Entsprechung eines Phonems, im Dt. wird z. B. der Laut [ʃ] durch die G. s, c und h repräsentiert.
...graphie [griech.], Nachsilbe von zusammengesetzten Substantiven mit der Bedeutung »Beschreibung«.
Graphik [griech.], bes. mittels der Linie, heute auch mit [Druck]farben künstlerisch gestaltete, vervielfältigte Blätter. I. w. S. werden auch Handzeichnungen dazu gezählt.
graphische Darstellung, die zeichner. Veranschaulichung eines Zusammenhanges zw. den Zahlenwerten zweier oder mehrerer veränderl. Größen, insbes. das Auftragen einer funktionalen Abhängigkeit $y=f(x)$ von Variablen x und y als Kurve in einem Koordinatensystem. ↑Diagramm, ↑Funktion.

Graphit [griech.], hexagonal kristallisierende, stabile Modifikation des reinen Kohlenstoffs; undurchsichtig, schwarz, sehr weich; gute elektr. und therm. Leitfähigkeit, schwer brennbar. Durch Anwendung von sehr hohen Drücken und Temperaturen bis zu 3 000 °C gelingt es heute, sog. Industriediamanten aus G. herzustellen. Verwendung von G. in Bleistiften, als Elektroden- und Kollektormaterial sowie als Moderator in Kernreaktoren.
Graphologie [griech.], Kunst der Handschriftdeutung; auch *Schriftpsychologie*. Die G., der viele Psychologen kritisch gegenüberstehen, versucht, aus der Handschrift Rückschlüsse auf die Persönlichkeitsstruktur des Schreibers zu ziehen.
Gräser, 1) (Süßgräser, Gramineen, Gramineae, Poaceae) weltweit verbreitete Fam. der Einkeimblättrigen mit rd. 8 000 Arten (in Deutschland über 200 Arten) in rd. 700 Gatt.; windblütige, krautige, einjährige oder ausdauernde Pflanzen; Halme in Knoten und Internodien gegliedert; Blätter schmal, spitz, parallelnervig. Die einfachen Blüten stehen in Ähren und Ährchen. – Die G. sind auf Savannen, Steppen, Wiesen, Dünen und anderen Formationen bestandbildend und als Nutzpflanzen für die Viehhaltung (Futter-G.) und als Getreide von größter Bedeutung.
2) (Sauer-G.) svw. ↑Riedgräser.
Grasfrosch ↑Frösche.
Grashüpfer (Heuhüpfer, Sprengsel), volkstüml. für kleine Feldheuschrecken.
Graslilie, 1) (Anthericum) Gatt. der Liliengewächse mit rd. 100 Arten in Europa, Afrika und Amerika; in Deutschland *Ästige* G. und *Astlose* G. (beide mit weißen Blüten).
2) svw. ↑Grünlilie.
Grasmücken (Sylviidae), weltweit verbreitete Singvogel-Fam. mit rd. 400 8–30 cm langen Arten; mit dünnem, spitzem Schnabel. Eine bekannte Art der Gatt. *Spötter* ist der etwa 13 cm lange *Gelbspötter* (Gartensänger, Gartenspötter). In fast ganz Europa kommen die etwa 14 cm lange *Garten*-G., die etwa 14 cm lange *Mönchs*-G. und die etwa 14 cm große *Dorn*-G. vor.
Grasnelke (Strandnelke), Gatt. der Bleiwurzgewächse mit rd. 50 Arten auf

Grasnelke.
Gemeine Grasnelke (Höhe 20–40 cm)

der Nordhalbkugel und in den Anden; in Deutschland u. a. die *Gemeine Grasnelke*.
Grass, Günter, *Danzig 16. 10. 1927, dt. Schriftsteller und Graphiker. G. trat nach dem Studium der Bildhauerei literarisch zuerst als Lyriker (»Die Vorzüge der Windhühner«, 1956; »Gleisdreieck«, 1960) und Dramatiker (»Onkel, Onkel«; »Die bösen Köche«; »Hochwasser«; alle 1957) an die Öffentlichkeit. Internat. Geltung erreichte G. mit dem Roman »Die Blechtrommel« (1959), dem ersten Teil der später so genannten »Danziger Trilogie« (mit »Katz und Maus«, Nov., 1961, und »Hundejahre«, R., 1963), der in Erfindung und Durchführung der Fabel sowie im barock anmutenden, vital-naturalist. Stil die Tradition des desillusionierendgrotesken Schelmenromans wieder aufnahm und mit scharfer Zeitkritik verband. Der Bericht »Aus dem Tagebuch einer Schnecke« (1972) zieht ein Resümee des vom Beginn der 1960er bis Mitte der 1970er Jahre politisch aktiv für die SPD engagierten Autors. 1965 Georg-Büchner-Preis. – *Weitere Werke:* Die Plebejer proben den Aufstand. Ein Trauerspiel (1966), Örtlich betäubt (R., 1969), Der Butt (R., 1977), Das Treffen in Telgte (E., 1979), Kopfgeburten oder die Deutschen sterben aus (Prosa, 1980), Die Rättin (R., 1986), Zunge zeigen (Bericht, 1988), Unkenrufe (E., 1992), Ein weites Feld (R., 1995).

Grasse [frz. gra:s], frz. Stadt in der Provence, Dép. Alpes-Maritimes, 38 400 E. Museen; Parfümherstellung.
Grassi, Ernesto, *Mailand 2. 5. 1902, † München 22. 12. 1991, italien. Philosoph. Ab 1948 Prof. in München; im Zentrum seiner Arbeit stand die Philosophie der Antike sowie die Auseinandersetzung mit der Renaissance und dem [italien.] Humanismus.
grassieren [lat.], um sich greifen, gehäuft auftreten (von Krankheiten gesagt).
Grat, 1) *Geomorphologie:* scharfe Kammlinie eines Berges.
2) *Bautechnik:* Schnittlinie zweier Dach- oder Gewölbeflächen.
3) *Fertigungstechnik:* scharfkantig vorstehende Erhebung an Gußteilen aus Metall oder Kunststoff.
Gräten, dünne bis fadenartige knöcherne Strukturen im Muskelfleisch vieler Knochenfische.
Gratian (Flavius Gratianus), *Sirmium (heute Sremska Mitrovica) 359, † Lugdunum (heute Lyon) 25. 8. 383 (ermordet), röm. Kaiser (ab 367). Sohn Valentinians I., 367 Augustus und Mitkaiser, ab 375 Nachfolger seines Vaters im Westreich; Förderer des Christentums.

Graslilie.
Astlose Graslilie (Höhe 30–70 cm)

Günter Grass

Ernesto Grassi

Gratian

Grauhaie 1). Blauhai (Länge bis 3 m)

Gratian (Gratianus), * Ende des 11. Jh., † Bologna vor 1160, italien. Theologe und Kanonist. Verfaßte um 1140 ein kanonist. Lehrbuch (sog. »Decretum Gratiani«), mit dem er zum »Vater der Kanonistik« wurde.

Gratifikationen [lat.], Sonderzuwendungen im Rahmen eines Dienst- oder Arbeitsverhältnisses.

gratinieren [frz.], durch Überbacken mit einer braunen Kruste versehen.

Grau, jede unbunte (d. h. keinen Farbton besitzende) Körperfarbe zw. Weiß und Schwarz.

Grauammer ↑Ammern.

Graubünden, östlichster Kanton der Schweiz, 7 105 km², 179 300 E, Hauptort Chur. 22% der Bevölkerung sind Rätoromanen. G. umfaßt den S der Glarner Alpen, die Adula, das Engadin, das Bergell und die Rät. Alpen. Die Industrie konzentriert sich im Raum Chur; bed. Fremdenverkehr.
Geschichte: Gegen habsburg. Expansionsbestrebungen entstanden 1367 der Gotteshausbund, 1395/1424 der Graue oder Obere Bund, 1436 der Zehngerichtebund. Ab 1461 Bündnis des Grauen oder Oberen Bundes (1497) und des Gotteshausbundes (1498) mit der Eidgenossenschaft. Engerer Zusammenschluß ab 1524. Ende des 18. Jh. Teil der Helvet. Republik, 1803 als G. 15. Kanton der Eidgenossenschaft.

Graue Eminenz, eine nach außen kaum in Erscheinung tretende einflußreiche Persönlichkeit (meist Politiker).

graue Märkte, Märkte für Güter, die direkt beim Hersteller oder Großhändler unter Ausschaltung des Einzelhandels gekauft werden.

Graubünden Kantonswappen

Graue Panther, Kurzbez. für den **Senioren-Schutz-Bund SSB »Graue Panther« e. V.,** 1975 gegr. überparteil. und überkonfessionelle Organisation, die aktiv für die Interessen alter Menschen eintritt; Sitz Wuppertal. Teile der G. P. um die Gründerin und Vors. Gertrud Unruh (* 1925) gründeten 1989 die polit. Partei *Die Grauen.*

grauer Star (Cataracta), Trübung der Augenlinse mit Beeinträchtigung des Sehvermögens (↑Starerkrankungen).

graue Substanz ↑Gehirn.

Graugans ↑Gänse.

Grauhaie, 1) (Kammzähner, Hexanchidae) mit nur wenigen Arten in allen Meeren verbreitete Fam. bis etwa 5 m langer Haie; Zähne des Unterkiefers mit sägeartiger Kante; am bekanntesten ist der *Grauhai,* v. a. in trop. und subtrop. Meeren (auch im Mittelmeer), gelegentlich auch in der Nordsee.
2) (Blauhaie, Carcharhinidae), Fam. bis 6 m langer, lebendgebärender, räuber. Haifische mit ca. 60 Arten, v. a. in warmen Meeren (z. T. auch in Süßgewässern); einige Arten können auch dem Menschen gefährlich werden (»Menschenhaie«), u. a.: *Blauhai,* 2,5–4 m lang, spitzschnäuzig, v. a. in trop. Meeren und im Mittelmeer; *Tigerhai,* bis 6 m lang, in flachen Küstengewässern trop. Meere.

Graukardinäle, Singvogel-Gatt. der ↑Kardinäle in trop. S-Amerika.

Graun, Carl Heinrich, * Wahrenbrück zw. 9. 8. 1703 und 8. 8. 1704, † Berlin 8. 8. 1759, dt. Komponist. Ab 1735 im Dienste Friedrichs d. Gr.; komponierte u. a. zahlr. Violinkonzerte und Sinfonien, Concerti grossi und Triosonaten.

Graupeln [slaw.], Niederschlag in Form weißer, undurchsichtiger, weicher Eiskörner (*Reif-G.;* Durchmesser über

Gravitationskollaps

1 mm) oder als halbdurchsichtige Körner mit weichem Kern und harter Eisschale (*Frost-G.*; 2–5 mm).

Graupen [slaw.], geschälte, geschliffene und polierte Gersten-, seltener Weizenkörner.

Graureiher, svw. Fischreiher (↑Reiher).

Grauschimmel (Graufäule), Sammelbez. für Pilzkrankheiten, v. a. von Zwiebeln, Gurken, Erdbeeren und Himbeeren; an reifen Weinbeeren bewirkt der G. die Edelfäule.

Grauwal, etwa 10–15 m langer Bartenwal im nördl. Pazifik.

grave [italien.], musikal. Tempo- und Vortrags-Bez.: schwer, langsam.

Graves, Robert [engl. greɪvz] (R. Ranke Graves), gen. R. von Ranke G., * London 26. 7. 1895, † Deya (Mallorca) 7. 12. 1985, engl. Schriftsteller. Urenkel Leopold von Rankes; wurde bekannt durch den histor. Roman »Ich, Claudius, Kaiser und Gott« (1934).

Gravettien [gravɛti'ɛ̃:], nach dem Abri La Gravette (Gem. Bayac, Dép. Dordogne, Frankreich) ben. jungpaläolith. Kulturgruppe; löste das ↑Aurignacien ab.

Gravidität [lat.], svw. ↑Schwangerschaft.

Gravieren [niederl.-frz., zu niederdt. graven »graben«], **1)** *Technik:* das Einritzen von Zeichnungen, Schrift oder Druckelementen in Metallflächen, Stein, Elfenbein, Holz, Glas u. a. mittels Gravierwerkzeugen, Graviermaschinen oder durch Elektrogravur.
2) *Kartographie:* das Verfahren zur Herstellung von kartograph. Originalen.

Gravimetrie [lat./griech.], **1)** *Geodäsie und Geophysik:* das Verfahren zur Messung der Schwerebeschleunigung bzw. Schwerkraft an der Erdoberfläche.
2) (Gewichtsanalyse) *Chemie:* quantitatives Analysenverfahren, das sich der Messung einer Stoffmenge durch Gewichtsbestimmung (Auswaage) bedient.

Gravieren einer Gemme mit einer Gravierfräsmaschine

Gravis [lat.], **1)** *Phonetik:* fallender Silbenakzent. **2)** diakrit. Zeichen (Akzent), z. B. ` (frz. è).

Gravitation [lat.] (Massenanziehung, Schwerkraft), die Kraft, die zwei oder mehrere Körper auf Grund ihrer Masse aufeinander ausüben. Die G. der Erde bezeichnet man auch als *Schwerkraft*. Sie ist die Ursache für die Gewichtskraft (Gewicht) eines Körpers. Für den Betrag der Kraft F, mit der sich zwei Körper gegenseitig anziehen, gilt das *Newtonsche Gravitationsgesetz*: $F = \gamma \cdot m_1 m_2 / r^2$ (F Betrag der Anziehungskraft, m_1, m_2 Massen der beiden Körper, r Abstand der Massenmittelpunkte, γ Gravitationskonstante $6{,}672 \cdot 10^{-11}$ Nm² kg⁻²). Als *Gravitationsfeld* bezeichnet man den Raum in der Umgebung eines Körpers, in dem er auf andere Körper eine Anziehungskraft ausübt.

Gravitationskollaps [griech./lat.], Zusammenstürzen eines Sterns, wenn dieser das Ende seiner thermonuklearen Entwicklung erreicht hat und deshalb

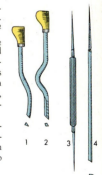

Gravieren 1). Gravierwerkzeuge; **1** gebogener Spitzstichel; **2** Ringstichel; **3** Graviernadel; **4** Flachstichel (**1, 2** und **4** mit Querschnittzeichnung)

Grauwal (Länge bis 15 m)

Graviton

Graz. Franziskanerkirche (um 1500), im Hintergrund der Schloßberg mit dem Uhrturm (1561)

Graz 1) Stadtwappen

keinen Druck mehr erzeugt, welcher der eigenen Massenanziehung das Gleichgewicht hält. Dabei können u. U. äußere Schichten des Sterns explosionsartig fortgeblasen werden (↑Supernova), so daß der Stern an Masse verliert. Je nach Masse des Reststerns bildet sich so ein ↑Weißer Zwerg, ein ↑Neutronenstern oder ein ↑Schwarzes Loch.

Graviton [lat.], von der Theorie gefordertes Feldquant der ↑Gravitation.

Gravüre [niederl.-frz.], Erzeugnis der *Gravierkunst* (Kupfer-, Stahlstich), insbes. eine auf photomechan. Wege hergestellte Tiefdruckform und der damit hergestellte Druck *(Heliogravüre, Photogravüre)*.

Gray [engl. grɛɪ; nach Louis Harold Gray, *1905, †1965], gesetzl. Einheit der Energiedosis (Einheitenzeichen Gy): 1 Gy = 1 J/kg.

Graz, 1) Hauptstadt des österr. Bundeslandes Steiermark, am Austritt der Mur ins Grazer Becken, 237 800 E. Univ., TU, Kunsthochschule, Bundeshandelsakademie, Landesarchiv, Theater, Oper, Museen. Großbetriebe des Kfz-, Maschinen-, Stahl- und Waggonbaus sowie Nahrungsmittel-, Glas- u. a. Ind., Verlage.
Stadtbild: Bed. Kirchen, u. a. frühgot. Leechkirche (1275–93), spätgotisch erneuerter Dom (1438–62), Haupt- und Stadtpfarrkirche zum Hl. Blut (1519) mit Barockfassade. Mausoleum Kaiser Ferdinands II. (1614 ff.). Der Haupttrakt des Landhauses (16. bis 19. Jh.) ist ein bed. Renaissancebau mit Arkadenhof. Auf dem Schloßberg als Überreste der Burg Uhr- und Glockenturm (beide 16. Jh.). Von den Bastionen ist das sog. Paulustor (1590–1612) erhalten.
Geschichte: 1164 als Marktsiedlung gen., aus der die Stadtsiedlung G. erwuchs. Ab 1379 Residenz der leopoldin. Linie der Habsburger, ab 1440 Kaiserresidenz. Ab 1543 zu einem Bollwerk gegen die Türken ausgebaut; 1564–1619 wieder Residenz für Innerösterreich.
2) (Graz-Seckau), österr. Bistum (seit 1963) für das Bundesland Steiermark; 1218 als Suffraganbistum Seckau von Salzburg gegründet.

Grazie [lat.], Anmut.
Grazien [lat.] ↑Chariten.
grazil [lat.], schlank und zartgliedrig.
grazioso [italien.], musikal. Vortragsbezeichnung: anmutig, lieblich.
Gräzismus [griech.], sprachl. Element, das aus dem Griechischen in eine andere Sprache übernommen ist.
Great Awakening, The [engl. ðə ˈgreɪt əˈweɪkənɪŋ], Erweckungsbewegung (seit etwa 1734) in den Staaten Neuenglands; großer Einfluß bes. auf die Entwicklung eines toleranten, demokrat. Gedankenguts.
Great Basin [engl. ˈgreɪt ˈbeɪsn], abflußlose Großlandschaft der USA, zw. der Sierra Nevada und der Cascade Range im W, den mittleren Rocky Mountains und dem Colorado Plateau im O, nach N in das Columbia Plateau übergehend, gegliedert durch zahlr. N–S streichende Ketten, Becken und Wannen.
Great Plains [engl. ˈgreɪt ˈpleɪnz], westl. Teil der ↑Interior Plains.
Great Salt Lake [engl. ˈgreɪt ˈsɔːlt ˈleɪk] (Großer Salzsee), Endsee im nordöstlichsten Becken des Great Basin, USA, mittlere Größe 4 000 km², maximal 8 m tief. Durch den G. S. L. führt ein Eisenbahndamm.
Greco, Juliette [frz. greˈko], *Montpellier 7. 2. 1927, frz. Chansonette und Schauspielerin. Mit ihren Chansons nach Texten von J.-P. Sartre, A. Camus, R. Queneau typ. Vertreterin der frz. Existentialistengeneration der Nachkriegszeit.

El Greco. Anbetung des Namens Jesu (1579; Escorial)

Greco, El [span. εl'ɣreko »der Grieche«], eigtl. Dominikos Theotokopulos, *Fodele bei Iraklion (Kreta) um 1541, † Toledo 6. oder 7. 4. 1614, span. Maler griech. Herkunft. Ausgebildet in Venedig, ab 1577 in Toledo tätig. Sein Hauptwerk ist »Das Begräbnis des Grafen Orgaz« (zw. 1586 und 1588, Toledo, Pfarrkirche Santo Tomé). Charakteristisch sind die Anordnung des Geschehens in einem in der Tiefe unbestimmten, von flackerndem, fahlem Licht und atmosphär. Phänomenen dramatisierten Raum und stark überlängte manierist. Figuren. – *Weitere Werke:* Entkleidung Christi (1577–79; München, Alte Pinakothek), Anbetung des Namens Jesu (auch u. d. T. »Der Traum Philipps II.«, 1579; Escorial), Martyrium des hl. Mauritius und der Thebaischen Legion (1580–82; Escorial), Ansicht von Toledo (um 1595–1610; New York, Metropolitan Museum), Tötung des Laokoon und seiner Söhne (um 1610; Washington, National Gallery of Art).

Green, Julien [frz. grin], *Paris 6. 9. 1900, amerikan. Schriftsteller frz. Sprache. Gestaltet in seinen Romanen Lebensangst und den vergebl. Kampf des Menschen gegen seine Triebhaftigkeit; auch Dramen, Tagebücher. – *Werke:* Adrienne Mesurat (R., 1927), Leviathan (R., 1929), Moira (R., 1950), Jeder Mensch in seiner Nacht (R., 1960), Louise (R., 1977), Von fernen Ländern (R., 1987).

Greenaway, Peter [engl. 'gri:nəweɪ], *in Wales 1942, brit. Filmregisseur. Vertreter des neuen brit. Films, dessen Werke skurrile, drastisch-vulgäre und kom. Züge aufweisen, u. a. »Der Kontrakt des Zeichners« (1982), »Ein Z und zwei Nullen« (1985), »Der Bauch des Architekten« (1987), »Der Koch, der Dieb, seine Frau und ihr Liebhaber« (1989), »Prosperos Bücher« (1991).

Greene, Graham [engl. gri:n], *Berkhamsted (Hertford) 2. 10. 1904, † Vevey 3. 4. 1991, engl. Schriftsteller. Trat 1926 zum kath. Glauben über; erlangte internat. Ruhm mit Romanen, die erzähltechnisch stark vom Kriminalroman und vom Film beeinflußt sind und deren Helden oft im Spannungsfeld von Sünde und Gnade agieren. *Werke:* Die Kraft und die Herrlichkeit (R., 1940;

Julien Green

Peter Greenaway

Greenpeace

Graham Greene

verfilmt 1961 von M. Daniels), Das Herz aller Dinge (R., 1948), Der dritte Mann (R., 1950; verfilmt 1949 von C. Reed), Unser Mann in Havanna (R., 1958; verfilmt 1959 von C. Reed), Der menschl. Faktor (R., 1978), Fluchtwege (Autobiographie, dt. 1981), Ein Mann mit vielen Namen (R., 1988).

Greenpeace [engl. 'gri:npi:s »grüner Frieden«], 1971 in Vancouver (Kanada) gegr. internat., unabhängige und überparteil. Umweltschutzorganisation, die mit gewaltfreien, direkten, oft unkonventionellen Aktionen weltweit auf die Umweltverschmutzung und -zerstörung aufmerksam zu machen und zur Beseitigung der Ursachen beizutragen sucht. Hauptanliegen sind u. a.: Beendigung aller Kernwaffentests, Einstellung der Versenkung von Atom- oder Chemiemüll in den Meeren, Schutz bedrohter Tierarten. G. hat Beobachterstatus bei den UN. Sitz des nat. G.-Büros in Deutschland ist Hamburg.

Greenwich ['grɪnɪdʒ], Stadtbezirk von London am Ufer der Themse. Die Sternwarte von G. befindet sich heute in Herstmonceux. Durch die 1675 gegr. Sternwarte verläuft der ↑Nullmeridian.

Greenwicher Zeit ['grɪnɪtʃər -; nach dem Londoner Stadtbezirk Greenwich] ↑Weltzeit.

Greenwich Village [engl. 'grɪnɪdʒ 'vɪlɪdʒ], Künstlerviertel im Stadtbezirk Manhattan, New York, USA.

Gregor, Name von Päpsten:
1) Gregor I., hl., *Rom um 540, † ebd. 12. 3. 604, Papst (ab 3. 9. 590), Kirchenlehrer. Bereitete die weltliche Macht des mittelalterl. Papsttums und den Kirchenstaat vor; seine liturgischen Reformen dienten v. a. der Ordnung und Bewahrung des Überlieferten (↑Gregorianischer Gesang). – Fest: 3. September.

2) Gregor VII., hl., *Soana (?) (Toskana) zw. 1019 und 1030, † Salerno 25. 5. 1085, vorher Hildebrand, Papst (ab 22. 4. 1073). Benediktiner; kämpfte gegen Laieninvestitur, Simonie und Priesterehe (↑gregorianische Reform, ↑Investiturstreit) und für die Führungsstellung des Papsttums über das Kaisertum (↑Canossa). – Fest: 25. Mai.

3) Gregor IX., *Anagni bei Frosinone um 1170, † Rom 22. 8. 1241, vorher Ugolino Graf von Segni, Papst (ab 19. 3. 1227). Förderte neue Orden (v. a. Franziskaner und Dominikaner), kirchl. Laienbewegungen und die Mission; organisierte die Inquisition.

4) Gregor XIII., *Bologna 1. 1. 1502, † Rom 10. 4. 1585, vorher Ugo B[u]oncompagni, Papst (ab 13. 5. 1572). Rechtslehrer; förderte die innerkirchl. Reform (↑Katholische Erneuerung) und die Gegenreformation; veranlaßte eine amtl. Ausgabe des Corpus Juris Canonici und die Reform des Julian. Kalenders.

Greenpeace.
Aufblasbarer Kunststoffwal, mit dem Mitglieder von Greenpeace im Mai 1988 das Anlegemanöver eines isländischen Fischdampfers (dahinter) in Bremerhaven behinderten

Greifvögel

Gregor von Nazianz, hl., gen. der Theologe, *Arianz (Kappadokien) 330, † ebd. 390, Bischof, griech. Kirchenlehrer. Gehört zu den führenden Theologen des späten 4. Jh., die die theolog. Entscheidung des 1. Konzils von Konstantinopel ermöglichten. – Fest: 2. Januar.

Gregor von Nyssa, hl., *Caesarea Cappadociae um 335, † Nyssa um 394, Bischof und Kirchenlehrer. Jüngerer Bruder von Basilius d. Gr.; verteidigte das nizän. Glaubensbekenntnis und formte die Trinitätslehre entscheidend mit.

Gregor von Tours [frz. tu:r], hl., *Clermont (Auvergne) 30. 11. 538 oder 539, † Tours 17. 11. 594, fränk. Geschichtsschreiber. 573 Bischof von Tours; verfaßte die »Historia Francorum« (Geschichte der Franken), die bis 591 reicht.

Gregor-Dellin, Martin [...li:n], *Naumburg/Saale 3. 6. 1926, † München 23. 6. 1988, dt. Schriftsteller. Lebte ab 1958 in der BR Deutschland; ab 1982 Präs. des P. E. N.-Zentrums BR Deutschland. In seinem Roman »Jakob Haferglanz« (1963, 1956 u. d. T. »Jüd. Largo«) wird das Schicksal eines jüd. Schülers zur Zeit des Dritten Reichs dargestellt; auch Biographien, musik- und kulturhistor. Abhandlungen und Essays; umfangreiche Herausgebertätigkeit.

Gregoriana, päpstl. Univ. in Rom. 1551 als »Collegium Romanum« gegründet.

gregorianische Reform, kirchl. Reformbewegung des 11./12. Jh., benannt nach Papst Gregor VII., wandte sich zunächst gegen Simonie und Priesterehe, griff dann jedoch bestehende Rechtsformen (Laieninvestitur, Kaiserrechte bei der Papstwahl) an; ihre Ergebnisse waren stärkere Abgrenzung der geistl. und weltl. Gewalt bei Betonung des geistl. (päpstl.) Führungsanspruchs und Bildung einer in sich geschlossenen kirchl. Hierarchie.

Gregorianischer Gesang (Choral, Gregorian. Choral), nach Papst Gregor I. im Zusammenhang mit dessen um 600 erfolgter Liturgiereform benannter chor. oder solist. einstimmige, liturg. Gesang der lat. Kirche in den Formen von Oration, Lektion, Antiphon, Responsorium, Hymnus und Sequenz, die in der Liturgie von Messe und Stundengebet verwendet werden.

Gregorianischer Kalender ↑ Zeitrechnung.

Gregorovius, Ferdinand, Pseud. F. Fuchsmund, *Neidenburg bei Allenstein 19. 1. 1821, † München 1. 5. 1891, dt. Schriftsteller. Erfolgreich mit kulturhistor. Werken, v. a. »Geschichte der Stadt Rom im MA« (8 Bde., 1859–72).

Greif [semit.-griech.-lat.], geflügeltes Fabeltier (Löwe mit Adlerkopf).

Greiffuß, in der *Zoologie* Bez. für einen Fuß, bei dem die erste Zehe den übrigen Zehen gegenübergestellt (opponiert) werden kann und den Fuß so zum Greifen befähigt (z. B. bei Affen). Entsprechendes gilt für die *Greifhand* (z. B. bei den meisten Affen und beim Menschen).

Greifswald, Kreisstadt am Ryck, Meckl.-Vorp., 65 900 E. Univ. (gegr. 1456); Werk für Nachrichtenelektronik; Hafen. Drei got. Backsteinkirchen (alle 13. Jh.): Sankt Marien, Sankt Nikolai und Sankt Jakobi. Urspr. got. Rathaus (14. Jh.; barockisiert), barockes Univ.gebäude (1747–50). – Ab 1250 Stadtrecht; 1648 schwed., 1815 an Preußen.

Greifswalder Bodden, flaches Randbecken der südl. Ostsee.

Greifvögel (Greife, Tagraubvögel, Falconiformes, Accipitres), mit rd. 290 Arten weltweit verbreitete Ordnung

Greenwich. Nullmeridian am Royal Greenwich Observatory

Martin Gregor-Dellin

1355

Greinacher

14–140 cm langer, tagaktiver Vögel mit Spannweiten von 25 cm bis über 3 m; ernähren sich vorwiegend tierisch; mit kurzem, hakig gekrümmtem Oberschnabel und kräftigen Beinen, deren Zehen (mit Ausnahme der Aasfresser wie Geier) starke, gekrümmte, spitze, dem Ergreifen und häufig auch dem Töten von Beutetieren dienende Krallen aufweisen. Man unterscheidet vier Familien: *Neuweltgeier, Sekretäre, Habichtartige* und *Falken*.

Greinacher, Norbert, * Freiburg im Breisgau 26. 4. 1931, dt. kath. Theologe. Seit 1971 Prof. in Tübingen; 1980 einer der Mitbegründer der »Initiative Kirche von unten«; wegen seiner Denkanstöße zur »Öffnung der Kirche« wiederholt im Konflikt mit der Amtskirche.

Greisenhaupt, bis 15 m hohe, am Grund manchmal verzweigte Art der Kakteen aus Mexiko; Stamm mit bis 12 cm langen, lockigen, grauen bis weißen Borstenhaaren.

Greiskraut (Kreuzkraut), Gatt. der Korbblütler mit über 1500 weltweit verbreiteten Arten; bekannt ist das *Jakobs-G.*, bis 1,5 m hoch, zerstreut auf Wiesen und an Böschungen wachsend.

Gremium [lat.], Ausschuß, Körperschaft.

Grenada, Staat im Bereich der Westind. Inseln, umfaßt die gleichnamige Insel sowie die südl. Grenadine Islands.

Grenada

Staatsflagge

Staatswappen

1970 1992 1970 1992
Bevölkerung Bruttosozialprodukt je E
(in Tausend) (in US-$)

Bevölkerungsverteilung 1991

Bruttoinlandsprodukt 1992

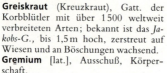

Grenada

Fläche:	344 km²
Einwohner:	91 000
Hauptstadt:	St. George's
Amtssprache:	Englisch
Nationalfeiertag:	7. 2.
Währung:	1 Ostkarib. $ (EC $) = 100 Cents (c)
Zeitzone:	MEZ − 5 Std.

Staat und Recht: Parlamentar. Monarchie im Rahmen des Commonwealth; *Verfassung* von 1974 (1979–84 außer Kraft). Staatsoberhaupt ist der brit. Monarch, vertreten durch einen Generalgouverneur. Exekutivorgan ist die Regierung unter Führung des Min.-Präs.; die *Legislative* liegt beim Parlament (Repräsentantenhaus 15 Abg., Senat 13 Mitgl.). *Parteien:* Nationaldemokrat. Kongreß, Vereinigte Arbeiterpartei, Neue Nat. Partei. G. hat keine *Streitkräfte*.

Landesnatur: Die Inseln gehören zum inneren, vulkan. Bogen der Inseln über dem Winde. Die Hauptinsel Grenada (305 km²) ist im Mount Saint Catherine 840 m hoch. Die Inseln liegen im Bereich der trop. Zone.

Bevölkerung: Die Inseln werden von überwiegend kath. Schwarzen (74%), Mulatten (20%), Indern (5%) und Weißen (1%) bewohnt.

Wirtschaft, Verkehr: 80% der Bevölkerung leben von der Landwirtschaft. Angebaut werden Muskatnußbäume, Kakao, Bananen, Zitrusfrüchte, Zuckerrohr. Das Straßennetz ist rd. 1000 km lang. Wichtigster Hafen ist Saint George's. Internat. ⚓ befinden sich auf Grenada und Carriacou Island.

Geschichte: 1498 von Kolumbus entdeckt und *Concepción* gen.; 1674 frz. Kronkolonie; ab 1762/63 brit., 1958–62 Teil der Westind. Föderation (seit 1960 innere Selbstverwaltung); 1967 Mgl. der Westind. Assoziierten Staaten; erhielt am 7. 2. 1974 die volle Unabhängigkeit. Bei einem linksgerichteten Putsch kam 1979 M. Bishop an die Macht, der am 14. 10. 1983 abgesetzt wurde und bei blutigen Auseinandersetzungen ums Leben kam (19. 10.). Am 25. 10. begannen US-Truppen mit einem Hilfskontingent aus sieben karib. Staaten mit einer Invasion, um ein angeblich drohendes Eingreifen Kubas zu verhindern. Die Parlamentswahlen von 1990 führten zur Ablösung der 1984 gewählten liberal-konservativen Reg. unter H. A. Blaize. Neuer Min.-Präs. wurde N. Brathwaite vom Nationaldemokrat. Kongreß.

Grenadier [frz.], ab Mitte des 17. Jh. ein Soldat, der Handgranaten gegen den Feind schleuderte; später svw. Infanterist.

Grenzfläche

Greiskraut. Senecio keniodendron
(Höhe bis 12 m)

Greiskraut.
Gemeines Greiskraut
(Höhe 10–50 cm)

Greisenhaupt
(Höhe bis 15 m)

Grenadillen [span.-frz.], svw. ↑Passionsfrüchte.
Grenadine Islands [engl. grɛnəˈdiːn ˈaɪləndz], Inselgruppe der Kleinen Antillen, gehören zu Grenada und Saint Vincent and the Grenadines.
Grenoble [frz. grəˈnɔbl], größte Stadt der frz. Alpen, 154 000 E. Verwaltungssitz des Dép. Isère. Univ. u. a. Hochschulen, Kernforschungszentrum; Museen, Theater. Elektrochem. Ind., Maschinenbau, Handschuhmacherei und Zementfabrikation. Kathedrale Notre-Dame (12./13. Jh.), Kirche Saint-Laurent (11. Jh.) mit merowing. Krypta (8. Jh.), Justizpalast (15./16. Jh.), Rathaus (16. Jh.). – Seit dem 4. Jh. Bischofssitz, ab 879 zum Kgr. Burgund; 1242 Stadt.
Grenze, 1) *Völkerrecht:* die Trennungslinie zw. den Hoheitsgebieten benachbarter Staaten.
2) *Mathematik:* kleinste obere bzw. größte untere ↑Schranke einer [beschränkten] Zahlenfolge, als *obere G. (Supremum, Finis superior),* Abk. sup, fin sup oder fin, und *untere G. (Infimum, Finis inferior),* Abk. inf, fin inf oder fin, unterschieden.
Grenzfläche, Fläche zw. zwei Stoffen oder Phasen, an der sich die physikal. Eigenschaften innerhalb einer Strecke molekularer Größenordnung sehr stark ändern. Da die Atome oder Moleküle in einer G. nicht allseitig von gleichen

Grenoble
Stadtwappen

Grenoble.
Der Justizpalast in der
Altstadt; 15./16. Jh.

grenzflächenaktive Stoffe

Lady Jane Grey

Nachbaratomen bzw. -molekülen umgeben sind, tritt eine Vielzahl von *Grenzflächenerscheinungen* auf. Zu ihnen zählen u. a. die Ausbildung bestimmter Oberflächenformen von Flüssigkeiten in Gasen und an angrenzenden festen Stoffen (z. B. Tropfenbildung), die zw. Flüssigkeiten und festen Stoffen auftretende Benetzung, Kapillarität.

grenzflächenaktive Stoffe, meist synthet. organ. Verbindungen, die sich an Grenzflächen (z. B. von Gefäßwand und Wasser) anreichern und die Oberflächen- bzw. Grenzflächenspannung [des Wassers] herabsetzen. Man unterscheidet *anion[en]aktive Stoffe*, bei denen sich die hydrophobe (wasserabstoßende) Gruppe im Anion befindet (z. B. bei Seifen), *kation[en]aktive Stoffe*, bei denen die hydrophobe Gruppe im Kation vorliegt (z. B. bei Invertseifen), *nichtionogene* (nicht in Ionen spaltbare) *Stoffe* und innere Salze bildende *Ampholyte*. Die hydrophilen (wasseranziehenden) Gruppen der g. S. bewirken die Wasserlöslichkeit. ↑Tenside.

Grenzformeln ↑Mesomerie.

Grenzkosten, Bez. für den Kostenzuwachs, der auf einem bestimmten Produktionsniveau bei der Produktion einer weiteren Gütereinheit anfällt.

Grenzmark ↑Mark.

Grenzmark Posen-Westpreußen, 1922–38 preuß. Prov., gebildet aus den Restteilen der nach dem Versailler Vertrag beim Dt. Reich verbliebenen ehem. preuß. Prov. Posen und Westpreußen; Hauptstadt Schneidemühl.

Grenznutzen, in der *Haushaltstheorie* der Nutzenzuwachs, den ein Wirtschaftssubjekt auf einem bestimmten Konsumniveau bei einer geringfügigen Ausweitung seines Konsums erfährt.

Grenzregelung, die Ordnung der Grenzverhältnisse benachbarter Grundstückseigentümer. Im bürgerl. Recht sind u. a. geregelt: *Grenzabmarkung (Abmarkung),* die Markierung des unstreitigen Grenzverlaufs durch *Grenzzeichen;* [beiderseits der Grenze stehende] *Grenzeinrichtungen,* wie Mauern und Hecken. Von ihnen wird vermutet, daß die Eigentümer zur gemeinschaftl. Benutzung berechtigt sind; *Grenzbaum* und *Grenzsträucher:* Ihre Früchte gebühren den Nachbarn zu gleichen Teilen, ebenso beim Fällen das Holz.

Grenzschicht (Reibungsschicht), bei Strömungen zäher Medien entlang fester Wände diejenige Strömungsschicht in unmittelbarer Wandnähe, innerhalb der die Geschwindigkeit vom Betrag Null (Haftbedingung an der Wand) auf den der Außenströmung ansteigt.

Grenzschutz ↑Bundesgrenzschutz.

Grenzstrang, eine paarige Ganglienkette darstellender Nervenstrang des sympath. Nervensystems beim Menschen und Wirbeltieren, beiderseits der Wirbelsäule von der Schädelbasis bis zur Steißbeinspitze verlaufend; steht mit Rückenmark und inneren Organen in Verbindung.

Grenzverkehr, der Dienstleistungs-, Waren-, Kapital- und Personenverkehr über die Grenzen eines Staates hinweg. Eine bes. Rolle spielt der *kleine Grenzverkehr* als grenzüberschreitender Verkehr von Personen mit ständigem Wohnsitz innerhalb eines Zollgrenzbezirks.

Grenzwert (Limes), in der *Mathematik* diejenige reelle Zahl g, der sich die Glieder einer unendl. Zahlenfolge $a_1, a_2, a_3, ... a_n ...$ in der Art nähern, daß sie sich von einem genügend hohen Index n an g beliebig wenig unterscheiden. Man schreibt $a_n \uparrow g$ oder lim $a_n = g$.

Gretchenfrage, eine unangenehme, oft peinl. und zugleich für eine bestimmte Entscheidung wesentl. Frage (nach der von Gretchen an Faust gerichteten Frage »Nun sag, wie hast du's mit der Religion?«, Goethe, »Faust«, 1. Teil).

Gretel im Busch ↑Schwarzkümmel.

Greyhound. Schulterhöhe bis 65 cm

Griechenland

Grevenbroich [gre:vən'bro:x], Stadt am N-Rand der Ville, NRW, 61 100 E. Geolog. Museum; Aluminiumindustrie; Großkraftwerke auf Braunkohlebasis.

Grey, Lady Jane [engl. greɪ], *Broadgate (Leicestershire) Sept. 1537, † London 12. 2. 1554, engl. Gegenkönigin. Urenkelin Heinrichs VII; frühreif und hochgebildet. Die legitime Thronerbin Maria I. (Tudor) ließ sie nach ihrer eigenen Krönung (6. 7. 1553) festsetzen und später enthaupten.

Greyhound [engl. 'greɪhaʊnd] ↑Windhunde.

Griechenland (neugriechisch Ellas, altgriechisch Hellas), Staat in SO-Europa, grenzt im NW an Albanien und Makedonien, im N an Bulgarien, im NO an die europ. Türkei.

Staat und Recht: Parlamentar. Republik mit präsidialen Elementen; Verfassung von 1975 (zuletzt 1986 geändert). *Staatsoberhaupt* ist der vom Parlament auf 5 Jahre gewählte Staats-Präs.; die *Exekutive* liegt teils beim Staats-Präs., teils bei der Regierung, die des Vertrauens des Parlaments bedarf und durch ein Mißtrauensvotum gestürzt werden kann. Die *Legislative* liegt bei der Nationalversammlung (288 auf 4 Jahre direkt gewählte und 12 durch die Parteien bestimmte Abg.); bei Unfähigkeit des Parlaments zur Regierungsbildung kann der Staats-Präs. mit Ermächtigung durch den Rat der Republik (alle früheren demokratisch gewählten Präs., der Min.-Präs. und der Oppositionsführer sowie alle früheren vom Vertrauen des Parlaments getragenen Min.-Präs.) einen Min.-Präs. ernennen. Dominierende *Parteien* sind die Panhellen. Sozialist. Bewegung (PASOK) und die 1974

Staatsflagge

Griechenland

Fläche:	131 957 km²
Einwohner:	10,182 Mio.
Hauptstadt:	Athen
Amtssprache:	Griechisch
Nationalfeiertag:	25. 3.
Währung:	1 Drachme = 100 Lepta
Zeitzone:	MEZ + 1 Std.

Staatswappen

1970 1992   1970 1992
Bevölkerung Bruttosozial-
(in Mio.)   produkt je E
             (in US-$)

8,8 10,2   2239 7290

□ Stadt   Land □
64% 36%

Bevölkerungsverteilung 1992

■ Industrie
■ Landwirtschaft
□ Dienstleistung

26% 15% 59%

Bruttoinlandsprodukt 1992

Griechenland. Ort am Meer auf der Insel Santorin

Griechenland

Griechenland. Blick von der Akropolis auf den Kalkberg Lykabettos

gegr. konservativ-liberale Nea Demokratia (ND).

Landesnatur: G. ist vorwiegend gebirgig, im Olymp (in O-Thessalien) 2917 m hoch. Das Faltengebirge der Helleniden durchzieht G. in N–S-Richtung; es erreicht im nördl. Pindos Höhen über 2000 m, auf der Peloponnes Höhen über 2400 m. Großräumige Beckenzonen, wie in Makedonien, Thessalien, Böotien und in der Argolis, gehören zu den fruchtbarsten Gebieten des Landes. Der Golf von Patras, der Golf von Korinth und der Saron. Golf trennen die Peloponnes vom Festland. Die gesamte griech. Landmasse ist durch Buchten und Golfe stark gegliedert. Der W-Küste sind die Ionischen Inseln, der O- und SO-Küste Kreta, Euböa und die Ägäischen Inseln vorgelagert. G. hat mediterranes Klima mit trockenen, heißen Sommern. Immergrüne mediterrane Vegetation an den Küsten und in den Tiefländern, dann folgen Gebirgswälder bis 2000 m Höhe.

Bevölkerung: Rund 95% der Bevölkerung sind Griechen, der Rest nat. Minderheiten wie Makedonier, Türken, Albaner, Aromunen und Bulgaren. Knapp 98% sind griech.-orth. Christen.

Wirtschaft, Verkehr: Die Landwirtschaft ist geprägt durch Getreideanbau, Weinbau (Korinthen- und Sultaninenproduktion), Ölbaumkulturen, Obst-, Baumwoll- und Tabakanbau. Im N wird Rinder-, im S Schaf- und Ziegenhaltung betrieben. Abgebaut werden Braunkohle, Torf, Bauxit und Magnesit. Erdölvorkommen in der N-Ägäis führten zu polit. Kontroversen mit der Türkei. Ind.hauptstandorte sind Athen, Saloniki und Patras. Das Schienennetz ist 2461 km, das Straßennetz 40 300 km lang. Eine bed. Rolle spielt die Handelsschiffahrt. Wichtigste Häfen sind Piräus, Eleusis und Saloniki. Wichtigste internat. ✈ sind Athen-Ellinikón und Saloniki.

Geschichte: *Frühzeit und archaische Zeit (bis etwa 500 v. Chr.):* Der Schauplatz der

Griechenland. Bucht von Parga im Westen von Epirus

Griechenland

griech. Geschichte im weiteren Sinne ist der gesamte von den Griechen besiedelte Raum der Mittelmeerwelt, im engeren Sinne die von den Griechen »Hellas«, von den Römern »Graecia« genannte Halbinsel, die zugehörigen griechisch besiedelten Inseln und die Inseln des Ägäischen Meeres. Hier wanderten seit etwa 2000 v. Chr. indogerman. Stämme ein und vermischten sich mit der mediterranen Vorbevölkerung der Karer, Leleger und Pelasger. Die Frühgriechen (myken. Griechen), die möglicherweise den Gesamtnamen Achäer trugen, begründeten zuerst die mittelhellad. Kultur, dann unter starkem Einfluß der minoischen Kultur seit etwa 1600 v. Chr. die myken. Kultur (befestigte Zentren Mykene, Tiryns, Pylos). Auf Kreta hielt sich die minoische Kultur unter Aufnahme myken. Charakteristika bis etwa 1400 v. Chr. Um 1200 fand die myken. Kultur durch den Einbruch der Seevölker ihren Untergang. Im 12. Jh. v. chr. vollzog sich dann über Thessalien und über den Golf von Korinth die Einwanderung der Dorier, die große Teile M-Griechenlands sowie der nördl. und nw. Peloponnes besiedelten (dorische Wanderung). Gleichzeitig wurden andere Stämme (Äolier, Ionier) teilweise nach Kleinasien abgedrängt. In den folgenden »dunklen Jahrhunderten« (bis etwa 800 v. Chr.) entstand das histor. griech. Volk. Es bildeten sich die griech. Dialekte heraus sowie eine gemeinsame Religion und ein gemeinsamer Mythos. In archaischer Zeit (ab etwa 800 v. Chr.) entstand der Stadtstaat (Polis). Mit der Kolonisation ab dem 8. Jh. v. Chr. (Küsten des Schwarzen Meeres und des Mittelmeeres) begann die Ausbreitung der Griechen auch nach Westen. Auf dem Festland traten Sparta und Athen zunehmend hervor. Soziale Konflikte führten hier u. a. zur Rechtsaufzeichnung (624 Drakon in Athen) und zum wirtschaftl.-polit. Ausgleich durch Schiedsrichter (594/593 Reformen Solons in Athen); 560–27 regierte Peisistratos als Alleinherrscher (Tyrann), Kleisthenes schuf 507 die Grundlage der Volksherrschaft (Demokratie). Sparta (Doppelkönigtum, eingeschränkt durch fünf Ephoren) sicherte sich im 7. Jh. v. Chr. die Vormachtstel-

Griechenland. Landschaft bei Andritsäna auf der Peloponnes

Griechenland. Olympia mit den Ruinen des Philippeions (nach 338 v. Chr.) und den Säulen der Palästra (3. Jh. v. Chr.)

Griechenland

Griechenland. Schwammfischerhafen Kalimnos auf der gleichnamigen Insel

griechische Kunst. Kroisos-Kuros aus Anavyssos, Attika; Höhe 1,94 m (um 530–520 v. Chr.; Athen, Archäologisches Nationalmuseum)

lung (Hegemonie) in der Peloponnes. Ende des 6. Jh. wurde der Peloponnesische Bund gegründet. Die in lockeren Stammesbünden zusammengeschlossenen Griechen Kleinasiens fielen erst unter lyd., ab 546 unter pers. Oberhoheit. *Klassische Zeit (500–336 v. Chr.):* Die Unterstützung des Ion. Aufstandes (500–494) durch Athen und Eretria (Euböa) hatte die ↑Perserkriege zur Folge. Den pers. Versuch der Unterwerfung konnten die Griechen in den Schlachten bei Marathon (490), Salamis (480) und Plataä (479) erfolgreich abwehren. Nach Befreiung der kleinasiat. Küstengebiete kam es zur Gründung des Att.-Del. Seebundes (477) unter Führung Athens, das unter Perikles (Stratege 443–430) einen polit. und kulturellen Höhepunkt erlebte. Der wachsende Gegensatz zw. Athen und Sparta entlud sich im Peloponnes. Krieg (431–404), der mit der Vormachtstellung des von Persien unterstützten Sparta endete. Der mit Persien 387 abgeschlossene Königsfriede sicherte den griech. Staaten die Unabhängigkeit, lieferte aber Kleinasien endgültig dem pers. Großkönig aus. Übergriffe Spartas förderten die Gründung des 2. Att. Seebundes. Theben brach die spartan. Vorherrschaft bei Leuktra (371).

Hellenismus und röm. Herrschaft (336 v. Chr. bis 330 n. Chr.): Philipp II. dehnte den Einflußbereich Makedoniens über die ganze nördl. Ägäis aus. Bei Chaironeia schlug er 338 die vereinigten Athener und Thebaner entscheidend und gründete im gleichen Jahr im Korinthischen Bund eine Organisation, die ihm als Exekutivmacht und Garanten polit. Stabilität die Herrschaft über G. verschaffte. Nach Ermordung Philipps (336) gelang es seinem Sohn Alexander d. Gr., Persien zu zerschlagen und die eigenen Herrschaftsgrenzen bis Ägypten (332), ins Gebiet des heutigen Turkestan (329–327) und zum Indus auszudehnen (326). Die nach Alexanders Tod (323) entstandenen Diadochenreiche bedeuteten die Herrschaft griech. Minderheiten über die unterworfenen Völker und Ausbreitung griech. Kultur und Lebensformen als verbindendes Element über den ganzen Orient *(Hellenismus).* Der ab 215 von Philipp V. von Makedonien im Bund mit Hannibal gegen die ab 229 in Epirus engagierten Römer geführte 1. Makedon. Krieg löste die makedon. Vorherrschaft in G. auf, das zum röm. Einflußgebiet und schließlich 148 röm. Prov. (146 verbunden mit dem gleichfalls unterworfenen Griechenland) wurde. Nach Aufständen und verschiedenen Versuchen der Neuordnung des hellenist. Ostens richtete Augustus 27 v. Chr. in G. die Prov. Achaia mit Korinth als Hauptstadt ein. Seit Diokletian gehörte G. als Diözese Macedonia zur illyr. Präfektur.

Byzantin. Zeit und osman. Herrschaft (330 n. Chr. bis 1830): Mit der Neugründung des griech. Byzantion als Konstantinopel (330 n. Chr.) und seiner Erhebung zur Hauptstadt des Röm. Rei-

Griechenland

ches gab Konstantin I., d. Gr., dem Röm. Reich ein neues Staatszentrum. Das nach der Reichsteilung (395) entstandene Ostrom. bzw. †Byzantinische Reich, das sich auf die Traditionen der griech. Kultur stützte und das nach den arab. Eroberungen des 7. Jh. ein Staat mit fast rein griech. Bevölkerung war, wurde 1453 mit der Eroberung Konstantinopels durch Sultan Mohammed II. zerstört. G. war für mehr als drei Jahrhunderte ein Teil des Osman. Reiches. Im 16./17. Jh. setzte ein wirtschaftl. Aufschwung in G. ein. Anfang des 19. Jh. konnte der griech. Seehandel vom Niedergang des brit. und frz. Handels profitieren. Die neu entstandene Schicht der Kaufleute und Fernhändler sah sich aber durch den Machtverfall des Osman. Reiches behindert; dank ihrer Kontakte zu M- und W-Europa wurde sie zum Vermittler des Gedankenguts der Aufklärung und der nat. Bewegungen. Nach der geglückten serb. Erhebung (1804–17) begannen die Griechen am 4. 3. 1821 ihren Freiheitskampf (Jan. 1822 Unabhängigkeitserklärung von Epidauros; Entscheidung erst 1827 nach Eingreifen von Großbrit., Rußland, Frankreich), unterstützt von Freischaren aus W-Europa (»Philhellenen«).

Griechenland zw. Monarchie und Diktatur (1830 bis 1974): Im Londoner Protokoll (3. 2. 1830) wurde G. (d. h. Süd- und Zentral-G. samt Euböa, Kykladen) als unabhängige Erbmonarchie anerkannt. Nach der Ermordung des ersten Regenten, I. A. Graf Kapodistrias (1827–31), folgte 1832 der bayr. Prinz Otto als König. 1862 wurden die Wittelsbacher vertrieben und der dän. Prinz Wilhelm Georg von der Nationalversammlung zum neuen König gewählt. Die 1864 ausgearbeitete Verfassung bildete die Grundlage des parlamentar. Regierungssystems. Die Außenpolitik orientierte sich stets an der Idee der Bildung eines großgriech. Nationalstaates. Im Berliner Frieden 1881 erhielt Griechenland S-Epirus, den größten Teil Thessaliens, in den Balkankriegen 1912/13 u. a. Kreta, nach dem 2. Weltkrieg den Dodekanes. Erst 1923 wurde die Grenze zur Türkei endgültig festgelegt. In der Folge der Militärrevolte 1909 bildete der liberale E. Venizelos 1910–15 die Regierung und führte 1911 eine Verfassungsreform durch. Nach siegreicher Teilnahme an den Balkankriegen brach über die Frage des Kriegseintritts 1915 ein schwerer Verfassungskonflikt zw. dem für unbedingte Neutralität eintretenden König Konstantin I. und den für das Bündnis mit der Entente plädierenden Liberalen aus. Es kam zu Wirren mit Bildung einer Gegenregierung durch Venizelos (1916), deren Unterstützung durch die Westmächte den König zum Verlassen des Landes bis 1920 zwang. Der verlorene Griechisch-Türkische Krieg (1921/22) besiegelte 1923 die Vertreibung der Griechen aus Kleinasien und Ostthrakien (1 Mio. Flüchtlinge) und führte zum Sturz der Monarchie. Nachdem G. 1924 Republik geworden war, wurde es von fortwährenden Regierungskrisen erschüttert; im Gefolge der Weltwirtschaftskrise errangen die royalist. Parteien 1933 die Mehrheit. Nach einer gescheiterten Revolte (1935) erzwangen sie nach einer

griechische Kunst. Hermes mit dem Dionysosknaben, Werk des Praxiteles; Höhe 2,15 m (um 330–320 v. Chr.)

1363

Griechenland

griechische Kunst.
Links: geometrische Bronzplastik eines Hengstes von der Peloponnes (um 730 v. Chr.) ◆
Rechts: Exekias, »Amphora mit den brettspielenden Helden Achill und Aias« (um 530 v. Chr.)

griechische Kunst.
Kore vom Erechtheion, Athen (um 420/413 v. Chr.; London, Britisches Museum)

Volksabstimmung die Wiedereinführung der Monarchie; Georg II. kehrte wieder aus dem Exil zurück. Mit seiner Einwilligung errichtete Min.-Präs. I. Metaxas 1936 ein diktator. Regierungssystem.
Während der dt.-italien.-bulgarischen Okkupation (1941–43 italien. Militärverwaltung) entstand im Lande eine Widerstandsbewegung, deren gewichtigste Organisation EAM/ELAS kommunistisch geführt wurde. Im Griech. Bürgerkrieg (1942–49) gelang es den Kommunisten allerdings nicht, sich zu behaupten. Nach einem Plebiszit (1946) kehrte Georg II. auf den Thron zurück. Die unter Min.-Präs. S. Venizelos 1952 revidierte Verfassung von 1864/1911 entwickelte das parlamentar. Regierungssystem weiter. Griechenland trat der NATO und dem Balkanpakt bei. Die Bemühungen von Min.-Präs. K. Karamanlis um die Wirtschafts-, insbes. die Ind.entwicklung mit Hilfe der USA und W-Europas (Assoziierungsvertrag mit der EWG 1962) blieben durch die Auseinandersetzungen mit der Opposition um die Grundlagen der Rechtsstaatlichkeit belastet. Außenpolitisch war das Land durch das Zerwürfnis mit der Türkei über die Zypernfrage belastet. Die Errichtung eines nationalist.-autoritären Regimes nach einem Armeeputsch am 21. 4. 1967 unter den Obristen J. Papadopulos und S. Pattakos rief im In- und Ausland wachsenden Protest hervor (Austritt aus dem Europarat 1969). Der Gegenputsch König Konstantins II. scheiterte (Dez. 1967). Ab Dez. 1968 war Papadopulos Diktator Griechenlands. Unter Bruch der Verfassung wurde am 1. 6. 1973 die Republik ausgerufen (sanktioniert durch Volksabstimmung vom 29. 7. 1973). Noch im Nov. 1973 übernahmen die Streitkräfte erneut die Regierungsgewalt und setzten Papadopulos ab. Der Mitte Juli 1974 auf Zypern unternommene Versuch, ein Regime zu etablieren, das den Anschluß der Insel an Griechenland betreiben sollte, scheiterte durch das Eingreifen der Türkei und führte zur Ablösung der Militärherrschaft.

Die neue Republik (seit 1974): Unter Min.-Präs. K. Karamanlis normalisierte sich das polit. Leben in Griechenland u. a. durch Bildung der polit. Parteien und Wahlen (Nov. 1974), die für die Partei Karamanlis' (ND) die Zweidrittelmehrheit erbrachten. In einer Volksabstimmung am 8. 12. 1974 entschieden sich 69,2% für die Republik als Staatsform; im Juni 1975 wurde die neue Verfassung des Landes verabschiedet. Außenpolitisch lehnte sich G. weiter an den Westen an, 1974–80 war es allerdings aus der militär. Organisation der NATO herausgelöst. 1980 wurde K. Karamanlis zum Staats-Präs. gewählt. Nach fast dreijährigen Verhandlungen trat G. am 1. 1. 1981 der EG bei. 1981 löste A. Papandreu (PASOK) nach dem Wahlsieg seiner Partei J. Rallis (ND) als Min.-Präs. ab. Mit einer Reihe von Verfassungsänderungen schwächte die 1985 bestätigte PASOK-Regierung unter A. Papandreu 1986 die Stellung des Staats-Präs. zugunsten des Parlaments. Bei den Wahlen 1989 verlor die PASOK ihre absolute Mehrheit; die Nea Demokratia und die Vereinigte Linke bildeten eine Koalitionsregierung, die die Verwicklungen der PASOK in Korruptionsskandale untersuchen und Neuwahlen vorbereiten sollte. Nachdem gegen verschiedene ehem. Regierungsmitglieder Anklage erhoben worden war, trat die Regierung im Okt. 1989 zurück. Nach den Wahlen im Nov. 1989 bildete der Parteilose X. Zolotas eine Allparteienregierung, die im Febr. 1990 scheiterte. Wahlen im April 1990 brachten eine knappe Mehrheit für die Nea Demokratia unter Min.-Präs. K. Mitsotakis. Bei den Wahlen vom Okt. 1993 errang die PASOK die Mehrheit, Papandreu wurde wieder Min.-Präs. Nach der Unabhängigkeit der Rep. Makedonien kam es zu Spannungen wegen griech. Bedenken hinsichtlich der Namensgebung. 1995 wurde K. Stephanopulos zum Staats-Präs., 1996 (nach dem Rücktritt Papandreus) K. Simitis zum Min.-Präs. gewählt.

Griechisch, die zu den indogerman. Sprachen gehörende Sprache der Griechen im Altertum, die genauer als *Altgriechisch* zu bezeichnen ist. Die ältesten griech. Texte sind Tontafeldokumente und Vaseninschriften aus dem 13. Jh. v. Chr.; inschriftl. Überlieferung in griech. Schrift setzte im 8. Jh. v. Chr. ein. Das G. war durch Kolonisationsbewegungen und Städtegründungen bis nach Spanien, Ägypten, Indien und rings um das Schwarze Meer verbreitet. Das ältere griech. Sprachgebiet gliedert sich in verschiedene Dialektgebiete: 1. den ion.-att. Zweig mit dem ionischen Dialekt an der kleinasiat. W-Küste, auf den Kykladen und Euböa sowie dem Attischen in Athen, das sich gegenüber den anderen Dialekt durchsetzen konnte; 2. die äolischen Dialekte, u. a. von Sappho und Alkaios auf Lesbos verwendet; 3. den arkad.-kypr. Zweig mit dem Arkad. in der Z-Peloponnes und dem in der kypr. Silbenschrift geschrie-

griechische Kunst. Kieselmosaik von Pella mit der Darstellung einer Hirschjagd (frühes 3. Jh. v. Chr.)

Griechisch

griechische Kunst. Tempel des Apoll in Korinth (nach 550 v. Chr.)

benen Kypr. auf Zypern; 4. das West-G. mit den dorischen Dialekten (v. a. der Peloponnes), den Dialekten von Achaia und Elis sowie einigen nordwestgriech. Dialekten; problematisch ist das Verhältnis des Myken. zu diesen Dialekten. Die Kluft zw. den einzelnen Dialekten wurde erst während des Hellenismus und der röm. Zeit durch eine einheitl. Schrift- und Umgangssprache überbrückt: durch die auf der Grundlage des att. Dialektes gebildete Koine.

Die Weiterentwicklung des Altgriech. seit dem 15. Jh. n. Chr. wird als *neugriechische Sprache* bezeichnet. Sie liegt in zwei Sprachformen vor, der gesprochenen Volkssprache *(Demotike* oder *Dimotiki)* und der archaisierenden purist. Schriftsprache *(Kathareuusa* oder *Katharewusa)*. Letztere hat in erhebl. Maße Formen des Altgriech. festgehalten und wurde als offizielle Staatssprache sowie als Sprache von Kirche, Wiss. und Presse verwendet. Die Dimotiki, die die organ. eigenständige Weiterentwicklung der hellenist.-röm. ↑Koine darstellt, dient als allg. Umgangssprache, die auch in Lyrik und Erzählprosa verwendet wird und in diesem Jh. immer stärker in die wiss. und dramat. Literatur Eingang findet. Neben der Dimotiki, deren Grundlage v. a. die südgriech. Dialekte bilden, stehen viele neugriech. Mundarten.

griechische Kunst. Links: aus Elfenbein geschnitzter Kopf eines Mannes (Philipp II. von Makedonien?) aus einem Fürstengrab in Vergina; Höhe 3 cm (2. Hälfte des 4. Jh. v. Chr.) ◆ Rechts: Rundbasis mit Satyrmasken und Girlanden, pergamenisch (um 150 v. Chr.)

griechische Kunst

griechische Kunst, die Kunst des griech. Kulturkreises etwa vom 11. bis 1. Jh. v. Chr.

Frühzeit: Nach dem Untergang der myken. Kultur (um 1200) werden in einfachster Ausführung myken. Gefäßformen tradiert (submyken. Keramik), um 1050 tritt dann die protogeometr. Keramik auf, die den Beginn der g. K. anzeigt. Ihre Geschichte stellt sich als konsequente Entwicklung mit geringen fremden Einflüssen dar. Themen sind die altgriech. Götterwelt und der Mythos, letztlich das Menschenbild.

Protogeometrische und geometrische Zeit: Die Benennung der ersten Epoche der g. K. geht auf das lineare Dekorationssystem der *Keramik* (Mäander) zurück. Die Grundlage bildet das myken. Formenerbe; die klare Absetzung der Teile der Gefäße voneinander und der Verzierung zeigt erstmals die analyt. Einstellung der g. K.; auch Kleinplastik.

Archaik (7./6. Jh.): Säulenordnungen werden zu Systemen verfestigt; Ringhallentempel, Säulenhalle, autonome Allseitigkeit des Baukörpers. Die frontal ausgerichtete *Plastik* zeichnet sich durch scharfe Artikulation aus (die früharchaische Plastik der Mitte des 7. Jh. wird als dädal. Plastik bezeichnet). Die Keramik u. a. zeigt seit dem späten 8. Jh. den orientalisierenden Stil, d. h. sie gestaltet jetzt Friese mit oriental. Tier- und Pflanzenmotiven (z. B. Löwe, Greif, Palmette); führend war zunächst Korinth mit Figuren kräftiger Farbgebung auf sandfarbenem Grund, dann Athen, das den Tierfriesstil durch die Einführung großformatiger szen. Darstellungen überwand und dessen Malerei gegen 600 in den schwarzfigurigen Stil mündete, der um 530 vom rotfigurigen Stil abgelöst wurde.

Klassik (5./4. Jh.): Das 5. Jh. brachte nach den Werken des sog. *Strengen Stils* (etwa 500–460 v. Chr.) den Ausgleich gegeneinanderstrebender Tendenzen, die Harmonisierung zw. den Teilen und dem Ganzen. Die *Baukunst* entdeckte den Innenraum; die Stadt als Gesamtkunstwerk gewann Gestalt und damit die Wiss. der Urbanistik (Hippodamos). Neu sind große etwa quadrat. Säulensäle, außerdem steinerne Theater mit halbrund in Berghänge eingeschnittenen Sitzreihen. Das 4. Jh. bringt kunstvolle Rundbauten (Tholoi). Aufgabe der *Plastik* ist jetzt, die übergreifenden Zusammenhänge in Bewegung und Ruhe darzustellen. Myron war der Meister der übergängigen Bewegung, Polyklet entwickelte den Kontrapost. Phidias erlangte seinen Ruhm als Schöpfer der berühmtesten Götterbilder der Antike, der Athena Parthenos und der Zeusstatue in Olympia (beide in chryselephantiner Technik). Das 4. Jh. fügte den Ausdruck der Leidenschaft, des zufälligen Moments, der Leichtigkeit und auch schon der Gefälligkeit hinzu (Lysipp, Skopas, Praxiteles); die Bildhauer suchten zum einen die Wirklichkeit (Porträt), zum anderen die Abstraktion

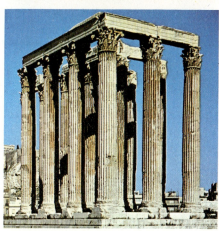

griechische Kunst. Oben: Relief vom Nordfries des Pergamonaltars (164–156 v. Chr.; Berlin, Pergamonmuseum). ◆ Unten: Olympieion in Athen, vollendet 131/132 n. Chr.

1367

Griechische Landschildkröte

griechische Kunst. Griechisches Theater in Epidauros, Anfang des 3. Jh. v. Chr. von Polyklet d. J. errichtet

(Allegorie). Die *Malerei* des 5./4. Jh. (Polygnotos, Zeuxis, Nikias) gewinnt räuml. Wirkung (Körperperspektive). Die *Vasenmalerei* gestaltet in der Hochklassik spannungsgeladene Kompositionen, im späten 5./frühen 4. Jh. jedoch handlungsarme Szenen mit streuender Figurenverteilung.
Hellenismus (Ende 4. Jh. bis 1. Jh. v. Chr.): Die hellenist. Bauideen erfüllen sich in der Gestaltung weiträumiger Marktplätze, Stadtviertel und Palastanlagen; Heiligtümer werden in axialer Folge von Treppen, Terrassen und Säulenhallen auf den sie überragenden Tempel zugeordnet. Die hellenist. *Plastik* interpretiert den Körper neu, indem sie alles Stoffliche differenziert, die momentane Zuständlichkeit (z. B. Alter, Gebrechlichkeit) und Befindlichkeit erfaßt, ferner den Einfluß von Raum und Licht berücksichtigt. Differenziert wird das Menschenbild nach Alter, Stand, Lebensweise, charakterist. Berufstypen. Genreszenen finden weiteste Verbreitung, dem Porträt kommt bes. Interesse zu. Dem Raumproblem gelten insbes. Gruppenkompositionen. In der *Malerei* dominieren die Porträtkunst, die Darstellung histor., mytholog. und literar. Stoffe sowie die Landschaft als Gesamtkomposition. – Abb. S. 1362–66, 1369.
Griechische Landschildkröten ↑Landschildkröten.
griechische Literatur, (altgriechische Literatur), die Literatur der Griechen vom 8. Jh. v. Chr. bis zum 4./5. Jh. n. Chr.

Archaik (8. bis 5. Jh.): Aus mündlich überlieferten Einzelgesängen entstanden die schriftlich fixierten homer. Epen »Ilias« und »Odyssee«, deren Mittelpunkt die Götter- und Heldenmythen bilden (↑Homer). Um 700 v. Chr. übernahm Hesiod die ep. Form für seine Lehrgedichte. Gleichzeitig entstand die lyr. Einzellied, vertreten durch Sappho, Alkaios und Anakreon. Poet. Mahnreden und Reflexionen finden sich u. a. bei Archilochos und Solon, v. a. im Metrum des Jambus, die kult. Chorlyrik ist v. a. durch Simonides repräsentiert. Mit den Vorsokratikern Anaximander, Heraklit, Parmenides und Empedokles entstanden im 6. Jh. die ersten (natur-)philosoph. Schriften.
Klassik (5./4. Jh.): Athen entwickelte sich zum kulturellen Mittelpunkt. Unter Aischylos, Sophokles und Euripides erlebte die Tragödie ihre Blütezeit. Aristophanes ist der bekannteste Vertreter der altatt. Komödie. Auf Herodot, den »Vater der griech. Geschichtsschreibung«, der die Perserkriege schilderte, folgten Thukidides und u. a. Xenophon, die in att. Dialekt den Peloponnes. Krieg beschrieben. Die Sophisten, u. a. Protagoras und Gorgias, formulierten Kritik an den traditionellen Denkweisen. Im 4. Jh. förderten u. a. Antiphon und Demosthenes die Kunst der polit. und gerichtl. Rede. Die Schüler des Sokrates – v. a. Platon, Xenophon und Aristoteles – entwickelten den philosoph. Dialog. Die platon. Akademie und die ↑Stoa wurden zu literar. Zentren

Athens. Menander und Philemon schufen die »neue att. Komödie«.

Kaiserzeit (1. Jh. v. Chr. bis 5. Jh. n. Chr.): Mit der röm. Herrschaft entwickelte sich zw. Römern und Griechen ein gemeinsames Bewußtsein kultureller Überlegenheit gegenüber den »Barbaren«. Plutarch sammelte um 100 n. Chr. das Erbe der g. L. und harmonisierte es mit der röm. Welt. Die Gebildeten waren bis ins 2. Jh. n. Chr. zweisprachig, auch Kaiser Mark Aurel verfaßte seine platonisch-stoischen Selbstbetrachtungen auf griechisch. Als Fachschriftsteller sind v. a. Galen (Medizin) und Ptolemäus (Astronomie), als Satiriker Lukian, als Romanschriftsteller Longos und Heliodor zu nennen. Auch christl. Schriftsteller wie Origenes, Gregor von Nazianz und Johannes Chrysostomos schrieben in griech. Sprache. Ihre Fortsetzung fand die g. L. in der ↑byzantinischen Literatur und in der ↑neugriechischen Literatur.

griechische Musik, i. e. S. die Musik der alten Griechen (ausgenommen die frühchristliche Musik); sie wird ihrem Erscheinungsbild nach zu den primär melodisch orientierten Musikkulturen gerechnet und somit von der andersartigen klanglich-mehrstimmigen Musik des Abendlandes prinzipiell unterschieden. Die meist viersaitige Leier wurde bei Reigentänzen und beim Vortrag des Epos verwendet. In Homers »Ilias« und »Odyssee« begegnen die Kithara und die Phorminx. Im 7. Jh. wurden eine bes. Form der Kitharodie (Sologesang) zur siebensaitigen Kithara und der Aulodie (Sologesang zum Aulos) begründet; daneben kamen die Lyra und mit ihr die Lyrik (Gesang zur Lyra), der Chorgesang und die reine Instrumentalmusik auf. Im att. Drama der klass. Zeit (5./4. Jh.) wirkten der Chor und Instrumentalisten mit; die Chorlieder waren mit Tanz verbunden. – Die durch Pythagoras begründete griech. Musiktheorie war zugleich mathematisch und philosophisch-mystisch bestimmt. Die Zahlenverhältnisse der Musik wurden als Abbild der Proportionen des Kosmos (↑Sphärenharmonie) verstanden und in ihrer Wirkung auf den Zustand des Staats und des Menschen erörtert.

Grundlage des Tonsystems ist die absteigende Quart, das ↑Tetrachord. Aus zwei gleichgebauten Tetrachorden (bestehend aus zwei Ganztönen und einem Halbton), die durch einen Ganzton getrennt sind, entsteht die Oktave; wird sie oben und unten mit einem weiteren Tetrachord verbunden, ergibt sich das Gesamtsystem von zwei Oktaven. Je nach der Lage des Halbtons im Tetrachord wurden die Oktavgattungen dorisch (Halbton unten), phrygisch (Halbton in der Mitte) und lydisch (Halbton oben) unterschieden. Aus der abweichenden Ausfüllung des Tetrachords wurden drei Tongeschlechter abgeleitet; neben dem diaton. Tongeschlecht mit dem Tetrachord aus zwei Ganztönen und einem Halbton gab es ein chro-

griechische Kunst. Amphitheater in Pergamon (2. Jh. v. Chr.)

griechische Philosophie

griechische Religion. Götterdarstellungen auf einem Wasserkrug; von links nach rechts: Artemis, Apoll, Athene, Hermes, Ariadne, Dionysos (2. Hälfte 6. Jh. v. Chr.)

Victor Grignard

mat. (kleine Terz–Halbton–Halbton) und ein enharmon. Tongeschlecht (große Terz–Viertelton–Viertelton).

griechische Philosophie ↑Philosophie.

griechische Religion, die Religion der Griechen v. a. der Antike. Polit. (Kleinstaaterei) und ethn. (Mischbevölkerung) Struktur des alten Griechenland bedingen die Vielgestaltigkeit der g. R., die sich von einem ausgeprägten Totenkult über den Heroenkult durch Übernahme großer unsterblicher Götter zu der klass. Form entwickelte, wie sie Homer formuliert hat. Die g. R. kannte kein festes Dogma, keine ethn. Lehren und kein einander widerstreitendes Prinzip des Guten und Bösen. Die Götter, die das Geschick der Menschen lenken, wurden zwar als »Unsterbliche«, »Selige« und »Stärkere« verehrt, jedoch in menschl. Eigenschaften (anthropomorph) gedacht. – An der Spitze der Götter steht Zeus. Schwester und Gemahlin des Zeus ist Hera. Dem Zeus gleich an Weisheit, Einsicht und Rat ist seine Tochter Athena. Aus der Vielfalt der Göttergestalten des Pantheons werden die bedeutendsten zu einer *Zwölfheit* zusammengefaßt: Zeus, Hera und Athena sowie Poseidon, Demeter, Apollon, Artemis, Ares, Aphrodite, Hermes, Hephäst, Hestia. Neben diesen Hauptgöttern kennt die g. R. noch zahlr. andere Götter, *Heroen* und *Numina,* die für die Frömmigkeit der Griechen nicht ohne Bedeutung sind und deshalb auch in den Sagen einen breiten Raum einnehmen. – In der *Jenseitsvorstellung* der g. R. werden die Seelen der Toten von Hermes bis an die Grenzen des Hades, des Schattenreichs, gebracht und von Charon, dem Fährmann, über den Styx gesetzt, an dessen jenseitigem Ufer sie das Wasser des Vergessens, Lethe, trinken und schließlich nach Elysium gelangen.

griechische Schrift, das Alphabet der Griechen, das diese wahrscheinlich Ende des 2. Jt., spätestens Mitte des 8. Jh. v. Chr. von den Phönikern übernommen haben und auf das alle modernen europ. Schriftsysteme zurückgehen. Anders als das semit. Vorbild bezeichnet die g. S. nicht nur Konsonanten, sondern auch die Vokale und gestattet damit die lautgetreue Wiedergabe des gesprochenen Wortes. Der Dialektvielfalt entsprach daher eine große Vielzahl verschiedener Lokalalphabete. Dieser Zustand wurde erst im Laufe des 4. Jh. v. Chr. überwunden. Zu den seitdem gültigen 24 Zeichen kamen nur die von alexandrin. Grammatikern eingeführten sog. Lesezeichen hinzu, die aber erst im 9. Jh. obligatorisch wurden: Spiritus asper ʽ (für [h]-Anlaut) und Spiritus lenis ʼ (für fehlendes [h]) bei vokal. oder diphthong. Anlaut, die Akzentzeichen Akut [´], Gravis [`], Zirkumflex [˜] sowie Apostroph, Trema. Die Überlieferung der g. S. setzte im 8. Jh. v. Chr. ein; zunächst gab es nur Großbuchstaben (Majuskelschrift); auf Steininschriften hielt sich diese bis ins 3. Jh. n. Chr., während beim Schreiben mit Pinsel oder Griffel die Buchstaben stärker gerundete Formen annahmen (sog. Unzialschrift). Im alltägl. Gebrauch erschien vom 3. Jh. v. Chr. an eine Kursivform, die zur Verbindung einzelner Buchstaben neigte. Im 8. Jh. n. Chr. kam die Minuskelschrift mit sog. Kleinbuchstaben auf. – Die *neugriech. Schreibschrift* stellt eine Mischung aus der Minuskelschrift und der lat. Schreibschrift dar.

griechisches Kreuz ↑Kreuzformen.
griechisch-römischer Stil ↑Ringen.
Grieg, Edvard, *Bergen 15. 6. 1843, † ebd. 4. 9. 1907, norweg. Komponist. Schrieb Klaviermusik, Bühnenmusiken (u. a. zu H. Ibsens »Peer Gynt«, 1874/75, daraus zwei Orchestersuiten 1888 und 1891 [mit »Solveigs Lied«]), Orchesterwerke (u. a. Klavierkonzert a-Moll, 1868; »Symphon. Tänze«, 1898), Kammermusik (drei Violinsonaten, Cellosonate, zwei Streichquartette), Chorwerke, zahlr. Lieder.
Grien, Hans Baldung ↑Baldung, Hans, genannt Grien.
Grieshaber, HAP (Helmut Andreas Paul), *Schloß Rot an der Rot 15. 2. 1909, † Eningen unter Achalm 12. 5. 1981, dt. Graphiker. Zog sich 1933–47 aus der Öffentlichkeit zurück; 1955–60 Lehrer an der Kunstakademie Karlsruhe; schuf großformat., abstrakte Farbholzschnitte; sein Hauptwerk ist der in 40 Gouachen verbreitete Zyklus »Totentanz von Basel« (1966).
Grieß, meist aus Weizen hergestelltes Mahlprodukt mit verschiedenen Korngrößen.
Griffbrett, am Hals von Saiteninstrumenten festgeleimtes Brett, auf das die Saiten beim Abgreifen gedrückt werden.
Griffel (Stylus), stielartiger Abschnitt der Fruchtblätter zw. Fruchtknoten und Narbe im Stempel der Blüten vieler Bedecktsamer; leitet die Pollenschläuche der auf der Narbe nach der Bestäubung auskeimenden Pollenkörner zu den im Fruchtknoten eingeschlossenen Eizellen.
Griffith [engl. ˈgrɪfɪθ], **1)** Arthur, *Dublin 31. 3. 1871, † ebd. 12. 8. 1922, Führer der ir. Unabhängigkeitsbewegung; erreichte 1921 die Errichtung des ir. Freistaates; 1922 erster Premierminister.
2) John, amerikan. Schriftsteller, ↑London, Jack.

Grillen

Griechische Schrift			
Zeichen	Name	Zeichen	Name
Α α	Alpha	Ν ν	Ny
Β β	Beta	Ξ ξ	Xi
Γ γ	Gamma	Ο ο	Omikron
Δ δ	Delta	Π π	Pi
Ε ε	Epsilon	Ρ ϱ,	Rho
Ζ ζ	Zeta	Σ σ, ς	Sigma
Η η	Eta	Τ τ	Tau
Θ ϑ	Theta	Υ υ	Ypsilon
Ι ι	Iota	Φ φ	Phi
Κ κ, ϰ	Kappa	Χ χ	Chi
Λ λ	Lambda	Ψ ψ	Psi
Μ μ	My	Ω ω	Omega

Grignard, Victor [Auguste François] [frz. griˈɲaːr], *Cherbourg 16. 5. 1871, † Lyon 13. 12. 1935, frz. Chemiker. Entdeckte, daß sich aus Magnesium und Alkylhalogeniden in Äther magnesiumorgan. Verbindungen *(Grignard-Verbindungen)* bilden. 1912 Nobelpreis für Chemie (mit P. Sabatier).
Grill [lat.-frz.-engl.], mit Holzkohle, Gas oder elektr. beheizbares Gerät oder Feuerstelle zum Rösten (Grillen) von Fleisch, Geflügel, Fisch o. ä.
Grillen [lat.] (Grabheuschrecken, Grylloidea), mit über 2 000 Arten weltweit verbreitete Über-Fam. der Insekten

HAP Grieshaber. Siamkatzen; Holzschnitt (1960)

Grillparzer

Grillen.
Oben: Heimchen ◆
Unten: Feldgrille

Wilhelm und Jacob Grimm

(Ordnung Heuschrecken), davon in M-Europa acht 1,5 bis 50 mm große Arten; ♂♂ mit Stridulationsapparat: Eine gezähnelte Schrilleiste an der Unterseite des einen Flügels und eine glatte Schrillkante am Innenrand des anderen Flügels werden gegeneinander gerieben, wodurch zur Anlockung von ♀♀ Laute erzeugt werden *(Zirpen)*; Hinterbeine meist als Sprungbeine. Man unterscheidet sechs Fam., darunter als wichtigste die *Maulwurfs-G.* (Gryllotalpidae) mit rd. 60 weltweit verbreiteten Arten; nicht springend, Vorderbeine zu Grabschaufeln umgewandelt. Die durch großen Kopf und breiten Halsschild gekennzeichneten Gryllidae (Grillen i. e. S.) haben rd. 1400 Arten. Bekannt sind: *Feld-G.*, bis 26 mm lang und glänzendschwarz; *Heimchen* (Hausgrille), bis 2 cm groß, gelblichbraun; *Wald-G.*, etwa 1 cm lang, dunkelbraun.

Grillparzer, Franz, *Wien 15. 1. 1791, † ebd. 21. 1. 1872, österr. Dichter. Bedeutendster österr. Dramatiker in der Nachfolge der Weimarer Klassik. In der Tragödie »Die Ahnfrau« (1818) gestaltete er Schicksal als determinierende Macht. Bedeutung erlangten nach dem Künstlertrauerspiel »Sappho« (1819) die Tragödien »Das goldene Vließ« (Trilogie, 1822), »König Ottokars Glück und Ende« (1825), »Des Meeres und der Liebe Wellen« (1840, UA 1831), »Der Traum ein Leben« (1840, UA 1834) und »Libussa« (vollendet 1848, hg. 1872) sowie sein Lustspiel »Weh dem, der lügt« (1840, UA 1838). Spätwerke sind »Die Jüdin von Toledo« und »Ein Bruderzwist in Habsburg« (beide hg. 1872). Zu seinen wenigen Prosawerken gehört die autobiographisch getönte Erzählung »Der arme Spielmann« (1848).

Franz Grillparzer

Grimm, 1) Hans, *Wiesbaden 22. 3. 1875, † Lippoldsberg (Landkreis Kassel) 27. 9. 1959, dt. Schriftsteller. Der Titel seines tendenziösen Kolonialromans »Volk ohne Raum« (2 Bde., 1928–30) wurde zum nat.-soz. Schlagwort.
2) Jacob, *Hanau 4. 1. 1785, † Berlin 20. 9. 1863, dt. Sprach- und Literaturwissenschaftler. Begründer der german. Altertums-Wiss., der german. Sprach-Wiss. und der dt. Philologie; zeitlebens eng mit seinem Bruder Wilhelm G. verbunden. Gehörte 1837 zu den †Göttinger Sieben; 1848 Abg. der Frankfurter Nationalversammlung. Allgemein bekannt durch die Sammlungen »Kinder- und Hausmärchen« (2 Bde., 1812–15) und »Dt. Sagen« (2 Bde., 1816–18). In der 2. Auflage der 1819 erschienenen »Dt. Grammatik« legte er als erster umfassend die Gesetzmäßigkeit des Lautwandels, des Ablautes, des Umlautes, der Lautverschiebungen dar und erweiterte die Kenntnis der Verwandtschaftsverhältnisse der german. und indogerman. Sprachen. Gab auch Dokumente zur german. Rechtsgeschichte (»Dt. Rechtsaltertümer«, 1828), Religionsgeschichte (»Dt. Mythologie«, 1836) und eine Sammlung bäuerl. Rechtsquellen (»Weisthümer«, 7 Bde., 1840–78) heraus. 1854 ff. entstanden die ersten Bände des †Deutschen Wörterbuchs.
3) Wilhelm, *Hanau 24. 2. 1786, † Berlin 16. 12. 1859, dt. Literaturwissenschaftler. 1831 Prof. in Göttingen; gehörte 1837 zu den †Göttinger Sieben; arbeitete eng mit seinem Bruder Jacob G. zusammen, wesentlich sein Anteil an den »Kinder- und Hausmärchen« (2 Bde., 1812–15); Sagenforscher und Hg. zahlr. mhd. Literaturwerke sowie Mitarbeiter am †Deutschen Wörterbuch.

Grimmelshausen, Johann (Hans) Jakob Christoffel von, *Gelnhausen um 1622, † Renchen bei Offenburg 17. 8. 1676, dt. Dichter. Sein Hauptwerk, »Der Abentheurliche Simplicissimus Teutsch« (1669), die in der Ich-Form erzählte Lebensgeschichte eines jugendl. Abenteurers in der Zeit des Dreißigjährigen

Johann Jakob Christoffel von Grimmelshausen

Kriegs, ist die erste moderne realist. Darstellung der Zeit- und Sittengeschichte (des Barock) und steht in der Tradition des span. Schelmenromans und der volkstüml. Schwankliteratur. Die Unbeständigkeit des Lebens sowie die Hoffnung auf Erlösung im Jenseits sind das immer variierte Thema der sog. Simplizian. Schriften, u. a. »Trutz Simplex: Oder Ausführl. und wunderseltzame Lebensbeschreibung Der Ertzbetrügerin und Landstörtzerin Courasche« (1670), die in Europa zahlr. Nachahmungen (sog. *Simpliziaden*) fanden.

Grimsel ↑Alpenpässe (Übersicht).

Grindelwald, schweizer. Gem. in den Berner Alpen, Kt. Bern, 3 600 E. Luftkurort und Wintersportplatz.

Gringo [span.], verächtl. Bez. für einen Nichtromanen im spanisch sprechenden S-Amerika.

grippaler Infekt, Sammel-Bez. für verschiedene, durch eine ganze Reihe unterschiedl. Erreger, v. a. Viren, verursachte fieberhafte Allgemeinerkrankungen, meist mit Beteiligung der oberen Luftwege.

Grippe [frz.] (Virusgrippe, Influenza), akute, fieberhafte Infektionskrankheit mit epidem. bzw. pandem. Auftreten. Die Erreger der G. sind Influenzaviren, von denen mehrere Typen bekannt sind (z. B. Typ A_1, A_2, B). Der Erreger A_2 (A_2 Asia) ruft die *asiatische G.* hervor, eine Variante ist der Erreger der *Hongkong-G.* Die G. beginnt – Stunden bis einige Tage nach der Ansteckung durch Tröpfcheninfektion – mit Schüttelfrost, Fieber (38 bis 40 °C), Kopf- und Gliederschmerzen. Nach 1–2 Tagen treten Reizhusten, geschwollene Mandeln und Bindehautentzündung hinzu. Bei der *Darmgrippe* kommt es außerdem zu schweren Durchfällen. Durch bakterielle Superinfektion unter erneutem Fieberanstieg kann sich die gefürchtete *Grippepneumonie* (Lungenentzündung) entwickeln. Weitere Komplikationen der G. sind Nasennebenhöhlenentzündung, Mittelohrentzündung, Hirnhautbzw. Gehirnentzündung.

Gripsholm, königl. Schloß im östl. Mittelschweden, Gem. Strängnäs (1537 ff.).

Gris, Juan [span. gris], eigtl. José Victoriano González, *Madrid 23. 3. 1887, † Paris 11. 5. 1927, span. Maler und Graphiker. Kombinierte ab 1913 die illusionist. Perspektive mit der Simultanansichtigkeit des Gegenständlichen unter Einbeziehung der Technik der Collage und wurde damit zum Begründer des synthet. ↑Kubismus.

Grisaille [frz. gri'zɑ:j], Malerei in grauen (auch bräunl., grünl.) Farben, insbes. für die Darstellung von Skulpturen.

Grisham, John [engl. 'grɪʃəm], *1955, amerikan. Schriftsteller. Rechtsanwalt; 1981–90 Abg. (Demokrat. Partei) im Parlament von Mississippi; internat.

Gripsholm. Das Schloß am Mälarsee, Schweden (1537 ff.)

Juan Gris. Das Frühstück (1915; Paris, Musée National d'Art Moderne)

Griwas

Groningen 1). Im Vordergrund das klassizistische Rathaus (1810 vollendet), rechts dahinter das »Goudkantoor« (1635), im Hintergrund die gotische A-Kerk (1452 ff.).

Groningen 1)
Stadtwappen

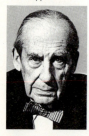

Walter Gropius

Andrei
Andrejewitsch
Gromyko

Bestseller, u. a. »Die Jury« (1989), »Die Firma« (1991), »Die Akte« (1992), »Der Klient« (1993).

Griwas, Jeorjios (Grivas), gen. Digenis (nach Digenis Akritas), * Trikomo bei Famagusta 23. 3. 1898, † Limassol 27. 1. 1974, griech.-zypriot. General und Politiker. Leitete seit 1955 die bewaffnete griech.-zypriot. Widerstandsorganisation EOKA; 1964–67 Kommandeur der griech.-zypriot. Nationalgarde.

Grizzlybär [engl. 'grızlı...] †Braunbär.

Grock, eigtl. Adrian Wettach, * Reconvilier bei Biel (BE) 10. 1. 1880, † Imperia 14. 7. 1959, schweizer. Artist. Wurde als Musikclown weltbekannt; leitete ab 1951 einen eigenen Zirkus.

Groden [niederdt.], deichreifes oder eingedeichtes Marschland. Ein hinter dem Hauptdeich liegender Binnen-Groden wird *Koog* oder *Polder,* ein vor ihm liegender Außen-Groden *Heller* genannt.

Grödner Tal, etwa 25 km lange Talschaft in den Südtiroler Dolomiten.

Groener, Wilhelm ['grø:nər], * Ludwigsburg 22. 11. 1867, † Bornstedt bei Potsdam 3. 5. 1939, dt. General und Politiker. Nachfolger E. Ludendorffs als Erster Generalquartiermeister der OHL ab dem 26. 10. 1918; leitete nach dem 9. 11. 1918 die Rückführung und Demobilmachung des Heeres und hatte (zus. mit F. Ebert) maßgebl. Anteil an der Verhinderung eines Rätesystems; setzte sich für die Annahme des Versailler Vertrages ein; 1928–32 Reichswehr- und 1931/32 zugleich Reichsinnenminister.

Grog [engl.], Getränk aus Rum (auch aus Arrak, Weinbrand) mit heißem Wasser und Zucker.

groggy [engl. 'grɔgi], im *Boxsport* schwer angeschlagen; übertragen auch svw. zerschlagen, erschöpft.

Grömitz, Gem. an der Lübecker Bucht, Schlesw.-Holst., 7 300 E. Ostseeheilbad. Nahebei (eingemeindet) das ehem. Benediktinerkloster *Cismar;* Backsteinkirche mit bed. Choranlage (um 1260 ff.).

Gromyko, Andrei Andrejewitsch [russ. gra'mikɛ], * Starye Gromyki 18. 7. 1909, † Moskau 1. 7. 1989, sowjet. Politiker. 1957–85 Außen-Min.; ab 1956 Mgl. des ZK, ab 1973 auch des Politbüros der KPdSU; ab 1983 1. stellv. Min.-Präs.; 1985–88 Staatsoberhaupt.

Grönemeyer, Herbert, * Göttingen 12. 4. 1956, dt. Schauspieler und Liedermacher. Begann am Bochumer Schauspielhaus als Pianist und Bühnenmusikschreiber; wirkte mit in Kino- und Fernsehfilmen (u. a. »Das Boot«, 1981; »Frühlingssymphonie«, 1983); profilierte sich daneben seit Mitte der 80er Jahre als Rocksänger.

Groningen [niederl. 'xro:nıŋə], **1)** Prov.-Hauptstadt in den nö. Niederlanden, 168 000 E. Univ.; Museen; Getreidebörse, Hafen. U. a. chem. und metallverarbeitende Industrie; in der Nähe Erdgasförderung. Bed. Bauten aus dem 15., 16. und 17. Jh., klassizist. Rathaus. – Gegen Ende des 15. Jh. auf der Höhe der Macht; 1559 Errichtung des Bistum G.; Einnahme durch Moritz von Nassau 1594.

2) Prov. in den nö. Niederlanden, 2 346 km², 558 000 E, Verwaltungssitz Groningen.

Grönland (Kalaalit Nunaat), die mit 2,176 Mio. km² größte Insel der Erde, im Nordatlant. Ozean, autonomer Bestandteil des Königreichs Dänemark, 55 600 E, Hauptstadt Nuuk (dän. Godthåb), 84% von G. sind von Inlandeis bedeckt, das durchschnittlich 1 500 m, maximal rd. 3 400 m mächtig ist. Es entsendet zahlr. Gletscher zum Meer. Im W und O wird das Inlandeis von Randgebirgen eingefaßt, die im Gunnbjørns

Groppen

Grönland. Qornoqfjord an der Südwestküste

Fjæld 3700 m Höhe erreichen. Es herrscht Eis- und Tundrenklima. Die im wesentlichen auf den Küstensaum beschränkte Tundrenvegetation wird nach N hin immer spärlicher; nur im SW gibt es Krummholzbestände. Die Grönländer siedeln v. a. im klimatisch begünstigten SW. Hier werden auch Schafe und Rentiere gehalten. Haupterwerbszweig ist die Fischerei. Blei-Zink-Erze werden bei Umanak abgebaut und aufbereitet.

Geschichte: Um 900 entdeckt, nach der Saga von Erich dem Roten 982, der die Insel G. (»grünes Land«) nannte; ab 986 Gründung von Siedlungen; um 1000 Christianisierung. Ab 1261 unter norweg. Oberhoheit; Niedergang ab dem 14. Jh. und neue Kolonisation ab 1721. 1785 erhielt G. ein Grundgesetz, nach Auflösung der dän.-norweg. Personalunion 1815 blieb G. bei Dänemark. 1941 Vertrag der USA mit Dänemark über die Anlage von Stützpunkten (1951 erweitert). 1953 wurde G. integraler und gleichberechtigter Bestandteil Dänemarks, seit 1. 5. 1979 mit autonomer Selbstverwaltung. Die gesetzgebende Funktion übt der Landsting aus (18 Abg.). Nach einer Volksabstimmung 1982 schied G. ab 1985 aus der EG aus.

Grönlandwal ↑Glattwale.

Gropius, Walter, *Berlin 18. 5. 1883, † Boston (Mass.) 5. 7. 1969, dt.-amerikan. Architekt und Industriedesigner. Richtungweisend für die Architektur des 20. Jh., 1919 Gründung des †Bauhauses; 1928–33 Architekt in Berlin (Wohnblöcke der Siedlung »Siemensstadt«, 1929–30); 1933 Emigration nach London, lebte ab 1937 in den USA, lehrte dort 1937 bis 1952 an der Havard University Cambridge (Mass.), auch Gründung einer eigenen Architektenschule. Zu seinen Spätwerken gehören u. a. das PANAM Building in New York (1958–63) und die Porzellanfabrik Rosenthal in Selb (1965–67); schrieb u. a. »Die neue Architektur und das Bauhaus« (1965).

Groppen (Cottidae), Fam. bis 60 cm langer Knochenfische (Ordnung Panzerwangen) mit rd. 300 Arten auf der N-Halbkugel; überwiegend Meeresbewohner; Körper schuppenlos, z. T. bestachelt, Schwimmblase fehlend. – Bekannte Arten sind: *Groppe* (Koppe, Dolm), bis etwa 15 cm lang, in der Ostsee sowie in Brack- und Süßgewässern Europas. *Seebull,* 10–20 cm lang, an den

Grönland

Staatswappen

Grönland. Fjordlandschaft bei Narssarssuaq, Südgrönland

Gros

Groppe.
(Länge bis 15 cm)

Küsten W- und N-Europas. *Seeskorpion* (Seeteufel), bis 35 cm lang, an den Küsten des N-Atlantiks.
Gros [grɔs; frz.-niederl.], ein altes dt. Zählmaß: 1 G. = 12 Dutzend = 144 Stück.
Gros [gro:; frz. »groß, dick«], Hauptmasse, überwiegender Teil.
Groschen, Geldeinheiten der sog. mittleren Ebene (zw. Pfennig bzw. Heller einerseits, Gulden, Mark, Taler und dergleichen andererseits) von unterschiedl. Wert *(»G.münzen«);* danach verschiedentlich auch Geldeinheiten unterster Ebene, die nicht weiter teilbar sind; in der BR Deutschland umgangssprachl. Bez. für das Zehnpfennigstück.
Grosny, Hauptstadt Tschetscheniens, im nördl. Vorland des Großen Kaukasus, (1995) 100 000 E. Univ.; Erdölförderung und -raffinerien. – Im Krieg gegen Rußland 1994/95 stark zerstört.
Groß, Michael, *Frankfurt am Main 17. 6. 1964, dt. Schwimmer. Dreifacher Olympiasieger (1984, 1988), mehrfacher Welt- und Europameister mit zahlr. Weltrekorden.
Großbritannien und Nordirland (amtlich englisch United Kingdom of Great Britain and Northern Ireland), Staat in Europa, begrenzt von der Nordsee, dem Kanal, dem Atlantik und der Irischen See, umfaßt ↑England, ↑Wales, ↑Schottland und ↑Nordirland. Einzige Landgrenze ist diejenige zw. Nordirland und der Republik Irland.
Staat und Recht: Parlamentarische Monarchie (erst männl., dann weibl. Thronfolge) im Commonwealth; keine geschriebene *Verfassung.* Das brit. Verfassungsrecht besteht aus dem richterl. Gewohnheitsrecht (Common Law), den ungeschriebenen Konventionalregeln, die zum großen Teil das Verhältnis der höchsten staatl. Institutionen untereinander bestimmen, und dem geschriebenen Gesetzesrecht, das unbedingten Vorrang hat. *Staatsoberhaupt* (daneben Haupt des Commonwealth und weltl. Oberhaupt der anglikan. Kirche) ist der Monarch, im wesentlichen auf Repräsentationsfunktionen nach innen und außen beschränkt. Die *Exekutive* liegt bei der Regierung mit dem Premier-Min. an der Spitze. Der Monarch ernennt den Führer der Mehrheitsfraktion im Unterhaus zum Premier-Min. und beruft auf dessen Vorschlag die übrigen Mgl. der Regierung (deren etwa 20 wichtigste Mgl. bilden das Kabinett). Der Premier-Min. bestimmt die Richtlinien der Politik; er allein kann jederzeit beim Monarchen die Auflösung des Unterhauses beantragen und damit über Neuwahlen entscheiden. Die Opposition verfügt über ein ständiges Schattenkabinett, das vom Oppositionsführer angeführt wird. Die verfassungsmäßig beim Monarchen und dem Parlament (Oberhaus und Unterhaus) liegende *Legislative* wird praktisch ausschließlich von dem auf höchstens 5 Jahre gewählten Unterhaus (House of Commons; seit 1992: 651 Abg.) ausgeübt, wobei das Gesetzgebungsverfahren sehr stark von der Regierung gelenkt wird. Mindestens 71 Abg. müssen in Schottland, 35 in Wales und 16 in Nordirland gewählt werden. Das Oberhaus (House of Lords, derzeit etwa 1 190 Mgl.) besteht aus den erbl. Peers (Angehörige des Hochadels), den ernannten Peers auf Lebenszeit, den ernannten Lords of Appeal in Ordinary, die die Funktionen des Oberhauses als Oberster Gerichtshof wahrnehmen, und den Erzbischöfen und Bischöfen der anglikan. Kirche. Die begrenzte Bedeutung des Geheimen Rats (Privy Council; 330 vom Premier-Min. ernannte Mgl. aus allen Commonwealth-Ländern, darunter alle Mgl. des brit. Kabinetts) liegt darin, daß alle Regierungsverordnungen von ihm gebilligt werden müssen. Das *Parteiensystem* in G. und N. ist – bedingt v. a. durch das Mehrheitswahlrecht – traditionell ein Zweiparteiensystem. Seit 1931 hatte immer eine der beiden großen Parteien – ↑Konservative und Unionistische Partei (seit 1992: 336 Sitze im Unterhaus) und ↑Labour Party (seit 1992: 271 Sitze) – eine absolute Mehrheit im Unterhaus. Die 1981 gegr. ↑Social Democratic Party (SDP) und die ↑Liberal Party schlossen sich 1988 zu den ↑Social and Liberal Democrats (SLDP; seit 1992

Großbritannien und Nordirland

20 Sitze) zusammen. Es gibt weitere kleinere Parteien, die z. T. regionale Bedeutung haben (v. a. in Nordirland, Wales, Schottland). *Streitkräfte:* Freiwilligenarmee; Gesamtstärke (einschließlich der strateg. Atomstreitmacht) rd. 317 000 Mann.

Landesnatur: Der N und W des Landes werden von Bergländern eingenommen. Im N die schott. Highlands (im Ben Nevis 1 343 m), die durch die Mittelschott. Senke von den südl. anschließenden Southern Uplands getrennt sind. Diese leiten über die Cheviot Hills zu den N–S verlaufenden Pennines über. Der W (Wales) wird von den Cambrian Mountains beherrscht. Auf der Halbinsel Cornwall finden sich die Granitmassive von Exmoor, Dartmoor und Bodmin Moor. Den restl. Teil Großbritanniens nehmen Flachländer ein. G. und N. haben wintermildes und sommerkühles Klima. 8% der Landfläche sind mit Wald bedeckt. Die Agrarlandschaft ist vielfach durch Heckenlandschaften charakterisiert.

Bevölkerung: Sie gliedert sich in Engländer (80%), Schotten (10%), Iren (4%) und Waliser (2%). Aus den Commonwealth-Ländern stammen rd. 2,4 Mio. farbige Einwanderer. Neben der anglikan. Church of England (etwa 60% der Bevölkerung), der prot.-presbyterian. Church of Scotland, der anglikan. Church of Ireland und den methodist. Freikirchen von Wales gibt es Baptisten und Katholiken.

Wirtschaft, Verkehr: Von der Landfläche werden rd. 86% land- und forstwirtschaftlich genutzt, v. a. für Viehwirtschaft, Futtergetreide, Braugerste, Weizen, Kartoffeln, Gemüse und Obst. Großbrit. verfügt über große Steinkohle-, Erdöl- und Erdgasvorkommen; abgesehen von der Erdöl- und Erdgasför-

Großbritannien und Nordirland

Fläche:	244 110 km²
Einwohner:	57,649 Mio.
Hauptstadt:	London
Amtssprache:	Englisch
Nationalfeiertag:	offizieller Geburtstag des Monarchen
Währung:	1 Pfund Sterling (£) = 100 New Pence (p)
Zeitzone:	MEZ – 1 Std.

Großbritannien und Nordirland

Staatsflagge

Staatswappen

1970 1992 1970 1992
Bevölkerung Bruttosozial-
(in Mio.) produkt je E
 (in US-$)

☐ Stadt Land ☐

Bevölkerungsverteilung 1992

☐ Industrie
☐ Landwirtschaft
☐ Dienstleistung

Bruttoinlandsprodukt 1992

Großbritannien und Nordirland. Stromness auf der Insel Mainland (Orkneyinseln) vor der Nordspitze Schottlands

Großbritannien und Nordirland

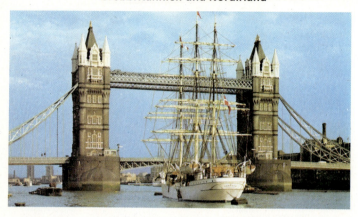

Großbritannien und Nordirland. Tower Bridge, London

Großbritannien und Nordirland. Drumlanrig Castle in den Southern Uplands, Südwestschottland

derung in der Nordsee (seit 1975) ist die Bedeutung des Bergbaus allerdings stark rückläufig. Die Industrie durchläuft seit vielen Jahren einen tiefgreifenden Strukturwandel, große Teile der traditionellen Industriebereiche Stahl, Schiffbau, Textilien und Metallverarbeitung haben ihre internat. Wettbewerbsfähigkeit verloren. Nach dem Amtsantritt der Reg. Thatcher kam es zu einer deutl. Reduktion der (sozial)staatl. Aktivitäten, zu einer (Re)privatisierung der (in den 60er Jahren) verstaatlichten oder traditionell öffentl. Unternehmen (u. a. British Steel, British Coal) und zu einem nachhaltigen Subventionsabbau. Das Streckennetz der Eisenbahn ist 16 752 km, das Straßennetz 352 292 km lang. Wichtigste Seehäfen sind Felixstowe, Southampton, Dover, Immingham, Harwich; London nimmt als Universalhafen eine wichtige Stellung ein. Der internat. Flugverkehr ist v. a. auf die ✈ von London (Heathrow, Gatwick) ausgerichtet.

Geschichte: *Entstehung der engl. Nation (bis 1066 n. Chr.):* Nach ersten röm. Eroberungen des keltisch besiedelten Landes unter Cäsar (55/54 v. Chr.) wurde 43 n. Chr. die röm. Prov. *Britannia* unter Kaiser Claudius errichtet. Nach der Vollendung der Eroberung bis zur Linie Firth of Clyde–Firth of Forth 83 n. Chr. gaben die Römer die Insel Anfang des 5. Jh. auf. Seit Mitte des 5. Jh. eroberten die in mehreren Wellen einwandernden nordwestgerman. Stämme nach und nach den Hauptteil Englands; nach der Überlieferung landeten 449 n. Chr. Jüten, Angeln und Sachsen. Nur in Wales und Schottland hielten sich die Kelten. Die german. Eroberer gründeten sieben Teilkönigreiche: Kent, Sussex, Essex, Ostanglia, Wessex, Mercia und Northumbria. Das angelsächs. Teilreich Mercia verlor seine Führungsposition (8. Jh.) an Wessex, dessen König Alfred d. Gr. (⚭ 871–899) die Einigung der angelsächs. Reiche weiter vorantrieb. 955 gelang König Aethelstan (⚭ 924–39) die Schaffung eines gesamtengl. Königtums. Nach dän. Herrschaft unter Knut I., d. Gr. (⚭ 1016–35) und erneu-

Großbritannien und Nordirland

tem angelsächs. Königtum unter Eduard dem Bekenner (⚭ 1042–66) erlag Harold II. Godwinson (⚭ 1066) am 14. 10. 1066 einem normann. Invasionsheer unter Hzg. Wilhelm (Wilhelm I., der Eroberer, ⚭ 1066–87). Der normannisch-frz. Kultureinfluß überlagerte für die nächsten Jahrhunderte die angelsächs. Elemente.

England im Mittelalter (1066–1485): Nach dem Aussterben der normann. Dynastie im Mannesstamm (1135) fiel die Krone an Heinrich Plantagenet, Graf von Anjou (König Heinrich II., ⚭ 1154–89), den mächtigsten Kronvasallen des frz. Königs, womit die Grundlage für die dauernde Präsenz der engl. Krone auf frz. Boden geschaffen wurde. In seine Herrschaftszeit fielen 1171/72 die Eroberung Irlands, die Anerkennung der engl. Oberhoheit durch Schottland und Wales, die Grundlegung des Common Law, der Konflikt mit Erzbischof Thomas Becket und dessen Ermordung. Unter Heinrichs Söhnen Richard I. (Löwenherz, ⚭ 1189–99) und Johann I. (ohne Land, ⚭ 1199 bis 1216) verlor England in Auseinandersetzungen mit dem frz. König wegen der engl. Festlandbesitzungen die Normandie und nach der Niederlage bei Bouvines (1214) den übrigen frz. Besitz mit Ausnahme des Südwestens. Bereits 1213 hatte Johann sein Land vom Papst zu Lehen nehmen müssen. Die oppositionellen Barone erzwangen die Bestätigung ihrer Rechte in der Magna Carta libertatum (1215). Unter Heinrich III. (⚭ 1216–72) brach ein bürgerkriegsähnl. Konflikt zw. Krone und Baronen aus (u. a. Einberufung eines Parlaments, in dem erstmals neben den Baronen Vertreter der Gft. sowie der Städte saßen). Eduard I. (⚭ 1272–1307) gliederte das Ft. Wales endgültig ein. In der Folgezeit gewann das Parlament immer größeres Gewicht; Gft.vertreter und Bürger (»Commons«) tagten fortan im Unterhaus. Als Eduard III. (⚭ 1327–77) Ansprüche auf die frz. Krone erhob, kam es zum Hundertjährigen Krieg (ab 1337), in dem es Heinrich V. (⚭ 1413–22) aus dem Haus Lancaster gelang, 1415 bei Azincourt einen entschei-

Großbritannien und Nordirland. Granitkliffe von Land's End, Cornwall (Südwestengland)

Großbritannien und Nordirland. Bergbautal in Südwales

Großbritannien und Nordirland

Großbritannien und Nordirland.
Antrim Mountains, Nordirland

denden Sieg über Frankreich zu erringen (1420 Anerkennung als Regent und Erbe von Frankreich). Unter seinem erst einjährigen Nachfolger Heinrich VI. (⚭ 1422–61) mußte England das Land bis auf Calais räumen (Kriegsende 1453 ohne Vertrag). Ein Thronstreit der Häuser Lancaster (Wappen: rote Rose) und York (Wappen: weiße Rose) löste die Rosenkriege aus (1455–85), in denen sich zunächst das Haus York durchsetzte. Gegen Richard III. (⚭ 1483–85), der nach Beseitigung seiner Verwandten den Thron bestieg, erhob sich Henry Tudor, Earl of Richmond, ein Verwandter der Lancaster; die Schlacht bei Bosworth (22. 8. 1485) brachte ihm als Heinrich VII. (⚭ 1485–1509) den Thron.

Der Ausbau der königl. Machtstellung unter den Tudors (1485–1603): Heinrich VII. vereinigte durch Heirat mit Elisabeth von York den Besitz beider Häuser. Macht und Glanz des Königtums erreichten einen Höhepunkt (Einrichtung eines Staatsrates). Sein Sohn Heinrich VIII. (⚭ 1509–47) vollzog aus persönl. Gründen (Scheidung von Katharina von Aragonien und Heirat Anna Boleyns) die Trennung von der röm. Kirche (1533/34). Der König war von nun an zugleich Oberhaupt der anglikanischen Kirche (↑Suprematsakte 1534). Die Klöster wurden aufgehoben. Unter Eduard VI. (⚭ 1547–53) wurde die Gestaltung der anglikan. Kirche nicht ohne Gewalt vorangetrieben (↑Common Prayer Book). Maria I. Tudor (⚭ 1553 bis 1558; ab 1554 ⚭ mit Philipp II. von Spanien) versuchte gewaltsam, das Land wieder kath. zu machen. Unter Elisabeth I. (⚭ 1558–1603) verlor die röm.-kath. Partei mit der Enthauptung der ehem. schott. Königin Maria Stuart (1587) ihr polit. Gewicht. Der letzte Versuch, mit bewaffneter Macht von außen den Katholizismus zu restaurieren, scheiterte 1588 durch die Niederlage der span. Armada, die den Aufstieg Englands als Seemacht einleitete. Mit der Gründung der ersten engl. Kolonie in Nordamerika (1584) und der Bildung der Ostind. Kompanie (1600) wurde der Grundstein der engl. Kolonialmacht gelegt. Auch im Geistesleben war das Elisabethan. Zeitalter ein Höhepunkt der engl. Geschichte (Shakespeare, F. Bacon).

Der Kampf zw. Krone und Parlament unter den Stuarts (1603–1714): Der von Elisabeth zum Nachfolger bestimmte Sohn Maria Stuarts, Jakob I. (⚭ 1603–25), vereinigte erstmals die Kronen von Schottland und England. Druck auf die Puritaner veranlaßte deren Auswanderung nach Übersee *(Pilgerväter).* Unter Karl I. (⚭ 1625–49) entzündete sich der Streit zw. Krone und Parlament u. a. an Steuer- und Finanzfragen (1628 ↑Petition of Right). Ziel des Königs war ein vom Parlament unabhängiges, auf ein stehendes Heer gestütztes Königtum sowie die Ausschaltung der Puritaner und Presbyterianer. Nach der Auflösung des

Großbritannien und Nordirland

Parlaments (1629) regierte Karl I. allein mit Hilfe seiner Ratgeber Lord Strafford und Erzbischof W. Laud. Ein Aufstand kalvinist. Schotten veranlaßte ihn 1640 zur Berufung des *Langen Parlaments;* 1642 brach der Bürgerkrieg aus *(Puritanische Revolution),* in dem O. Cromwell mit den Anhängern des Parlaments *(Rundköpfe)* über die Anhänger des Königs *(Kavaliere)* siegte (1644/45). Cromwell vertrieb die Presbyterianer aus dem Parlament und ließ durch ein Rumpfparlament von etwa 60 radikalen Puritanern den König hinrichten (30. 1. 1649). Monarchie und Oberhaus wurden abgeschafft und England zum Commonwealth erklärt. Cromwell regierte als Lordprotektor (ab 1653) wie ein Alleinherrscher, ohne Rücksicht auf Staatsrat und Parlament. Nach seinem Tod (1658) wurde die Herrschaft der Stuarts mit Karl II. (⚭ 1660–85) wiederhergestellt, gegen dessen kath. und absolutist. Tendenzen das Parlament u. a. 1673 die ↑Testakte und 1679 die ↑Habeaskorpusakte verabschiedete. Da sich sein Bruder und Nachfolger Jakob II. (⚭ 1685–88) offen zum kath. Glauben bekannte, sahen beide Kräfte im Parlament (↑Whigs und ↑Tories) (bes. nach der Geburt seines Sohnes) die anglikan. Thronfolge in Gefahr und baten Wilhelm von Oranien, den Erbstatthalter der Niederlande (Wilhelm III., ⚭ 1689–1702), und seine Gemahlin Maria II. (⚭ 1689–94), eine Tochter Jakobs II., die Herrschaft in England anzutreten (↑Glorious revolution). In der ↑Bill of Rights (1689) u. a. Gesetzen wurden die Ergebnisse dieser Auseinandersetzung zw. Krone und Parlament festgeschrieben. Wilhelm III. griff in den Abwehrkampf gegen die drohende Hegemonie Ludwigs XIV. von Frankreich ein. Unter Wilhelms III. Nachfolgerin Anna Stuart (⚭ 1702 bis 1714) beseitigte der Friede von Utrecht (1713) nach dem Span. Erbfolgekrieg u. a. die Gefahr einer frz. Vorherrschaft, erweiterte Englands amerikan. Kolonialbesitz und begründete seine beherrschende Stellung im Mittelmeerraum (u. a. Gibraltar). 1707 wurde die seit 1603 bestehende Personalunion zw. England und Schottland zur Realunion (amtl. Bez. »Großbritannien«).

Großbrit. auf dem Weg zur Weltmacht (1714–1815): 1714 ging die brit. Krone auf das Haus Hannover über; bis 1837 war der brit. König zugleich Kurfürst von Hannover. Unter Georg I. (⚭ 1714–27) und Georg II. (⚭ 1727–60) bestimmte 21 Jahre Sir R. Walpole die Politik. Unter W. Pitt d. Ä. erreichte Großbrit. im Siebenjährigen Krieg (1756–63) als Bundesgenosse Preußens Erfolge gegen Frankreich (Eroberung Kanadas) und baute die brit. Herrschaft in Indien aus. Schon bald aber mußte Georg III. (⚭ 1760–1820) nach dem Unabhängigkeitskrieg (1775–83) den Verlust der nordamerikan. Kolonien

Großbritannien und Nordirland.
Hügellandschaft bei Widecombe in the Moor in der County Devon, Südwestengland

Großbritannien und Nordirland

Großbritannien und Nordirland.
Viktoria, Königin von Großbritannien und Irland, Photo vom 50jährigen Thronjubiläum, 1887

(außer Kanada) hinnehmen; danach verlagerte sich der Schwerpunkt brit. Reichspolitik nach Indien. Die Frz. Revolution bedeutete eine innen- und außenpolit. Herausforderung (Unterdrückung von Reformbewegungen; letztlich erfolgreicher Kampf gegen die frz. Revolutionsheere und Napoleon I.). Großbrit. erreichte auf dem Wiener Kongreß (1814/15) die Wiederherstellung des Gleichgewichts der europ. Mächte und die Garantie seiner kolonialen Neuerwerbungen (u. a. Malta, Helgoland, Ceylon, Kapkolonie, Mauritius, Trinidad). Mitte des 18. Jh. begann in Großbrit. die industrielle Revolution. Trotz sozialer Spannungen wurde in Europa ein wirtschaftl. Vorsprung für Großbrit. gesichert.

Industrialisierung und innere Reformen (1815–50): Die Rolle von Großbrit. als führende Welthandelsmacht beruhte v. a. auf überlegener Technologie, Kapitalreichtum und weltweiten Exportmärkten. Die Expansion der Textil-Ind., der Montan-Ind. und des Maschinenbaus führte zur Zusammenballung von Arbeitskräften in immer größeren Ind.-Betrieben. Regelmäßig kam es zu Bankrotten, Betriebsstillegungen und Massenarbeitslosigkeit. Aber auch in Zeiten der Prosperität blieben die Löhne niedrig, Arbeitsbedingungen und Arbeitszeit unmenschlich. 1847 wurde die gesetzl. Begrenzung des Arbeitstages auf zehn Stunden für Frauen und Jugendliche, 1850 für alle erreicht. Das Bündnis der ab Mitte der 1830er Jahre in der Protestbewegung des Chartismus (für Demokratisierung der Verfassungsinstitutionen und die sozialen Rechte der Arbeiter) organisierten Arbeiterschaft mit den Unternehmern im Kampf gegen die hohen Getreidezölle zerfiel mit dem vollen Übergang zum Freihandel 1853 (bis 1914); die Arbeiter blieben für Jahrzehnte ohne organisierte Interessenvertretung. Leitsektor der neuen Industrialisierungsphase war der Eisenbahnbau mit seinen Auswirkungen auf andere Ind.-Zweige. Nach einer Phase der Repression und der Unterstützung des Systems Metternich (1815–22) sowie einer Lockerung des innen- und außenpolit. Kurses unter Sir R. Peel und G. Canning konnte die Wahlrechtsreform gegen den anfängl. Widerstand des Oberhauses 1832 durchgesetzt werden (u. a. parlamentar. Vertretung für die Ind.-Städte). Die Kabinettsbildung verlagerte sich nun endgültig ins Unterhaus; die Parteien begannen (verstärkt nach der 2. Wahlrechtsreform von 1867), sich zu modernen Organisationen zu formen. In den folgenden Jahren wurde die Reformpolitik weitergeführt (u. a. Verbot der Sklaverei im Brit. Reich, Reform der Armengesetzgebung). Ab der Thronbesteigung Königin Viktorias (⚭ 1837 bis 1901) wurde eine strikt liberale und konstitutionelle Regierungsform Maßstab der Innenpolitik. In Irland jedoch scheiterten alle Reformpläne am Widerstand der brit. Landbesitzer und an der anglikan. Hierarchie (1845/46 große Hungersnot, 1848 gescheiterter Aufstand des »Jungen Irland«).

Höhepunkt brit. Machtstellung in Europa und in der Welt (1850–1914): Im Krimkrieg (1853/54–56) trat Großbrit. dem russ. Streben zum Mittelmeer entgegen. Kanada erhielt bis 1867 verantwortl.

Großbritannien und Nordirland

Großbritannien und Nordirland. Königin Elisabeth II. auf dem Weg zur Eröffnung der Sitzungsperiode des Parlaments

Selbstregierung; es folgten Australien, Neuseeland und Südafrika. Das brit. Empire wurde bes. unter dem konservativen Premier-Min. Disraeli (1874–80) ausgebaut: 1875 Ankauf der Suezkanalaktien (1882 formale Oberhoheit über Ägypten), 1876 Annahme des ind. Kaisertitels durch Königin Viktoria, 1878 Gewinn Zyperns. Am Versuch einer Autonomielösung für Irland (Home Rule) scheiterte Disraelis liberaler Nachfolger W. E. Gladstone. Die dt.-brit. Flottenrivalität ab 1898 und die brit. Isolation im Burenkrieg führten zur Abkehr von der Politik der ↑Splendid isolation, zum Bündnis mit Frankreich (Entente cordiale, 1904), zum Petersburger Vertrag mit Rußland 1907 und zum beschleunigten Bau der Großkampfschiffe (Dreadnoughts) ab 1909. Diese Entwicklungen und die sozialen Reformen (u. a. Neuregelung des Arbeitsrechts, Sicherung der Stellung der Gewerkschaften) erforderten 1909 höhere Einkommens- und Erbschaftssteuern; der Widerstand des Oberhauses endete mit seiner Entmachtung.

Erster Weltkrieg und Zwischenkriegszeit (1914–39): In der Julikrise 1914 versuchte Großbrit. zwar zu vermitteln, konnte sich aber der Logik der Bündnisse sowie der Furcht vor Isolierung und der dt. Hegemonie nicht entziehen. Mit dem Ende des 1. Weltkriegs erreichte das Brit. Weltreich durch Übernahme des größten Teils der dt. Kolonien in Südafrika, auf Neuguinea und in der Südsee sowie des Irak, Palästinas und Transjordaniens als Mandate des Völkerbunds seine bisher größte Ausdehnung. Von den Verstrickungen der ir. Frage entlastete sich Großbrit. 1921 durch die Teilung Irlands, wobei Südirland in ein Dominion innerhalb des Commonwealth umgewandelt wurde. 1924 gelangte mit Premier-Min. J. R. MacDonald die Labour Party erstmals an die Regierung. Die Umgestaltung des Commonwealth zu einer Gemeinschaft gleichberechtigter Staaten (↑Britisches Reich und Commonwealth) wurde 1931 im Westminster-Statut formuliert. Ziel der Außenpolitik der 1931 zur Überwindung der Weltwirtschaftskrise gebildeten Nat. Regierung unter den Premier-Min. S. Baldwin und A. N. Chamberlain war die Verhinderung eines neuen Weltkriegs durch Beseitigung der Spannungen zw. den Großmächten auf dem Verhandlungsweg (einschließlich der Revision des Versailler Vertrages). Der Appeasement-Politik gegenüber dem nat.-soz. Deutschland entsprach das Dt.-Brit. Flottenabkommen (1935), die Hinnahme der Remilitarisierung des Rheinlands, der Wiedereinführung der allg. Wehrpflicht (1936), des »Anschlusses« Österreichs (1938), der Sudetenkrise (1938), der Annexion der restl. tschech. Gebiete (März 1939).

großdeutsch

Alfred Grosser

Erst mit der Garantie für die Unversehrtheit Polens (31. 3. 1939) begann Großbrit., der dt. Expansion entgegenzutreten.
Zweiter Weltkrieg und Nachkriegszeit (seit 1939): Politisch bedeutete der 2. Weltkrieg die endg. Zerstörung des brit. Empire. Im Mai 1940 wurde A. N. Chamberlain durch W. Churchill als Premier-Min. einer großen Kriegskoalition ersetzt. Vom frz. Zusammenbruch (Juni 1940) bis zum vollen Kriegseintritt der USA (Dez. 1941) war Großbrit. der einzige Träger des Widerstandes gegen das nat.-soz. Deutschland.
Die nach ihrem Wahlsieg von 1945 regierende Labour Party unter C. Attlee versuchte, die dominierende Rolle des Staates während des Krieges für eine sozialist. Neuordnung zu nutzen (einheitl. Sozialversicherung, nat. Gesundheitsdienst, Verstaatlichung von Unternehmen u. a.). 1952 wurde Elisabeth II. Königin (1953 gekrönt). Die enge außenpolit. Zusammenarbeit mit den USA fand in der Suezkrise 1956 ihre Grenze, als die USA gegen die brit.-frz. Intervention vorgingen. Nach dem Sturz des konservativen brit. Premier-Min. R. Eden (1955–57) verstärkte sich die Überzeugung, daß allein im Anschluß an Europa Ersatz für die zerrinnende Weltmachtstellung zu finden sei (unter der konservativen Premier-Min. H. Macmillan [1957–63] 1960 Beteiligung an der Gründung der EFTA, 1963 erste [gescheiterte] Beitrittsverhandlungen mit der EWG; unter dem konservativen Premier-Min. E. Heath [1970–74] 1973 Beitritt [als Vollmgl.] zu den EG). 1969 brachen in Nordirland bürgerkriegsähnl. Unruhen aus, die 1974 zur Übernahme der direkten Regierungsgewalt in diesem Landesteil durch die brit. Regierung führten. Unter der zweiten (erstmals 1964–70) Labourregierung von Premier-Min. H. Wilson (1974–76) ergab im Juni 1975 die erste Volksabstimmung in Großbrit. 67,2% Jastimmen für den Verbleib des Landes in der EG. Nach dessen Rücktritt übernahm J. Callaghan 1976 die Führung der Labourregierung.
1979, 1983 und 1987 gewann die Konservative und Unionistische Partei unter M. Thatcher die Unterhauswahlen. Ihre Regierung war gekennzeichnet durch eine betont nationalist. Außenpolitik und eine rigoros am Markt orientierte Wirtschaftspolitik (Privatisierungen, Steuerreformen, Senkung der Staatsausgaben). Die im April 1982 von argentin. Truppen besetzte brit. Kronkolonie Falkland Islands and Dependencies wurde von in den Südatlantik entsandten brit. Streitkräften im Juni 1982 zurückerobert. Zur Machtprobe zw. Regierung und Gewerkschaften entwickelte sich ein im März 1984 begonnener, erst im März 1985 abgebrochener Bergarbeiterstreik. Ein 1984 unterzeichnetes brit.-chin. Abkommen legte die Rückgabe der brit. Kronkolonie Hongkong an die VR China zum 1. 1. 1997 fest. Die Einführung einer Kopfsteuer (»poll tax«) 1989 und die wenig kompromißbereite Haltung in Währungsfragen im Rahmen der EG führten innerhalb ihrer Partei zum Vertrauensverlust für M. Thatcher, die daraufhin im Nov. 1990 zurücktrat. Neuer Premier-Min. wurde J. Major, der sich entgegen den Vorhersagen bei den Unterhauswahlen 1992 behaupten konnte. Hoffnungen auf ein künftiges Ende des Bürgerkriegs in Nordirland verknüpften sich mit den Gewaltverzichtserklärungen, die die kath. und prot. Terrororganisationen des Landesteils 1994 nach Verhandlungen abgaben.

großdeutsch, in der Revolution 1848/49 aufgekommene Bez. für eine nationalpolit. Richtung, die die dt. Frage durch den staatl. Zusammenschluß möglichst aller (geschlossen siedelnden) Deutschen in M-Europa zu lösen suchte. Die Großdeutschen in der Frankfurter Nationalversammlung konnten sich nicht durchsetzen. Beim Zerfall der Donaumonarchie am Ende des 1. Weltkrieges fand die g. Idee ihren Ausdruck in der Weimarer und österr. Verfassung, die einen Anschluß Deutschösterreichs an das Dt. Reich vorsahen.

Größe, 1) (physikal. Größe) Begriff, der eine quantitative Aussage über ein meßbares Einzelmerkmal eines physikal. Sachverhalts, Objektes oder Phänomens beinhaltet; physikal. G. bezeichnen also Eigenschaften oder Merkmale, die sich quantitativ erfassen lassen. Jede G. ist durch eine geeignete Meßvorschrift definiert.

2) in der *Astronomie* ↑Helligkeit.

großes Fahrzeug

Große Antillen ↑Antillen.

Große Ebene, Tiefebene in N-China, nördl. des Jangtsekiang. Sie umfaßt etwa 5% der Fläche Chinas mit äußerst fruchtbaren Böden.

Große Kreisstädte, amtl. Bez. für kreisangehörige Gemeinden, die jedoch – je nach Bundesland – alle oder einzelne Verwaltungsaufgaben der unteren staatl. Verwaltungsbehörden (Landrat) als Pflichtaufgaben wahrnehmen.

Große Meteorbank, untermeer. Erhebung im N-Atlantik; reicht aus fast 5 000 m Tiefe bis 275 m u. M. herauf.

Große Mutter ↑Kybele.

Größenwahn (Megalomanie), übersteigerte Geltungssucht, meist mit Wahnvorstellungen verknüpft.

Grosser, Alfred [frz. groˈsεːr], *Frankfurt am Main 1. 2. 1925, frz. Politikwissenschaftler und Publizist dt. Herkunft. Emigrierte mit seinen Eltern 1933 nach Frankreich; setzte sich nach dem Krieg für eine dt.-frz. Verständigung ein; Prof. in Paris seit 1955. 1975 Friedenspreis des Börsenvereins des Dt. Buchhandels.

Großer Aletschgletscher, größter (86,76 km²) und längster (24,7 km) Alpengletscher, in den Berner Alpen (Schweiz).

Großer Arber, mit 1 456 m höchster Berg des Bayer. Waldes, durch einen Sattel getrennt vom 1 384 m hohen *Kleinen Arber;* unterhalb davon der *Große* und *Kleine Arbersee.*

Großer Bär (Großer Wagen) ↑Sternbilder (Übersicht).

Großer Bärensee, See in NW-Kanada am Polarkreis, 31 153 km², 156 m ü. M.

Großer Belchen (frz. Grand Ballon), mit 1 423 m höchster Gipfel der Vogesen.

Großer Belt, mittlere der drei Meeresstraßen, die das Kattegat mit der Ostsee verbinden. 1994 wurde ein 7,7 km langer Eisenbahntunnel unter dem G. B. durchstoßen, der die dän. Hauptinsel Seeland über die Insel Sprogø mit der Insel Fünen verbindet; der Tunnel, zu dem parallel eine Hochbrücke für den Autoverkehr geplant ist, soll 1996 für den Verkehr freigegeben werden.

Großer Bittersee, Salzsee in Ägypten, durch ihn und den sö. anschließenden *Kleinen Bittersee* verläuft der Suezkanal.

Großer Feldberg, mit 878 m die höchste Erhebung des Taunus, Hessen.

Großer Geist, eine unter nordamerikan. Indianern verbreitete Bez. für eine unsichtbare und übernatürl. kosmische und lebenspendende Macht; in der Algonkinsprache meist *Manitu* (Geist), dem in der Sprache der Sioux *Wakanda* und in der der Huronen *Oki* entspricht.

Großer Kurfürst, Beiname des Kurfürsten ↑Friedrich Wilhelm von Brandenburg.

Großer Norden ↑Atacama.

Großer Preis (Grand Prix), Abk. GP, im Automobilsport Bez. für einen Formel-1-Wertungslauf zur Fahrerweltmeisterschaft; im Motorradrennsport Bez. für Weltmeisterschaftsläufe.

Großer Rat, die parlamentar. Vertretungskörperschaft der schweizer. Kt., auch *Kantonsrat, Landrat.*

Großer Sankt Bernhard ↑Alpenpässe (Übersicht).

Großer Sklavensee, See in NW-Kanada, 28 570 km², bis 627 m tief.

Großer Wagen ↑Sternbilder (Übersicht).

Großes Barriereriff, mit 2 000 km längstes Korallenriff der Erde, vor der Küste von Queensland, Australien.

Große Seen, zusammenfassende Bez. für Oberer See, Michigansee, Huronsee, Eriesee und Ontariosee (USA und Kanada); mit etwa 246 500 km² größte zusammenhängende Süßwasserfläche der Erde.

großes Fahrzeug ↑Mahajana-Buddhismus.

Großes Barriereriff. Heron Island im Süden des Korallenriffs, in der Nähe des südlichen Wendekreises

1385

Große Sundainseln

Große Sundainseln, die Inseln Borneo, Celebes, Java und Sumatra im Malaiischen Archipel.

Großes Ungarisches Tiefland (Alföld), Beckenlandschaft mit kontinentalem Klima zw. der Donau im S und W, dem Nordungar. Mittelgebirge im N, den Karpaten im NO und dem Bihargebirge im O, etwa 100 000 km². Anteil haben Ungarn (50 000 km²), Rumänien, Kroatien, Serbien, die Slowak. Rep. und die Ukraine.

Großes Walsertal, rechtes Seitental der Ill, Vorarlberg, Österreich; zum großen Teil von Nachkommen der Walser, die im 13. und 14. Jh. einwanderten, bewohnt.

Große Syrte, Golf an der libyschen Küste, zw. Misurata und Bengasi, etwa 450 km breit, 200 km lang.

Grosseto, italien. Prov.-Hauptstadt in der Toskana, 71 400 E. Archäolog. Museum; Landmaschinenfabrik. Stadtmauer (16. Jh.) mit sechs Bastionen; Dom (1294 ff.) mit Kampanile von 1402.

Groß-Gerau. Fachwerkrathaus, 1579

George Grosz. Früh um 5 Uhr; Federzeichnung (1921)

Früh um 5 Uhr (Das Gesicht der herrschenden Klasse), 1921

Großforschungseinrichtungen, außeruniversitäre Forschungseinrichtungen, die in enger Zusammenarbeit mit Hochschulen und Ind. Forschung betreiben, die interdisziplinäre Zusammenarbeit und einen konzentrierten Einsatz an personellen, finanziellen und apparativen Mitteln erfordert. Die 16 G. in Deutschland haben sich zur *Arbeitsgemeinschaft der G. (AGF)* zusammengeschlossen. Der Bund trägt. i. d. R. 90% des Zuschußbedarfs; 10% tragen die Bundesländer, in denen die Einrichtungen ihren Sitz haben.

Großfürst, Titel der russ. Herrscher bis zur Annahme des Zarentitels; Titel der Zarennachkommen bis zum 2. Grad; Titel der früheren Herrscher von Litauen, Finnland, Polen und Siebenbürgen.

Groß-Gerau, hess. Kreisstadt im Hess. Ried, 22 200 E. U. a. Zucker-, Obst- und Gemüsekonservenfabrik. Fachwerkrathaus (1578/79).

Großglockner, mit 3 798 m höchster Berg Österreichs, stark vergletschert.

Großglockner-Hochalpenstraße ↑Alpenpässe (Übersicht).

Großgrundbesitz ↑Latifundien.

Großhandel, Handelsunternehmen, die als Bindeglied zw. Herstellern und Einzelhandel fungiert.
Großherzog, Fürstentitel, im Rang zw. König und Hzg.; Anrede: Königl. Hoheit.
Großhirn ↑Gehirn.
Großinquisitor ↑Inquisition.
Großkatzen (Pantherini), Gattungsgruppe großer Katzen in Asien, Afrika und Amerika; Körperlänge knapp 1 bis 2,8 m (u. a. *Leopard, Jaguar, Tiger* und *Löwe*).
Großkomtur, im Dt. Orden Vertreter des Hochmeisters.
Großkreuz, höchste Klasse bei den meisten Orden.
Großmacht, Staat, der im internat. Kräftefeld auf Grund seiner polit., militär. und wirtschaftl. Stärke große Macht ausübt; charakteristisch ist die Fähigkeit, andere Staaten in ihrer Politik zu beeinflussen und auf die Beziehungen der Staaten untereinander bestimmend einzuwirken.
Großmährisches Reich ↑Mähren.
Großmäuler (Großmünder, Maulstachler, Stomiatoidea), Unterordnung der Lachsfische; neun Tiefseearten mit langgestrecktem Körper und großem Maul; in allen Ozeanen.
Großmeister, 1) *kath. Ordensrecht:* der auf Lebenszeit gewählte Obere eines Ritterordens.
2) (Ordensherr) ↑Orden.
Großmogul, Herrschertitel der ↑Moguln.
Großmufti ↑Mufti.
Großrußland, Name für das nord- und zentralruss., vorwiegend von Russen bewohnte Gebiet.
Großstadt, im Sinne der Statistik eine Stadt mit über 100 000 Einwohnern.
größter gemeinsamer Teiler, Abk. g. g. T., die größte ganze positive Zahl, die zwei oder mehrere vorgegebene ganze Zahlen ohne Rest teilt; z. B. 12 für die Zahlen 60 und 24. Den g. g. T. zweier ganzer Zahlen kann man mit Hilfe des euklidischen Algorithmus ermitteln.
Großvenediger, mit 3666 m höchster Gipfel der vergletscherten Venedigergruppe in den westl. Hohen Tauern, Österreich.
Großwardein, dt. Name von ↑Oradea.
Großwesir, Titel des obersten Amtsträgers im Osman. Reich.

George Grosz. Stützen der Gesellschaft (1926)

Grosz, George [grɔs], eigtl. Georg Ehrenfried Groß, *Berlin 26. 7. 1893, † Berlin (West) 6. 7. 1959, dt. Maler und Graphiker. Mitbegründer der Berliner Dada-Gruppe; schuf in den 1920er Jahren sozialkrit. Gesellschaftssatiren, u. a. die Folge »Das Gesicht der herrschenden Klasse«, 1921, sowie Illustrationen zu Werken von H. Ball, E. Toller, B. Brecht u. a.; neben O. Dix ein Hauptvertreter der verist. Richtung der Neuen Sachlichkeit; da in Dtl. als ›entartet‹ verfemt, lebte er ab 1933 in den USA (ab 1938 amerikan. Staatsbürger); kurz vor seinem Tod 1959 Rückkehr nach Berlin.

Grotefend

Grotefend, Georg Friedrich, *Münden 9. 6. 1775, † Hannover 15. 12. 1853, dt. Philologe und Orientalist. Seine Deutung der Königsnamen auf altpers. Inschriften aus Persepolis (1802) war der erste gelungene Versuch der Entzifferung der Keilschrift.

grotesk [italien.-frz.], in phantast. Weise verzerrt; absonderlich übertrieben.

Groteske. Ausschnitt aus den Dekorationen in den Loggien des Vatikan; 1518–1519; Entwürfe von Raffael, Detailplanung und Ausführung von Giovanni da Udine und anderen

Groteske [italien.-frz.], urspr. Bez. für die gegen Ende des 15. Jh. entstandene Ornamentik der Renaissancemalerei (Verschlingung von stilisierten Pflanzen mit phantast. Fabelwesen und Menschengestalten, Masken o. ä.). In *Malerei* und *Literatur* seit dem 16. Jh. die Darstellung der paradoxen (monströs oder makaber wirkenden) Verschlingung der verschiedenen (unbewußten) Dimensionen menschl. Daseins. Literarisch bewegt sich das G. (in Darstellung der widersprüchl., unberechenbaren psycholog. Konditionierung des Menschen) im Spannungsfeld des Komischen.

Groteskschriften, Antiquablockschriften mit gleichmäßig starker Strichführung, deshalb auch Linear-Antiqua-Schriften genannt.

Grotewohl, Otto, *Braunschweig 11. 3. 1894, † Berlin (Ost) 21. 9. 1964, dt. Politiker. Führte 1946 die SPD in der SBZ zum Zusammenschluß mit der KPD; 1946 neben W. Pieck Vors. der SED, ab 1949 Min.-Präs. der DDR, ab 1950 Mgl. des Politbüros der SED.

Grotius, Hugo [ˈgroːtsiʊs, niederl. ˈxroː-tsiːys], eigtl. Huig de Groot, *Delft 10. 4. 1583, † Rostock 28. 8. 1645, niederl. Jurist. Wurde als Arminianer 1619 zu lebenslangem Gefängnis verurteilt; 1621 Flucht nach Frankreich; 1625 erschien sein Hauptwerk »De jure belli ac pacis libri tres« (»Drei Bücher über das Recht des Krieges und des Friedens«); 1635 als Gesandter in Paris in schwed. Diensten (bis 1645). G. war einer der Begründer des modernen †Naturrechts und neben F. Suárez Initiator des neuzeitl. Völkerrechts.

Grotte [griech.-lat.-italien.], Höhle, auch künstl. Höhle in Renaissance-, Manierismus- und Barockgärten.

Grubenbewetterung, Maßnahmen zur Zuführung von Frischluft *(Frischwetter)* und zur Abführung verbrauchter Luft *(Abwetter)* in Grubenbauen.

Grubengas †Methan.

Grubenottern (Lochottern, Crotalidae), Fam. sehr giftiger, 0,4–3,75 m langer Schlangen mit rd. 130 Arten, v. a. in Amerika und Asien; Giftzähne lang, Augen mit senkrechter Pupille, etwa in der Mitte zw. diesen und den Nasenlöchern jederseits ein als *Grubenorgan* bezeichnetes Sinnesorgan, mit dem Temperaturdifferenzen von nur 0,003 °C wahrgenommen werden können. Dient zum Aufsuchen warmblütiger Beutetiere. Zu den G. zählen u. a. *Klapperschlangen* und *Mokassinschlangen.*

Grubenwurm (Hakenwurm), etwa 8 (σ)–20 (φ) mm langer, meist gelbl. Fadenwurm, Dünndarmparasit des Menschen in S-Europa, N-Afrika, Kleinasien und Asien; Erreger der Hakenwurmkrankheit.

Gruber, 1) Karl, *Innsbruck 3. 5. 1909, † Innsbruck 1. 2. 1995, österr. Politiker (ÖVP). Schloß als Außen-Min. (1945 bis 1953) mit Italien das *Gruber-De-Gasperi-Abkommen* (5. 9. 1946) zur Regelung der Südtirolfrage.

2) Max Ritter von (ab 1908), *Wien 6. 7. 1853, † Berchtesgaden 16. 9. 1927, österr. Hygieniker und Bakteriologe. Pionier des modernen Hygienewesens; entdeckte die *Gruber-Widal-Reaktion,* die Agglutination eines Blutserums, das bestimmte Immunkörper enthält, mit

Gründelwale

Bakterien der entsprechenden Art; dient zur Identifizierung von unbekannten Bakterienstämmen.

Grüber, Heinrich, *Stolberg (Rhld.) 24. 6. 1891, † Berlin (West) 29. 11. 1975, dt. ev. Theologe. Leitete ab 1937 die von ihm gegr. Hilfsstelle für ev. Rasseverfolgte (»Büro Grüber«); 1940–43 in den KZ Sachsenhausen und Dachau; 1949–58 Bevollmächtigter der EKD bei der Regierung der DDR.

Gruberová, Edita , *Preßburg 23. 12. 1946, österr. Sängerin (Sopran) slowak. Herkunft. Seit 1970 Mgl. der Wiener Staatsoper; brillante Koloratursopranistin, bes. in Opernpartien von Mozart, R. Strauss und Verdi.

Grumbach, Wilhelm von, *Rimpar bei Würzburg 1. 6. 1503, † Gotha 18. 4. 1567, fränk. Reichsritter. Schwager Florian Geyers; seine Kämpfe gegen den Würzburger Bischof Melchior von Zobel und Kurfürst August von Sachsen sind als *Grumbachsche Händel* bekannt. 1567 ließ ihn der Kurfürst nach der Erstürmung Gothas vierteilen.

Grün, 1) Anastasius, eigtl. Anton Alexander Graf von Auersperg, *Ljubljana 11. 4. 1806, † Graz 12. 9. 1876, österr. Dichter. 1848 Mgl. der Frankfurter Nationalversammlung; Vertreter des österr. ↑Vormärz; schrieb polit. Lyrik (u. a. »Spaziergänge eines Wiener Poeten«, 1831) und humorist. Epen (u. a. »Der Pfaff von Kahlenberg«, 1850).
2) Max von der, *Bayreuth 25. 5. 1926, dt. Schriftsteller. 1951–64 Bergmann im Ruhrgebiet; Mitbegründer der ↑Gruppe 61; schreibt Romane, u. a. »Irrlicht und Feuer« (1963), »Zwei Briefe an Pospischiel« (1968), »Flächenbrand« (1979), »Die Lawine« (1986), Hör- und Fernsehspiele.

Grün, jede vom Gesichtssinn vermittelte Farbempfindung, die durch Licht einer Wellenlänge zw. 487 nm und 566 nm *(grünes Licht)* oder durch subtraktive Farbmischung der beiden Grundfarben Blau und Gelb hervorgerufen wird.

Grünalgen (Chlorophyceae), Abteilung der Algen mit rd. 10 000 v. a. im Benthos und Plankton des Süßwassers vorkommenden Arten. Die Grünfärbung wird durch Chlorophyll a und b in den Chloroplasten bewirkt. Assimilations- und Reservestoffe sind Stärke und Fett.

Grün-Alternatives Jugendbündnis, im Jan. 1994 gegr., der Partei »Bündnis 90/Die Grünen« nahestehende, aber politisch und organisatorisch unabhängige Jugendorganisation.

Grünbein, Durs, *Dresden 9. 10. 1962, dt. Lyriker. Kombiniert in seinen Gedichten (u. a. »Schädelbasislektion«, 1991; »Falten und Fallen«, 1994) myth. Verweise, modernes Vokabular und einen gleichsam naturgeschichtl. Blick. 1995 Georg-Büchner-Preis.

Grundbuch, das vom Grundbuchamt (i. d. R. Amtsgericht) geführte öffentl. Verzeichnis der an Grundstücken eines bestimmten Bezirks bestehenden Rechtsverhältnisse. Für jedes Grundstück (ausnahmsweise für mehrere Grundstücke), Erbbaurecht und Wohnungseigentum muß grundsätzl. ein *G. blatt* angelegt werden, das u. a. Lage, Eigentümer und Belastungen eines Grundstücks enthält.

Grunddienstbarkeit ↑Dienstbarkeit.
Grundeigentum, das Eigentum an einem Grundstück. Es erstreckt sich, soweit die Nutzungsmöglichkeit besteht, auf den Luftraum über und das Erdreich unter der Oberfläche.

Grundeln (Meer-G., Gobiidae), in allen Meeren, z. T. auch in Brack- und Süßgewässern vorkommende Fam. der Knochenfische mit rd. 600, meist nur wenige cm langen Arten. Man unterscheidet die Unter-Fam. *Schläfer-G.* (2,5–60 cm lang, v. a. in trop. Meeren) und *Echte Grundeln*. Bekannt ist der *Sandküling* (Sand-G.), bis 10 cm lang, in Nord- und Ostsee und Mittelmeer.

Gründelwale (Monodontidae), Fam. bis etwa 6 m langer Zahnwale in nördl.

Heinrich Grüber

Max von der Grün

Grundeln 1). Oben: Schwarzgrundel (Länge 15–18 cm) ◆ Unten: Sandküling (Länge bis 10 cm)

Otto Grotewohl

Gründerjahre

Gründelwale. Oben: Weißwal (Länge 3,7 bis 4,3 m) ♦ Unten: Narwal (Länge 4,0–4,9 m)

Meeren; fressen überwiegend am Grund. Im Atlantik kommt der bis 5 m lange *Narwal* (Einhornwal) vor; der etwa 3,7–4,3 m lange *Weißwal* kommt in arkt. und subarkt. Meeren vor.

Gründerjahre, i. e. S. die Jahre vom Ende des Dt.-Frz. Kriegs (1871) bis zum Beginn der Großen Depression (1873), i. w. S. die Zeit von etwa 1870–90.

Grunderwerbsteuer, Steuer auf den Erwerb von inländ. Grundstücken und darauf gerichtete Verpflichtungsgeschäfte. Steuerbemessungsgrundlage ist der Kaufpreis samt Nebenkosten.

Grundform, svw. ↑Infinitiv.

Grundgebirge, Bez. für ältere, meist aus metamorphen und Tiefengesteinen bestehende Gesteinskomplexe unter dem jüngeren *Deckgebirge*.

Gründgens, Gustaf, *Düsseldorf 22. 12. 1899, † Manila 7. 10. 1963, dt. Schauspieler und Regisseur. 1934–37 Intendant des Staatl. Schauspielhauses in Berlin, 1937–45 Generalintendant des Preuß. Staatstheaters, ab 1947–55 der Städt. Bühnen Düsseldorf, 1955–63 des Dt. Schauspielhauses in Hamburg; als Schauspieler bes. bekannt als »Mephisto«; auch zahlr. Filme, u. a. »Pygmalion« (1935), »Tanz auf dem Vulkan« (1938), »Faust« (1960), »Das Glas Wasser« (1960).

Gustaf Gründgens

Grundgesetz, Abk. GG, die Verfassungsurkunde der BR Deutschland. Am 23. 5. 1949 verkündet und am 24. 5. 1949 in Kraft getreten (im Saarland am 1. 1. 1957, in den Bundesländern Mecklenburg-Vorpommern, Sachsen, Sachsen-Anhalt, Thüringen und dem Gebiet von Ostberlin am 3. 10. 1990), ist das GG in 14 Abschnitte und eine Präambel gegliedert; es legt die staatl. Grundordnung fest: die parlamentar. Demokratie als Staatsform, die Aufgaben der Verfassungsorgane, die ↑Grundrechte des Bürgers, ferner das Verhältnis von Bund und Ländern, Zuständigkeit und Verfahren bei der Gesetzgebung, die Ausführung der Bundesgesetze, die Bundesverwaltung und Gemeinschaftsaufgaben, die Rechtsprechung, das Finanzwesen, den Verteidigungsfall. Das GG geht als Verfassungsgesetz allen anderen Rechtsnormen vor. Es kann selbst nur durch ein Gesetz geändert werden, das den Wortlaut des GG ausdrücklich ändert oder ergänzt. Von Änderung ausgenommen sind bestimmte elementare Verfassungsgrundsätze.

Der Anstoß zur Ausarbeitung einer Verfassung nach dem 2. Weltkrieg ging von den drei westl. Besatzungsmächten aus. Am 8. 5. 1949 wurde das GG vom Plenum des von den elf Landtagen gewählten ↑parlamentarischen Rates angenommen; die Landtage stimmten mit Ausnahme Bayerns zu. Die westl. Besatzungsmächte genehmigten das GG am 12. 5. 1949.

Grundgewebe, 1) *Pflanzen:* (Parenchym) die häufigste Form des Dauergewebes, gebildet in den krautigen Teilen, aber auch im Holzkörper der höheren Pflanzen. Das G. besteht aus lebenden, wenig differenzierten Zellen. Im G. laufen die wichtigsten Stoffwechselprozesse der Pflanze ab, außerdem gewährleistet es die Festigkeit der krautigen Pflanzenteile.

2) *Mensch und Tiere:* ↑Stroma.

Grundherrschaft, neuzeitl. Begriff der *Rechtsgeschichte,* der die Organisationsform der Agrarwirtschaft vom frühen MA bis ins 19. Jh. bezeichnet; umfaßte zunächst nicht nur die Herrschaft über Grund und Boden, sondern auch über Land und Leute (meist Bauern) mit Schutzpflichten seitens des Grundherrn; ab dem Spät-MA bezeichnet G. nur die Herrschaft über Grund und Boden. ↑Gutsherrschaft.

Grundkapital ↑Aktiengesellschaft.

Grundlagenforschung, 1) *allgemein* die wiss. Beschäftigung mit dem method. Fundament einer wiss. Disziplin.

2) *Mathematik:* die Auseinandersetzung mit den methodologischen Vorausset-

zungen der Mathematik. Urspr. betrieben als »Metaphysik der Mathematik«; seit etwa 1900 wurde die Untersuchung von Axiomensystemen und die formale Analyse mathemat. Beweise zum wichtigsten Anliegen.

Grundlagenvertrag, svw. ↑Grundvertrag.

Gründlinge (Gobioninae), Unter-Fam. kleiner bis mittelgroßer, bodenbewohnender Karpfenfische mit über 70 Arten in den Süßgewässern Eurasiens; in M-Europa kommt der *Gewöhnliche Gründling* (Gründel, Grimpe, Greßling, Gresse) vor.

Grundlohn, in der gesetzl. *Krankenver-*

Gründlinge. Steingreßling (Länge bis 15 cm)

sicherung das auf den Kalendertag umgerechnete Arbeitsentgelt; bildet die Bemessungsgrundlage für die baren Leistungen der Krankenkassen sowie für die Beiträge.

Grundmoräne ↑Gletscher.

Gründonnerstag, 5. Tag der Karwoche, nach 1. Kor. 11, 23 der Tag des letzten Abendmahles.

Grundpfandrechte, Überbegriff für Hypothek, Grundschuld und Rentenschuld.

Grundrechenarten, die vier Rechenarten Addition (Zusammenzählen), Subtraktion (Abziehen), Multiplikation (Malnehmen) und Division (Teilen).

Grundrechte, unantastbare und unveräußerliche Rechte (↑Menschenrechte) des einzelnen auf Freiheit von staatlichen Eingriffen. In der BR Deutschland sind die wichtigsten G. im Grundgesetz enthalten. Dieses führt in Abschnitt I (»Die G.«) insbes. auf: die Menschenwürde; die freie Entfaltung der Persönlichkeit; das Recht auf Leben und körperliche Unversehrtheit und die Freiheit der Person; den Gleichheitssatz; die Religionsfreiheit einschließlich der Glaubens- und Gewissensfreiheit und der Bekenntnisfreiheit; Meinungsfreiheit, Informationsfreiheit und Pressefreiheit; die Wissenschaftsfreiheit; den Schutz von Ehe und Familie; die Privatschulfreiheit; die Versammlungsfreiheit; Vereinigungs- und Koalitionsfreiheit; Briefgeheimnis, Postgeheimnis und Fernmeldegeheimnis; die Freizügigkeit; die Berufsfreiheit; die Unverletzlichkeit der Wohnung; das Recht auf Eigentum und das Erbrecht; das Verbot der Auslieferung und das Asylrecht; das Beschwerde- und Petitionsrecht.

Einige G. stehen nur den Deutschen im Sinne des Artikels 116 GG zu. Die G. wenden sich an alle drei Staatsgewalten und binden daher auch die gesetzgebende Gewalt. Diese darf ein Grundrecht durch Gesetz grundsätzlich nur dann einschränken, wenn das Grundrecht diese Beschränkung ausdrücklich vorsieht *(Gesetzesvorbehalt)*.

In *Österreich* fehlt es an einer umfassenden Kodifikation der Grundrechte. In der *Schweiz* sind die G. (auch *Freiheitsrechte* gen.) in der BV verstreut und unvollständig aufgeführt.

Grundrente, 1) (Bodenrente) das Einkommen, das aus dem Eigentum an Grund und Boden bezogen wird.

2) *Kriegsopferversorgung:* nach dem Bundesversorgungsgesetz gewährter einkommensunabhängiger Rentenbestandteil, der eine Minderung der Erwerbsfähigkeit um mindestens 30% voraussetzt.

Grundriß, die senkrechte Projektion eines Gegenstandes auf eine waagerechte Ebene.

Grundschuld, das Grundpfandrecht, das – anders als die Hypothek – von einer zu sichernden Forderung rechtlich unabhängig ist. Entstehung durch formlose Einigung und Eintragung ins Grundbuch sowie (bei der Brief-G.) Übergabe des G.briefes. Die G. erlischt durch Befriedigung des G.gläubigers aus dem Grundstück, ferner durch Aufhebung.

Grundschule, gemeinsame Pflichtschule für alle Kinder. Die Dauer der Grundschule beträgt in den Ländern der BR Deutschland i. d. R. 4–6 Jahre. Der Übergang in weiterführende Schulen folgt nach dem 4. Schuljahr oder nach dem Besuch einer Orientierungsstufe (5. und 6. Schuljahr). Die Gesamtschule beginnt nach dem 4. Schuljahr mit Leistungskursen.

Grundsee

Grundsee, eine kurze, steile, auch überkommende Welle, die durch Auflaufen einer aus tiefem Wasser kommenden langen Welle auf Untiefen und vor flachen Küsten entsteht.

Grundsteuer, Steuer auf alle Formen des Grundbesitzes (bebaute und unbebaute Grundstücke, Eigentumswohnungen). Die G. ist unterteilt in die G. A (auf land- und forstwirtschaftlich genutzten Grundbesitz) und die G. B (auf bebaute und unbebaute Grundstücke). Sie ist neben der Gewerbesteuer die wichtigste Gemeindesteuer.

Grundstück, 1) im Sinne des BGB und der Grundbuchordnung ein räumlich abgegrenzter Teil der Erdoberfläche, der im Bestandsverzeichnis eines Grundbuchblattes unter einer bes. Nummer gebucht ist.
2) in den *Bau-* und *Bodengesetzen* die eine wirtschaftl. Einheit bildenden Bodenflächen. Der *Sachwert* setzt sich *bei bebauten* G. zusammen aus Bodenwert, Gebäudewert und Wert der Außenanlagen. Dabei wird der Boden mit dem *gemeinen* Wert oder *Verkehrswert* angesetzt. Der *Ertragswert* wird durch Kapitalisierung der erwarteten durchschnittl. Reinerträge ermittelt. Bei *unbebauten* G. wird der gemeine Wert angesetzt.

Grundstufe ↑Komparation.

Grundton, 1) *Akustik:* der tiefste Ton eines klangbildenden Tongemisches.
2) *Musik:* der Ton, auf dem eine Tonleiter bzw. eine Tonart oder ein Akkord aufgebaut ist.

Grundtvig, Nicolai Frederik Severin [dän. 'grondvi], *Udby (Seeland) 8. 9. 1783, † Kopenhagen 2. 9. 1872, dän. ev. Theologe, Pädagoge und Schriftsteller. Bemühte sich um religiöse und nat. Erneuerung, übersetzte altnord. Sagen, schrieb über 400 Kirchenlieder, Initiator der dän. Volkshochschulbewegung.

Grundumsatz (Basalumsatz, Ruheumsatz), Abk. GU, diejenige Energiemenge, die ein lebender Organismus bei völliger geistiger und körperl. Entspannung in nüchternem Zustand zur Aufrechterhaltung seiner Lebensvorgänge benötigt. Die Höhe des G. hängt beim Gesunden von Körpergröße und Körpergewicht, vom Alter und vom Geschlecht ab. Der G. beträgt beim Erwachsenen annähernd 1 kcal (4,2 kJ) je Stunde und kg Körpergewicht.

Grundvertrag (Grundlagenvertrag), Kurzbez. für den Vertrag über die Grundlagen der Beziehungen zw. der BR Deutschland und der DDR vom 21. 12. 1972, in Kraft getreten am 21. 6. 1973. Der G. sollte u. a. »gutnachbarl. Beziehungen« zw. beiden Staaten »auf der Grundlage der Gleichberechtigung« dienen; er umfaßte u. a. einen Gewaltverzicht mit der Bekräftigung der »Unverletzlichkeit« der Grenze zw. beiden Staaten. Weitere Bestandteile des Vertragswerks betrafen u. a. die Auffassungsunterschiede hinsichtlich der Staatsangehörigkeit und der nat. Frage. Im »Brief zur dt. Einheit« bekräftigte die Bundesregierung das polit. Ziel der Wiedervereinigung.

Grundwasser, durch Versickerung der Niederschläge oder aus Seen und Flüssen in den Erdboden eingedrungenes Wasser, das die Hohlräume oberhalb einer undurchlässigen Schicht ausfüllt und nur der Schwerkraft unterliegt. Der G.spiegel ist die obere Grenzfläche des G. zwischen lufthaltiger und wassergesättigter Zone. G. ist mit einem Anteil von etwa 70 % die wichtigste Grundlage der öffentl. Wasserversorgung.

Grundwasser. Schematische Darstellung wichtiger Begriffe

Grundwort, in einer Zusammensetzung (Kompositum) das nachstehende, übergeordnete Wort, nach dem sich Wortart, Genus und Numerus des ganzen Wortes richten, z. B. Sonnen*schirm*.

Grundzahl, in der *Mathematik* die Basis einer ↑Potenz oder eines ↑Logarithmus.

Grundzustand, in der *Physik* Zustand geringster Energie eines Moleküls, Atoms oder Atomkerns. Ggs.: angeregter Zustand.

Grüne (Die Grünen), dt. polit. Partei, gegr. 1980 durch Zusammenschluß verschiedener regionaler Gruppen sowie der »Grünen Aktion Zukunft«, 1993 mit dem ↑Bündnis 90 zur neuen Partei ↑Bündnis 90/Die Grünen zusammengeschlossen. Sich zu den Prinzipien »ökologisch – sozial – basisdemokratisch – gewaltfrei« bekennend, betonten die G. bei neutralist. und pazifist. Orientierung in der Außenpolitik den Vorrang, den das Verhältnis des Menschen zu seiner Umwelt genießt, und lehnten das Wachstumsdenken, insbes. in der Energiepolitik, ab. Die G. waren ab 1984 im Europ. Parlament und 1983–90 im Bundestag vertreten, bei der Bundestagswahl 1990 scheiterten sie an der Fünfprozentklausel; in Hessen (1985–87) und Berlin ([»Alternative Liste«] 1989/1990) bildeten sie Regierungskoalitionen mit der SPD.

Grüner Knollenblätterpilz (Grüner Giftwulstling, Grüner Wulstling), Ständerpilz aus der Fam. der Wulstlinge, verbreitet in mitteleurop. Laub- und Nadelwäldern; Hut 5–15 cm im Durchmesser; einer der giftigsten einheim. Pilze.

Grüner Pfeil, seit 1994 in ganz Deutschland gültiges Verkehrszeichen, das an einer ansonsten Rot zeigenden Ampel das Rechtsabbiegen bei freier Fahrt erlaubt.

Grüner Punkt ↑Duales System.

grüner Star ↑Starerkrankungen.

Grüner Veltliner ↑Rebsorten (Übersicht).

Grünes Kreuz ↑Deutsches Grünes Kreuz.

grüne Versicherungskarte, 1949 eingeführte Kfz-Versicherungskarte. Der Inhaber einer g. V. ist in zahlr. ausländ. Staaten ohne Zusatzvertrag in dem Umfang versichert, der in den Pflichtversicherungsgesetzen des fremden Landes vorgesehen ist.

Grünewald

Matthias Grünewald. Die Begegnung der Heiligen Erasmus und Mauritius (zwischen 1520 und 1524; München, Alte Pinakothek)

Grünewald, Matthias, vermutlich eigtl. Mathis Gothart Nithart oder Neithart, *Würzburg um 1470–80, † Halle/Saale vor dem 1. 9. 1528, dt. Maler und Baumeister. Lebenslauf und Identität konnten bis heute nicht vollständig rekonstruiert werden. G. ließ sich 1503/04 in Aschaffenburg nieder (dort 1511 am Umbau des Schlosses beteiligt) und stand ab 1516 im Dienst des Kardinals Albrecht von Brandenburg. Ab 1527 lebte er als »Wasserkunstmacher« in Halle/Saale. Sein Hauptwerk, der Isenheimer Altar (Colmar, Musée d'Unterlinden) für das Antoniterkloster in Isenheim im Elsaß, entstand zw. 1512 und 1516; zum Spätwerk zählt u. a. die Tafel vom Tauberbischofsheimer Altar (Vorderseite: »Kreuzigung Christi«, Rückseite: »Kreuztragung«, um 1523–24; Karlsruhe, Staatl. Kunsthalle). – *Weitere Werke:* Christus am Kreuz (1502–05; Basel, Kunstmuseum), Verspottung Christi (um 1504; München, Alte Pinakothek), Die Begegnung der Hl. Erasmus und Mauritius (1520–24; ebd.).

Grünfink

Grünfink

Grünfink (Grünling), etwa 15 cm großer Finkenvogel in Europa, NW-Afrika und Vorderasien.

Grünkohl (Braunkohl, Winterkohl, Krauskohl), anspruchslose, winterharte Gemüsepflanze.

Grünlilie (Graslilie, Chlorophytum), Gatt. der Liliengewächse mit über 100 Arten in den Tropen der Alten und Neuen Welt.

Grünling, 1) (Grünreizker, Gelbreizker, Echter Ritterling) in sandigen Kiefernwäldern und auf Heiden häufig vorkommender Ständerpilz; Hut 4–8 cm breit; Speisepilz.
2) svw. ↑Grünfink.

Grünling 1) (Hutbreite 4–8 cm)

Grünspan, Gemisch bas. Kupfer(II)-acetate von grüner oder blauer Farbe; giftig.

Grünspecht ↑Spechte.

Gruppe, 1) *Sozialwiss.:* unscharfer und mehrdeutig benutzter Begriff für eine Menge, Masse bzw. abgrenzbare Anzahl von Personen, die bes. soziale Beziehungen untereinander und gegenüber Außenstehenden unterhalten. In der *Psychologie* und *Soziologie* ist G. der Begriff für soziale Gebilde, durch die das Individuum mit seiner Gesellschaft verbunden wird. Gruppen-Mgl. haben ein gewisses Bewußtsein der Zusammengehörigkeit und Abgrenzung gegenüber Dritten *(Gruppenbewußtsein)*, ihr gemeinsames Handeln ist an gemeinsamen Zielen und Interessen ausgerichtet.
2) *Mathematik:* eine algebraische Struktur $(G, °)$, deren Verknüpfung $°$ die folgenden Eigenschaften besitzt:
1. $(a°b)°c = a°(b°c)$ (Assoziativgesetz).
2. Es existiert ein neutrales Element (Einselement) e mit der Eigenschaft: $e°a = a°e = a$ für alle a aus G. 3. Es existiert zu jedem Element a aus G ein inverses (reziprokes) Element a^{-1} aus G mit $a°a^{-1} = e$.

Grünlilie der Art Chlorophytum comosum (Länge der Blätter 20–40 cm)

Gruppe 47, lockere Gruppierung dt. Schriftsteller und Publizisten, gegr. (u. a. von H. W. Richter und A. Andersch) 1947 im Bestreben, die »junge Literatur ... zu sammeln und zu fördern« und zugleich für ein neues, demokrat. Deutschland zu wirken. Sie veranstaltete jährlich Tagungen mit Lesungen und vergab einen Literaturpreis (u. a. an G. Eich, I. Aichinger, I. Bachmann, H. Böll, G. Grass, J. Bobrowski). 1967 fand die letzte Sitzung im alten Stil statt, am 19. 9. 1977 wurde die Gruppe aufgelöst.

Gruppe 61, Arbeitskreis von Schriftstellern und Publizisten; Absicht: Auseinandersetzung mit den sozialen und menschl. Problemen der industriellen Arbeitswelt; Mitte der 1960er Jahre Abspaltung des »Werkkreises Literatur der Arbeitswelt«.

Gruppe der 5, eine zw. 1830 und 1845 entstandene Gruppe russ. Komponisten, wurde bekannt als das »mächtige Häuflein«; Mgl. waren u. a. M. P. Mussorgskij und N. A. Rimskij-Korsakow; erstrebte und erreichte eine Erneuerung der russ. Kunstmusik in allen Gattungen, bes. in der Oper durch Einbeziehung der russ. Volksmusik sowie durch die Berücksichtigung der Eigenheiten der russ. Sprache.

Gruppe der 77, 1967 gegr. loser Zusammenschluß von urspr. 77 Entwicklungsländern (1991: 128 Mgl.), die für die dritte Welt größere wirtschaftl. Rechte fordert (u. a. 1 % des jährl. Bruttosozialprodukts der Ind.länder für Entwicklungshilfe).

Gruppendynamik (Gruppenpsychologie), die psychologisch erfaßbaren Prozesse, die die wechselseitigen Einflüsse einer sozialen Gruppe kennzeichnen; auch die Methoden, die im therapeut. Rahmen der Verbesserung des Selbstverständnisses des einzelnen sowie der allg. Kommunikation dienen.

Gruppenpädagogik, Teilbereich der Pädagogik, setzt sich mit den Ergebnissen der Sozialpsychologie auseinander und befaßt sich mit Erziehungsformen, die soziales Lernen intendieren, sucht diese gezielt mittels gruppendynam. Prozesse zu vermitteln.

Gruppentherapie (Gruppenpsychotherapie), Methode der *Psychotherapie*, bei der mehrere Personen gleichzeitig durch einen Therapeuten behandelt werden. Die G. will soziale Kontaktschwierigkeiten beseitigen, soziale Fehlanpassungen korrigieren und durch eine spontane, möglichst hemmungsfreie Aussprache angestaute psych. Spannungen abbauen.

Gruša, Jiři [tschech. 'gruʃa], *Pardubitz 10. 11. 1938, tschech. Schriftsteller. Schreibt Romane (u. a. »Mimner oder Das Tier der Trauer«, 1973) und Lyrik; ab 1969 Publikationsverbot; nach Veröffentlichung seines Romans »Der 16. Fragebogen« (1978) inhaftiert; 1981–89 in der BR Deutschland.

Grusinien ↑Georgien.

Grusinische Heerstraße (Georg. Heerstraße), seit 1799 bestehende, 208 km lange Paßstraße über den Großen Kaukasus, zw. Tiflis und Wladikawkas, 1985 ersetzt durch die Transkaukas. Automagistrale.

Grützke, Johannes, *Berlin 30. 9. 1937, dt. Maler und Graphiker. Vertreter eines krit.-iron. Realismus (33 m langes Wandbild »Die Volksvertreter«, 1991; Paulskirche, Frankfurt am Main). Charakteristisch ist die groteske Theatralik in Körperpose und Gesichtsausdruck der Figuren.

Gryphius, Andreas, eigtl. A. Greif, *Glogau 2. 10. 1616, †ebd. 16. 7. 1664, dt. Dichter. Bedeutendster Lyriker und Dramatiker (Trauer- und Lustspiele) des dt. Barock. – *Hauptwerke:* Sonette, Epigramme, Oden (1643); Teutsche Reim-Gedichte (1650; darin u. a. das Trauerspiel »Leo Arminius«), Teutscher Gedichte Erster Theil (1657; darin u. a. die Trauerspiele »Catharina von Georgien« und »Cardenio und Celine«), Absurda comica oder Herr Peter Squentz (Kom., 1657/58), Horribilicribifax (Kom., 1663).

Grzimek, Bernhard ['gʒɪmɛk], *Neisse 24. 4. 1909, †Frankfurt am Main 13. 3. 1987, dt. Zoologe. Leitete 1945–74 den Zoolog. Garten in Frankfurt am Main; setzte sich für den Naturschutz und die Erhaltung freilebender Tiere ein; u. a. »Kein Platz für wilde Tiere« (1954), »Serengeti darf nicht sterben« (1959).

GSI, Abk. für ↑**G**esellschaft für **S**chwerionenforschung mbH.

Gstaad, schweizer. Kurort im Berner Oberland, zu ↑Saanen. Yehudi-Menuhin-Musikakademie.

Guadalcanal

Guadalajara [span. gu̯aðala'xara], Hauptstadt des mex. Staates Jalisco, im W des Hochlandes von Mexiko, 1,63 Mio. E. Zwei Univ., Museen, Theater; Zoo; wichtiger Ind.standort. Bauwerke aus der Kolonialzeit, u. a. der Palacio de Gobierno (vollendet 1774) und die Kathedrale (geweiht 1616).

Guadalcanal [engl. gwɔdlkə'næl], mit 6 475 km² größte die ↑Salomoninseln. – Im 2. Weltkrieg 1942 und 1943 von Japanern und Amerikanern heftig umkämpft.

Johannes Grützke. Misch du dich nicht auch noch ein (1972; Privatbesitz)

Guadalajara (Mexiko). Die Kathedrale, 1561–1618 errichtet, seitdem mehrfach umgebaut

Guadalquivir

Guadalupe. Blick auf die Stadt mit dem das Stadtbild beherrschenden Klosterkomplex; 1340 ff.

Guanin

Guajakbaum. Zweig mit Blüten

Guadalquivir [span. gu̯aðalki'βir], Fluß in S-Spanien, mündet in den Golf von Cádiz; 657 km lang.

Guadalupe [gu̯aða'lupe], span. Marienwallfahrtsort östlich von Cáceres, 2800 E. Kloster Nuestra Señora de G. (1340 gestiftet) mit zweistöckigem Kreuzgang (1405/06) im Mudejarstil.

Guadeloupe [frz. gwa'dlup], frz. Übersee-Dép. (seit 1946) im Bereich der Kleinen Antillen, 1780 km², 387000 E, Hauptstadt Basse-Terre; besteht aus den Inseln G. (mit 1513 km² größte Insel der Kleinen Antillen, im Vulkan Soufrire 1484 m hoch), Marie-Galante, Îles des Saintes, Îles de la Petite Terre, La Désirade, Saint-Barthélemy und dem N-Teil von Saint-Martin.

Guadiana [span. gu̯a'ðiana, portugies. gu̯ɐ'ðiɐnɐ], Fluß in Spanien und Portugal, entspringt in der Mancha, bildet im Unterlauf z. T. die span.-portugies. Grenze, mündet in den Golf von Cádiz, 778 km lang.

Guajakbaum [indian.-span./dt.], Gatt. der Jochblattgewächse mit sechs Arten in M-Amerika; Bäume oder Sträucher; einige Arten liefern das stark harzhaltige *Guajakholz*, aus dem das wohlriechende äther. *Guajakholzöl* (in der Parfümerie als Fixator verwendet) gewonnen wird.

Guajavabaum [indian.-span./dt.], in den Tropen und Subtropen oft als Obstbaum in vielen Sorten angepflanztes Myrtengewächs aus dem trop. Amerika; Früchte *(Guajaven, Guayaven, Guaven)* birnen- bis apfelförmig, rot oder gelb, reich an Vitamin C.

Guam, größte Insel der Marianen, untersteht dem Innenministerium der USA, 549 km², 137000 E, Hauptstadt Agaña. – 1521 von F. de Magalhães entdeckt, später in span. Hand; 1898 an die USA.

Guanajuato [span. gu̯ana'xu̯ato], Staat in Z-Mexiko, 30431 km², 3,98 Mio. E, Hauptstadt Guanajuato.

Guanako [indian.-span.] ↑Kamele.

Guanchen [gu'antʃən], die Urbevölkerung der Kanar. Inseln (mit neolith. Kultur); in der ab dem 14. Jh. eingewanderten span. Bevölkerung aufgegangen.

Guangdong (Kwangtung), Prov. in SO-China, 212000 km², 63,21 Mio. E, Hauptstadt Kanton.

Guang Xu [chin guaŋɕy], * Peking 14. 8. 1871, † ebd. 14. 11. 1908, chin. Kaiser (ab 1875). Vorletzter Kaiser der Qing-Dynastie, wurde wegen seiner Reformversuche gestürzt.

Guangzhou, chin. Stadt, ↑Kanton.

Guanin [indian.] (Iminoxanthin), Purinbase (2-Amino-6-hydroxypurin), eine der fünf am Aufbau der Nukleinsäuren beteiligten Hauptbasen.

Guano [indian.], v. a. aus Exkrementen von Kormoranen und anderen Seevögeln zusammengesetzter organ. Dünger.

Guardia civil [span. 'gu̯arðia θi'βil], span. Gendarmerie, gegr. 1844; untersteht dem Heer, wird jedoch im Dienst des Innenministers verwendet.

Guardini, Romano, * Verona 17. 2. 1885, † München 1. 10. 1968, dt. kath. Theologe und Religionsphilosoph italien. Herkunft. Wurde 1923 Prof. für Religionsgeschichte und kath. Weltanschauung in Berlin (1939 Zwangsemeritierung); führende Persönlichkeit in der kath. Jugendbewegung und in der liturg. Bewegung; schrieb u. a. »Der Mensch und der Glaube. Versuche über die religiöse Existenz in Dostojewskis großen Romanen« (1932), »Der Tod des Sokrates« (1944), »Das Ende der Neuzeit« (1950); 1952 Friedenspreis des Börsenvereins des Dt. Buchhandels.

Guareschi, Giovanni [italien. gu̯a-'reski], * Fontanelle (heute Roccabianca bei Parma) 1. 5. 1908, † Cervia 22. 7. 1968, italien. Schriftsteller. Berühmt durch den heiter-satir. Roman »Don Camillo und Peppone« (1948; mehrere Fortsetzungen und Verfilmungen).

Guatemala

Guarini, 1) Giovanni Battista, *Ferrara 10. 12. 1538, † Venedig 7. 10. 1612, italien. Dichter. Schuf die Gattung des Schäferspiels (»Der treue Schäfer«, 1590).
2) Guarino, *Modena 17. 1. 1624, † Mailand 6. 3. 1683, italien. Baumeister des Barock. Kompliziert berechnete Bauten, v. a. in Turin (Fassade des Palazzo Carignano, 1679 ff., im Dom die Kapelle Santa Sindone, 1667 ff). Nachwirkung v. a. im süddt. Raum.

Guarneri (Guarnieri, Guarnerius), berühmte italien. Geigenbauerfamilie in Cremona. Der berühmteste Vertreter der Familie war Giuseppe Antonio G. (*1698, †1744). Das von ihm benutzte Zeichen IHS (=Iesum Habemus Socium) trug ihm den Beinamen »del Ges« ein.

Guatemala, Hauptstadt der Republik und des Dep. Guatemala, in einem Tal des zentralen Hochlandes, 1500 m ü. M., 1,1 Mio. E. Fünf Univ., Museen, u. a. archäolog.-ethnolog. Museum, Nationalarchiv, -bibliothek, meteorologisch-seismolog. Observatorium, Zoo, botan. Garten. Hauptind.-Standort des Landes, internat. ✈. – 1776 gegr.; seit 1839 Hauptstadt von Guatemala.

Guatemala, Staat in Mittelamerika, grenzt im W und N an Mexiko, im NO an Belize und das Karibische Meer, im O an Honduras, im SO an El Salvador und im S an den Pazifik.
Staat und Recht: Präsidialrepublik; *Verfassung* von 1986 (zuletzt 1994 geändert). *Staatsoberhaupt* und Inhaber der *Exekutivgewalt* ist der für eine einmalige Amtszeit von 4 Jahren gewählte Präsident. *Legislativorgan* ist der Kongreß (80 Abg., auf 4 Jahre gewählt). Stärkste *Parteien:* Frente Republicano Guatemalteco (FRG), Partido de Avance Nacional (PAN).
Landesnatur: Im Zentrum von G. verlaufen in W–O-Richtung zwei Züge des Gebirgssystems der Kordilleren, die in den 3800 m hohen Altos Cuchumatanes ihre größte Höhe erreichen. Nach S lagert sich eine 30–50 km breite Küstenebene vor, nach N hat G. Anteil an der Hügellandschaft der Halbinsel Yucatán. G. hat randtrop. Klima. Der N des Landes wird von Regenwald, der zentrale Teil von Kieternsavannen, das Binnenhochland von Mischwäldern und Savannen eingenommen. Im pazif. Küstentiefland finden sich trop. Feucht- (W) und Trockenwald (O).
Bevölkerung: Sie setzt sich zusammen aus etwa 45 % Indianern, 45 % Mestizen (Ladinos), 5 % Weißen und 2 % Schwarzen. Über 60 % der überwiegend kath. Bevölkerung leben im südl. Hochland.
Wirtschaft, Verkehr: Neben dem landwirtschaftl. Anbau zur Selbstversorgung produziert G. für den Export Kaffee, Baumwolle, Bananen und Zuckerrohr. Neben dem hochentwickelten indian. Handwerk gibt es Nahrungsmittel-, Getränke- und Textil-Ind. sowie zwei Erdölraffinerien. Das Eisenbahnnetz hat eine Länge von 953 km, das Straßennetz von 18 000 km (davon 2 850 km asphaltiert). Internat. ✈ bei der Hauptstadt und Santa Elena.
Geschichte: G. ist ein altes Siedlungsland der Maya (im trop. Tiefland des Petén und im Hochland). Ab 1524 wurde G. von den Spaniern erobert. Die Loslösung von Spanien erfolgte mit der Proklamation der Unabhängigkeit 1821. Nach zeitweiliger Zugehörigkeit zum mex. Kaiserreich gehörte es 1823–39 zur Zentralamerikan. Föderation. Seit Beginn des 20. Jh. mischten sich die großen amerikan. Pflanzungsgesellschaften (bes. die United Fruit Company) in die inneren Belange des

Guatemala

Fläche:	108 889 km²
Einwohner:	9,745 Mio.
Hauptstadt:	Guatemala
Amtssprache:	Spanisch
Nationalfeiertag:	15. 9.
Währung:	1 Quetzal (Q) = 100 Centavos (c, cts)
Zeitzone:	MEZ – 7 Std.

Staatsflagge

Staatswappen

Bevölkerung (in Mio.) / Bruttosozialprodukt je E (in US-$)
1970 1992 / 1970 1992

Bevölkerungsverteilung 1992

Bruttoinlandsprodukt 1992

Guatemala. Der Nationalpalast (fertiggestellt 1943) am Parque Central

Landes ein, später auch die Regierung der USA. Oberst J. Arbenz Guzmán, der als Präs. (1951–54) eine radikale Bodenreform gewagt hatte, wurde durch einen von den USA offen unterstützten Putsch gestürzt. Es folgte eine Zeit der Putsche und Gegenputsche einzelner Teile der Armee. Gegen diese verkappte Militärdiktatur kämpften ab 1961 Guerillatrupps linker polit. Gruppen. Nach Wahlen zur Verfassunggebenden Versammlung 1984 amtierte M. V. Cerezo Arévalo 1985–91 als erster gewählter Präs. nach 16jähriger Militärherrschaft; die Militärs verblieben jedoch in wichtigen Machtpositionen. Aus den Präsidentschaftswahlen 1991 ging J. Serrano Elias als Sieger hervor. 1991 schloß die Regierung mit der Guerillaorganisation URNG ein Abkommen über den Aufbau einer »funktionsfähigen und partizipativen Demokratie« zur Beendigung des Bürgerkriegs, der seit 1961 mehr als 100 000 Menschenleben forderte und gegen den sich das Engagement der Friedensnobelpreisträgerin R. Menchú richtete. 1993 scheiterte der Versuch von Serrano Elias, ein autoritäres Regime zu errichten; neuer Präs. wurde R. de Leon Carpio. Bei der Wahl eines Übergangsparlaments 1994 gewann die rechtsgerichtete FRG unter dem ehem. Diktator E. Ríos Montt die Oberhand. 1996 wurde A. Arzú (PAN) zum Präs. gewählt.

Guaven [indian.-span.] ↑Guajavabaum.

Guayana, Großlandschaft im nördl. S-Amerika, zw. den Llanos del Orinoco und dem Amazonastiefland. Den größten Teil nimmt das bis 3014 m hohe Bergland von G. ein, dem eine Küstenebene von wechselnder Breite vorgelagert ist.

Guayaquil [span. gu̯aja'kil], ecuadorian. Prov.-Hauptstadt am Río Guayas, 1,5 Mio. E. Drei Univ., mehrere Theater. Zweitwichtigstes Ind.-Zentrum des Landes, Haupthafen Ecuadors, internat. ⚓.

Gubbio, italien. Stadt in Umbrien, 32 000 E. Wollverarbeitung, Kunsthandwerk. Mittelalterl. Stadtbild mit Kirchen, u. a. Dom (13. und 14. Jh.), San Francesco (13. Jh.), San Domenico (1278 geweiht), und Palästen.

Guben, 1) Kreisstadt in der Niederlausitz, Brandenburg, 31 400 E. Museum; Chemieindustrie, Braunkohlentagebau. – G. erhielt 1235 Magdeburger Stadtrecht.

2) (poln. Gubin) Ind.stadt an der Lausitzer Neiße, Polen, 17 100 E. Umfaßt seit 1945 die rechts der Lausitzer Neiße gelegenen Stadtteile von Guben 1).

Gudbrandsdal [norweg. ˌgʉbransda:l], südnorweg. Talschaft, umfaßt das 200 km lange Tal des Gudbrandsdalslågen und seine Seitentäler, zw. Jotunheim und Rondane; Fremdenverkehr.

Gudea, neusumer. Stadtfürst (etwa 2080–2060) der sog. 2. Dynastie von Lagasch. Beherrschte den größten Teil S-Babyloniens einschließlich Ur.

Guderian, Heinz, *Culm 17. 6. 1888, † Schwangau 15. 5. 1954, dt. General. Seit 1943 Generalinspekteur der Pan-

zertruppen, 1944/45 Chef des Generalstabs des Heeres.
Guelfen [gu'ɛlfən, 'gɛlfən] ↑Ghibellinen und Guelfen.
Guericke (Gericke), Otto von (seit 1666) ['ge:rɪkə], *Magdeburg 30. 11. 1602, † Hamburg 21. 5. 1686, dt. Naturforscher und Staatsmann. Ratsherr und Bürgermeister von Magdeburg. Mit der von ihm erfundenen Luftpumpe führte er Versuche mit luftleer gepumpten Kesseln durch. 1656 konstruierte G. zur Veranschaulichung der Größe des Luftdruckes die *Magdeburger Halbkugeln,* mit denen er einen Schauversuch durchführte. Er erfand außerdem ein Manometer und baute ein über 10 m hohes, mit Wasser gefülltes Heberbarometer.
Guerilla [ge'rɪl(j)a; span.], während des span. Unabhängigkeitskrieges aufgekommene Bez. für den Kleinkrieg, den irreguläre Einheiten der einheim. Bevölkerung gegen die Besatzungsmacht (oder auch im Rahmen eines Bürgerkrieges) führen; auch Bez. für diese Einheiten selbst bzw. ihre Mgl. (in S-Amerika auch Guerilleros gen.). Nach geltendem Völkerrecht sind G. von Partisanen zu unterscheiden (↑Kombattanten).
Guernica [span. gɛr'nika] (amtl. G. y Luno), span. Stadt im Baskenland, 17 800 E. 1937 durch die Legion Condor zerstört; weltberühmt durch das Gemälde »G.« von P. Picasso (Madrid, Centro de Arte Reina Sofía).
Guernsey [engl. 'gə:nzɪ] (frz. Guernesey), westlichste der Kanalinseln, 63 km², Hauptort Saint Peter Port.
Guerrero [span. gɛ'rrɛro], Staat in S-Mexiko, am Pazifik, 63 794 km², 2,6 Mio. E, Hauptstadt Chilpancingo de los Bravo.
Guevara Serna, Ernesto [span. ge'βara 'sɛrna], gen. Che Guevara, *Rosario (Argentinien) 14. 6. 1928, † Bolivien 9. 10. 1967 (erschossen), kuban. Politiker. Arzt; 1959–61 Präs. der Nationalbank und 1961–65 Ind.-Min. Kubas; ab 1966 in Bolivien als Guerillaführer tätig, gefangengenommen und ohne Gerichtsurteil erschossen. G. S. wurde eine Leitfigur der Befreiungsbewegungen und der Studentenbewegung von 1968.
Guicciardini, Francesco [italien. guit-tʃar'diːni], *Florenz 6. 3. 1483, † Arcetri bei Florenz 22. 5. 1540, italien. Politiker und Historiker. Sein 1537–40 verfaßtes Hauptwerk »Storia d'Italia« ist die erste Geschichte ganz Italiens.
Guido von Arezzo [italien. 'guːido] (G. Aretinus), *Arezzo (?) um 992, † 17. 5. 1050 (?), italien. Musiktheoretiker. Führte die Notierung von Melodien auf Linien im Terzabstand sowie die Benennung der Hexachordtöne c–a mit den Silben ut-re-mi-fa-sol-la (↑Solmisation) ein.
Guido (Guy) **von Lusignan** [gu'iːdo, 'giːdo; lyzi'ɲã], † 1194, König von Jerusalem (ab 1186). Trat 1193 Jerusalem gegen Zypern an Richard I. Löwenherz ab und gründete hier ein Königreich.
Guildford [engl. 'gɪlfəd], engl. Stadt am Wey, 57 000 E. Verwaltungssitz der Gft. Surrey; Univ., Museum; Theater, Maschinenbau und Braugewerbe.
Guillaume de Machault (Machaut) [frz. gijomdəma'ʃo], *in der Champagne (Reims?) zw. 1300 und 1305, † Reims 13. 4. 1377, frz. Dichter und Komponist. Außer Gedichten sowie Versromanen sind mehr als 140 Kompositionen (Motetten, eine Messe, Lais, Balladen, Rondeaux, Virelais) überliefert; Hauptvertreter der Ars nova (↑französische Musik).
Guillaume, Charles Édouard [frz. gi-'joːm], *Fleurier bei Yverdon 15. 2. 1861, † Paris 13. 6. 1938, frz. Physiker schweizer. Herkunft. Entwickelte die Legierungen Invar ® und Elinvar ® mit extrem niedrigen Wärmeausdehnungskoeffizienten und setzte sie in der Zeitmeßtechnik ein; 1920 Nobelpreis für Physik.
Guillaume-Affäre [gi'joːm...], 1974 aufgedeckter Spionagefall in der BR Deutschland, der u. a. zum Rücktritt W. Brandts als Bundeskanzler führte; ben. nach dem 1975 wegen Spionage für die DDR verurteilten Ehepaar Christel (*1927) und Günter Guillaume (*1927, † 1995; persönl. Referent des Bundeskanzlers).
Guillemin, Roger [frz. gij'mɛ̃], *Dijon 11. 1. 1924, amerikan. Biochemiker frz. Herkunft. Bed. Forschungsarbeiten über der Releaserfaktoren und Hypothalamushormone; 1977 zus. mit A. Schally und R. S. Yalow Nobelpreis für Physiologie oder Medizin.
Guillén, Jorge [span. gi'ʎen], *Valladolid 18. 1. 1893, † Málaga 6. 2. 1984,

Guernsey
Wappen

Guilleragues

span. Lyriker. 1938 Emigration in die USA, lebte ab 1961 in Italien, ab 1977 wieder in Spanien; Vertreter der Poesie pure, u. a. »Cántico« (1928: 75 Gedichte; bis 1950 auf 334 Gedichte erweitert; dt. Auswahl 1952 u. d. T. »Lobgesang«).

Guilleragues, Gabriel Joseph de Lavergne, Vicomte de [frz. gij'rag], * Bordeaux 18. 11. 1628, † Konstantinopel 5. 3. 1685, frz. Schriftsteller. Gilt als Verfasser der lange der portugies. Nonne M. Alcoforado zugeschriebenen »Portugies. Briefe« (1669; dt. 1913 von R. M. Rilke).

Guilloche [gɪl'jɔʃ, gi'jɔʃ; frz.], feine, verschlungene Linienzeichnung auf Wertpapieren, Urkunden u. a.

Guillotine [gɪljo'ti:nə, gɪjo'ti:nə; frz.], Hinrichtungsgerät, durch das mittels eines in Führungsschienen schnell herabfallenden Beils der Kopf vom Rumpf getrennt wird; benannt nach dem frz. Arzt Joseph Ignace Guillotin (* 1738, † 1814). Ab 1792 war die G. das Hinrichtungsgerät der Frz. Revolution.

Guimarães Rosa, João [brasilian. gima'rẽɪ̯z 'rrɔza], * Cordisburgo 27. 6. 1908, † Rio de Janeiro 19. 11. 1967, brasilian. Schriftsteller. Sein Roman über die recht- und gesetzlose Frühzeit, »Grande Sertão« (1956), gilt als Nationalepos Brasiliens.

Guinea (französisch Guinée), Staat in Afrika, grenzt im N an Guinea-Bissau, Senegal und Mali, im O an die Elfenbeinküste, im S an Liberia und Sierra Leone, im W an den Atlantik.

Staat und Recht: Präsidialrepublik; *Verfassung* von 1991. *Staatsoberhaupt* ist der Staatspräsident; dieser ist Vors. des Komitees für Nat. Wiederaufbau (15 Mgl.), bei dem *Exekutiv-* und *Legislativgewalt* für eine Übergangszeit von maximal 5 Jahren seit Gültigkeit der neuen Verfassung liegen sollen. Mehrparteiensystem.

Landesnatur: An die 50–90 km breite Küstenebene schließt sich der Fouta Djalon (durchschnittlich 1500 m ü. M.) an. Nach O geht das Gebirge in das 300 m hohe Mandingplateau über. Die höchste Erhebung liegt im äußersten SO, im Inselgebirge des Nimba (1752 m). G. liegt in den wechselfeuchten Tropen. Im S sind Regenwälder, im N, O und SO Savannen, auf den Hochflächen Grasfluren verbreitet.

Bevölkerung: 45% gehören der Mandegruppe an, 40% sind Fulbe, der Rest andere ethn. Gruppen. Etwa 70% der E sind Muslime.

Wirtschaft, Verkehr: 80% der Bevölkerung leben von der Landwirtschaft, die ebenso wie die Küsten- und Flußfischerei ausschließlich dem Eigenbedarf dient. Das Grundnahrungsmittel ist Reis, der zusätzlich eingeführt werden muß. G. verfügt über 1/3 der gesamten Bauxitvorräte der Erde. Diamanten werden im SO, Gold im NO des Landes gewonnen; Eisenerzabbau bei Conakry. G. verfügt über 662 km Staats- und 143 km Privatbahnen. Das Straßennetz hat eine Länge von 28400 km (davon 1520 km asphaltiert). Internat. ✈ bei Conakry.

Geschichte: G. lag z. T. im Einflußbereich der afrikan. Großreiche Gana und Mali. Zw. 1880 und 1890 brachten die Franzosen die ganze Küste von G. fest in ihre Hand; 1882 wurde die frz. Kolonie Rivires du Sud (ab 1893 Frz.-G.) gegründet. Ab 1946 Mgl. der Frz. Union, erhielt G. ab 1957 beschränkte innere Autonomie, ab 1958 die volle Selbständigkeit unter Staats-Präs. S. Touré. Wenige Tage nach seinem Tod (26. 3. 1984) übernahm das Militär in einem unblutigen Putsch die Macht. Neuer Staats-Präs. wurde Oberst L. Conté als Vors. des Komitees für Nat. Wiederaufbau; die Staatspartei und das Parlament wur-

---

Guinea

Staatsflagge

Staatswappen

	1970	1992
Bevölkerung (in Mio.)	3,9	6,1
Bruttosozialprodukt je E (in US-$)	168	510

☐ Stadt ☐ Land

Bevölkerungsverteilung 1992: Stadt 27%, Land 73%

☐ Industrie ☐ Landwirtschaft ☐ Dienstleistung

Bruttoinlandsprodukt 1992: Industrie 32%, Landwirtschaft 33%, Dienstleistung 35%

Guinea

Fläche:	245 857 km²
Einwohner:	6,116 Mio.
Hauptstadt:	Conakry
Amtssprache:	Französisch
Nationalfeiertag:	2. 10.
Währung:	Guinea-Franc (F.G.)
Zeitzone:	MEZ – 1 Std.

Guinea-Bissau

den aufgelöst, die Verfassung von 1982 außer Kraft gesetzt. 1991 wurde nach einer Volksabstimmung eine neue Verfassung eingeführt, auf deren Basis 1993 Conté als Staats-Präs. in umstrittenen Wahlen bestätigt wurde.

Guinea [engl. ˈgɪnɪ] ↑Guineamünzen.

Guilloche

Guillotine (Modell)

Guinea-Bissau (portugiesisch Guiné-Bissau), Staat in Afrika, grenzt im N an Senegal, im O und S an Guinea, im W an den Atlantik. Zu G.-B. gehören der Küste vorgelagerten Bissagosinseln.
Staat und Recht: Präsidialrepublik; *Verfassung* von 1984 (1991 geändert). *Staatsoberhaupt* und Inhaber der *Exekutivgewalt* ist der direkt auf 5 Jahre gewählte Staatspräsident. *Legislative* ist die indirekt gewählte Nationalversammlung (100 Abg., für 5 Jahre gewählt). Dominierende *Partei:* Afrikan. Partei der Unabhängigkeit Guineas und Kap Verdes (bis 1991 Einheitspartei).
Landesnatur: G.-B. ist ein Flachland (30–40 m Meereshöhe) mit stark gegliederter Küste. Es herrscht randtrop. Klima. Auf den Inseln und im Küstenbereich Regen- und Mangrovewälder, im O Feuchtsavanne.
Bevölkerung: Es leben etwa 25 Stämme in G.-B., u. a. Balante, Bidjogo, Fulbe und Malinke, daneben Mischlinge und Portugiesen. Etwa 40% sind Muslime, über 50% Anhänger von Naturreligionen.
Wirtschaft, Verkehr: Es überwiegt die Landwirtschaft zur Selbstversorgung. Hauptnahrungsmittel ist Reis. Exportiert werden v. a. Erd- und Kokosnüsse, Schnittholz und Erdnußöl. G.-B. verfügt über 3554 km Straße (davon 540 km asphaltiert). Überseehafen ist Bissau; internat. ✈ bei Bissau.
Geschichte: Die Küste wurde 1446 von Portugiesen entdeckt und ab 1588 besiedelt. Ab 1879 als »Portugies.-Guinea« selbständige Kolonie, ab 1951 Übersee-Prov., begann ab 1961 die Guerillatätigkeit durch afrikan. Nationalisten, die 1973 die Republik G.-B. ausriefen;

Guinea-Bissau

Fläche:	36 125 km²
Einwohner:	1,006 Mio.
Hauptstadt:	Bissau
Amtssprache:	Portugiesisch
Nationalfeiertag:	24. 9.
Währung:	1 Guinea-Peso (PG) = 100 Centavos (CTS)
Zeitzone:	MEZ − 2 Std.

Staatsflagge

Staatswappen

1970 1992 1970 1992
Bevölkerung Bruttosozial-
(in Tausend) produkt je E
(in US-$)

Bevölkerungsverteilung 1992

Bruttoinlandsprodukt 1992

Guineamünzen

Alec Guinness

nach Verhandlungen mit Portugal wurde G.-B. am 10. 9. 1974 unabhängig. 1980 putschte Major J. B. Vieíra gegen Staats-Präs. L. Cabral und wurde Präs. an der Spitze eines Revolutionsrats. 1984 wurde er durch Wahl der Nationalversammlung als Staats- und Regierungschef bestätigt; gleichzeitig nahm die Versammlung eine neue Verfassung an. 1991 wurden im Zuge einer Verfassungsreform Oppositionsparteien zugelassen. Bei den ersten freien Parlamentswahlen 1994 setzte sich die seit 1974 regierende Afrikan. Partei der Unabhängigkeit Guineas und Kap Verdes durch; bei den gleichzeitigen Präsidentschaftswahlen wurde ein zweiter Wahlgang notwendig, in dem sich der Amtsinhaber Vieíra knapp behaupten konnte.

Guineamünzen [gin'e:a], aus Guineagold von verschiedenen europ. Kolonialmächten geprägte Münzen; 1663 bis 1816 war die *Guinea* die Hauptgoldmünze Englands (bzw. Großbrit.).

Guinness, Sir (seit 1959) Alec [engl. 'gɪnɪs], *London 2. 4. 1914, engl. Schauspieler. Bed. Charakterdarsteller (bes. Shakespearerollen); zahlr. Filmrollen, u. a. »Adel verpflichtet« (1950), »Ladykillers« (1955), »Die Brücke am Kwai« (1957), »Lawrence von Arabien« (1962), »Reise nach Indien« (1984).

Guiscard, Robert, Hzg. von Apulien, †Robert Guiscard.

Guise [frz. gɥi:z, gi:z], frz. Hzg.familie, Seitenlinie des Hauses Lothringen; 1675 erloschen; bed.:

Guinea.
(Großbritannien, 1813; Durchmesser 24 mm)

Vorderseite

Rückseite

1) **Charles de Lorraine,** Herzog von G., gen. Kardinal von Lothringen, *Joinville bei Saint-Dizier 17. 2. 1524, † Avignon 26. 12. 1574, Erzbischof von Reims (ab 1538), Kardinal (ab 1547). Gegner der Hugenotten; führte die Inquisition in Frankreich ein.

2) **François I. de Lorraine,** Hzg. von G., *Bar-le-Duc 17. 2. 1519, † Saint-Mesmin bei Orléans 24. 2. 1563 (ermordet), Feldherr. Löste durch das »Blutbad von Vassy« (1. 3. 1562) die Hugenottenkriege aus.

3) **Henri I. de Lorraine,** Hzg. von G., gen. Le Balafré [»der Narbige«], *31. 12. 1550, † Blois 23. 12. 1588, Generalstatthalter. Sohn von François I. de Lorraine. Bei der Vorbereitung und Ausführung der Morde in der Bartholomäusnacht maßgeblich beteiligt; gründete 1576 die †Heilige Liga und schloß 1585 ein Bündnis mit Spanien, um die frz. Krone zu erlangen; auf Befehl König Heinrichs III. ermordet.

4) **Marie de** †Maria, Regentin von Schottland.

Guitry, Sacha [frz. gi'tri], eigtl. Alexandre Pierre Georges G., *Petersburg 21. 2. 1885, † Paris 24. 7. 1957, frz. Schriftsteller. Schrieb Komödien, die bestes Pariser Boulevardtheater darstellen; auch Filme.

Guiyang (Kweijang), Hauptstadt der chin. Prov. Guizhou, 964 000 E. Univ., TU; Stahlwerk, Aluminiumhütte, Maschinenbau.

Guizhou (Kweitschou), Prov. in W-China, 174 000 km^2, 32,73 Mio. E, Hauptstadt Guiyang.

Gujarat [gu:dʒə'ra:t], Gliedstaat in NW-Indien, 196 024 km^2, 41,31 Mio. E, Hauptstadt Gandhinagar.

Gulbranssen, Trygve [norweg. 'gʉlbransən], *Christiania (heute Oslo) 15. 6. 1894, † Gut Hobøe bei Eidsberg 10. 10. 1962, norweg. Schriftsteller. Bekannt ist v. a. die 1933–35 erschienene Romantrilogie (verfilmt 1959) über ein norweg. Bauerngeschlecht auf Björndal (»Und ewig singen die Wälder«, »Das Erbe von Björndal« [2. und 3. Teil]).

Gulbransson, Olaf [norweg. 'gʉlbransɔn], *Christiania (heute Oslo) 26. 5. 1873, † Tegernsee 18. 9. 1958, norweg. Karikaturist. Ab 1902 in München, v. a. für den »Simplicissimus« tätig; auch Buchillustrator und Porträtist.

Gulda, Friedrich, *Wien 16. 5. 1930, österr. Pianist und Komponist. Umfangreiches Repertoire mit Werken vom Barock bis zur Moderne; auch Jazzpianist und -saxophonist.

Gulden (mundartl. Gülden), numismat. Begriff mit sehr unterschiedl. Bedeutung: u. a. 1. urspr. der Goldgulden; 2. Silbermünzen gleichen Wertes; 3. verschiedenwertige Rechnungs-G., die nicht immer auch als Münzen ausgeprägt wurden. – Der *Gold-G.* wurde zuerst im 14. Jh. als Nachahmung des florentin. *Floren* (ab 1252) geprägt. Die silbernen *G.groschen* wurden ab Ende des 15. Jh., die silbernen *Reichsguldiner* 1524, 1551, 1559 (*Guldentaler* zu 60 Kreuzern) geschaffen. In S-Deutschland bestand ab 1837 eine einheitl. G.währung. Im Dt. Reich setzte sich nach 1871 die Mark gegen den G. durch. In Österreich blieben die Silber-G. nach 1892 als Zweikronenstücke kursfähig. In den Niederlanden 1601–1967 Silber-G., seitdem in Kupfernickellegierung; 1973 ohne Goldbindung.

Gulden.
10 Holländische Gulden (1925; Durchmesser 22 mm)

Vorderseite

Rückseite

Guldinsche Regeln [nach dem schweizer. Mathematiker Paul Guldin, * 1577, † 1643] (baryzentrische Regeln, Pappussche Regeln), Regeln zur Berechnung von Oberfläche und Volumen eines Rotationskörpers.

Gullstrand, Allvar, *Landskrona 5. 6. 1862, † Stockholm 30. 8. 1930, schwed. Augenarzt. Führte u. a. die nach ihm ben. Spaltlampe *(G.-Lampe)* und den Augenspiegel ein. 1911 Nobelpreis für Physiologie oder Medizin.

Gully ['gʊli; lat.-engl.], in die Fahrbahndecke eingelassener, mit einem Rost abgedeckter Schachtkasten zur Aufnahme des Regenwassers.

Gumiljow, Nikolai Stepanowitsch, *Kronstadt 15. 4. 1886, † Petrograd (heute Sankt Petersburg) 24. 8. 1921, russ. Lyriker. 1910–18 ∞ mit A. A. Achmatowa; wegen Verdachts der Beteiligung an »konterrevolutionären Aktionen« erschossen; wurde bis 1986 (Rehabilitierung) totgeschwiegen.

Gummersbach, Kreisstadt im Berg. Land, NRW, 51 100 E. Abteilung Maschinenbau und Elektrotechnik der Fachhochschule Köln; u. a. Metall-, Elektro-, Textil- und Steinindustrie. Romanisch-got. Kirche (12. und 15. Jh.).

Gummi, Vulkanisationsprodukt von Natur- oder Synthesekautschuk, das im Ggs. zu den Ausgangsmaterialien die Elastizität beibehält. Der Herstellungsprozeß umfaßt Mastikation und Vulkanisation, z. T. unter Zusatz von Kautschukhilfsmitteln.

Gummi

Olaf Gulbransson. Kaisermanöver (1909; Text: »Seine Majestät erklären dem Prinzen Ludwig von Bayern die feindlichen Stellungen«)

Gummiarabikum

Gummibaum
(Höhe bis 25 m)

Gundermann.
Gundelrebe
(Höhe 15–40 cm)

Gummiarabikum [nlat.], aus der Rinde von Akazienarten gewonnene, wasserlösl. pektinartige Substanz; Klebstoff, Bindemittel.

Gummibaum (Ficus elastica), Feigenart in O-Indien und im Malaiischen Archipel; bis 25 m hoher Baum; liefert Kautschuk; auch Zimmerpflanze.

Gundahar (Gundaharius) ↑Gundikar.

Gundelrebe ↑Gundermann.

Gundermann, Gatt. der Lippenblütler mit fünf Arten im gemäßigten Eurasien. Einzige einheim. Art ist die *Gundelrebe* (Efeu-G.) an Weg- und Waldrändern.

Günderode, Karoline von, Pseudonym Tian, *Karlsruhe 11. 2. 1780, † Winkel 26. 7. 1806 (Selbstmord), dt. Schriftstellerin. Schrieb als Vertreterin der Romantik »Gedichte und Phantasien« (1804) und »Poet. Fragmente« (1805).

Gundikar (Gundichar, Gundahar), † 436 n. Chr., burgund. König mit der Residenz Worms, 436 mit seinem Heer durch die Hunnen vernichtet; der Gunther des »Nibelungenlieds«.

Gundolf, Friedrich, eigtl. F. Leopold Gundelfinger, *Darmstadt 20. 6. 1880, † Heidelberg 12. 7. 1931, dt. Literarhistoriker. Gehörte zum Kreis um S. George; ab 1920 Prof. für Literaturgeschichte in Heidelberg; schrieb u. a. »Shakespeare und der dt. Geist« (1911), »Goethe« (1916), »George« (1920).

Gundremmingen, Gem. nö. von Günzburg, Bayern, 1300 E. Standort des ältesten dt. Kernkraftwerkes (1966; 1980 endgültig stillgelegt); seit 1984 neues Kernkraftwerk in Betrieb.

Güney, Yilmaz [türk. gy'nɛi], *Adana 1937, † Paris 9. 9. 1984, türk. Filmregisseur. Ab 1968 Filme in eigener Regie; wegen polit. Betätigung zweimal inhaftiert; floh 1982 ins Ausland; drehte u. a. »Die Herde« (1979), »Yol – Der Weg« (1982), »Die Mauer« (1983).

Gunnar, german. Sagengestalt, ↑Gunther.

Gunnarsson, Gunnar [isländisch 'gʏnarsɔn], *ValÞjófsstaður 18. 5. 1889, † Reykjavík 21. 11. 1975, island. Schriftsteller. Schrieb zunächst in dän., später in island. Sprache Dramen, Erzählungen und v. a. große Romanzyklen, u. a. »Die Leute auf Borg« (R., 4 Bde., 1912–14).

Gunpowder Plot [engl. 'gʌnpaʊdə'plɔt] ↑Pulververschwörung.

Günsel (Ajuga), Gatt. der Lippenblütler mit rd. 50 Arten in Eurasien, Afrika und Australien; in M-Europa vorkommende Art ist u. a. *Kriechender G.* (Berg-G.).

Günsel.
Kriechender Günsel
(Höhe 15–30 cm)

Gunther (Gunnar), german. Sagengestalt; im »Nibelungenlied« und in der Walthersage Bruder von Gernot, Giselher und Kriemhild, Gatte der Brunhild; mitschuldig an der Ermordung seines Schwagers Siegfried.

Günther, 1) Agnes, geb. Breuning, *Stuttgart 21. 7. 1863, † Marburg 16. 2. 1911, dt. Schriftstellerin. Bekannt durch den Roman »Die Heilige und ihr Narr« (hg. 1913; verfilmt 1975).

2) Ignaz, *Altmannstein bei Kelheim 22. 11. 1725, † München 28. 6. 1775, dt. Bildhauer. Führender Bildhauer des dt. Rokoko; Werke v. a. in südd. Kirchen: Rott a. Inn (1761/62), Weyarn (Oberbayern; um 1764), Starnberg (1764/65), Sankt Peter und Paul bei Freising (um 1765), Mallersdorf (1768), Nenningen bei Göppingen (1774).

3) Johann Christian, *Striegau 8. 4. 1695, † Jena 15. 3. 1723, dt. Dichter. Seine Lyrik (v. a. Liebeslieder) ist Ausdruck persönl. Erlebens und Leidens; auch geistl. Gedichte und Trinklieder.

Günz, rechter Nebenfluß der Donau, 75 km lang.

Günzburg, Kreisstadt an der Mündung der Günz in die Donau, Bayern, 18 800 E. U. a. Maschinenfabriken. Liebfrauenkirche (1736–41; Rokoko); Schloß (1609).

Gürteltiere

Günzeiszeit ↑Eiszeit.
Guomindang (Kuomintang), »Nat. Volkspartei« Chinas; ging 1912 aus der von Sun Yat-sen 1907 gegr. polit. Geheimgesellschaft »Verschworene Liga« hervor und gewann im Febr. 1913 die Wahlen zur Republik; im Nov. 1913 aufgelöst (Errichtung einer Militärdiktatur). 1923–27 bestand eine nat. Einheitsfront zw. G. und KPCh. Nach deren Bruch kam es 1927–37 zum 2. revolutionären Bürgerkrieg. Im Jap.-Chin. Krieg 1937–45 wurde auf Betreiben Mao Zedongs eine neue Einheitsfront zw. G. und KPCh gegen Japan gebildet. Im 3. revolutionären Bürgerkrieg (1945 bis 49) wurde die G. vom chin. Festland nach Taiwan vertrieben.
Guo Moruo (Kuo Mojo) [chin. gu͜ɔˑmɔru͜ɔ], *Loshan (Szetschuan) 16. 11. 1892, † Peking 12. 6. 1978, chin. Gelehrter und Schriftsteller. Bed. Lyriker und Dramatiker; Forschungen v. a. zum chin. Altertum; übersetzte u. a. Goethes »Faust«.
Guppy [ˈgʊpi, engl. ˈgʌpɪ; nach R. J. L. Guppy, der im 19. Jh. von Trinidad aus ein Exemplar an das Brit. Museum sandte] (Millionenfisch), im nö. S-Amerika, auf Trinidad, Barbados und einigen anderen Inseln heim. Art der Lebendgebärenden Zahnkarpfen; bis 6 cm lang; Warmwasseraquarienfisch.
Guptareich ↑Indien (Geschichte).
Gurk, 1) österr. Marktgemeinde in den sö. Gurktaler Alpen, Kärnten, 1 400 E. Dommuseum; Wallfahrtsort. Hochroman. Dom (um 1200 vollendet), Krypta (1174) mit 100 Marmorsäulen und Grab der hl. Hemma.
2) österr. Bistum in Kärnten, Suffragan von Salzburg, 1070/72 errichtet; Sitz (seit 1787) Klagenfurt.
Gurke [mittelgriech.-westslaw.] (Garten-G., Cucumis sativus), Kürbisgewächs aus dem nördl. Vorderindien; einjährige, kriechende Pflanze mit längl., eßbaren Früchten. Nach der Form der Früchte unterscheidet man *Schlangen-, Walzen- und Traubengurken*.
Gurkenbaum (Baumstachelbeere), Gatt. der Sauerkleegewächse mit zwei Arten: *Echter G.* (Blimbing) und *Karambole* im malaiischen Gebiet; 10–12 m hohe Bäume mit säuerl., gurkenartigen, eßbaren Beerenfrüchten.

Gurkenkraut, svw. ↑Borretsch.
Gurkha, Bez. für die autochthonen Bergvölker Nepals sowie für die polit. Führungsschicht Nepals.
Gurt, 1) Band aus sehr fest gewebtem textilem Material oder aus Leder.
2) *Bauwesen:* durchgehender oberer oder unterer Stab *(Ober-* oder *Unter-G.)* eines Fachwerkträgers bzw. Flansch eines Formstahls oder Holms.
3) *Architektur:* (G.bogen), quer zur Längsachse eines (Tonnen)gewölbes verlaufender Bogen.
Gürtelechsen (Gürtelschwänze, Wirtelschweife, Cordylidae), Fam. der Echsen in Afrika; starke Hautverknöcherungen bes. an Kopf und Schwanz; Schuppen in längs- und gürtelartigen Querreihen. Die Gatt. *Gürtelschweife* hat 17 etwa 18–40 cm lange Arten (am Nacken und v. a. am Schwanz stark bedornt), u. a. *Riesengürteltier*, bis 40 cm lang, und *Panzergürteltier*, bis 20 cm lang. Einen extrem langgestreckten und schlanken Körper haben die 40–65 cm langen Arten der *Schlangengürtelechsen*. Die Arten der Unter-Fam. *Schildechsen* sind etwa 15–70 cm lang; Schuppen panzerartig.
Gürtelrose (Gürtelflechte, Zoster, Herpes zoster), im Versorgungsgebiet einzelner Hautnerven halbseitig auftretende, bläschenbildende, schmerzhafte Virusinfektion. Betroffen ist meist der Rumpf (mit gürtelförmiger Ausbreitung), auch das Gesicht im Bereich des Drillingsnervs.
Gürtelschweife ↑Gürtelechsen.
Gürteltiere (Dasypodidae), Fam. der Säugetiere mit rd. 20 Arten in S- und N-Amerika; Körperoberseite von lederartigen oder verknöcherten, mit Hornplatten versehenem Panzer bedeckt, der sich am Rumpf aus gürtelartigen Ringen zusammensetzt; vordere Gliedmaßen sehr kräftig entwickelt, mit

Guppy. Wildform des Männchens (oben; Größe 3 cm) und des Weibchens (unten; Größe 6 cm)

Gurke. Pflanze mit Blüten und junger Frucht

Gürteltiere. Riesengürteltier

Gürtelwürmer

Gusle

starken Grabkrallen. Das größte G. ist das rd. 1 m lange *Riesen-G.*, Schwanz 50 cm lang. Die Gattungsuntergruppe *Gürtelmulle* (Gürtelmäuse) hat zwei 12–18 cm lange Arten; Körper maulwurfähnlich. Die Gatt. *Weichgürteltiere* hat vier 35–55 cm lange Arten.

Gürtelwürmer (Clitellata), weltweit verbreitete Klasse etwa 0,1 cm–3 m langer Ringelwürmer, v. a. im Süßwasser und an Land; zwittrige Tiere.

Guru [Sanskrit-Hindi], geistl. Lehrer, bes. Oberhaupt einer Sekte im Hinduismus.

GUS, Abk. für ↑Gemeinschaft Unabhängiger Staaten.

Gusle (Gusla) [serbokroat.], südslaw. Kniegeige mit ovalem Korpus, einer Decke aus Fell und einer Saite aus Roßhaar. Mit der G. begleitet sich der *Guslar* beim Vortrag ep. Gesänge.

Gußeisen, verschiedene, durch Gießen zu verarbeitende Eisensorten; Kohlenstoffgehalt um oder über 2%. Die Gefügeausbildung wird wesentlich vom C- und vom Si-Gehalt beeinflußt, ebenso von den Abkühlungsbedingungen und von einer evtl. anschließenden Wärmebehandlung. *Grauguß (graues G.):* Eisengußwerkstoff mit meist mehr als 2% Kohlenstoff, der überwiegend als Graphit im Gefüge enthalten ist und dem Bruch eine graue Farbe verleiht; geringe Zugfestigkeit, schwingungsdämpfende Eigenschaft. *Sphäroguß (sphärolith. G.):* Kohlenstoff in Form von Graphitkugeln (Sphärolithen) im Gefüge; schmiedbar. *Hartguß (weißes G.):* Durch Manganzusatz zur Schmelze und schnelles Abkühlen wird der Kohlenstoff in Form von Zementit ausgeschieden; höhere Härte als Grauguß, bessere Festigkeitseigenschaften, hohe Verschleißfestigkeit und helles, weißes Bruchaussehen. *Temperguß:* Durch langdauerndes Glühen *(Tempern)* läßt sich aus *Temperrohguß* der Temperguß herstellen; Kohlenstoff wird flockenförmig als *Temperkohle* ausgeschieden. Der Temperguß besitzt stahlähnl. Zähigkeit, ist schweißbar und gut zerspanbar.

Gustafsson, Lars [schwed. ˈgɷstavsɔn], *Västerås 17. 5. 1936, schwed. Schriftsteller. Setzt sich in Lyrik und Prosa mit philosoph. und sprachtheoret. Problemen auseinander. – *Werke:* Herr Gustafsson persönlich (R., 1971), Das Familientreffen (R., 1975), Der Tod eines Bienenzüchters (R., 1978), Die dritte Rochade des Bernard Foy (R., 1986).

Gustav, Name von schwed. Herrschern:
1) Gustav I. (G. Eriksson Wasa), *Rydboholm 12. 5. 1496 oder 3. 5. 1497, †Stockholm 29. 9. 1560, König (ab 1523). Übernahm 1521 in Dalarne die Führung des Bauernaufstandes gegen die dän. Herrschaft; führte die Reformation ein (1527); befreite Schweden von der Macht Lübecks und der Hanse; machte Schweden zur Erbmonarchie des Hauses Wasa (1544).
2) Gustav II. Adolf, *Stockholm 19. 12. 1594, ✗ bei Lützen 16. 11. 1632, König (bei 1611). Ermöglichte unter maßgebl. Mitwirkung seines Kanzlers, A. G. Graf Oxenstierna, mit einer Reihe innerer Reformen die schwed. Großmachtpolitik des 17. Jh.; siegreiche Kriege gegen Dänemark (1611–13), Rußland (1614 bis 17) und Polen (1621–29; Eroberung Livlands); befürchtete die Ausbreitung der kaiserl. Macht an der Ostsee und eine kath. Restauration, griff daher 1630 in den Dreißigjährigen Krieg ein; schloß mit Frankreich den Vertrag von Bärwalde (23. 1. 1631) gegen Habsburg; Siege bei Breitenfeld (1631) und bei Rain am Lech (1632); fiel in der Schlacht bei Lützen gegen Wallenstein.
3) Gustav III., *Stockholm 24. 1. 1746, †ebd. 29. 3. 1792 (ermordet), König (ab 1771). Schränkte 1772 die Rechte des Reichstags ein; begrenzte das Ämterrecht des Adels; verbesserte die Lage der Bauern.
4) Gustav IV. Adolf, *Stockholm 1. 11. 1778, †Sankt Gallen 7. 2. 1837, König (1792–1809). Verlor 1806 Vorpommern mit Rügen an Frankreich; 1808 Finnland an Rußland; wurde 1809 verbannt.

Gustav-Adolf-Werk der Evangelischen Kirche in Deutschland, Abk. GAW, seit 1946 als Werk der EKD anerkannter Verein zur materiellen und geistl. Unterstützung der ev. Diaspora, hervorgegangen aus dem 1832 gegr. *Gustav-Adolf-Verein.*

Güstrow [...tro], Kreisstadt in Meckl.-Vorp., 37 300 E., PH, Barlach-Museum; u. a. Zuckerfabrik. Renaissanceschloß (1558–89); got. Dom (nach 1226) mit Apostelfiguren (nach 1530) und Ehrenmal von Barlach (1927). – 1235–1436

Gustav II. Adolf,
König von Schweden

Residenz von Mecklenburg-Werle sowie von 1520/56 bis 1695 von Mecklenburg-Güstrow.

Gutachten, allg. [mündl. oder schriftl.] Aussage eines Sachverständigen in einer sein Fachgebiet betreffenden Frage. – Im *Recht:* 1. Aussagen eines Sachverständigen über den Beweisgegenstand vor Gericht. Sie betreffen gewöhnlich Tatsachenfragen. Aufgabe des Sachverständigen und damit Gegenstand des G. ist in erster Linie die Schlußfolgerung aus Tatsachen, nicht aber deren Ermittlung; 2. Beurteilung der Rechtslage in einem bestimmten Einzelfall *(Rechts-G., Votum);* 3. Entscheidung des Schiedsgutachters *(Schiedsgutachten).*

Gutedel (Chasselas, Fendant) ↑Rebsorten (Übersicht).

Gutehoffnungshütte Aktienverein AG ↑MAN AG.

Gutenberg, Johannes, eigtl. Gensfleisch zur Laden gen. G., *Mainz zw. 1397/1400, † ebd. 3. 2. 1468, Erfinder des Buchdrucks mit bewegl. Metalllettern. G. muß um 1450 die Technik der Herstellung gleicher, auswechselbarer Metalltypen (Legierung aus Blei, Zinn, Antimon unter Zusatz von Wismut) mittels Handgießinstrument beherrscht haben. Die 42zeilige Bibel (»G.bibel«) ist das Haupterzeugnis der Gemeinschaftsdruckerei G. mit J. Fust. 1458 war G. zahlungsunfähig (Straßburger Zinsschulden). Mit finanzieller Hilfe des Stadtsyndikus K. Humery († 1470) konnte er um 1459 eine neue Druckerei einrichten, aus der das 1460 vollendete »Mainzer Catholicon« hervorging (ein lat. Lexikon für die Bibelexegese).

Gütergemeinschaft, der kraft Ehevertrags eintretende Güterstand, bei dem das Vermögen der Ehegatten grundsätzlich gemeinschaftl. *(Gesamtgut)* Vermögen ist. Zum Gesamtgut gehört auch das Vermögen, das Mann oder Frau während der G. erwerben. Für Schulden beider Ehegatten haftet grundsätzlich das Gesamtgut. Die G. endet durch Auflösung der Ehe, durch Ehevertrag oder Gestaltungsurteil.

guter Glaube (lat. bona fides), bei einer Rechtshandlung (vielfach einem Rechtsgeschäft) die Überzeugung eines Beteiligten vom Vorhandensein eines in Wirklichkeit fehlenden rechtserhebl. Umstandes; Ggs. *böser Glaube.*

Gütertrennung

Johannes Gutenberg. Rekonstruktion seiner Druckerwerkstatt (Mainz, Gutenberg-Museum)

Güterrechtsregister, öffentl. Register, das dazu bestimmt ist, für den Rechtsverkehr bedeutsame, von der gesetzl. Allgemeinregelung abweichende güterrechtl. Verhältnisse von Ehegatten (z. B. bei Eheverträgen) zu offenbaren.

Guterres, António Manuel de Oliveira [gu'tərɛʃ], *Santos-o-Velho 30. 4. 1949, portugies. Politiker. Ingenieur; seit 1992 Generalsekretär der Sozialist. Partei; seit 1995 Ministerpräsident.

Gütersloh, Albert Paris, eigtl. A. Conrad Kiehtreiber, *Wien 5. 2. 1887, † Baden bei Wien 16. 5. 1973, österr. Schriftsteller und Maler. Schrieb expressionist., später Romane mit kath. Grundhaltung, u. a. »Die tanzende Törin« (R., 1913), »Sonne und Mond« (R., 1962), »Die Fabel von der Freundschaft. Ein sokrat. Roman« (1969). Als Maler u. a. großformatige Tafelbilder und Porträts in Öl.

Johannes Gutenberg

Gütersloh, Kreisstadt im östl. Münsterland, NRW, 87 700 E. Museum, botan. Garten; Textil- u. a. Ind., Verlage und Druckereien. – 1825 Stadt.

Güterstände (ehel. G.), verschiedenartige Gestaltungstypen für das *eheliche Güterrecht,* d. h. die vermögensrechtl. Beziehungen von Ehegatten ↑Gütergemeinschaft, ↑Gütertrennung, ↑Zugewinngemeinschaft.

Gütertrennung, derjenige Güterstand, bei dem die vermögensrechtl. Beziehungen der Ehegatten wie zw. Nichtverheirateten ausgestaltet sind.

Güteverfahren

Güteverfahren, in der *Arbeitsgerichtsbarkeit* ein dem eigtl. Prozeß vorgeschaltetes Verfahren, das eine gütl. Einigung der Parteien herbeiführen soll; gilt als Beginn der (erstinstanzl.) mündl. Verhandlung.

Gutglaubensschutz, der Schutz des redl. Partners eines Rechtsgeschäfts vor Rechtsnachteilen. Ein Rechtsgeschäft ist grundsätzlich nur wirksam, wenn seine sämtl. Tatbestandsmerkmale (d. h. Wirksamkeitsvoraussetzungen) erfüllt sind. G. tritt ein, sofern für ein fehlendes Tatbestandsmerkmal ein *Rechtsschein* besteht. Er vollzieht sich i. d. R. dadurch, daß Wirksamkeitsmängel geheilt (d. h. beseitigt) werden.

gutgläubiger Erwerb, ein Ausfluß des Gutglaubensschutzes. Hauptfall: der Rechtserwerb (z. B. Eigentum, Forderungen) von einem Nichtberechtigten.

Guthaben, Habensaldo eines Kontos (Gutschriften übersteigen Belastungen).

Guthrie, Woody [engl. ˈɡʌθrɪ], eigtl. Woodrow Wilson G., *Okemah (Okla.) 14. 7. 1912, †New York 3. 10. 1967, amerikan. Volkssänger. Stellte in über 1000 Songs das arme Amerika dar. Durch seinen Sohn, den Folk- und Bluessänger Arlo Guthrie (*1947), wurden viele seiner Songs Bestandteil der US-Folklore.

Gutschrift, in der doppelten Buchführung jede Buchung auf der Habenseite eines Kontos; Ggs. Lastschrift.

Gutsgerichtsbarkeit ↑Patrimonialgerichtsbarkeit.

Gutsherrschaft, Bez. für eine vom 15. bis 19. Jh. in O-Mitteleuropa vorherrschende fortentwickelte Form der Grundherrschaft. Der *Gutsherr* war Obrigkeit in vollem Umfang, der *Gutsbezirk* ein Territorialstaat im kleinen. Im Verlauf der Bauernbefreiung entfiel die polit. und rechtl. Seite der G.; 1927 wurden in Deutschland die Gutsbezirke durch Gesetz aufgelöst.

Guttaperchabaum, Gatt. der Seifenbaumgewächse mit rd. 115 Arten im indomalaiischen Gebiet; bis 25 m hohe, immergrüne Bäume mit bis 2 m dicken Stämmen; einige Arten liefern Guttapercha, ein kautschukähnl. Produkt.

Guttemplerorden, 1852 in Utica (N.Y.) zum Kampf gegen den Alkoholismus gegr. Bund. Die Mgl. verpflichten sich zur Abstinenz.

Güttler, Ludwig, *Sosa (Kreis Aue) 13. 6. 1943, dt. Trompeter. Internat. bekannt durch die virtuose Interpretation der Konzerte des 17. und 18. Jh.; 1969–80 Solotrompeter der Dresdner Philharmonie.

guttural [lat.], *allg.* kehlig klingend; in der *Phonetik* auf Laute bezogen, die im Bereich der Kehle gebildet werden.

Guttuso, Renato, *Bagheria bei Palermo 2. 1. 1912, †Rom 18. 1. 1987, italien. Maler und Graphiker. Begründer des italien. sozialkrit. Realismus (Bilder von Bergarbeitern, Fischern, Streiks) nach dem 2. Weltkrieg.

Gutzkow, Karl [...ko], *Berlin 17. 3. 1811, †Frankfurt am Main 16. 12. 1878, dt. Schriftsteller. Führende Per-

Renato Guttuso. Wandzeitung – Mai 1968 (1968; Aachen, Neue Galerie – Sammlung Ludwig)

Gymnasium

sönlichkeit des Jungen Deutschland; schrieb Romane und Dramen. – *Werke:* Wally, die Zweiflerin (R., 1835), Die Ritter vom Geiste (R., 9 Bde., 1850/ 1851), Der Zauberer von Rom (R., 9 Bde., 1858–61).

Guyana, Staat in Südamerika, grenzt im N an den Atlantik, im O an Surinam, im S und SW an Brasilien, im W an Venezuela.

Staat und Recht: Präsidialrepublik; Verfassung von 1980. *Staatsoberhaupt* und Inhaber der *Exekutivgewalt* ist der auf 5 Jahre gewählte Staats-Präs. *Legislative* ist die Nationalversammlung (65 Abg., 53 auf 5 Jahre gewählt, 12 ernannt). Die wichtigsten *Parteien* sind Progressive Volkspartei und Nat. Volkskongreß.

Landesnatur: G. liegt im Bereich der NO-Abdachung des Berglandes von Guayana, das zur 16–70 km breiten Küstenebene abfällt. Die höchste Erhebung, der Roraima (2810 m), liegt an der Grenze gegen Venezuela. Das Klima ist tropisch mit ausgedehnten Regenwäldern. Im Küstentiefland finden sich Savannen.

Bevölkerung: Sie setzt sich aus 50 % Indern, 30 % Schwarzen, 12 % Mulatten und Mestizen, Europäern und 5 % Restgruppen der indian. Bevölkerung zusammen; etwa 90 % der E leben im Plantagengebiet an der Küste. Rd. 57 % sind Christen, 34 % Hindus, 9 % Muslime.

Wirtschaft, Verkehr: Schwerpunkte der zu 80 % staatlich kontrollierten Wirtschaft sind Zuckerrohr- und Reisanbau. Abgebaut wird v. a. Bauxit. Das Straßennetz ist 4830 km lang. Wichtige Häfen sind Georgetown und New Amsterdam. Der internat. ✈ liegt bei Georgetown.

Geschichte: Kolumbus erkundete 1498 die Küste von G., das ab der 2. Hälfte des 17. Jh. zu Surinam gehörte. Ende des 18. Jh. durch frz., dann durch brit. Truppen besetzt, wurde es auf dem Wiener Kongreß zw. Großbrit. *(Britisch-Guayana)* und den Niederlanden *(Surinam)* aufgeteilt. Ab 1961 erhielt G. volle Selbstverwaltung, am 1966 die Unabhängigkeit als parlamentar. Monarchie im Commonwealth of Nations. 1970 in eine Republik umgewandelt, wurde 1980 ein Präsidialsystem eingeführt. Erster Präs. war L. F. S. Burnham, nach dessen Tod wurde H. D. Hoyte 1985 zum Präs. gewählt. Seit den Wahlen von 1992, die die Progressive Volkspartei gewann, hat C. Jagan dieses Amt inne.

Gwalior, indische Stadt am Rande des Dekhan zur Gangesebene, Unionsstaat Madhya Pradesh, 543 000 E. Univ., Museum. U. a. Konsumgüterindustrie. Über der Stadt die 525 erwähnte Hinduburg mit Palästen und Tempeln. – 1771–1947 Hauptstadt des Reichs der Sindhia-Dynastie.

Gy, Einheitenzeichen für ↑Gray.

Gyges, ⚔ etwa 652 v. Chr., König von Lydien ab 685 (?). Begründer der Dynastie der Mermnaden nach der Entthronung des Kandaules; dehnte seinen Herrschaftsbereich allmählich über die griechisch besiedelten Gebiete Westkleinasiens aus. Sagenbildung bei Herodot und Platon; Drama »G. und sein Ring« (1856) von J. F. Hebbel.

Gymkhana [Hindi], Geschicklichkeitswettbewerb, z. B. für [Leicht]athleten, Reiter, Motorsportler, Wassersportler.

gymn..., Gymn... ↑gymno..., Gymno...

Gymnasium [griech.-lat.], weiterführende Schule, die mit dem Abitur die allg. Hochschulreife vermittelt. Die *Aufbauform* des G. schließt an die Realschule oder an die Hauptschule an und umfaßt

Guyana

Fläche: 214 969 km²
Einwohner: 808 000
Hauptstadt: Georgetown
Amtssprache: Englisch
Nationalfeiertag: 23. 2.
Währung: 1 Guyana-Dollar (G $) = 100 Cents (c)
Zeitzone: MEZ – 5 Std.

Guyana

Staatsflagge

Staatswappen

Bevölkerung (in Tausend): 710 (1970), 808 (1992)
Bruttosozialprodukt je E (in US-$): 512 (1970), 330 (1992)

□ Stadt Land □
35 % 65 %

Bevölkerungsverteilung 1992

□ Industrie
□ Landwirtschaft
□ Dienstleistung

29 % 30 %
41 %

Bruttoinlandsprodukt 1992

1409

Gymnastik

Gymnich. Schloß; 17. und 18. Jh.

drei bis vier Schuljahre; z. T. auch als Abend-G. möglich. Die *Normalform* umfaßt die Sekundarstufen I und II (i. d. R. neun Schuljahre) und schließt an die Grundschule oder an die Orientierungsstufe an. In der reformierten gymnasialen Oberstufe (ab Klasse 11, Sekundarstufe II) können die Schüler ihren (individuellen) Unterrichtsplan in Grund- und Leistungskursen aus Pflicht- und Wahlbereichen (Fächern) selbständig und frei in den drei Aufgabenfeldern (sprachl.-literar.-künstler., gesellschaftswiss., mathemat.-naturwiss.-techn.) sowie Religion und Sport zusammenstellen. Die Zulassung zum Abitur setzt eine bestimmte Anzahl von Kursen bzw. Punkten aus den Pflicht- und Wahlbereichen aller Aufgabenfelder voraus.

Gymnastik [griech.], Bewegungsschulung ohne Gerät (außer Handgeräten wie Ball, Keule, Reifen, Sprungseil). Als *funktionelle G.* dient sie der Erhaltung oder Erneuerung der körperl. Funktionen (Schwangerschafts-G., Kranken-G.). Als *Zweckgymnastik* bezeichnet man G., wenn gymnast. Bewegungsabläufe und Übungen als Trainingsgrundlage für andere Sportarten dienen (Ski-G.). G. im engeren Sinne ist *rhythm. G.*, die Erziehung zur fließenden, durch den Rhythmus geformten Bewegung.

gymno..., Gymno... (vor Vokalen gymn..., Gymn...) [griech.], Bestimmungswort mit der Bedeutung »nackt, unbedeckt«.

Gymnospermae [griech.], svw. ↑Nacktsamer.

gynäko..., Gynäko... [griech.], Bestimmungswort mit der Bedeutung »Frau«, z. B. Gynäkologie.

Gynäkologie (Frauenheilkunde), Fachrichtung der Medizin, die sich mit der Erkennung, Verhütung und Behandlung der Frauenkrankheiten und mit Geburtshilfe befaßt.

Gynander [griech.] (Mosaikzwitter), Bez. für Individuen, die mosaikartig aus Bezirken mit ♂ und ♀ Geschlechtsmerkmalen bestehen. Im Extremfall sind die Unterschiede auch auf beide Körperhälften verteilt (v. a. bei Insekten).

Gynözeum (Gynoeceum, Gynaeceum, Gynäzeum) [griech.], Gesamtheit der weibl. Organe der Blüte der bedecktsamigen Pflanzen.

Győr [ungar. djø:r] (dt. Raab), ungar. Bezirkshauptstadt an der Kleinen Donau, 130000 E. Handelsplatz und Ind.standort. Dom (13. und 18. Jh.), Jesuitenkirche (17. Jh.), Bischofsburg (v. a. 16. Jh.), zahlr. Bürgerhäuser (16. bis 18. Jh.). – 896 von den Magyaren erobert; 1271 königl. Freistadt.

Gyroantrieb [griech./dt.], Fahrzeugantrieb, der die Rotationsenergie eines Schwungrades ausnutzt. Der mit dem Schwungrad verbundene Elektromotor liefert im Fahrbetrieb als Generator geschaltet Strom für die Fahrmotoren, z. B. von *Gyrobussen.*

Gyros [griech.], Gericht aus am senkrechten Spieß gegrilltem Fleisch.

Gysi, Gregor, *Berlin 16. 1. 1948, dt. Politiker (PDS). Jurist; 1989–93 Vors. der SED-Nachfolgepartei (seit 1990 PDS); seit 1990 MdB.

Gyttia [schwed. ˈjytja] (Halbfaulschlamm), am (nur zeitweise) belüfteten Boden von nährstoffreichen Gewässern abgelagerter Schlamm v. a. organ. Herkunft; bei völligem Sauerstoffabschluß entsteht Faulschlamm.

Gynander. Halbseitengynandrie beim Hirschkäfer; linke Hälfte männlich, rechte Hälfte weiblich

Hh

h, 1) *Physik:* (h) Formelzeichen für das Plancksche Wirkungsquantum. Für die Größe $h/2\pi$ setzt man im allg. das Zeichen h (lies: h quer).
2) Einheitenzeichen für die Zeiteinheit Stunde (lat. **h**ora); bei Angabe des Zeitpunktes hochgesetzt (^{h}); 8 h = 8 Stunden, 8^h = 8 Uhr.
3) ↑Vorsatzzeichen.
H, 1) der 8. Buchstabe des Alphabets, der Form nach dem griech. Eta entsprechend.
2) *Chemie:* chem. Symbol für ↑Wasserstoff.
3) *Musik:* (h), die Bez. für die 7. Stufe der Grundtonleiter C-Dur.
ha, Einheitenzeichen für ↑Hektar.
Ha, chem. Symbol für Hahnium.
Haag, Den [niederl. dɛnˈhaːx] (amtl. 's-Gravenhage), Residenzstadt und Regierungssitz der Niederlande, Hauptstadt der Prov. Südholland, an der Nordseeküste, 442 000 E. Sitz des Internat. Gerichtshofes, von Banken, Handels- und Ind.gesellschaften; Hochschule für Sozialstudien, Kunstakademie, Konservatorium, Staatsarchiv, Museen, Theater; Miniaturstadt »Madurodam«; der Stadtteil Scheveningen ist das größte Seebad der Niederlande; ⚒. Im Zentrum liegt der Binnenhof mit dem Rittersaal (13. Jh.). Ehem. gräfl. Jagdschloß (um 1250), Kirchen, u. a. spätgot. Grote Kerk (15./16. Jh.), Nieuwe Kerk (1649–56); im holländ. Renaissancestil u. a. das Mauritiushuis (17. Jh.; jetzt Gemäldegalerie), der ehem. königl. Palast Noordeinde (17. Jh.), der königl. Palast Voorhout (18. Jh.), das Alte Rathaus (16. bis 18. Jh.). – 1370 erstmals urkundlich erwähnt. Ab 1580 war der Binnenhof Tagungsort der holländ. Stände und Generalstaaten, Ende des 16. Jh. Residenz der Statthalter.

Haager Abkommen (Haager Konventionen), verschiedene Vereinbarungen der in Den Haag abgehaltenen Konferenzen, u. a.: 1. ↑Haager Kriegsordnung; 2. H. A. über Internat. Privatrecht, Familienrecht und Zivilprozeßrecht, u. a. Übereinkommen über den Zivilprozeß (1954, erstmals 1896), über Kaufrecht (1964), über die Zustellung von Schriftstücken (1965), über die Beweisaufnahme im Ausland (1970), seit 1955 »Haager Konferenz des Internat. Privatrechts« als ständige Einrichtung (Satzung von 1951); 3. H. A. über den Schutz von Kulturgut bei bewaffneten Konflikten (1954).

Haager Friedenskonferenzen, die in den Jahren 1899 und 1907 auf Initiative des russ. Kaisers Nikolaus II. bzw. des amerikan. Präsidenten T. Roosevelt in Den Haag abgehaltenen internat. Konferenzen. – Durch die *Erste Haager Friedenskonferenz* (1899), an der 26 Staaten teilnahmen, wurden u. a. die Abkommen zur friedl. Erledigung internat. Streitfälle und über die Gesetze und Gebräuche des Landkriegs angenommen. – Die *Zweite Haager Friedenskonferenz* (1907) verabschiedete am 18. 10. 1907 13 Abkommen, u. a.: das Abkommen zur friedl. Erledigung internat. Streitfälle (Einrichtung einer internat. Schiedsgerichtsbarkeit mit dem Ständigen Schiedshof in Den Haag) und die ↑Haager Landkriegsordnung. Zwölf Abkommen sind bis heute formell in Kraft.

Haager Landkriegsordnung, Abk. HLKO, auf den Haager Friedenskonferenzen von 1899 und 1907 formulierten Gesetze und Gebräuche des Landkriegs. Die H. L. definiert den Begriff des Kriegführenden und regelt ausführlich die Rechtsstellung der Kriegsgefangenen (u. a. Arbeitspflicht für gefangene Soldaten mit Ausnahme der Offiziere); es werden bestimmte Mittel zur Schädigung des Feindes verboten (z. B. die Verwendung von Gift, Plünderung), die Rechtsstellung der Spione und Parlamentäre sowie der Waffenstillstand behandelt und der Bevölkerung eines be-

Den Haag
Stadtwappen

Entwicklung des Buchstabens **H**

⊟ H	Semitisch	𝔥𝔥	Textur
H	Römische Kapitalschrift	H h	Renaissance-Antiqua
h	Unziale	𝔊𝔥	Fraktur
h	Karolingische Minuskel	H h	Klassizistische Antiqua

1411

Haakon

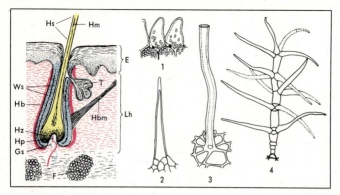

Haare. Links: Schnitt durch eine behaarte Hautstelle (Mensch; E Epidermis, F Fettgewebe, Gs Gefäßschlinge, Hb Haarbalg, Hbm Haarbalgmuskel, Hm Haarmark, Hp Haarpapille, Hs Haarschaft, Hz Haarzwiebel, Lh Lederhaut, T Haarbalgdrüse, Ws Wurzelscheide ◆ Rechts: **1** Papillen der Blütenblattepidermis (Gelbe Lupine); **2** Borstenhaar (Borretsch); **3** Schlauchhaar (Baumwollsamen); **4** Etagenhaar (Platane)

Haarlem Stadtwappen

setzten Gebietes eine Reihe von Rechten, u. a. Schutz des Privateigentums, garantiert.
Haakon ↑Håkon.
Haarausfall (Haarschwund, Alopezie), vorübergehender oder dauernder, örtlich begrenzter oder völliger Verlust der Kopf- oder Körperbehaarung. Der vorzeitige H. (Alopecia praematura) ist erblich bedingt und beginnt um das 25. Lebensjahr mit zunehmenden »Geheimratsecken«.
Haar der Berenike ↑Sternbilder (Übersicht).
Haardt, zum Oberrhein. Tiefland abfallender Gebirgsrand des Pfälzer Waldes, in der Kalmit bis 673 m hoch; Weinbaugebiet.
Haare, 1) (Pili) ein- oder mehrzellige, meist fadenförmige Bildungen der Epidermis mancher Tiere und des Menschen. Unter den Wirbeltieren haben nur die Säugetiere Haare. Bei ihnen dienen diese Hornfadengebilde v. a. der Temperaturregulation und als Strahlenschutz, haben aber auch Tastsinnesfunktion und stellen einen Schmuckwert oder Tarnschutz dar.
Man unterscheidet den über die Epidermis herausragenden *Haarschaft* und die in einer grubenförmigen Einsenkung steckende *Haarwurzel,* die an ihrem Ende zur *Haarzwiebel* verdickt ist. In diese ragt von unten her eine zapfenförmige, bindegewebige Lederhautpapille *(Haarpapille)* hinein. Sie enthält ein Blutgefäßnetz sowie Pigmentzellen und versorgt die teilungsfähigen Zellen der Haarzwiebel. Nach oben zu sterben die H.zellen ab und verhornen. Aus unvollständig verhornten und eingetrockneten Zellen bildet sich das *Haarmark.* Um das Mark herum liegt die *Haarrinde,* in deren Zellen Farbstoffe abgelagert sind, die die H.farbe bedingen. Die H.wurzel ist außen vom *Haarbalg,* einer bindegewebigen Schicht aus verdickten Zellen der Lederhaut, umgeben.
Die Gesamtzahl der H. des Menschen beträgt etwa 300 000–500 000. Davon entfallen rd. 25% auf die Kopfbehaarung. Ein menschl. H. ist etwa 40–100 µm dick. Es wächst täglich (mit Ausnahme der Augenbrauen, die nur etwa halb so schnell wachsen) zw. 0,25 und 0,40 mm.
Bei Säugetieren liegen auf größeren Haut- bzw. Fellbezirken die H. im allg. in bestimmten Richtungen *(Haarstrich).* Der Haarstrich ist häufig der Hauptfortbewegungsrichtung angepaßt oder entspricht der Schutzfunktion des Haarkleides (v. a. gegen Regen; daher meist vom Rücken zum Bauch verlaufend).
2) *Botanik:* (Trichome) bei *Pflanzen* meist aus Einzelzellen der Epidermis hervorgehende Anhangsgebilde. Man unterscheidet *einzellige H.* (Papillen, Borsten-H., Brenn-H.) und aus unver-

Habichte

zweigten Zellreihen bestehende *mehrzellige H.* (Drüsen-H.). Lebende H. fördern die Transpiration durch Oberflächenvergrößerung. Dichte, filzige Überzüge aus toten H. dagegen verringern sie und schützen gegen direkte Sonnenbestrahlung.

Haarkristall (Faserkristall, Whisker), haarförmiger Einkristall (Länge bis zu einigen cm, Dicke einige µm), der sich durch spontanes Wachstum z. B. aus Lösungen oder Schmelzen bildet. H. verleihen faserverstärkten Werkstoffen bes. hohe Zugfestigkeit.

Haarlem, niederl. Prov.hauptstadt westlich von Amsterdam, 149 000 E. Museen, u. a. Frans-Hals-Museum; Zentrum der niederl. Blumenzwiebelzucht. Zahlr. Kirchen, u. a. spätgot. Grote Kerk (15. Jh.), Janskerk (14.–16. Jh.), Nieuwe Kerk (1645–49); Rathaus (14. und 17. Jh.), Stadtwaage (1598), Fleischhalle (1602/03). – 1245 Stadtrechte; 1573–77 span. Besetzung.

Haarsterne (Federsterne, Crinoidea), Klasse meerbewohnender Stachelhäuter mit rd. 620 Arten im Flachwasser oder in der Tiefsee (z. B. *Seelilien* in Tiefen unter 1000 m).

Haarwürmer (Trichuridae), Fam. kleiner, schlanker Fadenwürmer; leben endoparasitisch in Vögeln, Säugetieren und Menschen, wo sie *Haarwurmkrankheiten* (v. a. im Bereich des Darms, der Leber, der Nieren und der Lunge) verursachen.

Hába, Alois [tschech. 'ha:ba], *Vizovice (Südmähr. Gebiet) 21. 6. 1893, † Prag 18. 11. 1973, tschech. Komponist. Verfechter des Vierteltonsystems, schrieb Werke im Viertel-, Fünftel-, Sechstel- und im diaton.-chromat. Tonsystem, u. a. Opern, Orchesterwerke, Streichquartette, Sonaten.

Habakuk, alttestamentl. Prophet und das von ihm verfaßte bibl. Buch (Abk. Habak.); kurz nach 609 v. Chr. zusammengestellt.

Habanera [span.], kuban. Tanz im $^2/_4$-Takt, bekannt aus Bizets Oper »Carmen«.

Habdala [hebr.] (Havdala), vom jüd. Hausherrn beim Ausgang des Sabbats oder eines Feiertags gesprochener Lobpreis, verbunden mit einer Segnung eines von Wein überfließenden Bechers und von Gewürz, das in oft kostbaren, künstler. reich gestalteten Büchsen *(Besomimbüchsen)* aufbewahrt wird.

Habe, Hans, urspr. H. Bekessy, *Budapest 12. 2. 1911, † Locarno 30. 9. 1977, amerikan. Schriftsteller und Publizist österr. Herkunft. Schrieb Zeit- und Unterhaltungsromane, u. a. »Off Limits« (1955), »Das Netz« (1969), »Palazzo« (1975).

Habeaskorpusakte [nach dem lat. Anfang alter Haftbefehle: habeas corpus »du sollst den Körper haben«], engl. Staatsgrundgesetz von 1679: Niemand darf ohne richterl. Haftbefehl verhaftet oder ohne gerichtl. Untersuchung in Haft gehalten werden.

Haben, die rechte Seite eines Kontos; bei Aktivkonten Eintragung der Vermögensabnahme, bei Passivkonten der Schuldenzunahme; Ggs. ↑Soll.

Haber, Fritz, *Breslau 9. 12. 1868, † Basel 29. 1. 1934, dt. Chemiker. Für die Herstellung von Ammoniak aus Stickstoff und Wasserstoff unter hohem Druck (↑Haber-Bosch-Verfahren) erhielt er 1918 den Nobelpreis für Chemie.

Haber-Bosch-Verfahren [nach F. Haber und C. Bosch], bedeutendstes großtechn. Verfahren zur Herstellung von Ammoniak aus Wasserstoff und Stickstoff bei Drücken von über 200 bar und Temperaturen um 500 °C mit Hilfe eines Eisenkatalysators.

Habermas, Jürgen, *Düsseldorf 18. 6. 1929, dt. Philosoph und Soziologe. Von der Frankfurter Schule herkommend neben T. W. Adorno und M. Horkheimer führender Vertreter der ↑kritischen Theorie. – *Werke:* Strukturwandel der Öffentlichkeit (1962), Theorie und Praxis (1963), Erkenntnis und Interesse (1968), Zur Logik der Sozialwissenschaften (1970), Theorie des kommunikativen Handelns (2 Bde., 1981), Nachmetaphys. Denken (1988), Erläuterungen zur Diskursethik (1991), Faktizität und Geltung (1992).

Habichtartige (Accipitridae), mit rd. 200 Arten weltweit verbreitete Fam. 0,2–1,2 m körperlanger Greifvögel. Unter-Fam. sind u. a. Milane, Weihen, Bussarde, Habichte, Adler.

Habichte (Accipitrinae), mit über 50 Arten weltweit verbreitete Unter-Fam. etwa 25–60 cm körperlanger Greifvögel; mit meist kurzen, runden Flügeln,

Haarsterne. Mittelmeerhaarstern (Antedon mediterranea; Rumpfdurchmesser 6–7 mm, Armlänge bis 12 cm)

Hans Habe

Fritz Haber

1413

Habichtskraut

Habichte.
Oben: Sperber
(Größe 28–38 cm) ♦
Unten: Habicht
(Größe 48–61 cm)

Habichtskraut.
Kleines Habichtskraut
(Höhe 5–30 cm)

relativ langem Schwanz und langen, spitzen Krallen. H. schlagen ihre Beute (bes. Vögel) im Überraschungsflug. In M-Europa kommen *Hühnerhabicht* (50–60 cm körperlang) und *Sperber* (bis 40 cm körperlang) vor.
Habichtskraut (Hieracium), Gatt. der Korbblütler mit rd. 800 Sammelarten auf der Nordhalbkugel und in den Anden; Kräuter mit meist gelben, orangefarbenen oder roten Blütenkörbchen. In Deutschland kommen u. a. vor: *Wald-H., Gemeines H.* und *Kleines H.* (Dukatenröschen, Mausohr).
Habichtswald, Gebirge im Hess. Bergland, westlich von Kassel, im Hohen Gras 615 m hoch.
Habilitation [mittellat.], Verfahren zum Erwerb der Lehrbefähigung (lat. »venia legendi«) an wiss. Hochschulen. Es besteht aus der Einreichung einer wiss. Arbeit *(Habilitationsschrift),* einem Kolloquium im Rahmen des Fachbereichs oder der Fakultät sowie einem öffentl. Vortrag *(Antrittsvorlesung).*
Habima (Habimah), 1916 in Moskau gegr. hebr. Theater, seit 1928 mit dem größten Teil des Ensembles in Palästina, seit 1958 »National-Theater Israels«.
habituell [lat.-frz.], regelmäßig, gewohnheitsmäßig.
Habitus [lat.], Gesamterscheinungsbild (Aussehen und Verhalten) von Lebewesen.
Habsburg (Habichtsburg), 1020 erbauter Stammsitz der †Habsburger, über dem rechten Aareufer, sw. von Brugg (Schweiz).
Habsburger, europ. Dynastie, ab Mitte des 10. Jh. am Oberrhein nachweisbar, benannt nach der Habsburg. Der Aufstieg der im Elsaß, am Oberrhein und zw. Aare und Reuß begüterten H. begann mit der Wahl Rudolfs I. 1273 zum Röm. König und der Belehnung seiner Söhne Albrecht I. und Rudolf II. († 1290) 1282 mit den Hzgt. Österreich und Steiermark. Mit der Ausdehnung der habsburg. Stammlande um Kärnten und Krain (1335), Tirol (1363), Freiburg im Breisgau (1368), Triest (1383) und Görz (1500) wurde die Hausmacht der H. geschaffen *(Haus Österreich).* Nach 1379 trennte sich die Ländergruppe des Hauses Österreich in mehrere Linien: die *Albertin. Linie* und die *Leopoldin. Linie,* die sich 1411 in den jüngeren steier. und Tiroler Zweig teilte. Nach der Gewinnung der Krone des Hl. Röm. Reiches 1438, deren Träger die H. (außer 1742–45) bis 1806 blieben, vollzog sich der Aufstieg der H. zur europ. Großmacht. Durch die dynast. Heiratspolitik von Maximilian I. und Friedrich III. fielen den H. die Niederlande und die Freigrafschaft Burgund (1493) sowie die span. Krone (1516) zu. 1526 erweiterte sich das Gebiet der H. von Böhmen, Mähren, Schlesien und Ungarn. Nach dem Tode Karls V. (1556) wurde das Haus H. in eine span. Linie, die 1700 ausstarb, und eine dt. Linie, die mit dem Tode Karls VI. (1740) erlosch, geteilt. Mit der Ehe seiner Tochter Maria Theresia mit dem ehem. lothring. Hzg. und späteren Kaiser Franz I. Stephan entstand die als *Habsburg-Lothringer* (genealog. Lothringer) bezeichnete, im 19. und 20. Jh. weitverzweigte Dynastie. 1804 errichtete Franz II. (I.) das österr. Kaisertum, das mit dem Thronverzicht Karls I. 1918 endete. Dessen Sohn und Erbe Otto (*1912) gab 1961 endgültig die habsburg. Thronansprüche auf.
Habsburgergesetz, österr. Gesetz vom 3. 4. 1919, betreffend Landesverweisung und Übernahme des Vermögens (ausgenommen freies Vermögen) des Hauses Habsburg-Lothringen; es steht im Range eines Bundesverfassungsgesetzes. Das H. hob alle Herrscherrechte des Hauses Habsburg-Lothringen auf.

Hadith

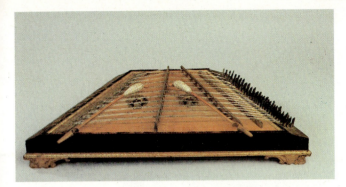

Hackbrett, gebaut von Antonio Battaglia (1766; Berlin, Staatliches Institut für Musikforschung Preußischer Kulturbesitz)

Háček [tschech. 'haːtʃɛk], diakrit. Zeichen, das, bes. in den slaw. Sprachen, einen Zischlaut oder einen stimmhaften Reibelaut angibt, z. B. tschech. č [tʃ], ž [ʒ].

Hácha, Emil [tschech. 'haːxa], *Trhové Sviny (Südböhm. Gebiet) 12. 7. 1872, †Prag 27. 6. 1945 (im Gefängnis), tschechoslowak. Politiker. 1938–45 Staats-Präs. der ČSR bzw. nach dem von Hitler erzwungenen Protektoratsvertrag vom 15. 3. 1939 des »Protektorats Böhmen und Mähren«.

Hacienda [span. a'sjenda] ↑Hazienda.

Hackbau, primitive oder durch die angebauten Kulturen bestimmte Ackerbauform, bei der der Boden mit einer Hacke gelockert wird.

Hackbrett, zitherartiges Saiteninstrument mit meist trapezförmigem Schallkasten und etwa 25 Saitenchören, die mit Klöppeln angeschlagen werden. Das ungar. *Cimbalom*, mit Baßsaiten, Chromatik und Dämpfungspedal, wird bis heute in der osteurop. Volksmusik verwendet.

Hacker (zu engl. to hack »herumhakken«), Computerbenutzer, die unberechtigt in fremde Computersysteme eindringen; H. versuchen mit kleineren Computern und einem Modem über die Telefonleitung die Paßwörter größerer Rechenzentren herauszufinden, um Einblick in deren Daten zu erhalten.

Hackfrüchte, Kulturpflanzen, bei denen während ihrer Entwicklung der Boden wiederholt gehackt werden muß; z. B. Rüben, Kartoffeln.

Hackordnung ↑Rangordnung.

Hacks, Peter, *Breslau 21. 3. 1928, dt. Dramatiker. Übersiedelte 1955 in die DDR; schreibt Zeitstücke und Komödien, deren Stoffe der Gegenwart der ehem. DDR, der Geschichte oder dem Mythos entnommen sind. – *Werke:* Eröffnung des ind. Zeitalters (1955), Moritz Tassow (1965), Der Schuhu und die fliegende Prinzessin (1966), Adam und Eva (1972), Pandora (1981, nach Goethe), Fafner, die Bisammaus (1992).

Hadamar, hess. Stadt im Limburger Becken, 11 000 E. Textil- und Glasindustrie. Schloß (17. Jh.), spätgotische Liebfrauenkirche sowie Fachwerkbauten (17. Jh.). – Seit 1190 belegt. In der 1894 gegr. Landesheil- und Pflegeanstalt wurden im Rahmen des nat.-soz. Euthanasieprogramms 1940/41 Tötungsaktionen durchgeführt.

Hadersleben, dän. Stadt in SO-Jütland, 30 100 E. Handelszentrum; Hafen. Roman.-got. Dom, got. Severinskirche (13. Jh.). – 1292 Stadtrecht, 1864–1920 gehörte es zur preuß. Prov. Schleswig-Holstein.

Hades, griech. Gott der Unterwelt, Bruder von Poseidon und Zeus, mit denen er die Weltherrschaft teilt; mit seiner Gemahlin Persephone Herrscher über die Schatten der Toten. Der Name H. bezeichnet später die Unterwelt.

Hadith [arab.], die Tradition von den Aussprüchen und Taten des Propheten Mohammed; neben dem »Koran« fast gleichwertig geachtete Quellen des islam. Gesetzes und der Dogmatik.

Hadjdj

Hadrianswall bei Carlisle, Northumberland, mit den Resten eines Kastells

Hadjdj [hadʒ; arab] (Haddsch, Hadsch), die Pilgerfahrt nach Mekka; eine der fünf Grundpflichten des Islam, jedem Muslim, der körperlich und finanziell dazu in der Lage ist, einmal in seinem Leben vorgeschrieben.

Hadloub (Hadlaub), Johannes, † an einem 16. März vor 1340, mhd. Minnesänger. Gehörte zum Dichterkreis um den Züricher Patrizier Rüdiger II. Manesse (↑Manessische Liederhandschrift). Erhalten sind 54 Herbst-, Ernte-, Tagelieder, drei Leiche sowie die wohl von ihm geschaffene Gatt. der autobiographisch getönten Ereignislieder.

Hadramaut, Gebiet im S der Arab. Halbinsel, O-Jemen. Der Küste parallel verläuft ein bis 2 100 m ü. M. ansteigendes Gebirge mit flacher Abdachung nach N und O. – Vom 4. Jh. v. Chr. bis Ende 3. Jh. n. Chr. selbständiges Königreich, Hauptstadt Schabwa.

Hadrian (Publius Aelius Hadrianus), *Italica (?) (Spanien) 24. 1. 76, † Baiae (heute Baia) 10. 7. 138, röm. Kaiser (ab 117). 117 nach umstrittener Adoption zum Kaiser ausgerufen; Griechenfreund und Philosoph. Verzichtete auf kostspielige Reichsexpansion und widmete sich verstärkter Grenzsicherung (Limes, Hadrianswall), dem inneren Ausbau des Reiches, der Neuordnung von Verwaltung und Heer; ließ u. a. in Rom das Pantheon, das Mausoleum (Engelsburg) und bei Tivoli die *Hadriansvilla* (118–134) bauen.

Hadrian, Name von Päpsten:
1) Hadrian IV., *Langley (Hertford) zw. 1110 und 1120, † Anagni 1. 9. 1159, vorher Nikolaus Breakspear, Papst (ab 4. 12. 1154). Einziger Papst engl. Herkunft; krönte Friedrich I. Barbarossa zum Kaiser.
2) Hadrian VI., *Utrecht 2. 3. 1459, † Rom 14. 9. 1523, vorher Adriaan Florisz. Boeyens (Adrian von Utrecht), Papst (ab 9. 1. 1522). Strebte nach durchgreifender Kirchenreform, um der luth. Reformation in Deutschland entgegenzuwirken.

Hadrianswall, ab 122 (bis etwa 136) auf Befehl Kaiser Hadrians angelegter Limes im N der röm. Prov. Britannia; etwa 120 km lang; der größere, östl. Abschnitt teils als Steinmauer, teils als Erdwall ausgeführt.

Hadronen [griech.] ↑Elementarteilchen.

Hadrumetum ↑Sousse.

Hadsch ↑Hadjdj.

Häduer ↑Äduer.

Haeckel, Ernst [ˈhɛkəl], *Potsdam 16. 2. 1834, † Jena 9. 8. 1919, dt. Zoologe und Philosoph. Prof. der Zoologie in Jena; führender Vertreter der Deszendenztheorie bzw. Evolutionstheorie; nutzte die Theorie Darwins zum Aufbau seiner generellen Morphologie als eines »natürl. Systems« unter konsequenter Einbeziehung des Menschen und formulierte das ↑biogenetische Grundgesetz; forderte die Anwendung

Ernst Haeckel

der Evolutionstheorie sowohl auf die anorgan. Natur als auch auf die Entstehung der Organismen und glaubte somit eine Synthese von kausal-mechan. Materialismus und berechtigten Anliegen der Religion herbeigeführt zu haben (»Der Monismus als Band bzw. Religion und Wiss.«, 1892).

Haecker, Theodor [ˈhɛkər], *Eberbach (heute zu Mulfingen, Hohenlohekreis) 4. 6. 1879, † Usterbach bei Augsburg 9. 4. 1945, dt. Schriftsteller, Essayist und Kulturkritiker. 1921 Konversion zum Katholizismus; als Gegner des Nat.-Soz. 1936 Rede-, 1938 Publikationsverbot. Seine Arbeiten zielten auf den Aufbau von [existentiellen] Positionen einer christl. Philosophie in Auseinandersetzung mit Problemen seiner Gegenwart.

Haemophilus influenzae, gramnegatives Bakteriiom, das durch Tröpfchen- und Kontaktinfektion übertragen wird und v. a. in Form einer bakteriellen Superinfektion bei einer Virusgrippe Entzündungen der oberen Atemwege hervorrufen kann. Primärinfekte treten i. d. R. nur bei Kleinkindern auf und führen zu Meningitis, Epiglottitis, Lungenentzündung, Nasenebenhöhlen- und Mittelohrentzündung. Vorbeugend ist eine Schutzimpfung gegen den Serotyp b (HIB) möglich.

Hafen, natürl. oder künstl. Anker- und Anlegeplatz für Schiffe mit den für Verkehr und Güterumschlag, Schiffsreparatur und -ausrüstung erforderl. Anlagen. *Binnenhäfen* liegen im Landesinnern in Ind.ballungsgebieten oder an Binnenwasserstraßen. *Seehäfen* werden als *Tidehäfen* gebaut (offene Verbindung zum Meer bei geringem Tidenhub) oder als *Dockhäfen* mit Schleusen. Für die Küstenschiffahrt sind oft *Fluthäfen* eingerichtet, deren H.tor bei einsetzender Ebbe geschlossen wird. Für Schiffe mit großem Tiefgang sind *Tiefwasserhäfen* entstanden.

Hafer (Avena), Gatt. der Süßgräser mit rd. 35 Arten vom Mittelmeergebiet bis Z-Asien und N-Afrika; einjährige Pflanzen mit zwei- bis mehrblütigen Ährchen in Rispen. Die bekannteste Art ist der in zahlr. Sorten angebaute *Saat-H.;* wird v. a. als Körnerfutter für Pferde sowie als Futterstroh verwendet. Aus den entspelzten und gequetschten Körnern werden u. a. Haferflocken, Hafergrieß und Hafermehl hergestellt. Die Weltproduktion an Kulturhafer betrug 1993 32,68 Mio. t. In Deutschland wild vorkommende Arten sind u. a. *Wind-* und *Sandhafer.*

Hafes (Hafis) Beiname des pers. Dichters Schamsod-Din Mohammed, *Schiras um 1320, † ebd. 1388, pers. Lyriker. Führte als Meister des ↑Ghasels die pers. Lyrik zu höchster Vollkommenheit; sein Werk wurde nach seinem Tode im »Diwan« zusammengefaßt; u. a. Einfluß auf Goethes »West-östl. Divan«.

Haff [niederdt.] ↑Küste.

Haffner, Sebastian, eigtl. Raimund Pretzel, *Berlin 26. 12. 1907, dt. Publizist. Emigration 1948 nach Großbrit. (seit 1948 brit. Staatsbürger); seit 1954 wieder in Berlin; beschäftigt sich populärwiss. mit histor. Themen, u. a. »Anmerkungen zu Hitler« (1978), »Von Bismarck zu Hitler« (1987).

Hafis, pers. Lyriker, ↑Hafes.

Haflinger [nach dem Dorf Hafling (italien. Avelengo) bei Meran], durch Einkreuzung von Arabern in die einheim. Gebirgspferderasse entstandene Pferderasse; kompakt, relativ klein; immer fuchsfarben mit blondem Schweif und blonder Mähne.

Hafner, Philipp, *Wien 27. 9. 1731, † ebd. 30. 7. 1764, österr. Dramatiker. Seine realist. Mundartpossen machten ihn zum »Vater des Wiener Volksstücks«.

Hafnium [nach Hafnia, dem latinisierten Namen Kopenhagens (dem Wohnsitz N. Bohrs)], chem. Symbol Hf; me-

Haflinger

Haft

tall. chem. Element aus der IV. Nebengruppe des Periodensystems der chem. Elemente. Ordnungszahl 72; relative Atommasse 178,49. Das glänzende, leicht walz- und ziehbare Metall hat eine Dichte von 13,31 g/cm³; Schmelztemperatur 2227 ±20°C; Siedetemperatur 4602°C. In seinen Verbindungen tritt H. vierwertig auf. Verwendung für Steuerstäbe in Kernreaktoren.

Haft, bis 1969 die leichteste der freiheitsentziehenden Strafen (ein Tag bis sechs Wochen; ↑Untersuchungshaft). – In der *Schweiz* ist die H. *(Haftstrafe)* die leichteste Freiheitsstrafe (ein Tag bis drei Monate).

Haftbefehl, schriftl. richterl. Anordnung der Untersuchungshaft. Im H. sind die Tat, deren der Beschuldigte dringend verdächtig sein muß, der *Haftgrund* (Flucht- oder Verdunklungsgefahr, Wiederholungsgefahr oder Schwere des Delikts) sowie diejenigen Tatsachen anzugeben, aus denen sich dieses ergibt. Spätestens am Tage nach der Verhaftung ist der Beschuldigte dem zuständigen Richter vorzuführen.

Haftbeschwerde, unbefristetes Rechtsmittel gegen einen Haftbefehl; kann nur einmal eingelegt werden.

Hafte, Name für Insekten aus den Ordnungen der Eintagsfliegen, der Netzflügler und der Schnabelfliegen.

Haftentschädigung, Entschädigung für denjenigen Schaden, der durch den letztlich nicht gerechtfertigten Vollzug der Untersuchungshaft, Freiheitsentziehung auf Grund gerichtl. Entscheidung sowie anderer Strafverfolgungsmaßnahmen eingetreten ist.

Haftkiefer (Tetraodontiformes), fast rein marine Ordnung der Knochenfische, überwiegend in trop. Meeren; Haut von kleinen Schuppen oder Knochenplatten bedeckt (u. a. Drückerfische, Mondfische).

Haftorgane, morpholog. Bildungen, mit deren Hilfe manche Pflanzen und Tiere an [glatten] Flächen Halt finden können. Dies geschieht durch Reibung, Adhäsion und/oder Saugkraft. – Bei *Pflanzen* unterscheidet man: *Hapteren,* wurzelähnl. Ausstülpungen an der Basis des Vegetationskörpers bei verschiedenen Algen, Flechten und Moosen; *Haftscheiben,* scheibenförmige H. an der Basis bes. größerer mariner Braun- und Rotalgen; *Haftwurzeln,* umgebildete, auf Berührungsreize ansprechende, sproßbürtige Wurzeln mancher Kletterpflanzen (z. B. Efeu). Zu den pflanzl. H. zählen auch Haar- und Borstenbildungen an den Früchten von Korbblütlern (z. B. Kletten). – Bei *Tieren* kommen *Haftlappen* an der Basis der Krallen v. a. bei Fliegen und Hautflüglern vor. Bekannte H. sind die Saugnäpfe oder -gruben der Saug- und Bandwürmer. Die Stachelhäuter besitzen *Saugfüßchen,* einige Fische (v. a. Saugschmerlen, Schiffshalter), bes. *Saugscheiben.* Bei manchen Wirbeltieren sind die Sohlenballen auf Grund ihrer Adhäsionseigen-

Haftorgane bei Pflanzen. **1** Palmentangart Laminaria hyperborea mit Hapteren; **2** Sproßstück des Wilden Weins mit Haftscheiben; **3** Sproßstück des Gemeinen Efeus mit Haftwurzeln

Hapteren

Haftscheiben

Haftwurzeln

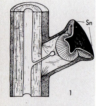

Haftorgane bei Tieren. **1** Querschnitt durch einen Saugnapf (Sn) vom Fangarm eines Kraken; **2** Beinspitze einer Thysanopterenart mit eingezogener (links) und ausgedehnter Haftblase (Hb Haftblase, K Kralle); **3** Fußunterseite eines Gekkos mit Haftlamellen

schaft als H. anzusehen, z. B. bei Laubfröschen und Molchen, bei Siebenschläfern und Klippschliefern sowie bei manchen Affen (z. B. den Meerkatzen).

Haftpflicht, die Pflicht zum Ersatz fremden Schadens; Schutz gegen die Inanspruchnahme aus einer H. gewährt die *Haftpflichtversicherung,* die z. B. bei einem Kraftfahrzeughalter, Betriebsinhaber, Grundstückseigentümer zwingend vorgeschrieben ist. Bei vorsätzl. Handeln des Versicherungsnehmers entfällt jedoch der Versicherungsschutz.

Haftprüfungsverfahren, gerichtliches Verfahren während der Untersuchungshaft zur Prüfung, ob der Haftbefehl aufzuheben oder Haftverschonung anzuordnen ist.

Haftschalen, svw. ↑Kontaktlinsen.

Haftunfähigkeit, derjenige körperl. oder geistige Zustand eines Untersuchungs- oder Strafhäftlings, der wegen drohender Schäden für Umwelt, Gesundheit oder Leben des Gefangenen die Durchführung der Haft verbietet oder als zwecklos erscheinen läßt.

Haftung, im *Recht:* 1. Schuld (d. h. Verbindlichkeit), insbes. die Verpflichtung zum Einstehen für fremde Schuld; 2. Verantwortlichkeit für den Schaden eines anderen mit der Folge, daß dem Geschädigten Ersatz zu leisten ist; 3. das Unterworfensein des Schuldners unter den Vollstreckungszugriff des Gläubigers *(persönl. H.);* 4. die Verwertbarkeit einer fremden Sache durch den Gläubiger eines an der Sache bestehenden Pfandrechts oder Grundpfandrechts *(dingl. H., Real-H., Sach-H.).*

Haftungsausschluß, die vertragl. Vereinbarung, daß die Verantwortlichkeit einer Person in bestimmten Fällen ausgeschlossen oder beschränkt sein soll. Ein H. findet sich meist als *Freizeichnungsklausel* in allg. Geschäftsbedingungen.

Haftverschonung, Aussetzung des Vollzugs eines Haftbefehls, z. B. gegen Stellung einer Kaution.

Haftwurzeln ↑Haftorgane.

Hagana (Haganah), jüd. Selbstschutzorganisation gegen arab. Übergriffe in Palästina z. Z. des brit. Mandats; 1948 in der Armee des Staates Israel aufgegangen.

Hägar der Schreckliche, 1973 von Dik Browne (*1918, † 1989) erfundene Comicfigur. H. ist Wikinger, der plündernd durch die Welt zieht.

Hagebutte, rote Sammelnußfrucht der verschiedenen Rosenarten, v. a. der Heckenrose.

Hagedorn, Friedrich von, *Hamburg 23. 4. 1708, † ebd. 28. 10. 1754, dt. Schriftsteller. Anakreontischer Lyriker (u. a. »Oden und Lieder in fünf Büchern, 1747) und Fabeldichter, der einem unbeschwerten, kultivierten Lebensgenuß huldigte; Neubelebung der Tierfabel (»Versuch in poet. Fabeln und Erzählungen«, 1738); von großem Einfluß auf den jungen Goethe.

Hagel, Niederschlag von Eisstücken mit einem Durchmesser von 5–50 mm. H. entsteht in hochreichenden Gewitterwolken bei raschem Aufstieg warmer, wasserreicher Luft.

Hagelschnur, paarig angelegter Eiweißstrang im Eiklar von Vogeleiern.

Hagelstange, Rudolf, *Nordhausen 14. 1. 1912, † Hanau 5. 8. 1984, dt. Schriftsteller. Schrieb von christlich-humanist. Grundhaltung geprägte Lyrik; auch Romane, Erzählungen, Reiseberichte und Essays; u. a. »Venezianisches Credo« (Ged., 1946), »Spielball der Götter« (R., 1959), »Der große Filou« (R., 1976).

Hagen, Nina, *Berlin (Ost) 11. 3. 1955, dt. Rocksängerin. Verließ nach der Ausbürgerung W. Biermanns 1976 die DDR; lebte bis 1980 vorwiegend in der BR Deutschland, danach v. a. in den USA; erste dt. Rocksängerin, die auch internat. bekannt wurde.

Hagen von Tronje (in altnord. Fassungen: Högni), Gestalt der Nibelungensage; wird als Mörder Siegfrieds im »Nibelungenlied« zum Gegenspieler Kriemhilds, die ihn erschlägt.

Hagen, Stadt im westl. Sauerland, NRW, 214 100 E. Fern-Univ., Städt. Bühnen; Museen, Freilichtmuseum techn. Kulturdenkmale. Großbetriebe der Metall-, Papier- und Nahrungsmittelindustrie. Bed. Jugendstilbauten, u. a. Hauptbahnhof und Krematorium. – Um 1000 nachweisbar; 1746 Stadt.

Hagenau (amtl. Haguenau), frz. Stadt im Elsaß, Dép. Bas-Rhin, 26 600 E. Prähistor. Museum, Handelszentrum. Kirche Sankt Georg (12./13. Jh.), ehem. Wache (18. Jh.), Reste der mittelalterl. Stadtummauerung. – Siedlung um die

Hagebutte

Rudolf Hagelstange

Hagenau

Hagia Sophia in Istanbul (532–537), Ansicht von Süden; die vier Minarette stammen aus der Zeit nach der türkischen Eroberung 1453

Pfalz Friedrichs I. Barbarossa; 1260 Reichsstadt; im 14. Jh. Sitz der kaiserl. Landvogtei der zehn Reichsstädte (Dekapolis); 1648 französisch.
Hagenau, 1) Nikolaus von ↑Niclas Hagnower.
2) Reinmar von ↑Reinmar der Alte.
Hagenauer, 1) Friedrich, *zw. 1490 und 1500, † nach 1546, dt. Bildnismedailleur. Sohn von ↑Niclas Hagnower; schnitzte Holzmodelle für Porträtmedaillen.
2) Johann Baptist, *Straß (heute zu Ainring) 22. 6. 1732, † Wien 9. 9. 1810, dt. Bildhauer. Mariensäule am Salzburger Domplatz (1766–71) nach Entwurf seines Bruders *Wolfgang H.* (*1726, †1801).
3) Nikolaus ↑Niclas Hagnower.
Hagenbeck, Carl, *Hamburg 10. 6. 1844, †ebd. 14. 4. 1913, deutscher Tierhändler. Gründete 1907 in Stellingen bei Hamburg den nach ihm ben. Tierpark und leitete ein Zirkusunternehmen.
Haggada [hebr.], Teil der »mündl. Lehre« und damit des rabbin. und mittelalterl. jüd. Schrifttums, das alle nichtgesetzl. Bereiche erfaßt; haggad. Material findet sich v. a. in den beiden Talmuden.
Haggai (Vulgata: Aggäus), alttestamentl. Prophet und das von ihm verfaßte Buch.

Hagia Sophia, Krönungskirche der oström. Kaiser in Konstantinopel, erbaut 532–37 unter Kaiser Justinian, Kuppel 563 erneuert, reiche Innenausstattung (6. Jh.); Hauptwerk der byzantin. Baukunst (Höhe 55,6 m, Durchmesser der Kuppel 33 m); Verbindung von kuppelgewölbtem Zentralbau und axial ausgerichteter Basilika. Nach 1453 Moschee, seit 1934 Museum.
Hagiographie [griech.], Darstellung des Lebens der Heiligen und die wiss. Arbeit an Geschichte und Kult der Heiligen.
Hagnower, Niclas ↑Niclas Hagnower.
Hague [frz. ag] (Cap de la H.), Kap an der NW-Spitze der frz. Halbinsel Cotentin. Wiederaufbereitungsanlage für Kernbrennstoffe.
Häher, allg. Bez. für Rabenvögel, die andere Tiere durch kreischende Rufe vor näherkommenden Feinden warnen.
Hahn, 1) Kurt, *Berlin 5. 6. 1886, †Ravensburg 14. 12. 1974, brit. Pädagoge dt. Herkunft. Leiter des Landerziehungsheimes Schloß Salem, dann der British Salem School in Gordonstoun (Schottland).
2) Otto, *Frankfurt am Main 8. 3. 1879, † Göttingen 28. 7. 1968, dt. Chemiker. Seit 1904 Untersuchungen radioaktiver Stoffe; diese führten ihn – seit 1907 in Zusammenarbeit mit L. Meitner – zur Entdeckung einer gro-

Otto Hahn

Haimonskinder

ßen Anzahl radioaktiver Elemente bzw. Isotope. 1938 entdeckte H. – nach Vorarbeiten mit L. Meitner – in Zusammenarbeit mit F. Straßmann die Spaltung von Urankernen bei Neutronenbestrahlung, wofür ihm auch Kriegsende der Nobelpreis für Chemie des Jahres 1944 verliehen wurde.
3) Ulla, *Brachthausen (heute zu Kirchhundem) 30. 4. 1946, dt. Schriftstellerin. Schreibt v. a. Lyrik, u. a. »Herz über Kopf« (1981), »Unerhörte Nähe« (1988) und Romane (»Ein Mann im Haus«, 1991).

Hahn, 1) *Zoologie:* männl. Hühnervogel.
2) *Militärtechnik:* (Schlaghahn), hebelartiger Teil im Schloß von Handfeuerwaffen.

Hähne, Absperrorgane zum schnellen Öffnen oder Schließen von Rohrleitungen durch Drehen (Vierteldrehung) des mit einer Bohrung versehenen *H.kükens. Der Dreiwege-H.* erlaubt beliebige Verbindungen zw. zwei von drei Zu- oder Abgängen. Der Wasserhahn ist im eigentl. Sinn ein Ventil.

Hahnemann, Samuel, *Meißen 10. 4. 1755, † Paris 2. 7. 1843, dt. Arzt. Begründer der ↑Homöopathie.

Hahnenfuß (Ranunculus), Gatt. der Hahnenfußgewächse mit über 400 weltweit verbreiteten Arten; meist ausdauernde Kräuter mit gelben oder weißen Blüten und hahnenfußartig geteilten Blättern. In M-Europa kommen u. a. der *Scharfe H.* auf Wiesen und Weiden und der *Kriechende H.* auf feuchten Böden sowie der *Gift-H.* (alle drei Arten sind giftig); in Höhen ab 4000 m Höhe wächst der *Gletscher-H.;* als Zierpflanze und Schnittblume beliebt ist v. a. die *Ranunkel* (Asiat. Hahnenfuß).

Hahnenfußgewächse (Ranunculaceae), Pflanzen-Fam. mit etwa 60 Gatt. und rd. 2000 Arten von weltweiter Verbreitung.

Hahnenkamm, Berg bei Kitzbühel (Tirol), 1 655 m hoch; jährlich internat. Skirennen.

Hahnentritt, die weißl. Keimscheibe auf dem Dotter von Vogeleiern.

Hahnium [nach O. Hahn] (Unniloctium), chem. Symbol Ha, 1995 von der IUPAC empfohlener Name für das radioaktive chem. Element mit der Ordnungszahl 108; 1984 bei der Darmstädter Gesellschaft für Schwerionenforschung (GSI) mit Hilfe eines Schwerionenbeschleunigers künstlich hergestelltes ↑Transactinoid. H. war früher der Name des chem. Elements ↑Joliotium.

Hai [altnord.-niederl.] ↑Haifische.

Haider, Jörg, *Bad Goisern (Oberösterreich) 26. 1. 1950, österr. Politiker (FPÖ). Jurist; seit 1986 Bundesobmann (seine Wahl führte zur Aufkündigung der SPÖ-FPÖ-Koalition); 1989–91 Landeshauptmann von Kärnten; betreibt eine rechtspopulist. Politik.

Haifa, israel. Hafenstadt am Karmel, 223 000 E. Zentrum des Bahaismus; Univ., TH; u. a. ethnolog. Museum, Schiffahrtsmuseum; Zoo. Zentrum der Schwer-Ind., größte Raffinerie des Landes.

Haifische (Haie, Selachii), Ordnung bis 15 m langer Knorpelfische mit rd. 250 fast ausschließlich marinen Arten; Körper meist torpedoförmig schlank, mit sehr rauher Oberfläche; Maul unterständig; Zähne meist sehr spitz und scharf, in mehreren Reihen hintereinander stehend; Geruchssinn sehr gut entwickelt; viele Arten lebendgebärend, die übrigen legen von Hornkapseln überzogene Eier. Nur wenige Arten werden dem Menschen gefährlich (z. B. Blauhai, Weißhai).

Haiku [jap. »Posse«] (Haikai), Gattung der jap. Dichtkunst; bestehend aus der Versen zu 5–7–5 Silben. Herausragende Vertreter waren Bashō (* 1644, † 1694) und Onitsura (* 1661, † 1738).

Haile Selassie I. (amhar. Haile Sellase [»Macht der Dreifaltigkeit«]), urspr. Täfäri Mäkwännen, *Edjersso Gora (Harärge) 23. 7. 1892, † Addis Abeba 27. 8. 1975, äthiop. König (ab 1928) und Kaiser (ab 1930). Gab 1931 Äthiopien die erste Verfassung; 1936–41 in Großbrit. im Exil; an der Gründung der OAU (1963) maßgeblich beteiligt; 1974 durch das Militär abgesetzt.

Haimonskinder, die vier Söhne des Grafen Aymon de Dordogne (Allard, Renaut, Guiscard, Richard), Helden der altfranzösischen Heldenepos »Renaut de Montauban« (12. Jh.). Im 16./17. Jh. in Deutschland als Volksbuch verbreitet. Historische Grundlage ist die Auflehnung der Brüder gegen Karl den Großen. – Abb. S. 1422.

Hahnenfuß. Gletscher-Hahnenfuß

Haifa Stadtwappen

Hainan

Hainan, gebirgige chin. Insel mit trop. Klima vor der S-Küste Chinas, 34 380 km².

Hainbuche (Weißbuche), bis 25 m hoch und bis 150 Jahre alt werdendes Haselnußgewächs im gemäßigten Europa bis Vorderasien; Stamm glatt, grau, seilartig gedreht.

Hainisch, Michael, * Aue (bei Gloggnitz, Niederösterreich) 15. 8. 1858, † Wien 26. 2. 1940, österr. Politiker. 1920–28 erster Präs. der Republik Österreich; 1929/30 Handelsminister.

Hainleite, Höhenzug im N des Thüringer Beckens, bis 463 m hoch. Setzt sich nach W im *Dün* fort, ist im O durch die Thüringer Pforte von der *Schmücke* getrennt.

Hainsimse (Marbel), Gatt. der Binsengewächse mit rd. 80 Arten in der nördl. gemäßigten Zone; Stauden mit bräunl. bis gelbl. oder weißen Blüten. In Deutschland kommen u. a. vor: *Behaarte H., Wald-H., Feldhainsimse.*

Haiphong, Stadt im NO des Tonkindeltas, Vietnam, 1,5 Mio. E. Wichtiges Ind.zentrum, Hafen. – Von den Franzosen seit 1874 zum modernen Hafen entwickelt.

Haithabu, alter Handelsplatz an der Schlei, südl. von Schleswig, Mitte des 8. Jh. n. Chr. durch fries. Kaufleute gegr., im 10. Jh. durch Halbkreiswall befestigt. Das bisher dän. H. kam um 900 an schwed. Wikinger, wurde 934 von Heinrich I. erobert und 983/84 wieder dän.; 1066 durch die Wenden zerstört; seit 1900 Ausgrabungen.

Hainbuche. Oben: Zweig mit weiblichem (links) und männlichem (rechts) Blütenstand ◆ Unten: Zweig mit Fruchtstand

Haiti (französisch Haïti), Staat im Bereich der Westind. Inseln, umfaßt den westl. Teil der Insel Hispaniola und grenzt im O an die Dominikan. Republik.

Staat und Recht: Präsidialrepublik; *Verfassung* von 1987. *Staatsoberhaupt* und Inhaber der *Exekutivgewalt* ist der Staatspräs., der für 5 Jahre direkt gewählt wird; sofortige Wiederwahl ist ausgeschlossen. *Legislativorgan* ist das Zweikammerparlament (Senat mit 27 alle 6 Jahre gewählten Mgl., Deputiertenkammer mit 83 alle 4 Jahre gewählten Abg.). Mehrparteiensystem.

Landesnatur: H. ist durch vier Gebirgszüge des Kordillerensystems mit dazwischenliegenden Becken (Ebenen) gegliedert. Die höchste Erhebung liegt im SO (Pic de la Selle, 2 680 m). Randtrop. Klima mit sommerl. Regen- und winterl. Trockenzeit. Immergrüner Regen- und Bergwald sowie Feucht- und Trockensavanne.

Bevölkerung: Die Bevölkerung besteht zu 60% aus Schwarzen (Nachkommen der im 18. Jh. aus Afrika eingeführten Sklaven), zu 35% aus Mulatten. Etwa 75% sind Anhänger des Christentums, daneben sind Wodu-Kulte verbreitet.

Haimonskinder. Miniatur aus einer mittelalterlichen Handschrift (Paris, Bibliothèque Nationale)

Wirtschaft, Verkehr: Exportorientiert ist bes. der Anbau von Kaffee, Zuckerrohr, Sisal und Baumwolle. Es gibt Textil-, Düngemittel-, Zement- und Nahrungsmittelindustrie. Das Straßennetz ist 4000 km lang. Wichtige Häfen sind Port-au-Prince, Cap-Haïtien und Les Cayes. Internat. ✈ in Port-au-Prince.

Geschichte: Die Insel wurde 1492 von Kolumbus entdeckt und Hispaniola, später nach der Hauptstadt Santo Domingo genannt. 1697 trat Spanien das westl. Drittel der Insel Hispaniola an Frankreich ab. In der Folge der Frz. Revolution brach 1791 ein Aufstand der farbigen Bevölkerung unter F. D. Toussaint l'Ouverture gegen die weiße Oberschicht aus; nach der Sklavenbefreiung endete der Krieg 1804 mit dem Sturz der frz. Herrschaft und der Ausrufung eines unabhängigen Staates H. unter Kaiser Jacques I. 1806 spaltete sich H. in eine Republik im S und ein Kgr. im N, 1820 erfolgte die Vereinigung beider Teile. 1844 gründeten span. Kreolen die †Dominikanische Republik. 1849–59 regierte Kaiser Faustin I. das Land, danach versank es in Anarchie. 1915–34 war H. durch die USA besetzt. 1957 wurde F. Duvalier zum Staats-Präs. gewählt, gegen dessen Willkürherrschaft Aufstände und Putschversuche scheiterten. Sein von ihm selbst bestimmter Nachfolger wurde 1971 sein Sohn J.-C. Duvalier, der nach erneuten Unruhen 1986 H. verließ und ins Exil ging. Eine Junta unter General H. Namphy führte die Regierungsgeschäfte bis zu Neuwahlen 1988, in denen L. F. Manigat zum Staats-Präs. gewählt wurde. Nach Putschen gelangte noch 1988 P. Avril an die Macht; nach seinem Rücktritt amtierte 1990 die Richterin am Obersten Gerichtshof, Ertha Pascal Trouillot, als Übergangspräsidentin. Die Präsidentschaftswahlen, die im Dez. 1990 unter UN-Kontrolle durchgeführt wurden, gewann J.-B. Aristide, der aber bereits 1991 vom Militär unter R. Cedras gestürzt wurde und daraufhin ins Exil ging. Nach starkem internat. Druck auf das Militärregime (u. a. Wirtschaftssanktionen, Interventionsdrohungen) konnten im Sept. 1994 der Rücktritt der Militärmachthaber und die Wiedereinsetzung des gewählten Staats-Präs. vereinbart werden, zu deren Durchsetzung (bis März 1995) internat. Streitkräfte unter Führung der USA auf H. landeten; mit der Rückkehr Aristides im Okt. 1994 wurden die Wirtschaftssanktionen aufgehoben. Die Präsidentschaftswahlen 1995 konnte der frühere Min.-Präs. R. Préval für sich entscheiden.

Hájek, Otto Herbert, *Nové Hutě (Südböhm. Gebiet) 27. 6. 1927, dt. Bildhauer. Ausgehend von der durchbrochenen Fläche als Verräumlichung über die als »Raumknoten« bezeichneten abstrakten Skulpturen der 1950er Jahre folgten begehbare »Farbwege«, die über Wände und Fassaden, Straßen und Plätze verlaufen (Gestaltung der Southern Festival Plaza in Adelaide, 1973).

Hájek, Jiří ['ha:jɛk], *Krhanice (Mittelböhm. Gebiet) 6. 6. 1913, † Prag 22. 10. 1993, tschech. Politiker. Jurist und Historiker; zunächst Mgl. der Sozialdemokrat. Partei, ab 1948 der Kommunist. Partei; April bis Sept. 1968 Außen-Min.; förderte maßgeblich die reformkommunist. Ideen, die 1968 zum »Prager Frühling« führten; nach dessen gewaltsamer Unterdrückung 1969 Verlust aller Partei- und Staatsämter, 1970 Ausschluß aus der KP; Mitverfasser der »Charta 77«.

Hakenkreuz, gleichschenkliges Kreuz mit vier in die gleiche Richtung weisen-

Hakenkreuz

Haiti

Fläche: 27 750 km²
Einwohner: 6,755 Mio.
Hauptstadt: Port-au-Prince
Amtssprache: Französisch
Nationalfeiertag: 1.1.
Währung: 1 Gourde (Gde.) = 100 Centimes (c)
Zeitzone: MEZ − 6 Std.

Haiti

Staatsflagge

Staatswappen

1970 1992   1970 1991
Bevölkerung   Bruttosozial-
(in Mio.)   produkt je E
              (in US-$)

☐ Stadt   Land ☐

Bevölkerungsverteilung 1992

☐ Industrie
☐ Landwirtschaft
☐ Dienstleistung

Bruttoinlandsprodukt 1990

1423

Hakenkreuzflagge

Hakenkreuzflagge

den, rechtwinkligen, spitzwinkligen oder abgerundeten Armen. Aus der Frühgeschichte überliefert, v. a. in Europa und Asien nachweisbar; als religiöses Symbol von umstrittener Bedeutung. Emblem des Nat.-Soz. und anderer faschist. Bewegungen; 1918 polit. und militär. Emblem in Lettland und Finnland.

Hakenkreuzflagge, ab 1920 offizielles Parteibanner der NSDAP; ab 1933 zus. mit der schwarz-weiß-roten Fahne Flagge des Dt. Reiches; 1935–45 alleinige Reichs- und Nationalflagge.

Hakenwurmkrankheit (Ankylostomiasis), Bez. für die von *Hakenwürmern* (Ankylostomen, Ancylostomatidae; Fam. bis etwa 3 cm langer, parasit. Fadenwürmer; bes. im Dünndarm von Säugetieren und des Menschen) hervorgerufenen Erkrankungen beim Menschen (bei Tieren als *Dochmiasis* bezeichnet); Symptome: Anämie, Wechsel von Verstopfung und Durchfall, Nasenbluten, Kräfteverfall.

Hakodate, jap. Hafenstadt auf Hokkaidō, an der Tsugarustraße, 319 000 E. Fischereiwirtschaft, Erdölraffinerie.

Håkon (Haakon) [norweg. 'hoːkɔn], Name norweg. Herrscher:
1) Håkon IV. Håkonsson, der Alte [norweg. 'hoːkɔnsɔn], *1204, †Kirkwall (Orkneyinseln) 17. 12. 1263, König (ab 1217). Erwirkte 1261 die Anerkennung der norweg. Oberhoheit durch Grönland, 1262 die durch Island.
2) Håkon VI. Magnusson, *Aug. 1340, †1. 5. 1380, König (ab 1355), von Schweden (1362/63). Begründete die skandinav. Staatenunion durch seine Ehe (ab 1363) mit der späteren Königin †Margarete I. von Dänemark.
3) Håkon VII., *Charlottenlund (heute zu Kopenhagen) 3. 8. 1872, †Oslo 21. 9. 1957, König (ab 1905). Ging nach der Niederlage der norweg. Truppen gegen die dt. Besetzer und seiner Weigerung, die Regierung Quisling anzuerkennen, nach Großbrit. ins Exil, 1945 Rückkehr.

Halacha [hebr.], Bez. sowohl des gesetzl. Teils der jüd. Überlieferung im ganzen als auch einer Einzelbestimmung. – Die H. umfaßt als *schriftl. Thora* die Gebote der fünf Bücher Moses, als *mündl. Thora* v. a. deren Interpretation.

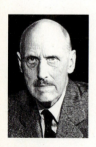

Håkon VII., König von Norwegen

Halbaffen (Prosimiae), Unterordnung 13–90 cm körperlanger Herrentiere mit rd. 35 Arten, v. a. auf Madagaskar, in Afrika und S-Asien (u. a. Loris, Koboldmakis, Lemuren).

Halbaffe.
Oben: Plumplori ♦
Unten: Koboldmaki

Halbblut, in der *Pferdezucht* Sammelbez. für die unterschiedl. Pferderassen und -schläge, die nicht eindeutig einer der großen Gruppen Ponys, Kaltblut und Vollblut zugeordnet werden können.

Halbe, Max, *Güttland bei Danzig 4. 10. 1865, †Gut Neuötting (Oberbayern) 30. 11. 1944, dt. Schriftsteller. Hatte mit dem lyr. Drama »Jugend« (1893), der Tragödie einer zerstörten Liebe, seinen größten Erfolg. – *Weitere Werke:* Freie Liebe (Dr., 1890), Mutter Erde (Dr., 1897), Der Ring des Lebens (Nov.n, 1904), Jahrhundertwende (Autobiographie, 1935).

Halbedelsteine †Schmucksteine.
Halberstadt, 1) Kreisstadt im nördl. Harzvorland, Sa.-Anh., 45 000 E. Nahrungsmittel-Ind., Maschinenbau. Nach schweren Zerstörungen im 2. Weltkrieg wiederaufgebaut, u. a. Dom (13. bis 15. Jh.), Dompropstei (16./17. Jh.), Lieb-

Halbleiter

frauenkirche (12. Jh.). – Vor 827 Bischofssitz; 996 stadtgleiche Stellung; 1648/50 an Brandenburg.
2) ehem. Bistum, um 827 durch Ludwig den Frommen geschaffen, unterstand dem Erzbistum Mainz; 1541 zur Reformation übergegangen; 1648 als Ft. an Brandenburg.
Halbesel (Asiat. Wildesel, Pferdeesel, Equus hemionus), knapp 1–1,5 m schulterhohe Art der Unpaarhufer (Fam. Pferde) in den Steppen und Wüsten Asiens; mit esel- und pferdeartigen Merkmalen; mehrere Unterarten, u. a. Mongol H. *(Kulan);* Pers. H. *(Onager);* Tibet. H. *(Kiang).*
Halbgänse (Tadornini), mit Ausnahme von N-Amerika weltweit verbreitete Gattungsgruppe der Enten; gänseähnl. Merkmale sind die Gleichfärbung der Geschlechter und das Abweiden von Gras. Die bekanntesten Arten sind: *Brandente* (Brandgans), etwa 60 cm lang, in Europa und Asien; *Rostgans* (Rote Kasarka), etwa 65 cm lang, v. a. an flachen Süßwasserseen S-Spaniens, NW-Afrikas und der südl. gemäßigten Regionen Eurasiens; *Nilgans,* etwa 70 cm lang, an Gewässern Afrikas. Die Gatt. *Spiegelgänse* hat mehrere Arten in S-Amerika. Die bekannteste ist die *Magellangans,* etwa 65 cm groß, in den Grassteppen S-Argentiniens und S-Chiles.
Halbgott ↑Heros.
Halbinsel, inselartig in ein Gewässer vorspringender Teil des festen Landes.
Halbkantone, diejenigen in Artikel 1 der schweizer. Bundesverfassung genannten Kt., die aus histor. Gründen auf Grund einer Teilung entstanden: Unterwalden ob dem Wald (Obwalden) und Unterwalden nid dem Wald (Nidwalden), Appenzell Innerrhoden und Appenzell Außerrhoden, Basel-Stadt und Basel-Landschaft.
Halbleiter, kristalline Stoffe, deren stark temperaturabhängige Leitfähigkeit zw. derjenigen von Isolatoren und metall. Leitern liegt. Die charakterist. H.eigenschaften – im Unterschied zu den Metallen – beruhen auf der Tatsache, daß Ladungsträger erst durch Wärme, Licht, elektromagnet. Strahlung u. a. aktiviert werden müssen, bevor sie zur Leitfähigkeit beitragen. Für die Praxis wichtig sind die *Elektronenhalbleiter,* bei denen der Ladungstransport durch Elektronen erfolgt. Sie bestehen aus Atomen von Elementen der II. bis VI. Hauptgruppe, insbes. aus Silicium Si und Germanium Ge. In Si und Ge können leicht Atome der Elemente der III. Hauptgruppe (z. B. Bor) als Elektronenempfänger *(Akzeptoren)* und Atome der Elemente der V. Hauptgruppe (z. B. Phosphor) als Elektronenspender *(Donatoren)* eingebaut werden *(Dotierung).* Hierdurch werden die elektr. Eigenschaften grundlegend geändert. Mit wachsender Temperatur werden Elektronen aus ihrer Valenzbindung gelöst (aktiviert) und stehen als freie bewegl. Leitungselektronen zur Verfügung. Jedes aktivierte Elektron hinterläßt einen unbesetzten Zustand *(Loch* oder *Defektelektron).* Dieses Loch entspricht einer positiven Ladung; es kann sich quasi frei bewegen, transportiert Ladung und trägt zur Leitfähigkeit bei. Im reinen H. ist die Zahl dieser Elektronen und Löcher gleich groß; im dotierten Kristall können negative Elektronen bzw. positive Löcher überwiegen: Man spricht dann von einem *n-Leiter* bzw. von einem *p-Leiter.* Zw. benachbarten n- und p-Bereichen bildet sich durch Rekombination von Elektronen und

Halbesel. Onager

Halbgänse. Links: Brandgans (Größe 61 cm) ◆ Rechts: Rostgans (Größe 63 cm)

Halbleiterspeicher

Löchern eine nichtleitende *Sperrschicht* aus, deren Dicke durch eine Spannung gesteuert werden kann. Auf solchen *pn-Übergängen* beruht die Funktionsweise der Diode bzw. des H.gleichrichters, auf *npn-* oder *pnp-Übergängen* diejenige des Transistors.

Halbleiterspeicher, in Bipolar- oder MOS-Technik (↑Transistor) hergestellte integrierte Schaltungen, die zum Speichern binärcodierter Informationen in der elektron. Datenverarbeitung dienen. H. sind die ↑RAM und ↑ROM (Festwertspeicher).

Halbmesser, svw. ↑Radius.

Halbmetalle, chem. Elemente, die teils metall., teils nichtmetall. Eigenschaften besitzen und meist in einer metall. und einer nichtmetall. Modifikation vorkommen; zu ihnen gehören Antimon, Arsen, Bor, Germanium, Polonium, Selen, Silicium, Tellur.

halbregelmäßige Körper, svw. ↑archimedische Körper.

Halbritter, Kurt, *Frankfurt am Main 22. 9. 1924, † Sligo (Irland) 21. 5. 1978, dt. Karikaturist. Ab 1962 Mitarbeiter der Zeitschrift »Pardon«; auch satir. Bücher: »Adolf Hitlers ,Mein Kampf'. Gezeichnete Erinnerungen an eine große Zeit« (1968).

Halbstrauch, Pflanzen, deren untere Sproßteile verholzen und ausdauern, während die oberen, krautigen Sproßteile absterben.

Halbton, 1) *Musik:* der Tonabstand der kleinen ↑Sekunde.

2) *graph. Technik und Photographie:* Tonwert (Grauwert oder Farbhelligkeitswert).

Halbwelt (Demimonde), Bez. für die elegante, im bürgerl. Sinne jedoch moralisch anrüchige Gesellschaftsschicht v. a. des 19. Jahrhunderts.

Halbwertszeit, allg. die Zeitspanne, in der eine Größe auf die Hälfte ihres Anfangswertes abgesunken ist. Speziell beim *radioaktiven Zerfall* bezeichnet man mit H. diejenige Zeitdauer, innerhalb der von den urspr. vorhandenen Atomen die Hälfte zerfallen ist. Die H. ist für jedes radioaktive Isotop eine charakterist., von äußeren Bedingungen unabhängige Konstante.

Haldane, Richard Burdon [engl. 'hɔ:ldeɪn], Viscount H. of Cloan (ab 1911), *Edinburgh 30. 7. 1856, † ebd. 19. 8. 1928, brit. Politiker (Liberaler). Ordnete als Kriegs-Min. 1905–12 das Heer nach preußisch-dt. Muster neu. Seine Reise nach Berlin im Febr. 1912 blieb ein vergebl. Versuch, die dt.-brit. Flottenrivalität zu entschärfen *(Haldane-Mission).*

Haldensleben, Kreisstadt in der Altmark, Sa.-Anh., 20 800 E. Sanitärporzellanwerk.– Stadttore (14. und 16. Jh.), Standbild eines reitenden Rolands.– 966 erstmals erwähnt, um 1150 Stadt.

Hale, George [engl. heɪl], *Chicago 29. 6. 1868, † Pasadena (Calif.) 21. 2. 1938, amerikan. Astronom. Errichtete u. a. das Mount-Wilson-Observatorium und das Mount-Palomar-Observatorium mit dem Hale-Teleskop (Spiegeldurchmesser 5,10 m).

Halevi, Juda ↑Juda Halevi.

Haley, Bill [engl. heɪlɪ], *Highland Park (Mich.) 6. 7. 1927, † Harlingen (Tex.) 9. 2. 1981, amerikan. Rockmusiker (Sänger und Gitarrist). Schuf den Rock 'n' Roll (»Rock around the clock«).

Halfter, Kopfgeschirr (ohne Gebiß und Trensen) für Pferde und Rinder; dient zum Führen oder Anbinden der Tiere.

Halifax, Edward Frederick Lindley Wood [engl. 'hælɪfæks], Earl of H. (ab 1944), *Powderham Castle (Devonshire) 16. 4. 1881, † Garrowby Hall (Yorkshire) 23. 12. 1959, brit. Politiker (Konservativer). Vizekönig in Indien 1925–31; 1935 Kriegs-Min., dann bis 1938 Lordsiegelbewahrer und Führer des Oberhauses. 1938–40 Außen-Min. (Politik des Appeasements); 1940–46 Botschafter in den USA.

Halifax [engl. 'hælɪfæks], Hauptstadt der kanad. Prov. Nova Scotia, eisfreier Hafen an der SO-Küste der Halbinsel, 114 500 E. Fünf Univ., Fischereiforschungsanstalt, Museen. Fischfang und -verarbeitung, Werften, Erdölraffinerie. Zitadelle (1749 und 19. Jh.), Saint Paul's Church (1750), Regierungsgebäude (1800). – 1749 von brit. Einwanderern gegr.; Stadt seit 1841.

Halikarnassos, antike Stadt an der Küste SW-Kleinasiens, heute Bodrum; Hauptstadt des ↑Mausolos.

Halit [griech.], svw. ↑Steinsalz.

Hall, Sir (seit 1977) Peter [engl. hɔ:l], *Bury Saint Edmunds 22. 11. 1930, brit. Regisseur. Bed. Vertreter des europ. Theaters; 1969–73 Direktor des

Halle/Saale

Hallenkirche. Grundriß und Querschnitt der Kirche Sankt Martin in Amberg

Opernhauses Covent Garden, 1973–88 des National Theatre in London.

Halland, histor. Landschaft und Verw.-Geb. in S-Schweden, Hauptort Halmstad. Seit dem 7. Jh. eines der Kerngebiete der Wikinger; ab dem 11. Jh. dän.; 1216 Gft., 1285 Hzgt.; 1645 im Frieden von Brömsebro schwedisch.

Hallein, österr. Stadt an der Salzach, Bundesland Salzburg, 17 300 E. Keltenmuseum; im Ortsteil *Dürrnberg* Salzbergwerk und Kurbetrieb. Dekanatspfarrkirche mit klassizist. Innenausstattung. Häuser (17. und 18. Jh.). In Dürrnberg eine Wallfahrtskirche (1594 bis 1612). – Bereits frühgeschichtl. Salzgewinnung; bis zum 16. Jh. bedeutendste Saline im österr.-bayr. Raum.

Halleluja [hebr. »lobt Gott!«], Aufruf zum Lob Gottes in der jüd.-christl. Tradition. In der *kath.* und *ostkirchl.* Liturgie ↑Alleluja.

Halle-Neustadt, 1964 gegr. Wohnstadt für die Beschäftigten der chem. Ind. in Leuna und Schkopau; 1990 nach Halle/Saale eingemeindet.

Hallenkirche, Kirchentyp aus mehreren, etwa gleich hohen Schiffen, wobei die inneren Stützen nur Lasten zu tragen brauchen, keinen Gewölbeschub. Häufig fehlen bei den H. die Türme. Die H. ist v. a. eine spätgot. Erscheinung.

Haller, 1) Albrecht von (ab 1749), *Bern 16. 10. 1708, † ebd. 12. 12. 1777 schweizer. Arzt, Naturforscher und Dichter. Seine experimentell gefundenen medizin., v. a. physiol. Erkenntnisse waren bis ins 19. Jh. gültig (Hauptwerk: »Elementa physiologiae corporis humani« [8 Bde., 1757–65]); verfaßte nach dem Vorbild der »Georgica« Vergils und des Lehrgedichtes »De rerum natura« des Lukrez u. a. das philos. Gedicht »Die Alpen« (in: »Versuch Schweizer. Gedichten«, 1732); auch Staatsromane, u. a. »Usong. Eine morgenländ. Geschichte« (1771).

2) Karl Ludwig von, *Bern 1. 8. 1768, † Solothurn 20. 5. 1854, schweizer. Staatstheoretiker und Politiker. Enkel von Albrecht von H.; Gegner der Frz. Revolution. Sein Hauptwerk »Die Restauration der Staats-Wiss.« (1816–34) gab der Epoche der Restauration den Namen.

Hallertau (Holledau), Landschaft im niederbayr. Tertiärhügelland, nördl. von München; größtes dt. Hopfenanbaugebiet.

Halle/Saale, Stadt in Sa.-Anh., an der Saale, 307 200 E. Martin-Luther-Univ. Halle-Wittenberg, Hochschule für industrielle Formgestaltung, Franckesche Stiftungen, Museen, Theater; botan. Garten, Zoo. Zentrum der chem. Industrie der ehem. DDR. Roter Turm (15. Jh.), Marktkirche (16. Jh.), Dom (13. und 16. Jh.). An der Saale liegt Burg Giebichenstein. – Salzgewinnung ist im Gebiet von H./S. seit etwa 1000 v. Chr. nachgewiesen. 806 Errichtung eines Kastells. 12. Jh. Stadtrecht; vermutlich ab 1280 Mgl. der Hanse. 1503–1680 Residenz der Erzbischöfe von Magdeburg, die 1484–1517 die Zwingfeste Moritzburg errichten ließen. 1680 an

Albrecht von Haller

Halle/Saale
Stadtwappen

1427

Halley

Hallstattkultur. Situla mit Reliefdarstellungen von Kampfspielen, gefunden in Kuffern, Gemeinde Statzendorf, Niederösterreich; Bronze (Wien, Naturhistorisches Museum)

Edmond Halley

Walter Hallstein

Brandenburg; 1952–90 Hauptstadt des Bezirks Halle der DDR.
Halley, Edmond [engl. 'hælı], * Haggerston (heute zu London) 8. 11. 1656, † Greenwich (heute zu London) 25. 1. 1742, engl. Astronom. Direktor des Observatoriums in Greenwich; erkannte aus Bahnberechnungen für Kometen deren periodische Wiederkehr, entdeckte die Eigenbewegung der Fixsterne. Nach ihm benannt der *Halleysche Komet,* von dem bisher 30 Erscheinungen der period. Wiederkehr bekannt sind, die erste 466 v. Chr., eine sehr prächtige, mit bloßem Auge sichtbare 1910; bei der letzten Erscheinung 1986 näherte sich die Raumsonde *Giotto* dem Kometenkern bis auf 600 km.
Halligen, Inselgruppe im Wattenmeer vor der W-Küste von Schleswig-Holstein, Reste der durch große Sturmfluten (u. a. 1362 und 1634) zerstörten Küste. Die Siedlungen liegen auf Wurten, die bei Sturmflut Schutz vor dem Wasser bieten.
Hallimasch, eßbarer Lamellenpilz; Hut 3–13 cm breit, gelb bis bräunl., Lamellen blaßweiß; Stiel 5–12 cm hoch; im Spätherbst an Baumstümpfen.
Halloween [engl. 'hælwi:n, hæle-'wi:n], auf den brit. Inseln und in den USA der Vorabend (31. Okt.) von Allerheiligen. Symbolfigur des H. in den USA ist der »Jack-o'-lantern« (»Nachtwächter«), ein ausgehöhlter Kürbis mit dämon. Fratze, in den eine brennende Kerze gesteckt wird.

Hallstatt, oberösterr. Marktgemeinde am SW-Ufer des von der Traun durchflossenen Hallstätter Sees, 1 100 E. Prähistor. Museum; Salzbergbau. Spätgot. Pfarrkirche (um 1505). – Namengebender Fundort der H.kultur.
Hallstattkultur, nach dem Gräberfeld oberhalb von Hallstatt ben. mitteleurop. Kultur der älteren Eisenzeit (von NO-Frankreich bis zum nw. Balkan), aus verschiedenen Gruppen von Urnenfelderkulturen erwachsen. Im allg. werden die jüngeren Stufen »Hallstatt C« (ab um 700 v. Chr.) und »Hallstatt D« (ab um 600 v. Chr. bis zum Beginn der La-Tène-Zeit) als *Hallstattzeit* bezeichnet, die älteren Stufen »Hallstatt A« und »Hallstatt B« als Urnenfelderzeit (↑Urnenfelderkulturen).
Hallstein, 1) Ingeborg, * München 23. 5. 1937, dt. Sängerin (lyr. Koloratursopran). Seit 1961 Mgl. der Bayer. Staatsoper in München; Gast an internat. Opernhäusern; auch Konzert- und Liedsängerin.
2) Walter, * Mainz 17. 11. 1901, † Stuttgart 29. 3. 1982, dt. Politiker (CDU). 1950/51 Staatssekretär im Bundeskanzleramt, 1951–58 im Auswärtigen Amt, 1958–67 Präs. der Kommission der EWG; 1968–74 Präs. der Europ. Bewegung.
Hallsteindoktrin, nach W. Hallstein ben. außenpolit. Grundsatz von 1955, wonach die BR Deutschland die diplomat. Beziehungen zu den Staaten abbrechen soll, die solche mit der DDR pflegen; 1972 aufgegeben.
Halluzination [lat.], Sinnestäuschung, Trugwahrnehmung ohne entsprechenden Umweltreiz; u. a. bei Psychosen.
Halluzinogene [lat./griech.] (Psychotomimetika, Psychodysleptika), psychotrope, d. h. auf das Zentralnervensystem (und die Psyche) wirkende Substanzen.
Halm, hohler, deutlich durch Knoten gegliederter Stengel der Gräser.
Halma [griech.], Brettspiel für zwei bzw. vier Personen, mit je 19 bzw. 13 Steinen, die in den Ecken (»Höfe«) des Spielbrettes aufgestellt und durch Ziehen bzw. Springen über eigene oder fremde Steine in die gegenüberliegende Ecke zu bringen sind.
Halmahera, mit 17 800 km² größte Insel der Molukken, durch die Molukkensee von Celebes und die *Halmaherasee* von

Neuguinea getrennt, bis 1 908 m hoch, weitgehend vom trop. Regenwald bedeckt; tätige Vulkane.

Halmfliegen (Chloropidae), mit rd. 1 200 Arten weltweit verbreitete Fam. etwa 2 mm großer Fliegen; z. T. Getreideschädlinge.

Halmwespen (Cephidae), fast weltweit verbreitete Fam. der Pflanzenwespen mit rd. 100 (in Deutschland 13) bis 18 mm großen Arten; Larven minieren in Getreidehalmen; in M-Europa u. a. die 6–10 mm große, glänzend schwarze *Getreidehalmwespe*.

Halo [griech.-lat.], meist in Form von Ringen um Sonne und Mond auftretende, gelegentl. auch streifen- oder fleckenförmige Lichterscheinung; entsteht durch Brechung oder Spiegelung, selten durch Beugung an Eiskristallen in der Atmosphäre.

Halogene [griech.], Sammelbez. für die Hauptgruppenelemente Fluor, Chlor, Brom, Jod und Astat der VII. Gruppe des Periodensystems der chem. Elemente: sehr reaktionsfähige Nichtmetalle, die sich u. a. mit Metallen unter Salzbildung vereinigen *(Halogenide)* und mit Wasserstoff die Halogenwasserstoffe *(Halogenwasserstoffsäuren)* bilden.

Halogenkohlenwasserstoffe (Halone), halogenierte Kohlenwasserstoffverbindungen, z. B. Tetrachlorkohlenstoff, CCl_4, ein Chlorderivat des Methans. Eine Reihe von gemischthalogenierten H. (↑ Chlorfluorkohlenwasserstoffe) werden als Treibmittel für Spraydosen und Schaumstoffe sowie als Kältemittel in Kühlschränken verwendet.

Halogenlampe, Glühlampe großer Lichtausbeute, langer Lebensdauer und sehr kleiner Abmessung. Der Kolben besteht aus Quarzglas. Der Edelgasfüllung ist eine genau bemessene Menge eines Halogens beigegeben; früher Jod (Jodlampe), heute überwiegend Brom. Der Glühfaden besteht aus Wolfram. Die bei etwa 3 000 °C verdampfenden Wolframatome gehen mit dem Halogen eine Verbindung ein (Wolframbromid), die gasförmig bleibt. An der Wendel zerfällt diese Verbindung infolge der hohen Temperatur; das Wolfram schlägt sich auf der Wendel nieder.

Hals, Frans, *Antwerpen zw. 1580 und 1585, □ Haarlem 1. 9. 1666, niederl. Maler. Bed. Porträts; frühe Bilder mit leuchtendem Kolorit, nach 1640 herrschen graue, braune und schwarze Töne vor; Malweise mit breiter suggestiver Pinselführung (»impressionistisch«); schuf zw. 1616 und 1664 neun große Gruppenbilder, u. a. »Die Regentinnen des Altmännerhauses in Haarlem« (1664; Haarlem, F.-H.-Museum). Die zahlr. Einzelporträts sind oft zugleich Genrebilder oder Allegorien (u. a. »Malle Babbe«, um 1635; Berlin, Gemäldegalerie).

Hals, 1) *Anatomie:* (Cervix, Collum) Körperteil zw. Kopf und Rumpf, der Bewegungen des Kopfes gegenüber dem Rumpf ermöglicht. Beim Menschen besteht die H.wirbelsäule aus sieben *H.wir-*

Frans Hals. Festmahl der Offiziere der Sankt-Georgs-Schützengilde (1627; Haarlem, Frans-Hals-Museum)

Halsbandaffäre

beln, von denen die beiden oberen zu einem speziellen Kopfdrehgelenk *(H.gelenk, Nackengelenk)* umgebildet sind. Zum H. gehören Nacken, Schlund und Speiseröhre, Luftröhre, Kehlkopf und Zungenbein sowie Schilddrüse und Nebenschilddrüsen. Die *H.muskulatur* bildet einen Mantel um den Eingeweidestrang und erlaubt Kopfbewegungen nach allen Richtungen.

2) *Musik:* bei Streich- und Zupfinstrumenten die stielartige Verlängerung, über die die Saiten gespannt sind.

Halsbandaffäre, Skandalaffäre am Hof von Frankreich 1785/86. Jeanne de Valois-Saint Rémy, Gräfin de La Motte, sollte für den Kardinal Louis René Édouard Fürst von Rohan Königin Marie Antoinette zur Versöhnung ein Halsband überreichen. Die Gräfin verkaufte jedoch die Diamanten einzeln nach Großbrit., wurde dabei entdeckt und zu lebenslängl. Kerker verurteilt.

Halsberger (Halsbergerschildkröten, Cryptodira), Unterordnung der Schildkröten, die den Kopf (im Unterschied zu den Halswendern) durch S-förmige Biegung der Halswirbelsäule in senkrechter Ebene geradlinig in den Panzer zurückziehen.

Halseisen ↑Pranger.

halsen, ein segelndes Schiff vor dem von schräg hinten einfallenden Wind wegdrehen; Ggs. ↑wenden.

Halsentzündung, svw. ↑Angina.

Hals-Nasen-Ohren-Heilkunde (Otorhinolaryngologie), Abk. HNO, Fachgebiet der Medizin, das die Erkennung und Behandlung aller Erkrankungen des Ohrs, der Nase und Nasennebenhöhlen, der Mundhöhle, des Rachens, des Kehlkopfs, der Luftröhre und der oberen Anteile von Speiseröhre und Bronchien umfaßt.

Halsschlagader (Halsarterie, Karotis), paarige Arterie des Halses der Wirbeltiere, die den Kopf und das Gehirn mit Blut versorgt. Die H. verläuft beim Menschen beiderseits der Luftröhre und des Kehlkopfes.

Halswender (Halswenderschildkröten, Pleurodira), Unterordnung der Schildkröten mit rund 40 Arten in den Süßgewässern der Südhalbkugel. Der Hals kann durch waagerechte Krümmung seitlich unter den Panzer gelegt werden.

Halteren [griech.-lat.] (Schwingkölbchen), mit Körperflüssigkeit gefülltes, paariges Hohlorgan bei den ♂♂ der Fächerflügler und bei den Zweiflüglern; die H. sind umgebildete Flügel, die während des Fluges im Gleichtakt mit den anderen Flügeln schwingen, jedoch diesen entgegengesetzt; dienen v. a. als Gleichgewichtsorgan.

Haltern, Stadt an der Lippe, NRW, 34 200 E. Großes Trinkwasserwerk (H.er Stausee). Reste von röm. Befestigungsanlagen (11 v. Chr. bis 16 n. Chr.) im Röm.-German. Museum; Rathaus (1575–77).

Haltiatunturi, mit 1 328 m höchster Berg Finnlands, im äußersten NW des Landes.

Ham (Vulgata: Cham), bibl. Gestalt, Sohn Noahs (1. Mos. 5,32); legendärer Stammvater der ↑Hamiten.

Häm [griech.] ↑Hämoglobine.

häm...,Häm... ↑hämato..., Hämato...

Hama, Stadt in Syrien, 120 km ssw. von Aleppo, 177 000 E. Handelszentrum. Zahlr. Moscheen, u. a. Nurimoschee (1172). Wahrzeichen der Stadt ist die Große Noria (14.Jh.). – Im 2.Jt. v. Chr. bed. Siedlung; biblisch *Hamath;* hellenistisch *Epiphaneia.*

Hamadan, iran. Stadt am Fuß der östl. Sagrosvorberge, 274 000 E. Handels- und Gewerbezentrum. – H. ist die alte Mederhauptstadt *Ekbatana.*

Hamamatsu, jap. Stadt auf Honshū, 514 000 E. Musikinstrumenten- und Fahrzeugbau.

Hamamelis [griech.], svw. ↑Zaubernuß.

Hämangiom [griech.] (Blutschwamm, Adergeschwulst, Kurzbez. Angiom), Sammelbez. für alle von Blutgefäßen ausgehenden, angeborenen, gutartigen Geschwulstbildungen *(Gefäßgeschwülste).* Das einfache H. *(Feuermal,* Naevus flammeus) äußert sich in einer dunkelroten bis violetten, zuweilen recht ausgedehnten, meist unregelmäßig begrenzten Verfärbung der Haut. Das tiefe H. *(Blutschwamm,* kavernöses H.) überragt die Hautebene meist in unregelmäßigen Vorwölbungen, fühlt sich schwammartig an und reicht bis zu 3 cm in die Tiefe.

Hamann, Johann Georg, *Königsberg 27. 8. 1730, † Münster 21. 6. 1788, dt. Philosoph. In seiner Bedeutung als

Hämatit. Kristallstufe

Hamburg

Sprachphilosoph heute wieder viel beachtet; entwickelte einen Kulturbegriff, der die Bildung der Menschheit zur Humanität ins Zentrum stellt; in Auseinandersetzung mit den engl. Genieästhetikern (Shaftesbury, E. Young) galt ihm die Intuition und nicht (wie von den dt. Aufklärungsphilosophen vertreten) die Vernunft als eigtl. Quelle menschl. Erkenntnis; von großem Einfluß auf den mit ihm befreundeten Herder, und, vermittelt über diesen, auf Goethe und die Romantiker, später auch auf die Existenzphilosophie; Hauptwerke: »Sokrat. Denkwürdigkeiten« (1759.), »Kreuzzüge des Philologen« (1762; enthält ein »Aesthetica in nuce«)

Hamas [»islamist. Widerstandsbewegung«, »brennender Eifer«], militant sunnit. islamisch-fundamentalist. Terrororganisation in Palästina, deren Ziel die bedingungslose Zerstörung des Staates Israel ist; gegr. als Ableger der ägypt. Moslembruderschaft nach dem Sechstagekrieg von 1967 durch Scheich Ahmed Jasin.

hämat..., Hämat... ↑hämato..., Hämato...

Hämatit [griech.], stahlgraues bis schwarzes, meist farbig angelaufenes Mineral, chem. Fe_2O_3; Mohshärte 6,5, Dichte 4,9–5,3 g/cm^3; wichtiges Eisenerz. H. wird nach Farbe und Aussehen unterteilt in den feinkörnigen *Roteisenstein* und den grobkörnigen *Eisenglanz*. Eine bes. dichte Varietät, der *Blutstein*, wird als Schmuckstein verwendet.

hämato..., Hämato... (hämo..., Hämo...; vor Selbstlauten meist hämat..., Hämat... bzw. häm..., Häm...) [griech.], Bestimmungswort von Zusammensetzungen mit der Bedeutung »Blut«.

Hämatologie [griech.], die Lehre vom Blut, von den blutbildenden Organen und ihren Erkrankungen.

Hämatom [griech.], svw. ↑Bluterguß.

Hämaturie [griech.], svw. ↑Blutharnen.

Hambach an der Weinstraße, Ortsteil von Neustadt an der Weinstraße. – Auf dem Schloß (Maxburg; z. T. als Museum wiederaufgebaut) fand vom 27. bis 30. 5. 1832 die erste dt. demokratisch-republikan. Massenversammlung (*Hambacher Fest*) von etwa 20 000–30 000 Menschen statt. Der Dt. Bund verstärkte daraufhin seine Unterdrückungspolitik.

Hamborn ↑Duisburg.

Hamburg, 1) (amtl. Freie und Hansestadt H.), Bundesland der BR Deutschland und Stadtstaat an der Niederelbe,

Hamburg
Wappen

Hamburg.
Im Vordergrund die Hauptkirche Sankt Michaelis mit dem »Michel«, im Hintergrund Binnen- und Außenalster

Hameln

110 km oberhalb ihrer Mündung, 755 km², 1,67 Mio. E. Sitz der Landesregierung (Senat), Univ., mehrere Hochschulen, Bibliotheken, Museen, Theater; botan. Garten, Zoo. H. ist der bedeutendste Presseplatz Deutschlands, Sitz zahlr. Reedereien, Groß- und Außenhandelsfirmen, Wirtschaftsverbände, Kreditinstitute und Versicherungsgesellschaften. Neben der traditionellen Schiffbau-Ind. ist H. Standort für Mineralöl-, elektrotechn., chem., Metall-, Nahrungs- und Genußmittelindustrie. Größter Seehafen Deutschlands mit Containerzentrum und viertgrößter Binnenhafen.

Stadtbild: 1842 durch Brand, im 2. Weltkrieg bei Luftangriffen schwere Zerstörungen. Wiederhergestellt wurden u. a. die barocke Kirche Sankt Michaelis (1751–62), deren Turm (1777–86), der sog. Michel, das Wahrzeichen der Stadt ist, Sankt Jacobi (14. Jh.) mit Schnitgerorgel (1689–93), Sankt Katharinen (14./15. Jh.), die Börse (1839–41), die Staatsoper (19. Jh.). Im Bereich der Binnenalster liegen exklusive Einkaufsstraßen, u. a. der Jungfernstieg. Der Hauptbahnhof wurde 1902–06 erbaut. Auch die Vororte verfügen über Baudenkmäler, z. B. Wohnhäuser von H. van de Velde, H. Muthesius und P. Behrens in Blankenese. Weltbekannt ist das Vergnügungsviertel *Sankt Pauli* mit der Reeperbahn zw. Innenstadt und Altona.

Geschichte: Um 825 Entstehung des Kastells *Hammaburg,* 834 und 1043–72 Erzbistum (1994 wiedererrichtet). Eines der ersten Mgl. der Hanse. Seit dem Spät-MA durch den vom Patriziat gewählten Rat regiert. Ab etwa 1460 und endgültig ab 1510 Reichsstadt. Einführung der Reformation 1529. 1558 Gründung der ersten Börse im nördl. Europa. 1616–25 Befestigung; kulturelle Blüte im 17./18. Jh.; 1810–14 frz.; trat 1815 als Freie Stadt dem Dt. Bund, 1867 dem Norddt. Bund und 1871 dem Dt. Reich bei. Durch das Groß-H.-Gesetz von 1937 wurden u. a. die Städte Altona (mit dem 1927 eingemeindeten Blankenese), Harburg-Wilhelmsburg und Wandsbek mit H. vereinigt, 1938 Einheitsgemeinde. Mitte 1946 dt. Land innerhalb der brit. Besatzungszone. Führende Partei wurde die SPD, die seit 1946, ausgenommen 1953–57, den Ersten Bürgermeister stellte (seit 1988 H. Voscherau). 1987–91 regierte eine SPD-FDP-Koalition, 1991–93 eine reine SPD-Regierung, seither ein von SPD und Statt-Partei (1993 gegr. Wählervereinigung) gestelltes Kabinett.

2) 1994 errichtetes dt. Erzbistum, umfaßt Hamburg, Schleswig-Holstein und Mecklenburg (ohne Vorpommern).

Hameln, Kreisstadt an der Weser, Ndsachs., 58 700 E. Museum; jährl. Rattenfängerspiele. Wirtschaftl. Zentrum im nördl. Weserbergland, Niedersächs. Institut für Solarenergie. Münsterkirche (12./13. Jh.), Marktkirche (13. Jh.); bed. Bauten der Weserrenaissance. – Um 1200 planmäßige Stadtanlage; nach 1666 zur Festung ausgebaut.

Hamilkar Barkas, *um 290, × 229 oder 228, karthag. Heerführer und Politiker. Vater Hannibals; eroberte 237–229/28 den südl. Teil Spaniens für Karthago.

Hamilton [engl. ˈhæmɪltən], Hauptort und -hafen der Bermudainseln, auf Hamilton Island, 1600 E.

Hamilton [engl. ˈhæmɪltən], **1)** Alexander, *auf Nevis (Kleine Antillen) 11. 1. 1755, † New York 12. 7. 1804, amerikan. Politiker. Trat für eine starke Bundesgewalt ein und war wesentlich an der Ausarbeitung der amerikan. Verfassung beteiligt.

2) Lady Emma, *Great Neston (Cheshire) um 1765, † Calais 15. 1. 1815. Ab 1791 ∞ mit dem brit. Gesandten in Neapel und Altertumsforscher Sir William H. (*1730, †1803). Vertraute der Königin Karoline von Neapel; ab 1798 Geliebte Lord Nelsons.

3) Richard, *London 24. 2. 1922, brit. Maler und Graphiker. Vertreter und Wegbereiter der †Pop-art.

4) Sir (seit 1816) William, *Glasgow 8. 3. 1788, † Edinburgh 6. 5. 1856, schott. Philosoph und Logiker. Vorarbeiten zur Algebra der Logik.

5) Sir (seit 1835) William Rowan, *Dublin 4. 8. 1805, † Dunsink (bei Dublin) 2. 9. 1865, ir. Mathematiker und Physiker. Lieferte wichtige Beiträge zur Mechanik, Optik und Algebra.

Hamiten (Chamiten), in der bibl. Völkertafel (1. Mos. 10, 6–20) auf †Ham zurückgeführte Völker in N-Afrika und Südarabien.

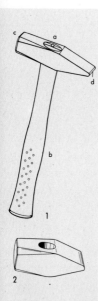

Hammer 1).
1 Schlosserhammer;
2 Vorschlaghammer;
3 Maurerhammer;
4 Latthammer

hamitosemitische Sprachen (afroasiatische Sprachen), afrikan. Sprachfamilie mit den Zweigen Semitisch, Ägyptisch, Libyco-Berberisch, Kuschitisch und Tschadisch.

Hamlet ['hamlɛt, engl. 'hæmlɪt], Prinz der altdän. Sage; älteste Aufzeichnung bei Saxo Grammaticus. Ein nicht erhaltenes, T. Kyd zugeschriebenes H.-Drama *(Urhamlet)* scheint Vorlage für Shakespeares Tragödie »H., Prinz von Dänemark« gewesen zu sein (entst. 1601, liegt in Fassungen von 1603, 1604 [Quartos] und 1623 [Folio] vor).

Hamm, Stadt an der Lippe, NRW, 180 100 E. Metall-Ind., großer Rangierbahnhof. Frühgot. Pauluskirche (13./14. Jh.). – 1226 gegr., entwickelte sich rasch als Residenz der Gft. Mark; 1614/66 an Brandenburg.

Hammada [arab.] (Hamada, Felswüste), durch nacktes Gestein und grobe Gesteinsscherben gekennzeichnete Wüste.

Hammamet, tunes. Seebad 60 km sö. von Tunis, 30 400 E.

Hammarskjöld, Dag [schwed. ˌhamarˈʃœld], *Jönköping 29. 7. 1905, † (ungeklärter Flugzeugabsturz) bei Ndola (Sambia) 18. 9. 1961, schwed. Politiker. Seit 1953 Generalsekretär der UN; versuchte, die Rolle der UN als friedenstiftende Macht in der Welt anzuzusetzen; Friedensnobelpreis 1961 (postum).

Hammel (Schöps), im Alter von 2–6 Wochen kastriertes ♂ Schaf, das zur Mast oder Wollerzeugung gehalten wird.

Hammelsprung, Abstimmungsverfahren im Parlament, bei dem alle Abg. den Saal verlassen und ihn durch die Ja-Tür, die Nein-Tür oder die Tür für Stimmenthaltung wieder betreten und dabei gezählt werden; erfolgt, wenn trotz einer Gegenprobe Unklarheiten über das Abstimmungsergebnis bestehen.

Hammer, 1) *Technik:* Handwerkszeug für alle Arbeiten, die eine Schlagwirkung erfordern; besteht aus dem *H.kopf* (aus Stahl, Kunststoff, Gummi, Holz) und dem *H.stiel.* Der Kopf hat je nach Verwendungszweck unterschiedl. Größe und Form, z. B. eine ebene oder nur schwach gewölbte quadrat. Schlagfläche *(Bahn)* und eine keilförmige *Finne* (Pinne). Man unterscheidet u. a.: *Schlosser-H.* (50–2000g), *Vorschlag-H.* (3–15 kg), *Maurer-H.* mit karierter Bahn und

Hammerhaie. Glatter Hammerhai (Länge bis 4 m)

Meißelschneide, *Latt-H.* mit Nagelrille. 2) *Sport:* ↑Hammerwerfen. 3) *Anatomie:* Gehörknöchelchen, das beim Menschen hammerförmig ausgebildet ist.

Hammerfest, Hafenstadt in N-Norwegen, an der W-Küste der Insel Kvaløy, 7400 E. Nördlichste Stadt Europas; Filetierungs- und Fischmehlfabrik; Werften.

Hammerhaie (Sphyrnidae), Fam. bis etwa 5,5 m langer Haifische mit zwölf Arten in trop. und subtrop. Meeren; Kopfende mit T-förmiger (hammerartiger) Verbreiterung.

Hammerklavier ↑Klavier.

Hammer und Sichel, vorwiegend kommunist. Symbol der Solidarität von Arbeitern (Hammer) und Bauern (Sichel); 1924 in das Wappen der UdSSR aufgenommen.

Hammer und Zirkel, Kurz-Bez. für das Hoheitssymbol der DDR: H. u. Z. im Ährenkranz (die Solidarität von Arbeitern, Intelligenz und Bauern symbolisierend); ab 1959 in der Nationalflagge der DDR.

Hammerwerfen, Disziplin der Leichtathletik, bei der ein *Hammer* (eine 7,257 kg schwere Metallkugel, die mit einem Drahtseil, das an einem dreieckigen Griff endet, verbunden ist; Gesamtlänge höchstens 121,5 cm) nach 3–4 schnellen Körperdrehungen aus einem Abwurfkreis (Durchmesser 2,135 m) herausgeschleudert wird.

Hammerzehe (Digitus malleus), angeborene oder erworbene Abknickung einer (meist der zweiten) Zehe im Mittelgelenk.

Hammett, Dashiell [engl. 'hæmɪt], *im County Saint Marys (Md.) 27. 5. 1894, † New York 10. 1. 1961, amerikan. Schriftsteller. Klassiker des Detektiv-

Dag Hammarskjöld

Hammondorgel

romans; u. a. »Der Malteser Falke« (R., 1930; verfilmt 1941 von J. Huston).
Hammondorgel [engl. ˈhæmənd-], ein von L. Hammond (* 1895, † 1973) 1934 konstruiertes mechanisch-elektron. Tasteninstrument, dessen Klang dem der Pfeifenorgel nachgebildet ist.
Hammurapi (Chammurapi, Hammurabi), König (1728–1686 v. Chr.) der altbabylon. 1. Dynastie von Babylon. Schuf ein ganz Mesopotamien umfassendes Großreich (Hauptstadt Babylon), ferner die wichtigste Rechtssammlung des Alten Orients, den *Kodex Hammurapi*; überliefert u. a. auf der heute im Louvre (Paris) befindlichen, 2,25 m hohen Dioritstele des Königs.
hämo..., Hämo... ↑hämato..., Hämato...
Hämoglobine (rote Blutfarbstoffe), umfangreiche Gruppe von Chromoproteiden, die im Tierreich die verbreitetsten Atmungspigmente sind und im allg. aus mehreren miteinander verknüpften *Hämen* als Farbstoffkomponente und einem artspezif. Globin als Proteinanteil bestehen. Die Funktion der H. besteht sowohl darin, in den Atmungsorganen Sauerstoff aufzunehmen und an die Orte des Verbrauchs im Körpergewebe zu transportieren und dort abzugeben, als auch dort gebildete Kohlendioxid aufzunehmen und dieses den Atmungsorganen zuzuführen, wo es nach außen freigesetzt wird. Die H. der Wirbeltiere und des Menschen liegen in den roten Blutkörperchen vor und bestehen aus vier Untereinheiten aus je einer Hämgruppe und einer Polypeptidkette. Das menschl. Hämoglobin (Hb) hat ein Molekulargewicht von etwa 68 000, seine α-Kette enthält 141, seine β-Kette 146 Aminosäuren bekannter Sequenz.
Hämolymphe, dem Blut der Wirbeltiere entsprechende Körperflüssigkeit wirbelloser Tiere ohne geschlossenen Blutkreislauf (z. B. Weichtiere, Gliederfüßer).
Hämolyse [griech.] (Erythrolyse), Austritt von rotem Blutfarbstoff (Hämoglobin) aus roten Blutkörperchen infolge Auflösung oder Zerstörung der Erythrozytenmembran.
hämolytische Anämie [griech.] ↑Anämie.
Hämophilie [griech.], svw. ↑Bluterkrankheit.

Lionel Hampton

Hämorrhagie [griech.], svw. ↑Blutung.
Hämorrhoiden [griech.], Erweiterung der Venen im unteren Mastdarm- und Afterbereich. Krankhaft vergrößerte H. entstehen meist auf der Grundlage einer anlagemäßigen Bindegewebsschwäche durch Druckerhöhung im Bauchraum, also etwa durch Pressen (bes. bei hartem Stuhlgang) oder Husten.
Hämozyten [griech.], Blutkörperchen.
Hampton, Lionel [engl. ˈhæmptən], * Louisville (Ky.) 12. 4. 1909, amerikan. Jazzmusiker (Schlagzeuger, Vibraphonist und Orchesterleiter). Gründete 1940 ein Orchester, mit dem er v. a. ↑Rhythm and Blues und Swing spielte.
Hampton [engl. ˈhæmptən], Ind.- und Hafenstadt am James River, Virginia, USA, 122 600 E. NASA-Forschungszentrum. – Älteste noch bestehende von Engländern gegr. Dauersiedlung in den USA (1610).
Hampton Court [engl. ˈhæmptən ˈkɔːt], königl. Schloß im SW Londons. 1514 ff. von Kardinal Wolsey erbaut, der es 1526 Heinrich VIII. schenkte; bis in die Regierungszeit Georgs II. Residenz; 1689 ff. Umbau durch C. Wren.
Hamster [slaw.] (Cricetini), Gattungsgruppe 5–35 cm körperlanger Nagetiere (Fam. Wühler) mit 16 Arten in Eurasien; Körper gedrungen mit mäßig langem bis stummelartigem Schwanz und meist großen Backentaschen, in denen die Tiere Nahrungsvorräte (v. a. Getreidekörner) für den Winterschlaf in ihre unterird. Wohnbauten eintragen. – In M-Europa kommt nur der *Feld-H.* (Schwarzbauch-H., H. im engeren Sinne) vor; Körper bis über 30 cm lang;

Hamster. Feldhamster

Handball

er unterbricht seinen Winterschlaf etwa alle fünf Tage, um zu fressen. Zu den H. gehört auch der *Gold-H.*, etwa 18 cm lang; alle heute gehaltenen Gold-H. stammen von der 1930 bei Aleppo (Syrien) gefangenen Unterart Syrischer Gold-H. ab.

Hamsun, Knut, eigtl. K. Pedersen, *Garmostræ (bei Lom, Oppland) 4. 8. 1859, † Nørholm bei Grimstad 19. 2. 1952, norweg. Schriftsteller. Kritisierte die Lebensweise in den USA, die er als Gelegenheitsarbeiter kennengelernt hatte; verklärte das Bauerntum und den freien Vagabunden; begrüßte 1941 den Einmarsch dt. Truppen in Norwegen; 1947 wegen Landesverrats verurteilt. 1920 Nobelpreis für Literatur. – *Werke:* Hunger (R., 1890), Mysterien (R., 1892), Pan (R., 1894), Victoria (Nov., 1898), Schwärmer (R., 1904), Segen der Erde (R., 1907), Landstreicher (R., 1927), August Weltumsegler (R., 1930).

Han, Grotte de [frz. 'grɔt də'ãn] ↑Höhlen (Übersicht).

Hanafiten ↑Hanefiten.

Hanau, hess. Kreisstadt am Untermain, 87 300 E. Histor. Museum; bed. Ind.standort. Spätgot. Marienkirche (15./16. Jh.), Wallon.-Niederl. Kirche (17. Jh.), Altstädter Rathaus (16. Jh.; heute Dt. Goldschmiedehaus), Neustädter Rathaus (18. Jh.); Schloß Philippsruhe (18. Jh.), Wilhelmsbad mit klassizist. Parktheater (18. Jh.). – 1143 erstmals erwähnt; angelehnt an die (wohl ältere) Wasserburg der späteren Grafen von Hanau (ab 1168) bildete sich nach 1200 der Ort H.; 1303 Stadtrecht; 1597 Aufnahme von Flüchtlingen aus den span. Niederlanden, nach 1685 von frz. Glaubensflüchtlingen; 1736 an Hessen-Kassel.

Hand (Manus), der untere (distalen) Abschnitt des Arms beim Menschen und beim Menschenaffen. Die H. ist über das *H.gelenk* (ein Kugelgelenk mit zahlr. Nebengelenken durch die Verschieblichkeit der H.wurzelknochen) mit Speiche und Elle verbunden. Das H.skelett hat insgesamt 27 Knochen mit 36 gelenkigen Verbindungen. Man unterscheidet an der H. die *H.wurzel* (besteht aus acht Knochen), die *Mittel-H.* zw. Finger und Handwurzel (besteht aus fünf Mittelhandknochen) und die ↑Finger.

Handball, Ballspiel zw. zwei Mannschaften, das als *Feldhandball* (nur von Männern) und als *Hallenhandball* (nach gleichen Regeln im Freien als *Kleinfeldhandball*) gespielt wird. Jede Mannschaft besteht im Feld-H. aus zehn Feldspielern und Torwart, im Hallen-H. aus sechs Feldspielern und Torwart. Gespielt wird 2×30 Minuten mit einem Hohlball aus Leder (Umfang 58–60 cm). Der Ball darf mit allen Körpertei-

Knut Hamsun

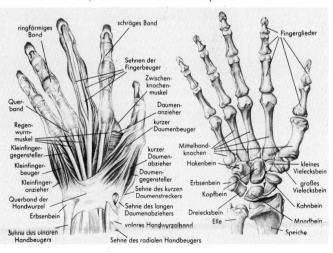

Hand. Muskeln (links) und Knochen der Innenseite der rechten Hand des Menschen

Handel

Georg Friedrich Händel.
Anfang des »Halleluja« aus dem Oratorium »Messias« (Autograph)

Georg Friedrich Händel

len außer Fuß und Unterschenkel gespielt, höchstens drei Sek. gehalten und bis zu 3 Schritte in der Hand mitgeführt werden.

Handel, die Beschaffung und der Verkauf von Waren, im weiteren Sinn jeder Austausch von wirtschaftl. Gütern; auch die Gesamtheit der Handelsbetriebe. Großhandelsbetriebe setzen ihre Waren an Wiederverkäufer oder Weiterverarbeiter (Produzenten) ab, Einzelhandelsbetriebe verkaufen ihre Waren an Endverbraucher. Nach dem Kriterium des Absatzgebiets wird zw. Binnen-H. und Außen-H. unterschieden. – Von geschichtl. Interesse ist die Entwicklung des Fern-H., die wohl bereits im 4. Jt. v. Chr. von Mesopotamien aus ihren Anfang nahm. Wesentl. Impulse gingen dann nacheinander von den Kretern, Phönikern, Griechen, Karthagern und Römern (Vereinheitlichung von Münzen, Maßen und Gewichten) aus. Im MA konzentrierte sich der Fern-H. v. a. auf die neu entstandenen Städte im Süden Europas, im Norden auf die †Hanse. Von großer Wichtigkeit für die Entwicklung des Fern-H. waren die Entdeckung des Seewegs nach Ostindien und die Entdeckung Amerikas. Spanien und Portugal, die zunächst ein Monopol auf den überseeischen H. hatten, erhielten Konkurrenz von den engl. bzw. brit. †Handelskompanien, aber auch von niederl. Kaufleuten. Der moderne, alle Länder einbeziehende Welthandel entwickelte sich mit der industriellen Revolution und den gleichzeitigen Umwälzungen im Verkehrs- und Nachrichtenwesen.

Händel, Georg Friedrich (engl. George Frideric Handel), *Halle/Saale 23. 2. 1685, † London 14. 4. 1759, dt. Komponist. H. erhielt 1702 seine erste Organistenstelle in Halle/Saale. 1703 wurde er Geiger und »maestro al cembalo« am Hamburger Opernhaus. 1707–09 bereiste er Italien; 1710 wurde er kurfürstl. Kapellmeister in Hannover und reiste nach London, wo er sich im Herbst 1712 schließlich endgültig niederließ (1727 naturalisiert). 1719 gründete er in London die Royal Academy of Music, das königl. Opernhaus, das sich 1728 wegen wirtschaftl. Mißerfolge wieder auflösen mußte. H., der wieder stärker als Organist und Orgelimprovisator an die Öffentlichkeit trat, erblindete während der Komposition des Oratoriums »Jephta« (1751/52). Er führte in der Instrumentalmusik den italien. Sonaten- und Konzertstil, auf musikdramat. Gebiet die italien. Barockoper und das Oratorium zu einer Vollendung, die ihm als erstem dt. Musiker Weltruf verschafften.

Handelsorganisation

Werke: *Opern:* Almira (1705), Agrippina (1709), Il pastor fido (1712, 1734), Radamisto (1720), Giulio Cesare (1724), Arianna (1734), Alcina (1735), Atalanta (1736), Serse (1738, darin das bekannte »Largo«). *Oratorien:* Esther (1720, 1732), Israel in Ägypten (1739), Messias (1742, darin das »Halleluja«), Judas Makkabäus (1747). *Sonstige Vokalwerke:* Johannes-Passion (1704), Utrechter Te Deum und Jubilate (1713), Passion nach Brockes (1717), Acis und Galatea (1719/20, 1732), Alexanderfest (1736), Cäcilienode (1739), Dettinger Te Deum (1743), 22 Anthems (darunter 12 Chandos Anthems, 4 Coronation Anthems), 9 Deutsche Arien. *Instrumentalwerke:* Wassermusik (1715–17), 6 Concerti grossi op. 3 (1733), 12 Concerti grossi op. 6 (1739), Feuerwerksmusik (1749), etwa 20 Orgelkonzerte, zahlr. Trio- und Solosonaten (u. a. für Violine und Oboe), über 20 Klaviersuiten.

Handel-Mazzetti, Enrica (Freiin von), *Wien 10. 1. 1871, †Linz 8. 4. 1955, österr. Schriftstellerin. Ihr religiös-humanistisch geprägter historischer Roman »Meinrad Helmpergers denkwürdiges Jahr« (1900) ist dem österr.-kath. Barock verpflichtet.

Handelsbilanz, 1) ↑Zahlungsbilanz. 2) die nach handelsrechtl. Vorschriften aufgestellte Jahresbilanz.

Handelsbücher, Bücher, in die ein Vollkaufmann seine Handelsgeschäfte und die Lage seines Vermögens nach den Grundsätzen einer ordnungsmäßigen Buchführung einzutragen verpflichtet ist.

Handelsflotte, Gesamtheit der seegängigen, v. a. zur Güterbeförderung im Handelsverkehr eingesetzten Schiffe *(Handelsschiffe)* einer nat. Flagge, die in das Seeschiffsregister eines Staates eingetragen sind. ↑billige Flaggen. Die Größe der H. wird in Bruttoregistertonnen (BRT) gemessen. Die Länder mit den größten H. waren (Ende 1993) Panama (57,6 Mio.), Liberia (53,9 Mio.), Griechenland (29,1 Mio.), Japan (24,2 Mio.) und Zypern (22,8 Mio.). Die Größe der dt. H. betrug 5,0 Mio. BRT.

Handelsgeschäft, 1) Bez. für das Unternehmen eines Kaufmanns. 2) Rechtsgeschäft oder Rechtshandlung eines Kaufmanns, die zum Betrieb seines Handelsgewerbes gehört.

Handelsgesellschaft, Gesellschaft, für die Vorschriften über Kaufleute gelten, und zwar deshalb, weil sie entweder ein Handelsgewerbe betreibt (OHG, KG) oder weil das Gesetz ihr die Kaufmannseigenschaft beilegt (AG, KGaA, aber auch GmbH).

Handelsgesetzbuch, Abk. HGB, wichtigste Kodifikation des Handelsrechts. Das HGB ist unterteilt in vier Bücher (1. Buch: Handelsstand; 2. Buch: Handelsgesellschaft und stille Gesellschaft; 3. Buch: Handelsgeschäfte; 4. Buch: Seehandel).

Handelskammer ↑Industrie- und Handelskammern.

Handelskette, 1) Folge von Betrieben, die eine Ware durchlaufen muß, um vom Erzeuger zum Verbraucher zu gelangen. 2) Zusammenschluß von Groß- und Einzelhändlern.

Handelsklauseln (handelsübl. Vertragsklauseln), Abreden in Kaufverträgen, die die Lieferungs- und Zahlungsbedingungen regeln. H. sind für den internat. Geltungsbereich geregelt in den *Incoterms* (Abk. für: International Commercial Terms). Für den nat. Geltungsbereich sind die H. in den *Trade terms* (Termes commerciaux) geregelt.

Handelskompanien, Gesellschaften, die mit Hilfe von Privilegien, Monopolen und oft mit Territorialhoheitsrechten den Welthandel beherrschten; sie trugen wesentlich zur Kolonisierung zahlr. Länder bei. Berühmte Kompanien waren v. a. die engl. Levantekompanie (gegr. 1591), die Ostind. Kompanie (1600), die Hudson's Bay Company (1670) und die Südseekompanie (1711), die niederländ. Vereinigte Ostind. Kompanie (1602), die habsburg. Ostendekompanie (1719), die preuß. Seehandlung (1772), die Rhein.-Westind. (1821) und die Sächs. Elb-Amerikan. Gesellschaft (1825).

Handelsmäkler (Handelsmakler), Kaufmann, der gewerbsmäßig und ohne festen Auftrag Verträge über Gegenstände des Handelsverkehrs, insbes. Waren und Wertpapiere, vermittelt (§ 93 HGB). Dazu zählen auch *Börsenmakler*.

Handelsmarke, Warenzeichen, das von einem Handelsbetrieb verwendet wird.

Handelsmission ↑Handelsvertretung.

Handelsorganisation, Abk. HO, staatl.

Handelsrecht

Händelwurz.
Mückenhändelwurz
(Höhe 10–60 cm)

Peter Handke

Betrieb im Konsumgüterhandel der DDR.
Handelsrecht, Sonderrecht der Kaufleute als Teil des bes. Privatrechts, hpts. im Handelsgesetzbuch sowie in mehreren Nebengesetzen geregelt. Daneben gelten Gewohnheitsrecht, Handelsbrauch und v. a. ↑allgemeine Geschäftsbedingungen.
Handelsregister, vom Amtsgericht geführtes öffentl. Verzeichnis, in dem die Inhaber vollkaufmänn. Gewerbebetriebe eines Bezirks und bestimmte, für ihre Haftung bedeutsame Tatsachen eingetragen werden (z. B. Erteilung einer Prokura). Das H. und die H.akten kann jedermann einsehen und daraus Abschriften verlangen.
Handelsrichter, ehrenamtlicher Richter in einer Kammer für Handelssachen, von der Justizverwaltung auf Vorschlag der Industrie- und Handelskammer für drei Jahre ernannt.
Handelsschiffe, im *Völkerrecht* alle Schiffe, die ausschließlich friedlichen Zwecken dienen; Ggs. ↑Kriegsschiffe.
Handelsschule, i. d. R. dreijährige berufsvorbereitende Berufsfachschule auf kaufmänn. Gebiet, eine sich anschließende kaufmänn. Lehre wird um ein halbes Jahr verkürzt; der Abschluß gilt als Fachoberschulreife; die i. d. R. zweijährige *höhere Handelsschule* setzt die Fachoberschulreife oder mittlere Reife voraus; der Abschluß gilt als Fachhochschulreife.
Handelsspanne, im Handelsbetrieb die Differenz zw. Verkaufs- und Einkaufsbzw. Einstandspreis, auch: Rohgewinn.
Handelsvertrag, i. e. S. Vereinbarung zw. Staaten über ihre langfristigen gegenseitigen außenwirtschaftl. Beziehungen. Kurzfristige Handelsverträge werden als *Handelsabkommen* bezeichnet.
Handelsvertreter (Handelsagent), derjenige selbständige Gewerbetreibende, der auf Grund eines dauernden Vertragsverhältnisses (Dienstvertrag) für einen oder mehrere andere ständig Geschäfte vermittelt *(Vermittlungsvertreter)* oder in deren Namen Geschäfte abschließt *(Abschlußvertreter).* Als Vergütung erhält der H. regelmäßig eine Provision für alle auf seine Tätigkeit zurückzuführenden Geschäfte.
Handelsvertretung, 1) durch Länder mit monopolist. Außenwirtschaftspolitik eingerichtete, mit konsular. Befugnissen ausgestattete Stellen, die der Abwicklung des außenwirtschaftl. Verkehrs dienen.
2) svw. *Handelsmission,* konsular. Vertretung, die insbes. die Förderung der Handelsbeziehungen zu einem bestimmten Staat wahrnimmt.
Händelwurz, Gatt. der Orchideen mit elf Arten in Europa und im gemäßigten Asien; in Deutschland wächst die *Mücken-H.* (Große Händelwurz).
Handfeste, in der älteren Rechtssprache eine Urkunde, insbes. ein öffentlich-rechtl. Privileg.
Handfeuerwaffen, alle Feuerwaffen, die von einer Person allein getragen und eingesetzt werden können. Man unterscheidet: *Langwaffen* für den beidhändigen Gebrauch, z. B. Gewehre, Panzerfaust; *Kurz[feuer]waffen* für den einhändigen Gebrauch, z. B. Revolver, Pistolen.
Handgranate, für das Werfen mit der Hand (Stiel-H. oder Eier-H.) ausgebildeter Wurfkörper für den Nahkampf; gefüllt mit Sprengstoff, chem. Kampfmitteln oder Brandstoffen.
Handharmonika, ein Harmonikainstrument, bei dem im Ggs. zum ↑Akkordeon auf Druck und Zug des Faltenbalgs verschiedene Töne erklingen und die Knopftasten diaton. angeordnet sind.
Handikap ['hendikɛp; engl.], urspr. Bez. für ein in Irland übl. Tauschverfahren. Im *Pferdesport* werden bei den *H. rennen* die Gewinnchancen dadurch ausgeglichen, daß der Unparteiische *(Handikapper)* leistungsschwächeren Teilnehmern eine Strecken- oder Zeitvorgabe gewährt oder die stärkeren mit einem Gewicht (beim *Ausgleichsrennen*) belastet; im Golf svw. ↑Vorgabe; *gehandikapt,* benachteiligt, behindert.
Handke, Peter, *Griffen bei Völkermarkt 6. 12. 1942, österr. Schriftsteller. Hauptthema seiner Werke ist seit seinen frühen Sprechstücken (u. a. »Publikumsbeschimpfung«, 1966) die Sprache bzw. die durch sie reflektierte Wirklichkeit, dargestellt werden häufig auch die Beziehungslosigkeit und Einsamkeit des Menschen; auch Filmbücher (u. a. zu dem Film »Falsche Bewegung«, 1974; Regie W. Wenders) und Übersetzungen. 1973 Georg-Büchner-Preis. – *Wei-*

Handwerk

tere Werke: Das Mündel will Vormund sein (Dr., 1969), Die Innenwelt der Außenwelt der Innenwelt (Prosa, 1969), Die Angst des Tormanns beim Elfmeter (E., 1970), Der kurze Brief zum langen Abschied (R., 1972), Falsche Bewegung (Prosa, 1975), Die linkshändige Frau (E., 1976; 1977 von P. H. verfilmt), Langsame Heimkehr (E., 1979), Über die Dörfer. Dramat. Gedicht (1981), Die Abwesenheit (Märchen, 1987), Versuch über die Müdigkeit (Essay, 1989), Versuch über die Jukebox (E., 1990), Versuch über den geglückten Tag (Prosa, 1991), Mein Jahr in der Niemandsbucht. Ein Märchen aus den neuen Zeiten (R., 1994).

Handlesekunst (Handwahrsagung, Chiromantie, Chirognomie, Chirologie, Cheirologie), (umstrittene) Fähigkeit, Charakter und Schicksal eines Menschen aus Form und Furchen seiner [Innen]hand zu deuten.

Handlinien (Handfurchen), Beugefurchen in der Haut der Handinnenfläche. Neben kleineren Furchen unterscheidet man bei menschl. H. v. a. *Daumenfurche, Fünffingerfurche* und *Dreifingerfurche.* – Ein Kombinationstyp dieser H. ist die sogenannte Vierfinger- oder *Affenfurche* (charakteristisch bei Menschenaffen).

Handlung, 1) in der *Philosophie* das zielgerichtete Tun des Menschen; Grundbegriff des Pragmatismus und Gegenstand der Handlungstheorien.
2) im *Strafrecht* eines der vier Glieder in der Definition des Verbrechensbegriffs, definiert als ein vom Willen beherrschtes menschl. Verhalten, das als verbotswidriges *Tun* bzw. als gebotswidriges *Unterlassen* der strafrechtl. Bewertung unterliegt.

Handlungsvollmacht, die von einem Voll- oder Minderkaufmann erteilte, nicht in einer Prokura bestehende Vollmacht zum Betrieb eines Handelsgewerbes *(General-H.)* oder einzelner zu einem Handelsgewerbe gehöriger Geschäfte *(Spezial-H.).*

Handschrift (Abk. Hs., Mrz. Hss.), **1)** das handgeschriebene Buch von der Spätantike bis zum Aufkommen des Buchdrucks.
2) svw. ↑Autograph.

Handstand, Turnübung, bei der der Körper mit dem Kopf nach unten, bei ausgestreckten Armen auf die Hände gestützt, im Gleichgewicht gehalten wird.

Handwerk, nach der H.ordnung ein Gewerbe, das handwerksmäßig betrieben wird und das im Verzeichnis der Gewerbe, die als H. betrieben werden können, aufgeführt ist. Die Abgrenzung zw. Ind. und H. ist mitunter schwierig. *Wesentl. Merkmale des H.* im Vergleich zur Ind.: geringere Betriebsgröße; geringerer Grad der Technisierung und Arbeitsteilung; Einzelfertigung auf Grund individueller Bestellung überwiegt, während für die Ind. die Massenfertigung auf Vorrat typisch ist. Von H.berufen wird gesprochen, wenn ein amtl. Berufsbild als Grundlage für die Ausbildung vorliegt. In der H.ordnung sind ein großer Teil derjenigen Gewerbe aufgezählt, die handwerksmäßig betrieben werden können. Unternehmen, in denen die handwerkl. Produktionsweise

Handlinien.
1 Daumenfurche;
2 Fünffingerfurche;
3 Dreifingerfurche

Handwerk. Berufszeichen verschiedener handwerklicher Fachverbände

Handwerkergenossenschaft

Hanf.
Gewöhnlicher Hanf (Höhe bis etwa 4 m); **a** männliche, blühende Pflanze; **b** männliche Blüte; **c** weibliche Pflanze mit Früchten; **d** weibliche Blüte mit Tragblatt; **e** vom Tragblatt umgebene Frucht

überwiegt, werden zu dem Wirtschaftszweig H. zusammengefaßt. Abgrenzungskriterium ist die Eintragung in die H.rolle.
Aufbau des H. in der BR Deutschland: Die H.innung als freiwilliger Zusammenschluß selbständiger Handwerker eines H.zweigs in einem Bezirk bildet die Grundlage für den Aufbau der H.organisation. Die Innungen eines Kreises sind zu Kreishandwerkerschaften, H.kammern, Landeshandwerkskammertagen und zum Dt. H.kammertag zusammengeschlossen. Die Gesamtvertretung des H. bildet der Zentralverband des Dt. Handwerks.

Handwerkergenossenschaft, genossenschaftl. Selbsthilfeeinrichtung (v. a. für gemeinsamen Einkauf) der selbständigen Handwerker.

Handwerkskammern, Körperschaften des öffentl. Rechts zur Vertretung der Interessen des Handwerks. Sie werden von der obersten Landesbehörde jeweils für einen bestimmten Bezirk errichtet. Zu den H. gehören die selbständigen Handwerker in dem Bezirk sowie ihre Gesellen und Auszubildenden.

Handwerksrolle, ein von den Handwerkskammern geführtes Verzeichnis, in das die selbständigen Handwerker mit dem von ihnen betriebenen Handwerk einzutragen sind (Pflichteintragung).

Handwurzel ↑Hand.

Handy [engl. ˌhændɪ], allg. Bez. für ein kleines, handliches Gerät, v. a. miniaturisiertes Funktelefon.

Hanefiten (Hanafiten), Anhänger der von Abu Hanifa begründeten Schulrichtung der islam. (orthodox-sunnit.) Gesetzeslehre; großzügige Auslegung des Moralgesetzes.

Hanf, 1) (Cannabis) Gatt. der Hanfgewächse mit der einzigen Art *Gewöhnl. H.* und der Unterart *Indischer H.* in Indien, Iran und O-Afghanistan; bis 4 m hohe, einjährige Pflanzen. Die Drüsen der Blätter und Zweigspitzen liefern ein Harz, das als Haschisch geraucht wird. Die Blätter werden getrocknet als Marihuana (Ganja) geraucht. Eine Kulturform des Gewöhnl. H. ist der bis 3 m hohe *Faser-H.* – Seit dem frühen 3. Jt. v. Chr. in China angebaut.
2) aus dem Faserhanf gewonnene Fasern, etwas länger und gröber als Flachsfasern (Langfasern 1 bis 3 m, Werg 30–40 cm); zu *H.garnen* versponnen.

Hanfgewächse (Cannabaceae), Fam. der Zweikeimblättrigen mit den Gatt. Hanf und Hopfen.

Hänflinge (Carduelis), Gattung meist kleiner, bräunlicher bis grauer Finkenvögel mit sechs Arten auf der Nordhalbkugel; ♂ (bes. zur Brutzeit) mit roten Gefiederpartien. In Europa kommen u. a. vor: *Berg-H.*, bis 13 cm lang; *Blut-H.*, bis 12 cm lang; *Birkenzeisig*, bis 13 cm lang.

Hang, geneigter Teil der Erdoberfläche. Unterschieden werden Berg- und Talhänge, bei ersteren Steil- und Flachhang, bei letzteren der flach geböschte *Gleit-H.* an der Innenseite einer Flußwindung und der steilkonkave *Prall-H.* an der Außenseite.

Hangar [frz.], Flugzeughalle.

Hängebahnen, meist elektr. betriebene Bahnen, bei denen die Fahrzeuge unterhalb von Tragbalken oder Schienen hängen, auf denen ihr Laufwerk rollt. Die bekannteste und älteste Hängebahn zur Personenbeförderung ist die 1898 bis 1903 erbaute Wuppertaler Schwebebahn.

Hängegleiter, von O. Lilienthal konstruiertes Gleitflugzeug ohne Sitz; heute Fluggerät für das ↑Drachenfliegen.

hängen (henken) ↑Todesstrafe.

hängende Gärten (der Semiramis), eines der ↑Sieben Weltwunder.

Hängewerk, aus Holz, Stahl oder Stahlbeton gefertigte Tragkonstruktion, mit der größere Spannweiten bei Dekken und Brücken überspannt werden.

Hangtäter (frühere Bez.: Gewohnheitsverbrecher), ein Täter, der infolge eines Hanges zu erheblichen Straftaten für die Allgemeinheit gefährlich ist. Gegen ihn kann Sicherungsverwahrung angeordnet werden.

Hangtschou, chin. Stadt, ↑Hangzhou.

Hangwinde, Luftströmungen an Berghängen, tagsüber als Hangaufwind, nachts als Hangabwind.

Hangzhou (Hangtschou), Hauptstadt der chin. Prov. Zhejiang, an der trichterförmigen H.bucht des Ostchin. Meeres, 1,07 Mio. E. Univ., TU; bed. Ind.zentrum. – Als *Linan* (seit 1129) Hauptstadt (1138–1276) der Südl. Songdynastie.

Hanish, Otoman Zar-Adusht [engl. 'hænɪʃ], Stifter der ↑Mazdaznan.

Hanks, Tom [engl. 'hænks], * Oakland (Calif.) 9. 7. 1956, amerikan. Filmschauspieler. Spielte u. a. in »Splash – Jungfrau am Haken« (1984), »Big« (1988), »Schlaflos in Seattle« (1993), »Philadelphia« (1993), »Forrest Gump« (1994).

Hanna (Vulgata: Anna), Prophetin am Tempel zu Jerusalem z. Zt. der Geburt Jesu.

Hannas (Vulgata: Annas), jüd. Hoherpriester (6–15 n. Chr.); maßgeblich an den Prozessen gegen Jesus und die Apostel Petrus und Johannes beteiligt.

Hänneschen-Theater ['hɛnəsçən-], Stabpuppenspiel, das sich im Rheinland Anfang des 19. Jh. aus dem volkstüml. Krippenspiel entwickelte.

Hannibal, * 247/246 v. Chr., , † Libyssa 183 v. Chr. (Selbstmord), karthag. Feldherr und Staatsmann. Sohn des Hamilkar Barkas. Eroberte Spanien (Bruch des Ebrovertrags von 226); zog im 2. Pun. Krieg (218–201) über die Alpen nach Italien und schlug die Römer am Ticinus und an der Trebia, 217 am Trasimenischen See sowie 216 bei Cannae in einer großangelegten Umfassungsschlacht; 211 Zug vor Rom. Nach der Eroberung Spaniens durch die Römer (211–206) und der Landung des Scipio Africanus d. Ä. in Afrika (204) kehrte H. 203 nach Afrika zurück, wo er 202 bei Zama von Scipio kriegsentscheidend geschlagen wurde. 195 floh er nach Syrien, nach dem röm.-syr. Krieg (192–188) nach Bithynien, wo er sich vergiftete, um einem röm. Auslieferungsantrag zu entgehen.

Hannibal ante portas! [lat. »Hannibal vor den Toren!«], falsch zitierter Schreckensruf der Römer, als Hannibal 211 v. Chr. vor Rom zog. Die richtige Fassung lautet nach Cicero: *Hannibal ad portas!* (»Hannibal bei den Toren!«).

Hannover, 1) Hauptstadt von Ndsachs., zw. dem niedersächs. Bergland und dem Norddt. Tiefland, 514 400 E. Bundesanstalt für Geo-Wiss. und Rohstoffe, Akademie für Raumforschung und Landesplanung; Univ., Hochschulen, mehrere Theater und Museen, Zoo. Bed. Ind.-, Handels- und Messestadt (Hannover-Messe seit 1947).

Stadtbild: Nach dem 2. Weltkrieg Aufbau einer modernen City. Erhalten bzw. wiederaufgebaut u. a. Marktkirche (14. Jh.), Altes Rathaus (15. Jh.), Leineschloß (1959–62 umgebaut als Landtagsgebäude). Im Stadtteil *Herrenhausen* die berühmten Herrenhäuser Gärten mit Gartentheater und Georgenpalais (18. Jh.; heute Wilhelm-Busch-Museum).

Geschichte: Bereits im 11. Jh. bestand am rechten Leineufer das Dorf *Tigislege.* Östlich davon entstand die Marktsiedlung *Honovere* (um 1150 erstmals erwähnt, bereits 1202 als Stadt bezeichnet, gehörte seit 1235/41 den Hzg. von Braunschweig-Lüneburg; 1368 Mgl. der Hanse. 1636 wurde die Neustadt Residenz des welf. Ft. Calenberg. 1824 Zusammenschluß von Altstadt und Neustadt; 1837 Residenz des Kgr. H., 1866 Verwaltungssitz der preuß. Prov. H., 1946 Landeshauptstadt von Niedersachsen.

2) histor. Territorium, das auf das welf. Hzgt. Braunschweig-Lüneburg zurückging. Kern war das Teil-Ft. Calenberg (Residenz H.), das 1635 an das Neue Haus Lüneburg fiel. 1692 Kurfürstentum, 1705 Vereinigung mit dem Ft. Lüneburg, seit 1714 in Personalunion mit Großbrit.; 1720 Erwerb der Hzgt. Bremen und Verden. Süd-H. war 1807–13 Teil des Kgr. Westfalen. 1814 Erhebung zum Kgr., auf dem Wiener Kongreß u. a. erweitert um Ostfriesland, Hildesheim; 1837 Auflösung der Personalunion mit Großbrit.; 1866 Annexion durch Preußen, fortan preuß. Prov.; 1946 mit Braunschweig, Oldenburg und Schaumburg-Lippe zum Land Niedersachsen zusammengeschlossen.

Hannoveraner [...vǝr...], Pferderasse vom Typ des ↑Deutschen Reitpferdes. – Abb. S. 1442.

Hänny, Reto, * Tschappina (Kt. Graubünden) 13. 4. 1947, schweizer. Schriftsteller. Zentrales Thema seiner Werke ist die Sprache; Verlust von Heimat, Sprache und eigener Identität hängen direkt zusammen; schrieb u. a. »Ruch – ein Bericht« (1979), »Flug« (Prosa, 1985), »Am Boden des Kopfes« (Reisebericht, 1990), »Helldunkel. Ein Bilderbuch« (1994).

Hanoi ['hanɔy, ha'nɔy], Hauptstadt von Vietnam, im Tonkindelta, 1,09 Mio. E (Agglomeration 2,88 Mio. E). Univ., Hochschulen, TH, Museen, Bibliothe-

Hannibal

Hannover 1)
Stadtwappen

Hänflinge.
Oben: Birkenzeisig ◆
Unten: Bluthänfling

Hans von Aachen

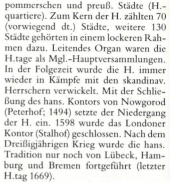

Hannoveraner
(Stockmaß
160–170 cm)

Eduard Hanslick

ken; botan. Garten; Theater; zahlr. Ind.betriebe; Flußhafen, internat. ⚓. Bed. sind u. a. die Ein-Pfeiler-Pagode der Göttin Quan-Am (11. Jh.), der dem Konfuzius geweihte Tempel der Literatur (im wesentl. 15. Jh.), das Mausoleum für Ho Chi Minh (1975). – Im Bereich verschiedener älterer Herrschaftszentren chin. Eroberer 1010 an heutiger Stelle als *Thang Long* gegr., zunächst Residenz, später (unter wechselnden Namen) Hauptstadt des annamit. Königreiches (bis 1802); seit 1883 Verwaltungssitz des frz. Protektorats Tonkin, seit 1887 Sitz des Generalgouverneurs von Frz.-Indochina, seit 1954 Hauptstadt von N-Vietnam; seit 1976 von Vietnam.

Hans von Aachen ↑Aachen, Hans von.
Hans von Kulmbach ↑Kulmbach, Hans von.
Hans Adam II., *Zürich 14. 2. 1945, Fürst von und zu Liechtenstein (seit 1989).
Hans-Böckler-Stiftung, Studienförderungswerk des DGB, gegr. 1954 als Stiftung Mitbestimmung (umbenannt 1977).
Hanse, im MA Gemeinschaften von Kaufleuten im Ausland zu gemeinsamer Vertretung von Handelsbelangen sowie zu gegenseitigem Schutz. – Die Ursprünge liegen in der Privilegierung dt. Kaufmannsgenossenschaften im Ausland. Unter der Leitung Lübecks formierte sich ein (erst seit 1356 förml.) Bündnis der westfäl., sächs., wend., pommerschen und preuß. Städte (H.-quartiere). Zum Kern der H. zählten 70 (vorwiegend dt.) Städte, weitere 130 Städte gehörten in einem lockeren Rahmen dazu. Leitendes Organ waren die H.tage als Mgl.-Hauptversammlungen. In der Folgezeit wurde die H. immer wieder in Kämpfe mit den skandinav. Herrschern verwickelt. Mit der Schließung des hans. Kontors von Nowgorod (Peterhof; 1494) setzte der Niedergang der H. ein. 1598 wurde das Londoner Kontor (Stalhof) geschlossen. Nach dem Dreißigjährigen Krieg wurde die hans. Tradition nur noch von Lübeck, Hamburg und Bremen fortgeführt (letzter H.tag 1669).

Hansen, 1) Christian Frederik, *Kopenhagen 29. 2. 1756, †ebd. 10. 7. 1845, dän. Baumeister des Klassizismus (seit 1804 in Kopenhagen).
2) Theophil Edvard Freiherr von (seit 1884), *Kopenhagen 13. 7. 1813, †Wien 17. 2. 1891, dän. Baumeister. Mit neuklassizist. Bauten (Musikvereinsgebäude, Akademie der bildenden Künste, Börse, Parlament) bestimmend für den Wiener Ringstraßenstil.
Hansjakob, Heinrich, Pseud. Hans am See, *Haslach im Kinzigtal 19. 8. 1837, †ebd. 23. 6. 1916, dt. Schriftsteller. Populärer Volkserzähler, u. a. »Der Vogt auf Mühlstein« (En., 1895), »Bauernblut« (En., 1896), »Waldleute« (En., 1897).
Hanslick, Eduard, *Prag 11. 9. 1825, †Baden bei Wien 6. 8. 1904, österr. Musikforscher. Wandte sich in seinem Buch »Vom Musikal.-Schönen« (1854) gegen die Gefühlsästhetik und entwickelte die Theorie der ↑absoluten Musik.
Hanson, Duane [engl. hænsn], *Alexandria (Minn.) 17. 1. 1925, † bei Fort Lauderdale (Fla.) 6. 1. 1996, amerikan. Bildhauer. Täuschend nachgeahmte Figuren, oft als typ. Vertreter eines bestimmten Milieus.
Hanswurst, derb-kom. Figur des dt. Theaters im 17. und 18. Jh.; beeinflußt durch den Pickelhering der engl. Komödianten und den ↑Arlecchino der Commedia dell' arte.
Hantel, Sportgerät aus zwei durch Stange oder Griff verbundenen Gewichten (Kugeln oder Scheiben); Verwendung u. a. im Gewichtheben (verstellbare ↑Scheibenhantel).

Harappakultur

Haori [jap.], weite »Jacke« der traditionellen jap. Tracht mit angeschnittenen Ärmeln, über dem Kimono getragen.

Hapag-Lloyd AG, dt. Schiffahrtsunternehmen, Sitz Hamburg. Entstanden 1970 durch Fusion der **H**amburg-**A**merikan. **P**acketfahrt-**A**ctien-**G**esellschaft (Hamburg-Amerika Linie), Abk. Hapag, gegr. 1847, und des Norddt. Lloyd.

haplo..., Haplo... [griech.], Bestimmungswort von Zusammensetzungen mit der Bedeutung »nur aus einem Teil bestehend, einfach«, z. B. haplodont.

haploid [griech.], einen meist durch Reduktionsteilung um die halbe Chromosomenzahl reduzierten Chromosomenbestand aufweisend.

Haplonten (Haplobionten) [griech.], Organismen, deren Zellen stets einen einfachen (haploiden) Chromosomensatz enthalten. Nur die befruchtete Eizelle (Zygote) hat einen doppelten Chromosomensatz, ist also diploid.

Happening [engl. 'hæpənɪŋ], künstler. Aktionsform der 1960er Jahre; urspr. Veranstaltungen, bei denen der Ablauf nicht genau festgelegt war, sondern Künstler und Publikum in Konfrontation mit Situationen, Gegenständen, opt. und akust. Phänomenen zu Handlungsvollzügen kommen sollten. Hauptvertreter: A. Kaprow in den USA, W. Vostell in Deutschland, auch J. Beuys u. a., »Wiener Aktionismus« in Österreich. ↑Fluxus.

Happy-End [engl. 'hæpɪˈend »glückliches Ende«], [un]erwartet[er] glückl. Ausgang.

Hapteren [griech.] ↑Haftorgane.

haptisch [griech.], den Tastsinn betreffend.

Harakiri (Seppuku) [jap.], bei jap. Adligen, insbes. bei den Samurai, übl. Art des rituellen Selbstmordes (seit dem 12. Jh.) durch Bauchaufschneiden; seit dem 17. Jh. auch ehrenvolle Todesstrafe für Adlige.

Harald, angelsächs. Königsname, ↑Harold II. Godwinson.

Harald, Name von Herrschern:
Dänemark: **1) Harald Blåtand** [dän. 'blɔtan' »Blauzahn«], † Jomsburg um 987, König (seit etwa 945). Sohn Gorms des Alten; ließ sich um 960 taufen; eroberte Teile Norwegens; von Kaiser Otto II. besiegt; von seinem Sohn Svend Gabelbart vertrieben.

Duane Hanson. Supermarket Lady (1970; Aachen, Neue Galerie – Sammlung Ludwig)

Norwegen: **2) Harald I. Hårfagre** [norweg. ˌhoːrfaːgrə »Schönhaar«], * um 850, † um 930, König (seit etwa 863). Vereinte nach 872 Norwegen.

3) Harald V., * Skaugum (bei Oslo) 21. 2. 1937, König von Norwegen (seit 1991). Ab 1990 Regent für seinen Vater König Olav V.

Harappakultur (Induskultur), nach Harappa am Ravi (Pandschab, Pakistan), einem der Hauptausgrabungsplätze, ben. Hochkultur (4.–Mitte des 2. Jt. v. Chr.), v. a. im Industal, in Sind, Pandschab und Gujarat, auch auf der Halbinsel Kathiawar und an der Küste Belutschistans sowie in Afghanistan verbreitet. Bed. Stadtanlagen: Mohenjo Daro, Harappa, Chanhu Daro, Kot Diji, Kalibanga, Lothal und Sutkagen Dor; Hieroglyphenschrift, kunstvolle Keramik.

Harappakultur. Specksteinsiegel aus Mohenjo-Daro mit einem Einhorn und Zeichen der Indusschrift (3. Jt. v. Chr.; Karatschi, Nationalmuseum)

Harare

Maximilian Harden

Harare [engl. hɑːˈrɑːreɪ] (bis 1982 Salisbury), Hauptstadt von Simbabwe, 1 Mio. E. Univ., Nationalarchiv, -galerie, Museum. Zement- und Konsumgüterindustrie; internat. ✈. – Gegr. 1890.

Harbin (Haerbin) [chin. xaʌrbɪn], Hauptstadt der chin. Prov. Heilongjiang, am Sungari, 2,37 Mio. E. TU, Fachhochschulen, Prov.museum. Verkehrszentrum der nördl. Mandschurei.

Hardanger, Landschaft im südl. W-Norwegen, um den *H.fjord* einschließlich eines Teils der *H.vidda,* einem mit Seen überzogenen Hochgebirgsplateau; Fremdenverkehr.

Hardbop [ˈhɑːdˌbɔp; amerikan.], Jazzstil der 1950er und 60er Jahre, stellt stilistisch die Fortsetzung des ↑Bebop dar, gleichzeitig jedoch dessen Glättung und z. T. Verflachung; wichtigste Vertreter sind J. Adderley, A. Blakey und H. Silver.

Hardcopy [ˈhɑːdkɔpɪ; engl.], in der *Datenverarbeitung* die Zeichen- oder Textausgabe über einen Drucker oder Plotter auf Papier, also in einer gegenständl. Form.

Hard cover [engl. ˈhɑːd ˈkʌvə »fester Einband«], im Ggs. zum Paperback Bücher mit festem Einband.

Hard disk [ˈhɑːd –; engl.], svw. Festplatte (↑Magnetspeicher).

Hard edge [engl. ˈhɑːd ˈɛdʒ, eigtl. »harte Kante«], Farbfeldmalerei mit klar abgesetzten Farbflächen; auch auf figurative Malerei (z. B. den Photorealismus) angewendet.

Harden, Maximilian, urspr. Felix Ernst Witkowski, *Berlin 20. 10. 1861, †Montana (Wallis) 30. 10. 1927, dt. Publizist. Gründete 1892 eine eigene polit. Wochenschrift, »Die Zukunft«; zahlr. literar. Fehden (u. a. gegen H. Sudermann und G. Hauptmann); unter dem Pseud. Apostata harte Polemiken für den gestürzten Bismarck gegen Wilhelm II. und dessen Berater H. von Moltke und P. Fürst Eulenburg, die in drei Skandalprozessen (1907–09) gipfelten; Pazifist, Gegner des Nationalismus.

Hardenberg, 1) Friedrich Leopold Freiherr von, dt. Dichter, ↑Novalis.
2) Karl August Fürst von (seit 1814), *Essenrode bei Braunschweig 31. 5. 1750, †Genua 26. 11. 1822, preuß. Staatsmann. 1804–06 preuß. Außen-Min., 1807 leitender Min.; seit 1810 Staatskanzler in Preußen; setzte die von Stein in Gang gebrachten preuß. Reformen fort; abwägende Koalitionspolitik in den Befreiungskriegen; sicherte 1814/15 auf dem Wiener Kongreß Preußen bed. Gebietszuwachs.

Harding, Stephan [engl. ˈhɑːdɪŋ], hl., *in England 1059, †Cîteaux 1134, engl. Zisterzienser. 1108 Abt von Cîteaux; wirkte entscheidend auf die Lebensform und Verfassung der Zisterzienser.

Hardouin-Mansart, Jules [frz. ardwɛ̃mãˈsaːr] ↑Mansart, Jules Hardouin.

Hard Rock [engl. ˈhɑːd ˈrɔk], Anfang der 1970er Jahre entstandener Stilbereich der Rockmusik, für den eine einfache harmon. und rhythm. Struktur kennzeichnend ist. Eine Sonderform stellt der *Heavy Metal Rock* dar, der sich daneben v. a. durch extreme Lautstärke und provozierende Bühnenshows auszeichnet.

Hardt, Ernst, *Graudenz (heute poln. Grudziądz) 9. 5. 1876, †Ichenhausen 3. 1. 1947, dt. Schriftsteller. Gestaltete v. a. Stoffe aus Sage und Geschichte, neben Lyrik und Novellen lyr. Dramen von barocker Überladenheit, u. a. »Tantris der Narr« (Dr., 1907).

Hardtop [engl. ˈhɑːdtɔp], abnehmbares Verdeck (aus Metall oder nicht faltbarem Kunststoff) von Kfz, v. a. von Sportwagen und Geländewagen.

Hardware [engl. ˈhɑːdweə], Bez. für die unveränderl., konstruktionsbedingten Funktionselemente einer Datenverarbeitungsanlage.

Hardy [frz. arˈdi, engl. ˈhɑːdɪ]: **1)** Alexandre, *Paris um 1570, †1631 oder 1632, frz. Dramatiker. Schrieb meist Tragödien und Tragikomödien (34 Stücke erhalten); führender Bühnendichter im 1. Drittel des 17. Jahrhunderts.
2) Oliver, *Atlanta 18. 1. 1892, †Los Angeles-Hollywood 7. 8. 1957, amerikan. Schauspieler. Bildete ab 1927 mit S. Laurel das Komikerpaar »Laurel and H.« (»Stan and Ollie«, »Dick und Doof«).
3) Thomas, *Upper Bockhampton (Dorset) 2. 6. 1840, †Max Gate bei Dorchester 11. 1. 1928, engl. Schriftsteller. Schildert machtlos gegen Veranlagung, Milieu und unerbittlich waltende Zufälle kämpfende, leidenschaftl. Menschen (»Tess von d'Urbervilles«,

Harmonielehre

R., 1891); bed. auch der Geschichtsroman »The dynasts« (1903–08) aus der Zeit der Napoleon. Kriege.

Hare-Krishna-Bewegung [- 'kriʃna -], offiziell Internat. Gesellschaft für Krishna-Bewußtsein (engl. International Society for Krishna Consciousness; Abk. ISKCON), nach der Anrufungsformel ihres Gottes Krishna ben. religiöse Gesellschaft, die 1966 in New York von dem damals etwa 70jährigen A. C. Bhaktivedanta Swami Prabhupada († 1977) gegründet wurde.

Harem [arab.-türk.], die Frauenabteilung des Hauses islam. Länder, die nur vom Ehemann und männl. Verwandten 1. Grades betreten werden darf.

Hare-Niemeyer-Verfahren [nach dem engl. Politiker Thomas Hare, *1806, †1891, und dem dt. Mathematiker H. Niemeyer, *1931], Verfahren zur Errechnung von Parlamentssitzen beim Verhältniswahlsystem. Die Stimmenzahl für die jeweilige Partei wird mit den zu vergebenden Parlamentssitzen multipliziert und das Produkt durch die Gesamtzahl der Stimmen aller Parteien geteilt. Jede Partei erhält so viele Sitze, wie ganze Zahlen auf sie entfallen. Die dabei verbleibenden Restsitze werden in der Reihenfolge der höchsten Zahlen hinter dem Komma an der Parteien vergeben. Das H.-N.-V. hat in der BR Deutschland weitgehend das d'Hondtsche Höchstzahlverfahren abgelöst.

Häresie [griech.], im *Griechentum* und im *Hellenismus* Bez. für ein Bekenntnis religiösen oder polit. Inhalts und für eine wiss. Denkweise. Der Begriff wurde im frühen Christentum zunehmend im Sinne der willkürl. Auswahl aus dem Lehrgut der Kirche und einer Abweichung von deren Dogma verwendet. Damit gewann er eine Bedeutung, die identisch ist mit dem im MA aufkommenden Begriff der Ketzerei.

Häretiker [griech.], Anhänger einer Häresie.

Harfe, Musikinstrument, dessen Saitenebene senkrecht zur Decke des Resonanzkörpers verläuft. Die zw. Resonanzkörper und Hals gespannten Saiten werden mit den Fingerkuppen beider Hände angezupft. Die heute gebräuchl. 46–48saitige *Doppelpedal-H.* wird in Ces-Dur eingestimmt; durch sieben Doppelpedale kann jeder Ton der Ces-Dur-Tonleiter um einen Halb- oder Ganzton erhöht werden, so daß alle Töne der temperierten Stimmung erzeugt werden können.

Harich, Wolfgang, *Königsberg 9. 12. 1923, †Berlin 15. 3. 1995, dt. Philosoph. 1945 Mgl. der KPD; kritisierte die [Kultur]politik der DDR in liberalisierender Absicht; wegen »Bildung einer konspirativen, staatsfeindl. Gruppe« 1957 zu zehn Jahren Zuchthaus verurteilt, 1964 amnestiert.

Harig, Ludwig, *Sulzbach/Saar 18. 7. 1927, dt. Schriftsteller. Seine Arbeiten (Gedichte, Kurzprosa, Hörspiele, Romane, Traktate) stellen vorgefundene Sprachmuster und Klischees mit experimentellen Techniken (u. a. Collage, Montage) in Frage und demonstrieren das »Absurde der Logik«. – *Werke:* »Rousseau. Der Roman vom Ursprung der Natur im Gehirn« (1978), »Ordnung ist das ganze Leben. Der Roman meines Vaters« (1986), »Weh' dem, der aus der Reihe tanzt« (R., 1990).

Häring, Hugo, *Biberach an der Riß 22. 5. 1882, †Göppingen 17. 5. 1958, dt. Architekt. Einer der führenden dt. Architekturtheoretiker der 1920er Jahre (»Wege zur Form«, 1925); entwickelte Vorstellungen vom »organ. Bauen«.

Härjedalen, histor. Landschaft im südl. N-Schweden; einzige Stadt ist Sveg.

Harkort, Friedrich, *Gut Harkorten bei Hagen 25. 2. 1793, †Hombruch (bei Dortmund) 6. 3. 1880, dt. Industrieller und Politiker. Gründete das Linke Zentrum des preuß. Abg.hauses, später Mgl. der Dt. Fortschrittspartei; entwickelte in seiner polit. Publizistik ein Modell sozialer Integration der Arbeiter in die bürgerl.-industrielle Gesellschaft und Maßnahmen prakt. Sozialpolitik.

Harlekin, Bez. für frz. Harlequin bzw. italien. Arlecchino, die lustige Person der italien. Commedia dell'arte.

Harlem [engl. 'haːləm], v. a. von Farbigen bewohnter Bezirk in New York.

Harlinger Land, Marschenlandschaft im nö. Ostfriesland (Ndsachs.).

Harmonie [griech.], allg.: Übereinstimmung, Einklang, Eintracht, Ebenmaß; heute gleichbedeutend mit †Akkord und †Harmonik.

Harmonielehre, die aus der Generalbaßlehre entwickelte Lehre von den Akkorden und Akkordfolgen in der

Wolfgang Harich

Harmonik

Adolf von Harnack

Dur-Moll-tonalen Musik des 18./19. Jahrhunderts. Grundelement ist der aus zwei Terzen geschichtete Dreiklang (z. B. c–e–g) und dessen Umkehrungen. Die häufigsten Akkordfolgen (Tonika–Subdominante–Dominante–Tonika) stellt die H. in ↑Kadenzen dar, in der Modulationslehre (↑Modulation) gibt sie Regeln für den Übergang von einer Tonart in die andere.

Harmonik [griech.], in der *Musik* Bez. für den Zusammenklang von Tönen, den Aufbau von Zusammenklängen, deren Wertigkeit und Verbindungsmöglichkeiten untereinander. Die H. bildet eines der musikal. Hauptelemente neben Melodik und Rhythmik.

Harmonika [griech.], Bez. für Musikinstrumente mit gestimmten Röhren, Platten oder Stäben, auf denen mehrstimmiges Spiel möglich ist.

harmonische Analyse (Fourier-Analyse), allg. die Darstellung (Zerlegung) einer period. Funktion durch Summen aus sinus- oder kosinusförmigen Gliedern. In der Schwingungslehre die Zerlegung einer Schwingung in ihre harmon. (d. h. sinusförmigen) Teilschwingungen (Partialschwingungen).

harmonische Reihe, *Mathematik:* die keinem Grenzwert zustrebende unendl. Reihe

$$1 + \frac{1}{2} + \frac{1}{3} + \ldots + \frac{1}{n} + \ldots = \sum_{n=1}^{\infty} \frac{1}{n},$$

in der jedes Glied das harmon. Mittel seiner beiden Nachbarglieder ist.

harmonisches Mittel, der zu zwei echt positiven Zahlen a und b gehörende Mittelwert

$$\frac{2}{1/a + 1/b} = 2ab/(a+b).$$

Harmonium [griech.], im 19. Jh. entwickeltes Tasteninstrument mit durchschlagenden Zungen und einer Klaviatur von meist $4\frac{1}{2}$ Oktaven (52 Tasten). Mit zwei Pedalen werden Blasebälge betätigt, die Wind (je nach System Druck- oder Saugwind) erzeugen und über einen Magazinbalg die Zungen in Schwingungen versetzen (z. T. auch direkte Luftzufuhr und damit Beeinflussung des Tons möglich). Größere Instrumente besitzen mehrere Register.

Harn (Urin), flüssiges, v. a. Harnstoff enthaltendes Exkretionsprodukt der Nieren der Säugetiere und Menschen. Durch den H. werden v. a. die stickstoffhaltigen Endprodukte aus dem Protein- und Nukleinsäurestoffwechsel, aber auch nicht verwertbare, u. a. giftige oder im Überschuß zugeführte Nahrungsbestandteile sowie Blut- und Gewebesubstanzen als Schlacken- und Schadstoffe aus dem Körper ausgeschieden. Die *H. bildung* erfolgt in den Nieren, wobei aus dem Blut der stark wäßrige, ionen- und glucosehaltige *Primär-H.* abgepreßt wird. Der größte Teil davon (beim Menschen etwa 99%) wird in das Blut rückresorbiert, so daß die Schlackenstoffe im *Sekundär-* oder *End-H.* (beim Menschen tägl. 1–2 Liter) stark angereichert sind. Über die beiden Harnleiter wird der H. dann von den Nieren in die Harnblase weitergeleitet. Die *H. entleerung* (H. lassen) wird von einem Rückenmarkszentrum über parasympath. Fasern geregelt.

Harnack, Adolf von (seit 1914), *Dorpat 7. 5. 1851, † Heidelberg 10. 6. 1930, dt. ev. Theologe. Suchte die Einheit von Christentum und Bildung sowie das »Evangelium als die alleinige Grundlage aller sittl. Kultur« zu erweisen. Als Kirchenhistoriker hat er in zahlr. Schriften v. a. der Patristik entscheidende Impulse gegeben. Sein wichtigstes Werk ist das »Lehrbuch der Dogmengeschichte« (3 Bde., 1886–90).

Harnblase, stark dehnbares Hohlorgan bei vielen Wirbeltieren und beim Menschen, das den Harn speichert. Die Wand der H. ist bei Säugetieren (einschließlich Mensch) von dicken, ring- und längsförmig verlaufenden, glatten Muskelzügen durchsetzt und innen mit einer Schleimhaut ausgekleidet. Die Harnleiter münden von hinten in die H., die Harnröhre entspringt unten. Das Fassungsvermögen der H. beträgt beim Menschen 0,5–1 Liter.

Harnblasenkrankheiten (Blasenkrankheiten), Erkrankungen der Harnblase. Die *H. entzündung (Blasenentzündung, Blasenkatarrh, Zystitis)* wird meist durch Kolibakterien, Strepto- oder Staphylokokken verursacht. Charakteristisch sind häufiger, starker Harndrang und schmerzhaftes Brennen beim Wasserlassen. Die *Blasentuberkulose* entsteht meist absteigend von der zuerst erkrankten Niere aus; erste Anzeichen sind Blut im

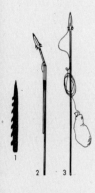

Harpune.
1 Vorgeschichtliche Harpune aus Knochen; **2** Stoßharpune der Eskimo; **3** Wurfharpune der Eskimo mit Luftsack; **4** Walfangharpune (a Harpunenschaft mit Leine, b Granate, c Widerhaken)

Harrisburg

Harn und die Symptome einer chron. Harnblasenentzündung. Die überwiegend aus Salzen bestehenden *Harnsteine* gelangen entweder aus dem Nierenbecken über die Harnleiter in die Harnblase oder sie wachsen, v. a. bei chron. unvollständiger Blasenentleerung, in der Harnblase. Der *Blasenkrebs* ist eine bösartige Geschwulst der Harnblase; im allgemeinen handelt es sich um eine maligne Entartung der Blasenschleimhaut *(Blasenkarzinom)*, während die von Muskel- oder Bindegewebe der Harnblase ausgehenden *Blasensarkome* sehr selten sind.

Harnisch, 1) *Waffenwesen:* ↑Rüstung.
2) *Geologie:* Spuren (Striemen, Politur) von tekton. Bewegungen auf Gesteinsbruchflächen.

Harnleiter (Ureter), bei Wirbeltieren paarig ausgebildeter, häutig-muskulöser, harnableitender Verbindungsgang zw. Niere und Harnblase (beim Menschen fast 30 cm lang).

Harnoncourt, Nikolaus [frz. arnõ-'kuːr], *Berlin 6. 12. 1929, österr. Dirigent, Violoncellist und Musikforscher. Gründete 1953 den Concentus Musicus in Wien, der Renaissance- und Barockmusik auf Originalinstrumenten spielt; internat. bekannt auch durch historisch fundierte Interpretationen der Werke C. Monteverdis und der Opern W. A. Mozarts.

Harnröhre (Urethra), Ausführungsgang der Harnblase bei vielen Wirbeltieren. Beim Menschen ist die H. bei der Frau 3–4 cm lang und mündet im oberen Teil des Scheidenvorhofs. Von einem Schwellkörper umgeben, beträgt die Länge der H. beim Mann 18–20 cm und reicht (wie bei fast allen Säugetieren) von der Einmündung der Samenbläschen an auch zur Ableitung des Samens *(Harn-Samen-Röhre, Harn-Samen-Leiter)*. Sie wird von einem Schwellkörper umgeben.

Harnröhrenentzündung (Harnröhrenkatarrh, Urethritis), Entzündung der Harnröhrenschleimhaut als Folge von unspezif. Reizungen, Erkältungen oder Infektionen.

Harnsäure (2,6,8-Trihydroxypurin), weiße, Kristalle bildende chem. Verbindung von geringer Wasserlöslichkeit. Endprodukt des Nukleinsäurestoffwechsels bei allen Tieren und dem Menschen. Ausscheidungsstörungen führen zur Gicht.

Harnsteine (Harnkonkremente, Urolithe), Konkrementbildungen im Bereich der ableitenden Harnwege.

Harnstoff (Carbamid, Kohlensäurediamid, Urea), farb- und geruchlose chem. Verbindung mit schwach bas. Eigenschaften; wichtigstes Endprodukt des Proteinstoffwechsels bei Säugetieren, Lurchen und vielen Schildkröten, das in einem biochem. Reaktionszyklus, dem sog. *H. zyklus* gebildet und dann ausgeschieden wird. Techn. hergestellter H. wird als Kunstdünger und zur Kunststoffherstellung verwendet.

Harnvergiftung (Urämie), durch die Zurückhaltung harnpflichtiger Stoffe bedingte Krankheitserscheinungen, u. a. bei akutem Nierenversagen, chron. Niereninsuffizienz und bei Harnabflußstörungen; Symptome: u. a. Kopfschmerzen, Benommenheit, Sehstörungen, Erbrechen, Lungenödem mit Atemnot, Schlafsucht, schließlich Koma.

Harold II. Godwinson [engl. 'hærəld 'gɔdwɪnsn], *um 1020, ⚔ Hastings 14. 10. 1066, letzter angelsächs. König (seit 1066). Schlug die Norweger unter Harald III. zurück; fiel im Kampf gegen Hzg. Wilhelm von der Normandie (Wilhelm der Eroberer).

Harpune [frz.-niederl.], Jagdgerät; Wurfspieß mit Widerhaken, meist an einem Schaft befestigt und mit langer Leine; Verwendung beim Walfang (Abschuß der H. aus einer Kanone) und bei der Unterwasserjagd (H. mit gewehrähnl. Abschußvorrichtung).

Harpyie [har'pyːjə; griech.], bis 1 m langer, adlerartiger Greifvogel, v. a. in M- und S-Amerika.

Harpyien [har'pyːjən], Fabelwesen der griech. Mythologie (Vögel mit Frauenköpfen); urspr. Sturmdämonen.

Harrer, Heinrich, *Hüttenberg bei Klagenfurt 6. 7. 1912, österr. Naturforscher. 1939 Mgl. der dt. Himalayaexpedition, 1944–51 in Lhasa, danach Expeditionen in aller Welt.

Harris [engl. 'hærɪs] ↑Lewis with Harris.

Harrisburg [engl. 'hærɪsbəːg], Hauptstadt des Staates Pennsylvania, USA (seit 1812), am unteren Susquehanna River, 52400 E. Bed. Industrie- und Handelszentrum. Im März 1979 ereig-

Nikolaus Harnoncourt

Harpyie (Größe 80–100 cm)

1447

Harrison

nete sich im Kernkraftwerk Three Mile Island bei H. ein schwerer Reaktorunfall.

Harrison [engl. 'hærɪsən], **1)** Benjamin, * North Bend (Ohio) 20. 8. 1833, † Indianapolis 13. 3. 1901, 23. Präs. der USA (1889–93; Republikan. Partei). Enkel von William Henry H.; förderte den Flottenausbau und leitete den Wirtschaftsimperialismus der USA ein.

2) Sir (ab 1989) Rex, eigtl. Reginald Carey H., * Huyton (bei Liverpool) 5. 3. 1908, † New York 2. 6. 1990, brit. Schauspieler. Erfolgreicher Darsteller geistreicher Bonvivants; wurde berühmt als Professor Higgins in dem Musical »My fair Lady« (1956; nach »Pygmalion« von G. B. Shaw) und dessen Verfilmung (1963).

3) William Henry, * Berkeley (Va.) 9. 2. 1773, † Washington 4. 4. 1841, 9. Präs. der USA (1841). Als Gouverneur von Indiana (ab 1801) verantwortlich für die Niederschlagung der Indianererhebung unter Häuptling Tecumseh.

Harsanyi, John Charles [engl. 'hɔrʃɔnj], * Budapest 29. 5. 1920, amerikan. Wirtschaftswissenschaftler ungar. Herkunft. Erhielt 1994 für die Analyse des Gleichgewichts in nicht-kooperativer Spieltheorie zus. mit J. F. Nash und R. Selten den Nobelpreis für Wirtschaftswissenschaften.

Harsányi, Zsolt [ungar. 'hɔrʃa:nji], * Krompach (heute Krompachy, Ostslowak. Geb.) 27. 1. 1887, † Budapest 29. 11. 1943, ungar. Schriftsteller. Erfolgreich v. a. seine Romane »Ungar. Rhapsodie« (1936), »Und sie bewegt sich doch« (1937).

Harsch [niederdt.] (Harst), verfestigter Schnee.

Harsdörffer (Harsdörfer), Georg Philipp, * Fischbach bei Nürnberg 1. 11. 1607, † Nürnberg 17. 9. 1658, dt. Dichter. Schrieb geistl. und welt. Lieder sowie kleine anekdot. Erzählungen, außerdem eine Poetik (»Poet. Trichter ...«, 3 Bde., 1647–53).

Hart, Heinrich, * Wesel 30. 12. 1855, † Tecklenburg 11. 6. 1906, dt. Schriftsteller und Theaterkritiker. Durch das mit seinem Bruder Julius H. (* 1859, † 1930) veröffentlichte Literaturorgan »Krit. Waffengänge« (1882–84) wurde er einer der Vorkämpfer des Naturalismus.

Hartblei (Antimonialblei), Bleilegierung mit 0,6–13 % Antimon.

Härte, 1) (H. des Wassers) im wesentlichen durch Calcium- *(Kalk-H.)* und Magnesiumsalze *(Magnesia-H.)* bewirkter Gehalt des Wassers an Erdalkaliionen; die sog. *temporäre* H. beruht auf den durch Kochen ausfällbaren Hydrogencarbonaten der Erdalkalien (im Ggs. zu der v. a. durch Calcium- und Magnesiumsulfate verursachten *permanenten* H.). Die prakt. Maßeinheit für die H. wird als deutscher *H.grad* (Einheitenzeichen °d) bezeichnet; 1 °d entspricht rd. 7 mg Ca^{2+} oder rd. 4,3 mg Mg^{2+} je Liter Wasser. Wassercharakter: 0–7 °d: weich; 7–14 °d: mittel; 14–21 °d: hart; über 21 °d: sehr hart.

2) (Mohshärte) *Mineralogie:* qualitative Größe zur Bestimmung und Einordnung eines Minerals nach der von F. Mohs vorgeschlagenen *Mohsschen Härteskala.* Die zehn Standardminerale sind so angeordnet, daß Minerale mit niedrigeren H.zahlen von solchen mit höheren H.zahlen geritzt werden können, diese aber nicht zu ritzen vermögen.

Hartebeests [Afrikaans] ↑Kuhantilopen.

Härtegrad ↑Härte.

Härteskala ↑Härte.

harte Währungen, Währungen, die sich durch volle Konvertibilität auszeichnen; andere Länder nutzen sie wegen ihrer (relativen) Sicherheit als Verrechnungseinheiten und Währungsreserven.

Hartford [engl. 'hɑ:tfəd], Hauptstadt des Staates Connecticut, USA, am unteren Connecticut River, 139 700 E. U. a. Motoren- und Maschinenbau, Versicherungsunternehmen.

Hartgummi, aus Natur- oder Kunstkautschuk, Schwefel und anderen Zusätzen gewonnener, durch Heißvulkanisation gehärteter Werkstoff.

Hartlaub, Felix, * Bremen 17. 6. 1913, ⚔ bei Berlin (?) 1945, dt. Schriftsteller und Historiker. Schrieb »Im Sperrkreis. Aufzeichnungen aus dem zweiten Weltkrieg« (hg. 1955).

Hartlaubgewächse, an trockene, heiße Sommer angepaßte Pflanzen; besitzen meist kleine, immergrüne, saftarme Blätter, die mit Wachs überzogen oder behaart sind; z. B. Lorbeer, Myrte.

Hartriegel.
Oben: Roter Hartriegel (Höhe 1,5–5 m) ◆ Unten: Kornelkirsche (Höhe 2–6 m); jeweils blühender Zweig und Zweig mit Früchten

Hartstoffe

Hartline, Haldan Keffer ['hɑ:tlaɪn], *Bloomsburg (Pa.) 22. 12. 1903, † Fallston (Md.) 17. 3. 1983, amerikan. Physiologe. Grundlegende mikroelektr. Untersuchungen an den Lichtrezeptoren des Auges; Nobelpreis für Physiologie oder Medizin 1967 zus. mit R. A. Granit und G. Wald.

Härtling, Peter, *Chemnitz 13. 11. 1933, dt. Schriftsteller. Schreibt (biograph.) Romane, Lyrik, Kinderbücher. – *Werke:* Niembsch oder Der Stillstand (R., 1964), Das Familienfest (R., 1969), Hölderlin. Ein Roman (1976), Nachgetragene Liebe (Prosa, 1980), Herzwand (R., 1990), Schubert. Zwölf Moments musicaux und ein Roman (1992).

Hartmann von Aue, *2. Hälfte des 12. Jh., † Anfang des 13. Jh., mhd. Dichter. Führte in den Ritterepen »Erec« (um 1185) und »Iwein« (um 1202) den Sagenstoff um König Artus in Anlehnung an Chrétien de Troyes in die dt. Literatur ein; Legendendichtungen »Gregorius« (um 1187–89) und »Der arme Heinrich« (um 1195); war bemüht, ritterl.-höf. Ideale und einen diesen Idealen entsprechenden Rittertyp zu gestalten; auch Minne- und Kreuzzugslieder.

Hartmann, 1) Eduard von, *Berlin 23. 2. 1842, † Großlichterfelde (heute zu Berlin) 5. 6. 1906, dt. Philosoph. Schuf eine von ihm selbst »konkreter Monismus« gen. Synthese zw. Hegels »absolutem Geist«, dem Willensbegriff Schopenhauers, Schellings Begriff des »Unbewußten« und Leibniz' Monadenlehre.

2) Karl Amadeus, *München 2. 8. 1905, † ebd. 5. 12. 1963, dt. Komponist. Schüler von A. Webern. V. a. durch seine acht Sinfonien sowie die Oper »Des Simplicius Simplicissimus Jugend« (1935) bekannt.

3) Nicolai, *Riga 20. 2. 1882, † Göttingen 9. 10. 1950, dt. Philosoph. Das Sein baut sich bei H. in vier deutl. geschiedene kategoriale Seinsschichten auf: Materie, Leben, Bewußtsein und Geist. – *Werke:* Grundzüge einer Metaphysik der Erkenntnis (1921), Der Aufbau der realen Welt (1940), Philosophie der Natur (1950).

Hartmannbund (Verband der Ärzte Deutschlands e. V.), von dem dt. Arzt Hermann Hartmann (*1863, † 1923) im Jahre 1900 gegründeter Ärzteverband; Auflösung 1936, Neugründung am 20. Mai 1949 in Hamburg.

Hartmannsweilerkopf (frz. Vieil Armand), Berg in den S-Vogesen, Frankreich, 957 m hoch; im 1. Weltkrieg heftig umkämpft.

Hartmetalle, harte und verschleißfeste, temperaturbeständige Werkstoffe; gesinterte Carbid-H. (*Sinter-H.,* z. B. Widia ®): mit Kobalt- oder Nickelpulver zusammengesinterte Legierungen als Molybdän-, Tantal-, Titan-, Vanadin- und Wolframcarbid (für Schneidwerkzeuge aller Art, Bohrer, Sandstrahldüsen u. a.).

Hartog, Jan de [niederl. 'hartɔx], Pseud. F. R. Eckmar, *Haarlem 22. 4. 1914, niederl. Schriftsteller. Schrieb Romane, Dramen, Kriminalgeschichten; u. a. »Hollands Glorie« (R., 1940), »Das Himmelbett« (Kom., 1951), »Die Spur der Schlange« (R., 1983).

Hartriegel (Hornstrauch, Cornus), Gatt. der Fam. *H. gewächse* (Kornelkirschengewächse, Cornaceae; zwölf Gatt. mit rd. 100 Arten in trop. und gemäßigten Zonen; Bäume oder Sträucher) mit rd. 45 Arten in der gemäßigten Zone der Nordhalbkugel. In M-Europa kommen vor: *Roter H.* (Blutweide; 1–5 m hoch) und *Kornelkirsche* (Herlitze, Gelber H.) mit eßbaren roten Früchten.

Hartstoffe, Stoffe mit großer Härte, die v. a. als Schleifmittel und beim Verschleißschutz eine Rolle spielen. Man unterscheidet im reinen Zustand durchscheinende *nichtmetallische H.* (z. B. Diamant, Borcarbid) und *metallische H.* (↑Hartmetalle).

Härteskala (nach F. Mohs)		
Härtestufe	Mineral	
1	Talk	mit Fingernagel ritzbar
2	Gips	
3	Kalkspat	mit Taschenmesser oder Stahlnagel ritzbar
4	Flußspat	
5	Apatit	
6	Orthoklas	
7	Quarz	ritzen Fensterglas
8	Topas	
9	Korund	
10	Diamant	

Haldan Keffer Hartline

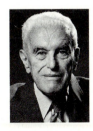

John Charles Harsanyi

Hartung

William Harvey

Hartung, Hugo, * Netzschkau 17. 9. 1902, † München 2. 5. 1972, dt. Schriftsteller. V. a. heitere, z. T. humorist. und krit. Unterhaltungsromane, u. a. »Ich denke oft an Piroschka« (1954), »Wir Wunderkinder« (1957), »Wir Meisegeiers« (1972).

Harun ar-Raschid, * Raj März 763 oder Februar 766, † Tus bei Meschhed 24. 3. 809, 5. abbasid. Kalif (seit 786). Größte Macht- und Prachtentfaltung des Kalifats von Bagdad (Vorlage für die Erzählungen in »Tausendundeine Nacht«).

Harunobu Susuki, * Edo (heute Tokio) 1725 (?), † ebd. 29. 6. 1770, jap. Maler. Farbholzschnitte, feinlinige, elegante Frauengestalten.

Haruspex [lat.], etrusk., später auch röm. Priester, der aus den Eingeweiden von Opfertieren oder aus bes. Himmelserscheinungen (wie Blitzen) wahrsagte.

Harvard University [engl. 'hɑːvəd juːnɪ'vəːsɪtɪ], älteste (1636 gegr.) und eine der bedeutendsten Univ. der USA, in Cambridge (Mass.).

Harvey [engl. 'hɑːvɪ], 1) Lilian, eigtl. Lilian Muriel Helen H., * Hornsey (heute zu London) 19. 1. 1907, † Cap d'Antibes 27. 7. 1968, brit. Schauspielerin. Filmpartnerin von W. Fritsch; u. a. »Die drei von der Tankstelle« (1930), »Der Kongreß tanzt« (1931).

2) William, * Folkestone (Kent) 1. 4. 1578, † Hampstead 3. 6. 1657, engl. Arzt, Anatom und Physiologe. Entdeckte den großen Blutkreislauf.

Harwich [engl. 'hærɪdʒ], Hafenstadt in O-England, Gft. Essex, 15 000 E. Fähren zum Kontinent.

Haryana, Gliedstaat in NW-Indien, 44 212 km², 16,46 Mio. E, Hauptstadt Chandigarh. – 17. Gliedstaat der Ind. Union seit dem 1. 11. 1966.

Harz, nördlichstes dt. Mittelgebirge, etwa 90 km lang, 30 km breit, im Brocken 1 142 m hoch, gegliedert in Ober-, Mittel- und Unterharz. Für die Besiedlung war der Bergbau auf Silber, Blei, Zink, Schwerspat u. a. entscheidend; im 16. Jh. entstanden die Freien Bergstädte Grund, Wildemann, Clausthal u. a.; heute Fremdenverkehr; Trinkwasserspeicher für Göttingen und den Raum Halle/Saale–Leipzig.

Harzburger Front, Zusammenschluß von DNVP, Stahlhelm, Vereinigung Vaterländ. Verbände und NSDAP in Bad Harzburg am 11. 10. 1931 als nat. Opposition gegen die Regierung Brüning; sie scheiterte an der Rivalität ihrer Führer.

Harze, natürl. (z. B. Baumharz) und durch chem. Synthesen hergestellte amorphe, organ., wasserunlösl., jedoch in Alkohol, Äther u. a. lösl., festgewordene oder noch zähflüssige, glänzende, transparente Stoffe, die ohne feste Schmelztemperatur allmählich vom flüssigen in den festen Zustand übergehen; fossile H. sind Bernstein und Kopal.

Harzer Roller ↑Kanarienvogel.

Hasard [ha'zart, frz. a'zaːr; arab.], Kurzwort für H.spiel, Glücksspiel; *Hasardeur,* Glücksspieler.

Haschimiten (Haschemiten), arab. Dynastie im Irak und Jordanien; regierten in Hidjas 1917–25, in Irak 1921–58, seit 1921 in (Trans-)Jordanien.

Haschisch [arab.], weitverbreitetes Rauschgift, das durch Extraktion aus dem Harz des Indischen Hanfs gewonnen wird. Die wirksamen Bestandteile, Tetrahydrocannabinol und andere Cannabinolabkömmlinge, befinden sich in einem harzartigen Sekret, das von Drüsenhaaren an Blüten, Blättern und Stengeln (bes. der weibl. Pflanzen) ausgeschieden wird. Beim *Marihuana* handelt es sich um gehackte Blätter. H. führt zu einer psych. und nicht zu einer körperl. Abhängigkeit; spielt jedoch häufig eine Rolle als Einstiegsdroge zu stärkeren ↑Rauschgiften.

Hasdrubal, 1) † 221 v. Chr., karthag. Oberkommandierender in Spanien (ab 229). Schwiegersohn des Hamilkar Barkas; schloß 226 mit Rom den Ebrovertrag, der es den Karthagern untersagte, den Ebro mit Waffengewalt nach N zu überschreiten.

2) † am Metaurus 207 v. Chr., karthag. Heerführer. Sohn des Hamilkar Barkas und Bruder Hannibals; 207 in der Schlacht am Metaurus bei Sena Gallica (heute Senigallia) geschlagen.

Hašek, Jaroslav [tschech. 'haʃɛk], * Prag 24. 4. 1883, † Lipnice nad Sázavou (Ostböhm. Geb.) 3. 1. 1923, tschechischer Schriftsteller. Erlangte Weltruhm mit dem satirischen Roman »Die Abenteuer des braven Soldaten Schwejk während des Weltkrieges« (unvollendet, 1921–23).

Hasel (Corylus), Gatt. der Fam. *Haselnußgewächse* (Corylaceae; vier Gatt. mit rd. 50 Arten auf der Nordhalbkugel) mit 15 Arten in Eurasien und N-Amerika; Sträucher oder kleine Bäume mit vor den Blättern erscheinenden Blüten und Nußfrüchten. Bekannte Arten sind: *Haselnußstrauch* (Gewöhnl. H., Wald-H., H.strauch), bis 5 m hoch, mit öl- und eiweißreichen, einsamigen Früchten *(Haselnüsse)*; *Lambertsnuß* (Lamberts-H.), dem H.nußstrauch ähnlich.

Haselhuhn ↑Rauhfußhühner.

Haselmaus ↑Bilche.

Hasen (Leporidae), mit rd. 45 Arten fast weltweit verbreitete Fam. der Hasenartigen; Körper 25–70 cm lang; Fell meist dicht und weich; Hinterbeine verlängert; Ohren lang bis sehr lang; v. a. Gehör und Geruchssinn hoch entwickelt. Zu den H. zählen u. a. die Gatt. *Echte Hasen* (Lepus) mit *Feld-H.* (Europ. Feld-H.), etwa 40–70 cm lang, Schwanz bis 10 cm lang; *Schnee-H.*, etwa 45–70 cm lang, Schwanz 4–8 cm lang; Fell im Winter weiß; *Kap-H.* (Wüsten-H.), 40–50 cm lang. Die einzige Art der Gatt. *Wildkaninchen* ist das in SW-Europa heim., heute über weite Teile Europas verbreitete *Europ. Wildkaninchen*, etwa 35–45 cm lang, Ohren kurz; lebt gesellig in Erdröhrensystemen; Stammform der Hauskaninchenrassen.

Hasenclever, Walter [...kleːvər], * Aachen 8. 7. 1890, † Les Milles (heute zu

Hasel. Haselnußstrauch (Höhe bis 5 m); oben: Zweig mit männlichen (Kätzchen) und weiblichen Blütenständen ♦ Unten: Zweig mit Früchten

Hasen. Oben: Feldhase (Körperlänge 40 bis 70 cm; Schwanzlänge bis 10 cm) ♦ Unten: Schneehase im Sommerkleid (Körperlänge 45–70 cm; Schwanzlänge 4–8 cm)

Aix-en-Provence) 21. 6. 1940, dt. Lyriker und Dramatiker. Stellte sich mit seinem leidenschaftl. Generationsdrama »Der Sohn« (1914) an die Spitze der expressionist. Bewegung; z. T. myst. Lyrik, u. a. »Der Jüngling« (1913); später Lustspiele.

Hasenscharte (Lippenspalte, Cheiloschisis), angeborene (ein- oder doppelseitige) seitliche Spalte in der Oberlippe.

Haskala [hebr.], geistige Bewegung unter den Juden in M-Europa im 18. Jh., die – analog zur allg. Aufklärung der Zeit – tiefgreifende Veränderungen im jüd. geistigen und sozialen Raum hervorrief. Hauptanliegen der jüd. Aufklärer *(Maskilim)* war der Kontakt mit der nichtjüd. Umwelt, d. h. das Verlassen des Ghettos und die Hinwendung zu weltl. Wissenschaften, um so zu einer Emanzipation zu gelangen.

Hasmonäer ↑Makkabäer.

Haspel, walzenförmige Vorrichtung zum Aufwickeln bzw. Entrollen von Fäden, Drähten, Bändern u. a.

Haspinger, Johann Simon (Ordensname Joachim), * St. Martin im Gsies (Pustertal) 28. 10. 1776, † Salzburg 12. 1. 1858, Tiroler Freiheitskämpfer. Kapuziner, bestimmte A. Hofer nach dem Frieden von Schönbrunn 1809 zum Weiterkämpfen.

Hass

Hans Hass

Odd Hassel

Hass, Hans, *Wien 23. 1. 1919, österr. Zoologe. Unternahm zahlr. Unterwasserexpeditionen im Karib. und Roten Meer, nach Australien und zu den Galapagosinseln (darüber Bücher und Filme).

Hassan II., *Rabat 9. 7. 1929, König von Marokko (seit 1961).

Hasse, 1) Johann Adolf, ≈ Bergedorf (heute zu Hamburg) 25. 3. 1699, † Venedig 16. 12. 1783, dt. Komponist. Schrieb u. a. 56 Opern (Hauptvertreter der Opera seria), 12 Intermezzi, 11 Oratorien und Kirchenmusik.
2) O. E. (Otto Eduard), *Obersitzko (heute Obrzycko, Woiwodschaft Posen) 11. 7. 1903, † Berlin 12. 9. 1978, dt. Schauspieler. Spielte u. a. in »Canaris« (1954), »Die Ehe des Herrn Mississippi« (1961).

Hassel, 1) Kai Uwe von, *Gare (Dt.-Ostafrika, heute Tansania) 21. 4. 1913, dt. Politiker (CDU). 1953/54 und 1965–80 MdB, 1954–63 Min.-Präs. von Schlesw.-Holst.; 1963–66 Verteidigungs-, 1966–69 Vertriebenen-Min., 1969–72 Präs., 1972–76 Vize-Präs. des Bundestages; 1979–84 Mgl. des Europ. Parlaments.
2) Odd, *Oslo 17. 5. 1897, † ebd. 11. 5. 1981, norweg. Physikochemiker. Für seine Arbeiten über die Konformationen des Cyclohexans u. a. Stoffe erhielt er zus. mit D. H. R. Barton 1969 den Nobelpreis für Chemie.

Hassell, Ulrich von, *Anklam 12. 11. 1881, † Berlin-Plötzensee 8. 9. 1944 (hingerichtet), dt. Diplomat. Mgl. der Widerstandsbewegung. Sollte in einer Regierung Goerdeler Außen-Min. werden; nach dem 20. 7. 1944 zum Tode verurteilt.

Hasselt, belg. Prov.-Hauptstadt im östl. Kempenland, 66 600 E. Markt- und Geschäftszentrum; Kanalhafen. Got. Kathedrale (13.–16. Jh.), Beginenhof (18. Jh.). – 1839 Hauptstadt der belg. Prov. Limburg.

Haßfurt, Kreisstadt am Main, Bayern, 11 800 E. Spätgot. Pfarrkirche mit einem Frühwerk T. Riemenschneiders (um 1490).

Hassium [lat.], chem. Symbol Hs, von der Darmstädter Gesellschaft für Schwerionenforschung (GSI) vorgeschlagener Name für das chem. Element ↑Hahnium.

Haßler (Hasler), Hans Leo (von), ≈ Nürnberg 26. 10. 1564, † Frankfurt am Main 8. 6. 1612, dt. Komponist. Komponierte Messen, Motetten, Madrigale, Villanellen und Kanzonetten.

Hastings, Warren [engl. 'heɪstɪŋz], *Churchill bei Oxford 6. 12. 1732, † Daylesford bei Oxford 22. 8. 1818, brit. Politiker. 1773–85 erster Generalgouverneur von Ostindien.

Hastings [engl. 'heɪstɪŋz], engl. Hafenstadt an der Kanalküste, Gft. East Sussex, 75 000 E. Kirchen im Perpendicular style. – Zur Schlacht bei Hastings ↑Großbritannien.

Hata Sahachirō, , *Tsumo (Präfektur Shimane) 23. 3. 1873, † Tokio 22. 11. 1938, jap. Bakteriologe. Erprobte als erster das 1907 von P. Ehrlich mit ihm u. a. entwickelte Salvarsan zur Syphilisbehandlung.

Hathajoga [Sanskrit] ↑Joga.

Hatschepsut, ägypt. Königin der 18. Dynastie (1490–1468). Witwe Thutmosis' II; führte eine Handelsexpedition nach Punt durch und errichtete u. a. den Terrassentempel von Deir el-Bahari (Theben-West).

Hattingen, Stadt an der Ruhr, NRW, 58 100 E. Metallindustrie. – 1970 Eingemeindung der Stadt *Blankenstein.*

Hatto I., *um 850, † 5. 5. 913, Erzbischof von Mainz (seit 891). Führte unter Ludwig IV., dem Kind, mit Bischof Salomon III. von Konstanz die Reichsregierung; Kanzler König Konrads I.

Hat-Trick [engl. 'hættrɪk] (Hattrick), im Fußball der dreimalige Torerfolg hintereinander innerhalb einer Halbzeit durch denselben Spieler.

Hattusa ↑Boğazkale.

Haube, verlängerte, aufrichtbare Kopffedern bei Vögeln (z. B. Haubenlerche).

Haubenlerche ↑Lerchen.

Haubenmeise ↑Meisen.

Haubenstock-Ramati, Roman, *Krakau 27. 2. 1919, † Wien 3. 3. 1994, österreich. Komponist poln. Herkunft. Bediente sich als vielseitiger Avantgardist aller neueren Techniken. Komponierte u. a. die Oper »Amerika« (1966), die Anti-Oper »La comédie« für drei Sprechstimmen und drei Schlagzeuger (1969) und das Ballett »Ulysseus« (1979).

Haubentaucher ↑Lappentaucher.

Haubitze [tschech.] ↑Geschütz.

Hauptschlagader

Hauck, Albert, *Wassertrüdingen 9. 12. 1845, † Leipzig 7. 4. 1918, dt. ev. Theologe. Sein Hauptwerk »Kirchengeschichte Deutschlands« (Bd. 1–5,1 1887 bis 1920) zählt zu den geschichtswiss. Standardwerken seiner Zeit.

Hauer, Joseph Matthias, *Wiener Neustadt 19. 3. 1883, † Wien 22. 9. 1959, österr. Komponist und Musiktheoretiker. Entwickelte seit 1919 (vor Schönberg) eine Zwölftontechnik; u. a. Oper »Salambo« (1929), Singspiel »Die schwarze Spinne« (1932).

Hauer, 1) Bergmann, der vorwiegend im Streckenvortrieb tätig ist.
2) weidmänn. Bez. für die vorstehenden unteren Eckzähne beim männl. Wildschwein.

Hauff, 1) Reinhard, *Marburg 23. 5. 1939, dt. Filmregisseur. Drehte u. a. »Mathias Kneisel« (1971), »Die Verrohung des Franz Blum« (1974), »Messer im Kopf« (1979), »Stammheim« (1985), »Blauäugig« (1989); seit 1993 Direktor der Dt. Film- und Fernsehakademie Berlin.
2) Wilhelm, *Stuttgart 29. 11. 1802, † ebd. 18. 11. 1827, dt. Schriftsteller. Schrieb den histor. Roman »Lichtenstein« (1826), den parodist. Roman »Der Mann im Monde« (1826), den Märchenzyklus »Das Wirtshaus im Spessart« in seinem »Mährchen-Almanach auf das Jahr 1826/1827/1828«, Märchen (»Zwerg Nase«, »Kalif Storch«), Novellen und volkstüml. Lieder.

Hauhechel (Hechelkraut, Ononis), Gatt. der Schmetterlingsblütler mit rd. 75 Arten in Eurasien; meist Kräuter oder Halbsträucher; in M-Europa kommen u. a. die *Gelbe H.* und *Dornige H.* (Harnkraut) vor.

Haumesser, Bez. für alle Formen von Messern, bei denen an die Stelle des zum Schneiden notwendigen Druckes der Schlag tritt; in S-Amerika die *Machete*, in Afrika das *Buschmesser* und in SO-Asien, v. a. in Indonesien, der *Parang*.

Hauptanschluß, mit der Vermittlungsstelle des öffentl. Fernsprechnetzes unmittelbar verbundene Sprechstelle.

Hauptbuch, in der doppelten Buchführung die systemat. Zusammenfassung der im Grundbuch chronolog. erfaßten Geschäftsvorfälle.

Haupthaar der Berenike ↑Sternbilder (Übersicht).

Häuptling, Mgl. eines Stammes oder einer kleineren Gruppe bei Naturvölkern, das die polit. Autorität ausübt.

Hauptman, Herbert Aaron [engl. ...mæn], *New York 14. 2. 1917, amerikan. Mathematiker und Biophysiker. Erhielt mit J. Karle für die Entwicklung neuer Methoden zur Strukturanalyse von (Bio)molekülen den Nobelpreis für Chemie 1985.

Hauptmann, im Zeitalter der Söldnerheere allg. für »Anführer, Oberbefehlshaber«. Nachdem im 16. Jh. für den Höchstkommandierenden der Begriff Feldhauptmann üblich wurde, blieb die Bez. H. dem Führer des Fähnleins, später der Kompanie, vorbehalten.

Herbert Aaron Hauptman

Hauptmann, 1) Carl, *Bad Salzbrunn 11. 5. 1858, † Schreiberhau 4. 2. 1921, dt. Schriftsteller. Bruder von Gerhart H.; schrieb nach naturalist. Dramen seit 1900 mystisch-symbolist. Dichtungen, u. a. den Künstlerroman »Einhart der Lächler« (1907), auch Lyrik und Aphorismen.
2) Gerhart, *Bad Salzbrunn 15. 11. 1862, † Agnetendorf bei Hirschberg i. Rsgb. 6. 6. 1946, dt. Schriftsteller. Mit seinen sozialkrit. Dramen bedeutendster Vertreter des dt. Naturalismus (»Vor Sonnenaufgang«, 1889; »Die Weber«, 1892; »Der Biberpelz«, 1893; »Der rote Hahn«, 1901; »Rose Bernd«, 1903; »Die Ratten«, 1911; hinterließ ein umfangreiches, den verschiedensten Stilrichtungen verpflichtetes Werk, darunter neben weiteren zahlr. Dramen auch Romane (u. a. »Atlantis«, 1912) und Novellen (u. a. »Bahnwärter Thiel«, 1892); im Spätwerk Bevorzugung antiker Dramenstoffe: »Die Atriden-Tetralogie« (1941 ff.); Autobiographie: »Das Abenteuer meiner Jugend« (1937). Nobelpreis für Literatur 1912.

Hauptnenner (Generalnenner), das kleinste gemeinsame Vielfache der Nenner mehrerer Brüche. Die Brüche $1/2$, $1/3$ und $1/4$ haben z. B. den H. 12.

Hauptquartier, Abk. **HQ** (engl. Headquarters, Abk. Hq), Befehlszentrale der Armee und übergeordneter Großverbände.

Hauptsatz, 1) *Grammatik:* ↑Satz.
2) *Wissenschaften:* grundlegender [Erfahrungs]satz eines wiss. Teilgebietes.

Hauptscheitel ↑Ellipse, ↑Hyperbel.

Hauptschlagader, svw. ↑Aorta.

Gerhart Hauptmann

Hauptschule

Hausbock

Hauptschule, auf der Grundschule oder der Orientierungsstufe aufbauende, weiterführende, organisatorisch selbständige Schule. Sie umfaßt im allg. das 5.–9. Schuljahr (z. T. das 5.–10. Schuljahr). Nach erfolgreichem Abschluß eines 10. Schuljahres ist der Übergang an die Fachoberschule und weiter in die Fachhochschule möglich. Auf Grund rückläufiger Schülerzahlen in ihrem Bestand heute gefährdet.

Hauptspeicher (Arbeitsspeicher), im allg. ein hochintegrierter Halbleiterspeicher, der die gerade auszuführenden Programme oder Programmteile und die benötigten Daten enthält. Der H. ist eine Komponente der Zentraleinheit des Computers (↑CPU). Die Speicherkapazität bei Personalcomputern beträgt i. d. R. bis zu 16 MByte.

Hauptstrafen, Strafen, die im Gegensatz zu Nebenstrafen für sich allein verhängt werden können (Freiheits-, Geldstrafe).

Hauptverfahren, der an das Eröffnungsverfahren sich anschließende Abschnitt des Strafprozesses bis zur Rechtskraft des Urteils.

Hauptverhandlung, zentraler Abschnitt des gesamten Strafverfahrens, der zur Entscheidung über den in Anklage und Eröffnungsbeschluß formulierten Vorwurf führt und regelmäßig durch Urteil abgeschlossen wird. Die H. ist nach den Grundsätzen der Öffentlichkeit, Mündlichkeit und Unmittelbarkeit durchzuführen. In minder schweren Fällen kann sie trotz Ausbleibens des Angeklagten durchgeführt oder der Angeklagte auf Antrag von der Pflicht zum Erscheinen entbunden werden.

Hauptversammlung ↑Aktiengesellschaft.

Hauptwort, svw. ↑Substantiv.

Hausämter ↑Hofämter.

Hausbesetzung, das Einziehen in leerstehende Häuser durch Personen oder Personengruppen ohne die Erlaubnis des Besitzers bzw. gegen dessen Widerspruch.

Hausbock, 7–25 mm langer, schwarzer, weißl. behaarter Bockkäfer; Schädling in verarbeitetem Nadelholz.

Hausbuchmeister (Meister des Hausbuches von Schloß Wolfegg), im 15. Jh. am Mittelrhein tätiger dt. Maler, Zeich-

ner und Kupferstecher. Neben den Illustrationen des Hausbuches sind 89 Stiche bekannt, davon 82 in Amsterdam (»Meister des Amsterdamer Kabinetts«).

Hausen (Huso), Gatt. großer Störe mit zwei Arten: *Europ. H. (Beluga)* im Schwarzen, Asowschen und Kasp. Meer sowie in der Adria, kann fast 9 m lang und bis 1,5 t schwer werden; liefert hochwertigen Kaviar (Beluga); *Sibirischer H. (Kaluga)* im Amurbereich.

Hauser, 1) Kaspar, *30. 4. 1812(?), †Ansbach 17. 12. 1833 (ermordet), Findelkind unbekannter Herkunft. Tauchte 1828 in Nürnberg auf, anscheinend in fast völliger Isolierung aufgewachsen (nach seinem Bericht in einem Kellerverlies festgehalten) und in seiner geistigen Entwicklung zurückgeblieben. Der Fall erregte Aufsehen, v. a. wegen der vermuteten fürstl. Herkunft. Lebte seit 1831 in Ansbach und wurde von einem Unbekannten erstochen.

2) Kaspar, Pseud. von Kurt ↑Tucholsky.

Hausfriedensbruch, Verletzung des Hausrechts durch 1. widerrechtl. Eindringen in Wohnung, Geschäftsräume, befriedetes (d. h. umzäuntes) Besitztum eines anderen; 2. durch Verweilen an solchen Orten trotz Aufforderung des Berechtigten, sich zu entfernen. Das *Hausrecht* hat, wer ein stärkeres Gebrauchsrecht als der Täter hat, z. B. der Mieter gegenüber dem Eigentümer. H. wird mit Geldstrafe oder mit Freiheitsstrafe bis zu einem Jahr bestraft.

Hausgrille, svw. Heimchen (↑Grillen).

Haushalt, 1) (Haushaltung, Privat-H.) zusammen wohnende und wirtschaftende Personengruppe, meist eine Familie.

2) *Wirtschaftswiss.:* 1. i. e. S. *Haushaltsplan* (↑Haushaltsrecht); 2. i. w. S. als *öffentl.* H. oder *Staats H.* die öffentl. Finanzwirtschaft mit ihren Einnahmen und Ausgaben (↑Haushaltsrecht). *Ordentliche Einnahmen* sind u. a. Steuern, Einnahmen aus wirtschaftl. Tätigkeit von Staatsunternehmen, Zinseinnahmen, Schuldenaufnahmen bei Verwaltungen; *ordentliche Ausgaben* sind v. a. Personalausgaben, laufender Sachaufwand, Zinsausgaben, Ausgaben für Baumaßnahmen, Zuweisungen und Zuschüsse für Investitionen und Tilgungsausgaben; *außerordentliche Einnah-*

Kaspar Hauser (zeitgenössische Darstellung)

men sind im wesentlichen solche aus Kreditmarktmitteln und der Ausgabe von Münzen; die *außerordentlichen Ausgaben* bestehen v. a. aus der Tilgung von Kreditmarktmitteln. Unter *Etat* versteht man einerseits den Haushaltsplan, andererseits aber auch das Haushaltsvolumen.

Haushaltsbesteuerung, die gemeinsame Besteuerung von Mgl. eines Haushalts bei Einkommens- und Vermögensteuer.

Haushaltsjahr, Rechnungsjahr, für das ein Haushaltsplan festgestellt wird.

Haushaltsrecht (Budgetrecht, Etatrecht), Gesamtheit der Rechtsnormen, die die Planung und Aufstellung, Verwaltung und Kontrolle der öffentl. Haushalte regeln. – Das H. orientiert sich am *Haushaltskreislauf* mit seinen Phasen Aufstellung, Festsetzung und Durchführung des Haushaltsplans, Rechnungslegung und -prüfung, Entlastung. Zentralfigur des H. ist der *Haushaltsplan.* Er dient der Feststellung und Deckung des Finanzbedarfs, der zur Erfüllung der staatl. Aufgaben im Bewilligungszeitraum voraussichtl. notwendig ist. Er ist die Grundlage für die Haushalts- und Wirtschaftsführung. Der Haushaltsplan besteht aus den Einzelplänen und dem Gesamtplan. Die Einbringung des Haushaltsplanes und des Haushaltsgesetzes beim Parlament ist Monopol der Regierung. Durch das vom Bundestag beschlossene *Haushaltsgesetz* wird nur der Gesamtplan verkündet. Wird während des Haushaltsvollzuges eine wesentl. Erhöhung des Budgets erforderl., muß die Regierung einen *Nachtragshaushalt* einbringen. Die *Rechnungsprüfung* nimmt der Bundesrechnungshof wahr, der den gesetzgebenden Körperschaften über die Ergebnisse unmittelbar berichtet.

Haushaltstheorie, Teil der mikroökonom. Theorie neben der Produktionstheorie und der Preistheorie. Die H. i. e. S. untersucht die Bestimmungsgründe für die Nachfrage nach Konsumgütern, i. w. S. Sinne auch diejenigen für das Angebot an Produktionsfaktoren bzw. Arbeit. Dabei unterstellt die H., daß der subjektive Nutzen das Maß der Bedürfnisbefriedigung ist, und jeder Haushalt versucht, seinen Nutzen zu maximieren.

Haushofer, Albrecht, *München 7. 1. 1903, †Berlin 23. 4. 1945, dt. Schriftsteller. Ab 1940 Prof. für polit. Geographie in Berlin; als Widerstandskämpfer 1944 verhaftet und kurz vor Kriegsende erschossen. Seine im Gefängnis geschriebenen »Moabiter Sonette« (hg. 1946) sind ein literar. Zeugnis des Widerstands gegen den Nationalsozialismus.

Albrecht Haushofer

Haushuhn, Sammelbez. für die aus dem *Bankivahuhn* (↑Kammhühner) gezüchteten Hühnerrassen. Die rd. 150 Hühnerrassen lassen sich in fünf große Gruppen zusammenfassen: *Legerassen* mit einer Legeleistung von nahezu 300 über 60 g schweren Eiern pro Huhn im Jahr (z. B. Weißes Leghuhn); *Zwierassen,* die zur Eier- und Fleischnutzung gezüchtet werden (z. B. Dt. Sperber); *Fleischrassen,* die hauptsächlich zur Fleischgewinnung dienen; sie sind bis 6 kg schwer (z. B. Dt. Langschan). *Zierhühner* werden nur zu Liebhaberzwecken gehalten (z. B. Zwerghühner). *Kampfhühner* (für Hahnenkämpfe) bilden die wohl älteste H.rasse.

Haushund (Canis familiaris), vom Wolf abstammendes Haustier. Die Domestikation begann vermutlich in der mittleren Steinzeit (vor rund 15 000 Jahren) im sw. bis südl. Asien.

Hausierhandel ↑Reisegewerbe.

Hauskaninchen (Stallhase), die seit dem frühen MA aus dem Wildkaninchen (zunächst v. a. in frz. Klöstern) gezüchteten Kaninchenrassen.

Hauskatze, Zuchtform der nub. Falbkatze. Die Domestikation der H. setzte im 2. Jt. v. Chr. in Ägypten ein. Etwa im 8. Jh. n. Chr. kam sie nach M-Europa, wo sie sich mit der einheim. Wildkatze kreuzte.

Hausmacht, im MA jene Territorien, die sich im erbl. Besitz des Herrschergeschlechts befanden.

Hausmann, 1) Manfred, *Kassel 10. 9. 1898, †Bremen 6. 8. 1986, dt. Schriftsteller. Naturerlebnis und Vagabundenromantik prägen sein Frühwerk; unter dem Einfluß Kierkegaards und K. Barths Wendung zum Christentum; schrieb u. a. »Abel mit der Mundharmonika« (R., 1932), »Das Worpsweder Hirtenspiel« (1946).

2) Raoul, *Wien 12. 7. 1886, †Limoges 1. 2. 1971, österr. bildender Künstler

Manfred Hausmann

Hausmaus

Hausmaus
(Körperlänge 7–12 cm)

und Texter. Mgl. des Berliner Dada (Photomontagen und Assemblagen aus Karton u. a. Materialien); 1933 Emigration nach Spanien, 1936 nach Frankreich.

Hausmaus (Mus musculus), weltweit verbreitete Art der Echtmäuse; Körper 7–12 cm lang, schlank; Schnauze zieml. spitz, Schwanz etwa körperlang, fast nackt; Färbung oberseits braungrau, Unterseite wenig heller bis fast weiß. In Europa kommen bes. die folgenden Unterarten vor: *Westl. H. (Haushausmaus), Nördl. H. (Feld-H.), Ährenmaus.* – Als Stammform der rotäugigen *Weißen Maus*, eines Albinos *(Labormaus),* ist die Hausmaus ein wichtiges Versuchstier in der medizinischen und biologischen Forschung.

Hausmeier (lat. maior domus, Majordomus), urspr. bei den Franken und anderen german. Völkern der Vorsteher des königl. Hauswesens. Seit etwa 600 im Fränk. Reich Führer des krieger. Gefolges, drängten die H. der Merowinger die Könige völlig beiseite. 751 ließ sich Pippin III. zum König wählen, womit das H.amt erlosch.

Hauspferd (Equus caballus), in seinen verschiedenen Rassen vermutlich von den drei aus geschichtl. Zeit bekannten Unterarten des Prschewalskipferdes abstammendes Haustier.

Hausratversicherung, Versicherung der Sachen, die in einem Haushalt der Einrichtung gehören bzw. zum Gebrauch oder Verbrauch dienen sowie weiterer in den Versicherungsbedingungen einzeln aufgezählter Gegenstände gegen Feuer-, Einbruchdiebstahl-, Beraubungs-, Leitungswasser- und Sturmschäden in einem Vertrag (deshalb auch: *verbundene H.*). Das Glasbruchrisiko wird seit 1984 über die *Haushaltsglasversicherung* gedeckt.

Hausrecht ↑Hausfriedensbruch.

Hausrind, vom Auerochsen abstammende, vom Menschen domestizierte Rinderrassen.

Hausruckviertel, österr. Voralpenlandschaft zw. Hausruck (bis 801 m hoch) und Traun.

Haussa (Hausa), Volk in der afrikan. Großlandschaft Sudan, v. a. in N-Nigeria; überwiegend Händler, Handwerker und Hackbauern, seit dem 15. Jh. islamisiert; sprechen Haussa.

Hausschabe (Dt. Schabe), bis 15 mm große, weltweit verbreitete, hellbraune Schabe mit zwei dunklen Längsstreifen auf dem Halsschild; kommt in M-Europa nur in Gebäuden vor (Backstuben).

Hausschaf (Ovis aries), von vermutlich verschiedenen Unterarten des Wildschafs abstammendes, seit der frühen Steinzeit domestiziertes Haustier. Heute werden zahlr. sehr unterschiedl. Rassen zur Fleisch-, Milch-, Woll-, Pelz- und Fettgewinnung gezüchtet. Die Schurzeit ist bei der *Vollschur* (Jahresschur) im April und Mai, bei der *Halbschur* zusätzlich im Herbst.

Hausschwalbe, svw. Mehlschwalbe (↑Schwalben).

Hausschwamm (Echter H., Tränender H.), Ständerpilz, der durch enzymat. Holzabbau verbautes Holz zerstört; an der Oberfläche des befallenen Holzes bilden sich flache, bräunl. Fruchtkörperkuchen mit netzartig verbundenen Wülsten.

Hausschwein (Sus scrofa domesticus), seit Mitte des 6. Jt. v. Chr. domestiziertes Haustier, das hauptsächl. vom Europ. Wildschwein (europ. H.rassen) und vom Bindenschwein (asiat. H.rassen) abstammen.

Hausse ['hoːsə; lat.-frz.], Zustand steigender oder hoher Kurse an der Börse, wie er im Zuge eines konjunkturellen Aufschwungs auftritt (Ggs. ↑Baisse).

Haussmann, Georges Eugène Baron [frz. os'man], * Paris 27. 3. 1809, † ebd. 12. 1. 1891, frz. Politiker. Präfekt von Paris (1853–70); Schöpfer des modernen Paris (u. a. Bau von Boulevards, Parks).

Haustaube (Columba livia domestica), Sammel-Bez. für die seit dem 4. Jt. im Orient, seit der Mitte des 1. Jt. in Europa aus der Felsentaube gezüchteten Taubenrassen (z. Z. weit mehr als 100). Eine Rassengruppe der H. sind die *Feldtauben.*

Hauswirtschaft, 1) *allgemein:* selbständige Wirtschaftsführung, Bewirtschaftung eines großen Haushalts (z. B. Anstaltshaushalt).

2) *Wirtschaftswiss.:* Begr. aus der volkswirtschaftl. Stufentheorie. Die H. stellt die erste Stufe der wirtschaftl. Entwicklung dar, auf der die Wirtschaftssubjekte im Rahmen der Hausgemeinschaft ausschließl. für den Eigenbedarf produzieren.

Hautevolee

Hauswurz (Dachwurz, Donnerwurz, Sempervivum), Gatt. der Dickblattgewächse mit rd. 30 Arten; meist dichte Polster bildende Rosettenpflanzen mit fleischigen Blättern; viele Arten, v. a. die *Echte H.*, werden in vielen Zuchtformen angepflanzt.

Hausziege (Capra hircus), vermutlich bereits im 9. Jt. v. Chr. in SO-Europa und Vorderasien domestiziertes Haustier; Abstammung umstritten.

Haut (Cutis, Derma), den ganzen Körper bei Wirbeltieren und beim Menschen umgebendes Organsystem; setzt sich zusammen aus der oberflächl. Ober-H. und der tieferliegenden Leder-H., auf die ohne scharfe Abgrenzung in die Tiefe die Unter-H. folgt. Die vom äußeren Keimblatt gebildete *Oberhaut* (Epidermis) des Menschen ist mehrschichtig: *Basalschicht, Stachelzellschicht, Körnerschicht, Glanzschicht, Hornhaut* (10–20 Zellschichten [etwa 0,015 mm] dick, die toten und verhornten Zellen werden ständig nach außen abgeschilfert und müssen deshalb von der Keimschicht ersetzt werden). Die *Lederhaut* (Corium) wird vom mittleren Keimblatt gebildet. Sie besteht aus Bindegewebe, enthält Gefäße und Nerven sowie an vielen Stellen auch glatte Muskulatur. Sie trägt gegen die Ober-H. zu Vorwölbungen (Papillen), die die Grundlage der Hautleisten sind. In der *Netzschicht* der Leder-H. liegen die Schweißdrüsen sowie die größeren Gefäße und Nerven. Unter der Leder-H. liegt die *Unterhaut* (Subcutis). Das in sie eingebettete Unterhautfettgewebe dient in erster Linie der Wärmeisolation des Körpers, daneben auch als Druckpolster und zur Speicherung von Reservestoffen. Der Säureschutzmantel der H. wehrt Bakterien ab. Die Pigmente der Keimschicht, die auch in den verhornten Zellen verbleiben, absorbieren Licht und UV-Strahlung. Durch die Absonderung von Schweiß ist die H. an der Regulation des Wasserhaushaltes und v. a. an der Temperaturregulation beteiligt. Schließl. ist die reichl. mit Sinnesrezeptoren ausgestattete H. ein Sinnesorgan, das dem Zentralnervensystem eine Vielfalt von Wahrnehmungen vermittelt.

Hautausschlag (Exanthem), volkstüml. für Hautveränderungen wie Flecken, Quaddeln, Bläschen.

Hautdasseln (Hautdasselfliegen, Hautbremsen), Unter-Fam. parasitisch lebender, bis 15 mm großer Fliegen mit rd. 30 Arten (davon in M-Europa sechs Arten).

Haute Couture [frz. otku'ty:r »hohe Schneiderkunst«], Bez. für die führenden Modeschöpfer (Couturiers) wie auch für die von ihnen geschaffenen Kleider, die die Modetrends wesentlich bestimmen. Hauptzentren der H. C. sind Paris, Mailand und New York. Wichtige zeitgenöss. Couturiers sind Giorgio Armani (*1934), P. Cardin, Wolfgang Joop (*1944), Kenzo (*1940), Calvin Richard Klein (*1942), K. Lagerfeld, Yves Saint Laurent (*1936), Jil Sander (*1943), Gianni Versace (*1946).

Haute-Normandie [frz. otnɔrmã'di], Region in N-Frankreich, 12 317 km², 1,74 Mio. E, Hauptstadt Rouen.

Hautevolee [(h)o:tvo'le:, frz.], spött. Bez. für die gesellschaftl. Oberschicht.

Hauswurz. Spinnwebenhauswurz (Höhe des Blütenstandes 5–15 cm)

Haut. Schematischer Querschnitt durch die Haut des Menschen; a Oberhaut, b Lederhaut, c Unterhautzellgewebe, d Hornschicht der Oberhaut, e Keimschicht der Oberhaut, f Haarmark, g Haarrinde, h Haarzwiebel, k Haarpapille, m Haarmuskel, n Haarbalgdrüse, o Schweißdrüsenknäuel, p Schweißdrüsenausführungsgang, q Blutgefäße der Haut, r Fettgewebe, s Nerven

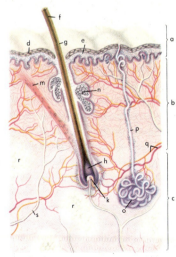

Hautflügler

Václav Havel

Havanna. Stadtwappen

Hautflügler (Hymenopteren, Hymenoptera), weltweit verbreitete Insektenordnung mit weit über 100 000 Arten; 0,1 bis 60 mm große Tiere mit zwei durchsichtig-häutigen, aderarmen Flügelpaaren und beißenden oder leckendsaugenden Mundwerkzeugen.

Hautgrieß (Milium), aus geschichteten Hornlamellen bestehende, von Oberhaut bedeckte, stecknadelkopfgroße, weiße bis weißgelbl. Knötchen.

Hautkrankheiten (Dermatosen), krankhafte Veränderungen der Haut und/oder ihrer Anhangsgebilde. Nach der Ursache unterscheidet man: 1. entzündl. H. durch Bakterien und Protozoen (z. B. Furunkulose, Milzbrand, Syphilis); durch Viren (z. B. Herpes simplex, Gürtelrose, Warzen); durch Parasiten (z. B. Krätze) oder Pilze (Kandidamykose, Trichophytie, Pityriasis u. a.); 2. allerg. und autoimmun bedingte H. (z. B. Ekzem, Nesselsucht); 3. H. durch physikal. oder chem. Schädigungen (Verbrennung, Sonnenbrand, Erfrierung und Verätzung); 4. unbekannte Ursachen (z. B. Schuppenflechte, Blasenausschlag); 5. gut- und bösartige Hautneubildungen (z. B. Fibrom, Melanom, Hautkrebs); 6. angeborene Hautmißbildungen (u. a. Muttermal, Behaarungsanomalien); 7. H. mit Hautschwund oder Hautverdickung (z. B. Verhornung, Schwielen); 8. H. durch Störungen der Hautdrüsenfunktion (z. B. Akne, Seborrhö); 9. exanthemat. H. im Gefolge bestimmter Infektionskrankheiten (z. B. Röteln, Masern, Windpocken).

Hautleisten (Papillarleisten, Tastleisten), an der Oberfläche der Haut, bes. deutlich an den Händen bzw. Fingern und den Füßen bzw. Zehen ausgebildete Erhebungen, in denen der Tastsinn lokalisiert ist.

Häutung (Ekdysis), period., hormonell gesteuerte Abstoßung und Erneuerung der äußeren Schichten der Körperdecke. Krebse, Insekten, Spinnen, die einen starren Hautpanzer haben, können ohne H. nicht wachsen. Schlangen streifen als *Natternhemd* ihre alte, verhornte Haut als Ganzes ab.

Hautwolf, in der *Medizin:* 1. volkstüml. Bez. für Wundsein; 2. svw. Lupus vulgaris (Hauttuberkulose; ↑Tuberkulose).

Havạnna (San Cristóbal de la Habana), Hauptstadt von Kuba (seit 1552), Hafen an einer Bucht des Golfs von Mexiko, 2,1 Mio. E. Univ., Museen, Archiv, meteorolog., astronom. Observatorium, botan. Garten; Theater, Oper. Hauptindustriestandort Kubas; internat. ⚓. In der Altstadt u. a. Kathedrale San Cristóbal (um 1660–1724), Kloster Santa Clara (1635–44, heute Arbeitsministerium), Kirche La Merced (18. Jh.), Casa de Gobierno (1776–92), Rathaus (18. Jh.). – 1515 durch Diego de Velázquez an der S-Küste nahe der heutigen Stadt Baracoa gegr. und 1519 an die heutige Stelle verlegt.

Havarie (Haverei) [arab.-italien.-frz.-niederl.], Schäden eines See- oder Binnenschiffes oder seiner Ladung während einer Reise.

Havdala ↑Habdala.

Havel, Václav [tschech. 'havɛl], * Prag 5. 10. 1936, tschech. Schriftsteller und Politiker. Gehörte zu den führenden Köpfen des »Prager Frühlings« und der ↑Charta 77; 1977, 1979–83 (aus dieser Zeit »Briefe an Olga«, dt. 1984) sowie Mitte 1989 in Haft; erhielt 1989 (wegen Ausreiseverbot in Abwesenheit) den Friedenspreis des Börsenvereins des Dt. Buchhandels; seine Dramen (u. a. »Das Gartenfest«, 1963; »Largo Desolato«, entst. 1984, UA 1985 in Wien; »Die Sanierung«, entst. 1987, UA 1989 in Zürich) standen ab 1969 unter Publikations- und Aufführungsverbot. Ende Dez. 1989 zum Staats-Präs. der ČSFR gewählt, trat H. im Juli 1992 nach der slowak. Souveränitätserklärung zurück und wurde im Jan. 1993 zum ersten Staats-Präs. der Tschechischen Republik gewählt.

Häutung einer Leopardnatter

Haydn

Havel [...fəl], rechter Nebenfluß der Elbe, entspringt auf der Mecklenburg. Seenplatte, mündet bei Havelberg, 343 km lang. Zw. Berlin und dem Plauer See durchfließt die H. mehrere Rinnenseen; sie verbindet zus. mit Kanälen Berlin mit Oder und Elbe.

Havelock [...və...; engl., nach dem brit. General Sir Henry Havelock, *1795, †1857], Herrenmantel mit Umhang.

Havilland, Sir (seit 1944) Geoffrey de [engl. 'hævɪlənd], *Haslemere bei London 27. 7. 1882, †London 21. 5. 1965, brit. Flugpionier und Flugzeugkonstrukteur. Gründete 1920 die *De Havilland Aircraft Company Ltd.,* die nach dem 2. Weltkrieg bes. durch die Entwicklung von Düsenflugzeugen hervortrat.

Havre, Le [frz. lə'ɑ:vr] ↑Le Havre.

Hawaii [ha'vaɪ, ha'aɪi, engl. hə'wɑ:i:], **1)** Gliedstaat der USA und Archipel im zentralen N-Pazifik, 16759 km², 1,1 Mio. E, Hauptstadt Honolulu auf Oahu. H. besteht aus einer 600 km langen, NW-SO verlaufenden Kette von über 20 Vulkaninseln, von denen sieben bewohnt sind *(Niihau, Kauai, Oahu, Molokai, Lanai, Maui, Hawaii).*

Geschichte: 1778 entdeckte J. Cook die von Polynesiern bewohnten H.inseln und nannte sie *Sandwich Islands.* Seit 1852 konstitutionelle Monarchie. Zunehmender Einfluß der USA ermöglichte 1887 die Errichtung einer Marinebasis in Pearl Harbor. Nach unblutiger Revolution 1894 Gründung der Republik H.; 1898 Annexion durch die USA; 1959 50. Staat der USA.

2) mit 10398 km² größte Insel der H.gruppe, im Mauna Kea 4205 m hoch, Hauptort Hilo.

Hawaiigitarre, als Standtisch ausgebaute Elektrogitarre, oft mit zwei oder drei Griffbrettern.

Hawking, Stephen William [engl. 'hɔ:kɪŋ], *Oxford 8. 1. 1942, brit. Physiker. Seit 1977 Prof. in Cambridge; arbeitet bes. über Kosmologie und einheitl. Feldtheorie. Sein populärwissenschaftl. Werk »Eine kurze Geschichte der Zeit« (1988) wurde 1992 verfilmt. H. leidet an amyotroph. Sklerose und verständigt sich per Computer mit seiner Umwelt.

Hawks, Howard [engl. hɔ:ks], *Goshen (Ind.) 30. 5. 1896, †Palm Springs (Calif.) 26. 12. 1977, amerikan. Filmregis-

Hawaii. Krater des Vulkans Mauna Ulu auf der Insel Hawaii

seur. Drehte u. a. »Red River« (1948), »Blondinen bevorzugt« (1953), »Rio Bravo« (1959), »Hatari« (1962).

Haworth, Sir (seit 1947) Norman [engl. 'hɔ:əθ], *White Coppice bei Chorley 19. 3. 1883, †Birmingham 19. 3. 1950, brit. Chemiker. Synthetisierte als erster das Vitamin C.; erhielt 1937 zus. mit P. Karrer den Nobelpreis für Chemie.

Hawthorne, Nathaniel [engl. 'hɔ:θɔ:n], *Salem (Mass.) 4. 7. 1804, †Plymouth (N. H.) 18. oder 19. 5. 1864, amerikan. Schriftsteller. Schrieb u. a. den Roman »Der scharlachrote Buchstabe« (1850).

Háy, Gyula (Julius) [ungar. 'ha:i], *Abony bei Szolnok 5. 5. 1900, †Ascona 7. 5. 1975, ungar. Schriftsteller; 1919 Emigration nach Deutschland; 1933–45 Exil in Moskau; lebte dann ab 1956 wieder in Ungarn, nach dem Aufstand 1956 Gefängnishaft bis 1959, lebte dann ab 1965 in der Schweiz. Schrieb v. a. Dramen (in dt. Sprache), u. a. »Haben« (1938), »Gerichtstag« (1946), »Gaspar Varrós Recht« (1966), »Der Großinquisitor« (1968).

Haydée, Marcia [ar'de:], eigtl. Salaverry Pereira da Silva, *Niterói 18. 4. 1939, brasilian. Tänzerin. Seit 1961 beim Ballett der Württemberg. Staatstheater in Stuttgart, 1976–95 Ballettdirektorin; seit 1987 auch Choreographin.

Haydn, 1) Joseph, *Rohrau bei Bruck an der Leitha 31. 3. 1732, ⚭ 1. 4. 1732, †Wien 31. 5. 1809, österr. Komponist.

Norman Haworth

Stephen Hawking

Hayek

Joseph Haydn

Friedrich August von Hayek

Ab 1761 Kapellmeister der Fürsten Eszterházy von Galántha in Eisenstadt und Wien. H. reiste 1791/92 und 1794/95 nach London (12 »Londoner« Sinfonien; »Oxford«-Sinfonie zur Verleihung der Ehrendoktorwürde). Nach 1795 entstanden die großen orator. Werke und die letzten Streichquartette, darunter das »Kaiserquartett« (Hob. III: 77) mit dem Variationssatz über die 1797 komponierte Kaiserhymne. Haydns Werk ist gekennzeichnet durch die Ausgewogenheit von liedhafter Einfachheit und kunstvoller Gestaltung. Die Veröffentlichung der 6 Streichquartette (Hob. III: 37–42; bekannt als »op. 33«) 1781 markiert den Höhepunkt der Wiener Klassik. Die musikgeschichtl. Bedeutung liegt v. a. in der Entwicklung der Sinfonie und des Streichquartetts und in der Vollendung der Sonatensatzform. Von seinen Werken, die Anthony van Hoboken (*1887, †1983) in einem themat.-bibliograph. Werkverzeichnis (Abk. Hob.) zusammenstellte, sind v. a. zu nennen: 106 Sinfonien; 68 Streichquartette; 21 Streichtrios; 126 Barytontrios; 41 Klaviertrios; 52 Klaviersonaten; 24 Klavierkonzerte; 5 Orgelkonzerte; 32 Stücke für die Flötenuhr; 24 italien. Opern; Oratorien; 14 Messen.
2) Michael, *Rohrau bei Bruck an der Leitha 14. (15.?) 9. 1737, † Salzburg 10. 8. 1806, österr. Komponist. Bruder von Joseph H.; ab 1763 Hofmusiker in Salzburg, 1781 Hof- und Domorganist. Bed. sind v. a. seine Kirchenwerke.

Hayek, Friedrich August von ['hajɛk], *Wien 8. 5. 1899, † Freiburg im Breisgau 24. 3. 1992, österr. Nationalökonom. Bed. Vertreter des Neoliberalismus; erhielt 1974 zus. mit K. G. Myrdal den Nobelpreis für Wirtschaftswissenschaften.

Hayworth, Rita [engl. ˈhɛɪwəːθ], eigtl. Margarita Carmen Cansino, *New York 17. 10. 1918, † ebd. 14. 5. 1987, amerikan. Filmschauspielerin. Spielte u. a. in »Es tanzt die Göttin« (1944), »Gilda« (1946).

Hazi̯enda (Hacienda) [lat.-span.], landwirtschaftl. Großbetrieb in den ehem. span. Kolonialgebieten Lateinamerikas.

Hazor ['ha:tsɔr, ha'tso:r] (Chazor), bed. alte Stadt in N-Israel, 15 km nördl. des Sees von Genezareth; im 2. Jt. v. Chr. die wohl größte Stadt in Kanaan; 733/732 endgültig durch die Assyrer zerstört. Israel. Archäologen fanden ein kanaanäisches Heiligtum (Unterstadt) sowie die Akropolis.

Hb, Abk. für ↑Hämoglobine.

H-Bombe ↑ABC-Waffen.

h. c., Abk. für honoris causa (lat. »ehrenhalber«), z. B. Dr. h. c.

HD-Öle [Kurz-Bez. für Heavy-duty-Öle; engl. ˈhɛvɪ ˈdjuːtɪ »hohe Leistung«], Schmieröle mit erhöhter Schmierkraft für Verbrennungsmotoren.

HDTV, Abk. für High definition television (engl. »hochauflösendes Fernsehen«), ein in Entwicklung befindl. Hochzeilenfernsehen, das bei größerer Zeilenzahl je Bild mit höherer Bild-

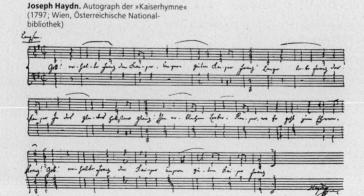

Joseph Haydn. Autograph der »Kaiserhymne« (1797; Wien, Österreichische Nationalbibliothek)

wechselfrequenz arbeiten und so flimmerfreie Fernsehbilder erreichen soll.
He, chem. Symbol für ↑Helium.
Head-Zonen [engl. hed...; nach dem brit. Neurologen Henry Head, *1861, † 1940], Hautareale, die bestimmten inneren Organen zugeordnet sind, bei deren Erkrankung sie schmerzempfindl. sind.
Heaney, Seamus [engl. 'hi:nı], *Castledawson (Derry) 13. 4. 1939, irischer Lyriker. Lebt seit 1972 in der Rep. Irland, seit 1976 in Dublin; schrieb mit seinen Gedichtbänden (u. a. »Death of a naturalist«, 1966; »Door into the dark«, 1969; »Wintering out«, 1972) im Spannungsfeld der keltisch-nat., bäuerl.-handwerkl. Tradition seiner irischen Vorfahren und den durch die engl. Sprache vermittelten kulturellen Einflüssen; erhielt 1995 den Nobelpreis für Literatur.
Hearing [engl. 'hıərıŋ] (Anhörung), engl. Bez. für öffentl. Anhörung von Sachverständigen in den Ausschüssen des Parlaments.
Hearst, William Randolph [engl. hə:st], *San Francisco 29. 4. 1863, † Beverly Hills (Calif.) 14. 8. 1951, amerikan. Verleger. Baute den größten Pressekonzern der USA, die *H. Corporation,* auf.
Heartfield, John [engl. 'ha:tfi:ld], eigtl. Helmut Herzfeld, *Berlin 19. 6. 1891, † ebd. 26. 4. 1968, dt. Photomonteur. Gründete mit seinem Bruder W. Herzfelde und G. Grosz den Malik-Verlag; als Mgl. der Berliner Dada-Gruppe (1919) entwickelte er die Photomontage zum polit. Agitationsmittel (Antikriegspropaganda).
Heath, Edward Richard George [engl. hi:θ], *Broadstairs bei Ramsgate 9. 7. 1916, brit. Politiker (Konservative und Unionist. Partei). 1959–64 mehrfach Min.; 1965–75 Parteiführer; 1970–74 Premierminister.
Heavy Metal Rock [engl. 'hevı 'metl rɔk] ↑Hard Rock.
Hebamme, staatlich geprüfte und anerkannte Geburtshelferin.
Hebbel, [Christian] Friedrich, *Wesselburen 18. 3. 1813, † Wien 13. 12. 1863, dt. Dichter. H. steht literatur- und geistesgeschichtlich zw. Idealismus und Realismus; an Hegels Geschichtsphilosophie anschließend, sieht sein »Pantragismus« Geschichte und Tragik als identisch an. Das Wollen des einzelnen steht im Widerspruch zum Weltwillen und wird allein schon durch das Vorhandensein des Einzelwillens zum Unrecht; der trag. Untergang des einzelnen ist daher unvermeidlich. Die Stoffe seiner Dramen entnahm er der Geschichte oder Mythologie (»Judith«, 1841; »Herodes und Mariamne«, 1850; »Agnes Bernauer«, 1855; »Gyges und sein Ring«, 1856; »Die Nibelungen«, Tragödientrilogie, 2 Bde., 1862). Das bürgerl. Trauerspiel »Maria Magdalene« (1844) spielt in der starren Welt des dt. Kleinbürgertums. H. schrieb auch realist. »Erzählungen und Novellen« (1855) mit einer Tendenz zum Skurrilen und Grotesken, pt prosanahe Gedankenlyrik (1857) sowie das idyll. Hexameterepos »Mutter und Kind« (1859).
Hebei (Hopeh), Prov. in NO-China, 180 000 km², 60,28 Mio. E, Hauptstadt Shijiazhuang.
Hebel, Johann Peter, *Basel 10. 5. 1760, † Schwetzingen 22. 9. 1826, dt. Dichter. Neben den »Alemann. Gedichten« (1803, 1820) schrieb er v. a. volkstüml. Kalendergeschichten, die im »Rheinländ. Hausfreund« (4 Bde., 1808–11) und dem »Schatzkästlein des rhein. Hausfreundes« (1811) erschienen.
Hebel, ein um eine Achse drehbarer, starrer, meist stabförmiger Körper, an dem Gleichgewicht herrscht, wenn die Summe der Drehmomente aller an ihm angreifenden Kräfte gleich null ist *(H. gesetz).* Man unterscheidet *einarmige H.* (alle Kräfte wirken auf einer Seite der Drehachse) und *zweiarmige H.* (die Kräfte greifen beiderseits der Drehachse an). H. dienen der Kraftübertragung: Sie ermöglichen große Kraftwirkungen mit geringem Kraftaufwand; der Kraftgewinn wird durch Vergrößerung des von der kleineren Kraft zurückzulegenden Weges ausgeglichen.
Hébert, Jacques René [frz. e'bɛ:r], gen. Père Duchesne, *Alençon 15. 11. 1757, † Paris 24. 3. 1794, frz. Journalist. Führer der *Hébertisten,* der radikalsten Gruppe des Nationalkonvents; auf Betreiben Robespierres hingerichtet.
Hebesatz, von den Gemeinden zu bestimmender, mit dem Meßbetrag zu vervielfältigender Prozentsatz bei der Berechnung der Gewerbe- und Grundsteuer.

Head-Zonen. Hautempfindlichkeitsbereiche kurz nach einem Gallensteinanfall (**1**), bei Entzündung der Bauchspeicheldrüse (**2**) und bei Herzanfällen (**3**)

Hebezeuge

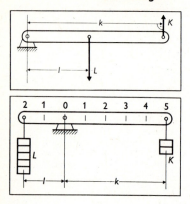

Hebel.
Oben: einarmiger Hebel ◆ Unten: zweiarmiger Hebel

Hebezeuge, Transportmittel, die Einzelgüter in senkrechter und/oder waagerechter Richtung auf kurze Entfernungen in aussetzendem Betrieb fördern, z. B. Aufzüge, Flaschenzüge, Winden, Krane.

Hebräer, svw. Israeliten oder Juden.

Hebräerbrief, in Briefform als »Mahnrede« von einem Unbekannten kurz vor 95 n. Chr. abgefaßte Schrift des NT.

Hebräisch, dem kanaanäischen Zweig der semit. Sprachen angehörende Sprache, verwandt mit Phönikisch, Moabitisch und Aramäisch. Außer einigen Inschriften und den Texten der Schriftrollen von Qumran sind die Bücher des Alten Testaments das einzige Denkmal des Althebräischen (Bibelhebräisch), das als Umgangssprache nach der Babylonischen Gefangenschaft (nach 538 v. Chr.) vom Aramäischen verdrängt wurde; zur Zeit Christi war es nur noch Sprache des Gottesdienstes und des Schrifttums. Gegen Ende des 19. Jahrhunderts wurde unter dem Einfluß jüd.-nat. Ideen (↑Zionismus) das Neuhebräische (Iwrit, Iwrith) geschaffen, das seit 1948 Amtssprache im Staat Israel ist.

hebräische Schrift, letztlich auf die Schrift der Phöniker zurückgehende, etwa im 6. Jh. v. Chr. aus der aramäischen Schrift entwickelte, von rechts nach links laufende *Quadratschrift;* seit dem 1. Jh. v. Chr. bei den Juden vorherrschend. Im MA entwickelte sich in M-Europa eine Halbkursive, die *Raschischrift,* die v. a. im religiös-gesetzl. Schrifttum verwendet wurde. Heute gibt es neben der Quadratschrift eine *Kursive.* Das hebräische Alphabet besteht aus 22 Konsonanten. Beim Lesen werden auf Grund von Vokalismusregeln Vokale und Konsonantenverdoppelungen ergänzt. Um eine korrekte Lesung sicherzustellen, wurden wichtige Texte (z. B. Bibel, Gesetze, Lyrik u. a.) nach festgelegten Regeln vokalisiert (↑Massora).

Hebriden, Inselgruppe vor der Westküste N-Schottlands, 7 285 km², durch die Meeresteile *Hebridensee, The Little Minch* und *North Minch* in *Äußere Hebriden* (u. a. Lewis with Harris, North Uist, South Uist) und *Innere Hebriden* (u. a. Skye, Mull, Jura, Islay) geteilt. Die Inseln haben stark gegliederte Küsten und vom Eis gerundete Oberflächenformen. Haupterwerbszweige sind Fischerei, Rinder- und Schafhaltung, Tweedweberei und Fremdenverkehr.

Hebron, Stadt in W-Jordanien (unter israel. Verwaltung), 80 000 E. Pilgerverkehr zur *Machpelahöhle* mit den Grabstätten von Abraham, Sara, Isaak, Rebekka, Jakob und Lea.

Hebung, betonte Silbe eines Verses. Ggs. ↑Senkung.

Hebräische Schrift

Konsonanten:

Zeichen	Name	Lautwert	Zeichen	Name	Lautwert
א	Alef	–	ל	Lamed	l
ב, בּ	Bet	b, v	מ	Mem	m
ג, גּ	Gimel	g	נ	Nun	n
ד, דּ	Dalet	d	ס	Samech	s
ה	He	h	ע	Ajin	–
ו	Waw	v	פ, פּ	Pe	p, f
ז	Sajin	z	צ	Zade	s
ח	Chet	x	ק	Kof	k
ט	Tet	t	ר	Resch	r
י	Jod	j	שׁ	Schin	ʃ
כ, כּ	Kaf	k, ç	שׂ	Sin	s
			ת, תּ	Taw	t

Vokalzeichen:

–	Patach	a	ּ◌	Sere	e
ָ	Kamatz	a	ּ◌	Chirek	i
ָ	Kamatz	ɔ	ּ◌	Cholem	o
	Chatuf		ּ◌	Kubutz	u
ֶ	Segol	æ	ּ◌	Schwa	ə

1462

Hedonismus

Hechingen, Stadt am Fuße des Hohenzollern, Bad.-Württ., 16 400 E. U. a. Textil-Ind. und Maschinenbau. Frühklassizist. Pfarrkirche (1780–83), Renaissancekirche Sankt Luzen (1586–89). Im Ortsteil *Stein* röm. Gutshof (Freilichtmuseum).

Hechtbarsch, svw. ↑Zander.

Hechte (Esocidae), Knochenfisch-Fam. mit der einzigen Gatt. *Esox*, zu der sechs Arten gehören, darunter der *Hecht*, verbreitet in Europa, Asien und N-Amerika; bis 1,5 m lang, bis 35 kg schwer.

Hechtköpfe (Luciocephalidae), Fam. der Barschartigen Fische. Einzige Art ist der hechtähnl. Hechtkopf (Luciocephalus pulcher), ein bis 18 cm langer Süßwasserfisch Malaysias.

Hecht (Weibchen bis 1,5 m lang und 35 kg schwer, Männchen bis 1 m lang)

Heck, der hintere Teil eines Fahrzeugs, insbes. eines Schiffes. H.formen: das bei Fracht- und Fahrgastschiffen sowie bei größeren Kriegsschiffen bevorzugte *Kreuzer-H.*, das v. a. bei Motorbooten und schnellen Kriegsschiffen zu findende *Spiegel-* oder *Plattgatt-H.*, das für Rennjachten verwendete *Jacht-H.*, das bei Fischkuttern anzutreffende *Spitzgatt-H.* u. a.

Heckel, Erich, *Döbeln 31. 7. 1883, † Hemmenhofen (Kreis Konstanz) 27. 1. 1970, dt. Maler und Graphiker des Expressionismus. Mitbegründer der Brücke; Holzschnitte, später u. a. Porträts.

Heckenkirsche, svw. ↑Geißblatt.

Heckenrose ↑Rose.

Heckenschütze, jemand, der aus dem Hinterhalt auf eine Person schießt.

Hecker, Friedrich Franz Karl, *Eichtersheim bei Sinsheim 28. 9. 1811, † Saint Louis (Mo.) 24. 3. 1881, dt. Politiker. Im Vormärz führender Abg. der 2. bad. Kammer; entwickelte sich vom Liberalen zum Republikaner; erließ am 12. 4. 1848 zus. mit G. v. Struve den Aufruf zum bewaffneten Aufstand in Baden, der am 20. 4. bei Kandern (S-Schwarzwald) niedergeschlagen wurde; danach Flucht in die USA, Teilnahme am Sezessionskrieg auf seiten der Union.

Hedberg, Carl Olof (Olle) [schwed. ˈheːdbærj], *Norrköping 31. 5. 1899, † Tvæggesjö 21. 9. 1974, schwed. Schriftsteller, Satir. Kritiker, u. a. »Darf ich um die Rechnung bitten« (R., 1932).

Hechtkopf (Länge bis 18 cm)

Hederich, 1) (Ackerrettich) bis 45 cm hoher Kreuzblütler mit weißen oder gelben, hellviolett geäderten Blüten; Ackerunkraut.
2) svw. ↑Rettich.

Hedin, Sven, *Stockholm 19. 2. 1865, † ebd. 26. 11. 1952, schwed. Asienforscher. Unternahm seit 1894 mehrere Expeditionen nach Zentralasien (bes. Tibet); erforschte 1927–35 die Gobi und Chinesisch-Turkestan.

Hedjra ↑Hidjra.

Hedonismus [griech.], eine Form des Eudämonismus, bei der das private Glück als höchstes Gut in der Erfüllung individueller, phys. und psych. Lust ge-

Erich Heckel. Selbstporträt; Farbholzschnitt (1919)

Hedwig

Georg Wilhelm Friedrich Hegel

sehen wird. Der H. geht auf Aristippos zurück.

Hedwig, Name von Herrscherinnen: *Polen:* **1) Hedwig** (poln. Jadwiga), * um 1374, † Krakau 17. 7. 1399, Königin (seit 1382). Jüngste Tochter Ludwigs I. von Ungarn und Polen; nach dessen Tod (1382) poln. Thronerbin; 1386 ⚭ mit Jagiello, Großfürst von Litauen. *Schlesien:* **2) Hedwig,** hl., * Andechs um 1174, † Trebnitz (bei Breslau) 15. 10. 1243, Herzogin (seit 1186 bzw. 1190). ⚭ mit Hzg. Heinrich I. von Schlesien; Patronin von Schlesien. – Fest: 16. Oktober.

Heemskerck, Maarten van [niederl. 'he:mskerk], * Heemskerck 1498, † Haarlem 1. 10. 1574, niederländischer Maler. Schüler von J. van Scorel; Italienaufenthalt (1532–36) mit Hinwendung zum röm. Manierismus.

Heer, der für den Landkrieg bestimmte Teil von Streitkräften. Das *stehende H.* ist der im Frieden unter Waffen befindl. Teil des H. (im Mobilmachungsfall durch Reservisten ergänzt). *Miliz-H.* werden erst im Kriegsfall aufgestellt bzw. unterhalten nur einen zahlenmäßig schwachen Kader (deshalb auch *Kader-H.*).

Heer, 1) Friedrich, * Wien 10. 4. 1916, † ebd. 18. 9. 1983, österr. Historiker und Publizist. Schrieb u. a. »Europ. Geistesgeschichte« (1953), »Europa – Mutter der Revolutionen« (1964), »Das Hl. Röm. Reich« (1967); ab 1961 Chefdramaturg am Burgtheater.

2) Jakob Christoph, * Töss (heute zu Winterthur) 17. 7. 1859, † Rüschlikon bei Zürich 20. 8. 1925, schweizer. Schriftsteller. Heimatromane, u. a. »An heiligen Wassern« (1898).

Heerbann, seit dem frühen MA Bez. für das Recht des Königs auf das militär. Aufgebot zur Heerfahrt, für diese selbst, für die im Falle der Nichtbeachtung zu zahlende Strafe (H.buße) sowie seit dem 13. Jh. für das aufgebotene Heer und die gegebenenfalls als Ablösung zu zahlende Heersteuer.

Heerfahrt (Kriegszug), im MA der vasall. Reichskriegsdienst *(Heerfolge),* v. a. der Italienzug zur Kaiserkrönung (Romfahrt).

Heerschild, im dt. MA Bez. 1. für das Heeresaufgebot; 2. für die Fähigkeit zum Erwerb oder zur Vergabe eines Lehens. Die *H.ordnung* gab die unterschiedl. Abstufung der lehnsrechtl. Bindungen innerhalb des Adels an, im 12. Jh. in sieben Stufen unterteilt.

Heesters, Johannes, * Amersfoort 5. 12. 1903, österr. Sänger und Schauspieler niederl. Herkunft. Erfolgreicher Operettentenor und Bühnenschauspieler; auch Filme.

Hefe, allg. Bez. für Arten und Rassen der Hefepilze, die in Reinkulturen gezüchtet und lebensmitteltechn. in großem Umfang eingesetzt werden. Durch Reinzucht obergäriger Rassen auf Nährlösungen (v. a. Melasse) wird *Back-H.* hergestellt, die als *Preß-H.* oder auch *Trocken-H.* in den Handel kommt. Die in der Natur frei vorkommende *Wein-H.* wird heute ausschließl. als Reinzucht-H. gezüchtet. Die *Bier-H.* sind dagegen nur als Kulturstämme bekannt; hier werden untergärige und obergärige Stämme unterschieden. Ebenfalls zu den H. wird die *Nähr-H.* (Eiweiß-H.) gerechnet, die durch Verhefung in der Technik anfallender Nebenprodukte (Holzzucker, Molke, Sulfitablaugen) mit verschiedenen H.rassen gewonnen wird.

Hefei (früher Luchow), Hauptstadt der chin. Prov. Anhui, 692000 E; Univ., TU. Bed. Ind.-Standort.

Hefepilze (Hefen, Saccharomycetaceae), Fam. der Schlauchpilze; Zellen enthalten Glykogen als Reservestoff und zahlreiche Vitamine (v. a. der B-Gruppe).

Hegau, südwestdt. Beckenlandschaft zw. Bodensee und Randen, in den Hohenhewen 846 m hoch, zentraler Ort Singen (Hohentwiel). Das Landschaftsbild wird von Vulkanschloten sowie eiszeitl. Ablagerungen geprägt.

Hegel, Georg Wilhelm Friedrich, * Stuttgart 27. 8. 1770, † Berlin 14. 11. 1831, dt. Philosoph. Seit 1818 Prof. in Berlin. H. entwickelte eines der bedeutendsten Systeme der europ.-abendländ. Philosophie. Im Mittelpunkt dieses Systems steht das *Absolute,* das sich als *subjektiver Geist* im menschl. Individuum, als *objektiver Geist* in Familie, Gesellschaft, Staat, als *absoluter Geist* in Kunst, Religion und Philosophie konkretisiert, und zwar im dialekt. Dreischritt von These, Antithese, Synthese. Die Weltgeschichte sieht H. als notwendig fort-

Martin Heidegger

Heidelberg

schreitenden Prozeß des absoluten Geistes. – *Werke:* Phänomenologie des Geistes (1807), Wiss. der Logik (1812–16; 2 Bde.), Enzyklopädie der philos. Wissenschaften (1817), Grundlinien der Philosophie des Rechts oder Naturrecht und Rechtswiss. im Grundrisse (1821).

Hegelianismus, an Hegel anschließende philos. Strömungen im 19. und 20. Jh.: der konservative theist.-christl. *Alt-* bzw. *Rechts-H.* und der polit. sozialrevolutionäre *Jung-* bzw. *Links-H.* (v. a. L. Feuerbach, K. Marx, F. Engels). Um die Jh.wende leiteten K. Fischer und W. Dilthey den Neuhegelianismus ein.

Hegemonie [griech.], die Vormachtstellung eines Staates über andere, abgesichert durch Verträge oder durch tatsächl. Übergewicht strateg., wirtschaftl. oder kultureller Art.

Hehlerei, Straftat, die begeht, wer eine Sache, die ein anderer gestohlen hat, ankauft oder sonst sich oder einem Dritten verschafft, sie absetzt oder absetzen hilft, um sich oder einen Dritten zu bereichern; Strafe: Freiheitsstrafe bis zu fünf Jahren oder Geldstrafe, bei gewerbsmäßiger H. oder Banden-H. Freiheitsstrafe bis zu zehn Jahren.

Heide, Kreisstadt in Schlesw.-Holst., 20 600 E. Vieh-, Obst- und Gemüsehandel; Erdölfeld. Spätgot. Kirche Sankt Jürgen (15. Jh.). – 1559 Schauplatz des Sieges der schleswig-holstein. Landesherren über die Dithmarscher Bauern.

Heide, offene Landschaft auf nährstoffarmen Böden mit typ. Vegetation aus Zwergsträuchern.

Heidegger, Martin, *Meßkirch 26. 9. 1889, †Freiburg im Breisgau 26. 5. 1976, dt. Philosoph. Ab 1928 Prof. in Freiburg im Breisgau; 1945–51 Lehrverbot wegen seines Engagements für die nat.-soz. Bewegung; 1952 emeritiert; führender Vertreter der dt. Existenzphilosophie. Die Frage nach dem »Sein als Solchem« und nach den menschliches Dasein bestimmenden »Existenzialien« ist zentraler Gegenstand seiner Philosophie. – *Werke:* Sein und Zeit (1927), Was ist Metaphysik? (1929), Holzwege (1950), Einführung in die Metaphysik (1953), Was heißt Denken? (1954).

Heidekraut (Besenheide, Calluna), Gatt. der Heidekrautgewächse mit einer einzigen (gleichnamigen) Art auf Moor- und Sandböden Europas und an den Küsten N-Amerikas; 20–100 cm hoher Zwergstrauch; in vielen Gartenformen kultiviert.

Heidekrautgewächse (Erikagewächse, Erikazeen, Ericaceae), weltweit verbreitete Pflanzen-Fam. mit über 2 500 Arten in 82 Gatt. (u. a. Heidekraut, Alpenrose, Azalee, Heidelbeere).

Heidelbeere (Vaccinium), Gatt. der Heidekrautgewächse mit rd. 150 Arten in Europa und N-Asien. Eine auf sauren Böden in Nadel- und Laubwäldern weit verbreitete Art ist die *Blaubeere (Bickbeere),* mit wohlschmeckenden blauschwarzen Beeren. Charakterpflanze der Hochmoore ist die *Moosbeere* mit säuerlich schmeckenden Früchten.

Heidelberg, Stadt am Austritt des Neckars aus dem Odenwald, Bad.-Württ., 138 000 E. Univ. (gegr. 1386), Hochschule für Jüd. Studien, Europ. Zentrallabor für Molekularbiologie, Max-Planck-Institute für Astronomie, Kernphysik, medizin. Forschung, ausländ. öffentl. Recht und Völkerrecht; Dt. Krebsforschungszentrum; Sternwarte; u. a. Dt. Apothekenmuseum, Theater; botan. Garten, Zoo; Verlage. Hauptquartier der amerikan. Streitkräfte in Europa. Bed. sind außer dem †Heidelberger Schloß u. a. die Heiliggeistkirche (15. Jh.), die spätgot. Peterskirche (15. und 19. Jh.), der Renaissancebau »Haus zum Ritter« (1592), die Alte Brücke (18. Jh.) und das Karlstor (18. Jh.). – 1196 erste urkundl. Erwähnung. Seit dem 13. Jh. Residenz der Pfalzgrafen bei Rhein; 1693 Verwüstung der Stadt durch die Franzosen; 1803 fiel H. an Baden.

Heidelbeere. Blaubeere (Höhe 15–20 cm); oben: blühender Zweig • unten: Zweig mit Früchten

Heidelberg Stadtwappen

Heidekraut. Besenheide

Heidelberger Katechismus

Verner von Heidenstam

Heidelberger Katechismus, bed. dt. ev. Katechismus des 16. Jh., 1563 verfaßt.
Heidelberger Liederhandschrift ↑Manessische Handschrift.
Heidelberger Schloß, ehem. Residenz der pfälz. Wittelsbacher oberhalb der Stadt Heidelberg; der mittelalterl. Baubestand wurde durch den Ottheinrichsbau (1556ff.) im Renaissancestil und den Friedrichsbau (1601–04; Manierismus) ergänzt. Im Pfälz. Erbfolgekrieg 1689 und 1693 von den Franzosen weitgehend zerstört, 1764 Blitzschlag in den Pulverturm.
Heiden, Begriff, der urspr. alle nicht christlich Getauften bezeichnete; seit Beginn der Neuzeit nur noch für Bekenner nichtmonotheist. Religionen.
Heidenchristen ↑Urchristentum.
Heidenheim an der Brenz, Kreisstadt in der nö. Schwäb. Alb, Bad.-Württ., 50700 E. Schulzentrum; Zentrum der stark industrialisierten Kocher-Brenz-Furche. Über der Stadt Schloß Hellenstein (16. Jh.). – Zw. 750 und 802 zuerst erwähnt, um 1335 Stadtrecht; 1351–1448 an Württemberg.
Heidenstam, Verner von [schwed. ˈhɛidənstam], *Olshammar (Örebro) 6. 7. 1859, † Övralid (Östergötland) 20. 5. 1940, schwed. Dichter. Neuromantiker; u. a. Lyrik, historische Erzählwerke (Novellenzyklus »Carl XII. und seine Krieger«, 1897f.); Nobelpreis für Literatur 1916.
Heidschnucke, Rasse kleiner, sehr genügsamer, 40–70 kg schwerer, seit alters in der Lüneburger Heide gehaltener, kurzschwänziger Hausschafe; mischwollige Landschafe.
Heiducken (Haiduken), seit 15./16. Jh. für Söldner (ungar. hajdú); seit dem 18. Jh. auch die Lakaien der Magnaten; außerdem in Südosteuropa Freischärler, die unter osman. Herrschaft gegen die türk. Machthaber vorgingen.
Heifetz, Jascha, eigtl. Iossif Robertowitsch Cheifez, *Wilna 2. 2. 1901, † Los Angeles 12. 12. 1987, amerikan. Violinist russ. Herkunft. Seit 1917 in den USA.
Heiland, im Christentum Jesus Christus als Erlöser. – Von der Religionswiss. wurde die Bez. H. auf heilsvermittelnde Gestalten anderer Religionen übertragen.

Heilanstalt, Einrichtung zur Aufnahme und stationären Behandlung von erkrankten Personen (z. B. Suchtkranke), die einer spezif. längerdauernden und in den allg. Krankenhäusern nicht durchführbaren Behandlung bedürfen.
Heilanzeige (Indikation), aus ärztl. Sicht Grund zur Anwendung eines bestimmten Heilverfahrens.
Heilbad, 1) ↑medizinische Bäder. 2) svw. ↑Kurort.
Heilbronn, Stadt am Neckar, Bad.-Württ., 116200 E; histor. Museum; Binnenhafen; Weinbau. 1944 zu 80% zerstört, u. a. wieder aufgebaut: Pfarrkirche Sankt Kilian (13. und 15.Jh.) mit Renaissanceturm, Rathaus (15./16. Jh.) mit großer Freitreppe. – Während des Interregnums entwickelte sich H. zur freien Reichsstadt; seit 1802/03 zu Württemberg.
Heilbutt ↑Schollen.
heilig, Begriff, der die religiöse, vornehmlich kult. Absonderung und Distanz *(Heiligkeit)* gegenüber dem Profanen (↑profan) bezeichnet.
Heilige, im NT die christl. Gemeinde oder christl. Missionare. In der *kath. Kirche* Menschen, die auf Grund ihres Märtyrertods oder heroischer Tugend nach offizieller ↑Heiligsprechung von den Gläubigen verehrt werden dürfen (↑Heiligenverehrung).
Heilige Allianz, Absichtserklärung der Monarchen Rußlands, Österreichs und Preußens vom 26. 9. 1815, die Prinzipien der christl. Religion zur Grundlage ihrer Innen- und Außenpolitik zu machen; von Metternich in ein konservatives Bündnis zur Erhaltung der Ordnung von 1815 gewandelt. Die H. A., der alle christl. Mächte Europas außer Großbrit. und dem Hl. Stuhl beitraten, wurde zum Inbegriff der Restauration; sie zerbrach schließlich am Interessengegensatz der europ. Großmächte.
Heilige der letzten Tage ↑Mormonen.
Heilige Drei Könige ↑Drei Könige.
heilige Kriege, kämpfer. Auseinandersetzungen im Namen einer religiösen Idee, eines vermeintlich göttl. Auftrags oder zur Verteidigung »heiliger« Bereiche; heute nur noch im Islam dogmatisch legitimiert (Djihad).
Heilige Liga, Name mehrerer, im Zeichen von Glaubenskriegen bzw. unter päpstl. Beteiligung abgeschlossener Al-

Heiliges Grab

Heilbronn. Stadtzentrum mit der Kilianskirche (15./16. Jh.), darüber der Marktplatz mit dem Rathaus (im Kern um 1300, Umbau 1579–82)

lianzen, v.a.: 1. H.L. von 1512 zw. Papst Julius II., Venedig, der Eidgenossenschaft und Aragonien, v.a. gegen König Ludwig XII. von Frankreich; 2. H.L. von 1526, Liga von Cognac, zw. Papst Klemens VII., König Franz I. von Frankreich, Mailand, Florenz und Venedig gegen Kaiser Karl V.; 3. H.L. von Péronne, 1576–95 kath. Bündnis unter der Familie Guise gegen Henri I., Fürst von Condé (Hugenottenkriege); 4. H.L. von 1684, Bündnis zw. Kaiser, Papst, Polen und Venedig (Türkenkriege).

Heilige Nacht, Nacht der Auferstehung Jesu Christi (Ostern), heute vorwiegend die seiner Geburt (Weihnachten).

Heiligendamm ↑Bad Doberan.

Heiligenkreuz, niederösterr. Gem. im Wienerwald, 1100 E. Älteste Zisterzienserabtei in Österreich (gegr. 1135/36), Stiftskirche mit roman. Langhaus (1135–um 1160) und got. Chor (geweiht 1295).

Heiligenschein (Nimbus, Gloriole, Glorienschein), in der christl. Ikonographie Lichtscheibe oder Strahlenkranz um das Haupt Gottes oder eines Heiligen. ↑Mandorla.

Heiligenverehrung, i.w.S. die in vielen Religionen verbreitete Verehrung geschichtl. oder myth. Persönlichkeiten, die als Heilige, Heiland, Heilbringer oder Heros gelten; i.e.S. die Verehrung der Heiligen im Christentum, bes. in der *kath. Kirche.* Erste Ansätze einer H. (als Märtyrerverehrung) finden sich bereits im 2. Jh., die schon bald in der jährl. Feier des Todestags des Märtyrers feste Gestalt als *Heiligenfest* annahmen. Die H. mittels eines *Heiligenbilds* ist theologisch so zu verstehen, daß die Verehrung dem im Bild Dargestellten, nicht aber dem Bild selbst gilt. Die *reformator. Theologie* und Praxis lehnt jede Art von H. als unbiblisch ab.

Heiliger Abend, der Tag, bes. der Abend vor Weihnachten.

Heiliger Geist (lat. Spiritus sanctus), in der christl. Theologie neben dem Vater und dem Sohn die dritte Person der ↑Trinität.

Heiliger Rock, der Leibrock Christi. Unter den Tuniken Christi, die gezeigt werden, nimmt die im Dom zu Trier eine hervorragende Stelle ein.

Heiliger Stuhl ↑Apostolischer Stuhl.

Heiliger Vater, Ehrentitel und Anredeform des Papstes.

Heiliges Grab, das Grab Jesu, nach bibl. Berichten ein einzelnes Felsengrab vor den Toren Jerusalems, im 4. Jh. mit einer Höhle identifiziert, über der Konstantin d. Gr. die Jerusalemer Grabeskirche errichten ließ. Im 14./15. Jh. wurde das Hl. Grab als Sarkophag gestaltet.

Heiliges Jahr

Heiliges Jahr, 1) bei den Juden ↑Jobeljahr.
2) in der kath. Kirche ein Jahr (auch Jubiläums- oder Jubeljahr), das der inneren Erneuerung der Gläubigen dienen soll (seit 1300 in unbestimmten Abständen, seit 1475 alle 25 Jahre begangen).
Heiliges Land, aus dem AT übernommene Bez. für Palästina.
Heiliges Römisches Reich (lat. Sacrum Imperium Romanum), amtl. Bez. für den Herrschaftsbereich des abendländ. Röm. Kaisers und der in ihm verbundenen Reichsterritorien vom MA bis 1806. Seit 1254 wurde die lat. Bez. verwendet, seit Kaiser Karl IV. erschien die dt. Formel H. R. R. (seit dem 15. Jh. auch mit dem Zusatz »deutscher Nation«).
Heiligkeit ↑heilig.
Heiligsprechung (Kanonisation), in der röm.-kath. Kirche auf Grund eines kirchenrechtl. geordneten Verfahrens in liturg. Form durch den Papst erfolgende feierl. Erklärung, durch die ein zuvor Seliggesprochener unter die Heiligen aufgenommen wird, deren Verehrung amtlich gestattet ist.
Heilongjiang, nördlichste Prov. der Mandschurei, China, 464 000 km², 34,77 Mio. E, Hauptstadt Harbin.
Heilpädagogik, svw. Sonderpädagogik (↑Pädagogik).
Heilpflanzen (Arzneipflanzen, Drogenpflanzen), Pflanzen, die wegen ihres Gehaltes an Wirkstoffen zu Heilzwecken verwendet werden. Nach der Wirkungsweise ihrer Inhaltsstoffe unterscheidet man weniger stark wirksame und stark wirksame (»giftige«) H., wobei die Heilwirkung der letzteren bei unsachgemäßer Anwendung (bes. Überdosierung) in eine schädl. Wirkung umschlagen kann.
Heilpraktiker, Berufs-Bez. für Personen, die ohne ärztl. Approbation die Heilkunde berufsmäßig ausüben (§ 1 Heilpraktikergesetz vom 17. 2. 1939). Der H. darf keine rezeptpflichtigen Heilmittel verschreiben und auf bestimmten medizin. Gebieten (z. B. Frauenheilkunde) nicht tätig werden.
Heilsarmee (Salvation Army), aus der von W. Booth 1865 gegründeten Ostlondoner Zeltmission 1878 hervorgegangene Gemeinschaft, die sich der Rettung Verwahrloster sowie dem »Kampf gegen das Laster« (v. a. den Alkoholmißbrauch) widmet und sich um Arbeitslose kümmert. In Deutschland (Sitz Köln) gibt es über 10 000 Mgl. Hauptquartier ist London.
Heilserum (Antiserum), zur passiven Immunisierung bei Infektionen, als Gegengift bei Schlangenbissen o. ä. verwendetes Immunserum.
Heilsgeschichte, Begriff der christl. Theologie für das geschichtl. Heilshandeln Gottes am Menschen.
Heimaey [isländ. 'hɛimaɛi], Hauptinsel der isländ. Westmännerinseln, 13 km²; letzter Vulkanausbruch 1973.
Heimarbeiter, Personen, die in selbstgewählter Arbeitsstätte im Auftrag von Gewerbetreibenden oder Zwischenmeistern gewerblich arbeiten, jedoch die Verwertung der Arbeitsergebnisse dem auftraggebenden Gewerbetreibenden überlassen.
Heimatkunst, i. w. S. jede aus dem Gefühl der Heimatverbundenheit erwachsene Kunst; in der *bildenden Kunst* meist als ↑Volkskunst bezeichnet, in der *Literatur* eine in Volkstum und heimatl. Landschaft wurzelnde Dichtung, die leicht der Gefahr der Idyllisierung des Dorf- und Landlebens verfällt und sich auch für Ideologisierungen anfällig gezeigt hat. Die Heimat war selbstverständl. Rahmen vieler Schriftsteller des 19. Jh. (z. B. J. P. Hebel, L. Anzengruber, J. Gotthelf, L. Ganghofer). Ende des 19. Jh. wurde H. v. a. von F. Lienhard und A. Bartels zum Programm erhoben. Der Dekadenzdichtung, Symbolismus und Naturalismus der Großstadt sollten ideale Werte entgegengestellt werden. Bartels vertrat die stark völk. Richtung, woran die ↑Blut-und-Boden-Dichtung des Nationalsozialismus anknüpfte.
Heimatvertriebene ↑Vertriebene.
Heimchen ↑Grillen.
Heimcomputer (Homecomputer), eine einfach ausgestattete Version des ↑Personalcomputers, die vorwiegend der Freizeitbeschäftigung dient (Computerspiele). Die Grenze zw. H. und Personalcomputer ist fließend, weil sich viele H. mit Zusätzen und entsprechenden Programmen auch professionell anspruchsvoll einsetzen lassen.
Heimdialyse, die Dialyse (↑künstliche Niere) außerhalb des Krankenhauses zu

Hause; erfolgreichstes Behandlungsverfahren bei Niereninsuffizienz; erfordert u. a. ein Trainingsprogramm im Krankenhaus.

Heimerziehung, die Erziehung Minderjähriger in Heimen; erfolgt 1. als freiwillige Erziehungshilfe oder als Fürsorgeerziehung; 2. wenn Kinder auf Grund körperl., geistiger oder Sinnesbehinderungen nicht in ihrer Familie angemessen erzogen werden können.

Heimskringla [altnord. »Weltkreis«], Hauptwerk ↑Snorri Sturlusons, entstanden um 1230.

Heimstätte, Grundstück, bestehend aus einem Einfamilienhaus mit Nutzgarten oder landwirtsch. Anwesen, zu deren Bewirtschaftung die Familie nicht ständiger fremder Hilfe bedarf. H. werden durch Bund, Länder, Gemeinden, Gemeindeverbände oder gemeinnützige Siedlungsgesellschaften zu günstigen Bedingungen ausgegeben. Das Eigentum ist vererblich und an »heimstättenfähige« Personen veräußerlich.

Heimwehren (Heimatwehren, Heimatschutz), paramilitär. Verbände des österreichischen Bauern- und Bürgertums 1918–36; gaben sich 1930 das Programm des austrofaschist. »Korneuburger Eides«, das auf den autoritären Ständestaat und die Machtübernahme im Staat zielte; 1936 verboten, gingen in der Vaterländ. Front auf.

Hein, Christoph, * Heinzendorf (Schlesien, heute Jasienica, Polen) 8. 4. 1944, dt. Schriftsteller. War Dramaturg an der Volksbühne in Berlin (Ost); schreibt Theaterstücke (u. a. »Cromwell u. a. Stücke«, 1981; »Die Ritter der Tafelrunde«, 1990) und Prosawerke (u. a. »Horns Ende«, R., 1985; »Der Tangospieler«, R., 1989; »Das Napoleon-Spiel«, R., 1993).

Heine, 1) Heinrich (bis 1825 Harry H.), * Düsseldorf 13. 12. 1797, † Paris 17. 2. 1856, dt. Dichter und Publizist. Sohn eines jüd. Tuchhändlers; 1825 Übertritt zum Protestantismus. 1831 ging H. nach Paris, wo er mit dem utop. Sozialismus der Saint-Simonisten sympathisierte. Auch die Kontakte mit K. Marx waren für seine polit. Entwicklung von Bedeutung. Seit 1848 war er auf Grund eines Rückenmarkleidens bis zu seinem Tode an die »Matratzengruft« gefesselt. Von H. ging als einzigem dt. Schriftsteller

Heinrich Heine (Ausschnitt aus einem Gemälde von Moritz Oppenheim, 1831; Hamburg, Kunsthalle)

seiner Epoche (v. a. durch seine Lyrik) weltliterar. Wirkung aus. In seiner Lyrik verband H. romant. Poesie mit Skepsis und Ironie. Die »Reisebilder« (Prosa und Lyrik, 2 Bde., 1826–27, darin: »Harzreise« und »Nordsee«; zwei weitere Bde. 1830–31, darin: »Die Bäder von Lucca«) begründeten seinen literar. Ruhm; die Lyrik aus den »Reisebildern« sammelte er, um viele neue Gedichte vermehrt, im »Buch der Lieder« (1827). Durch seinen ironisch-pointierten und polem. Stil schuf H. auch eine moderne feuilletonist. Prosa im Kampf gegen die polit. Restauration in Deutschland. Das Verbot der Schriften des Jungen Deutschland und seiner eigenen (Bundestagsbeschluß 1835) stützte sich auf seinen Beitrag »Zur Geschichte der Religion und Philosophie in Deutschland« (»Der Salon«, Bd. 2, 1835), in dem er darlegte, daß die klass. dt. Philosophie (Hegel) als Vorbereitung zur bürgerl. Revolution anzusehen sei. Das Pendant für die Literatur ist seine Darstellung »Zur Geschichte der neueren schönen Literatur in Deutschland« (2 Bde., 1833, ²1836 u. d. T. »Die romant. Schule«), eine literar. Abrechnung mit reaktionären Tendenzen der Spätromantik. Für seine beißende Satire über die dt. Zustände (Kleinstaaterei, Philisterhaftig-

Heinemann

Gustav Heinemann

Ernst Heinkel

Heinrich IV.,
Römischer Kaiser
(Oberteil einer
Statuette am Karlsschrein in Aachen;
um 1215)

keit) wählte H. das Versepos sowohl für »Deutschland. Ein Wintermärchen« (1844, in: »Neue Gedichte«, 1844) wie auch für »Atta Troll. Ein Sommernachtstraum« (1847), in dem er die Unzulänglichkeiten der sog. Tendenzpoesie kritisierte.
2) **Thomas Theodor**, *Leipzig 28. 2. 1867, † Stockholm 26. 1. 1948, dt. Karikaturist und Illustrator. Mitbegründer und Mitarbeiter des »Simplicissimus«.
Heinemann, Gustav, *Schwelm 23. 7. 1899, † Essen 8. 7. 1976, dt. Politiker. Unter der nat.-soz. Diktatur an führender Stelle in der Bekennenden Kirche tätig; 1949–55 Präses der Synode der EKD; 1945–52 Mgl. der CDU; 1949/50 erster Bundesinnen-Min., trat zurück aus Protest gegen das den Westmächten ohne Wissen des Kabinetts durch Bundeskanzler Adenauer gemachte Angebot, die BR Deutschland aufzurüsten. Gründete 1951 die Notgemeinschaft für den Frieden Europas; 1952 Mitbegründer der Gesamtdt. Volkspartei; seit 1957 Mgl. der SPD und MdB; betrieb als Bundesjustiz-Min. 1966–69 zielstrebig die Große Strafrechtsreform, die Reform des Unehelichenrechts und die des polit. Strafrechts; 1969–74 Bundespräsident.
Heinicke, Samuel, *Nautschütz bei Naumburg/Saale 10. 4. 1727, † Leipzig 30. 4. 1790, dt. Pädagoge. Begründer der ersten dt. Taubstummenschule (1778).
Heinkel, Ernst [Heinrich], *Grunbach (heute zu Remshalden) 24. 1. 1888, † Stuttgart 30. 1. 1958, dt. Flugzeugkonstrukteur. Gründete 1922 die Ernst-Heinkel-Flugzeugwerke; entwickelte zahlr. Flugzeugtypen: u. a. die von einer Flüssigkeitsrakete angetriebene He 176 (1939; erstes eigenstartfähiges Raketenflugzeug der Welt) und die mit einem Turboluftstrahltriebwerk ausgerüstete He 178 (1939).
Heinrich der Vogler, mhd. Epiker der 2. Hälfte des 13. Jh. Wohl Bearbeiter (um 1275) von »Dietrichs Flucht«.
Heinrich von dem Türlin, mhd. Epiker vom Anfang des 13. Jh. »Der aventiure crône« (Epos, um 1220).
Heinrich von Meißen, gen. Frauenlob, *Meißen um 1250/60, † Mainz 29. 11. 1318, mhd. Lyriker und Spruchdichter. 3 Leiche (Minne-, Kreuz-, Marienleich), etwa 450 Spruchstrophen und 13 Lieder. Großer Einfluß auf die Meistersinger.
Heinrich von Melk, mhd. Dichter des 12. Jh. Verfaßte um 1160 das asket.-weltfeindl. Gedicht »Von des tōdes gehugede« (Erinnerungen an den Tod); zugeschrieben wird ihm das Gedicht »Priesterleben«.
Heinrich von Morungen, mhd. Lyriker vom Ende des 12. und Anfang des 13. Jh. Sein Werk gehört zum Höhepunkt des mhd. Minnesangs.
Heinrich von Mügeln, mhd. Dichter des 14. Jh. Dichtete das allegorisierende Gedicht »Der meide kranz«; auch Minnelieder.
Heinrich von Ofterdingen, sagenhafter Dichter des 13. Jh. Erscheint in dem mhd. Gedicht »Der Wartburgkrieg« (13. Jh); Titelheld von Novalis' Romanfragment »H. von O.« (1802).
Heinrich von Veldeke ['fel...], mhd. Dichter der 2. Hälfte des 12. Jh. Seine Minnelieder sind von der frz. Troubadourdichtung beeinflußt; sein Hauptwerk, das höf. Versepos »Eneit« (entstanden zw. 1170 und 1200), ist die erste dt. Bearbeitung eines antiken Stoffes in mittelalterl.-höf. Sinne.
Heinrich, Name von Herrschern:
Hl. Röm. Reich: **1) Heinrich. I.**, *um 875, † Memleben 2. 7. 936, Hzg. von Sachsen (seit 912), König (seit 919). Brachte Böhmen und die Elbslawen unter die Oberhoheit des Reichs (934 auch Teile der Dänen); besiegte die Ungarn 933 bei Riade mit einem Heer aus allen Stämmen, wodurch er innenpolitisch das Reich konsolidierte; außenpolit. Höhepunkt war 935 der Erwerb Lothringens.
2) Heinrich II., der Heilige, *Bad Abbach bei Kelheim 6. 5. 973, † Pfalz Grone (heute zu Göttingen-Grone) 13. 7. 1024, Hzg. von Bayern (seit 995), König (seit 1002), Kaiser (seit 1014). Setzte sich in Italien gegen König Arduin durch; erreichte 1004 die Herausgabe Böhmens durch Boleslaw I. von Polen; errichtete 1007 das Bistum Bamberg; förderte die Kirchen- und Klosterreform; setzte 1021/22 die Oberhoheit des Reichs in Unteritalien durch.
3) Heinrich III., *28. 10. 1017, † Pfalz Bodfeld im Harz 5. 10. 1056, Hzg. von Bayern (seit 1027), König (seit 1028, re-

Heinrich

gierte seit 1039), Hzg. von Schwaben, von Kärnten und König von Burgund (seit 1038), Kaiser (seit 1046). Auf den Synoden von Sutri und Rom (1046) ließ er die drei streitenden Päpste absetzen und Klemens II. erheben; wirkte bei der Erhebung von Reichsbischöfen zu Päpsten (Damasus II., Leo IX., Viktor II.) mit, förderte die kluniazens. Reform.

4) Heinrich IV., *Goslar (?) 11. 11. 1050, † Lüttich 7. 8. 1106, König (seit 1056), Kaiser (seit 1084). Sohn von H. III. Schlug den sächs. Fürstenaufstand (1073–75) nieder. Der Streit mit dem Reformpapsttum um die Besetzung des Mailänder Erzstuhls (seit 1073) mündete in den ↑Investiturstreit, als H. die Absetzungsdrohung Gregors VII. mit dessen Absetzung (Wormser Reichssynode 1076) beantwortete. Die Lösung vom päpstl. Bann erreichte H. 1077 durch den Gang nach Canossa. 1080 erneut gebannt, erhob er Klemens (III.) zum Gegenpapst und ließ sich von ihm zum Kaiser krönen. Die Gegenkönige Rudolf von Rheinfelden und Hermann von Salm bekämpfte er erfolgreich. 1105 zwang ihn sein Sohn H. V. zur Abdankung.

5) Heinrich V., *wohl 11. 8. 1086, † Utrecht 23. 5. 1125, König (seit 1098), Kaiser (seit 1111). Sohn von H. IV. Erzwang von dem gefangengesetzten Papst Paschalis II. das Recht der Investitur; beendete 1122 im Wormser Konkordat den Investiturstreit.

6) Heinrich VI., *Nimwegen 1165, † Messina 28. 9. 1197, König (seit 1169), Kaiser (seit 1191), König von Sizilien (seit 1194). Sohn Friedrichs I. Erhob 1189 im Namen seiner Frau Konstanze († 1198), der Erbin des Kgr. Sizilien, Ansprüche auf die sizil. Krone, die er mit Waffengewalt durchsetzte; setzte den engl. König Richard I. Löwenherz gefangen (1192–94). Sein Erbreichsplan (1196) scheiterte am Widerstand der Reichsfürsten.

7) Heinrich (VII.), *auf Sizilien 1211, † Martirano bei Catanzaro 12. 2. 1242, König von Sizilien (seit 1212), dt. König sowie Herzog von Schwaben (1220–35). Sohn Kaiser Friedrichs II. Erhob sich gegen seinen Vater, mußte sich 1235 unterwerfen; seitdem in Apulien gefangengehalten; starb vermutlich an den Folgen eines Selbstmordversuchs.

8) Heinrich Raspe, *um 1204, † auf der Wartburg 16. 2. 1247, Landgraf von Thüringen; ließ sich 1246 auf päpstl. Drängen zum Gegenkönig gegen Friedrich II. wählen.

9) Heinrich VII., *1274 oder 1275, † Buonconvento bei Siena 24. 8. 1313, Röm. König (seit 1308), König von Italien (seit 1311), Kaiser (seit 1312). Luxemburger; machte 1310 seinen Sohn Johann zum König von Böhmen und brach im selben Jahr zu seinem Italienzug auf, um die zerrüttete Kaisermacht wiederherzustellen.

Bayern: **10) Heinrich I.**, *Nordhausen 919/22, † Regensburg Okt. 955, Herzog. Sohn von König H. I.; erhielt nach seiner Unterwerfung unter seinen Bruder Otto I. 939 Lothringen (bis 940), 948 das bayer. Stammesherzogtum, 952 die Mark Verona.

11) Heinrich II., der Zänker, *951, † Gandersheim 28. 8. 995, Hzg. von Bayern (955–976, seit 985), Hzg. von Kärnten (seit 989). Empörte sich 974–77 gegen Kaiser Otto II.

12) Heinrich X., der Stolze, *um 1108, † Quedlinburg 20. 10. 1139, Hzg. von Bayern (1126–38) und von Sachsen (als H. II.; 1137–39). Stellte sich durch seine Heirat mit Gertrud, Tochter Kaiser Lothars III., gegen die Staufer. Verlor seine Reichslehen nach der Wahl des Staufers Konrad III.

13) Heinrich der Löwe, *um 1129, † Braunschweig 6. 8. 1195, Hzg. von Sachsen (1142–80) und Bayern (1156–80). Welfe; dehnte in Sachsen seinen Machtbereich bis zur Peene aus und sicherte den Ostseehandel durch Städtegründungen (u. a. Lübeck, Braunschweig). Auf der Höhe seiner Macht überwarf sich H. mit seinem Vetter, Kaiser Friedrich I., als er ihm 1176 auf dem 5. Italienzug die nötige Hilfe verweigerte. 1179 verfiel er der Acht, 1180 der Aberacht (Neuvergabe seiner Reichslehen) und ging nach seiner Kapitulation 1181 in die Verbannung nach England; 1194 Rückkehr in seine Eigengüter um Braunschweig.

14) Heinrich XI., Hzg., ↑Heinrich II. Jasomirgott, Hzg. von Österreich.

Deutscher Orden: **15) Heinrich von Plauen**, *vor 1370, † Lochstädt 9. 11. 1429, Hochmeister des Dt. Ordens (1410–14). Sicherte nach der Schlacht

Heinrich der Löwe

Heinrich

Heinrich VIII., König von England (Ausschnitt aus einem Gemälde von Hans Holbein d. J., 1537; Madrid, Palacio Villahernosa)

bei Tannenberg die Marienburg; schloß 1411 mit Polen den 1. Thorner Frieden.
England: **16) Heinrich II. Kurzmantel,** *Le Mans 5. 3. 1133, † Chinon 6. 7. 1189, Hzg. der Normandie (1150), Graf von Anjou (1151), König (seit 1154). Aus dem Haus Plantagenet; ∞ mit Eleonore von Aquitanien; begründete das Angevin. Reich.
17) Heinrich IV. (H. Bolingbroke), *Bolingbroke (Lincolnshire) etwa April 1366, † Westminster (heute zu London) 20. 3. 1413, König (seit 1399). Erster König aus dem Haus Lancaster. Schlug den Aufstand des Owen †Glendower nieder.
18) Heinrich V., *Monmouth 16. 9. (?) 1387, † Vincennes 31. 8./1. 9. 1422, König (seit 1413). Sohn von H. IV. Siegte bei Azincourt (1415) über Frankreich und besetzte ganz N-Frankreich; 1420 als Erbe der frz. Krone und Regent von Frankreich anerkannt.
19) Heinrich VI., *Windsor 6. 12. 1421, † London 21. 5. 1471, König (1422–61 und 1470/71). Sohn H. V. Unter ihm 1453 Niederlage Englands im Hundertjährigen Krieg. Im Verlauf der Rosenkriege von Eduard IV. verdrängt und schließlich im Tower ermordet.
20) Heinrich VII., *Pembroke Castle (Wales) 28. 1. 1457, † Richmond (heute Richmond upon Thames, Surrey) 21. 4. 1509, König (seit 1485). Sein Sieg bei Bosworth (1485) gegen Richard III. gewann ihm die Krone und beendete die Rosenkriege; begründete die Dynastie der Tudor.
21) Heinrich VIII., *Greenwich (heute zu London) 28. 6. 1491, † Westminster (heute zu London) 28. 1. 1547, König (seit 1509). Sohn von H. VII.; H. ließ es zum Bruch mit dem Papst kommen, als dieser die Nichtigkeitserklärung der Ehe (seit 1509) mit Katharina von Aragonien verweigerte. Nach Annahme der Suprematsakte durch das Parlament (1534) proklamierte sich H. zum Oberhaupt der Kirche von England und forderte den Suprematseid, dessen Verweigerung mit der Todesstrafe bedroht wurde (Opfer u. a. T. More). Seine zweite Gemahlin (seit 1533) Anna Boleyn ließ er 1536 hinrichten und heiratete Jane Seymour († 1537). Nach der kurzen Ehe mit Anna von Kleve (∞ 1540) heiratete H. 1540 Catherine Howard, nach deren Hinrichtung (1542) 1543 Catherine Parr, die ihn überlebte.
Frankreich: **22) Heinrich II.,** *Saint-Germain-en-Laye 31. 3. 1519, † Paris 10. 7. 1559, König (seit 1547). Sohn Franz' I., seit 1533 ∞ mit Katharina von Medici; schloß 1552 den Vertrag von Chambord mit der dt. Fürstenverschwörung; unterlag Spanien (Frieden von Cateau-Cambrésis 1559).
23) Heinrich III., *Fontainebleau 19. 9. 1551, † Saint-Cloud 2. 8. 1589, König (seit 1574), als H. II. König von Polen (1573–74). Sohn von H. II. Unter dem Druck der Hl. Liga von Péronne erließ H. das Edikt von Nemours (1585) gegen die Hugenotten und begann den 8. Hugenottenkrieg, in dessen Verlauf er aber den Führer der Katholiken, den Hzg. von Guise, umbringen ließ und sich mit den Hugenotten verbündete, um das von der Liga beherrschte Paris einzunehmen; bei der Belagerung ermordet.
24) Heinrich IV., *Pau 13. 12. 1553, † Paris 14. 5. 1610 (ermordet), König (seit 1589), als H. III. König von Navarra (seit 1572). Erster Bourbone; seit 1569 Führer der Hugenotten. Bei seiner Heirat (1572, Auflösung der Ehe 1599) mit Margarete von Valois, die zu einer Aussöhnung mit der kath. Partei führen sollte, kam es zur Bartholomäusnacht. Nach seinem Übertritt zum Katholizismus 1593 (»Paris ist eine Messe wert«) zum frz. König gekrönt; religiöse Befriedung (Edikt von Nantes 1598) und Sanierung der Staatsfinanzen. 1600 heiratete H. Maria von Medici.
Österreich: **25) Heinrich II. Jasomirgott,** † Wien 13. 1. 1177, Hzg. von Österreich (seit 1156), Hzg. von Bayern (als H. XI.; 1143–56). Sohn Markgraf Leopolds III. von Österreich. Mußte 1156 zugunsten von H. dem Löwen auf Bayern verzichten, wofür die Mark Österreich in ein Hzgt. umgewandelt und mit außerordentl. Rechten ausgestattet wurde (Privilegium minus).
Portugal: **26) Heinrich der Seefahrer,** *Porto 4. 3. 1394, † Sagres bei Lagos 13. 11. 1460, Infant. Sohn König Johanns I. von Portugal; schuf die Voraussetzungen für die portugies. Seemacht und das portugies. Kolonialreich durch Förderung von Entdeckungsfahrten (seit 1418 Madeiragruppe, Azoren, westafrikan. Küste).

Heinrich der Seefahrer, Infant von Portugal

Heißwassergeräte

Sachsen: **27) Heinrich II.**, Hzg., †Heinrich X., der Stolze, Hzg. von Bayern.
28) Heinrich der Löwe, Hzg., †H. der Löwe, Hzg. von Bayern.
Heinrich-Böll-Preis, Literaturpreis der Stadt Köln (1980–1985 unter dem Namen »Kölner Literaturpreis«); 1985–93 jährlich, seither alle zwei Jahre für »herausragende Leistungen auf dem Gebiet der deutschsprach. Literatur« vergeben. Preisträger: Hans Mayer (1980), P. Weiss (1981), W. Schnurre (1982), U. Johnson (1983), H. Heißenbüttel (1984), H. M. Enzensberger (1985), E. Jelinek (1986), L. Harig (1987), D. Wellershoff (1988), B. Kronauer (1989), G. de Bruyn (1990), R. Goetz (1991), H. J. Schädlich (1992), A. Kluge (1993), Jürgen Becker (1995).
Heinsberg, Kreisstadt an der dt.-niederl. Grenze, NRW, 37500 E. Spätgot. Pfarrkirche Sankt Gangolf (15. Jh.) mit roman. Krypta (um 1130).
Heinse, Johann Jakob Wilhelm, *Langewiesen 15. (16.?) 2. 1746, † Aschaffenburg 22. 6. 1803, dt. Schriftsteller. Vertrat eine naturhafte Sinnlichkeit, bes. in seinem Künstlerroman »Ardinghello und die glückseligen Inseln« (2 Bde., 1787).
Heinzelmännchen, schon im 16. Jh. gebrauchte Bez. für hilfreiche Zwerge und Hausgeister.
Heirat, svw. †Eheschließung.
Heiratsvermittlung †Ehemakler.
Heiseler, 1) Bernt von, *Großbrannenberg bei Rosenheim 14. 6. 1907, † ebd. 24. 8. 1969, dt. Schriftsteller. Sohn von Henry von H.; sein Werk umfaßt zahlr. Gattungen, u. a. »Versöhnung« (R., 1953).
2) Henry von, *Petersburg 23. 12. 1875, † Vorderleiten (Kreis Rosenheim) 25. 11. 1928, dt. Schriftsteller. Vater von Bernt von H.; in seiner Lyrik anfangs S. George verpflichtet; wandte sich in Versdramen der klass.-schlichten Form zu.
Heisenberg, Werner, *Würzburg 5. 12. 1901, † München 1. 2. 1976, dt. Physiker. Seit 1946 Direktor des Max-Planck-Instituts für Physik und Astrophysik (Göttingen, später München). H. hat mit seinen Beiträgen zur Atom- und Kernphysik die Entwicklung der modernen Physik nachhaltig beeinflußt. 1927 gelangte H. zur Aufstellung seiner Unschärferelation. Für seine Beiträge zur Quantentheorie erhielt er 1932 den Nobelpreis für Physik. Ab 1953 befaßte er sich mit einer einheitl. Feldtheorie der Elementarteilchen *(Heisenbergsche Weltformel).*

Heiserkeit (Raucedo, Raucitas), rauhe, krächzende oder tonlose Stimme; meist eine Begleiterscheinung verschiedener Kehlkopferkrankungen.

Heisig, Bernhard, *Breslau 31. 3. 1925, dt. Maler und Graphiker. Prof. in Leipzig; gestaltet, beeinflußt von L. Corinth und O. Kokoschka, bes. histor. und zeitkrit. Themen in dynamisch-expressiver Auffassung.

Werner Heisenberg

Heißdampfreaktor †Kernreaktor.

Heißenbüttel, Helmut, *Rüstringen (heute zu Wilhelmshaven) 21. 6. 1921, dt. Schriftsteller. 1959–81 Leiter der Abteilung »Radio-Essay« beim Süddt. Rundfunk; bed. Vertreter der †experimentellen Dichtung; schrieb u. a. »Textbücher« (1960 ff.; bisher 11 Bde.) sowie »Projekte« (1970, 1974, 1978, 1979, 1980) und Essays; auch literaturkrit. und theoret. Arbeiten (»Briefwechsel über Literatur«, 1969). 1969 Georg-Büchner-Preis.

heißer Draht, Bez. für die direkten Fernschreibleitungen (seit 1963) zw. den Amtssitzen des Präs. der USA und des sowjet. Min.-Präs.; soll durch direkten Kontakt zw. den Regierungen friedensgefährdende Fehldeutungen vermeiden helfen.

heißes Geld (engl. hot money), fluktuierende Gelder, die in das Land mit der jeweils größten erwarteten Währungsstabilität fließen; bei geringsten Anzeichen inflationist. Tendenz sofortiger Abzug.

Heißleiter (NTC-Widerstand, Thermistor), elektr. Widerstand aus Halbleitermaterial, das unter Normalbedingungen eine geringe, bei Erwärmung jedoch eine hohe Leitfähigkeit besitzt; Verwendung zum Vermindern von Einschaltströmen und zur Temperaturmessung.

Heißwassergeräte, meist elektrisch betriebene Geräte zur Bereitung und Speicherung von Warmwasser bis ca. 85 °C *(Warm-* oder *Heißwasserspeicher;* mit hochwert. Wärmeisolierung, 5–80 Liter Inhalt). *Boiler* (Inhalt 5 Liter) zählen zu den *Kochendwassergeräten* (meist

Heisterbach

ohne Wärmeisolierung; bis 100°C). Mit Strom oder Gas betriebene *Durchlauferhitzer* sind Druckgeräte, die sich nur bei Wasserentnahme einschalten.

Heisterbach, ehem. Zisterzienserabtei (gegr. 1189, 1803 aufgehoben und abgebrochen), heute zu Königswinter; Chorruine der Kirche (1202–37).

Heizkessel, Anlagen zur Erzeugung der Wärme für zentrale Heizungsanlagen u. ä. Die bei der Verbrennung von Kohle, Gas oder Öl entstehende Verbrennungswärme wird an Wärmeträger (Wasser, Wasserdampf) abgegeben und zum Wärmeverbraucher (Heizkörper, Wärmeaustauscher in Lüftungs- und Klimaanlagen) transportiert.

Heizkörper, Bestandteil einer Heizungsanlage, der die Wärme des Wärmeträgers durch Konvektion und Strahlung an den Raum abgibt. Oberflächentemperatur des H. bis etwa 80°C. Typ. Bauformen sind *Radiatoren* aus Gußeisen oder Kunststoff *(Glieder-H.)* und bes. flache *Platten-H.* aus zwei senkrecht profilierten, stählernen Schalenwänden. *Konvektoren* bestehen aus Rohren mit Lamellen hinter einer Verkleidung (Kaminwirkung).

Heizöle, bei der Aufbereitung von Erdöl, Schieferöl oder Braunkohlen- und Steinkohlenschwelteeren anfallende benzinarme Destillate.

Heizung, allg. eine Vorrichtung oder Anlage zum Erwärmen (Aufheizen) von Stoffen, Geräten u. a.; i. e. S. Sammelbez. für Vorrichtungen mit der Aufgabe, Räume aller Art zu erwärmen. Eine H.anlage besteht im wesentlichen aus der Wärmeerzeugungsanlage und den zur Wärmeabgabe bestimmten Teilen. Wärme wird durch Verbrennung von Kohle, Gas, Öl oder durch Umwandlung von elektr. Energie erzeugt.

Bei der *Einzel-H.* befindet sich die Heizstelle *(Ofen)* unmittelbar in dem Raum, der beheizt werden soll; Wärmeabgabe durch Konvektion oder Strahlung. Die Öfen unterscheidet man nach *Baustoffen* (Kachelofen, eiserner Ofen) oder nach *Brennstoffen* bzw. *Energieart* (Kohle-, Gas-, Ölofen, elektr. Ofen). Der *Kachelofen* zählt zu den *Speicheröfen*. Die Ummantelung nimmt Wärme auf und gibt sie vorwiegend durch Konvektion in den Raum ab. Eiserne Öfen haben einen mit Schamottesteinen ausgekleideten Stahlmantel. Im *Gasofen* werden Heizgase (Stadt-, Erdgas) verbrannt. In *elektr. Öfen* wird elektr. Energie in Wärme umgewandelt. *Strahlungsheizkörper* sind Heizsonne, Wand- und Deckenstrahler. Zu den Konvektionsheizkörpern gehören *Heizlüfter* und *Nachtstrom-Speicheröfen*. Diese werden mit Nachtstrom zu Niedrigtarifen aufgeheizt, und die isolierte Wärmespeicher (Temperatur bis 650°C) gibt bei Bedarf die Wärme wieder ab; die Konvektion wird mit einem Ventilator erzwungen. *Ölöfen* enthalten einen Verdampfungsbrenner, dem eine regelbare Menge Heizöl zugeführt wird. Bei der *Zentral-H.* werden die einzelnen Räume von einer zentralen Feuerstelle mit Wärme versorgt. Weitaus am häufigsten ist die *Warmwasser-H.* An der tiefsten Stelle des Gebäudes (bei der *Etagen-H.* auf demselben Stockwerk) befindet sich ein ↑Heizkessel. Bei der *Schwerkraft-H.* erfolgt der Kreislauf des Wassers infolge des unterschiedl. spezif. Gewichts zw. erwärmtem *(Vorlauf)* und abgekühltem Wasser *(Rücklauf)*. Bei großen hohen Gebäuden wird die *Pumpen-H.* angewendet; hierbei wird das Wasser mit einer elektr. Umwälzpumpe umgewälzt. Bei der *Dampf-H.* wird als Wärmeträger Wasserdampf verwendet, der in einem Kessel erzeugt wird und durch Rohrlei-

Heizung. Schematische Darstellung einer Zentralheizungsanlage mit elektronischer Temperaturregelung

Heldensage

tungen zu den Heizkörpern strömt. Im Heizkörper kondensiert der Dampf unter Wärmeabgabe *(Kondensationswärme);* das Kondensat fließt zum Kessel zurück. Bei der *Warmluft-H.* werden meist mehrere Räume von einem zentralen Kachelofen über Luftkanäle beheizt. Zur *Flächenbeheizung* von Innenräumen oder Freiflächen (Fahrbahn, Gehweg, Flugplätze) eignet sich bes. die *Fußboden-H.* Elektr. Heizmatten oder warmwasserführende Kunststoff- oder Kupferrohre werden in den Estrich, Mörtel oder Beton eingebaut. Eine ↑Wärmepumpe wird meist in eine vorhandene Zentral-H. integriert *(bivalente H.).* Zur zentralen H. ganzer Gebäudegruppen dient die *Fern-H.,* ausgehend von einem Heizkraftwerk; als Wärmeträger dient Warmwasser (Temperatur unter 110 °C), Heißwasser (130 bis 180 °C) oder Dampf (0,2 bis 0,3 MPa). Außerdem gibt es H.systeme, die mit Sonnenenergie arbeiten (↑Sonnenkollektor).

Heizwert, Wärmemenge, die bei vollständiger Verbrennung eines Brennstoffs je Mengeneinheit verfügbar wird; Angabe in kJ/kg. Da das im Brennstoff vorhandene und das bei der Verbrennung zusätzlich gebildete Wasser nach der Verbrennung entweder *flüssig* oder *dampfförmig* (bei jeweils 25 °C) sein kann, unterscheidet man zw. *oberem H.* (↑Brennwert) und *unterem Heizwert.*

Hekabe (lat. Hecuba), Gestalt der griech. Mythologie. Gemahlin des Königs Priamos von Troja, Mutter u. a. von Paris, Hektor, Polydoros, Polyxene und Kassandra.

Hekatombe [griech.], urspr. das Opfer von 100 Tieren, dann jedes große Opfer, auch Bez. für große Menschenverluste.

Hektar [frz.], Einheitenzeichen ha, Flächeneinheit; 1 ha = 100 a = 10 000 m².

hektisch [griech.], fieberhaft, aufgeregt, von krankhafter Betriebsamkeit.

hekto..., Hekto... [griech.-frz.], Vorsatz bzw. Bestimmungswort von Zusammensetzungen mit der Bedeutung hundert[fach]. ↑Vorsatzzeichen.

Hektopascal, Einheitenzeichen hPa, das 100fache der Druckeinheit ↑Pascal; in der Meteorologie für Millibar (mbar) verwendet; 1 hPa = 1 mbar.

Hektor, Gestalt der griech. Mythologie. Ältester Sohn des Königs Priamos von Troja und der Hekabe; wird von Achilleus erschlagen.

Hel (Niflheim, Niflhel), in der german. Mythologie eines der Totenreiche. Personifiziert ist H. Göttin des Totenreiches.

Hela, Halbinsel, 34 km lange Nehrung an der Ostseeküste Polens.

Held, 1) Kurt, eigtl. K. Kläber, *Jena 4. 11. 1897, † Sorengo (Tessin) 9. 12. 1959, dt. Schriftsteller. ∞ mit L. Tetzner; emigrierte 1933 in die Schweiz. Bes. Beachtung fanden seine Jugendbücher (»Die rote Zora und ihre Bande«, 1941).
2) Martin, *Berlin 11. 11. 1908, † Berlin 31. 1. 1992, dt. Schauspieler. Distanziert-ironische Spielweise; auch zahlreiche Filmrollen, u. a. »Der Pfingstausflug« (1978).

Martin Held

Heldbock (Großer Eichenbock), 3–5 cm langer größter Bockkäfer in Europa und W-Asien; Körper und Flügeldecken schwarzbraun; Larven v. a. in Eichen schädlich.

Heldenepos, im Unterschied zum höf. Epos, der Spielmannsdichtung oder auch dem Kunstepos im Synonym für das Epos in strengem Sinn, das histor. Geschehen und z. T. auch myth. Überlieferung reflektiert und sich um Heldengestalten kristallisiert, z. B. »Gilgamesch-Epos«, »Ilias« und »Odyssee«. Bes. zu nennen sind die Heldenepen des MA, die frz. Chansons de geste und das »Nibelungenlied«. ↑Epos.

Heldenlied, die knappere und ältere Variante der Heldendichtung (gegenüber dem umfangreicheren ↑Heldenepos). Das H. konzentriert sich auf die Höhepunkte einer Handlung; es ist mündl. Dichtung mit nicht unbedingt festliegendem Text. Von diesen in vielen Weltteilen nachweisbaren »rhapsod.« H. unterscheiden sich die aus dem frühen und hohen MA erhaltenen Denkmäler german. H.dichtung (so das althochdt. ↑»Hildebrandslied« und die altnord. H. der ↑Edda).

Heldensage, v. a. in ↑Heldenlied und ↑Epos fixierte Sage. Die H.überlieferung der einzelnen Völker ordnet sich meist zyklisch zu Sagenkreisen, in deren Mittelpunkt jeweils ein überragender Held oder gott. Heros bzw. ein ganzes Geschlecht steht, z. B. Herakles, Odysseus, Siegfried und die Nibelungen.

1475

Helder, Den

Karl Helfferich

Heliotrop.
Europäische
Sonnenwende
(Höhe 15–50 cm)

Helder, Den, niederl. Hafenstadt am Marsdiep, 63 200 E. Marinehafen.

Helena, Gestalt der griech. Mythologie. Von außerordentl. Schönheit, wird sie von dem myken. Prinzen Menelaos geheiratet. Ihr Raub durch den trojan. Königssohn Paris löst den Trojan. Krieg aus.

Helena (Flavia Iulia H.), hl., * Drepane (Bithynien) um 257, † Rom oder Nikomedia (heute İzmit) wohl 336, Mutter Konstantins I., d. Gr. Durch ihren Sohn Konstantin 325 zur Augusta erhoben; seit 312 Christin. – Fest: 18. August.

Helena [engl. 'helɪnə], Hauptstadt des Staates Montana, USA (seit 1889), im O der Rocky Mountains, 24 600 E.

Helfferich, Karl, * Neustadt an der Weinstraße 22. 7. 1872, † Bellinzona 23. 4. 1924 (Eisenbahnunglück), dt. Politiker (DNVP). 1916/17 Vizekanzler und Leiter des Reichsamts des Innern; brachte 1920 mit persönl., später als nicht stichhaltig erwiesenen Verdächtigungen M. Erzberger zu Fall; mitverantwortlich für die Schaffung der Rentenmark.

Helgoland, Insel in der Dt. Bucht (Nordsee), 65 km nw. von Cuxhaven, zu Schlesw.-Holst., 2,09 km², 1 700 E. Besteht aus einem Buntsandsteinsockel mit steiler Kliffküste und der 1,5 km entfernten Düne. Nordseeheilbad. – Seit 1402 beim Hzgt. Schleswig; 1714 dän., 1807 brit. Besetzung (vertragsgemäß seit 1814); seit 1890 dt. (↑Helgoland-Sansibar-Vertrag); Ausbau zum Marinestützpunkt; 1945 völlig zerstört; 1945 bis 1952 Übungsziel der brit. Luftwaffe; gehört seit 1996 zum dt. Hoheits- und Steuergebiet.

Helgoland-Sansibar-Vertrag, am 1. 7. 1890 abgeschlossener dt.-brit. Interessenausgleich in den afrikan. Kolonialstreitigkeiten. Für die Anerkennung der brit. Kolonialherrschaft über Sansibar erhielt Deutschland Helgoland.

Heliand, anonym überliefertes altsächs. Epos, wohl um 830 entstanden. Schildert in fast 6 000 Stabreimversen die Lebensgeschichte Christi.

Helianthus [griech.], svw. ↑Sonnenblume.

Helikopter [griech.], svw. ↑Hubschrauber.

helio..., **Helio...** [griech.], Bestimmungswort von Zusammensetzungen mit der Bedeutung »Sonne«.

Heliopolis, 1) nö. Vorort von Kairo. – Die antike Stadt *Heliupolis* (im AT *On*) lag 4 km nw. vom heutigen H.; im Altertum bed. religiöses Zentrum Ägyptens (Sonnenheiligtum).
2) ↑Baalbek.

Helios, griech. Sonnengott.

Heliotrop [griech.] (Sonnenwende), Gatt. der Rauhblattgewächse mit mehr als 250 Arten in den Tropen und Subtropen sowie in den wärmeren gemäßigten Gebieten.

heliozentrisches System, Weltbild, bei dem die Planeten die Sonne als Mittelpunkt der Welt umkreisen. Diese heliozentr. Planetentheorie wurde 1543 von N. Kopernikus veröffentlicht, der damit auf Gedanken zurückgriff, die schon Aristarchos von Samos 265 v. Chr. geäußert hatte. Das h. S. verdrängte das ↑geozentrische System nur langsam, was aber nicht nur am Widerstand der Kirche lag. Erst J. Kepler konnte mit seinen Planetengesetzen die Schwächen des h. S. berichtigen.

Helium [griech.], chem. Symbol **He**, gasförmiges, sehr reaktionsträges chem. Element aus der Gruppe der Edelgase des Periodensystems der chem. Elemente. Ordnungszahl 2; mittlere relative Atommasse 4,00260. Das farblose, einatomige Edelgas hat eine Dichte von 0,1785 kg/m³, Schmelztemperatur (bei 2,6 MPa) −272,2 °C; Siedetemperatur −268,934 °C. Füllgas für Ballone, Kältemittel und Trägergas in der Gaschromatographie.

Helldunkel. Rembrandt. »Der Segen Jakobs« (1656; Kassel, Staatliche Kunstsammlungen)

Helix [griech.], Gatt. großer, auf dem Lande lebender Lungenschnecken (u. a. Weinbergschnecke).

Helixstruktur, stabile wendelförmige räuml. Anordnung der Bausteine von Makromolekülen, z. B. die Doppelhelix der DNS.

helladische Kultur, Kultur der kretisch-myken. Epoche auf dem griech. Festland. Man unterscheidet: frühhelladisch (etwa 2600–1900), mittelhelladisch (etwa 1900–1600) und späthelladisch (1600–1200, ↑mykenische Kultur).

Hellas, antike Bez. für Griechenland, 1822 für den neugriech. Staat wiederaufgegriffen. *Hellenen* hießen seit etwa 700 v. Chr. alle Griechen.

Hellbrunn, Barockschloß mit Park und berühmten Wasserspielen (seit 1921 zu Salzburg); 1613–19 von Santino Solari (* 1576, † 1646) errichtet.

Helldunkel (italien. Chiaroscuro; frz. Clair-obscur), Gestaltungsmittel in Malerei und Graphik: Licht- und Schattengebung diente seit dem 16. Jh. (Caravaggio) zur stärkeren Durchbildung der plast. Form und Klärung der räuml. Verhältnisse, schließlich deren Verunklärung (v. a. Rembrandt).

Hellebarde, mittelalterl. Stoß- und Hiebwaffe mit beilförmiger Klinge und scharfer Spitze an 2–2,5 m langem Schaft.

Hellenen ↑Hellas.

Hellenismus [griech.], Begriff zur histor. Einordnung des Zeitraumes zw. Alexander d. Gr. und der röm. Kaiserzeit, eingebürgert durch J. G. Droysen. – ↑Griechenland, Geschichte; ↑griechische Kunst.

hellenistische Staaten, die griech. Staaten im Zeitalter des Hellenismus; v. a. die auf dem Boden der Staatsgründung Alexanders d. Gr. nach seinem Tod (323 v. Chr.) entstandenen Nachfolgestaaten: das Reich der Ptolemäer in Ägypten 323–30, der Seleukiden in Persien (bis ins 2. Jh. v. Chr.), Syrien, Teilen Kleinasiens 312–63 und der Antigoniden erst im Osten (Kleinasien und Syrien, ab 312 nur noch westlich des Euphrat), etwa 276–168 in Makedonien; Pergamon 261–133; das gräkobaktr. Reich (↑Baktrien) mit Blüte um 250–140. Ferner die syrakusan. Großmacht Anfang des 3. Jh. v. Chr. auf Sizilien.

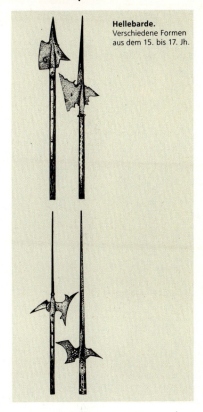

Hellebarde.
Verschiedene Formen aus dem 15. bis 17. Jh.

Heller (Haller, Häller), urspr. der Pfennig von Schwäbisch-Hall seit dem späten 12. Jh.; eroberte ein großes Umlaufgebiet, wurde aber schon im 14. Jh. so verschlechtert, daß er nur noch $^1/_2$ Pfennig galt.

Heller ↑Groden.

Heller, 1) André, * Wien 22. 3. 1946, österr. Chansonsänger und Aktionskünstler. Weltweite (Konzert)tourneen; u. a. auch Regisseur des »Zirkus Roncalli« (1976) und des Varietés »Flic-Flac« (1981/82).
2) Joseph [engl. 'hɛlə], * New York 1. 5. 1923, amerikan. Schriftsteller. Romane »Catch 22« (1961), »Picture this« (1988).

Hellerau, 1909 als Gartenstadt gegründet, seit 1950 Ortsteil Dresdens.

Hellespont ↑Dardanellen.

Helligkeit

Helm 3). Verschiedene Helmformen;
1 Alemannischer Spangenhelm, um 600;
2 österreichischer Topfhelm mit Helmzier aus Leder, um 1375; 3 Eisenhut, 15. Jh.;
4 geschlossener Helm (burgundischer Helm), 1520–40; 5 Prunksturmhaube, um 1550;
6 Offiziershelm der bayerischen »Gardes du Corps«, 1814; 7 Pickelhaube, 1895

Helligkeit, in der *Astronomie* ein Maß für die Strahlung eines Himmelskörpers. Die *scheinbare H.* ist ein logarithm. Maß für die beobachtete Intensität. Einheit ist die *Größe,* für Differenzen die *Größenklasse.* Die *absolute H.* ist das entsprechende Maß für die tatsächl. Strahlungsleistung.

Helligkeitsregler (Dimmer), elektron. Schaltung (Phasenanschnittsteuerung) zur stufenlosen Steuerung der Helligkeit von Glühlampen.

Helling, Bauplatz für Schiffsneubauten, der zum Wasser hin geneigt ist.

Hellmesberger, österr. Musikerfamilie:
1) Georg, *Wien 24. 4. 1800, †Neuwaldegg (heute zu Wien) 16. 8. 1873, Violinist und Dirigent der Wiener Hofoper.
2) Joseph, *Wien 3. 11. 1828, †ebd. 24. 10. 1893, Violinist und Dirigent. Sohn und Schüler von Georg H.; seit 1877 Hofkapellmeister in Wien.
3) Joseph, *Wien 9. 4. 1855, †ebd. 26. 4. 1907, Violinist und Dirigent. Sohn und Schüler von Joseph H.; Hofkapellmeister in Wien und Stuttgart; komponierte v. a. Operetten und Tanzmusik.

Hellpach, Willy, *Oels 26. 2. 1877, †Heidelberg 6. 7. 1955, dt. Mediziner und Psychologe. 1922–24 bad. Kultus-Min., 1924/25 bad. Staats-Präs.; befaßte sich insbes. mit den Auswirkungen der landschaftl. und klimat. Umwelt auf die psych. Verfassung der Menschen.

Hellsehen, Fähigkeit, Dinge oder Vorgänge zu erkennen, die der normalen sinnl. Wahrnehmung nicht zugängl. sind.

Helluland ↑Vinland.

Hellweg, weitverbreitete Bez. für große Durchgangsstraßen, heute v. a. Bez. für den H. im S der Westfäl. Bucht.

Helm, haubenförmiger Kopfschutz. In den Kulturen des Alten Orients seit dem 3. Jt. v. Chr. nachweisbar. Der griech. H. war aus Leder oder Bronze hergestellt, der röm. urspr. aus Leder, später aus Bronze oder Eisen. Bald nach 1300 kam für den Gesichtsschutz die Haube mit hochklappbarem Visier auf (Hundsgugel). Seit Mitte des 16. Jh. wurden leichtere H. beliebt (z. B. Sturmhaube). Preußen führte 1842 die Pickelhaube ein, einen Leder-H. mit Metallspitze und Beschlägen. Im 1. Weltkrieg führten Franzosen, Briten und Deutsche den Stahlhelm ein. – Zum H. in der *Heraldik* ↑Wappenkunde.

Helmand (Hilmend, im Altertum Erymanthos), mit 1 130 km längster Fluß Afghanistans, entspringt im Kuh-e Baba (südwestl. Ausläufer des Hindukusch), mündet in den Endsee Hamun-e Helmand.

Helmholtz, Hermann [Ludwig Ferdinand] von (seit 1882), *Potsdam 31. 8. 1821, † Charlottenburg (heute zu Ber-

Hemisphäre

lin) 8. 9. 1894, dt. Physiker und Physiologe. Sein Arbeits- und Forschungsgebiet erstreckte sich von der Mathematik und Physik über die Physiologie und Medizin bis zur Psychologie, Musik und Philosophie. Formulierung des Gesetzes von der Erhaltung der Energie (»Über die Erhaltung der Kraft«, 1847), Bestimmung von Wellenlängen des ultravioletten Lichtes; Arbeiten zur Akustik, Hydrodynamik, zur Theorie der Elektrodynamik und zur Thermodynamik; Erfinder des Augenspiegels; Begründer der wiss. Meteorologie.

Helmstedt, Kreisstadt osö. von Braunschweig, Ndsachs., 27 000 E. Förderung von Braunkohle, Stromerzeugung. Ehem. Klosterkirche mit Felicitaskrypta, Doppelkapelle Sankt Johannes der Täufer und Sankt Petrus (um 1050 und 1666), roman. Kirche Marienberg mit spätgot. Chor. – 1247 Bestätigung des Stadtrechts; 1426–1518 Hansemitglied; 1576 Gründung einer Univ. (bis 1810).

Helmvogel ↑Nashornvögel.

Helmzier ↑Wappenkunde.

Heloise (Héloïse (frz. elɔ'i:z]), *Paris 1101, † Kloster Le Paraclet bei Nogent-sur-Seine 1164, Schülerin und Geliebte ↑Abälards.

Heloten [griech.], Staatssklaven (v. a. Messenier) Spartas; rechtlich an den Grundbesitz eines Spartiaten gebunden; versuchten in mehreren Aufständen (so 490, 464, 410, 369) vergeblich, sich zu befreien.

Helsingborg [schwed. hɛlsɪŋ'bɔrj], schwed. Hafen- und Ind.stadt an der engsten Stelle des Sunds, 108 400 E.

Helsingfors, schwed. für Helsinki.

Helsingør [dän. hɛlseŋ'øːr], dän. Ind.- und Hafenstadt in NO-Seeland, an der engsten Stelle des Sunds, 56 400 E. Internat. Hochschule; Handels- und Seefahrtsmuseum. Renaissanceschloß Kronborg.

Helsinki (schwed. Helsingfors), Hauptstadt Finnlands, am Finn. Meerbusen, 492 000 E. Sitz zahlr. Verwaltungs- und Kulturinstitutionen. Univ., TU u. a. Hochschulen, Freilichtmuseum, schwed. und finn. Theater, Oper, Konzerthaus, Olympiastadion. Bedeutendste Ind.-Stadt Finnlands. Häfen, zwei ⚓. Am Senatsplatz liegen die klassizist. Domkirche (1830–52), das Alte Senatsgebäude (1818–22; jetzt Regierungssitz) und das Univ.gebäude (1944 verändert). Moderne Bauten sind u. a. der Hauptbahnhof (1910–14), das Auditorium Maximum der TU (1962–64), das Konzert- und Kongreßhaus »Finlandia« (1971). – 1550 von Gustav I. Wasa oberhalb der Mündung des Vantaanjoki gegr., 1640 ans Meer verlegt; 1812 Hauptstadt des russ. Großfürstentums Finnland.

Helvetia, lat. Name für die Schweiz.

Helvetier (lat. Helvetii), kelt. Stamm, der Anfang des 1. Jh. v. Chr. aus Süddeutschland in das Schweizer Mittelland einwanderte.

Helvetische Republik, Staatsform der Schweiz 1798–1803. Die staatl. Ordnung der *Helvetik* machte die Schweiz nach frz. Vorbild zu einem modernen Einheitsstaat mit Repräsentativverfassung.

hemi..., Hemi... [griech.], Bestimmungswort von Zusammensetzungen mit der Bedeutung »halb«, z. B. Hemisphäre.

Hemingway, Ernest [Miller] [engl. 'hemɪŋweɪ], *Oak Park (Ill.) 21. 7. 1899, † Ketchum (Idaho) 2. 7. 1961 (Selbstmord), amerikan. Schriftsteller. Lebte in den 1920er Jahren überwiegend in Paris, später in Florida und auf Kuba; Engagement im Span. Bürgerkrieg; im 2. Weltkrieg Kriegsberichterstatter. H. gilt als bed. Vertreter der ↑verlorenen Generation. Seine Reportagen, Kurzgeschichten und Romane verarbeiten meist eigene Erfahrungen und Ereignisse seiner Zeit. Von einem maskulinen Standpunkt aus sucht er Bewährung in der Konfrontation mit Formen der Gewalt und des Todes. Die nüchterne, emotionslose Sprache besitzt eine durch Symbole und Metaphern erkennbare Tiefendimension. Nobelpreis für Literatur 1954. – Werke: In unserer Zeit (Kurzgeschichten, 1925), Fiesta (R., 1926), In einem anderen Land (R., 1929; verfilmt 1957 von C. Vidor), Wem die Stunde schlägt (R., 1940; verfilmt 1943 von S. Wood), Über den Fluß und in die Wälder (R., 1950), Der alte Mann und das Meer (E., 1952; verfilmt 1958 von J. Sturges).

Hemisphäre, 1) *Geographie:* Erd- oder Himmelshalbkugel.
2) *Anatomie:* die beiden halbkugeligen Abschnitte des Klein- und Großhirns.

Hermann von Helmholtz

Ernest Hemingway

Helsinki
Stadtwappen

Hemlocktanne

Philip Shoewalter Hench

Arthur Henderson

Jimi Hendrix

Hemlocktanne [engl./dt.] (Tsuga), Gatt. der Kieferngewächse mit 14 Arten in Asien und N-Amerika; immergrüne Bäume mit linealförmigen Nadelblättern, auf deren Unterseite sich zwei silbrige Streifen befinden. Die Arten *Mertensianne* und *Kanadische H.* (bis 30 m hoch) haben auch in Deutschland forstwirtschaftl. Bedeutung.

Hemmung, in der *Psychologie* Störung des Antriebs durch seel. Widerstand emotionaler oder moral. bzw. eth. Art. Die *bewußte H.* richtet sich bes. gegen Triebe bzw. Instinkte und Instinkthandlungen. Die *unbewußte H.* wird v. a. durch Verdrängung verursacht. Im Sprachgebrauch der (klin.) *Psychiatrie* versteht man unter H. die Verzögerung der Antriebsfunktionen und damit aller assoziativen, sensor. und motor. Leistungen *(Gehemmtheit).*

Hempel, Johannes, * Zittau 23. 3. 1929, dt. ev. Theologe. Seit 1972 Landesbischof der Ev.-Luth. Landeskirche Sachsens und 1981–90 Leitender Bischof der VELK in der DDR; 1982–86 Vors. der Konferenz der Kirchenleitungen der Ev. Kirchen in der DDR.

Henan, Prov. im nördl. China, 167 000 km², 86,14 Mio. E. Hauptstadt Zhengzhou.

Hench, Philip Shoewalter [engl. hentʃ], * Pittsburgh 28. 2. 1896, † Ocho Rios (Jamaika) 31. 3. 1965, amerikan. Arzt. Entdeckte die Wirksamkeit des Kortisons; erhielt (zus. mit E. C. Kendall und T. Reichstein) 1950 den Nobelpreis für Physiologie oder Medizin.

Henderson [engl. ˈhendəsn], **1)** Arthur, * Glasgow 13. 9. 1863, † London 20. 10. 1935, brit. Politiker (Labour Party). 1924 Innen-, 1929–31 Außen-Min.; Präs. der Genfer Abrüstungskonferenz (1932/33); 1934 Friedensnobelpreis.
2) Fletcher, * Cuthbert (Ga.) 18. 12. 1898, † New York 29. 12. 1952, amerikan. Jazzmusiker (Pianist, Orchesterleiter). Prägte den Big-Band-Swing.

Hendiadyoin [griech. »eins durch zwei«], rhetor. Figur, bei der ein Begriff durch zwei Synonyme, z. B. »Hab und Gut«, ausgedrückt wird.

Hendricks, Barbara, * Stephens (Ark.) 20. 11. 1948, amerikan. Sängerin (Sopran). Ihr Repertoire umfaßt frz., dt., russ. und engl. Lieder sowie Negro Spirituals.

Hendrix, Jimi, eigtl. James Marshall H., * Seattle (Wash.) 27. 11. 1942, † London 18. 9. 1970, amerikan. Rockmusiker (Gitarrist und Sänger). Erweiterte die Gitarrentechnik (elektr. Klangverfremdung).

Hengsbach, Franz, * Velmede (heute zu Bestwig) 10. 8. 1910, † Essen 24. 6. 1991, kath. Theologe. Ab 1953 Weihbischof von Paderborn, ab 1957 Bischof des neugegr. Bistums Essen; 1961–78 Militärbischof für die Bundeswehr; Kardinal (ab 1988); setzte sich bes. für die Bergleute während des Zechensterbens im Ruhrgebiet ein; Begründer der »Adveniat«-Aktion.

Hengst, das geschlechtsreife männl. Tier der Fam. Pferde und der Kamele; auch Bez. für männl. Maulesel und Maultiere.

Henkel, 1) Hans-Olaf, * Hamburg 14. 3. 1940, dt. Industriemanager und Verbandsfunktionär. 1987–93 Vors. der Geschäftsführung von IBM Deutschland; seit 1995 Präs. des Bundesverbandes der Dt. Industrie (BDI).
2) Heike, * Kiel 5. 5. 1964, dt. Leichtathletin. 1990 Europameisterin, 1991 Weltmeisterin, 1992 Olympiasiegerin im Hochsprung.

Henkel KGaA, Dachgesellschaft des Henkel Chemie Konzerns; gegr. 1876, Sitz Düsseldorf.

Henker ↑ Scharfrichter.

Henlein, 1) Konrad, * Maffersdorf bei Reichenberg 6. 5. 1898, † Pilsen 10. 5. 1945 (Selbstmord in alliierter Haft), sudetendt. Politiker. 1933 Gründer der Sudetendt. Heimatfront (SHF), der späteren Sudetendt. Partei (SdP); forderte den Anschluß der sudetendt. Gebiete an das Dt. Reich; ab 1939 Gauleiter und Reichsstatthalter im Reichsgau Sudetenland.
2) Peter, * Nürnberg um 1485, † ebd. zw. 1. und 14. 9. 1542, dt. Mechaniker. H. erfand um 1510 die Sack- oder Taschenuhren (mit nur einem Zeiger). Erst nach seinem Tod kam das *Nürnberger Ei* auf.

Henna [arab.], rotgelber Farbstoff, der aus den mit Kalkmilch zerriebenen Blättern und Stengeln des ligusterähnl., in den Tropen und Subtropen angebauten *H. strauchs* gewonnen wird; altes Färbemittel für Haare und Nägel.

Henne, weibl. Hühnervogel.

Hepatitis

Henneberg, ehem., seit 1310 gefürstete Gft. in Franken und Thüringen. Nach dem Aussterben der Grafen von H. (*Henneberger;* 1583) verwalteten die Wettiner bis 1660 die Gft., der Hauptteil fiel an Sachsen-Meiningen, Schmalkalden an Hessen-Kassel.

Hennecke, Adolf, *Meggen (heute zu Lennestadt) 25. 3. 1905, † Berlin 22. 2. 1975, dt. Grubenarbeiter und Politiker. Begründer der Aktivistenbewegung der DDR; 1954 Mgl. des ZK der SED.

Hennegau, Prov. in SW-Belgien, 3 786 km², 1,28 Mio. E, Hauptstadt Mons. **Geschichte:** Die Gft. H. war im 9. Jh. an Lothringen gefallen und kam 1051 an Flandern; 1345 fielen die Gft. H. und Holland an die Wittelsbacher, 1433 an die Herzöge von Burgund, teilten dann die Geschichte der Niederlande. 1659 wurde der südl. Teil frz., 1830 der übrige Teil belgisch.

Henoch (Enoch), in den Stammbäumen 1. Mos. 4 und 5 Name eines der Patriarchen Israels; unter seinem Namen wurden mehrere Apokalypsen verfaßt.

Henry [engl. 'henrɪ], **1)** Joseph, *Albany (N. Y.) 17. 12. 1797, † Washington 13. 5. 1878, amerikan. Physiker. Fand unabhängig von M. Faraday die Erscheinungen der elektromagnet. Induktion und entdeckte bereits 1830 die Selbstinduktion.
2) O., eigtl. William Sydney Porter, *Greensboro (N. C.) 11. 9. 1862, † New York 5. 7. 1910, amerikan. Schriftsteller. Kurzgeschichten.

Henscheid, Eckhard, *Amberg 14. 9. 1941, dt. Schriftsteller. Bed. Satiriker; Zusammenarbeit u. a. mit R. Gernhardt und F. K. Waechter; schreibt Romane (u. a. »Die Vollidioten«, 1973; »Dolce Madonna Bionda«, 1983) und Erzählungen (u. a. »Roßmann, Roßmann ...«, 1982; »Maria Schnee«, 1988).

Henschke, Alfred, dt. Schriftsteller, ↑Klabund.

Hensel, Luise, *Linum bei Fehrbellin 30. 3. 1798, † Paderborn 18. 12. 1876, dt. Dichterin. Gemütvolle, geistl. Lieder und Gedichte (»Müde bin ich, geh' zur Ruh'...«).

Henze, Hans Werner, *Gütersloh 1. 7. 1926, dt. Komponist, Dirigent und Regisseur. Lebt seit 1953 in Italien, 1976 Gründung der Musikwerkstatt »Cantiere internazionale d'arte« in Montepulciano (Zusammenwirken von professionellen Künstlern und Laien); seit 1980 Kompositionslehrer an der Kölner Musikhochschule; rief auch die Münchner Biennale für neues Musiktheater (erstmals 1988) ins Leben. Gehört mit seiner immens vielschichtigen Musiksprache zu den Klassikern der zeitgenössischen Musik. Sein umfangreiches Werk umfaßt u. a. Sinfonien, Violin- und Klavierkonzerte, zahlreiche Vokalwerke (bes. bekannt: das Che Guevara gewidmete Oratorium »Das Floß der Medusa«, 1968; Text von E. Schnabel), Ballette (u. a. »Der Idiot«, 1952; Text von Tatjana Gsovsky und I. Bachmann nach Dostojewski) sowie v. a. Opern, u. a. »Der Prinz von Homburg« (1960, Text von I. Bachmann nach H. von Kleist), »La Cubana oder Ein Leben für die Kunst« (1975, Text von H. M. Enzensberger), »We come over the river« (1976, Text von E. Bond), »Pollicino« (Kinderoper, 1980) und »Das verratene Meer« (1990, Text nach Jukio Mischima).

Hepar [griech.], svw. ↑Leber.

Heparin [griech.], ein aus der Leber isolierbares, die Blutgerinnung hemmendes Polysaccharid.

hepat..., Hepat... ↑hepato..., Hepato...

Hepatitis [griech.], svw. ↑Leberentzündung; **Hepatose,** nichtentzündl. Lebererkrankung.

Peter Henlein zugeschriebene dosenförmige Taschenuhr (um 1500; Nürnberg, Germanisches Nationalmuseum)

Joseph Henry

Eckhard Henscheid

hepato...

hepato..., Hepato..., hepat..., Hepat... [griech.], Bestimmungswort von Zusammensetzungen mit der Bedeutung »Leber«.

Hepburn [engl. 'hɛbə:n], **1)** Audrey, eigtl. Edda H. van Heemstra, *Brüssel 4. 5. 1929, † Tolochenaz (bei Lausanne) 20. 1. 1993, amerikan. Filmschauspielerin niederl.-brit. Herkunft. Spielte u. a. in »Ein Herz und eine Krone« (1953), »Sabrina« (1954), »Frühstück bei Tiffany« (1961), »My fair Lady« (1964). **2)** Katharine, *Hartford (Conn.) 8. 11. 1909, amerikan. Schauspielerin. Bed. Charakterdarstellerin; auch in Filmen, u. a. »Die Frau, von der man spricht« (1942), »African Queen« (1951), »Plötzlich im letzten Sommer« (1959).

Hephäst (Hephaistos), griech. Gott des Feuers und der Schmiedekunst, Schirmherr des Handwerks, dem bei den Römern Vulcanus entspricht.

Heppenheim (Bergstraße), hess. Kreisstadt am W-Rand des Odenwalds, 24000 E. Festspiele; u. a. Computer- und Tiefkühlkostwerk. Ehem. Mainzer Amtshof (14. Jh.), Rathaus (1551 und 1695), Justus-von-Liebig-Apotheke (1577 und 1704), Ruine Starkenburg (v. a. 11. und 17. Jh.). – 773 an das Kloster Lorsch; seit 1232 zu Kurmainz; seit 1318 Stadt.

hepta..., Hepta..., hept..., Hept... [griech.], Bestimmungswort von Zusammensetzungen mit der Bedeutung »sieben«.

Heptagon [griech.], Siebeneck.

Heptameron [griech.-italien.] ↑Margarete von Navarra.

Hera, griech. Göttin, der bei den Römern Juno entspricht. Älteste Tochter des Kronos und der Rhea, Schwester und Gemahlin des Zeus.

HERA ↑Deutsches Elektronen-Synchroton.

Herakleia, Name mehrerer antiker griech. Städte; am berühmtesten: 1. H. Pontika in Bithynien (heute Ereğli, Türkei); 2. H. am Siris in Lukanien (Prov. Matera, Italien).

Herakleios (Heraklios), *in Kappadokien 575, † 11. 2. 641, byzantin. Kaiser (seit 610). Organisierte Heer und Verwaltung (Themenverfassung), gewann im Krieg gegen die Perser (622–628) alle zuvor verlorenen östl. Gebiete (für kurze Zeit) zurück.

Herakles (Hercules, Herkules), Held der griech. Mythologie. Zeus zeugt H. mit Alkmene. H. erhält vom Delph. Orakel den Auftrag, zwölf Arbeiten zu vollbringen, um die Unsterblichkeit zu erlangen. H. besteht alle »Zwölf Arbeiten« (Dodekathlos): u. a. die Reinigung der Ställe des Augias; die Erbeutung der Rinder des Geryoneus, eines dreileibigen Riesen (bei dieser Arbeit setzt H. in der Straße von Gibraltar die nach ihm ben. »Säulen des H.« als Zeichen seiner weitesten Fahrt); die Erringung der goldenen Äpfel der Hesperiden.

Heraklion ↑Iraklion.

Heraklios ↑Herakleios.

Heraklit von Ephesus, *um 550, † um 480, griech. Philosoph. Verstand das [vernunftbegabte] Feuer als Prinzip des Seienden. Ausdruck seiner Grundthese von der Veränderlichkeit der Dinge ist sein Satz: »Der Krieg ist der Vater aller Dinge«.

Heraldik [frz.], svw. ↑Wappenkunde.

Heranwachsende, im *Jugendstrafrecht* Personen, die z. Zt. einer Straftat das achtzehnte, aber noch nicht das einundzwanzigste Lebensjahr vollendet haben; es kann das Jugendstrafrecht oder das allg. Strafrecht angewendet werden.

Herat, Prov.-Hauptstadt in NW-Afghanistan, am Hari Rud, 160000 E. Handelszentrum einer Flußoase; Freitagsmoschee (im Kern 12. Jh.). – Hauptort der Satrapie Aria, hellenist. *Alexandreia;* 652 n. Chr. arab.; 1221 Eroberung durch die Mongolen. Nach 1405 Hauptstadt des Reichs der Timuriden; bis 1747 Zentrum von Khorasan; 1865 endgültig zu Afghanistan.

Herausgeber, derjenige, der Druckwerke veröffentlicht, ohne selbst Autor zu sein. Der H. von Sammelwerken wird wie ein Urheber geschützt.

Herba [lat.] (Kraut), getrocknete oberird. Teile krautiger Pflanzen.

Herbarium [lat.] (Herbar), Sammlung gepreßter und getrockneter, auf Papierbögen aufgeklebter Pflanzen oder Pflanzenteile, geordnet nach systemat. oder pflanzensoziolog. Gesichtspunkten.

Herbart, Johann Friedrich, *Oldenburg (Oldenburg) 4. 5. 1776, † Göttingen 14. 8. 1841, dt. Philosoph, Pädagoge und Psychologe. Grundbegriff seiner Pädagogik ist die dem Menschen

Johann Friedrich Herbart

Herdecke

eigene »Bildsamkeit«. Ihn zur sittl. Selbstbestimmung zu befähigen, ist die Aufgabe der Erziehung. Sie beginnt in »Erfahrung und Umgang« und in der »Zucht« mit der Einübung guter Gewohnheiten und Sitten. Der Sinn des Unterrichtens liegt darin, vielseitige Interessen zu wecken und die sittl. Grundideen ästhetisch darzustellen.

Herberger, Joseph (»Sepp«), *Mannheim 28. 3. 1897, † ebd. 28. 4. 1977, dt. Fußballtrainer. Seit 1936 Reichsfußballtrainer; 1949–64 Bundestrainer des DFB (1954 Weltmeister).

Herbert von Cherbury [engl. 'tʃəːbərɪ], eigtl. Edward H., Lord H. of Cherbury, *Eyton-on-Severn (Shropshire) 3. 3. 1583, † London 20. 8. 1648, engl. Philosoph, Diplomat und Schriftsteller. Begründer des Deismus.

Herbert, Zbigniew [poln. 'xɛrbɛrt], *Lemberg 29. 10. 1924, poln. Schriftsteller. Lyrik, Dramen, Hörspiele und Essays; u. a. »Ein Barbar in einem Garten« (Prosa, 1962), »Herr Cogito« (Ged., 1974), »Das Land, nach dem ich mich sehne« (Lyrik und Prosa, 1987).

Herbizide [lat.] (Herbicide), als Unkrautvernichtungsmittel benutzte Chemikalien, deren Wirkung direkte Zellzerstörungen *(Ätz-H.)*, Hemmung von Atmung, Photosynthese oder Mitose sowie Fehlsteuerung des Pflanzenwuchses *(Wuchsstoff-H.)* ist. – ↑Pflanzenschutzmittel.

Herborn, hess. Stadt im Dilltal, 21 000 E. Schloß (v. a. 14. Jh.; heute Predigerseminar), mittelalterl. Altstadt. – Stadt seit 1251.

Herbst ↑Jahreszeiten.

Herbstzeitlose ↑Zeitlose.

Herburger, Günter, *Isny im Allgäu 6. 4. 1932, dt. Schriftsteller. Prosa und ep. Lyrik. – *Werke:* Birne kann alles (Kindergeschichten, 1970), Die Eroberung der Zitadelle (En., 1972), Flug ins Herz (R., 1977), Kinderreich Passmoré (Ged., 1986).

Herculaneum [...ne-um], z. T. von dem italien. Ort Ercolano überdeckte Ruinenstätte am W-Fuß des Vesuvs, bei dessen Ausbruch 79 n. Chr. der röm. Villenort von Schlammassen überdeckt wurde. Ausgrabungen seit 1709.

Hercules ↑Herakles.

Hercules (Herkules) ↑Sternbilder (Übersicht).

Herdbuch (Zuchtbuch, Zuchtregister, Stammbuch), in der landwirtschaftl. Tierzucht (v. a. Rinderzucht) buch- oder karteimäßig angelegte Aufzeichnungen, in denen die anerkannten Zuchttiere erfaßt werden (bei Zuchtpferden *Stutbuch*).

Herdecke, Stadt im sö. Ruhrgebiet, NRW, 26 200 E. Textil- und chem. Ind.; Wasserkraftwerk am Hengsteysstausee. Ev. Pfarrkirche (im Kern karoling., im 13. Jh. got. Umbauten); Privatuniversität.

Herculaneum.
Ausgegrabene Häuser
am Cardo IV
(vor 79 n. Chr.)

Herder

Johann Gottfried von Herder

Herero.
Frau in Tracht

Herder, 1) (Herderer) Bartholomä, *Rottweil 22. 8. 1774, † Freiburg im Breisgau 11. 3. 1839, dt. Verleger. Gründete 1801 die Herdersche Verlagsbuchhandlung in Meersburg, seit 1808 in Freiburg im Breisgau; kath. Prägung. Schwerpunkte sind Nachschlagewerke und theolog. Werke.
2) Johann Gottfried von (seit 1802), *Mohrungen 25. 8. 1744, † Weimar 18. 12. 1803, dt. Philosoph, Theologe und Dichter. Seine Gedanken und Denkanstöße, bes. auf den Gebieten der Sprachphilosophie (»Abhandlung über den Ursprung der Sprache«, 1772), der Geschichtsphilosophie, der Literatur- und Kulturgeschichte sowie der Anthropologie waren für die europ. Geistesgeschichte von zukunftsweisender Bedeutung. Wurde bekannt durch die Schriften »Über die neuere dt. Literatur« (1767) und »Krit. Wälder« (Ästhetik, 1769); das »Journal meiner Reise im Jahr 1769« (gedr. 1846) enthält den Grundriß seiner Ideen in Form eines weltumfassenden Kulturprogramms; gewann mit seinen Ideen (bes. auch mit seinem Begriff der »originalen Poesie«) großen Einfluß auf Goethe, der ihm 1770 in Straßburg begegnete; ab 1776 Superintendent und Hofprediger in Weimar; 1778/79 Hg. einer Sammlung »Volkslieder« (1807 u. d. T. »Stimmen der Völker in Liedern«, darin u. a. Übersetzungen aus dem Englischen [v. a. Shakespeare], Schottischen, Griechischen, Lateinischen, Italienischen, Spanischen, Dänischen); 1784–91 »Ideen zur Philosophie der Geschichte der Menschheit«, 1793 »Briefe zur Beförderung der Humanität«.
Herdinfektion (Fokalinfektion), durch zeitweilige oder dauernde Ausschwemmung von Bakterien oder Bakterientoxinen aus einem Streuherd verursachte Entzündung, allerg. Reaktion *(Fokalallergie)* oder Fehlinnervation.
Herero, Bantustamm im mittleren und nördl. Namibia; Hirtennomaden.

Heringe. Atlantischer Hering (Größe bis 40 cm)

Herford, Kreisstadt im Ravensberger Hügelland, NRW, 64 200 E. Stadttheater; u. a. Möbelindustrie. Spätroman. Münsterkirche (13. Jh.) mit got. Anbauten (14./15. Jh.), hochgot. Marienkirche (1325 vollendet); Fachwerkhäuser (16.–18. Jh.). – Das 823 gegr. Damenstift wurde 1147 reichsunmittelbar (erst 1631 bestätigt); ab 1342 Hansestadt; 1647/52 zu Brandenburg.
Heribert, hl., *um 970, † Köln 16. 3. 1021, Erzbischof (seit 999). 994 Erzkanzler Ottos III. für Italien, 998–1002 für Deutschland.
Heringe (Clupea), Gatt. bis 45 cm langer Heringsfische mit zwei Arten in gemäßigten und kalten Gewässern des nördl. Atlantiks und nördl. Pazifiks. Für Europa am wichtigsten ist der *Atlant. Hering* (Hering i. e. S.). Er kommt in riesigen Schwärmen v. a. in planktonreichen Meeresgebieten vor. Ein ♀ legt etwa 20 000–70 000 Eier ab. Die Jugendentwicklung erfolgt im Küstenbereich, erst mit zwei bis drei Jahren wandern die etwa 20 cm langen Jung-H. von der Küste ab. Die Geschlechtsreife tritt im Alter von drei bis sieben Jahren ein, die Lebensdauer beträgt rd. 20 Jahre. Der Atlant. Hering ist einer der wirtschaftlich wichtigsten Nutzfische, wie auch der *Pazif. Hering* im nördl. Pazifik und im Weißen Meer.
Heringsdorf (Seebad H.), Gem. auf Usedom, Meckl.-Vorp., 3 800 E.
Heringsfische (Clupeidae), Fam. urspr. Knochenfische mit rd. 180 bis 50 cm langen Arten, v. a. im Meer, aber auch in Brack- und Süßgewässern.
Heringskönig (Petersfisch, Zeusfisch, Martinsfisch, Christusfisch), bis etwa 60 cm langer Knochenfisch im Mittelmeer und an der O-Küste des Atlantiks; Speisefisch.
Herisau, Hauptort des schweizer. Halbkantons Appenzell Außerrhoden, 15 600 E. Spätgot. Pfarrkirche (1516 bis 20).
Herkules †Herakles.
Hermann (H. der Cherusker), fälschl. Name des †Arminius.
Hermann, Georg, eigtl. G. H. Borchardt, *Berlin 7. 10. 1871, † KZ Birkenau (?) 19. 11. 1943, dt. Schriftsteller. Schilderer des Berliner Biedermeier (»Jettchen Gebert«, R., 1906; »Henriette Jacoby«, R., 1908).

Hermetismus

Hermann, Name von Herrschern:
Hl. Röm. Reich: **1) Hermann,** Graf von Salm, † Limburg a. d. Lahn (?) 28. 9. 1088, Gegenkönig (1081–88) gegen Heinrich IV.
Deutscher Orden: **2) Hermann von Salza,** * um 1170, † Salerno 20. 3. 1239, Hochmeister (seit 1209). Enger Freund und wichtiger Berater Kaiser Friedrichs II.; etablierte den Ordensstaat östl. der Weichsel.
Köln: **3) Hermann,** Graf von Wied, * Wied bei Hachenburg 14. 1. 1477, † ebd. 15. 8. 1552, Kurfürst und Erzbischof (1515–47). Sein Reformationsversuch von 1542 schlug fehl; 1546 exkommuniziert, mußte 1547 abdanken.
Thüringen: **4) Hermann I.,** * um 1155, † Gotha 25. 4. 1217, Pfalzgraf von Sachsen (seit 1181), Landgraf von Thüringen (seit 1190). Baute die Wartburg aus, pflegte höf. Kultur und Minnesang.

Hermannsdenkmal ↑Detmold.

Hermannsson, Steingrímur, * Reykjavík 22. 6. 1928, isländ. Politiker. Seit 1979 Vors. der Fortschrittspartei; 1978/79 Min. für Justiz, Landwirtschaft und Religionsfragen, 1980–83 für Fischerei und Verkehr; 1983–87 und 1988–91 Ministerpräsident.

Hermannstadt (rumän. Sibiu), rumän. Stadt in Siebenbürgen, 188 000 E. Rumän. und dt. Staatstheater; u. a. Herstellung von Ind.-Ausrüstungen. Spätgot. ev. Pfarrkirche (14./15. Jh.); spätgot. Altes Rathaus (15. Jh.); Basteien und Wehrtürme (16./17. Jh.); barockes Brukenthalpalais (heute Museum und Bibliothek). – Bis ins 19. Jh. polit., wirtschaftl. und kultureller Mittelpunkt der Siebenbürger Sachsen, zeitweise auch Hauptstadt Siebenbürgens.

Hermaphrodit [griech., nach Hermaphroditos], svw. ↑Zwitter.

Hermaphrodítos, zweigeschlechtliches Mischwesen der griech. Mythologie; Sohn des Hermes und der Aphrodite.

Herme [griech.-lat.], ein griech. Kultpfeilertypus aus vierseitigem Schaft mit bärtigem Kopf urspr. des Gottes Hermes und Phallus; oft auch als Doppelherme; in der röm. Kunst mit Porträtköpfen.

Hermelin, 1) *Biologie:* ↑Wiesel.
2) *Kürschnerei, Handel:* Bez. für Pelze aus dem weißen Winterfell des Hermelins.

Hermeneutik [griech.], i. e. S. die Kunst der Interpretation von Texten; i. w. S. das Verstehen von Sinnzusammenhängen in Lebensäußerungen aller Art (z. B. in Kunstwerken, geschichtl. Ereignissen). Die H. gilt seit W. Dilthey als Methode der Geisteswissenschaften; auch in den histor. Wissenschaften spielt sie eine Rolle. – Mit Luther setzte die moderne bibl. H. ein; sein Prinzip, die Bibel müsse aus sich heraus begriffen werden, führte zum alleinigen Vorrang der Schrift (sola scriptura). Als Symbolfigur der H. gilt der Götterbote Hermes.

Hermes, griech. Gott des sicheren Geleits, Götterbote, Patron der Wanderer, Hirten, Kaufleute und Schelme, von den Römern *Mercurius* genannt. Er ist versehen mit Reisehut (bzw. Flügelhelm), Flügelschuhen und dem Heroldsstab.

Hermes, Georg, * Dreierwalde (heute zu Hörstel) 22. 4. 1775, † Bonn 26. 5. 1831, dt. kath. Philosoph und Theologe. Versuch einer neuen rationalen Begründung des kirchl. Dogmas.

Hermes [nach dem griech. Gott], Planetoid; kann sich der Erde bis auf zweifache Mondentfernung nähern.

Hermes Kreditversicherungsanstalt AG, 1917 gegr. Versicherungsunternehmen; Sitz Hamburg und Berlin; gewährt Ausfuhrgarantien und -bürgschaften im Auftrag und zur Rechnung des Bundes zur Deckung polit. und wirtschaftl. Risiken *(Hermes-Deckung).*

Hermes Trismegistos, griech. Name für ↑Thot. Ihm wurden astrolog. und okkulte sowie theol. und philos. Schriften zugeschrieben (↑hermetische Literatur).

hermetisch [griech.], unzugänglich; luft- und wasserdicht verschlossen (nach dem mag. Siegel des Hermes Trismegistos, mit dem er eine Glasröhre luftdicht verschließen konnte).

hermetische Literatur, Schrifttum einer spätantiken religiösen Offenbarungs- und Geheimlehre, als deren Verkünder und Verfasser Hermes Trismegistos galt; wird dem 2./3. Jh. zugerechnet und besteht aus Traktaten in Brief-, Dialog- oder Predigtform.

Hermetismus, Stilrichtung der Lyrik des 20. Jh. in der Tradition des frz. ↑Symbolismus. Kennzeichnend ist der Einsatz des »reinen Wortes«, wodurch

Hermannstadt
Stadtwappen

Hermes.
Giambologna. »Merkur«; Bronze (1580; Florenz, Bargello)

Herminonen

Stephan Hermlin

ein vorgeprägtes Verständnis verhindert und eine nicht aufzuhebende Vieldeutigkeit des Geschriebenen angestrebt wird. Vertreter u. a. G. Ungaretti, E. Montale.

Herminonen (Erminonen), wie die ↑Ingwäonen und ↑Istwäonen eine Gruppierung german. Stämme (vornehmlich ↑Elbgermanen), die während des 1./2. Jh. als religiös-polit. Kultgemeinschaft aufzufassen ist.

Hermlin, Stephan, eigtl. Rudolf Leder, *Chemnitz 13. 4. 1915, dt. Schriftsteller. 1936–45 im Ausland, seit 1947 in der DDR; Lyriker; auch Erzählungen, Porträtskizzen, Essays. – *Werke:* Zwölf Balladen von den großen Städten (Ged., 1945), Die Zeit der Gemeinsamkeit (En., 1950), Bestimmungsorte (En., 1985).

Hermon, Gebirge in Vorderasien, südl. Fortsetzung des Antilibanon, bis 2 814 m hoch.

Hermosillo [span. ɛrmo'sijo], Hauptstadt des mex. Staates Sonora, am Río Sonora, 340 800 E. Univ., ⚝.

Hermunduren, Stamm der german. Sweben; gingen seit dem 4.Jh. n. Chr. in den Thüringern auf.

Hernández [span. ɛr'nandes], Miguel, *Orihuela 30. 10. 1910, † Alicante 28. 3. 1942, span. Dichter. Neoklassizist. Lyriker.

Herne, Stadt im nördlichen Ruhrgebiet, NRW, 178 400 E. Steinkohlenbergbau; u. a. Herstellung von Röhren; Häfen. Im Ortsteil *Wanne-Eickel* Solquelle. Wasserschloß Strünkede (16./17. Jh., heute Emschertalmuseum). – Erlangte mit dem Kohlenbergbau (seit 1856) und der Eisen-Ind. wirtschaftl. Bedeutung; Stadterhebung 1897.

Hernie (Hernia) [lat.], svw. Eingeweidebruch (↑Bruch).

Hero von Alexandria ↑Heron von Alexandria.

Herodes, Name jüd. Herrscher:
1) Herodes I., der Große, *um 73, † 4 v. Chr., Herrscher des jüd. Staates (seit 40/37). Machte Judäa zu einem starken Föderiertenstaat Roms über große Teile Palästinas. Der jüd. Kult wurde nicht angetastet; Ansätze von Opposition wurden radikal unterdrückt (z. B. Bethlehemit. Kindermord).
2) Herodes Agrippa I., eigtl. Marcus Iulius Agrippa, *10 v. Chr., † 44 n. Chr., jüd. Tetrarch. Enkel Herodes' d. Gr., ließ nach Apg. 12, 1–23 Jakobus d. Ä. hinrichten.
3) Herodes Agrippa II., *um 28, † um 100, jüd. Tetrarch. Sohn von H. A. I.; berühmt sein Gespräch mit dem Apostel Paulus und dessen Rede vor ihm (Apg. 25, 13–26, 32).
4) Herodes Antipas (Antipatros), *20 v. Chr., † nach 39 n. Chr., Tetrarch von Galiläa und Peräa. Sohn Herodes' d. Gr.; ließ Johannes den Täufer hinrichten (um 25?), als dieser ihn wegen seiner 2. Ehe mit seiner Nichte *Herodias* getadelt hatte. Diese stiftete ihre Tochter Salome an, das Haupt des Johannes zu fordern.

Herodot, *Halikarnassos nach 490, † Athen nach 430, griech. Geschichtsschreiber. Bereiste Ägypten, Mesopotamien sowie skyth. Gebiete und lebte dann in Athen. Sein Werk (neun Bücher) behandelt die Entwicklung des Verhältnisses zw. Persern und Griechen von den Anfängen bis zur Schlacht von Plataä (479).

Heroin [griech.-lat.] (Diacetylmorphin), halbsynthet. Morphinderivat, gefährlichstes, körperlich und seelisch abhängig machendes Rauschgift. Herstellung und Handel sind in zahlr. Ländern verboten; medizin. Anwendung unzulässig.

Herold [german.-frz.], von Fürsten und Institutionen berufener Wappenkundiger im ritterl. Kriegs- und bes. im Turnierwesen.

Heroldsdichtung (herald. Dichtung, Wappendichtung), Versdichtungen des 13.–15. Jh.; Beschreibung fürstl. Wappen, verbunden mit der Huldigung der Träger.

Heron von Alexandria (lat. Hero), griech. Mathematiker und Mechaniker der 2. Hälfte des 1.Jh. n. Chr. Verfasser sehr ausführlicher techn. Schriften.

Heronische Formel [nach Heron von Alexandria], Formel zur Berechnung des Flächeninhalts A eines Dreiecks mit den Seiten[längen] a, b, c:

$$A = \sqrt{s\,(s-a)\,(s-b)\,(s-c)};$$

dabei ist $s = \frac{1}{2}(a + b + c)$.

Heros [griech.], zunächst »Herr«, »Edler« dann Bez. eines zw. Göttern und Menschen stehenden Helden, eines Halbgottes, der große Taten vollbringt.

Herostrat [nach dem Griechen Herostratos, der 356 v. Chr. den Artemistempel zu Ephesus in Brand steckte, um berühmt zu werden], Verbrecher aus Ruhmsucht.

Hero und Leander, Liebespaar der hellenist. Dichtung. Leander ertrinkt beim Durchschwimmen des Hellesponts, als in einer stürm. Nacht die Lampe, die die Aphroditepriesterin Hero zur Orientierungshilfe anzündet, erlischt.

Herpes [griech.-lat.] (Febricula), entzündl. Haut- und Schleimhauterkrankungen, bei denen kleine, mit seröser Flüssigkeit gefüllte Bläschen auftreten *(Bläschenausschlag);* in speziellem Sinne Kurzbez. für *H. simplex,* eine virusbedingte Krankheit unter Ausbildung zahlr. kleiner Bläschen mit serösem Inhalt im Bereich der Schleimhaut der Lippen, der Nase und der äußeren Geschlechtsteile.

Herpes zoster [griech.], svw. ↑Gürtelrose.

Herrenchiemsee [...'ki:m...] (Herrenwörth), Schloßanl. auf der Herreninsel im Chiemsee, Bayern. Das *Alte Schloß* (17. Jh.) ist Überrest eines 1130 gegr. Chorherrenstifts. Das *Neue Schloß* ließ König Ludwig II. 1878–85 errichten.

Herrenhaus, in Preußen (1855–1918) und Österreich (1861–65 und 1867 bis 1918) amtl. Bez. für die 1. Kammer des Landtags bzw. des Reichsrats.

Herrentiere (Primaten, Primates), Ordnung bezügl. der Gehirnentwicklung sehr hochstehender, in den übrigen Merkmalen jedoch wenig spezialisierter Säugetiere, die sich aus den Spitzhörnchen ähnl. Insektenfressern entwickelt haben. Man unterscheidet außer dem Menschen rd. 170 rezente Arten (in den Unterordnungen Affen und Halbaffen).

Herrera [ɛ'rrɛra], Juan de, *Mobellán (heute Valdáliga, Santander) um 1530, †Madrid 15. 1. 1597, span. Baumeister. Vollendete den Escorial; setzte dem platereken Stil eine auf geometr. Disziplin basierende Ordnung entgegen.

Herrhausen, Alfred, *Essen 30. 1. 1930, †Bad Homburg v. d. H. 30. 11. 1989 (ermordet), dt. Bankier. Seit 1969 bei der Deutschen Bank AG (Vorstands-Mgl. seit 1971, 1985–88 mit F. W. Christians, seit 1988 alleiniger Vorstandssprecher); von Terroristen der RAF ermordet.

Herrmann-Neiße, Max, eigtl. M. Herrmann, *Neisse 23. 5. 1886, †London 8. 4. 1941, dt. Schriftsteller. Lyrik mit sozialer Thematik.

Herrnhut, Stadt sw. von Görlitz, Sachsen, 2 100 E. Archiv der Brüdergemeine. Barockbauten, u. a. Kirche der Brüdergemeine. – Stammort der Herrnhuter ↑Brüdergemeine auf der Basis der von N. L. Graf von Zinzendorf auf seiner Berthelsdorfer Grundherrschaft gegr. Siedlung (seit 1722) mähr. Exulanten.

Herrnhuter Brüdergemeine ↑Brüdergemeine.

Herrschaft, Ausübung von Macht über Untergebene und Abhängige durch Machtmittel. Im mittelalterl. Verständnis war H. nur legitime, von dem über Herrscher und Beherrschten stehenden Recht bestimmte Machtausübung. Der Ursprung der H. lag in der german. *Haus-H.* (Gewalt des Hausherrn über die Hausgenossen), aus der sich die *Grund-H.* ableitete. Träger dieser auf Personalverbände gegründeten H. war der Adel; die *Königs-H.,* die ihre Legitimität durch konstitutive Akte (Wahl, Salbung, Krönung) und durch *H.zeichen* (Insignien; v. a. Diadem, Krone, Lanze, Schwert, Zepter, Reichsapfel, Thron) begründete, war nur eine Sonderform der *Adels-H.,* deren spezif. mittelalterl. Form der *Lehns-H.* war. Seit dem Aufkommen des Ständewesens (13. Jh.) wurde die Macht des Herrschers vielfach durch von den Ständen erzwungene *H.verträge* beschränkt. Ende des 18. Jh. setzte sich endgültig die moderne einheitl. Staatsgewalt durch, die einem ständigen Prozeß der Revision ihrer Legitimitätsgrundlagen unterliegt.

Hersbruck, Stadt an der Pegnitz, Bayern, 11 100 E. Hirtenmuseum; Mittelpunkt des als *Hersbrucker Gebirge* bezeichneten Hopfenanbaugebiets.

Herschbach, Dudley Robert ['hǝʃbæk], *San José (Calif.) 18. 6. 1932, amerikan. Chemiker; für bahnbrechende Arbeiten zur Dynamik chem. Elementarprozesse erhielt er mit Y. T. Lee und J. C. Polanyi 1986 den Nobelpreis für Chemie.

Herschel ['hɛrʃǝl, engl. 'hǝ:ʃǝl], brit. Astronomenfamilie dt. Herkunft. **1)** Sir (seit 1831) John, Baronet (seit 1838), *Slough bei London 7. 3. 1792, †Collingwood (Kent) 11. 5. 1871, Astronom. Entwickelte erstmals eine Methode zur

Herschel

Dudley Robert Herschbach

Wilhelm Herschel

1487

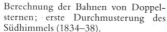

Alfred Hershey

Berechnung der Bahnen von Doppelsternen; erste Durchmusterung des Südhimmels (1834–38).
2) Sir (seit 1816) **Wilhelm** (William), *Hannover 15. 11. 1738, † Slough bei London 25. 8. 1822, Astronom. Über die Beschäftigung mit Musiktheorie kam er zur Optik und Astronomie. Konstruierte astronom. Reflektoren, unternahm zwei Himmelsdurchmusterungen, die Sterne bis zur 4. bzw. bis zur 8. Größe erfaßten. 1781 entdeckte er den Uranus und später die Uranusmonde, 1789 die beiden inneren Saturnmonde. – Abb. S. 1487.

Hersey, John [engl. 'hə:sɪ, 'hə:zɪ], *Tientsin (China) 17. 6. 1914, † Key West (Fla.) 24. 3. 1993, amerikan. Schriftsteller. Berichte und Dokumentarromane; u. a. »Eine Glocke für Adano« (R., 1944), »Blues« (Prosa, 1987).

Hershey, Alfred [Day] [engl. 'hə:ʃɪ], *Owosso (Mich.) 4. 12. 1908, amerikan. Molekularbiologe. Für die Gewinnung neuer Erkenntnisse über die genet. Struktur und die Vermehrungsmechanismus von Viren erhielt er 1969 (zus. mit M. Delbrück und S. E. Luria) den Nobelpreis für Physiologie oder Medizin.

Herten, Stadt im nördl. Ruhrgebiet, NRW, 69 100 E. Steinkohlenbergbau, u. a. Fleischwaren- und Konservenfabrik.

Hertie Waren- und Kaufhaus GmbH, Kaufhauskonzern in Deutschland, gegr. 1882 als Hermann Tietz & Co. in Gera, seit 1935 heutige Firma; Sitz: Frankfurt am Main und Berlin; seit 1994 Teil der Karstadt AG.

Hertling, Georg (seit 1914 Graf) von, *Darmstadt 31. 8. 1843, † Ruhpolding 4. 1. 1919, dt. Philosoph und Politiker (Zentrum). Gründer und Präs. (1876 bis 1919) der Görres-Gesellschaft; 1912 bayr. Min.-Präs.; 1917/1918 Reichskanzler und preuß. Min.-Präsident.

Hertz [nach H. Hertz], SI-Einheit der Frequenz, Einheitenzeichen *Hz*. Festlegung: 1 Hz ist gleich der Frequenz eines period. Vorgangs der Periodendauer 1 Sekunde; 1 Hz = 1 Schwingung/Sekunde, kurz: $1\,\text{Hz} = 1\,\text{s}^{-1}$.

Hertz, **1) Gustav,** *Hamburg 22. 7. 1887, † Berlin (Ost) 30. 10. 1975, dt. Physiker. Neffe von Heinrich H.; seine ab 1911 mit J. Franck durchgeführten Versuche zur Anregung von Atomen durch Elektronenstoß *(Franck-Hertz-Versuch)* erwiesen sich als glänzende Bestätigung der Bohrschen Vorstellung von diskreten Energieniveaus in der Atomhülle. Entwickelte eine für die Urananreicherung wichtige Methode zur Trennung von Gasgemischen durch Diffusion. Nobelpreis für Physik 1925 zus. mit J. Franck.
2) Heinrich, *Hamburg 22. 2. 1857, † Bonn 1. 1. 1894, dt. Physiker. 1886 bis 88 gelang ihm die Erzeugung und der Nachweis elektromagnet. Wellen *(Hertzsche Wellen)* sowie deren Übertragung von einem Schwingkreis in einen anderen; Entdeckung des Photoeffektes (1887).

Hertzsprung, Ejnar ['hɛrtsʃprʊŋ, dän. 'hɛrdsbrɔŋ], *Frederiksborg 8. 10. 1873, † Tølløse auf Seeland 21. 10. 1967, dän. Astronom. Untersuchungen über Wellenlängen des Sternlichtes, Beobachtungen von Doppelsternen, Veränderlichen und Sternhaufen.

Hertzsprung-Russell-Diagramm [engl. -rəsl-; nach E. Hertzsprung und H. N. Russell] (H-R-Diagramm), Zustandsdiagramm für Sterne mit der Leuchtkraft als Ordinate und der Oberflächentemperatur als Abszisse. Die Sterne sind hierin nach versch. Gruppen und Reihen klassifizierbar.

Heruler (lat. Heruli; Eruler), ein in Jütland ansässiges german. Volk; die West-H. wanderten um 250 n. Chr. zum Niederrhein ab; die Ost-H. gründeten zw. March und Theiß um 500 ein schon bald von den Langobarden zerstörtes größeres Reich.

Herwegh, Georg [...ve:k], *Stuttgart 31. 5. 1817, † Baden-Baden 7. 4. 1875, dt. Lyriker. Polit.-revolutionäre »Gedichte eines Lebendigen« (2 Bde., 1841–43); 1848 aktiv am bad. Aufstand beteiligt.

Herz, 1) *Biologie:* (Cor, Kardia) zentrales Pumporgan im Blutkreislauf der Tiere und des Menschen. Das etwa faustgroße, bei 25jährigen durchschnittlich 260 g (bei der Frau) bis 310 g (beim Mann) wiegende H. des Menschen liegt im Brustkorb hinter dem Brustbein zw. den beiden Lungenflügeln und hat die Gestalt eines stumpfen Kegels. Seine Spitze liegt etwa zur Mitte hin unter der

Heinrich Hertz

Gustav Hertz

Herzautomatismus

linken Brustwarze. Das H. besteht aus zwei Hälften, die durch die *H.scheidewand* voneinander getrennt sind. Jede H.hälfte ist in einen muskelschwächeren oberen Abschnitt, den *Vorhof* (Vorkammer, Atrium), und in einen muskelstärkeren Abschnitt, die *H.kammer* (Ventrikel), unterteilt. Die *H.ohren* sind blindsackartige Seitenteile der Vorhöfe. Die bindegewebige Hülle des H., der *H.beutel* (Perikard), ist hauptsächlich mit der vorderen Brustwand und dem Zwerchfell verwachsen. Seine innere Schicht (Fpikard) ist fest mit der H.oberfläche verwachsen. Seine äußere Schicht besteht aus straffem Bindegewebe, durch dessen Fasern der H.beutel auch an der Wirbelsäule, am Brustkorb und an der Luftröhre verschiebbar aufgehängt ist. Unter der inneren Schicht folgt die H.muskelschicht (Myokard). Sie ist zur H.höhle hin von einer dünnen Innenhaut, dem Endokard, bedeckt. Die rechte Vorkammer nimmt das aus dem Körper kommende sauerstoffarme (venöse) Blut auf und leitet es in die rechte H.kammer weiter. Diese pumpt es durch die Lungenarterie in die Lungen. Von dort gelangt das Blut in die linke Vorkammer. Diese wiederum leitet es in die linke Herzkammer, die es durch die Aorta in den Körper preßt. Um einen Rückfluß des Blutes bei der Kontraktion der H.kammern (Systole) zu verhindern, verschließen dabei aus Endokardfalten gebildete, durch sehnige Faserplatten versteifte *Segelklappen* den Weg zu den Vorhöfen. Erschlaffen die H.kammern (Diastole), so verhindern halbmondförmige, aus Bindegewebshäutchen bestehende *Taschenklappen* in der Lungenarterie und in der Aorta ein Zurückfließen des Blutes in die Kammern. Dabei öffnen sich die Segelklappen und geben dem Blut in den Vorhöfen den Weg frei. Da die linke H.hälfte stärker arbeiten muß als die rechte, ist die Wandung der linken H.kammer viel dicker als die der rechten. Die Versorgung der H.muskulatur mit sauerstoff- und nährstoffreichem Blut erfolgt in einem eigenen Kreislauf über die *H.kranzgefäße* (Koronargefäße). Etwa 5–10% des Blutstroms im Körperkreislauf werden dafür abgezweigt. Das H. eines erwachsenen Menschen schlägt bei leichter Tätigkeit 60- bis 70mal in der Minute *(H.frequenz);* bei jedem H.schlag fördert das H. zwischen 70 und 100 ml Blut je H.kammer. Bei rd. 75 Schlägen je Minute dauert ein H.schlag 0,8 Sekunden. Davon entfallen nur 0,3 Sekunden auf die eigentl. Arbeit, die Austreibung des Blutes (Systole), während die Erschlaffungsphase (Diastole) 0,5 Sekunden dauert.

2) *Kartenspiel:* dt. Spielkartenfarbe.

Herzasthma ↑Asthma.

Herzautomatismus (Herzautomatie, Herzautonomie, Herzautorhythmie), Fähigkeit des Herzens, eigenständig rhythmisch tätig zu sein. Die Erregung der Herzmuskelfasern wird in einem

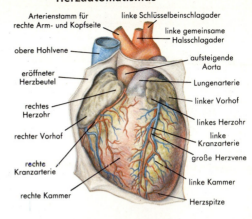
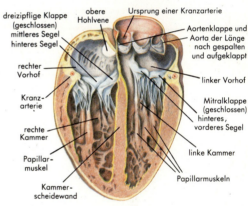

Herz 1).
Oben: Ansicht von vorn ♦ Unten: Längsschnitt eines von vorn gesehenen Herzens.

Herzberg

Herzblatt.
Sumpfherzblatt
(Höhe 15–25 cm)

Automatiezentrum des Herzens selbst gebildet. Sie breitet sich von dort über das gesamte Herz aus *(Herzerregungsleitungssystem)*. Beim Menschen liegt in der Wand der oberen Hohlvene als primäres Automatiezentrum der *Sinusknoten,* der die Kontraktion der Vorkammern bewirkt. Über die Muskulatur der Vorkammerwand wird die Erregung mit einer zeitl. Verzögerung auf ein zweites, sekundäres Automatiezentrum in der Ebene der Segelklappen, den *Atrioventrikularknoten (Vorhofknoten)* übertragen und von dort auf die gesamte Kammermuskulatur weitergeleitet und löst damit deren Kontraktion aus. Taktgeber für die Schlagfrequenz des Herzens ist der Sinusknoten.

Herzberg, Gerhard, * Hamburg 25. 12. 1904, kanad. Physiker dt. Herkunft. Atom- und Molekülspektroskopie, Untersuchung der Struktur mehratomiger Moleküle. Nobelpreis für Chemie 1971.

Herzblatt (Parnassia), Gatt. der Steinbrechgewächse mit rd. 50 Arten in den kühleren Bereichen der Nordhalbkugel; in Deutschland das *Sumpf-H.* (Studentenröschen), 15–25 cm hoch.

Herzblock (Block) ↑Herzkrankheiten.

Herzegowina [hertsego'vi:na, hertse-'go:vina], südl. Teil des 1992 entstandenen Republik ↑Bosnien und Herzegowina.

Herzen, Alexander Iwanowitsch (russ. Alexandr Iwanowitsch Gerzen), eigtl. A. I. Jakowlew; Pseud. Iskander, * Moskau 6. 4. 1812, † Paris 21. 1. 1870, russ. Schriftsteller und Publizist. Setzte sich für die Abschaffung der Leibeigenschaft und die Selbstverwaltung der Dorfkommunen ein; Führer der radikalen russ. ↑Westler; lebte seit 1847 in W-Europa; schrieb u. a. »Wer ist schuld?« (R., 1847).

Herzerweiterung (Herzdilatation, Dilatatio cordis) ↑Herzkrankheiten.

Herzfelde, Wieland, * Weggis 11. 4. 1896, † Berlin (Ost) 23. 11. 1988, Publizist, Verleger und Schriftsteller. Gründete 1916/17 mit seinem Bruder J. Heartfield den Malik-Verlag als Sprachrohr revolutionärer Literatur und des Dadaismus; 1933 Emigration nach Prag (Exilzeitschrift »Neue deutsche Blätter«), 1939 in die USA, wo er 1943 den Aurora Verlag für Exilliteratur gründete. Lebte ab 1949 in der DDR, wo er an der Univ. Leipzig Literatursoziologie lehrte; schrieb Gedichte (»Sulamith«, 1917); »Im Gehen geschrieben«, 1956), Erzählungen und Essays.

Herzflattern ↑Herzkrankheiten.
Herzflimmern ↑Herzkrankheiten.
Herzfrequenz ↑Herz.
Herzglykoside ↑Digitalisglykoside.
Herzinfarkt ↑Herzkrankheiten.
Herzinsuffizienz ↑Herzkrankheiten.
Herz Jesu, Thema einer bes. kath. Jesusmystik und -verehrung, die das H. J. als Symbol Jesu, v. a. seiner aufopfernden Liebe versteht.

Herzkatheterismus (Herzkatheterisierung), erstmals 1929 von W. Forßmann im Selbstversuch erprobte Untersuchungsmethode: Eine Sonde wird in ein herzfernes Blutgefäß eingeführt und unter Röntgenkontrolle bis in die rechten bzw. linken Herzhöhlen vorgeschoben.

Herzkirsche ↑Süßkirsche.
Herzklappen ↑Herz.
Herzklappenentzündung ↑Herzkrankheiten.
Herzklappenfehler ↑Herzkrankheiten.
Herzklopfen ↑Herzkrankheiten.

Herzkrankheiten, organ. Erkrankungen oder Mißbildungen des Herzens oder der großen, herznahen Blutgefäße; i. w. S. auch Bez. für funktionelle Störungen der Herztätigkeit. – Zu den organ. H. zählen die *Herzbeutelentzündung* (Perikarditis). Bei der schmerzhaften *fibrinösen Herzbeutelentzündung* (trockene Herzbeutelentzündung) kommt es zu Fibrinauflagerungen auf die Schichten des Herzbeutels. Die *exsudative Herzbeutelentzündung* geht mit einer Vermehrung des Flüssigkeitsgehaltes des Herzbeutels (Perikarderguß) einher. V. a. bei der *fibrösen Herzbeutelentzündung* (konstriktive [einengende] Herzbeutelentzündung) kommt es durch narbige Veränderungen des Herzbeutels zu einer Füllungsbehinderung der Herzkammern in der Diastole und verminderten Durchblutung der Herzkranzgefäße; die Blutzufuhr zum Herzen ist gedrosselt, das Blut staut sich u. a. in der Leber; sekundäre Verkalkung (d. h. Einlagerung von Calciumsalzen in die Herzbeutelblätter) führt zum *Panzerherz* (Pericarditis calculosa). Die *Herzmuskelentzündung* (Myokarditis) tritt v. a. bei Rheuma, bestimmten Infektionskrankheiten und al-

Herzkrankheiten

lerg. Prozessen auf. Die Symptome sind Herzinsuffizienz mit Herzklopfen, Schmerzen, Fieber, Herzerweiterung und oft Herzrhythmusstörungen. – Erkrankungen der Herzinnenhaut (Endokard) sind *Endokarditis* und die *Herzklappenentzündung* (valvuläre Endokarditis). Letztere ist eine akut oder chron. verlaufende Entzündung fast ausschließl. an den Herzklappen; Ursachen der Endokarditis sind rheumat. oder infektiöse (bakterielle) Erkrankungen. Als Spätfolgen treten *Herzklappenfehler* auf. Bei einer *Herzklappenstenose* kommt es durch die Blutstauung vor der erkrankten Klappe zu einer vermehrten Druckbelastung des entsprechenden Herzabschnittes; bei einer *Herzklappeninsuffizienz* strömt ein Teil des geförderten Blutes wieder in die auswerfende Herzhöhle zurück. Durch Erkrankungen der Herzkranzgefäße mit entsprechenden Durchblutungsstörungen und Überbelastung des Herzmuskels (z. B. durch Bluthochdruck, Herzklappenfehler) kommt es zur *Herzinsuffizienz* (Herzmuskelinsuffizienz, Herzschwäche), d. h. zu einer unzureichenden Pumpleistung des Herzmuskels. Je nachdem, ob die linke oder die rechte Herzkammer insuffizient ist, spricht man von *Links-* bzw. *Rechtsinsuffizienz*. Die krankhafte Erweiterung der Herzhöhlen *(Herzerweiterung)* entsteht infolge Überschreitung des krit. Herzgewichtes und Anpassung des Herzmuskels an eine längerdauernde Druck- oder Volumenbelastung. *Angina pectoris* (Stenokardie) ist ein anfallsweise auftretendes Druck- oder Schmerzgefühl hinter dem Brustbein mit Ausstrahlung in den linken (selten rechten) Arm und in den Hals; wird verursacht durch Verengung der Herzkranzarterien und/oder durch Fehlregulation der Weite der Herzkranzgefäße. *Koronarinsuffizienz* ist eine allg. Bez. für einen krankhaften Zustand, bei dem ein Mißverhältnis zw. Blutbedarf und tatsächl. Durchblutung des Herzmuskels besteht. Ursache ist in 90 % der Fälle eine fortschreitende Arteriosklerose der Gefäßinnenwand (Koronarsklerose). Beim *Herzinfarkt* (Myokardinfarkt) wird ein Gewebsbezirk des Herzens nach schlagartiger Unterbrechung der Blutzufuhr in den Herzkranzgefäßen zerstört. Ist der Bezirk zerstörter Herzmuskulatur, die sog. Nekrose, bes. ausgedehnt, so kann das gesamte Herz versagen. Eine Reihe von Faktoren begünstigt die Entstehung der Verkalkung der den Herzmuskel versorgenden Herzkranzgefäße (Koronarsklerose). Dazu gehören Übergewicht und der übermäßige Genuß von gesättigten (tier.) Fetten mit entsprechender Erhöhung der Blutfettwerte, seel. Konflikte, die sich über die Herznerven auswirken, Bluthochdruck, Stoffwechselentgleisungen (wie Zuckerkrankheit), Nikotin, wahrscheinl. auch übermäßiger Alkoholkonsum sowie Bewegungsmangel. Der Herzinfarkt ist mit Schmerzen, oft begleitet von Todesangst und Vernichtungsgefühl, verbunden.

Unter den Schädigungen des *Erregungsleitungssystems* unterscheidet man Reizbildungsstörungen und Erregungsleitungsstörungen. Beide zusammen werden als *Herzrhythmusstörungen* bezeichnet. Ausgelöst werden sie meist durch Grunderkrankungen des Herzens selbst wie Koronarinsuffizienz, Herzinfarkt, Entzündungen sowie nichtkardiale Erkrankungen wie Elektrolytstörungen oder hormonelle Erkrankungen. Es kann zu Frequenzbeschleunigung wie auch zu Frequenzverlangsamung kommen (Tachykardie bzw. Bradykardie); Extrasystolen sind vorzeitige Kontraktionen des ganzen oder einzelner Teile des Herzens. *Herzkammerflimmern* (Herzflimmern) ist eine unregelmäßige Tätigkeit der Herzkammern mit völligem Ausfall der Pumpleistung des Herzens. Das *Kammerflattern* (Herzflattern) (180–250 Kontraktionen pro Minute) geht häufig in Kammerflimmern über. *Vorhofflimmern* stellt eine völlig unkoordinierte Vorhoftätigkeit dar, während beim *Vorhofflattern* noch eine regelmäßige Reizbildung und Kontraktion besteht. – Der *atrioventrikuläre Block* (AV-Block) blockiert die Erregungsleitung zw. Herzvorhof und Herzkammer. Beim *totalen AV-Block* übernimmt, meist nach kurzem Herzstillstand, an Stelle des Sinusknotens das Erregungsleitungssystem der Kammer die Erregungsleitung (Kammerautomatismus). Der *partielle AV-Block* hat eine gleichmäßige Leitungsverzögerung zw. Vorhof und Kammer oder zunehmende Leitungsverzögerungen mit period. Ausfäl

Herzkranzgefäße

Herzmuscheln. Eßbare Herzmuschel

Chaim Herzog

Roman Herzog

len der Kammererregung zur Folge. – Unter dem Begriff der *funktionellen Herzstörungen* werden einerseits Auswirkungen der vegetativen Dystonie auf das organ. gesunde Herz (z. B. nervöses Herz), andererseits das anfallsweise auftretende Herzjagen auf Grund neurot. Erlebnisreaktionen *(Herzneurose)* zusammengefaßt. Subjektive Beschwerden, wie allg. Krankheitsgefühl, vorzeitige Ermüdbarkeit oder auffallende Leistungsminderung, *Herzstolpern* (eine subjektive Mißempfindung bei unregelmäßiger Herzschlagfolge), starkes *Herzklopfen* (Palpitatio cordis; subjektive Empfindung verstärkten Herzschlags; kommt auch beim Gesunden kurzfristig nach körperl. Anstrengung oder bei gefühlsmäßiger Erregung vor) können erste Anzeichen von organ. H. sein. Zur Erkennung von H. sind die Befunde der Abtastung, Beklopfung und Abhorchung des Herzens sowie die Beurteilung des Arterien- und Venenpulses von bes. Bedeutung. Röntgenaufnahmen des Brustraums, Elektrokardiographie (zur Erfassung von Störungen des Erregungsablaufs im Herzen) und Herzschallaufzeichnung (zum Nachprüfen patholog. Herzgeräusche) ergänzen den Untersuchungsgang. Spezielle, nur in größeren Kliniken durchführbare diagnost. Maßnahmen sind der ↑Herzkatheterismus, die röntgenograph. Darstellung der Herzinnenräume und der herznahen Blutgefäße nach Injektion eines Kontrastmittels *(Angiokardiographie, Ventrikulographie)* sowie die Ultraschallkardiographie *(Echokardiographie)*.

Herzkranzgefäße ↑Herz.

Herzl, Theodor, *Budapest 2. 5. 1860, †Edlach an der Rax bei Gloggnitz 3. 7. 1904, österr. jüd. Schriftsteller und Politiker. Begründer des polit. Zionismus (»Der Judenstaat«, 1896); berief 1897 den 1. Zionist. Weltkongreß in Basel ein.

Herz-Lungen-Maschine (extrakorporaler Kreislauf), Gerät, das für kurze Zeit die Funktionen des Herzens und der Lunge zu übernehmen in der Lage ist.

Herzmanovsky-Orlando, Fritz Ritter von [...'nɔfski], *Wien 30. 4. 1877, †Schloß Rametz bei Meran 27. 5. 1954, österr. Schriftsteller. Verfaßte phantast. Erzählungen, parodist. Dramen u. a.

Herzmassage, rhythm. Kompression des Herzens zur Aufrechterhaltung eines minimalen Blutumlaufs, u. U. gleichzeitig auch zur mechan. Reizung eines stillstehenden Herzens.

Herzmuscheln (Cardiidae), Fam. nahezu weltweit verbreiteter Meeresmuscheln mit symmetr., rundl. herzförmigen, radial gerippten Schalen.

Herzmuskelentzündung ↑Herzkrankheiten.

Herzog, 1) Chaim, *Belfast 17. 9. 1918, israel. General und Politiker. Wanderte 1935 in Palästina ein; im 2. Weltkrieg in der brit. Armee, danach in Israel bis 1962 in geheimdienstl., militär. (1961 General) und diplomat. Funktionen; 1967 Militärgouverneur des Jordan-Westufers; 1975–78 Chefdelegierter Israels bei den UN; 1983–93 Staatspräsident.

2) Roman, *Landshut 5. 4. 1934, dt. Jurist und Politiker (CDU). Prof. in Berlin (ab 1965) und Speyer (ab 1969); 1978–83 Mgl. der Regierung des Landes Baden-Württemberg (u. a. ab 1980 als Innen-Min.); 1983–87 Vize-Präs., 1987–94 Präs. des Bundesverfassungsgerichts; seit 1994 Bundespräsident.

3) Werner, eigtl. Werner H. Stipetič, *München 5. 9. 1942, dt. Filmregisseur. Drehte u.a. »Aguirre, der Zorn Gottes« (1972), »Jeder für sich und Gott gegen alle« (1975), »Fitzcarraldo« (1982), »Cobra Verde« (1987), »Schrei aus Stein« (1991).

Herzog, in german. Zeit ein gewählter oder durch Los unter den Fürsten bestimmter Heerführer für die Dauer eines Kriegszuges, in der Merowingerzeit ein über mehrere Grafen erstreckter königl. *Amts-H.* mit v. a. militär. Aufgaben. Im 7./8. Jh. entwickelte sich dort, wo ethn. Einheiten an der Wahl mitwirkten, das sog. ältere *Stammesherzogtum,* das erbl. wurde. Ende des 9./Anfang des 10. Jh. kam es zur Bildung der jüngeren Stammesherzogtümer (Sachsen, Bayern, Lothringen und Schwaben). Otto I., d. Gr. versuchte dagegen, die Institution des alten Amtsherzogtums zu erneuern. Friedrich I. Barbarossa schlug mit der Errichtung von *Territorialherzogtümern* (Österreich, Ostfranken, Westfalen, Steiermark) einen Weg ein, der unter

Hessen

Friedrich II. zur völligen Territorialisierung des Reiches führte.
Herzogenbusch (niederl. 's-Hertogenbosch), niederl. Prov.-Hauptstadt in Brabant, 92 000 E. Ind.-, Handels- und Kulturzentrum. Kathedrale in Brabanter Gotik; Rathaus (barock erneuert). – Gegr. um 1185.
Herzrhythmusstörungen ↑ Herzkrankheiten.
Herzschlag, 1) *Medizin:* der Schlagrhythmus des Herzens.
2) volkstüml. Bez. für ↑Herztod.
Herzschrittmacher (Pacemaker), in den Körper implantierter *(intrakorporaler H.)* oder außerhalb des Körpers zu tragender *(extrakorporaler H.)* Impulsgenerator, der elektr. Impulse zur period. Reizung der Herzmuskulatur liefert. Er besteht aus einem Batteriesatz, einem Taktgeber (mit Transistoren arbeitender Multivibrator) zur Reizsteuerung, einem Impulsverstärker und Elektroden zur Reizübertragung.
Herztod (Herzschlag), klin. Tod innerhalb kürzester Zeit durch akuten Ausfall der Pumpleistung des Herzens.
Herztransplantation (Herzverpflanzung), operative Übertragung des Herzens von einem Individuum auf ein anderes; erstmals 1967 von dem südafrikan. Chirurgen C. Barnard erfolgreich am Menschen durchgeführt.
Hesekiel [...kiɛl] ↑Ezechiel.
Hesiod, griech. Dichter um 700 v. Chr. Durchbricht als erster mit persönl. Einspruch die Anonymität der ep. Dichtung. H. ist geprägt von der bäuerl. Abgeschlossenheit Böotiens.
Hesperiden, Nymphen der griech. Mythologie; wachen über die goldenen Äpfel.
Heß, Rudolf, *Alexandria (Ägypten) 26. 4. 1894, † Berlin (West) 17. 8. 1987 (Selbstmord), dt. Politiker (NSDAP). 1933 »Stellvertreter des Führers«; ab 1933 Reichs-Min. ohne Geschäftsbereich; Ernennung zum 2. Nachfolger Hitlers (nach Göring) am 1. 9. 1939; sprang am 10. 5. 1941 in Schottland mit dem Fallschirm ab, um Großbrit. für Friedensverhandlungen zu gewinnen; 1946 vom Internat. Gerichtshof in Nürnberg zu lebenslängl. Gefängnis (Spandau) verurteilt.
Hess, 1) Victor Franz, *Schloß Waldstein bei Deutschfeistritz (Steiermark) 24. 6. 1883, † Mount Vernon (N. Y.) 17. 12. 1964, amerikan. Physiker österr. Herkunft. 1912 Entdeckung der Höhenstrahlung; Nobelpreis für Physik 1936 mit. mit C. D. Anderson.
2) Walter [Rudolf], *Frauenfeld 17. 3. 1881, † Muralto (TI) 12. 8. 1973, schweizer. Neurophysiologe. Forschungen v. a. über die Funktion des Nervensystems (seit 1925); entdeckte ferner die Bedeutung des Zwischenhirns als Organ der Steuerung bzw. Koordination vegetativer Funktionen. 1949 (zus. mit H. E. Moniz) Nobelpreis für Physiologie oder Medizin.
Hesse, Hermann, Pseud. Emil Sinclair, *Calw 2. 7. 1877, † Montagnola (Schweiz) 9. 8. 1962, dt. Schriftsteller. Urspr. Buchhändler; lebte, von Reisen durch Europa und Indien (1911) abgesehen, zurückgezogen am Bodensee und im Tessin (ab 1923 schweizer. Staatsbürger). Die autobiograph. gefärbten frühen Romane »Peter Camenzind« (1904) und »Unterm Rad« (1906) spiegeln die Naturinnigkeit der Neuromantik und die psycholog. Einfühlung des Impressionismus. Nach der Erfahrung des 1. Weltkriegs treten in »Demian« (1919) und »Der Steppenwolf« (1927) ein von der Psychoanalyse beeinflußtes skept. Bekenntnis, innere Zerrissenheit und ein Unbehagen gegenüber einer im Untergang befindl. Welt auf. »Narziß und Goldmund« (1930) gestaltet die Konfrontation von Geist und Leben (Natur). In dem Alterswerk »Das Glasperlenspiel« (1943) zeichnet H., westl. und östl. Weisheit zu vereinen suchend, ein »utop.« Bild geistiger Gemeinschaft. Illustrationen zu eigenen Werken; volksliedhafte Lyrik. 1946 Nobelpreis für Literatur, 1955 Friedenspreis des Börsenvereins des Deutschen Buchhandels.
Hessen, Bundesland der BR Deutschland, 21 114 km², 5,84 Mio. E, Hauptstadt Wiesbaden. Der größte Teil des durch Senken und Becken stark gekammerten Landes liegt im Bereich der dt. Mittelgebirgsschwelle. Die höchste Erhebung ist mit 950 m die Wasserkuppe in der Rhön. Im S hat H. Anteil am Oberrheingraben und dessen östl. Randgebieten. Fast 1/3 der Bevölkerung lebt im Rhein-Main-Gebiet. Rd. 50% sind ev., rd. 33% katholisch. H. verfügt

Victor Franz Hess

Walter Hess

Hermann Hesse

Hessen
Landeswappen

Hessenthal

hethitische Kunst. Königliche Löwenjagd, Kalksteinrelief von einem der Stadttore aus Malatya (8. Jh. v. Chr.; Ankara, Archäologisches Museum)

über vier Universitäten. In der Landwirtschaft überwiegt der Getreideanbau. Dauergrünland ist v. a. in den Basaltlandschaften verbreitet (Westerwald, Rhön, Vogelsberg). An Sonderkulturen gibt es u. a. Weinbau (Rheingau, Bergstraße). H. ist das waldreichste dt. Bundesland, da 39% der Fläche von Wald eingenommen werden. An Bodenschätzen werden Braunkohle, Kalisalze, Erdöl und Erdgas gewonnen. Neben den Ind.konzentrationen im Rhein-Main-Gebiet und im Ballungsraum Kassel ist das Lahn-Dill-Gebiet spezialisiert auf Gußwaren, Wetzlar auf feinmechan.-opt. Erzeugnisse, Offenbach auf Lederwaren.

Geschichte: In der Frühzeit Gau der Chatten, wurde H. seit dem 6. Jh. in den fränk. Machtbereich einbezogen. 1122 an Thüringen, nach dem thüring.-hess. Erbfolgekrieg (1247–64) von Thüringen losgetrennt und Landgrafschaft. Durch die Landesteilung nach dem Tod Philipps I., des Großmütigen, (1567) Entstehung der Linien *Hessen-Kassel, Hessen-Marburg* (1604 an H.-Kassel), *Hessen-Rheinfels* (1583 an H.-Darmstadt) und *Hessen-Darmstadt* (1622 Abspaltung von *Hessen-Homburg*). Nach dem Dreißigjährigen Krieg kam Oberhessen (urspr. zu H.-Marburg gehörig) zu H.-Darmstadt. H.-Kassel wurde 1803 Kurfürstentum *(Kurhessen)* und 1807 bis zum Ende der Napoleon. Herrschaft dem Kgr. Westfalen eingegliedert. H.-Darmstadt wurde 1806 das *Großherzogtum Hessen.* Kurhessen wurde 1866 Preußen einverleibt, das aus Kur-H., Nassau, Frankfurt am Main, H.-Homburg und Teilen des Groß-Hzgt. H. 1868 die Prov. *Hessen-Nassau* bildete (Reg.-Bez. Wiesbaden und Kassel). Das Groß-Hzgt. H. trat 1867 nur mit Oberhessen dem Norddt. Bund bei, gehörte seit 1871 zum Dt. Reich, wurde 1918/19 Volksstaat unter sozialdemokrat. Regierung. 1945 Bildung des *Bundeslandes Hessen* aus den zur amerikan. Besatzungszone gehörenden Teilen von H. (somit ohne Rheinhessen) und dem größten Teil von H.-Nassau. Stärkste Partei im Landtag war bis 1978 die SPD, die 1947–87 den Min.-Präs. stellte. Nach einem »Tolerierungsbündnis« zw. SPD und Grünen (1984) kam es 1985–87 zu einer Koalition zw. SPD und Grünen. 1987 wurde sie von einer CDU-FDP-Koalition unter W. Wallmann abgelöst. Seit 1991 steht Min.-Präs. H. Eichel (SPD) an der Spitze einer Koalition aus SPD und Grünen (bzw. Bündnis 90/Die Grünen).

Hessenthal, Teil der Gemeinde Mespelbrunn bei Aschaffenburg, Bayern, Wallfahrtsort; spätgot. Wallfahrtskapelle und -kirche (Grablege der Fam. Echter von Mespelbrunn), Wallfahrtskirche (1954/55) mit Kreuzigungsgruppe (H. Backoffen; 1519).

Hessisches Bergland, Teil der dt. Mittelgebirgsschwelle zw. Rhein. Schiefergebirge und Thüringer Wald.

Hessische Senke, Grabenzone in der dt. Mittelgebirgsschwelle, Teil der Mittelmeer-Mjösen-Zone, umfaßt den Übergang vom Oberrheingraben (u. a. Wetterau), das Hess. Bergland, das Weserbergland und das Niedersächs. Bergland.

Hestia, bei den Griechen Personifikation und Göttin des hl. Herdfeuers.

Hetären [griech.], in der Antike Frauen, die, aufgrund ihrer Schönheit und zum Teil außergewöhnlichen musischen und philosoph. Bildung, als bezahlte Geliebte bed. Dichter, Staatsmänner und Philosophen eine wichtige Rolle im kulturellen und polit. Leben spielten.

Hetärie [griech.], altgriech. Bez. für einen Männerbund; seit Ende des 18. Jh. Geheimbünde mit dem Ziel der nat. Befreiung Griechenlands.

hetero..., Hetero... [griech.], Bestimmungswort von Zusammensetzungen mit der Bedeutung anders, fremd, ungleich.

heterogen, nicht gleichartig, uneinheitlich. – Ggs.: homogen.

heteronom [griech.], **1)** *Philosophie:* fremdbestimmt, von fremden Gesetzen abhängend.
2) *Zoologie:* ungleichwertig (von den einzelnen Körperabschnitten bei Gliedertieren gesagt).

Heterophocie [griech.], Musizierpraxis, bei der zu einer gesungenen oder gespielten Melodie eine die gleiche Melodie frei behandelnde, ausschmückende Begleitung tritt; v. a. in außereurop. Musik.

heteropolare Bindung, svw. Ionenbindung (↑chemische Bindung).

Heterosexualität, die auf Angehörige des anderen Geschlechts gerichtete Sexualität; Ggs. ↑Homosexualität.

Heterosphäre, der obere Bereich der Atmosphäre ab etwa 100 km Höhe.

heterotroph (diatroph), in der Ernährung ganz oder teilweise auf die Körpersubstanz oder die Stoffwechselprodukte anderer Organismen angewiesen; z. B. bei allen Tieren.

heterozygot [griech.], mischerbig; gesagt von befruchteten Eizellen oder Individuen, die aus einer Bastardierung hervorgegangen sind, bei denen Allelenpaare mit ungleichen Allelen vorkommen.

Hethiter, Volk unbekannter Herkunft mit indogerman. Sprache, das im 2. Jt. v. Chr. vom östl. Kleinasien aus ein bed. Reich schuf; Hauptstadt Hattusa (↑Boğazkale). Hattusili I. (um 1570 v. Chr.) und Mursili I. (um 1530) schufen die Machtbasis des *Alten Reiches*. Suppiluliuma I. (etwa 1343–20) errichtete das *Neue Reich*, indem er nach dem Sieg über die Hurriter die Anerkennung als Großmacht neben Ägypten und Babylonien errang. Unter Muwatalli II. (etwa 1285–72) brach der Konflikt mit Ägypten offen aus. Die Schlacht von Kadesch 1275/74 (nach anderer Datierung 1285) brachte den H. keinen klaren Sieg. Hattusili III. (etwa 1266–36) kam im Friedensvertrag mit Ramses II. von Ägypten (1259; früher übl. Datierung 1270) zu einer festen Abgrenzung (etwa bei Homs) der beiderseitigen Machtsphären in N-Syrien. Der Druck des erstarkenden Assyrerreichs und die hethit. Mesopotamien und N-Syrien gefährdete die hethit. Macht, die gegen 1200 v. Chr. dem Ansturm der neuen Seevölkerbewegung aus dem W erlag.

Hethitisch, Sprache der Hethiter, älteste schriftl. überlieferte indogerman. Sprache, die in einer Form der älteren babylon. Keilschrift (Keilschrift-H.) geschrieben wurde.

hethitische Kunst, die Kunst Altanatoliens vom 2. Jt. v. Chr. bis zur Kunst späthethit. Fürstentümer N-Syriens am Anfang des 1. Jt. v. Chr. Die Grundrisse der Gebäude und Tempel waren unsymmetrisch. Mächtig waren die Befestigungsmauern. Typ. Gefäßformen sind Schnabelkannen und tierförmige Trinkgefäße. Aus der Zeit des Neuen Reichs stammen weich gestaltete Steinreliefs. Die Götterzüge von Yazılıkaya (bei Boğazkale) zeigen strenge Komposition, die Orthostatenreliefs am Tor von Alaca Hüyük eine sehr lebendige Darstellungsweise, die in den späthethit. Reliefs erstarrte.

Hetman [slaw.], in Polen und Litauen vom 15. Jh. bis 1792 Titel des Oberbefehlshabers des Heeres. – Bei den Kosaken 1572–1764 Titel (russ. *Ataman*) des freigewählten Heerführers aller Kosaken.

hethitische Kunst. Weibl. Statuette; Silber, Kopf mit Gold überzogen (2000 v. Chr., frühe Bronzezeit; Ankara, Archäologisches Museum)

hethitische Kunst. Tongefäß aus Kanesch (Karum-Zeit) (18./19. Jh. v. Chr.; Ankara, Archäologisches Museum)

Hettstedt

Theodor Heuss

George de Hevesy

Antony Hewish

Hettstedt, Kreisstadt bei Mansfeld, Sa.-Anh., 21 000 E. Kupferbergbau, Buntmetallurgie.
Heuer [niederdt.], Arbeitslohn des Besatzungs-Mgl. eines Seeschiffes.
Heuneburg, auf der linken Donauterrasse bei Herbertingen (Bad.-Württ.) gelegener frühkelt. Fürstensitz des 6./5. Jh. v. Chr., Ringwall (300 m lang, bis zu 150 m breit).
Heupferd ↑Laubheuschrecken.
heureka! [griech. »ich hab's gefunden!«], angebl. Ausruf des griech. Mathematikers Archimedes bei der Entdeckung des hydrostat. Grundgesetzes (Auftriebprinzip); daher freudiger Ausruf bei der Lösung eines schwierigen Problems.
Heuriger, in Österreich Bez. für den [neuen] Wein von Martini an (11. Nov.) bis zum nächsten Weinjahrgang.
Heuristik [griech.], die Kunst, wahre Aussagen zu finden, im Unterschied zur Logik, die lehrt, wahre Aussagen zu begründen.
Heuschnupfen (Heufieber, Gräserfieber), allerg. Erkrankung, die durch das Einatmen von Blütenpollen ausgelöst wird und daher meist im Frühjahr in Erscheinung tritt; beginnend mit Bindehautentzündung und Niesanfällen; später unter Umständen Asthmaanfälle.
Heuschrecken (Springschrecken, Schrecken), mit über 10 000 Arten weltweit verbreitete Ordnung etwa 0,2–25 cm langer Insekten (davon über 80 Arten in M-Europa); meist pflanzenfressende Tiere mit beißenden Mundwerkzeugen, Hinterbeine meist zu Sprungbeinen umgebildet. H. erzeugen zum Auffinden des Geschlechtspartners mit Hilfe von Stridulationsorganen Zirplaute. Man unterscheidet Feldheuschrecken, Laubheuschrecken, Grillen.
Heuschreckenkrebse (Fangschreckenkrebse, Maulfußkrebse, Squillidae), Fam. bis 33 cm langer Höherer Krebse mit rd. 170 Arten in allen Meeren.
Heuss, Theodor, * Brackenheim 31. 1. 1884, † Stuttgart 12. 12. 1963, dt. Politiker und Publizist. 1920–33 Dozent an der Hochschule für Politik in Berlin; 1924–28 und 1930–33 als Mgl. der DDP bzw. Dt. Staatspartei MdR; 1945/46 Kultus-Min. der ersten Regierung von Württemberg-Baden; 1948/49 Vors. der FDP; 1949 zum ersten Bundes-Präs. der BR Deutschland gewählt (Wiederwahl 1954). 1959 Friedenspreis des Börsenvereins des Dt. Buchhandels. – *Werke:* Hitlers Weg (1932), Friedrich Naumann (1937), Erinnerungen 1905 bis 1933 (hg. 1963), Die großen Reden (hg. 1965), Aufzeichnungen 1945–1947 (hg. 1966).
Heuss-Knapp, Elly, * Straßburg 25. 1. 1881, † Bonn 19. 7. 1952, dt. Sozial- und Kulturpolitikerin. ∞ mit T. Heuss; gründete 1950 das Müttergenesungswerk.
Heveller [he'vɛlər, 'he:vəlɛr] (Havelländer), Teilstamm der elbslaw. Liutizen an der Havel und der unteren Spree; Hauptort Brendanburg (↑Brandenburg/Havel).
Hevesy, George de, eigtl. György Hevesi [ungar. 'hɛvɛʃi], in Deutschland Georg Karl von H., * Budapest 1. 8. 1885, † Freiburg im Breisgau 5. 7. 1966, ungar. Physikochemiker. Legte 1913 mit F. A. Paneth die Grundlage der Isotopenmarkierung (↑Indikatormethode), 1923 mit D. Coster Entdeckung des Hafniums. 1935 Entwicklung der ↑Aktivierungsanalyse. Erhielt den Nobelpreis für Chemie des Jahres 1943.
Hewish, Antony [engl. 'hju:ɪʃ], * Fowey (Cornwall) 11. 5. 1924, brit. Astrophysiker. Entdeckte 1967 die Pulsare; 1974 Nobelpreis für Physik (zus. mit Sir Martin Ryle).
hexa..., Hexa..., hex..., Hex... [griech.], Bestimmungswort von Zusammensetzungen mit der Bedeutung »sechs«.
Hexachlorcyclohexan, Abk. HCCH, auch als Hexa-, HCH-Mittel oder 666 bezeichnetes Insektizid, Chlorkohlenwasserstoff (Atmungs-, Fraß-, Kontaktgift). In reiner Form wird es unter der Bez. Lindan gegen Borken- und Kartoffelkäfer eingesetzt.
Hexaeder (Sechsflach, -flächner), von sechs Vierecken begrenztes Polyeder.
Hexagon, Sechseck (↑Vieleck).
Hexagramm, sechsstrahliger Stern; ↑auch Davidstern.
Hexameter [griech.], antiker Vers aus sechs metr. Einheiten (Daktylen [$\stackrel{\angle}{} \cup \cup$]) oder Spondeen [$\stackrel{\angle}{-}$]); dabei ist das 5. Metrum meist ein Daktylus, das letzte Metrum stets ein Spondeus. Grundschema:

$$\stackrel{\angle}{} \cup \cup \mid \stackrel{\angle}{} \cup \cup \mid \stackrel{\angle}{} \cup \cup \mid \stackrel{\angle}{} \cup \cup \mid \stackrel{\angle}{} \cup \cup \mid \stackrel{\angle}{} x$$

Der H. ist der Vers der homer. Epen, in Verbindung mit dem ↑Pentameter (eleg. ↑Distichon) der Vers von Elegie und Epigramm; von der dt. Dichtung übernommen.

Hexamethylentetramin [Kw.] (Hexamin, Methenamin, Urotropin), heterocycl. Verbindung; Verwendung als Puffersubstanz, Vulkanisationsbeschleuniger, Hartspiritus, bei der Herstellung von Kunstharzen und Sprengstoffen sowie medizin. zur Behandlung bakterieller Harnwegsinfektionen.

Hexane, zu den Alkanen zähl. aliphat. Kohlenwasserst.; Summenformel C_6H_{14}.

Hexapoda [griech.], svw. ↑Insekten.

Hexe [ahd. hagazussa, eigtl. »Zaunreiterin«], dem Volksglauben nach zauberkundige Frauen mit mag.-schädigenden Kräften. Der H.begriff des MA resultiert aus der Verbindung urspr. nicht zusammengehörender Elemente des Zauber- und Aberglaubens (Luftflug, Tierverwandlung, Schadenzauber) mit Lehren der christl. Dämonologie (Lehre vom Dämonenpakt) und Straftatbeständen der Ketzerinquisition. – Der ausgesprochene *Hexenwahn* vom 14. bis zum 17. Jh. ist ein sozialpsych. Phänomen des Spät-MA. Der Umbruch der geistigen, religiösen und polit. Verhältnisse brachte Unsicherheiten aller Art mit sich, und die Menschen, bes. Mitteleuropas, sahen die Teufelsherrschaft der erwarteten Endzeit anbrechen. Für die Ausbreitung und die Exzesse der *Hexenverfolgungen* bes. von sozial unangepaßten Frauen hatte die Schrift »Der Hexenhammer« (lat. Malleus maleficarum, Straßburg 1487) der beiden Dominikaner H. Institoris und J. Sprenger entscheidende Wirkung; sie wurde zum Strafkodex der Gerichtspraxis in Mitteleuropa bis ins 17. Jh. und führte die Denunziation anstelle der Anklage und die Anwendung der Folter und Hexenprobe ein. Die *Hexenprozesse* (Höhepunkt zw. 1590 und 1630) wurden zu Strafverfahren »gemischter« Zuständigkeit kirchl. und weltl. Gewalten. Die letzten Hinrichtungen von H. (meist Verbrennung) fanden in Glarus (1782) und Posen (1793) statt. Seit Mitte 16. Jh. nahmen Männer verschiedener Glaubensrichtungen den Kampf gegen Hexenwahn und Hexenverfolgungen auf, insbes. F. von Spee und C. Thomasius.

Hexe. Erste Seite des »Hexenhammers« von Jakob Sprenger und Heinrich Institoris mit der »Apologia«

Hexenbesen (Donnerbüsche), besenoder nestartige, durch Schlauchpilze ausgelöste Mißbildungen, meist an Ästen zahlr. Laub- und Nadelbäume.

Hexenring, volkstüml. Bez. für die kreisförmige Anordnung der Fruchtkörper bei einigen Ständerpilzarten (z. B. beim Champignon). Das von der Spore im Boden auswachsende Myzel breitet sich zunächst nach allen Seiten aus. Die älteren inneren Teile des Myzels sterben aus Nahrungsmangel bald ab, an der Peripherie wächst das Myzel jedoch weiter und bildet Fruchtkörper, die dann ringförmig angeordnet sind.

Hexensabbat, in der Zeit der Hexenverfolgungen Bez. für angeblich nächtl. Zusammenkünfte von Hexen auf Bergeshöhen, v. a. während der Walpurgisnacht.

Hexenschuß (Lumbago), Bez. für heftige Schmerzen im Bereich der Lendenwirbelsäule bzw. -muskulatur. Ursachen sind häufig Bandscheibenschäden bzw. krankhafte Veränderung der Lendenwirbelsäule.

Hexogen [griech.] ([Cyclo]trimethylentrinitramin, Cyclonit), auch unter der Bez. RDX oder T4 bekannter hochbrisanter Sprengstoff.

Hexosen

Jaroslav Heyrovský

Cornelius Heymans

John Richard Hicks

Hex̣osen [griech.], die wichtigste Gruppe der einfachen Zucker (Monosaccharide), chem. Summenformel $C_6H_{12}O_6$; u. a. Galaktose, Glucose, Mannose, Fructose.

Heỵdrich, Reinhard, *Halle/Salle 7. 3. 1904, † Prag 4. 6. 1942, dt. Politiker (NSDAP). 1934 Leiter des Geheimen Staatspolizeiamtes in Berlin, 1936 »Chef der Sicherheitspolizei und des SD«, 1939 Leiter des Reichssicherheitshauptamtes; 1941 zum SS-Obergruppenführer und General der Polizei ernannt, mit der Gesamtplanung für die »Endlösung der Judenfrage« beauftragt; 1941 stellv. Reichsprotektor von Böhmen und Mähren; bei einem von Exilstschechen organisierten Attentat getötet. ↑Lidice.

Heỵerdahl, Thor, *Larvik 6. 10. 1914, norweg. Forscher. Fuhr u. a. 1947 auf einem Balsafloß (»Kon-Tiki«) in 97 Tagen von Callao über den Pazifik nach Tahiti, um die Abkunft der polynes. Kultur von der altperuan. zu beweisen (»Kon-Tiki«, 1948); ferner mit dem Papyrusboot »Ra II« (nach ägypt. Vorbild) 1970 in 57 Tagen von Safi nach Barbados über den Atlantik, um den ägypt. Ursprung der mittelamerikan. Kultur nachzuweisen (»Expedition Ra«, 1970).

Heỵm, 1) Georg, *Hirschberg i. Rsgb. 30. 10. 1887, † Berlin 16. 1. 1912, dt. Lyriker. Bed. Vertreter des Frühexpressionismus; auch Dramatiker und Erzähler. – *Werke:* Der ewige Tag (Ged., 1911), Umbra vitae (nachgelassene Ged., 1912), Marathon (Sonette, hg. 1914, vollständig hg. 1956).
2) Stefan, eigtl. Helmut Flieg, *Chemnitz 10. 4. 1913, dt. Schriftsteller. Emigrierte 1933 in die Tschechoslowakei, 1937 in die USA; zog 1952 in die DDR; seit 1994 MdB (Direktmandat für die PDS). Seine Romane setzen sich mit den gesellschaftl. Verhältnissen in Ost und West auseinander und wurden größtenteils in der BR Deutschland erstveröffentlicht; H. wurde 1979 wegen angebl. Devisenvergehen aus dem Schriftstellerverband der DDR ausgeschlossen. – *Werke:* Der König-David-Bericht (R., 1972); Fünf Tage im Juni (R., 1974), Collin (R., 1979), Ahasver (R., 1981), Schwarzenberg (R., 1984), Nachruf (Autobiogr., 1988), Auf Sand gebaut (Kurzgeschichten, 1990), Radek (R., 1995).

Heymans, Cornelius (Corneille) [niederl. 'hɛimans], *Gent 28. 3. 1892, † Knokke 18. 7. 1968, belg. Physiologe. Entdeckte die Funktion des Karotissinusreflexes zur Stabilisierung des Blutdrucks und erhielt hierfür 1938 den Nobelpreis für Physiologie oder Medizin.

Heyrovský, Jaroslav [tschech. 'hɛjrɔfski:], *Prag 20. 12. 1890, † ebd. 27. 3. 1967, tschechoslowak. Physikochemiker. Erfand (um 1925) die ↑Polarographie; erhielt 1959 den Nobelpreis für Chemie.

Heỵse, Paul von (seit 1910), *Berlin 15. 3. 1830, † München 2. 4. 1914, dt. Schriftsteller. Mit Geibel Mittelpunkt des Münchner Dichterkreises; der klass.-romant. Tradition verpflichtet; auch Theoretiker der Novelle (Falkentheorie); 1910 Nobelpreis für Literatur.

Hf, chem. Symbol für ↑Hafnium.
HF, Abk. für **H**och**f**requenz.
Hg, chem. Symbol für ↑Quecksilber.
HGB, Abk. für **H**andels**g**esetz**b**uch.
Hiạtus [lat.], **1)** *Geologie:* Bez. für eine infolge Sedimentationsunterbrechung entstandene Schichtlücke.
2) *Sprach- und Verswissenschaft:* das Zusammenstoßen zweier Vokale an der Silbengrenze *(Lei-er)* oder Wortgrenze *(da aber).*

Hibẹrnia [lat.], im Altertum Name für Irland.

Hibịscus [lat.] ↑Eibisch.

Hịckorybaum [...ri...] (Hickorynußbaum), Gatt. der Walnußgewächse mit rd. 25 Arten im östl. N-Amerika und in China; meist 20–30 m hohe Bäume mit glattschaligen Nüssen. Alle Arten liefern ein wertvolles, hartes, elast. Holz *(Hickory).* Einige Arten haben auch wegen der eßbaren Nüsse Bedeutung, v. a. der *Pekannußbaum* und der *Schuppenrindenhickory.*

Hicks [engl. hɪks], **1)** Edward, *Attleborough (Pa.) 4. 4. 1780, † Newton (Pa.) 23. 8. 1849, amerikan. naiver Maler (paradies. Tierbilder).
2) Sir (seit 1964) John Richard, *Warwick 8. 4. 1904, † Blockley (Cty. Gloucestershire) 20. 5. 1989, brit. Nationalökonom. Bahnbrechende Beiträge zur Theorie des allg. wirtschaftl. Gleichgewichts und zur Wohlfahrtstheorie; zus. mit K. J. Arrow 1972 Nobelpreis für Wirtschaftswissenschaften.

Hijacker

hic Rhodus, hic salta [lat. »hier (ist) Rhodus, hier springe!«], nach einer Fabel des Äsop Aufforderung, eine (prahler.) Behauptung sofort zu beweisen.

Hidalgo [span. i'ðalɣo], Staat im östl. Z-Mexiko, 20 813 km², 1,9 Mio. E, Hauptstadt Pachuca de Soto.

Hidalgo [span. i'ðalɣo] (portugies. Fidalgo), 1. Edelmann; 2. Titel des niederen span. Geburtsadels.

Hidden Peak [engl. 'hıdn 'pi:k] ↑Gasherbrumgruppe.

Hiddensee, langgestreckte Ostseeinsel westl. von Rügen, Mecklenburg-Vorpommern, 18,6 km², im Bakenberg 72 m hoch.

Hidjas, Landschaft und Vize-Kgr. im W von Saudi-Arabien, Hauptstadt Mekka. 1917–25 Kgr., in Personalunion mit Nedjd (1926) seit 1932 Teil des Kgr. Saudi-Arabien.

Hidjra [-dʒ-; arab.] (Hedjra), Auswanderung Mohammeds im Sept. 622 von Mekka nach Medina; Beginn der islam. Zeitrechnung.

hier..., Hier... ↑hiero..., Hiero...

Hierarchie [hi-e-...; griech.], aus dem religiösen Sprachgebrauch übernommene Bez. für ein Herrschaftssystem von vertikal und horizontal festgefügten und nach Über- und Unterordnung gegliederten Rängen.

hiero..., Hiero..., hier..., Hier... [hi-e-...; griech.], Bestimmungswort von Zusammensetzungen mit der Bedeutung »heilig«.

Hierodulen [hi-e-...; griech.], in oriental. und antiken Kulten im Sklavenstand von einer Gottheit abhängige Personen.

Hieroglyphen [hi-e-...; griech.], Schriftzeichen, die die Form von Bildern haben (↑auch Bilderschrift), bes. in Ägypten üblich (↑ägyptische Schrift).

Hierokratie [hi-e-...; griech.], Priesterherrschaft; Wahrnehmung staatl. Herrschaft vorwiegend durch kirchl. Amtsträger.

Hieron, Name zweier Tyrannen von Syrakus:
1) Hieron I., *um 540 v. Chr., †466 v. Chr., Tyrann von Gela (seit 485) und Syrakus (seit 478); durch Pindar gefeiert, an seinem Hofe hielten sich Simonides von Keos, Bakychylides und Aischylos auf.
2) Hieron II., *Syrakus 306 v. Chr., †ebd. 215 v. Chr., Tyrann von Syrakus (seit 275). 269 zum König ausgerufen; im 1. und 2. Pun. Krieg auf der Seite Roms.

Hieronymus, Sophronius Eusebius [hi-e-...], hl., *Stridon (Dalmatien) um 347, †Bethlehem 30. 9. 420 (419?), lat. Kirchenvater und -lehrer. Erhielt von Papst Damasus I. den Auftrag zur Neubearbeitung der lat. Bibel (↑Vulgata); viele wichtige theol. und histor. Werke. – Fest: 30. September.

Hieronymus (Jeronym) **von Prag**, *Prag 1360, †Konstanz 30. 5. 1416, tschech. Laientheologe. Mit J. Hus Wortführer der Wyclifisten; auf dem Konstanzer Konzil zum Feuertod verurteilt.

Hierro [span. 'jerrɔ], westlichste der Kanar. Inseln, 278 km², bis 1501 m hoch, Hauptort Valverde.

Hi-Fi [engl. 'haɪˌfaɪ, ˌhaɪ'fi], Abk. für engl. ↑High-Fidelity.

Hifthorn, mittelalterl. Signalhorn.

High Church [engl. 'haɪ ˌtʃɔːtʃ »hohe Kirche«] ↑anglikanische Kirche.

High-Fidelity [engl. ˌhaɪfɪ'dɛlɪtɪ »hohe (Wiedergabe)treue«], Abk. **Hi-Fi**, Bez. für die Qualität der Musikwiedergabe bei elektroakust. Heimgeräten; Mindestanforderungen nach DIN 45 500.

Highlands [engl. 'haɪləndz], Bez. für das schott. Hochland. Der von der O- zur W-Küste reichende, über 90 km lange tekton. Graben *Glen More*, der von einer Seenkette erfüllt ist (u. a. Loch Ness), trennt die North West H. im N von den *Grampian Mountains* im S, in denen der höchste Berg der Brit. Inseln liegt (Ben Nevis, 1343 m ü. M.).

High School [engl. 'haɪ ˌskuːl »hohe Schule«], in den USA Bez. der weiterführenden Schule, die an die 6. Klasse der Elementary School (Grundschule) anschließt.

Highsmith, Patricia [engl. 'haɪsmɪθ], *Fort Worth (Texas) 19. 1. 1921, †Locarno 4. 2. 1995, amerikan. Schriftstellerin. Schrieb zahlr. Kriminalromane, u. a. »Zwei Fremde im Zug« (1950), »Der talentierte Mr. Ripley« (1956), »Elsie's Lebenslust« (1986).

Highway [engl. 'haɪweɪ »hoher Weg«], engl. Bez. für Haupt- oder Landstraße; amerikan. Bez. für Autobahn.

Hijacker [engl. 'haɪdʒɛkə »Straßenräuber«], jemand, der ein Flugzeug in seine Gewalt bringt, um dadurch bestimmte Forderungen durchzusetzen (Luftpirat).

Hickorybaum. Kern mit Schale (oben) und Kern (unten) der Pekannuß (Größe 3,5–4,5 cm)

Patricia Highsmith

Hikmet

David Hilbert

Hikmet, Nazim (Nâzım Hikmet Ran), *Saloniki 20. 1. 1902, †Moskau 3. 6. 1963, türk. Schriftsteller. Schrieb Lyrik (u. a. »Türk. Telegramm«, dt. Ausw. 1956), Romane und Dramen.

Hilarius von Poitiers [frz. pwa'tje], hl., *Poitiers um 315, †ebd. 367, Kirchenlehrer und Bischof von Poitiers (seit etwa 350).

Hilbert, David, *Königsberg 23. 1. 1862, †Göttingen 14. 2. 1943, dt. Mathematiker. 1892–95 Prof. in Königsberg, dann in Göttingen. Grundlegende Arbeiten insbes. zur Invariantentheorie, zur Theorie der algebraischen Zahlkörper, zur Theorie der Integralgleichungen und zur mathemat. Physik.

Hilbig, Wolfgang, *Meuselwitz (bei Altenburg) 31. 8. 1941, dt. Schriftsteller. Übersiedelte 1985 in die BR Deutschland; seine Gedichte und Erzählungen, geprägt von Reflexionen über die eigene Herkunft (Bergarbeiterfamilie) erschienen zu Zeiten der DDR meist nur in der BR Deutschland. – *Werke:* Unterm Neumond (En., 1982), Eine Übertragung (R., 1989), Alte Abdeckerei (E., 1991), Grünes grünes Grab (En., 1993), Die Arbeit an den Öfen (En., 1994).

Hildburghausen Stadtwappen

Hildburghausen, Kreisstadt am S-Fuß des Thüringer Waldes, Thüringen, 11 800 E. Stadtbild mit Bauten des 16.–19. Jh. Das Erzbischöfl. Palais war 1828–74 Sitz des Bibliograph. Instituts.

Hildebrand, Adolf von, *Marburg a. d. Lahn 6. 10. 1847, †München 18. 1. 1921, dt. Bildhauer. Ab 1867 in Rom und Florenz tätig; orientierte sich an

Hildegard von Bingen. Die wahre Dreiheit in der wahren Einheit; Seite aus einer illuminierten Abschrift ihres Hauptwerkes »Scivias« in der Benediktinerinnenabtei Sankt Hildegard in Eibingen bei Rüdesheim

Antike und Renaissance; u. a. Wittelsbacher Brunnen (1895, München).

Hildebrandslied, ahd. Heldenlied in stabreimenden Langzeilen, wahrscheinlich langobard. Ursprungs, aufgezeichnet Anfang des 9. Jh. in Fulda; erzählt das verhängnisvolle Zusammentreffen Hildebrands mit seinem Sohn Hadubrand.

Hildebrandt, 1) Dieter, *Bunzlau/Niederschlesien 23. 5. 1927, dt. Kabarettist. Gründete u. a. mit Sammy Drechsel (*1925, †1986) die »Münchner Lach- und Schießgesellschaft«; bekannt v. a. durch die Fernsehsendung »Notizen aus der Provinz« (1972–79) sowie das Live-Kabarett »Scheibenwischer« (seit 1980); Zus.arbeit u. a. mit G. Polt und W. Schneyder.

2) (Hildebrand), Johann Lucas von (seit 1720), *Genua 14. 11. 1668, †Wien 16. 11. 1745, österr. Baumeister. Schuf in Wien Unteres und Oberes Belvedere (1714–16 bzw. 1721–23), Palais Schönborn (1706–11), Palais Daun-Kinsky (1713–16); neben J. B. Fischer von Erlach Hauptvertreter des österr. Hochbarock (Reichsstil).

Hildegard von Bingen, hl. *1098, †Kloster Rupertsberg bei Bingen 17. 9.

Hildesheim. Kirche St. Michael (um 1010–33)

1179, dt. Mystikerin. Gründete zw. 1147 und 1150 das Kloster Rupertsberg bei Bingen, 1165 ein Filialkloster in Eibingen (heute zu Rüdesheim). Neben myst.-visionären Schriften verfaßte sie u. a. 70 selbstvertonte geistl. Lieder, außerdem naturkundl. Bücher.

Hildesheim, 1) Kreisstadt an der Innerste, Ndsachs., 105 400 E. Fachhochschulen; u. a. Roemer- und Pelizaeus-Museum mit ägypt. Sammlung, Stadttheater, Behörden. Stichkanal zum Mittellandkanal. U. a. elektrotechn. Industrie. Der Dom wurde nach dem 2. Weltkrieg in der Form des Hezilo-Domes (1054–79) wiederaufgebaut, erhalten die berühmten Bronzetüren Bischof Bernwards (1015) wie die Bernwardssäule, die Kirche Sankt Michael in der Form der otton. Bernwardbaues (um 1010–33). Weitere roman. Kirchen sind Sankt Godehard (1172 geweiht), Sankt Mauritius (11. Jh.), Heilig Kreuz (11. Jh.); spätgot. ist die Andreaskirche (1389 ff., wiederaufgebaut). Wiederaufgebaut wurden u. a. auch das Rathaus (im Kern 13. Jh.) und das Knochenhaueramtshaus (1529). – Die im 8. Jh. gegr. Siedlung erhielt um 1000 Marktrecht; 1217 erstmals Stadt, 1367 Hansemitglied.

2) ehem. Fürstbistum; 815 gegr., der Kirchen-Prov. Mainz zugeteilt; erlebte seinen Höhepunkt unter Bischof Bernward. In der *Hildesheimer Stiftsfehde* (1519–23) kam der größere Teil des Hochstifts (das sog. Große Stift) an die welf.-braunschweig. Herzöge von Calenberg und Wolfenbüttel; 1643 wieder zu H.; das Hochstift 1803 an Preußen, 1807 zum Kgr. Westfalen, 1813 zu Hannover, mit diesem 1866 an Preußen.

Hildesheimer, Wolfgang, *Hamburg 9. 12. 1916, † Poschiavo 21. 8. 1991, dt. Schriftsteller. Seit 1933 in der Emigration; während des Krieges brit. Informationsminister in Jerusalem; 1946–49 Dolmetscher bei den Nürnberger Prozessen; lebte seit 1957 in Graubünden; Mgl. der Gruppe 47; veröffentlichte zunächst Kurzprosa, dann zahlr. Hörspiele und Bühnenstücke. Seine Entwicklung vom satir. Betrachter der Welt zum Darsteller ihrer Absurdität dokumentieren u. a. seine Romane »Tynset« (1965) und »Masante« (1973). Ergebnis seiner intensiven Beschäftigung mit Mozart ist die Biographie »Mozart« (1977). Seit 1983 entstanden v. a. Graphiken und Collagen. 1966 Georg-Büchner-Preis. – *Weitere Werke:* Lieblose Legenden (Kurzprosa, 1952), Nachlese (Collagen, 1987).

Hilferding, Rudolf, *Wien 10. 8. 1877, † Paris 11. 2. 1941, österr.-dt. Sozialwissenschaftler, Politiker (SPD) und Publizist. 1923 sowie 1928/29 Reichsfinanz-Min.; nach Emigration (1933) im Exilvorstand der SPD; seit 1938 in Frankreich; starb in Gestapohaft; zahlr. theoret. Schriften zum Austromarxismus.

Hilfswerk für behinderte Kinder, durch Gesetz von 1971 eingerichtete Stiftung des öffentl. Rechts, erbringt Leistungen an Behinderte mit Fehlbildungen durch thalidomidhaltige Präparate, v. a. Contergan ® (Conterganprozeß).

Archibald Hill

Hill, Archibald [Vivian], *Bristol 26. 9. 1886, † Cambridge 3. 6. 1977, brit. Physiologe. Erhielt für seine Untersuchungen der energet. Vorgänge bei der Muskelzusammenziehung 1922 mit O. F. Meyerhof den Nobelpreis für Physiologie oder Medizin.

Hillary, Sir (seit 1953) Edmund Percival [engl. 'hɪlərɪ], *Auckland 20. 7. 1919, neuseeländ. Bergsteiger. Zus. mit dem Sherpa Tenzing Norgay (*1914, †1986) am 29. 5. 1953 Erstbesteiger des Mount Everest.

Hillbilly[music] [engl. 'hɪlbɪlɪ('mjuːzɪk); zu amerikan. hillbilly »Hinterwäldler«], Bez. für die weiße (euro-amerikan.), ländl. Volksmusik.

Hillel, mit dem Ehrennamen »der Alte«, *in Babylonien um 60 v. Chr., † in Palästina um 10 n. Chr., Präsident (Nazis) des Synedriums. Bed. rabbin. Gesetzeslehrer.

Hiller, 1) Johann Adam, *Wendisch Ossig bei Görlitz 25. 12. 1728, † Leipzig 16. 6. 1804, dt. Komponist. Komponierte vielbeachtete Singspiele (u. a. »Der Teufel ist los«, 1766); umfangreiches Liedschaffen.

2) Kurt, *Berlin 17. 8. 1885, † Hamburg 1. 10. 1972, dt. Publizist, Kritiker und Essayist. Pazifist; eigenwilliger Vertreter einer sozialistischen Staats- und Gesellschaftsordnung; schrieb u. a. »Leben gegen die Zeit« (Erinnerungen, 1969–73).

Himalaya. Die »Sechstausender« Kang Taiga und Tramserku, südlich des Mount Everest

Himbeere.
a Blüten; b Blätter und Frucht; c Längsschnitt durch eine Frucht

Hillery, Patrick John [engl. 'hɪlərɪ], *Miltown Malbay 2. 5. 1923, ir. Politiker. 1969–72 Außen-Min.; 1976–90 Staatspräsident.

Hilversum [niederl. 'hɪlvərsʏm], niederl. Stadt sö. von Amsterdam, 84 600 E. Pendlerwohngemeinde; Pferderennbahn; Rundfunkanstalten. Bed. das Neue Rathaus (1928–31).

Himachal Pradesh [engl. hɪ'mɑːtʃəl prə'deɪʃ], ind. Gliedstaat im westl. Himalaya, 55 673 km², 5,17 Mio. E, Hauptstadt Simla.

Himalaya [hi'maːlaja, himaˈlaːja; Sanskrit], mächtigstes Gebirgssystem der Erde, begrenzt den Ind. Subkontinent gegen Tibet und Zentralasien, erstreckt sich 2 500 km lang, zw. 280 (im NW) und 150 km (im O) breit. Von zehn Achttausendern ist der Mount Everest mit 8 846 m Höhe zugleich der höchste Berg der Erde. Anteil haben Indien, Pakistan, Nepal, Bhutan und China. Vier Hauptgebirgsketten folgen von S nach N: Die *Siwalikketten* werden überragt vom *Vorder-H.,* dieser wiederum von der Hauptkette, dem in der Höhe vergletscherten *Hohen H.* Die südtibet. Längstalfurche, die vom Tsangpo und oberen Indus durchflossen wird, trennt ihn vom *Trans-H.,* der sich im wesentl. aus drei Hauptketten zusammensetzt. Der H. ist eine Klimascheide: während die monsunberegnete S-Flanke hohe Niederschläge erhält, liegt die N-Abdachung bereits jenseits der klimat. Trockengrenze.

Himbeere (Rubus idaeus), in Europa, N-Amerika und Sibirien heimische Art der Gattung Rubus; meist an frischen, feuchten Waldstellen und in Kahlschlägen; Sprosse bestachelt, rötlich, 1–2 m hoch; Frucht *(Himbeere)* eine beerenartige Sammelsteinfrucht.

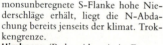

Himera, westlichste Griechenstadt an der N-Küste Siziliens, 40 km östl. von Palermo; bei H. 480 v. Chr. Sieg Gelons von Syrakus und Therons von H. über die Karthager.

Himmel (Himmelsgewölbe, Firmament), das scheinbar über dem Horizont eines Beobachters liegende »Gewölbe«. In der Astronomie wird der H. zu einer Vollkugel, der *Himmelskugel,* ergänzt. Diese H.kugel dreht sich scheinbar innerhalb 24 Stunden einmal um die mit der Erdachse zusammenfallende *Himmelsachse,* die den H. in den *Himmelspolen* durchstößt.

Himmelfahrt Christi, die Auffahrt und Erhöhung Jesu Christi in den Himmel. Das Fest *Christi Himmelfahrt* wird am 40. Tag nach Ostern gefeiert.

Himmelfahrt Marias (Mariä Himmelfahrt), nach kath. Lehre die Aufnahme Marias, der Mutter Jesu, nach ihrem Tod in den Himmel; 1950 zum Dogma erhoben.

Hindenburg

Himmelsgucker (Uranoscopidae), Familie der Barschartigen mit rd. 25 Arten, v. a. in den Küstenregionen trop. und subtrop. Meere; Grundfische mit weit nach oben gerückten Augen. Im Mittelmeer und Schwarzen Meer kommt der bis 25 cm lange *Sternseher* (Gemeiner H., Meerpfaff) vor.
Himmelsleiter ↑Jakobsleiter.
Himmelsmechanik, Teilgebiet der *Astronomie;* die Lehre von der Bewegung der Himmelskörper unter dem Einfluß ihrer gegenseitigen Massenanziehung. Gegenstand der H. ist u. a. die *Bahnbestimmung,* z. B. von Planetenbahnen, aber auch von Raumsonden und Erdsatelliten, die Bewegung von Doppelsternen und Sternsystemen, die Präzession und Nutation der Erdachse u. a.
Himmelsschlüssel, svw. ↑Primel.
Himmler, Heinrich, *München 7. 10. 1900, † Lüneburg 23. 5. 1945 (Selbstmord), dt. Politiker (NSDAP). 1929 zum »Reichsführer SS« ernannt; baute die SS zu einer parteiinternen Polizeiorganisation aus; führte als »Chef der Dt. Polizei« (1936) die personelle und organisator. Verschmelzung von Polizei und SS durch, errichtete das System der Konzentrations- und Vernichtungslager und baute nach Kriegsbeginn die Waffen-SS als selbständige Truppe neben der Wehrmacht auf; war als »Reichskommissar für die Festigung dt. Volkstums« (1939) zuständig für die brutale Umsiedlungs- und Germanisierungspolitik in O- und SO-Europa und wurde der entscheidende Organisator der millionenfachen Massenmorde an den Juden (sog. Endlösung der Judenfrage). 1943 Reichsinnen-Min. und Generalbevollmächtigter für die Reichsverwaltung; übernahm nach dem 20. 7. 1944 den Oberbefehl über das Ersatzheer und die Leitung der Heeresrüstung; geriet in brit. Gefangenschaft und beging Selbstmord.
Hinayana [Sanskrit »kleines Fahrzeug«], die ältere und strengere Richtung des ↑Buddhismus, die heute nur noch in Sri Lanka, Birma, Thailand, Laos und Kambodscha verbreitet ist (»südl. Buddhismus«).
Hindelang, Marktgemeinde, heilklimat. und Kneippkurort in den Allgäuer Alpen, Bayern, 4 700 E. Im Ortsteil *Bad Oberdorf* Schwefelmoorbad.

Himmelsgucker oder Sternseher (Länge etwa 30 cm)

Hindemith, Paul [...mɪt], *Hanau 16. 11. 1895, † Frankfurt am Main 28. 12. 1963, dt. Komponist. H. galt seit seinen radikalen Frühwerken (z. B. die Operneinakter »Mörder, Hoffnung der Frauen« op. 12, 1919) als einer der Bahnbrecher der Moderne. Seine Abkehr von der Dur-Moll-tonalen Harmonik führte ihn zu einer eigenen Tonsprache unter Wahrung des Tonalitätsprinzips. H. komponierte Opern (u. a. »Cardillac«, 1926; »Mathis der Maler«, 1934/35; »Die Harmonie der Welt«, 1956/57), Ballette, Orchesterwerke, Lieder (u. a. »Das Marienleben«, 1922/23), Schul-, Spiel- und Lehrwerke (u. a. »Wir bauen eine Stadt«, 1930); er schrieb »Unterweisung im Tonsatz« (3 Bde., 1937–70).

Paul Hindemith

Hindenburg, Paul von Beneckendorff und von H., *Posen 2. 10. 1847, † Gut Neudeck bei Freystadt (Westpreußen) 2. 8. 1934, dt. Generalfeldmarschall (seit 1914) und Reichs-Präs. (1925–34). Übernahm mit E. Ludendorff als Stabschef die Führung der 8. Armee, die 1914/15 bei Tannenberg und in Masuren die russ. Truppen vernichtend schlug; übernahm in quasidiktator. Machtstellung Ende Aug. 1916 als Chef des Generalstabs des Feldheeres gemeinsam mit Ludendorff (1. Generalquartiermeister) die 3. Oberste Heeresleitung (OHL); als populäre Symbolfigur der dt. Rechten in der Weimarer Republik 1925 zum Nachfolger F. Eberts gewählt (1932 gegen Hitler wiedergewählt; vollzog unter dem Einfluß radikaler Nationalisten, großagrar. Interessenvertreter und der Reichswehrführung mit der Ernennung

Paul von Hindenburg

Hindenburgdamm

Hinduismus. Vishnu, ruhend auf der Weltschlange Shesha, Detail an der Südfassade des Dashavatara-Tempels in Deogarh; rötlicher Sandstein (um 500 n. Chr.)

Cyril Norman Hinshelwood

H. Brünings zum Reichskanzler 1930 den Übergang vom parlamentar. System zum Präsidialregime, das unter seinem Protegé F. von Papen zum offenen Verfassungsbruch trieb und nach der kurzen Kanzlerschaft K. von Schleichers in das Koalitionskabinett Hitler und in die nat.-soz. Machtergreifung mündete.

Hindenburgdamm, die Insel Sylt mit dem Festland verbindender 11 km langer Eisenbahndamm, 1927 eröffnet.

Hindenburg O. S. (polnisch Zabrze), Stadt am W-Rand des Oberschlesischen Ind.reviers, Polen, 203 400 E. Museum für Bergbau und Hüttenwesen; Theater; Schwerindustrie.

Hindernislauf, leichtathlet. Wettbewerb für Männer (3 000 m) und Jugendliche (1 500 m) über 91 cm hohe Hürden und einen 3,66 m breiten Wassergraben.

Hindi [pers. »indisch«], indoarische Sprache, die in Devanagari-Schrift geschrieben wird und vom Sanskrit beeinflußt wurde; seit 1965 offizielle Landessprache Indiens. ↑indische Sprachen.

Hindu, urspr. pers. Bez. für den Bewohner Indiens, heute für den Anhänger des Hinduismus.

Hinduismus [pers.], Religion, der etwa 650 Mio. Menschen (überwiegend in Indien) angehören. Der H. hat sich im Lauf von Jh. mit einer Vielzahl von Sekten aus der spätved. Religion (Brahmanismus) entwickelt (in den letzten Jh. v. Chr. bis etwa 1000 n. Chr.). Er kennt keine in sich geschlossene dogmat. *Lehre.* Nur einige sehr allg. Grundlagen sind allen Sekten gemeinsam, v. a. die Lehre vom ↑Karma und von der Wiedergeburt. Der endlosen Kette der Wiedergeburten, dem *Samsara,* zu entrinnen, ist Ziel der Erlösung. Da Wiedergeburt auch als Tier möglich ist, gilt die Schonung alles Lebendigen (Ahimsa) als höchstes Gebot (daher der strenge Vegetarismus und die Rinderverehrung der Hindus). Das System der sozialen Gliederung in die vier Klassen der Brahmanen (Priester), der Kshatrijas (Krieger), der Vaishijas (Bauern) und der Shudras (Knechte), die jeweils wieder in zahlr. ↑Kasten zerfallen, wird nur von wenigen Sekten nicht anerkannt. Ohne Kastenzugehörigkeit sind nur die ↑Paria.

Im *Weltbild* des H. befindet sich die ewige Welt in einem ständigen Prozeß des Werdens und Vergehens. Aus der Vielzahl der *Götter* des H. ragt die Dreiheit *Brahma, Shiva* und *Vishnu* (auch als dreiköpfige Gestalt dargestellt) heraus. Die beiden Hauptrichtungen des H. sind Shivaismus und Vishnuismus, je nachdem, ob Shiva (Zerstörer der Welt) oder Vishnu (Erhalter der Welt) an die Spitze der Götter gestellt wird. Neben den großen Göttern stehen viele kleine Gottheiten, die oft nur lokale Bedeutung haben. Andere, so der Affengott Hanuman, und Naturerscheinungen wie Sonne, Mond oder Wind genießen weiterhin Verehrung. – Die *kult.* Verehrung von Bildern eines Gottes durch Gebet oder Opfergaben findet v. a. im Tempel statt. Mittler zw. dem Gläubigen und dem Gott sind die Priester (Brahmanen). – Nach ersten Ansätzen in den Texten des ↑Veda beginnt die eigtl. Überlieferung des H. mit dem Epos ↑Mahabharata, er ist jedoch erst in den 18 ↑Puranas (etwa 6. Jh. n. Chr.) voll entwickelt.

Hindukusch, Faltengebirge in Z-Asien (Kaschmir und Afghanistan), erstreckt sich vom Pamir rd. 700 km nach SW, im Tirich Mir (im O) 7 690 m hoch.

Hindustan [»Land der Hindus«], Bez. für Indien als Ganzes oder für das Gebiet nördl. der Narbada (ohne Pandschab, Bihar und Bengalen).

Hindustani, indoarische Sprache, bis in das 20. Jh. als Verkehrssprache in ganz N-Indien und im Dekhan gebräuchlich. ↑indische Sprachen.

Hinnøy [norweg. ˈhinœi], mit 2 198 km² größte norweg. Insel.

Hinshelwood, Sir (seit 1948) Cyril Norman [ˈhɪnʃlʊd], *London 19. 6. 1897, †ebd. 9. 10. 1967, brit. Chemiker. U. a. bahnbrechende Untersuchungen über homogene und heterogene Gasreaktionen und die Kinetik des Bakterienstoffwechsels; 1956 (zus. mit N. N. Semjonow) Nobelpreis für Chemie.

Hinterbliebenenrenten, in der Renten- und Unfallversicherung Oberbegriff für Witwen- und Witwerrenten, Renten an den früheren Ehegatten und Waisenrenten, unter bestimmten Voraussetzungen auch an Verwandte der aufsteigenden Linie ([Groß]-eltern) gezahlt.

Hinterglasmalerei

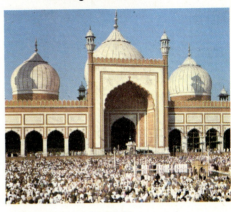

Hinduismus. Jami-Moschee in Delhi (17. Jh.)

Hinterglasmalerei, seitenverkehrt angelegte Malerei auf der Rückseite eines Glases (Wasser-, Tempera- oder Ölfarben bzw. Mischtechnik). Zweig der Volkskunst, bes. im 14.–18. Jahrhundert.

Hinterglasmalerei. Hinterglasbild aus dem Bayerischen Wald (München, Bayerisches Nationalmuseum)

Hinterhand

Peter Hintze

Hinterhand (Nachhand), bei Haussäugetieren die hinteren Extremitäten mit Kruppe und Schwanzansatz.
Hinterhauptsbein ↑Schädel.
Hinterindien, Halbinsel SO-Asiens, zw. Golf von Bengalen, Andamanensee und Malakkastraße im W, Südchines. Meer und Golf von Thailand im O.
Hinterkiemer (Opisthobranchia), Überordnung der Schnecken mit rd. 13 000 meerbewohnenden Arten (v. a. in Küstenregionen); Herz mit nur einer Vorkammer, dahinter rechtsseitig die Kieme.
Hinterlader ↑Gewehr.
Hinterlegung, die Übergabe von Geld oder Sachen an eine Verwahrungsstelle (Amtsgericht) zur Schuldbefreiung oder Sicherheitsleistung.
Hinterleib ↑Abdomen.
Hintersassen, Bez. bes. für Bauern vom MA bis ins 19. Jh., die als Freie oder Halbfreie in dingl. Abhängigkeit von einem Grundherrn standen.
Hintertreppenroman, um 1880 gebildete Bez. für Trivialromane, die Dienstboten an der Hintertreppe verkauft wurden.
Hinterzarten, heilklimat. Kurort und Wintersportplatz im S-Schwarzwald, Bad.-Württ., 2400 E.
Hintze, Peter, * Honnef/Rhein (heute Bad Honnef) 25. 4. 1950, dt. ev. Theologe und Politiker (CDU). 1983–90 Bundesbeauftragter für den Zivildienst; seit April 1992 Generalsekretär der CDU.
Hiob (Ijob, Job), zentrale Gestalt des nach ihr benannten alttestamentl. Buches, das zur Weltliteratur zählt; Hauptthema ist die Erprobung der Frömmigkeit Hiobs und dessen Heimsuchung mit den *Hiobsbotschaften* (Unglücksbotschaften).
Hipler, Wendel, * Neuenstein um 1465, † Heidelberg (in pfälz. Gefangenschaft) 1526, dt. Bauernführer. Vermittelte im Bauernkrieg zw. Bauern und Rittern; 1525 oberster Schreiber der Odenwälder Bauern; zwang Götz von Berlichingen zur Übernahme der Hauptmannschaft.
Hipparchos von Nizäa, * um 190, † um 125, griech. Astronom und Geograph. Erfand vermutlich das Astrolabium und erstellte einen ersten Fixsternkatalog. In der Geographie setzte sich H. für eine ausschließlich astronom. Bestimmung der geograph. Länge und Breite ein.
Hipparcos [Kw. aus **Hi**gh **p**recision **par**allaxe **co**llecting **s**atellite, Parallaxe(n) mit hoher Genauigkeit sammelnder Satellit], Astrometriesatellit der ↑ESA zur Erarbeitung eines Sternkataloges, gestartet 1989 mit der europ. Trägerrakete Ariane-4.
Hippel, Theodor Gottlieb von, * Gerdauen 31. 1. 1741, † Königsberg 23. 4. 1796, dt. Schriftsteller. Roman »Lebensläufe nach aufsteigender Linie« (3 Bde., 1778–81).
Hippie [...pi; engl.-amerikan.], Name für die Anhänger einer jugendl. Protestbewegung (insbes. um 1965–68 in den USA); betonten eine antibürgerl. und pazifist. Lebensform in freier, natürl. Gemeinschaft (»Love generation«, »Blumenkinder«).
hippo..., Hippo..., hipp..., Hipp... [griech.], Bestimmungswort von Zusammensetzungen mit der Bedeutung »Pferd«, z. B. Hippodrom.
Hippodrom [griech.], im antiken Griechenland Bahn für Pferde- und Wagenrennen.
Hippokrates, * auf Kos um 460, † Larissa um 370, griech. Arzt. Gilt als Begründer der Medizin als Erfahrungswissenschaft aufgrund unbefangener Beobachtungen und Beschreibung der Krankheitssymptome und einer krit., spekulationslosen Diagnostik. Der sog. *hippokrat. Eid* ist noch heute Vorbild des Ärztegelöbnisses.
Hippolyt (Hippolytos), * in der 2. Hälfte des 2. Jh., † auf Sardinien um 235, röm. Kirchenschriftsteller, Gegenpapst (seit 217). Verfaßte u. a. eine Weltchronik.
Hippo Regius ↑Annaba.
Hira (al-H.), antike Stadt im Irak, nahe dem heutigen An Nedjef; 3.–5. Jh. Residenz der Lachmiden.
Hirn... ↑auch Gehirn...
Hirnanhangsdrüse, svw. ↑Hypophyse.
Hirohito [hiro'hi:to, jap. hi'ro.hito], * Tokio 29. 4. 1901, † ebd. 7. 1. 1989, jap. Kaiser (seit 1926); 124. Tenno. Durch die Verfassung von 1947 auf reine Repräsentativfunktionen beschränkt.
Hiroshige Ando [hiro'ʃi:ge; jap. hi-'ro.ʃige], * Edo (heute Tokio) 1797, † ebd. 12. 10. 1858, jap. Meister des Farbholzschnitts.

Hirohito
Kaiser von Japan

Hirse

Hiroshima, jap. Hafenstadt auf Honshū, im Delta des Ota, 1,09 Mio. E. Univ.; bed. Ind.standort an der Inlandsee. – Der Atombombenabwurf (Uranbombe) vom 6. 8. 1945 war der erste Kernwaffeneinsatz, er forderte über 200 000 Tote und 100 000 Verwundete.

Hirsau ↑Calw.

Hirsch, Max, *Halberstadt 30. 12. 1832, † Bad Homburg v. d. H. 26. 6. 1905, dt. Politiker (Dt. Fortschrittspartei bzw. Freisinnige Partei). Förderer der Arbeiterbildungsvereine, 1868 Mitbegründer der Hirsch-Dunckerschen Gewerkvereine.

Hirschberg i. Rsgb. (im Riesengebirge; poln. Jelenia Góra), Hauptstadt des gleichnamigen Verw.-Geb., Polen, am oberen Bober, 92 700 E. Theater. Im Ortsteil *Bad Warmbrunn* Schwefelthermen. Spätgot. Pfarrkirche (14. und 16. Jh.), barockes Rathaus (1747). – Ende des 13. Jh. gegr. und dt. besiedelt.

Hirsch-Dunckersche Gewerkvereine ↑Gewerkschaften.

Hirsche (Cervidae), mit rd. 40 Arten weltweit verbreitete Fam. etwa 0,8 bis 3 m körperlanger und 0,3–1,5 m körperhoher Paarhufer; ♂♂ (nur beim Ren auch ♀♀) mit Geweih (bei Moschustieren und Wasserreh fehlend). Zu den H. gehören u. a. Trughirsche und Echthirsche.

Hirschfänger ↑Jagdwaffen.

Hirschhornsalz, Gemisch aus Ammoniumhydrogencarbonat und Ammoniumcarbonat; Treibmittel z. B. beim Backen.

Hiroshima. Die zerstörte Stadt wenige Tage nach dem Abwurf der ersten Atombombe

Hirschkäfer (Schröter, Lucanidae), mit über 1 100 Arten weltweit verbreitete Fam. 0,5–10 cm großer Blatthornkäfer (in M-Europa sieben Arten); Oberkiefer der ♂♂ häufig zu geweihartigen Zangen vergrößert, mit denen sie Kämpfe um ein ♀ austragen. In M-Europa kommt neben dem *Euras. H. (Feuerschröter, Hornschröter* mit 4 (♀) bis 8 (♂) cm an Länge größter europ. Käfer) der *Balkenschröter* (Zwerg-H.; 2–3 cm lang) vor.

Hirschkäfer. Oben: Männchen des Eurasischen Hirschkäfers • Unten: Balkenschröter

Hirse (Panicum), Gatt. der Süßgräser mit rd. 500 Arten, v. a. in den wärmeren Gebieten der Erde; einjährige oder aus-

1507

Hirtenbrief

Historienmalerei. Jacques-Louis David, »Der Schwur der Horatier« (1784; Paris, Louvre)

dauernde Gräser mit ährenartiger Rispe. Die wichtigste Art ist die als Getreide verwendete *Echte H.* (Rispen-H., Dt. H.), 0,5–1 m hoch. Die Früchte der H.arten sind fast runde Körner von hohem Nährwert. Die Hauptanbaugebiete liegen in Z-Asien, O-Asien, Indien und den Donauländern.

Hirtenbrief, Rundschreiben von Bischöfen an die Gläubigen zu lehramtl. und seelsorgl. Fragen oder zu aktuellen Problemen.

Hirtendichtung, svw. ↑bukolische Dichtung; ↑auch Schäferdichtung.

Hirtenhunde, Gruppe großer, starkknochiger Hunde, z. B. Pyrenäenhund, Kuvasz.

Hirtentäschelkraut (Hirtentäschel), Gatt. der Kreuzblütler mit fünf weltweit verbreiteten Arten, in Deutschland als Unkraut auf Äckern und an Wegrändern das *Gemeine H. (Echtes H.).*

Hirudin [lat.], die Blutgerinnung hemmendes Protein aus den Speicheldrüsen von Blutegeln.

Hisbollah (Hisbullah; »Partei Gottes«), militante schiit. islamisch-fundamentalist. Terrororganisation im Libanon, deren Ziel die bedingungslose Zerstörung des Staates Israel ist; gegr. 1982 mit iran. Unterstützung.

Hispaniola (Haiti, Santo Domingo), eine der Westind. Inseln, zw. Kuba und Puerto Rico, 76 192 km². Polit. geteilt in die Dominikan. Republik und Haiti. Hier landete am 6. 12. 1492 Kolumbus.

Histadrut, israel. Einheitsgewerkschaft; gegr. 1920 in Haifa.

Histamin [Kw.], ein biogenes Amin und Gewebshormon; bewirkt eine Erregung der glatten Muskulatur, Erweiterung der Kapillaren, Senkung des Blutdrucks u. a.; spielt eine wesentl. Rolle bei allerg. Reaktionen.

Histologie [griech.] (Gewebelehre), Teilgebiet der Biologie und Medizin, das den mikroskop. und elektronenmikroskop. Feinbau und spezielle Funktionen menschl., tier. und pflanzl. Gewebe erforscht.

Historie [griech.-lat.], Geschichte.

Historienmalerei, Gattung der Malerei, die geschichtl. Ereignisse, i. w. S. auch bibl. Szenen sowie Erzählstoffe aus Legende, Sage und Dichtungen zum Inhalt hat. Die H. neigt zum Idealisieren; H. gibt es im alten Ägypten, bei den Assyrern, bei den Griechen (das Alexandermosaik von Pompeji gibt wohl die »Alexanderschlacht« von Philoxenos wieder). Häufiges Bildthema wird Geschichte mit der italien. Renaissance, Hauptwerke sind A. Mantegna, »Cäsars Triumphzug« (um 1484–92), Schlachtenbilder: P. Uccello (»Die Schlacht bei

San Romano«, um 1456/57), Leonardo da Vinci (»Schlacht von Anghiari«, Karton von 1503–05 erhalten), Michelangelo (»Überfall bei den Cascine«, Skizze von 1505 erhalten), A. Altdorfer »Alexanderschlacht« (1529). Die H. des Barock erreichte mit Rubens Medicizyklus (1622–25) und Velázquez »Schlüsselübergabe von Breda« (1635) ihren Höhepunkt. Neuen Aufschwung nahm die H. mit Erstarken des Bürgertums (J. L. David, »Schwur der Horatier«, 1784). Die H. des 19. Jh. wandte sich der eigenen (nat.) Geschichte zu; E. Delacroix, T. Géricault, P. Delaroche, É. Manet in Frankreich, P. Cornelius, A. Rethel, C. F. Lessing, W. von Kaulbach, K. von Piloty, A. von Menzel in Deutschland, E. Stückelberg und F. Hodler (»Rückzug von Marignano«, 1898–1900) in der Schweiz. Gegen die russ. akadem. H. wandten sich die Peredwischniki mit realist. Szenen (u. a. I. Repin, »Die Saporoger Kosaken schreiben einen Brief an den Sultan«, 1878–91), dagegen übernimmt die idealisierende H. im sozialist. Realismus erneut eine Funktion. Bittere Anklagen gegen den Krieg erhoben u. a. Goya (»Desastres de la guerra«, 1810–14), Picasso (»Guernica«, 1937).

Historiographie [griech.], svw. Geschichtsschreibung.

historische Hilfswissenschaften (histor. Grundwissenschaften), Fächer und Teilgebiete der Geschichts-Wiss., die sich v. a. mit der Erschließung und vorbereitenden Kritik der Geschichtsquellen befassen; i. e. S. Paläographie einschließlich Epigraphik und Papyrologie, Urkundenlehre (Diplomatik) und Aktenkunde, Siegelkunde (Sphragistik), Zeitrechnung (Chronologie), Genealogie, Wappenkunde (Heraldik) und Numismatik.

historische Rechtsschule, svw. ↑historische Schule.

historischer Materialismus ↑Marxismus.

historischer Roman (Geschichtsroman), meist umfangreicher Roman, in dem geschichtl. Persönlichkeiten oder Geschehnisse im Mittelpunkt stehen oder die Handlung vor einem historisch-authent. Hintergrund abläuft. Eigtl. Begründer war W. Scott mit »Waverley« (1814). Vertreter in Frankreich u. a. V. Hugo und A. Dumas d. Ä., in Italien A. Manzoni, in Deutschland u. a. C. Brentano, A. von Arnim, W. Hauff (»Lichtenstein«, 1826), W. Alexis. Wichtige Impulse erhielt der h. R. in seiner weiteren Entwicklung durch die wiss. Geschichtsschreibung. Früh davon beeinflußt waren in den USA z. B. N. Hawthorne, in Deutschland V. von Scheffels »Ekkehard« (1855) und bes. G. Freytags »Die Ahnen« (1873–81). Von den h. R. des literar. Spätrealismus ist L. Tolstois »Krieg und Frieden« (1868/69) wohl der bedeutendste. Seit dem Ausgang des 19. Jh. ist der h. R. literar. Gemeingut von großer Vielfalt; bed. Autoren sind u. a. J. Roth, R. Rolland, H. Sienkiewicz, R. Huch, F. Sieburg, S. Zweig, R. Schneider, L. Feuchtwanger, T. Wilder, M. Yourcenar.

historische Schule, 1) *Rechtswissenschaft:* (histor. Rechtsschule) die um 1800 zuerst in der Rechts-Wiss. vertretene Lehrmeinung, das Recht könne nicht aus allg. gültigen abstrakten Prinzipien (Naturrecht) deduziert werden, es entstehe als Produkt des kollektiv Unbewußten in einem histor. Prozeß (»Volksgeist«) und könne daher nur histor. verstanden werden; ihr Begründer ist F. K. von Savigny.

2) *Nationalökonomie:* (h. S. [der Nationalökonomie]) Sammel-Bez. für die Vertreter einer um die Mitte des 19. Jh. entstandenen und bis ins 20. Jh. bed. Richtung in der Volkswirtschaftslehre (G. Schmoller, W. Sombart, Max Weber). Sie betonten die histor. Einmaligkeit wirtschaftl. Phänomene und bemühten sich um Zeit- und Wirklichkeitsnähe.

Historismus [griech.-lat.], **1)** *Geisteswissenschaften:* Richtung, die alle kulturellen Erscheinungen aus ihren geschichtl. Bedingungen heraus zu verstehen suchte. Der eigtl. Begriff H. entstammt erst der 2. Hälfte des 19. Jh. und erreichte seine größte prakt. Bedeutung in der Zeit der dt. Reichsgründung.

2) *Kunstgeschichte:* in der bildenden Kunst, Baukunst und im Kunsthandwerk des 19. Jh. Ausdruck einer in histor. Anleihen das eigene Selbstverständnis suchenden Stilhaltung (Neugotik, Neurenaissance, Neubarock).

Hit [engl.], Spitzenschlager (übertragen als Bez. für vielgekaufte Ware usw.).

Hirtentäschelkraut. Gemeines Hirtentäschel (Höhe 20–40 cm)

Hitchcock

Alfred Hitchcock

George Herbert Hitchings

Adolf Hitler

Hitchcock, Sir (seit 1979) Alfred [engl. ˈhɪtʃkɔk], *London 13. 8. 1899, † Los Angeles 29. 4. 1980, brit. Filmregisseur. Meister des psychologisch motivierten Kriminalfilms; v. a. »Erpressung« (1929), »Der Mann, der zuviel wußte« (1934, 2. Fassung 1956), »39 Stufen« (1935), »Eine Dame verschwindet« (1938), »Verdacht« (1941), »Der Fremde im Zug« (1951), »Bei Anruf Mord« (1953), »Das Fenster zum Hof« (1954), »Über den Dächern von Nizza« (1955), »Aus dem Reich der Toten« (»Vertigo«, 1958), »Der unsichtbare Dritte« (1959), »Psycho« (1960), »Die Vögel« (1963), »Marnie« (1964), »Topas« (1968), »Frenzy« (1972), »Familiengrab« (1976).

Hitchings, George Herbert, *Hoquiam (Wash.) 18. 4. 1905, amerikan. Pharmakologe und Biochemiker; für die Entwicklung neuer Arzneimittel (u. a. gegen Gicht, Herpes-Viren) erhielt er 1988 (mit J. W. Black und G. B. Elion) den Nobelpreis für Physiologie oder Medizin.

Hitler, Adolf, *Braunau am Inn 20. 4. 1889, † Berlin 30. 4. 1945 (Selbstmord), dt. Politiker österr. Herkunft. H. verließ 1905 die Realschule ohne Abschluß. Zwei Bewerbungen an der Kunstakademie Wien (1907/08) scheiterten an mangelnder Begabung. Im Mai 1913 ging H. nach München (dt. Staatsbürger wurde er erst 1932). Als Kriegsfreiwilliger 1914–18 Meldegänger im bayer. Regiment List an der W-Front. Trat 1919 der Dt. Arbeiterpartei (ab Februar 1920: Nat.-soz. Dt. Arbeiterpartei [NSDAP]) bei und übernahm im Juli 1921 den Parteivorsitz mit diktator. Vollmachten. Der Versuch eines Staatsstreichs scheiterte am 9. 11. 1923 (†Hitlerputsch). Die NSDAP wurde verboten, H. zu fünf Jahren Festungshaft (Landsberg) verurteilt; Abfassung der Rechenschafts- und Programmschrift »Mein Kampf« (2 Bde., 1925/26; 1928 entstand das postum 1961 veröffentlichte sog. »Zweite Buch«): Entrechtung, Verfolgung und Vernichtung der Juden und Forderung des rass. gereinigten, nationalist. Führerstaates und der Eroberung »neuen Lebensraums für das dt. Volk« im Osten; Gedanken zur unbegrenzten Manipulierung der Massen. Die Auswirkungen der Weltwirtschaftskrise in Deutschland begünstigten das Anwachsen der kleinbürgerl. und agrar. Protestbewegung der nach H. vorzeitiger Entlassung (Ende 1924) am 27. 2. 1925 neugegründeten NSDAP. Nach dem Einschwenken großagrar. und industrieller Gruppen auf eine »Lösung H.« wurde dieser von Hindenburg am 30. 1. 1933 zum Reichskanzler ernannt. Über sofortige Neuwahlen (NSDAP: 43,9%), Notverordnungen und Ermächtigungsgesetz gelang es H. in wenigen Monaten, den totalitären Einparteienstaat zu schaffen. Nach dem Tode Hindenburgs (2. 8. 1934) vereinigte er als »Führer und Reichskanzler« das höchste Partei-, Regierungs- und Staatsamt in seiner Hand und ließ als neuer Oberbefehlshaber die Reichswehr auf seinen Namen vereidigen (seit 1942 auch Oberster Gerichtsherr). Nach einer Anfangsphase traditioneller Revisionspolitik ging H. in seiner Außenpolitik offen zur Vorbereitung des 2. Weltkrieges über. Anfangserfolge gaben H. auch auf militär. Gebiet ein Überlegenheits- und Unfehlbarkeitsbewußtsein, das dem fachl. Rat der zu Erfüllungsgehilfen degradierten Generalität nicht mehr zugänglich war. In den besetzten Gebieten, v. a. im O, begann auf H. Anweisung und mit Hilfe des seit 1939 rasch wachsenden Terrorapparats der SS eine rassenideologisch begründete brutale Unterdrückungs- und Vernichtungspolitik. Gleichzeitig fielen den Maßnahmen zur »Endlösung der Judenfrage« in den Konzentrationslagern Millionen von Menschen zum Opfer. Die unmenschl. harte Kriegsführung gegen die Sowjetunion ging ebenso auf H. Intervention zurück wie die Anfänge der innerdt. Rassenpolitik (Euthanasieprogramm). In der Isolierung des Führerhauptquartiers unter der Durchhaltefanatismus H. zunehmend den Realitätsbezug. Alle Pläne der Widerstandsbewegung zur Beseitigung von H. (u. a. Attentat am 20. 7. 1944) scheiterten. Mit der ihm am Vortag angetrauten Eva Braun (* 1912) beging H. am 30. 4. 1945 im Bunker der Berliner Reichskanzlei Selbstmord. †deutsche Geschichte, †Nationalsozialismus.

Hitlerjugend, Abk. **HJ,** die Jugendorganisation der NSDAP, gegr. 1926 in Weimar; unterstand seit 1931 einem Reichsjugendführer; 1936 zur Staatsjugend erhoben; seit 1939 war die Mitgliedschaft für alle Jugendlichen vom 10. bis 18. Lebensjahr Pflicht. Gliederungen: **Deutsches Jungvolk** (DJ; Jungen von 10 bis 14 Jahren), **Deutsche Jungmädel** (DJ; Mädchen von 10 bis 14 Jahren), die eigtl. **HJ** (Jungen von 14 bis 18 Jahren); **Bund Deutscher Mädel** (BDM; Mädchen von 14 bis 18 Jahren).

Hịtlerputsch, Versuch Hitlers und Ludendorffs, am 8./9. 11. 1923 in Bayern die Macht an sich zu reißen und mit einem Marsch auf Berlin die Regierung Stresemann zu stürzen. Die ähnl. Ziele verfolgende, anfangs überrumpelte bayer. Regierung von Kahr gab in der Nacht zum 9. 11. den Befehl zur Unterdrückung des Staatsstreichs.

Hịtler-Stalin-Pakt ↑Deutsch-Sowjetischer Nichtangriffspakt (1939).

Hịttorf, Johann Wilhelm, *Bonn 27. 3. 1824, † Münster 28.11. 1914, dt. Physiker und Chemiker. Prof. in München (1852–89); Untersuchungen über Gasentladungen (Ermittlung des Spannungsverlaufes in Gasentladungen durch Potentialsonden); fand die geradlinige Ausbreitung und magnet. Ablenkbarkeit der (erst später so ben.) Kathodenstrahlen; befaßte sich außerdem mit den elektromotor. Kräften von galvanischen Elementen und mit Komplexsalzen.

Hịtze, Bez. für die Brunst bei der Hündin.

Hịtzeschild, Wärmeschutzvorrichtung an den beim Wiedereintritt in die Erdatmosphäre angeströmten Teilen von Raumflugsystemen, um eine Zerstörung durch aerodynam. Überhitzung zu verhindern.

Hịtzeschwelle (Wärmemauer), Bez. für den beim Über- und Hyperschallflug auftretenden Geschwindigkeitsbereich, in dem eine starke Erwärmung *(aerodynam. Aufheizung)* des Luftfahrzeugs auftritt.

Hịtzewallung (fliegende Hitze), mit einer Erweiterung der Hautgefäße einhergehender, plötzlich auftretender Blutandrang zum Kopf.

Hịtzschlag (Heliosis), akute Erkrankung durch Überwärmung des Körpers bes. bei Wärmestauung infolge verminderter Wärmeabgabe, oft auch infolge zusätzlich vermehrter Eigenwärmebildung. Die ersten Symptome eines H. sind starke Gesichtsröte, Schwindel, Kopfschmerzen sowie Schweißausbruch, Übelkeit und Erbrechen; darauf folgen meist Hör- und Gleichgewichtsstörungen, später Ohnmachtsanfälle; schließlich bricht der Betroffene bewußtlos zusammen.

HIV [engl. eɪtʃaɪ'viː], Abk. für **H**uman **i**mmunodeficiency **v**irus, humane Immunschwächeviren, zu den lymphotropen Viren zählende Retroviren, deren bislang entdeckte Vertreter als HIV-1 und HIV-2 bezeichnet werden. HIV-1 ist nach derzeitigem Kenntnisstand der maßgebl. Erreger der Immunschwächekrankheit ↑AIDS.

HJ, Abk. für ↑Hitlerjugend.

hl, Einheitenzeichen für Hektoliter; 1 hl = 100 l.

hl., Abk. für **h**eilig.

Hłasko, Marek [poln. 'xu̯asko], *Warschau 14. 1. 1934, † Wiesbaden 14. 6. 1969, poln. Schriftsteller. Seit 1957 in der BR Deutschland; schrieb u. a. »Der achte Tag der Woche« (E., 1956).

Hlinka, Andrej [slowak., tschech. 'hliŋka], *Černova bei Ružomberok 27. 9. 1864, † Ružomberok 16. 8. 1938, slowak. Politiker. 1918 Vors. der Slowak. Volkspartei, deren nach faschist. Vorbild 1938 gebildete terrorist. Kampforganisation nach ihm benannt wurde (H.-Garde); forderte für die Slowaken Autonomie innerhalb der ČSR.

HLKO, Abk. für ↑Haager Landkriegsordnung.

H. M. S. [engl. 'eɪtʃ-ɛm'ɛs], Abk. für **H**is (**H**er) **M**ajesty's **s**hip (»Seiner [Ihrer] Majestät Schiff«); Zusatz zum Namen brit. Kriegsschiffe.

HNO, Abk. für ↑**H**als-**N**asen-**O**hren-Heilkunde.

Ho, chem. Symbol für ↑Holmium.

HO [haː'oː], Abk. für ↑**H**andels**o**rganisation.

Hobart [engl. 'həʊbɑːt], Hauptstadt von Tasmania, Australien, im SO der Insel, 183 000 E. Univ., Theater, botan. Garten. Ind.-, Handels- und Verkehrszentrum der Insel. Hafen; ⌀. Bauten aus dem 19. Jh., u. a. Parlament, Theatre Royal.

Họbbema, Meindert, ≈ Amsterdam 31. 10. 1638, † ebd. 7. 12. 1709, niederl. Maler. Schüler von J. van Ruisdael; v. a. Landschaftsmaler.

Họbbes, Thomas [engl. hɔbz], *Westport (heute zu Malmesbury bei Bristol)

Johann Wilhelm Hittorf

Thomas Hobbes (Stich von Wenceslaus Hollar)

Hobby

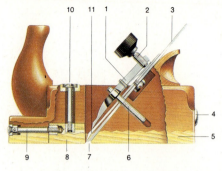

Hobel. Schematischer Längsschnitt durch einen Reform-Putzhobel; 2 Griffschraube zum Spannen des Eisenkeils (1) und damit des Hobeleisens (3), 4 Schlagknopf, 5 Sohle aus Pockholz, 6 Schraubbolzen mit Kopf als Pendellager für den Eisenkeil, 9 Stellschraube zum Verstellen und 10 zum Festziehen der nachstellbaren Platte (8) für die Spanöffnung (7), 11 Klappe zum Brechen der Späne

5. 4. 1588, † Hardwick Hall bei Chesterfield 4. 12. 1679, engl. Philosoph und Staatstheoretiker. H. entwickelte eine nominalistische-empiristische Philosophie. Erkenntnis wird gewonnen durch Analyse der Entstehungs- und Wirkungsbedingungen des je Besonderen. Zentralstück der materialist.-mechanist. Anthropologie von H. ist die Lehre von der Unfreiheit des Willens und von dem alles menschl. Handeln steuernden Selbsterhaltungstrieb. Richtungsweisend wirkte seine auf dem Naturrecht beruhende Staats- und Gesellschaftstheorie: Im Naturzustand sind alle Menschen mit dem gleichen Recht auf alles ausgestattet; es herrscht der Kampf aller gegen alle (*homo homini lupus* »Der Mensch ist dem Menschen Wolf«). Der Rechtsverzicht zugunsten des Staates (»Leviathan«, 1651) dient der Sicherung des Friedens und der Rechtsgüter; er ist Grundlage des ↑Gesellschaftsvertrages.

Hobby [engl.], Liebhaberei, Steckenpferd.

Hobel, Werkzeug zum Ebnen und Glätten von Holz- oder Metallflächen. Der H. für die Holzbearbeitung besteht aus einer Stahlklinge (H.eisen), die im sog. *Durchbruch,* einer keilförmigen Öffnung des *H.kastens,* schräg verkeilt ist.

Hobelbank, Arbeitstisch zum Einspannen und Bearbeiten hölzerner Werkstücke.

hoc anno, Abk. h. a., lat. »in diesem Jahr«.

Hoch, svw. ↑Hochdruckgebiet.

Höch, Hannah, * Gotha, 1. 11. 1889, † Berlin (West) 31. 5. 1978, dt. Malerin und Graphikerin. 1933–45 Ausstellungsverbot. Mgl. der Berliner Dadaistengruppe; schuf satir. Fotomontagen und Materialcollagen, auch groteske Puppen; in ihren Gemälden übertrug sie die Montagetechnik in die Malerei. 1922 war sie beteiligt am »Merz-Bau« von K. Schwitters.

Hochadel ↑Adel.

Hochaltar ↑Altar.

Hochamt (lat. missa solemnis), feierl. Form der kath. Messe, als Bischofsmesse *Pontifikalamt* genannt.

Hochbau, Teilgebiet des Bauwesens, das sich mit der Errichtung von Gebäuden befaßt, die über dem Erdboden liegen.

Hochblätter, Hemmungs- und Umbildungsformen der Laubblätter höherer Pflanzen im oberen Sproßbereich.

Hochdeutsch ↑deutsche Sprache.

Hochdorf, Ortsteil von ↑Eberdingen.

Hochdruck, 1) *Technik:* Drücke oberhalb von etwa 100 MPa.
2) *Graphisches Gewerbe:* ↑Drucken.

Hochdruckgebiet (Hoch, Antizyklone), Gebiet hohen Luftdrucks mit absinkenden Luftmassen. In den unteren Schichten fließt Luft aus dem H. heraus, zum Ausgleich sinkt Luft aus höheren Schichten ab. Gewöhnlich reicht diese Absinkbewegung nur bis zur Obergrenze einer kalten Bodenluftschicht. ↑Druckgebilde.

Hochdruckkrankheit (Hypertonie), svw. hoher ↑Blutdruck.

Hochenergiephysik, Teilgebiet der Physik, das die Eigenschaften von Elementarteilchen, ihre Struktur und Wechselwirkung (insbes. ihre Erzeugung und Umwandlung) bei extrem hohen Energien (bis etwa 150 MeV) untersucht. Derartig hohe Energien kommen in der Natur bei Teilchen der Höhenstrahlung vor (bis 10^{10} GeV). Künstlich werden sie in ↑Teilchenbeschleunigern erzeugt. Die Experimente der H. haben zur Entdeckung zahlr. instabiler Elementarteilchen und zu wesentl. Er-

Hochkirchliche Vereinigung

kenntnissen in der Theorie der Elementarteilchen geführt.
Hochfrequenz, Abk. HF, Bez. für den Frequenzbereich von elektromagnet. Schwingungen bzw. Wellen und von elektr. Wechselströmen zw. 10 kHz und 300 GHz (Wellenlänge zw. 30 km und 1 mm).
Hochfrequenztechnik, Abk. HF-Technik, Bereich der Elektrotechnik, in dem hochfrequente Wechselströme und Schwingungen zur Wärmeerzeugung, Nachrichtenübermittlung und zu medizin. Zwecken (Mikrowellen) ausgenutzt werden.
Hochgericht, 1) spätmittelalterl. Gericht der hohen Gerichtsbarkeit.
2) Hinrichtungsstätte.
Hochgeschwindigkeitsphotographie (High-Speed-Photographie), Verfahren zur photograph. Aufnahme extrem kurzzeitiger Vorgänge oder von Bewegungsabläufen hoher Geschwindigkeit mit Belichtungszeiten von 10^{-6} bis 10^{-9} s bzw. mit außerordentlich hoher Bildfrequenz.
Hochgolling, mit 2 863 m höchster Berg der Niederen Tauern, Österreich.
Hochhaus, Gebäude, bei dem der Fußboden eines Aufenthaltsraumes mindestens mehr als 22 m über der festgelegten Geländeoberfläche liegt. Bes. Bauvorschriften bestehen aus Gründen des Brandschutzes. Erst die Stahlskelettbauweise sowie elektr. Aufzüge machten H. möglich. Die frühesten H. entstanden in Chicago seit 1880 (v. a. Verwaltungsbauten), mit ↑Curtain-wall (1894) und Glasfassaden. Der Sears Tower in Chicago ist (1994) mit 443 m Höhe das höchste Gebäude der Welt.
Hochhuth, Rolf, * Eschwege 1. 4. 1931, dt. Schriftsteller. Schreibt in seiner Interpretation zeitgeschichtlicher Ereignisse z. T. umstrittene (dokumentar.) Theaterstücke, u. a. »Der Stellvertreter. Ein christl. Trauerspiel« (1963), »Soldaten. Nekrolog auf Genf« (1967), »Die Hebamme« (1971), »Juristen« (1979), »Ärztinnen« (1980), »Unbefleckte Empfängnis. Ein Kreidekreis« (1988), »Sommer 14« (1990), »Wessis in Weimar« (1993).
Ho Chi Minh [hotʃiˈmɪn (Ho Tschi Minh; vietnames. Hô Chi Minh) »der nach Erkenntnis Strebende«], * Kim Liên 19. 5. 1890, † Hanoi 3. 9. 1969,

Hochhaus. Helmut Jahn. Messeturm in Frankfurt am Main, Modell; Höhe 256,5 m (1988 ff.)

vietnames. Politiker. 1930 Mitbegründer der KP Indochinas in Hongkong; schuf 1941 die Vietminh und führte den Kampf um die Unabhängigkeit Indochinas; seit 1945 Präs. (bis 1955 zugleich Min.-Präs.) der »Demokrat. Republik Vietnam«; führte seit 1946 im Kampf gegen Frankreich die Lao-Dông-Partei (Arbeiterpartei) Vietnams; 1954 Staatspräs. von Nord-Vietnam, 1956 Generalsekretär der Lao Dông.
Ho-Chi-Minh-Pfad, durch den O von S-Laos führendes Wegesystem, verbindet das südl. Nord-Vietnam mit Süd-Vietnam; von nordvietnames. Truppen seit 1956 zur Versorgung ihrer Einheiten in Süd-Vietnam angelegt.
Ho-Chi-Minh-Stadt (früher Saigon) ↑Thanh Phô Hô Chi Minh.
Hochkirch, Gem. in der Oberlausitz, Sachsen. – Bei H. wurde im Siebenjährigen Krieg (14. 10. 1758) die preuß. Armee von österr. Truppen geschlagen.
Hochkirche, svw. High Church, ↑anglikanische Kirche.
Hochkirchliche Vereinigung (seit 1947 »Ev.-ökumen. Vereinigung des Augsburger Bekenntnisses«), ein 1918 erfolgter Zusammenschluß ev. Theologen und Laien, der (seit 1927) das Ziel einer »ev. Katholizität« verfolgt.

Rolf Hochhuth

Ho Chi Minh

Hochkommissar

Hochkommissar (Hoher Kommissar), im Völkerrecht übl. Amtsbez. für ein internat. Organ, dem die Staatengemeinschaft die Besorgung spezieller Aufgaben übertragen hat.
Hochland ↑Flachland.
Hochmeister ↑Deutscher Orden.
Hochmoor ↑Moor.
Hochofen, Schachtofen zur kontinuierl. Gewinnung von Roheisen. Der H. (Höhe bis 50 m) besteht aus: 1. *Oberteil (Gicht)* mit Beschickungsöffnung (für Möller, d. h. Erze und Zuschlagstoffe) und Verschluß *(Gichtglocke);* 2. *Schacht* mit Ausmauerung *(Zustellung);* 3. *Kohlensack;* 4. *Rast* (eigtl. Schmelzzone); 5. *Gestell* mit *Windformen* zum Einblasen von Heißwinden (bis 1 350 °C), *Abstichöffnungen* für Schlacke und Roheisen (bis 1 500 °C); 6. *Herd* aus Zustellungsschicht.
Hochpaß (Hochpaßfilter) ↑Filter.
Hochrechnung, statist. Methode, die in dem Schluß von einer Stichprobe auf die Grundgesamtheit, der diese Stichprobe entnommen wurde, besteht.
Hochschulassistent, auf Widerruf beamtete wiss. Nachwuchskraft mit Lehraufgaben.
Hochschule für bildende Künste ↑Kunsthochschule.
Hochschulen, Einrichtungen im Bereich des Bildungswesens, die Aufgaben in Lehre und Forschung wahrnehmen und damit der Pflege und Entwicklung von Wiss. und Künsten dienen und auf hochqualifizierte berufl. Tätigkeiten (akadem. und künstler. Berufe) vorbereiten.
Hochschularten: Zu unterscheiden sind die wiss. H., die theolog. und ↑kirchlichen Hochschulen, die ↑Kunsthochschulen und ↑Musikhochschulen sowie die ↑Fachhochschulen und Verwaltungsfachhochschulen. Zu den wiss. H. zählen ↑Universitäten, ↑technische Hochschulen und Universitäten, Hochschulen mit begrenztem Fächerspektrum (H. für Medizin, Tiermedizin, Sport, Wirtschaft), ↑Gesamthochschulen und ↑pädagogische Hochschulen. Voraussetzung für die Zulassung zum ↑Studium an einer Hochschule ist die ↑Hochschulreife (allg. Hochschulreife, Fachhochschulreife).
Rechtliches: H. in der BR Deutschland sind mit wenigen Ausnahmen Körperschaften des öffentl. Rechts und zugleich staatl. Einrichtungen in der Trägerschaft der einzelnen Bundesländer. Im Rahmen des Hochschulrahmengesetzes (1976) und der nachfolgenden Rechtsprechung haben H. das Recht zur Selbstverwaltung und eigenverantwortl. Gestaltung ihrer Grundordnungen, an der heute nicht nur die Gruppe der Professoren, sondern auch der akadem. Mittelbau (Hochschulassistenten u. a. wiss. Mitarbeiter, Dozenten, Lehrbeauftragte und Tutoren) sowie die Studentenschaften beteiligt sind. Die H. verleihen anerkannte akadem. Grade.
Hochschul- und Studienreform: Ende der 1960er Jahre formierte sich die Studentenbewegung. Die Reformbestrebungen richteten sich 1. organisatorisch auf Veränderungen in den Entscheidungsstrukturen an wiss. Hochschulen durch Umorganisation der Hochschulleitung, Repräsentation und Mitbestimmung aller Gruppen, öffentl. Ausschreibungen von Hochschullehrstühlen u. a. (»Demokratisierung der Hochschulen«); 2. materiell auf Verbesserungen der sozialen Sicherung von Studenten (Ausbildungsförderung, Wohnheimbau) und der Stellung der wiss. Mitarbeiter sowie den weiteren Ausbau der Hochschulen; 3. strukturell auf Erweiterung des Lehrpersonals um den wiss. Mittelbau und im Sinne einer stärkeren Durchschlägigkeit auf Neugliederung des Hochschul- und Studiengangsystems; 4. inhaltlich auf Maßnahmen der Studienreform wie z. B. Orientierung der wiss. Ausbildung an Berufspraxis, Zwischenprüfungen, Neuerstellen von Studien- und Prüfungsordnungen.
Hochschulausbau: Seit den 1960er Jahren erfolgte ein verstärkter Ausbau der H. (einschließlich neuer Formen wie Gesamthochschulen, Fachhochschulen). Das Hochschulbauförderungsgesetz (1969) ermöglichte die Gründung eines Planungsausschusses, der ein regional und fachlich ausgewogenes und ausreichendes Studienplatzangebot zu verwirklichen suchte. Gegenüber 1960 haben sich die verfügbaren Flächen mehr als verdoppelt. Die Anzahl der Lehrstühle hat sich mehr als verfünffacht, die des akadem. Mittelbaus vervierfacht. In Anbetracht der unverhältnismäßig wachsenden Studen-

tenzahlen (die Anzahl der Studierenden erreichte im Wintersemester 1993/94 1,86 Mio.) blieben jedoch alle Pläne hinter dem Bedarf zurück.
Geschichtliches: Das heutige Hochschulwesen fußt auf den im MA entstandenen Universitäten, Zusammenschlüssen von Lehrenden und Lernenden in privaten Gelehrtenschulen oder Domschulen, bes. Rechts- und Medizinschulen, denen kaiserl. und päpstl. Privilegien, wie Satzungsautonomie, Lehrfreiheit und eigene Gerichtsbarkeit, verliehen wurden. Solche Zusammenschlüsse erfolgten um 1200 in Bologna und Anfang des 13. Jh. in Paris, Oxford, Montpellier, einige entstanden auch durch Abwanderung der Lehrenden und Studierenden in eine Stadt, die ihnen durch Begünstigungen entgegenkam (Cambridge, Padua). Etwa ein Jahrhundert später begann eine neue Gründungswelle (Prag 1348, Wien 1365, Heidelberg 1386, Köln 1388, Erfurt 1392, Leipzig 1409). Im 19. Jh. entstanden techn. Spezialschulen, die gegen Ende des Jahrhunderts den Stand techn. H. erreicht hatten und um die Jh.wende den Univ. gleichgestellt wurden. Die seit 1926 gegr. pädagog. Akademien zur Lehrerausbildung (PH) werden heute z. T. ebenfalls als wiss. H. anerkannt.

Hochschullehrer, die an Hochschulen tätigen Lehrpersonen, die ihr Gebiet selbstverantwortlich vertreten: beamtete H. auf Lebenszeit (Hochschulprofessoren) und Lehrbeauftragte, zu denen v. a. Honorarprofessoren und Privatdozenten (mit Lehrauftrag) zählen.

Hochschulreife, Voraussetzung der Einschreibung an einer wiss. Hochschule ist das ↑Abitur (allg. Hochschulreife). Vereinzelt gibt es noch die »fachgebundene H.«. Die H. garantiert noch keinen Studienplatz (↑Numerus clausus).

Hochschulrektorenkonferenz, 1991 als Nachfolgeorganisation der ↑Westdeutschen Rektorenkonferenz entstandenes Gremium zur zentralen Vertretung der wiss. Hochschulen Deutschlands.

Hochspannung, elektr. Spannungen über 1000 Volt. In der Praxis übl. H werden bezeichnet als 1. *Mittelspannung* (6 kV, 10 kV, 20 kV und 30 kV), 2. *Hochspannung* (110 kV, 220 kV und 380 kV) und 3. *Höchstspannung* (400 kV und darüber).

Hochspannungsgleichstromübertragung, Abk. **HGÜ,** wirtschaftl. Energieübertragung großer elektr. Leistungen in Form von hochgespanntem Gleichstrom (Spannungen von 500 kV bis über 1000 kV) über große Entfernungen mit Freileitungen und Kabeln. Zur Übertragung von Leistung aus einem Drehstromnetz in ein anderes wird die Spannung auf der Erzeugerseite hochtransformiert und gleichgerichtet; ein Gleichstrom fließt zur Verbraucherseite, wo die vorhandene Gleichstromleistung über Wechselrichter dem zweiten Drehstromnetz als Wirkleistung zugeführt wird. Gleich- und Wechselrichtung erfolgt mit Thyristoren.

Hochspannungsleitungen ↑Freileitungen.

Hochspannungstechnik, Bereich der *Elektrotechnik,* umfaßt die Gesamtheit der Verfahren und Techniken zur Erzeugung, Isolation, Messung, Übertragung großer elektr. Leistungen über weite Entfernungen.

Hochsprache, svw. ↑Standardsprache.

Hochsprung, leichtathlet. Disziplin, bei der eine Sprunglatte nach einem Anlauf übersprungen wird.

Höchst, Stadtteil von Frankfurt am Main.

Höchstädt a. d. Donau, Stadt am N-Rand des Donaurieds, Bayern, 4800 E. Spätgot. Pfarrkirche (15./16. Jh.). – Bekannt v. a. durch zwei Schlachten im Span. Erbfolgekrieg: Am 20. 9. 1703 siegte das frz.-bayr. über das kaiserl. Heer; am 13. 8. 1704 das kaiserl. Heer unter Prinz Eugen und das brit. Heer unter Marlborough über Bayern und Franzosen (in der engl. Literatur: Schlacht von *Blenheim* [nach dem Dorf Blindheim bei H. a. d. D.]).

Hochstapler, Gauner, der unter falschem Namen und/oder mit falschem Titel als Angehöriger der oberen Klasse auftritt und gewinnreiche Betrügereien verübt.

Höchstdruck, Bez. für Drücke oberhalb von etwa 100 MPa (1 000 bar).

Hochstift, im Hl. Röm. Reich (bis 1803) bei geistl. Fürsten der reichsunmittelbare Territorialbesitz eines Bischofs.

Höchstmengen

Fritz Hochwälder

Höchstmengen, toxikologisch duldbare Rückstandsmengen von Pflanzenschutzmitteln und Pestizidwirkstoffen, Wachstumsreglern und Schwermetallen, die in Lebensmitteln höchstens vorhanden sein dürfen.

Höchstpreis, Preis, der gesetzlich oder behördlich festgesetzt ist und der eingehalten werden muß bzw. unterschritten werden darf.

Höchstzahlverfahren ↑d'Hondtsches Höchstzahlverfahren.

Hochtemperaturreaktor ↑Kernreaktor.

Hoch- und Deutschmeister ↑Deutscher Orden.

Hochverrat, gewaltsamer, vorsätzl. Angriff auf den inneren Bestand oder die verfassungsmäßige Ordnung eines Staates. Wer es unternimmt, mit Gewalt oder durch Drohung mit Gewalt 1. den Bestand der BR Deutschland zu beeinträchtigen oder 2. die auf dem Grundgesetz der BR Deutschland beruhende verfassungsmäßige Ordnung zu ändern, wird mit lebenslanger oder mit Freiheitsstrafe nicht unter zehn Jahren bestraft.

Hochwälder, Fritz, * Wien 28. 5. 1911, † Zürich 20. 10. 1986, österr. Dramatiker. Schrieb Stücke mit histor. und weltanschaul. Thematik und aktualisierender Tendenz: »Das hl. Experiment« (Dr., UA 1943), »Der öffentl. Ankläger« (Dr., 1954).

Hochwasser, 1) an Küsten der regelmäßige tägl. Hochstand des Wassers bei Flut.
2) Wasserhochstand bei Flüssen.

Hochwild, *weidmännisch* das zur hohen Jagd gehörende Wild (u. a. Elch, Rot- und Damhirsch, Schwarzwild, Gemse, Steinbock, Mufflon und Auerhuhn).

Hochwürden (lat. reverendus), heute seltene Anrede und Ehren-Bez. für kath. Priester und für die leitenden Geistlichen der ev. Kirchen.

Hochzahl ↑Exponent.

Hochzeit (Vermählung[sfeier], Beilager), das Fest der Eheschließung *(grüne H.)*. Als Erinnerungsfest an den Hochzeitstag werden gefeiert die *silberne H.* (nach 25 Jahren), die *goldene H.* (nach 50 Jahren), die *diamantene H.* (nach 60 Jahren), die *eiserne H.* (nach 65 Jahren), die *Gnaden-H.* (nach 70 Jahren) und die *Kronjuwelen-H.* (nach 75 Jahren).

Hochzeitskleid (Brutkleid, Prachtkleid), die Gesamtheit aller durch Hormone gesteuerten auffälligen Bildungen der Körperdecke (z. B. bunte Federn oder Flossen), wie sie bei den ♂♂ vieler Wirbeltierarten (bes. Fische, Amphibien, Vögel) zur Anlockung von ♀♀ auftreten.

Hocke, im *Turnen* eine Körperhaltung, bei der die geschlossenen Beine stark gebeugt und an die Brust herangezogen werden; beim *Abfahrtslauf* eine Körperhaltung, bei der der Oberkörper über den stark gebeugten Beinen gekrümmt ist.

Hockenheim, Stadt im Oberrhein. Tiefland, Bad.-Württ., 16 700 E. Motorsportrennstrecke *Hockenheimring* (Motodrom).

Höcker, in der Morphologie, Anatomie und Medizin eine kegel- oder buckelartige Erhebung am Körper bzw. an Körperteilen (z. B. bei Kamelen), an Organen oder Knochen.

Hockergrab, vorgeschichtl. Bestattungsform (seit dem Jungpaläolithikum), bei der der Tote mit an den Leib gezogenen Knien auf einer Körperseite im Grab liegt, seltener sitzt.

Höckerschwan ↑Schwäne.

Hockey ['hɔki, 'hɔke; engl.], Stockballspiel zw. zwei Mannschaften zu je elf Spielern. Das Ziel ist, einen Vollball aus Leder oder Kunststoff (Gewicht: zw. 156 und 163 g, Durchmesser: rd. 7–7,5 cm) mit den am unteren Ende gekrümmten Stöcken innerhalb des Schußkreises (Radius 14,63 m) in das gegner. Tor (3,66 m breit, 2,14 m hoch)

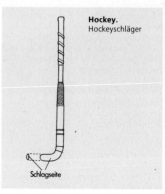

Hockey. Hockeyschläger

zu treiben. Das H.spielfeld ist 50–55 m breit und bis 91,40 m lang. Das Spiel dauert zweimal 35 Minuten. Im *Hallen-H.* ist das Spielfeld zw. 18 und 20 m breit und zw. 36 und 40 m lang. Eine Mannschaft besteht aus sechs Spielern. Die Tore sind 3 m breit und 2 m hoch; die Seitenlinien werden durch eine etwa 15 cm hohe Holzblende begrenzt.

Hockney, David [engl. 'hɔknɪ], * Bradford 9. 7. 1937, engl. Maler und Graphiker der Pop-art.

Hodeida [...'deɪda] (Hudaydah, Al-Hudaydah), Hafenstadt am Roten Meer, Jemen, 155 100 E. Tiefwasserhafen in Al-Ahmadi; ✈.

Hoden (Testis, Didymus, Orchis), männl. Keimdrüse, die die männl. Geschlechtszellen (Spermien) produziert und bei Wirbeltieren und Insekten Bildungsort von Hormonen ist. – Bei den *Wirbeltieren* entsteht der H. in einer Falte des Bauchfells neben der Urnierenanlage. Es kommt zu einer Verbindung *(Urogenitalverbindung)* mit der Urniere oder dem Urnierengang. Die in der H.anlage entstehenden Keimstränge formen sich bei den höheren Wirbeltieren (einschließlich Mensch) zu gewundenen *Samenkanälchen* (H.kanälchen, Tubuli) um. Die Ausführgänge der H. vereinigen sich zum *Samenleiter* (häufig mit Samenblase), der zw. After und Harnröhre in die Harnblase, die Harnröhre, den After oder in die Kloake münden kann. Bei den meisten Säugetieren verlagert sich der H. nach hinten und wandert über den Leistenkanal aus der Leibeshöhle in den hinter dem Penis liegenden *H.sack* (Scrotum; ein Hautbeutel, in dem die paarigen H. und die Neben-H. liegen), wo er entweder dauernd verbleibt (z. B. beim Menschen, bei Beuteltieren, Wiederkäuern, Pferden, vielen Raubtieren und den Herrentieren) oder aus dem er zw. den Fortpflanzungsperioden wieder in die Bauchhöhle zurückgezogen wird (z. B. bei vielen Nagetieren und Flattertieren). Bei den meisten Wirbeltieren kommt es noch zur Ausbildung eines †Nebenhodens. – Beim *Menschen* haben die beiden eiförmigen H. des Mannes die Größe einer kleinen Pflaume und sind von einer starken Bindegewebskapsel umschlossen; dem H. liegt hinten der Neben-H. an.

Hodler

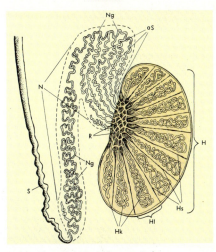

Hoden. Schematische Darstellung von Hoden und Nebenhoden des Menschen; **aS** ausführende Samenkanälchen, **H** Hoden, **Hk** Hodenkanälchen, **Hl** Hodenläppchen, **Hs** Hodensepten, **N** Nebenhoden, **Ng** Nebenhodengang, **R** Rete testis, **S** Samenleiter

Hodenbruch (Hodensackbruch, Skrotalhernie), Leistenbruch, bei dem der Bruchinhalt in den Hodensack eingetreten ist.

Hodensack ↑Hoden.

Hodgkin [engl. 'hɔdʒkɪn], **1)** Alan Lloyd, *Banbury bei Oxford 5. 11. 1914, brit. Physiologe. Arbeitete hpts. auf dem Gebiet der Reizübermittlung im Nervensystem; erhielt 1963 zus. mit A. F. Huxley und J. C. Eccles den Nobelpreis für Physiologie oder Medizin. **2)** Dorothy Crowfoot, *Kairo 12. 5. 1910, † Shipton-on-Stour (Warwickshire) 29. 7. 1994, brit. Chemikerin. Bed. Arbeiten über Penicilline und Vitamine; 1964 Nobelpreis für Chemie.

Hodgkin-Krankheit [engl. 'hɔdʒkɪn...; nach dem brit. Internisten Thomas Hodgkin, *1798, † 1866], svw. ↑Lymphogranulomatose.

Hodler, Ferdinand, *Bern 14. 3. 1853, † Genf 19. 5. 1918, schweizer. Maler. Vertreter des Symbolismus und Jugendstils mit symbolhaft gestalteten Figuren und histor. Freignissen in monumentalem Flächenstil (»Die Nacht«, 1890, Bern, Kunstmuseum; Wandgemälde

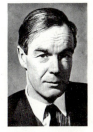

Alan Lloyd Hodgkin

Dorothy Crowfoot Hodgkin

Hoechst AG

Ferdinand Hodler. Der Traum (1897–1903; Privatbesitz)

Jacobus Henricus van't Hoff

»Rückzug bei Marignano«, 1896–1900, Zürich, Landesmuseum, und »Auszug der Jenenser Studenten 1813«, 1908, Jena, Univ.).

Hoechst AG, größter Chemiekonzern in der BR Deutschland; gegr. 1863 als Meister, Lucius & Brüning, 1925–45 der I. G. Farbenindustrie eingegliedert, 1951 neu gegründet als Farbwerke Hoechst AG; jetziger Name seit 1974; Sitz Frankfurt am Main.

Hoegner, Wilhelm ['hø:gnər], *München 23. 9. 1887, † ebd. 5. 3. 1980, dt. Jurist und Politiker (SPD). 1945/46 und 1954–57 bayr. Ministerpräsident.

Hoek van Holland [niederl. 'hu:k fan 'hɔlɑnt] ↑Rotterdam.

Hoelscher, Ludwig ['hœlʃər], *Solingen 23. 8. 1907, dt. Violoncellist.

Hoelzel (Hölzel), Adolf ['hœltsəl], *Olmütz 13. 5. 1853, † Stuttgart 17. 10. 1934, dt. Maler. Abstrakte Glasbilder, Pastelle; farbtheoret. Grundlegungen.

Hoepner, Erich ['hœpnər], *Frankfurt (Oder) 14. 9. 1886, † Berlin 8. 8. 1944, dt. Generaloberst. Wegen seiner Teilnahme an der Verschwörung des 20. 7. 1944 zum Tode verurteilt und hingerichtet.

Hof, Stadt an der oberen Saale, Bayern, 52900 E. Theater; Textil-Ind., Brauereien. Kirche Sankt Lorenz (11.–16. Jh.).

Hof, 1) *Bauwesen:* abgeschlossener Raumbezirk hinter dem Haus bzw. zw. Gebäuden.

2) *Geschichtswissenschaft:* (Curia) die Haushaltung der Fürsten und ihrer Familie sowie die fürstl. Residenz. Die Gesamtheit der im H.dienst Stehenden war der H.staat.

3) *Kunst:* ↑Aureole.

Hofämter, die schon z. Zt. der fränk. Herrscher bestehenden vier altgerman. Hausämter Truchseß (Dapifer), Marschall, Kämmerer, Schenk. Seit Otto I. wurden sie von den höchsten Reichsfürsten ausgeübt und wandelten sich zu erbl. Ehrenämtern (Erzämter).

Hofer, 1) Andreas, *Sankt Leonhard in Passeier 22. 11. 1767, † Mantua 20. 2. 1810 (erschossen), Tiroler Freiheitskämpfer. Setzte nach dem Sieg am Berg Isel (25. und 29. 5. 1809) über die Bayern auch nach dem Waffenstillstand von Znaim (12. 7.) den Kampf um Tirol fort; schlug am 13. 8. am Berg Isel die Franzosen, danach Regent von Tirol. Als Österreich im Frieden von Schönbrunn (14. 10.) auf Tirol verzichten mußte, kämpfte H. weiter. Durch Verrat wurde er von den Franzosen aufgespürt und hingerichtet.

2) Karl, *Karlsruhe 11. 10. 1878, † Berlin 3. 4. 1955, dt. Maler. V. a. Figurenbilder.

Hoff, Jacobus Henricus van't, *Rotterdam 30. 8. 1852, † Berlin 1. 3. 1911, niederl. Physikochemiker. Prof. in Amsterdam und Berlin. Mitbegründer der Stereochemie; fand die Gesetzmäßigkeiten des chem. Gleichgewichts und stellte die *Van't-Hoffsche Regel* (Reaktionsgeschwindigkeit-Temperatur-Regel, RGT-Regel) auf: bei einer Temperaturerhöhung um 10 °C steigt die Reaktionsgeschwindigkeit auf das Doppelte bis Dreifache an. 1901 Nobelpreis für Chemie.

Hoffman, Dustin [engl. 'hofmæn], *Los Angeles 8. 8. 1937, amerikan.

Filmschauspieler. Spielte u. a. in »Die Reifeprüfung« (1967), »Marathon Man« (1976), »Kramer gegen Kramer« (1980), »Tootsie« (1982), »Rain Man« (1988), »Hook« (1992), »Outbreak« (1995).
Hoffmann ['hɔfman, engl. 'hɔfmæn]:
1) E[rnst] T[heodor] A[madeus], eigtl. E. T. Wilhelm H., *Königsberg 24. 1. 1776, † Berlin 25. 6. 1822, dt. Dichter, Komponist, Zeichner und Maler. Jurist im preuß. Staatsdienst; gehört zu den herausragenden Vertretern der europ. Romantik; ab 1808 in Bamberg als Theaterkapellmeister, Musikkritiker, Komponist (Opern, u. a. »Undine«, 1816; Sinfonien, Kammermusik, Singspiele) und Bühnenbildner; ging 1813 als Musikdirektor einer Theatergruppe nach Dresden und Leipzig; ab 1814 wieder im Staatsdienst. In seinem literar. Werk stehen realist. Alltagswelt und spukhafte Geisterwelt nebeneinander und gehen unvermittelt ineinander über. Bewußtseinsspaltung und Doppelgängertum spielen eine bed. Rolle, u. a. in »Die Elixiere des Teufels« (R., 1815/16). Die »Lebensansichten des Katers Murr...« (R.-Fragment, 1819–21) sind die Memoiren eines Kapellmeisters (übersteigertes Selbstporträt) und die Betrachtungen seines schreibkundigen Katers, eine humorist. Relativierung von bürgerl. und romant. Künstlerwelt. – *Weitere Werke:* Nachtstücke (En., 1817), Die Serapionsbrüder (Erzählzyklus mit Rahmenhandlung, 1819–21), Meister Floh (Märchendichtung, 1820).
2) Heinrich, *Frankfurt am Main 13. 6. 1809, † ebd. 20. 9. 1894, dt. Schriftsteller. Arzt; schuf selbstillustrierte Kinderbücher; weltberühmt »Der Struwwelpeter« (1845).
3) Johannes, *Landsweiler-Reden bei Neunkirchen/Saar 23. 12. 1890, † Völklingen 21. 9. 1967, dt. Politiker. Gründete 1945 die Christl. Volkspartei des Saargebiets; 1947–55 Min.-Präs. des Saarlandes.
4) Kurt, *Freiburg im Breisgau 12. 11. 1910, dt. Filmregisseur. Drehte u. a. »Quax der Bruchpilot« (1941), »Ich denke oft an Piroschka« (1955), »Bekenntnisse des Hochstaplers Felix Krull« (1957), »Das Wirtshaus im Spessart« (1957), »Wir Wunderkinder« (1958), »Die Ehe des Herrn Mississippi« (1961).
5) Roald, *Zloczew (Verw.-Geb. Sieradz) 18. 7. 1937, amerikan. Physikochemiker poln. Herkunft. Bed. Arbeiten zur theoret. Chemie und chem. Kinetik; 1981 Nobelpreis für Chemie (zus. mit K. Fukui).
Hoffmann-La Roche & Co. AG, F. [frz. ...la'rɔʃ], einer der größten Pharmakonzerne der Erde, Sitz Basel, gegr. 1896.
Hoffmannstropfen [nach dem dt. Arzt und Chemiker Friedrich Hoffmann, *1660, †1742] (Hoffmannsgeist, Spiritus aetherus), Gemisch aus drei Teilen Alkohol und einem Teil Äther; belebende Wirkung.
Hoffmann von Fallersleben, August Heinrich, eigtl. A. H. Hoffmann, *Fallersleben bei Braunschweig 2. 4. 1798, † Schloß Corvey (Westfalen) 19. 1. 1874, dt. Germanist und Lyriker. Schrieb 1841 auf Helgoland das »Deutschlandlied«; polit. Lyrik, Kinderlieder (»Alle Vögel sind schon da«).
Höffner, Joseph, *Horhausen (Westerwald) 24. 12. 1906, † Köln 16. 10. 1987, dt. kath. Theologe. Ab 1969 Erzbischof von Köln und Kardinal; ab 1976 Vors. der Dt. Bischofskonferenz.
Hofgeismar, hess. Stadt nördlich von Kassel, 14500 E. Im Stadtteil Gesundbrunnen v. a. das klassizist. Schlößchen Schönburg (18. Jh.). – Stadt zw. 1220 und 1230; 1462 an Hessen.
Hofheim am Taunus, hess. Stadt westlich von Frankfurt am Main, 35400 E. Pfarrkirche mit spätgot. W-Turm und Chor, Fachwerkhäuser (17./18. Jh.), Rest der Stadtbefestigung. – Auf dem Kapellenberg latènezeitl. Doppelringwall, südlich der Stadt röm. Erdkastell (40–50; Sechseckanlage). – Seit 1352 Stadt.
Hofkanzlei, 1620 endgültig von der Reichshofkanzlei getrennte, zentrale, kollegial organisierte Verwaltungs-, Finanz- und Justizbehörde für die österr. Erblande.
Hofmann, 1) Friedrich (Fritz), *Kölleda bei Weimar 2. 11. 1866, † Hannover 29. 10. 1956, dt. Chemiker und Pharmazeut. 1909 erstmals Herstellung von Synthesekautschuk (Buna ®).
2) Peter, *Marienbad 22. 8. 1944, dt. Sänger (Tenor). V. a. Wagner-Interpret; auch Rockmusik.
Hofmannsthal, Hugo von, *Wien 1. 2. 1874, † Rodaun (heute zu Wien) 15. 7. 1929, österr. Dichter. Sein Romanfrag-

Dustin Hoffman

Roald Hoffmann

August Heinrich Hoffmann von Fallersleben

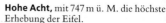

Hugo von Hofmannsthal

Robert Hofstadter

ment »Andreas oder die Vereinigten« (1907–13, gedr. 1932), seine Novellen, die Essays und Briefe sind Prosawerke der modernen Psychologie; das Ästhetische gilt als letzte Instanz des Daseins; Schönheit und Tod sind vorherrschende Themen; im sog. Chandos-Brief (1902) zweifelt H. an seiner Sprache; wandte sich der antiken Tradition zu, dem griech. Drama (»Elektra«, 1904), dem religiösen Mysterienspiel (»Jedermann«, 1911), dem Altwiener Lustspiel (»Der Schwierige«, 1921) und dem österr. Barocktheater (»Das Salzburger große Welttheater«, 1922); als Verfasser von R. Strauss vertonter Opernlibretti schuf er eine neue Form des Musiktheaters (»Der Rosenkavalier«, 1911).

Hofmann von Hofmannswaldau, Christian, *Breslau 25. 12. 1617, † ebd. 18. 4. 1679, dt. Dichter. Schrieb v. a. weltl. und geistl. Lieder, Oden, Heldenbriefe (nach dem Vorbild Ovids) und galante Lieder.

Hofnarren, seit dem hohen MA bis ins 17. Jh. (Frankreich) und 18. Jh. (Deutschland) Spaßmacher und Unterhalter an Fürstenhöfen.

Hofrat (Ratsstube, Regierung, Kanzlei, Regiment), im Spät-MA beratendes Kollegium der Landesherren; seit dem 16. Jh. oberste Verwaltungs- und Justizbehörde in den dt. Territorien; als Ehrentitel heute noch in Österr. erhalten.

Hofstadter, Robert [engl. 'hɔfstetə], *New York 5. 2. 1915, † Stanford (Calif.) 17. 11. 1990, amerikan. Physiker. Untersuchung der Struktur leichter Atomkerne mit schnellen Elektronen *(Hofstadter-Versuche).* Nobelpreis für Physik 1961 zus. mit R. Mößbauer.

Hofstätter, Peter Robert, *Wien 20. 10. 1913, † Buxtehude 13. 6. 1994, österr. Psychologe. Prof. in Hamburg; Forschungen v. a. im sozialpsychol. Bereich.

Hogarth, William [engl. 'hoʊgɑːθ], *London 10. 11. 1697, † ebd. 25. 10. 1764, engl. Maler und Kupferstecher. Seine humorist. gesellschaftskrit. Gemäldezyklen fanden als Kupferstiche weite Verbreitung.

Höhbeck, Anhöhe am Südufer der Elbe, 6 km nw. von Gartow, Ndsachs.; auf ihr liegt die Vietzer Schanze, die als das bisher einzig bekannte, 789 von Karl d. Gr. erbaute Kastell gedeutet wird.

Hohe Acht, mit 747 m ü. M. die höchste Erhebung der Eifel.

hohe Gerichtsbarkeit (Hochgerichtsbarkeit), die seit dem dt. MA durch Verleihung des Blutbannes (Blutgerichts) übertragene Gerichtsbarkeit über Kapitalverbrechen. Die h. G. stand als öffentl. Gewalt dem Landesherrn zu.

Hoheitsaufgaben, Aufgaben, die ein Subjekt der öffentl. Verwaltung (Beamter) in öffentl.-rechtl. Form zu erfüllen hat.

Hoheitsgewässer, diejenigen Gewässer, an denen staatl. Rechte bestehen: Binnengewässer, Küstenmeere und histor. Buchten.

Hoheitsrechte, die dem Staat zur Erfüllung des Staatszwecks und zur Ausübung der Staatsgewalt zustehenden Befugnisse, ein bestimmtes Verhalten zu befehlen und mit Zwang durchzusetzen. H. sind z. B. Rechtsetzungsgewalt, Polizeigewalt, Wehrhoheit, Finanzgewalt, Gerichtsbarkeit. Die H. bemessen sich anderen Staaten gegenüber nach dem Völkerrecht, innerstaatlich werden sie durch die Verfassung und die Gesetze begrenzt.

Hoheitszeichen, Zeichen, die die Staatshoheit symbolisieren, z. B. Flaggen, Wappen, Standarten, Siegel, Grenzzeichen. Schwarz-Rot-Gold ist gemäß Artikel 22 GG die *Bundesflagge,* womit zugleich die Bundesfarben für die übrigen H. bestimmt sind. Weitere H. sind das *Bundeswappen* und der *Bundesadler.*

Höhenadaptation (Höhenanpassung), Wochen bis Monate beanspruchende Gewöhnung und Anpassung des Organismus an den geringen atmosphär. Druck und erniedrigten Sauerstoffpartialdruck in größeren Höhen. Die H. erfolgt v. a. durch die Vermehrung der roten Blutkörperchen und des Hämoglobins.

Hohenasperg, alte Bergfestung (heutige Anlage 1535) bei Asperg, Bad.-Württ.; im 18./19. Jh. Staatsgefängnis, heute Krankenhaus der Strafanstalten von Baden-Württemberg.

Hohenems, österr. Marktgemeinde in Vorarlberg, 13 500 E. Kurort (Schwefelquelle), Wintersportplatz. Jährl. Schubert-Festival. Pfarrkirche (1779), Renaissanceschloß (1562–67), Ruine Altems (um 1170, seit 1792 Ruine),

Hohenzollern

spätgot., noch heute bewohnte Burg Glopper (Neuems).

Höhenkrankheit (Bergkrankheit, Bergkoller, Ballonfahrerkrankheit, Fliegerkrankheit), bei untrainierten, nicht akklimatisierten sowie bei herz- und kreislauflabilen Menschen in Höhen über 3000 m auftretende Erkrankung infolge Minderung der Sauerstoffsättigung des Blutes und der Gewebe durch Abnahme des Sauerstoffpartialdrucks. Symptome: Verminderung der körperl. und geistigen Leistungsfähigkeit, verbunden mit einem dem Alkoholrausch ähnl. Zustand *(Höheneuphorie, Höhenrausch),* später Atemnot, Bewußtseinsstörungen, Erbrechen.

Höhenkreis (Vertikalkreis), Teilkreis an opt. Instrumenten zur Höhenwinkelmessung.

Höhenleitwerk ↑Flugzeug.

Höhenlinien, svw. Isohypsen (↑Isolinien).

Hohenlohe, fränk. Fürstengeschlecht, seit 1178 im Besitz der Burg Hohlach bei Uffenheim; konnten im Gebiet von Kocher und Tauber ein fast geschlossenes Territorium errichten. 1553 Teilung in die prot. Linie *H.-Neuenstein* (1764 gefürstet) und in die kath. Linie *H.-Waldenburg* (1744 gefürstet). 1806 fielen die hohenloh. Territorien teils an das Kgr. Württ., teils an Bayern.

Hohenloher Ebene, flachwelliges Hügelland (Gäulandschaft), das sich vom Neckar zur Tauber erstreckt.

Hohenlohe-Schillingsfürst, Chlodwig Fürst zu, Prinz von Ratibor und Corvey, *Rotenburg a. d. Fulda 31. 3. 1819, † Bad Ragaz 6. 7. 1901, dt. Politiker. 1866–70 bayr. Min.-Präs. und Außen-Min.; sicherte die Einbeziehung Süddeutschlands in das Zollparlament; 1871–81 MdR (Dt. Reichspartei); als Reichskanzler und preuß. Min.-Präs. 1894–1900 im Schatten Wilhelms II.

Höhenmesser (Altimeter), Gerät zur Höhenanzeige v. a. in Flugzeugen. *Barometr. H.* sind Luftdruckmeßgeräte. Beim *Funk-H.* wird die Flughöhe über Grund aus der Laufzeit eines am Erdboden reflektierten Impulses bestimmt.

Hohensalza ↑Inowrocław.

Höhensatz, geomtr. Lehrsatz: Das Quadrat über der Höhe *h* eines rechtwinkligen Dreiecks ist gleich dem Produkt aus den Abschnitten *p* und *q,* in welche die Hypotenuse durch die Höhe geteilt wird: $h^2 = p \cdot q$.

Höhensonne ®, Quecksilberdampflampe mit Kolben aus Quarzglas, die UV-Licht ausstrahlt; Verwendung zur Hautbräunung und Heilbestrahlung.

Hohenstaufen, Zeugenberg vor dem NW-Trauf der Schwäb. Alb, 684 m; geringe Reste der Stammburg der Staufer.

Hohenstein-Ernstthal, Kreisstadt in Sachsen, 15 800 E. Karl-May-Museum, Textil-Ind.; nahebei die Rennstrecke *Sachsenring.*

Höhenstrahlung (kosmische Strahlung, Ultrastrahlung), 1912/13 von V. F. Hess und W. Kohlhörster entdeckte, aus dem Weltraum in die Erdatmosphäre eindringende hochenerget. Teilchen- und Photonenstrahlung.

Hohensyburg [...'ziːbʊrk], ehem. altsächs. Volksburg (2. Hälfte des 8. Jh. n. Chr.) im Gebiet der Stadt Dortmund.

Hohentwiel, Bergkegel im Hegau, 686 m hoch. Seit kelt. Zeit besiedelt; im 10. Jh. erstmals als Burg belegt; später häufig Sitz der Hzg. von Schwaben; 1521/38 an Hzg. Ulrich von Württ.; Ausbau der Burg um 1549, Bau der Festungsanlagen seit 1634, geschleift 1800/01.

Hohenzollern, dt. Dynastie, seit 1061 als *Zollern* (Mitte des 14. Jh. als H.) nachweisbares schwäb. Dynastengeschlecht. Um 1214 Teilung in eine fränk. (später brandenburg.-preuß.) und eine schwäb. Linie. – Die kath. *schwäb.* Linie teilte sich 1575 in die 1623 in den Reichsfürstenstand erhobenen Linien *H.-Hechingen* (1869 erloschen) und *H.-Sigmaringen,* die 1634 die gräfl. Linie *H.-Haigerloch* beerbte. Die seit der Reformation ev. *fränk. Linie* baute bis Ende des 14. Jh. Ansbach und Bayreuth zu einer bed. Territorialherrschaft aus, wurde 1363 in den Reichsfürstenstand erhoben und erhielt 1415 die brandenburg. Kurwürde. In Ansbach und Bayreuth regierte 1486–1603 die *ältere fränk.,* 1603–1791 (Abtretung an Preußen) die *jüngere brandenburg. Linie* (erloschen 1806). Die brandenburg. H. (Kurlinie) hatten 1614 Kleve, Mark und Ravensberg und 1618 als poln. Lehen das Hzgt. Preußen erhalten. 1701 Erwerb des Königstitels »in« Preußen (1772–1918 »von« Preußen). – 1871–1918 waren die Könige von Preußen zugleich Dt. Kaiser.

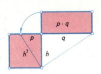

Höhensatz.
$h^2 = p \cdot q$

Hohenzollern

Hohenzollern, Stammburg der Hohenzollern auf dem Zollerberg (855 m hoch) vor dem SW-Trauf der Schwäb. Alb, Bad.-Württ. 1267 erstmals belegt, im 17. Jh. zur Festung ausgebaut, später verfallen. 1850–67 wurde die neugot. viertürmige Burg errichtet unter Einbeziehung der Sankt Michaelskapelle (1461).

höhere Gewalt, von außen her einwirkendes, außergewöhnl., nicht vorhersehbares, durch äußerste zumutbare Sorgfalt nicht abwendbares Ereignis.

Hoherpriester, Oberhaupt der Priesterschaft des Jerusalemer Tempels; Aufgabenbereich: Regelung des kult.-religiösen Lebens und innenpolit. Administration mit Aufsicht über gesetzl. und richterl. Körperschaften. Das Amt erlosch mit der Zerstörung des Tempels (70 n. Chr.).

Hoher Rat ↑Synedrium.

Hohe Schule, vollendete Reitkunst; höchste Stufe des Dressurreitens.

hohe See, diejenigen Meeresteile, an denen nach allg. Völkerrecht Rechte, insbes. Hoheitsrechte, weder bestehen noch begründet werden können. Zur h. S. zu rechnen sind der *Meeresgrund,* soweit er nicht dem Festlandsockel angehört, und der über der h. S. befindl. *Luftraum.* Die h. S. unterliegt dem Grundsatz der Freiheit der Meere.

Hoheslied (Lied der Lieder; lat. Canticum canticorum), Buch des AT, Sammlung Liebes- und Hochzeitslieder; der Überlieferung nach ist König Salomo der Autor, doch sind die meisten Lieder möglicherweise erst in nachexil. Zeit entstanden.

Hohe Tatra ↑Tatra.

Hohe Tauern, Gebirgskette in den österr. Zentralalpen, setzt sich aus der Venediger-, Granatspitz-, Glockner-, Sonnblick-, Ankogel- und Hafnergruppe zusammen; im Großglockner 3798 m hoch.

Hohhot, Hauptstadt der chin. Autonomen Region Innere Mongolei, 810 000 E. Univ., PH; mongol. Nat.-Museum; Woll-, chem. Ind., Motorenbau; ⚒. Ältestes Bauwerk ist die Weiße Pagode (um 1000). – Entstanden aus der mongol. Siedlung *Köke-khota* und der chin. Stadt *Suiyuan;* bis 1954 *Kueisui.*

Hohlblockstein, genormter Baustein, meist aus Leichtbeton mit mehreren, ein- oder zweiseitig offenen Hohlräumen.

Höhle, großer natürl. Hohlraum im Gestein, entweder primär, d. h. zugleich mit dem Gestein entstanden (in Riffen, in vulkan. Gestein) oder sekundär, d. h. nachträglich gebildet durch Erosion, z. B. durch Brandung oder durch Auslaugung (sog. Mischungskorrosion) von verkarstungsfähigem Gestein. Diese *Karst-H.* bilden z. T. riesige Systeme mit Seen und Flüssen. Durch Ausscheiden von Kalkspat aus Sickerwässern entsteht *H. sinter* in oft bizarren Formen, u. a. ↑Tropfsteine. In *Eis-H.* bleiben natürl. Eisbildungen das Jahr über erhalten. – Übersicht S. 1523 f.

Vorgeschichte: Älteste erhaltene Kulturschichten in europ. H. v. a. aus dem Mittelpaläolithikum. Im Jungpaläolithikum Kult- und Initiationsplätze in H., bei deren Ritualen auch Felsbilder entstanden.

Höhlenmalerei ↑Felsbilder.

Hohler, Franz, * Biel 1. 3. 1943, schweizer. Kabarettist und Schriftsteller.

Hohlkreuz (Hohlrücken, Rundrücken), Krümmung der Wirbelsäule im Lendenbereich nach vorn und im Brustbereich nach hinten.

Hohlleiter, in der *Nachrichtentechnik* verwendete Leitungen mit rechteckigem oder rundem Querschnitt und elektrisch leitenden Innenwänden. H. dienen zur Fortleitung hochfrequenter elektromagnet. Wellen (Dezimeter-, Zentimeterwellen), z. B. als Antennenzuführungen bei Richtfunkverbindungen.

Hohlmaß, Bez. für eine Volumeneinheit.

Hohlraumresonator, ein Schwingkreis der Mikrowellentechnik, bei dem sich in einem metallisch abgeschlossenen (dielektr.) Raum das elektr. und magnet. Wechselfeld überlagern; Anwendung z. B. als Verstärker und Filter.

Hohlraumversiegelung, Einsprühen eines äußerst kriechfähigen Korrosionsschutzmittels in die konstruktionsbedingten Hohlräume einer Fahrzeugkarosserie. H. mit *Hartschaum* erhöht die Festigkeit der Karosserie.

Hohlsaum, Durchbruchstickerei, bei der zugleich der Saum befestigt wird.

Hohltiere (Coelenterata, Radiata), Unterabteilung radiärsymmetr. Vielzeller

Höhlen in Europa

Höhlen in Europa (Auswahl)				
Name	Lage	z. Z. bekannte Gesamtlänge	Erschließung bzw. Besuchsdauer	Besonderheiten
Adelsberger Grotte (Postojnska jama)	40 km sw. von Ljubljana, Slowenien	Teil eines über 23 km langen Höhlensystems	5 km, z. T. mit Bahn; $1^3/_4$ Std.	reiche Sinterbildung; höhlenbewohnende Tiere; unterird. Labor
Aggteleker Tropfsteinhöhle	50 km nw. von Miskolc, Ungarn	22 km, davon 6 km in der Slowak. Rep. (hier Domica genannt)	Teilstrecken in beiden Staaten erschlossen, z. T. mit Boot	unter Naturschutz; Sinterbildungen; unterird. Fluß; paläontolog. und prähistor. Funde
Altamira, Cueva de	bei Santillana del Mar, 30 km sw. von Santander, Spanien	270 m	eingeschränkte Besucherzahl	paläolith. Darstellung von Wildrindern u. a.; Museum
Attahöhle	1 km östlich von Attendorn, Nordrhein-Westfalen	7 km	3 km, $^3/_4$ Std.	reiche Sinterbildungen
Aven Armand	22 km nw. von Florac, Frankreich	208 m	208 m	reiche Sinterbildungen; bis 30 m hohe Stalagmiten
Barbarossahöhle	5 km nw. von Bad Frankenhausen/Kyffhäuser, Sachsen-Anhalt	1,5 km	$^3/_4$ Std.	größte Karsthöhle des südl. Harzvorlandes
Bärenhöhle	15 km südlich von Reutlingen, Baden-Württemberg	zus. mit der Karlshöhle 271 m	$^1/_2$ Std.	Sinterbildungen; versinterte Knochen von Höhlenbären
Berger, Gouffre	Verbindung mit Les cuves de Sassenage	–	–	mit einer Tiefe von 1 198 m eine der tiefsten Höhlen der Erde
Castellana Grotte	35 km sö. von Bari, Italien	3 km	$2^1/_2$ Std.	reiche Sinterbildungen; Museum für Höhlenkunde
Chauvet, Grotte	30 km sw. von Montélimar, Frankreich	490 m	nicht erschlossen	jungpaläolith. Felsmalereien; bed. Tierdarstellungen
Cosquer, Grotte	30 km östlich von Marseille, Frankreich	–	nicht erschlossen	jungpaläolith. Felsmalereien; Höhleneingang heute unter dem Meeresspiegel
Dachsteinhöhlen Mammuthöhle	5 km sö. von Hallstatt, Österreich	25 km	800 oder 1 800 m	weit verzweigt in mehreren Stockwerken
Rieseneishöhle	4 km sö. von Hallstatt, Österreich	2 km	$1^1/_2$ Std.	unter Naturschutz; schöne Eisbildungen
Eisriesenwelt	3 km nördlich von Werfen, Österreich	42 km	2 Std.	unter Naturschutz; Eis z. T. 20 m dick
Fingalshöhle (Fingal's Cave)	Südwestküste der Insel Staffa, Schottland	70 m	von Oban oder Fionnphort (auf Mull) aus erreichbar	Lavahöhle in Meeresniveau; Basaltsäulen
Han, Grotte de	24 km sö. von Dinant, Belgien	5,2 km	3 km; 2 Std., z. T. mit Boot	Sinterbildungen; Museum mit paläontolog. und [prä]histor. Funden
Hölloch	11 km sö. von Schwyz, Schweiz	139 km	650 m	größtes europ. Höhlensystem; Erosionserscheinungen
Iberger Tropfsteinhöhle	in Bad Grund (Harz), Niedersachsen	300 m	$^1/_2$ Std.	durch Oxide verfärbte Sinterbildungen

Hohlvenen

Höhlen in Europa (Auswahl) Fortsetzung				
Name	Lage	z. Z. bekannte Gesamtlänge	Erschließung bzw. Besuchsdauer	Besonderheiten
Laichinger Tiefenhöhle	10 km nw. von Blaubeuren, Baden-Württemberg	750 m, bis 103 m tief	$^3/_4$ Std.	tiefste dt. Schauhöhle; Museum
Lascaux, Grotte de	bei Montignac, 39 km sö. von Périgueux, Frankreich	140 m	nur als Kopie zu besichtigen	jungpaläolith. Darstellung von Jagdszenen
Lurgrotte	18 km nnw. von Graz, Österreich	5 km	bis zu 3 Std.	zahlr. Sinterbildungen; unterird. Bach
Nebelhöhle	8 km südlich von Reutlingen; Baden-Württemberg	380 m	$^1/_2$ Std.	schöne Tropfsteine
Nerja, Cueva de	30 km westlich von Motril, Spanien	2,8 km	z. T. erschlossen	paläontolog. Funde; prähistor. Malereien; bes. große Tropfsteine; Theater
Niaux, Grotte de	16 km südlich von Foix, Frankreich	Teil eines 10 km langen Höhlensystems	2 km	prähistor. Malereien; unterird. Labor
Pech-Merle, Grotte du	18 km nö. von Cahors, Frankreich	2 km	1,2 km	prähistor. Malereien; zahlr. Sinterbildungen
Pertosa, Grotta di	32 km sw. von Potenza, Italien	2,3 km	$1^1/_2$ Std., z. T. mit Boot	zahlr. Sinterbildungen, Stausee in Eingangshalle
Pileta, Cueva de la	9 km sw. von Ronda, Spanien	1,5 km	400 m	unter Denkmalschutz; prähistor. Malereien; Sinterbildungen
Rouffignac, Grotte de	28 km sö. von Périgueux, Frankreich	10 km	2 km, z. T. mit Bahn	prähistor. Malereien
Sassenage, Les cuves de	5,5 km nw. von Grenoble, Frankreich	5,5 km	1 km	Verbindung mit dem 1 198 m tiefen Gouffre Berger
Schellenberger Eishöhle	9 km nördlich von Berchtesgaden, Bayern	500 m	$^3/_4$ Std.	einzige für Touristen zugängl. Eishöhle in Deutschland
Škocjanske jame (Höhlen von Sankt Kanzian)	15 km östlich von Triest, Slowenien	über 5 km	2 Std.	Sinterterrassen; unterird. Lauf der Reka; prähistor. Funde
Teufelshöhle	2 km sö. von Pottenstein, Bayern	1,5 km	1,25 km	großes Portal; Sinterbildungen

mit über 9000 Süß- und Meerwasser bewohnenden Arten mit einem Durchmesser von unter 1 mm bis etwa 1,5 m; meist kolonienbildende Tiere; man unterscheidet zwei Stämme: Nesseltiere und Rippenquallen.

Hohlvenen, Venen, die das verbrauchte Blut zum rechten Herzvorhof führen. Man unterscheidet: *obere H.,* die das Blut aus Kopf, Hals, den Armen und der Brust zum Herzvorhof führt; *untere H.,* die neben der Bauchaorta zum Herzvorhof verläuft.

Hohlzahn (Hanfnessel, Daun), Gatt. der Lippenblütler mit rd. zehn euras. Arten; Blütenkrone purpurn oder gelblich bis weiß; einheim. sind u. a. *Gemeiner H.* (Acker-H.; 20–100 cm hoch, Unkraut) und *Sand-H.* (Gelber H.; 10–45 cm hoch).

Hojeda, Alonso de [span. ɔˈxeða] ↑Ojeda, Alonso de.

Hölderlin

Hokkaidō, nördlichste der vier jap. Hauptinseln, 77 900 km², mit aktiven Vulkanen, bis 2 290 m hoch.

Hokusai [jap. hoksai], auch Katsushika H., *Edo (heute Tokio) 21. 10. 1760, †ebd. 10. 5. 1849, jap. Meister des Farbholzschnitts. V. a. alltägl. Szenen (↑Ukiyo-E) und Landschaftsfolgen.

Hokuspokus, Spruch der Taschenspieler bei der Ausführung ihrer Kunststücke; auch svw. Gaukelei, Betrug.

Holarktis [griech.] ↑tiergeographische Regionen.

holarktisches Florenreich (Holarktis), größte pflanzengeograph. Region der Erde, die die gesamte Nordhalbkugel zw. Pol und einer Linie etwa entlang dem nördl. Wendekreis umfaßt; gekennzeichnet durch Arten der Birken-, Weiden-, Hahnenfuß-, Steinbrech- und Rosengewächse, viele Kreuzblütler und Doldenblütler sowie Primel- und Glockenblumengewächse.

Holbein, 1) Hans, d. Ä., *Augsburg um 1465, †Basel(?) 1524, dt. Maler und Zeichner. Vater von Hans H. d. J.; Werkstatt in Augsburg; Altäre, u. a. für Kaisheim (1502–04); Tafelbilder (»Lebensbrunnen«, Lissabon, Museum für alte Kunst); Bildniszeichnungen.
2) Hans, d. J., *Augsburg im Winter 1497/98, □ London 29. 11. 1543, dt. Maler und Zeichner. Lehre bei seinem Vater Hans H. d. Ä. und in Basel; 1526–28 und nach 1532 in London tätig; 1536 Hofmaler König Heinrichs VIII.; repräsentative Porträtkunst; auch Zeichnungen, Holzschnitte (Totentanz). – *Gemälde:* Erasmus von Rotterdam (1523; ebd.), Madonna des Bürgermeisters Meyers (1526–30; Darmstadt, Schloß), Kaufmann Georg Gisze (1532; Berlin, Gemäldegalerie), Die Gesandten (1533; London, National Gallery), Jane Seymour (1536; Wien, Kunsthistor. Museum), Heinrich VIII. (1537; Madrid, Palacio Villahermosa).

Holberg, Ludvig Baron von (seit 1747) [dän. 'hɔlbɐr], *Bergen (Norwegen) 3. 12. 1684, †Kopenhagen 28. 1. 1754, dän. Dichter und Historiker. Eine der bedeutendsten Persönlichkeiten der dän. Aufklärung; Begründer der dän. Nationalliteratur; auf Quellenkritik aufgebaute Geschichtswerke. Schrieb 33 derb-realist. Komödien, u. a. »Der polit. Kannegießer« (1722).

Holder, svw. ↑Holunder.

Hölderlin, Johann Christian Friedrich, *Lauffen am Neckar 20. 3. 1770, †Tübingen 7. 6. 1843, dt. Dichter. Von sei-

Hohlzahn.
Stechender Hohlzahn (Höhe 20–70 cm)

Hans Holbein d. Ä.
Selbstbildnis (Chantilly, Musée Condé)

Hans Holbein d. J.
Selbstbildnis (um 1543; Florenz, Uffizien)

Hans Holbein d. Ä. Darbringung im Tempel; Tafel vom linken Flügel des Hochaltars für die Dominikanerkirche in Frankfurt am Main (1501; Hamburg, Kunsthalle)

Holdinggesellschaft

Friedrich Hölderlin

ner Mutter und auf den ev. Klosterschulen in Denkendorf und Maulbronn (1784–88) im Geist des aufgeklärten württemberg. Pietismus erzogen; am Tübinger Stift (1788–93) Verbindung mit Hegel und Schelling. 1796 übernahm er eine Hauslehrerstelle bei der Bankiersfamilie Gontard in Frankfurt am Main. Die Liebe zu der Hausherrin Susette Gontard (»Diotima«) führte zum Bruch mit der Familie. Sein Freund Isaak von Sinclair (* 1775, † 1815) nahm ihn in Bad Homburg auf (1799/1800); danach Hofmeisterstellen in Hauptwil (1801) und Bordeaux (1802). Nach Sinclairs Verhaftung als Jakobiner (1805) wurde H. – möglicherweise zu seinem Schutz – in eine Heilanstalt gebracht und 1807 als unheilbar entlassen; wurde in Tübingen von der Schreinersfamilie Zimmer gepflegt, die ihn in ihrem am Neckar gelegenen Turm (»Hölderlinturm«) unterbrachte. H. ist Dichter der Idee des Ganzen als eines Versöhnten in einer Zeit der Gegensätze und Auseinandersetzungen. Im Briefroman »Hyperion« (1797–99) ist die Liebe zw. Diotima und Hyperion nicht privat, sondern Vorwegnahme der allg. Versöhnung. H. greift auf Formen (Ode, Elegie, Hymne; Versmaße) und mytholog. Bildwelt der griech. Antike zurück. Die späteren Hymnen und Gedichte verschmelzen in aufgeklärt-myth. Sprache Antike und Christentum (»Brot und Wein«). In ihnen erhebt H. Dichtung den Anspruch, Religion, Kunst, Wissenschaft und Philosophie zu vereinen.

Holdinggesellschaft [engl. 'hʊʊldɪŋ] (Beteiligungsgesellschaft), zur einheitl. Leitung und Verwaltung eines Konzerns gegr. Obergesellschaft, die selbst keine Produktions- oder Handelsfunktionen ausübt; stellt eine rechtl. Verselbständigung der Konzernhauptverwaltung dar.

Holiday, Billie [engl. 'hɔlɪdeɪ], eigtl. Eleonora Gough MacKay, gen. »Lady Day«, *Baltimore 7. 4. 1915, † New York 17. 7. 1959, amerikan. Jazzsängerin. Bed. Sängerin der Swingepoche.

Holl, Elias, *Augsburg 28. 2. 1573, † ebd. 6. 1. 1646, dt. Baumeister. Vertreter der Renaissance (Augsburger Rathaus, 1615–20).

Holland, 1) der Westteil der †Niederlande (für die H. eine im Dt. gebräuchl., aber unzuverlässige Bez. ist); umfaßt die Prov. Nord- und Südholland, in etwa das Gebiet der ehem. Gft. H. im Gebiet der Maasmündungen um Dordrecht; 1289 Angliederung von N-H.; das 1299 erloschene Geschlecht der Grafen von H. wurde durch die Grafen von †Hennegau beerbt.
2) Name für die Vereinigte Republik der Niederlande; 1806–14/15 Name des aus der Batav. Republik gebildeten Königreichs.

Holländisch †Niederländisch.
Holländischer Krieg (1672–78) †Niederländisch-Französischer Krieg.
Holle (Frau Holle), weibl. Gestalt der Sage, bes. in M-Deutschland; als Märchenfigur (wenn sie die Betten schüttelt, schneit es) weltweit verbreitet.
Hölle, die in zahlr. Religionen herrschende Vorstellung von der Unterwelt als Bereich des Todes, der Totengottheiten, unterweltl. Dämonen, als Behausung der Toten; auch jenseitiger Vergeltungsort für die Bösen. – Die christl. Theologie bezeichnet mit H. diejenige Wirklichkeit, in der der Mensch nach Gottes Gericht das Heil nicht erlangt hat (umstritten).

Holledau †Hallertau.
Hollein, Hans, *Wien 30. 3. 1934, österr. Architekt und Designer. Vertreter der postmodernen Architektur; trat zunächst mit eigenwilligen Fassadengestaltungen und Inneneinrichtungen hervor, dann mit Museumsbauten (u. a. Museum für Moderne Kunst, Frankfurt am Main, 1983ff.).
Höllengebirge, Gebirgsstock der Nördlichen Kalkalpen, Oberösterreich, im Großen Höllkogel 1 862 m hoch.
Höllenstein (Lapis infernalis, Argentum nitricum), volkstüml. Bez. für Silbernitrat in fester Form; Verwendung als Ätzmittel und als *H.stift* zur Blutstillung.
Höllerer, Walter, *Sulzbach-Rosenberg 19. 12. 1922, dt. Germanist und Schriftsteller. Herausgebertätigkeit; schrieb Lyrik (»Gedichte. 1942–82«, 1982) und einen Roman »Die Elephantenuhr« (1973); 1978 erschien die Komödie »Alle Vögel alle«.
Hollerith-Lochkartenverfahren [nach dem amerikan. Erfinder Hermann Hollerith, *1860, † 1929], Verfahren der Informationsverarbeitung, bei dem ge-

Billie Holiday

lochte Karten [als Informationsträger] durch Abtastfedern entsprechend der Lochung sortiert werden (bis 100 000 Karten pro Stunde). Durch die elektron. Datenverarbeitung völlig verdrängt.

Holley, Robert [William] [engl. 'hɔlɪ], *Urbana (Ill.) 28. 1. 1922, † Los Gatos (Calif.) 11. 2. 1993, amerikan. Biochemiker. Erhielt für seinen Beitrag zur Entzifferung des genet. Codes 1968 (zus. mit H. G. Khorana und M. W. Nirenberg) den Nobelpreis für Physiologie oder Medizin.

Holliger, Heinz, *Langenthal 21. 5. 1939, schweizer. Oboist und Komponist.

Hölloch ↑Höhlen (Übersicht).

Hollywood [engl. 'hɔlɪwʊd], nw. Stadtteil von Los Angeles (seit 1910), USA; Zentrum der amerikan. Filmindustrie (seit 1908).

Holm [niederdt.], **1)** *allgemein:* Führungs- oder Handleiste eines Geländers, Griffstange am Barren, an Leitern u. a. **2)** *Flugzeugbau:* tragendes Teil eines Flugzeugtragflügels.

Holmenkollen, Höhenzug bei Oslo, Norwegen, etwa 500 m hoch; Wintersportplatz mit Skimuseum.

Holmium [nach Holmia, dem latinisierten Namen Stockholms], chem. Symbol **Ho,** chem. Element aus der Reihe der Lanthanoide im Periodensystem der Elemente; Ordnungszahl 67; relative Atommasse 164,9303; Schmelztemperatur 1 474 °C; Siedetemperatur 2 695 °C; Dichte 8,795 g/cm³. H. ist ein gut verformbares silbergraues Metall.

holo..., Holo... [griech.], Bestimmungswort von Zusammensetzungen mit der Bedeutung »ganz, völlig«.

Holocaust ['holokaʊst; engl. 'hɔləkɔst; griech.-engl.], im Engl. Bez. für ein Opfer, das vollständig verbrannt wird. Daraus abgeleitet als Steigerung der Begriffe Genozid, Völkermord; verwendet zur Kennzeichnung der vom Nat.-Soz. betriebenen Vernichtung des jüd. Volkes (hebr. Bez.: Schoah).

Holofernes (Holophernes) ↑Judit.

Holographie, von D. Gábor 1948–51 erfundene, wellenopt. Technik zur Speicherung und Wiedergabe dreidimensionaler Bilder, bei der eine photograph. Speicherung der Amplituden und Phasen eines aus kohärentem Licht bestehenden Wellenfeldes (Lichtquelle:

Holographie. Photographische Wiedergabe der räumlichen Wirkung eines Weißlichtholograms; durch leichtes Kippen der Ebene des einen der beiden identischen Hologramme wird erreicht, daß man das Objekt (die Taube) aus verschiedenen Richtungen sieht

Laser) nach interferenzmäßiger Überlagerung mit einem anderen kohärenten Wellenfeld erfolgt. Werden Gegenstände mit kohärentem Licht beleuchtet, so enthält das dann von ihnen ausgehende Wellenfeld in seiner Amplituden- und Phasenverteilung sämtliche optische Informationen über die beleuchteten Gegenstände. Wird diesem Wellenfeld *(Objektwelle)* eine kohärente Vergleichswelle *(Referenzwelle)* überlagert, so ergibt sich durch Überlagerung (Interferenz) ein räuml. Interferenzbild, dessen Intensitätsverteilung von einer photograph. Platte registriert werden kann. Das so erhaltene Bild bezeichnet man als *Hologramm*. Weißlicht- oder Regenbogenhologramme mit codierten Interferenzstrukturen können bei normalem inkohärentem Licht betrachtet werden.

Robert Holley

holographischer Speicher, ein opt. Datenspeicher, bei dem die Binärsignale als Interferenzmuster über die Fläche eines Hologramms verteilt sind. Eine Speicherdichte von etwa 10 Mrd Bit/mm³ erscheint möglich. Ein Vorteil der holograph. Speicherung ist z. B., daß alle Daten gleichzeitig verarbeitet werden können.

Holozän [griech.], Bez. für die geolog. Gegenwart seit Abklingen der pleistozänen Eiszeit.

Holschuld, Schuld, die bei Fälligkeit beim Schuldner abzuholen ist.

Erich von Holst

Arno Holz

Holunder. Blühender Zweig (oben) und Fruchtstand (unten) des Schwarzen Holunders

Holst, Erich von, *Riga 28. 11. 1908, † Herrsching a. Ammersee 26. 5. 1962, dt. Verhaltensphysiologe. Stellte (mit H. Mittelstaedt) das ↑Reafferenzprinzip auf; entdeckte, daß das Verhalten auch durch selbsttätige Impulse des Zentralnervensystems gesteuert wird (↑Automatismen).

Holstein, Friedrich von, *Schwedt/Oder 24. 4. 1837, † Berlin 8. 5. 1909, dt. Diplomat. 1876 enger Mitarbeiter Bismarcks; ab 1885 insgeheim in Opposition zu Bismarck, suchte durch eigenmächtige Schritte dessen Politik friedl. Beziehungen zu Rußland zu untergraben. Seine illusionäre Politik der »Freien Hand« für das Dt. Reich zus. mit dem aggressiven Stil seiner Frankreichpolitik zerstörte die 1898–1900 auch von ihm angestrebte Bündnischance mit Großbritannien.

Holstein, ehem. Hzgt. zw. Nord- und Ostsee, im S durch die Elbe, im N durch die Eider begrenzt; erscheint um 800 als nördl. Teil des Gebiets der Sachsen (auch Nord- oder Transalbingien gen.); von Karl d. Gr. unterworfen; im 13. Jh. zeitweise dänisch; 1474 mit Stormarn, Wagrien und Dithmarschen von Kaiser Friedrich III. zum Hzgt. erhoben (↑Schleswig-Holstein, Geschichte).

Holsteinische Schweiz, seenreiche kuppige Moränenlandschaft im östl. Schleswig-Holstein.

Holthusen, Hans Egon, *Rendsburg 15. 4. 1913, dt. Schriftsteller. Vertreter eines christl. Existentialismus: »Der unbehauste Mensch« (Essays, 1951).

Hölty, Ludwig Christoph Heinrich [...ti], *Mariensee bei Hannover 21. 12. 1748, † Hannover 1. 9. 1776, dt. Dichter. Mitbegründer des »Göttinger Hains«; verfaßte Gedichte (hg. 1782/83) und Balladen.

Holunder (Holder, Sambucus), Gatt. der Geißblattgewächse mit rd. 20 Arten in den gemäßigten und subtrop. Gebieten; meist Sträucher oder kleine Bäume; Frucht eine beerenartige, drei- bis fünfsamige Steinfrucht. Heim. Arten sind *Attich* (Zwerg-H.), bis 2 m hoch; *Schwarzer H.* (Flieder), bis 6 m hoch. In der Volksmedizin werden die Blüten zu *Fliedertee* (gegen Erkältungen) verwendet. In Eurasien und N-Amerika wächst der *Trauben-H.,* bis 4 m hoch, mit scharlachroten Früchten.

Holy Island [engl. ˈhɔlɪ ˈaɪlənd] (Lindisfarne), engl. Nordseeinsel vor der Küste der Gft. Northumberland, 5,4 km². – 635 Ausgangspunkt für die Christianisierung Northumbrias. Berühmt ist die *Evangelienhandschrift von Lindisfarne* (7. Jh.; jetzt in London, Brit. Museum).

Holz, Arno, *Rastenburg 26. 4. 1863, † Berlin 26. 10. 1929, dt. Schriftsteller. Mit J. Schlaf Begründer des konsequenten Naturalismus in theoret. Schriften und gemeinsam verfaßten Musterdichtungen (»Papa Hamlet«, Novellen, 1889; »Die Familie Selicke«, Drama, 1890); Bruch mit Schlaf; in seiner Lyrik verzichtet H. auf Reim und Formregeln (»Phantasus«, endgültige Fassung 1925); Parodist barocker Lyrik in der Gedichtsammlung »Dafnis« (1904); auch dramat. Skizzen, Komödien.

Holz, umgangssprachl. Bez. für die Hauptsubstanz der Stämme, Äste und Wurzeln von Bäumen und Sträuchern; in der Pflanzenanatomie Bez. für das vom ↑Kambium nach innen abgegebene Dauergewebe, dessen Zellwände meist durch Lignineinlagerungen (zur Erhöhung der mechan. Festigkeit) verdickt sind.
Ohne Hilfsmittel kann man an einem Stammausschnitt folgende Einzelheiten erkennen: Im Zentrum liegt das *Mark,* das von einem breiten *H. körper* umschlossen wird. Dieser setzt sich bei den meisten H.arten aus dem sich durch Wechsel in Struktur und Färbung voneinander abhebenden ↑Jahresringen zusammen. Das Kambium umschließt als dünner Mantel den gesamten H. körper. Die hellere äußere Zone besteht aus den lebenden jüngsten Jahresringen und wird als *Splint-H.* (Weich-H.) bezeichnet. Der dunkel gefärbte Kern ist das sog. *Kern-H.,* das aus abgestorbenen Zellen besteht und nur noch mechan. Funktionen hat. Da es durch die Einlagerung bestimmter Stoffe (Oxidationsprodukte von Gerbstoffen) geschützt wird, ist es wirtschaftlich wertvoller. An den letzten Jahresring schließt sich nach außen zu der Bast an. Vom Bast in den H.körper hinein verlaufen zahlr. Markstrahlen. Den Abschluß des Stamms nach außen bildet die Borke aus toten Korkzellen und abgestorbenem Bast.
Die Zellen des H. sind vorwiegend langgestreckt, an den Enden zugespitzt

Holzdestillation

und stehen in Längsrichtung, worauf die längsgerichtete Spaltbarkeit des H. beruht. Man unterscheidet folgende Zelltypen: 1. *Gefäße*, sie leiten das Bodenwasser mit den darin gelösten Nährsalzen zu den Blättern; 2. *H.fasern*, sie sind das Stützgewebe des H.körpers. Auf ihnen beruht die Trag-, Bruch- und Biegefestigkeit der Hölzer; 3. *H.parenchym*, die lebenden Bestandteile des H.körpers. Sie übernehmen die Speicherung der organ. Substanzen; 4. *Markstrahlparenchym*, besteht aus lebenden Zellen und dient der Stoffspeicherung und -leitung. Die Markstrahlen transportieren die in den Blättern gebildeten und in den Bast gebrachten Assimilate zu den H.parenchymzellen, wo sie dann gespeichert werden.

Holzapfel, Rudolf Maria, *Krakau 26. 4. 1874, †Elfenau bei Bern 8. 2. 1930, österr. Philosoph, Psychologe und Dichter. Versuchte durch wiss. »Seelenforschung« die Begründung eines neuen Kulturideals, des sog. Panideals.

Holzapfel, volkstüml. Bez. für die gerbstoffreiche Frucht verschiedener wilder Arten des Apfelbaums.

Holzapfelbaum (Wilder Apfelbaum), bis 7 m hoher Baum oder Strauch, verbreitet in lichten Wäldern Europas und Vorderasiens; Kurztriebe mehr oder weniger verdornend; Früchte kugelig, gelbgrün mit rötl. Backe, herbsauer.

Holzbau, seit alters verwendete Bauweise. Typ. Formen sind *Blockbau* (Wände aus waagrecht geschichteten Stämmen), *Stab-* bzw. *Palisadenbau* (Wände aus senkrechten Stämmen), *Fachwerk-* oder *Rahmenbau* (hölzernes Fachwerk als tragendes Gerüst). Der *Ingenieur-H.* befaßt sich mit der Konstruktion hölzerner Tragwerke (z. B. Schalgerüste).

Holzbildhauerei (Bildschnitzerei, Holzplastik), Herstellung plast. Bildwerke, Reliefs, Verzierungen (↑auch Holzschnitzerei) durch Bearbeitung eines Holzblockes mit Meißel, Klöppel, Flach- und Hohleisen. Die geschnitzte Figur erhielt durch den Faßmaler eine auf Kreide oder Gips aufgetragene Bemalung und Vergoldung (»Fassung«). MA und Barock brachten eine bed. H. hervor: Marienstatuen (sog. »Goldene Madonna«, Essen, Münster, um 980), Kruzifixe (»Gerokreuz«, Köln, Dom,

Holzbildhauerei. Ernst Ludwig Kirchner. »Männliche Aktfigur – Adam« (1923; Stuttgart, Staatsgalerie)

um 975), Kultgerät, seit dem 14. Jh. Chorgestühle (J. Syrlin d. Ä., Ulmer Münster, 1469–74) sowie ↑Andachtsbilder und Schöne Madonnen. Höhepunkte der H. sind die spätgot. Schnitzaltäre, im Barock das Werk von G. Petel und B. Permoser und im Rokoko das von I. Günther und J. A. Feuchtmayer. Weit verbreitet war dekoratives, oft vergoldetes Schnitzwerk (Spanien, Portugal). Neue Blüte der H. im 20. Jh. (E. Barlach, E. Mataré, H. Moore, L. Nevelson). Bed. H. gab es auch im Altertum (Ägypten) und außereurop. Kulturen (Afrika, Ostasien).

Holzblasinstrumente, die primär aus Holz gefertigten Flöten- und Rohrblattinstrumente.

Holzbock ↑Schildzecken.

Holzbohrer (Cossidae), mit rd. 700 Arten weltweit verbreitete Fam. bis 25 cm spannender Nachtschmetterlinge; Raupen entwickeln sich mehrjährig v. a. im Innern von Baumstämmen; in Deutschland u. a. der bis 6 cm spannende *Kastanienbohrer* und der bis 9 cm spannende *Weidenbohrer*.

Holzdestillation (Holzverkohlung), Zersetzung von Holz durch trockenes Erhitzen unter Luftabschluß; früher im Meiler (Endprodukt nur ↑Holzkohle), heute großtechnisch in Retorten und

Holzfaserdämmplatten

Rohröfen betrieben. Dabei anfallende Produkte sind: Holzkohle, *Holzteer* (dunkle, ölige Substanz; Verwendung u. a. als Holzschutzmittel), Essigsäure, Wasser, *Holzgeist* (Gemisch aus Methanol, Aceton, Essigsäuremethylester u. a.) und *Holzgase* (Gemisch aus Kohlendioxid, Kohlenmonoxid, Methan, Wasserstoff und Äthylen).

Holzfaserdämmplatten, unverpreßte (daher hohe Porosität) Holzfaserplatten; als *Dämmplatten* zur Schall- und Wärmeisolierung verwendet.

Holzfaserplatten (Faserplatten), meist aus Holzabfällen mit Bindemitteln verpreßte Platten; mit einer zusätzl. Oberflächenschicht versehene H. werden u. a. bei der Möbelherstellung verwendet.

Holzkohle, schwarze, poröse, sehr leichte Kohle, durch Holzdestillation gewonnen; selbstentzündlich, stark wasserbindend, Brennstoff, Reduktionsmittel in der Metallurgie, außerdem Verwendung als Aktivkohle, Zeichenkohle u. a.

Holzöl, terpentinähnl. Destillationsprodukt des Holzes; Lacklösungsmittel.

Holzschliff (Holzstoff), durch Abschleifen vorwiegend von Nadelhölzern erzeugte feine Holzmasse; wichtiger Grundstoff für die Papier- und Pappeherstellung.

Holzschnitt, graph. Technik, bei der eine Zeichnung erhaben aus einer Holzplatte herausgeschnitten und nach Einfärben gedruckt wird. Am Beginn stehen einfache Einblattdrucke (Heiligenbilder). Mit Erfindung der Buchdruckerkunst wurde der H. als Illustrationsmittel bedeutend (»Schedelsche Weltchronik«, 1493, W. Pleydenwurff und M. Wolgemut). Kaiser Maximilian I. gab große H.werke in Auftrag (»Ehrenpforte«, »Triumphzug«). Hervorragende H. schufen neben Dürer u. a. L. Cranach, H. Burgkmair, H. Holbein d. J., H. Baldung, N. Manuel, U. Graf, in den Niederlanden Lucas van Leyden, in Italien Tizian. Häufig war der Helldunkelschnitt *(Clair-obscur-Schnitt),* bei dem vor dem Druck mit der Strichplatte mit »Tonplatten« gedruckt wurde. A. Altdorfer wandte bereits den eigtl. *Farb-H.* an. Seit Mitte des 16. Jh. verdrängten Kupferstich und Radierung den H., im 19. Jh. wurde v. a. (abgesehen von A. Rethel) der *Holzstich* (Tonstich, Xylographie i. e. S.) angewandt, erfunden von T. Bewick, bei dem mit dem Stichel das (senkrecht zur Faser geschnittene) Hirnholz des Buchsbaums bearbeitet wird (A. von Menzel, L. Richter, G. Doré). In England fand durch die Buchkunst W. Morris' eine Neubelebung der alten H.technik statt, Höhepunkt in den Jugendstil-H. A. Beardsleys. Neue Ansätze bes. durch P. Gauguin, aufgegriffen durch E. Munch und die Künstler des dt. Expressionismus (E. L. Kirchner, E. Heckel, E. Nolde, K. Kollwitz, E. Barlach); weitergeführt von F. Masereel und HAP Grieshaber.

Ostasien: In China wurden seit dem 7./8. Jh. H.illustrationen für Buchrollen von Holzplatten gedruckt. Die Blütezeit des jap. H. begann im 17. Jh. als Gattung des †Ukiyo-E. Stilprägend wurde Moronobu mit klarer Linienzeichnung, expressiv Scharaku, psychologisierend Utamaro, für den europ. H. wichtig v. a. Hokusai.

Holzschnitzerei, i. e. S. dekorative Schnitzereien an Möbeln (Chorgestühl, Truhen, Schränke) u. a. Gegenständen; i. w. S. svw. †Holzbildhauerei.

Holzschutz (Holzkonservierung), Maßnahmen bautechn., chem. und physikal. Art zur Erhöhung der Haltbarkeit von Hölzern mit Hilfe von Schutzmitteln und -verfahren vor allem gegen Holzschädlinge, Witterungseinflüsse und Feuer. In der BR Deutschland ist die Behandlung von tragenden und aussteifenden Holzbauteilen im Hochbau mit H.mitteln vorgeschrieben. Wichtige Wirkstoffe sind synthet. Pyretroide. PCP (Pentachlorphenol) wird nicht mehr verwendet, da Verdacht auf mögl. Gesundheitsschäden besteht.

Holzspanplatten, aus Holzspänen durch Verleimen (vorwiegend mit Kunstharzen) und Pressen hergestellte großflächige Platten. Bei der Herstellung, Weiterverarbeitung und -verwendung von H. können bes. Formaldehyddämpfe in die Umwelt gelangen.

Holzstich (Xylographie) †Holzschnitt.
Holzverkohlung, †Holzdestillation.
Holzverzuckerung, chem. Aufbereitung von Holzabfällen durch Hydrolyse ihrer Zellulose mit Mineralsäuren zu vergärbarem Zucker bzw. Äthanol und Essigsäure.

Homonyme

Holzwespen (Siricidae), weltweit verbreitete Fam. der Pflanzenwespen mit über 100, teils bis 4 cm langen Arten; legen ihre Eier v. a. in Nadelholz; in M-Europa kommt u. a. die *Riesenholzwespe* vor, 1,5–4 cm lang.

Holzwurm, volkstüml. Bez. für im Holz lebende Insektenlarven.

hom..., Hom... ↑homo..., ↑Homo...

Homburg, Prinz von ↑Friedrich II., Landgraf von Hessen-Homburg.

Homburg, Kreisstadt im Saarland, 44 100 E. Medizin. Fakultät der Univ. des Saarlandes; im Ortsteil *Schwarzenacker* röm. Freilichtmuseum. Schloßberghöhlen; Ruinen des Residenzschlosses (1778–85). – 160–400 n. Chr. galloröm. Siedlung; 1558 Stadtrecht; 1778/85–93 Residenz der Herzöge von Pfalz-Zweibrücken.

Homburg, steifer Herrenhut aus Filz mit leicht aufwärts gerundeter Krempe.

Homecomputer [engl. ˈhəʊmkɔmpjuːtə] ↑Heimcomputer.

Homelands [engl. ˈhəʊmlændz] (früher *Bantuhomelands*), im Rahmen der Apartheidspolitik geschaffene Gebiete (ehem. amtl. Bez.: Autonomstaaten) in der Rep. Südafrika (Qwaqwa, Gazankulu, KwaZulu, Lebowa, Kangwane, KwaNdebele), in denen Stammesgruppen der Bantubevölkerung lebten und sich bis zu einem gewissen Grade selbst verwalteten. 1976 wurden die Transkei, 1977 Bophuthatswana, 1979 Venda und 1981 Ciskei unabhängig, jedoch von keinem Staat außer der Rep. Südafrika anerkannt. 1993/94 wurden die H. aufgelöst und der Rep. Südafrika wieder eingegliedert.

Homer, nach der Überlieferung ältester ep. Dichter des Abendlandes; seine Lebenszeit wird zw. 750 und 650 angenommen. Wirkte als wandernder – nach späterer Legende blinder – Rhapsode an ion. Fürstenhöfen. Unter seinem Namen wurden v. a. »Ilias« und »Odyssee« überliefert. F. A. Wolf (1795) hielt »Ilias« und »Odyssee« für späte Zusammenfassungen (6. Jh.) mehrerer Einzelepen. Neuerdings betrachtet man die »Ilias« wieder mehr als das Werk eines großen Dichters, der – vielleicht als erster – altes Liedgut schriftlich fixierte. Die jüngere »Odyssee« wurde wahrscheinlich (wenigstens z. T.) von einem anderen Dichter geschaffen.

Home Rule [engl. ˈhəʊmruːl »Selbstregierung«], Schlagwort für das von der ir. Nationalpartei angestrebte Ziel, die Selbständigkeit Irlands im Rahmen des brit. Empire auf parlamentar. Wege zu erreichen; 1922 für Irland mit Ausnahme Ulsters erreicht.

Homiletik [griech.], Lehre von der christl. Predigt, Teil der prakt. Theologie.

Hominidae (Hominiden) [lat.], Fam. der Herrentiere. ↑Mensch.

Hommage [frz. ɔˈmaːʒ, lat.-frz.], Huldigung, Ehrerbietung.

Homo [lat.] ↑Mensch.

homo..., Homo..., hom..., Hom... [zu griech. *homós* »gemeinsam«], Bestimmungswort zu Zusammensetzungen mit der Bedeutung »gleich, gleichartig, entsprechend«, z. B. homogen, Homonym.

homogen, gleichartig (im Stoffaufbau), an allen Stellen dieselben (physikal.) Eigenschaften besitzend. – Ggs. ↑heterogen.

Homogenisieren, in der Verfahrenstechnik das Herstellen einer einheitl. Mischung aus unterschiedl. Bestandteilen. Milch wird z. B. durch eine feine Verteilung der Fetttröpfchen und Bildung von Fett/Kasein-Komplexen vor dem Aufrahmen geschützt, Erze werden durch Mischen auf einen gleichmäßigen Metallgehalt gebracht.

Homo heidelbergensis [nlat.] ↑Mensch.

homoio..., Homoio... ↑homöo..., Homöo...

homolog [griech.], 1) *Biologie:* stammesgeschichtlich gleichwertig, sich entsprechend, übereinstimmend, von entwicklungsgeschichtlich gleicher Herkunft.

2) *Mathematik:* svw. gleichliegend, entsprechend.

Homologe, in der Chemie strukturell sehr eng verwandte Stoffe mit ähnl. Eigenschaften.

Homonyme [griech.], in der Sprach-Wiss. in diachron. (histor.) Sicht Wörter, die in der Lautung übereinstimmen, also *Homonymie* aufweisen, aber verschiedenen Ursprungs sind, z. B. *kosten* »schmecken« (aus ahd. *kostōn*) und *kosten* »wert sein« (aus altfrz. *coster*) bzw. in synchron. (auf einen bestimmten Sprachzustand bezogener) Sicht Wörter mit gleichem Wortkorper, die aber auf

Holzwespen.
Riesenholzwespe

Homer
(römische Kopie eines Bildniskopfes; zwischen 460 und 450 v. Chr.; München, Glyptothek)

homöo...

Grund ihrer stark voneinander abweichenden Bedeutung vom Sprachgefühl als verschiedene Wörter aufgefaßt werden, z. B. *Flügel* »Körperteil des Vogels« und *Flügel* »Klavierart«.

homöo..., Homöo..., homoio..., Homoio... [griech.], Bestimmungswort in Zusammensetzungen mit der Bedeutung »ähnlich«, z. B. Homöopathie.

Homöopathie [griech.], von dem dt. Arzt S. Hahnemann 1796 begründetes (seit 1807 H. gen.) Heilverfahren (im Ggs. zur ↑Allopathie). Zur Behandlung der verschiedenen Erkrankungen dürfen nur solche Medikamente in bestimmten (niedrigen) Dosen verabreicht werden, die in höheren Dosen beim Gesunden ein ähnl. Krankheitsbild hervorrufen. Die Verabreichung der Arzneimittel erfolgt in sehr starken Verdünnungen (*Potenzen*, die mit D [Dezimalpotenz] bezeichnet werden: D_1 = Verdünnung 1 : 10, D_2 = 1 : 100 usw.).

homöopolar, gleichartig elektrisch geladen. – Ggs. heteropolar.

homöopolare Bindung, svw. Atombindung (↑chemische Bindung).

Homophilie [griech.], svw. ↑Homosexualität.

Homophonie [griech.], in der Musik eine Satzweise, in der alle Stimmen rhythmisch weitgehend gleich verlaufen. – Ggs. ↑Polyphonie.

Homo sapiens [lat. »weiser Mensch«] ↑Mensch.

Homosexualität (Homophilie, gleichgeschlechtl. Liebe, Sexualinversion), sexuelles Verlangen nach geschlechtl. Befriedigung durch Personen des gleichen Geschlechts; H. bei Frauen wird auch *lesbische Liebe, Sapphismus, Tribadismus* oder *Tribadie* gen., bei Männern auch *Uranismus* (Sonderform ↑Päderastie). Von den Homosexuellen werden als sexuelle Praktiken am häufigsten gegenseitige Masturbation, Fellatio bzw. Cunnilingus angewandt, von männl. Homosexuellen zudem analgenitaler Verkehr. Nach der Theorie der Psychoanalyse wird die Disposition zur H. während der frühesten Phasen der Mutter-Kind-Beziehung und durch eine bes. Ausprägung dieser Beziehung gelegt. Nach neueren Untersuchungen kann auch eine erbl. Veranlagung nicht ausgeschlossen werden. – Die moderne Sexologie befürwortet eine neutrale Bewertung der H., die insbes. den Verzicht auf sexuelle Umorientierung zu heterosexuellem Verhalten einschließt. H., die bis in die frühe Antike geschichtlich nachweisbar ist und im alten Griechenland z. T. ausdrücklich zulässig war, war lange Zeit sozial geächtet und strafrechtlich verfolgt. In der BR Deutschland wurde die Strafbarkeit der H. (§ 175 StGB, bis 1973 jede Form männl. H., seither durch erwachsene Männer veranlaßte homosexuelle Handlungen an und von männl. Personen unter 18 Jahren) zum 31. 5. 1994 aufgehoben. Den strafrechtl. Schutz Jugendlicher beiderlei Geschlechts unter 16 Jahren bezweckt nunmehr § 182 StGB (↑Verführung), der gleichzeitig neu gefaßt wurde.

Homozygotie [griech.] (Reinerbigkeit, Gleicherbigkeit), die Erscheinung, daß eine befruchtete Eizelle (Zygote) oder ein daraus hervorgegangenes Lebewesen aus der Vereinigung zweier Keimzellen entstanden ist, die sich in den einander entsprechenden (homologen) Chromosomen überhaupt nicht unterscheiden.

Homs, Stadt im zentralen W-Syrien, 354 500 E. Ind.-, Handels- und Verkehrszentrum. Unterirdische Kapelle (5. Jh.), Reste der mittelalterl. Stadtmauer und der Zitadelle. – In der Römerzeit *Emesa*.

Homunkulus [lat. »Menschlein«], Wunschgebilde eines künstlich hergestellten Menschen. Goethe läßt im zweiten Teil des »Faust« Wagner einen H. erzeugen.

Honanseide, leinwandbindiges Seidengewebe aus Tussahseide.

Hondō ↑Honshū.

Honduras, Staat in Mittelamerika, grenzt im N an das Karib. Meer, im SO an Nicaragua, im S an den Pazifik, im SW an El Salvador und im W an Guatemala.

Staat und Recht: Präsidialdemokratie; *Verfassung* von 1982. *Staatsoberhaupt* und oberster Inhaber der *Exekutivgewalt* ist der Präs.; er wird für eine einmalige Amtszeit von 4 Jahren gewählt. *Legislative* ist der Kongreß (128 Abg., für 4 Jahre gewählt). *Parteien:* Liberale Partei, Nationalpartei.

Landesnatur: Der größte Teil des Landes wird von einem Bergland mit Höhen bis 2500 m eingenommen. Das Küstentiefland mit Lagunen und Sümpfen erweitert sich im NO zu einer breiten Küstenebene. Trop. Klima läßt Tieflandregenwald, in den höheren Lagen Berg- und Nebelwald gedeihen.

Bevölkerung: Die überwiegend kath. Bevölkerung setzt sich zus. aus rd. 80% Mestizen, etwa 10% Indianern, 5–7% Schwarze und 2–6% Weiße.

Wirtschaft, Verkehr: Neben exportorientiertem Anbau von Bananen und Kaffee werden für den Eigenbedarf Mais, Hirse, Reis, Bohnen, Süßkartoffeln und Maniok angebaut. Bed. ist die Rinder- und Schweinezucht sowie die Fischerei. Die Bodenschätze (Blei-, Zink-, Antimonerze, Silber, Gold) sind noch wenig erschlossen. Es gibt Nahrungsmittel-, Schuh- und Textilindustrie. Das Eisenbahnnetz ist 955 km lang, das Straßennetz 17 022 km. Wichtigster Hafen ist Puerto Cortés (Karibik). Internat. ✈ sind Tegucigalpa, San Pedro Sula und La Ceiba.

Geschichte: Der westlichste Teil von H. gehörte zur klass. Mayakultur. 1502 entdeckte Kolumbus die Insel Guanaja und betrat bei Kap Honduras erstmals zentralamerikan. Boden. 1525 wurde H. durch königl. Erlaß als span. Prov. anerkannt. 1828 machte sich H. als Republik unabhängig. Bürgerkriege, Konflikte mit den Nachbarstaaten (zuletzt Krieg mit El Salvador 1969/70 [sog. Fußballkrieg], 1976 erneute Grenzgefechte, im Okt. 1980 Friedensvertrag) und Interventionen der USA hatten zur Folge, daß H., das ärmste der zentralamerikan. Länder, bis heute innenpolitisch unstabil blieb. Die Parlaments- und Präsidentschaftswahlen 1981 und 1985 brachten die Liberalen an die Regierung. Nach dem Sieg der Sandinisten in ↑Nicaragua war H. 1979–90 wichtigste Basis der mit amerikan. Unterstützung gegen die Sandinisten kämpfenden militär. Opposition (Contras). Präsident und Reg.-Chef wurde 1990 R. L. Callejas-Romero (Nationalpartei), dem nach den Wahlen vom Nov. 1993 C. R. Reina (Liberale Partei) folgte. Im Febr. 1993 übernahm H. die ihm vom Internat. Gerichtshof in Den Haag 1992 zugesprochenen Grenzgebiete von El Salvador, womit ein mehr als ein Jahrhundert dauernder Streit beigelegt wurde.

Honegger

Staatsflagge

Honduras

Fläche:	112 088 km²
Einwohner:	5,462 Mio.
Hauptstadt:	Tegucigalpa
Amtssprache:	Spanisch
Nationalfeiertag:	15.9.
Währung:	1 Lempira (L) = 100 Centavos (cts.)
Zeitzone:	MEZ – 7 Std.

Staatswappen

Honecker, Erich, *Neunkirchen/Saar 25. 8. 1912, † Santiago de Chile 29. 5. 1994, dt. Politiker. Dachdecker; 1929 Mgl. der KPD; 1937–45 im Zuchthaus; 1946–55 Vors. der FDJ; ab 1958 Mgl. des Politbüros und Sekretär des ZK der SED; ab 1971 1. Sekretär des ZK der SED (1976–89 Generalsekretär des ZK); als Vors. des Staatsrates 1976–89 faktisch Staatsoberhaupt der DDR. H. wurde im Zuge der revolutionären Veränderungen in der DDR gezwungen, seine Ämter niederzulegen, aus der SED ausgeschlossen und u. a. wegen Amtsmißbrauchs und Anstiftung zum Mord angeklagt. Ab April 1990 befand sich H. in einem sowjet. Militärhospital in Beelitz; im März 1991 wurde er heimlich nach Moskau gebracht. Nach einem Ausweisungsbeschluß der russ. Regierung floh H. im Dez. 1991 in die chilen. Botschaft in Moskau. Nach langen Verhandlungen im Juli 1992 in die BR Deutschland überstellt und in Berlin-Moabit inhaftiert, mußte er sich zunächst vor Gericht verantworten; der im Nov. 1992 begonnene Prozeß wurde jedoch wegen seiner Krebserkrankung im Jan. 1993 eingestellt. Nach seiner Freilassung übersiedelte H. nach Chile.

Honegger, Arthur, *Le Havre 10. 3. 1892, † Paris 27. 11. 1955, frz. schweiz. Komponist. V. a. die Oper »Anti-

Bevölkerungsverteilung 1992

Bruttoinlandsprodukt 1992

Honen

gone« (1927), die Oratorien »Le roi David« (1921), »Johanna auf dem Scheiterhaufen« (1938), das Orchesterwerk »Pacific 231« (1923), Kammermusik, Klavierwerke, Lieder.

Honen, spanendes Fertigungsverfahren (Ziehschleifen) mit feinkörnigen Schleifkörpern.

Hongkong, brit. Kronkolonie an der SO-Küste des chin. Festlands, 1 045 km^2, 5,52 Mio. E , Hauptstadt Victoria. H. besteht aus der Insel Hongkong, der Halbinsel Kowloon und den in deren Hinterland gelegenen New Territories sowie 236 zum größten Teil unbewohnten Inseln. Das trop. Klima wird vom Monsun bestimmt. 98% der Bevölkerung sind Chinesen; Amtssprachen sind Englisch und Chinesisch. Einzelne Viertel der Städte haben bis zu 165 000 E/km^2. Etwa 80 000 Menschen leben auf Hausbooten. Führender Wirtschaftszweig ist die Textil- und Bekleidungs-Ind., gefolgt von der Herstellung von Plastikwaren, Spielzeug, Metallwaren, elektron. und opt. Erzeugnissen. H. ist ein bed. Finanz- und Fremdenverkehrszentrum. Der Abschnitt der Eisenbahnstrecke Kowloon–Kanton ist in H. 34 km lang. Kowloon und Victoria sind durch einen untermeer. Straßentunnel verbunden. Fährschiffe bewältigen den Verkehr zw. Festland und den Inseln. Der internat. ✈ Kai Tak hat eine ins Meer hinausgebaute Start- und Landebahn.

Geschichte: Großbrit. ließ sich im Vertrag von Nanking (1842) die bereits 1840 besetzte Insel übereignen. Zu der 1843 *Victoria* ben. brit. Kolonie kamen 1860 ein von China abgetretener Teil der Halbinsel Kaulun und 1898 (durch Pachtvertrag auf 99 Jahre) u. a. die New Territories hinzu; Verwaltung durch einen Gouverneur. In einem 1984 unterzeichneten Abkommen verpflichtete sich Großbrit., H. 1997 an die VR China zurückzugeben bei Beibehaltung seines gesellschaftl. und wirtschaftl. Systems und Verleihung weitgehender Autonomie bis zum Jahre 2047.

Honiara, Hauptstadt der Salomoninseln, an der N-Küste der Insel Guadalcanal, 26 000 E. Hafen; internat. ✈.

Honig, von Honigbienen bereitetes, hochwertiges Nahrungsmittel mit hohem Zuckergehalt (etwa 80%), das in frischem Zustand klebrig-flüssig ist, jedoch bei Lagerung dicker wird und schließlich durch kristallisierende Glucose eine feste Konsistenz erhält; zur Wiederverflüssigung darf man H. nicht über 50°C erhitzen, um die Wirkstoffe (Vitamine, Enzyme) nicht zu zerstören. Zur *Honigbereitung* nehmen die Bienen Nektar, der den *Blüten-H.* ergibt, süße Pflanzensäfte, aber auch Honigtau (liefert den geschätzten *Blatt-H., Wald-H.*) in ihren Honigmagen auf und fügen ein enzymhaltiges Sekret der Kropfdrüsen hinzu. Der H. wird dann in Waben gespeichert und reift unter Wasserverdunstung und enzymat. Vorgängen in diesen heran. – Nach den Erntemethoden unterscheidet man den *Preß-H.* (aus brutfreien Waben durch hydraul. Pressen gewonnen), *Seim-H.* (aus brutfreien Waben durch vorsichtiges Erwärmen und nachfolgendes Pressen gewonnen), *Schleuder-H.* (aus brutfreien Waben ausgeschleudert) und den bes. reinen *Scheiben-H.* (*Waben-H.;* aus frisch gebauten, unbebrüteten Waben).

Honigbienen (Apis), weltweit verbreitete Gatt. staatenbildender Bienen mit sechs aus den Tropen SO-Asiens und Afrikas stammenden Arten; blütenbe-

Hongkong
Wappen

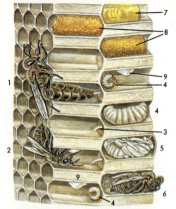

Honigbienen. Schematischer Längsschnitt durch eine Wabe; **1** Königin bei der Eiablage, **2** Arbeiterin beim Anbringen eines Wassertropfens für Luftfeuchtigkeit und Kühlung, **3** Ei, **4** Larven verschiedenen Alters, **5** Puppe, **6** schlüpfende Biene, **7** Honig, **8** Pollen in Wabenzellen, **9** Wassertropfen

suchende Insekten, deren Hinterbeine als Pollensammelapparat ausgebildet sind: Der Unterschenkel hat eine eingedellte Außenseite *(Körbchen)*, die Innenseite des Fußgliedes ist mit Borstenreihen besetzt *(Bürste)*, die in das Körbchen des gegenüberliegenden Hinterbeins Pollen abstreifen (Bildung sog. *Höschen*). Zum Nestbau verwenden H. aus Drüsen abgesondertes Wachs *(Bienenwachs)*, chemisch ein Gemisch aus langkettigen Fettsäuren (Wachssäuren) und ihren Estern. Die wichtigste Art ist die *Honigbiene* i. e. S. mit ihren zahlr. Unterarten (zur wirtschaftl. Nutzung ↑Imkerei). – Man unterscheidet drei Kasten: Arbeiterinnen, Drohnen und Königin. Die *Arbeiterinnen* sind 13–15 mm lang und leben etwa 4–5 Wochen. Die *Drohnen* sind 15–17 mm lange, durch Jungfernzeugung entstandene Männchen, die sich von den Arbeiterinnen füttern lassen. Sie erscheinen im Mai und werden im Sommer nach dem Hochzeitsflug der Königin von den kleineren Arbeiterinnen vertrieben *(Drohnenschlacht)*. Die *Königin* (Weisel) ist 20 bis 25 mm lang und nur zum Eierlegen (bis zu 3000 Eier pro Tag) befähigt; sie wird von den Arbeiterinnen gefüttert. Sie kann mehrmals während des Hochzeitsfluges begattet werden; der Samen wird in einer Samentasche aufbewahrt. H. haben ein gut entwickeltes Verständigungssystem, mit dessen Hilfe sie sich Informationen über eine Futterquelle mitteilen *(Bienensprache)*. Liegt die Futterquelle nicht weiter als 80 m vom Stock entfernt, wird ein *Rundtanz* getanzt. Ein hervorgewürgter Nahrungstropfen und mitgebrachter Duft informieren, welche Pflanzenart anzufliegen ist. Liegt die Futterquelle in größerem Abstand, werden Entfernung und Richtung durch einen *Schwänzeltanz* übermittelt (↑auch Bienen).

Honigfresser (Meliphagidae), Fam. 10–45 cm großer Singvögel mit rd. 170 Arten, v. a. in den Wäldern der austral. Region; Schnabel relativ lang, gebogene Zunge in Anpassung an die Nektaraufnahme vorstreckbar, borstig und vor der Spitze gespalten. Zu den H. gehören u. a. der *Priestervogel* (Tui, Poe) und der *Klunkervogel*.

Honiggras, Gatt. der Süßgräser mit rd. zehn Arten in der gemäßigten Zone Eurasiens und in N-Afrika; In M-Europa das 30 bis 100 cm hohe, graugrüne Horste bildende *Wollige Honiggras*.

Honigsauger, svw. ↑Nektarvögel.

Honigtau, durchscheinender, klebrigsüßer Saft auf Pflanzen; wird von den Pflanzen selbst oder durch Insekten (Exkremente, v. a. der Blatt- und Schildläuse) gebildet.

Honigwein ↑Met.

Honi soit qui mal y pense (Honni soit qui mal y pense) [frz. ɔniswakimali'pɑ̃:s »verachtet sei, wer Arges dabei denkt«], Devise des ↑Hosenbandordens.

Honolulu, Hauptstadt des Staats Hawaii, USA, an der S-Küste der Insel Oahu, 365 300 E. Zwei Univ.; ethnolog. Museum; Nahrungsmittel-Ind.; internat. ✈. – Seit 1845 Hauptstadt von Hawaii.

Honorar [lat.], Vergütung der Leistungen in freien Berufen (z. B. Künstler, Rechtsanwälte).

Honoratioren [lat.], die angesehensten Bürger eines Ortes; auch abfällig gebraucht.

honoris causa ↑h. c.

Honorius, Flavius, *Konstantinopel 9. 9. 384, †Ravenna 15. 8. 423, weström. Kaiser (seit 395). Nach dem Tode seines Vaters, Theodosius I., Kaiser des westl. Teiles des Röm. Reiches.

Honorius I., † 12. 10. 638, Papst (seit 27. 10. [30. 10., 3. 11. ?] 625). Gab eine monotheletisch klingende Glaubensformel ab (↑Monotheletismus) und wurde deshalb bis ins 11. Jh. unter den Ketzern aufgeführt.

Honourable [engl. 'ɔnərəbl; lat.-engl.], Abk. Hon., Anrede für die Söhne des brit. Hochadels und höchste brit. Richter und Beamte.

Honshū (Hondō), größte der jap. Inseln, 227 414 km², 99,25 Mio. E. Überwiegend eng gekammertes Gebirgsland, im Fuji 3776 m hoch. In den Küstenebenen konzentrieren sich Landwirtschaft, Industrie und Verkehr.

Hooch (Hoogh), Pieter de, ≈ Rotterdam 20. 12. 1629, † Amsterdam nach 1684, niederl. Maler. Malte v. a. in Delft; Durchblicke in von Sonnenlicht erfüllte Innenräume.

Hood, Robin [engl. hʊd] ↑Robin Hood.

Hooft, Pieter Cornelisz., *Amsterdam 16. 3. 1581, †Den Haag 21. 5. 1647,

Honiggras.
Wolliges Honiggras
(Höhe 30–100 cm)

Hooke

Anthony Hopkins

Bob Hope

niederl. Jurist, Dichter und Historiker. Gehört zu den wichtigsten niederl. Dichtern der Renaissance; bedeutendster Historiker der Niederlande im 17. Jahrhundert.

Hooke, Robert [engl. hʊk], *Freshwater (Isle of Wight) 18. 7. 1635, † London 3. 3. 1703, engl. Physiker und Naturforscher. H. war einer der vielseitigsten Wissenschaftler des 17. Jahrhunderts.

Hookesches Gesetz [engl. hʊk; nach R. Hooke], ein physikal. Gesetz, durch das der Zusammenhang zw. der elast. Verformung eines Körpers und der dazu erforderl. Kraft bzw. der dabei auftretenden rücktreibenden Kraft dargestellt wird.

Hoorn, Kap, südlichste Spitze Südamerikas, auf der chilen. Hoorninsel.

Hoover [engl. ˈhuːvə], **1)** Herbert Clark, *West Branch (Iowa) 10. 8. 1874, † New York 20. 10. 1964, 31. Präs. der USA (1929–33; Republikaner). Kam der dt. Revisionspolitik unter H. Brüning durch das *Hoover-Moratorium* entgegen (Stundung aller Kriegsschulden und Reparationen auf ein Jahr); 1932 bei den Präsidentschaftswahlen von F. D. Roosevelt geschlagen.

2) J[ohn] Edgar, *Washington 1. 1. 1895, † ebd. 2. 5. 1972, amerikan. Kriminalist. Ab 1924 Direktor des Federal Bureau of Investigation (FBI); führte 1925 die zentralisierte Fingerabdruckkartei ein.

Hoover Dam [engl. ˈhuːvə ˈdæm], eines der größten Stauwerke der Erde, in einer Schlucht des Colorado, USA; dient der Energiegewinnung und der Bewässerung.

Hoover-Moratorium [engl. ˈhuːvə] †Hoover, Herbert Clark.

Hope, Bob [engl. həʊp], eigtl. Leslie Townes H., *Eltham (heute zu London) 29. 5. 1903, amerikan. Komiker. Spielte u. a. in den Filmen »Sein Engel mit den zwei Pistolen« (1948), »Ich heirate meine Frau« (1956).

Hopfe (Upupidae), Fam. 24–38 cm langer Rackenvögel mit sieben Arten in Eurasien und Afrika; bekannt v. a. der *Wiedehopf* (Stinkhahn, Kotvogel); Zugvogel.

Hopfen (Humulus), Gatt. der Hanfgewächse mit drei Arten in der nördl. gemäßigten Zone; zweihäusige Stauden mit rechtswindenden Trieben (Lianen).

Hopfen

Die für die Bierproduktion wichtigste Art ist der *Gemeine H.,* bis 6 m rankend. Die Fruchtzapfen *(H.dolden)* sind dicht mit drüsigen Schuppen besetzt, die abgeschüttelt das *Lupulin (Hopfenmehl)* ergeben. Dieses enthält v. a. Bitterstoffe (Humulon, Lupulon), die dem Bier Haltbarkeit, Schäumvermögen und Bittergeschmack verleihen.

Hopi, zu den Puebloindianern zählender Stamm in NO-Arizona; intensiver Bodenbau; bed. Kunsthandwerk. Ihre Sprache, Hopi, gehört zur Gruppe Uto-Aztekisch.

Hopkins, 1) Anthony, *Port Talbot 31. 12. 1937, brit. Schauspieler. Spielte u. a. in »Der Elefantenmensch« (1979), »Die Bounty« (1984), »Das Schweigen der Lämmer« (1990), »Wiedersehen in Howards End« (1991), »Was vom Tage übrig blieb« (1993), »Willkommen in Wellville« (1994).

2) Sir (seit 1925) Frederick [Gowland], *Eastbourne 20. 6. 1861, † Cambridge 16. 5. 1947, brit. Biochemiker. Für die Entdeckung wachstumsfördernder Vitamine erhielt er 1929 (zus. mit C. Eijkman) den Nobelpreis für Physiologie oder Medizin.

Hopliten [griech.], Bez. für die schwerbewaffneten Fußsoldaten als Kern des griech. Heeres seit dem 7. Jh. v. Chr., Einsatz in geschlossenem Verband (Phalanx).

Hoppe, Marianne, *Rostock 26. 4. 1911, dt. Schauspielerin. Überwiegend klass. Rollenrepertoire; auch in Filmen (»Romanze in Moll«, 1943).

Höppner, Reinhard, *Haldensleben 2. 12. 1948, dt. Politiker (SPD). Mathe-

Hopfe.
Wiedehopf

Hörfunk

matiker, Lektor; seit 1980 Präses der Synode der Kirchenprovinz der Ev.-Luther. Landeskirche Sachsens; seit 1994 Min.-Präs. Sachsen-Anhalts.

Horatier, altröm. Patriziergeschlecht. Nach der Sage kämpften die Drillingsbrüder der H. auf der Seite Roms und das der *Curiatier* auf der Seite Alba Longas um die Vorherrschaft der Städte. Der jüngste H. entschied den Kampf für Rom.

Horaz (Quintus Horatius Flaccus), *Venusia (heute Venosa) 8. 12. 65 v.Chr., † 27. 11. 8 v.Chr., röm. Dichter. 38 von Maecenas in dessen Dichterkreis aufgenommen und 35 mit dem Landgut »Sabinum« beschenkt. Sein in neun Büchern vorliegendes Gesamtwerk (entstanden zw. 41 und 13) ist vollständig erhalten. H. begann mit »Epoden« und »Satiren«, angriffslustigen Spottversen; vier Bücher »Oden« (urspr. »Carmina« gen.); »Epistulae«, der letzte Brief des 2. Buches (»Ad Pisones«) wurde als »Ars poetica« bekannt.

Horb am Neckar, Stadt im Oberen Gäu, Bad.-Württ., 22800 E. Metallverarbeitung. Got. Spitalkirche, barocke Pfarrkirche Hl. Kreuz, Fachwerkhäuser.

Hörbereich, derjenige Frequenzbereich, in dem die Frequenzen der elast. Schwingungen von Materie[teilchen] liegen müssen, um vom menschl. Ohr, allgemeiner vom Gehörorgan eines Lebewesens, als Schall wahrgenommen werden zu können. Der H. des Menschen erstreckt sich von 16 Hz *(untere Hörgrenze)* bis zu 20000 Hz *(obere Hörgrenze)* für 60jährige 5000 Hz); er umfaßt also etwa zehn Oktaven.

Hörbiger, 1) Attila, *Budapest 21. 4. 1896, † Wien 27. 4. 1987, österr. Schauspieler. Bruder von Paul H.; ab 1950 am Wiener Burgtheater; bed. Charakterdarsteller.

2) Christiane, *Wien 13. 10. 1938, österr.-schweizer. Schauspielerin. Tochter von Attila H. und Paula Wessely; Film-, Fernseh- und Bühnenrollen.

3) Paul, *Budapest 29. 4. 1894, † Wien 5. 3. 1981, österr. Schauspieler. Bruder von Attila H.; seit 1963 am Wiener Burgtheater; auch in Filmen.

Horch, August, *Winningen 12. 10. 1868, † Münchberg 3. 2. 1951, dt. Automobilkonstrukteur und Industrieller. Gründete 1899 in Köln-Ehrenfeld die Firma August H. & Cie. und 1910 in Zwickau die Audi-Werke AG (ben. nach der lat. Übersetzung seines Nachnamens).

Horeb, im AT Name des Berges Sinai.

Horen, in der griech. Mythologie die Göttinnen des Wachsens, Blühens und Reifens, bei Hesiod die drei Göttinnen Eunomia (gesetzl. Ordnung), Dike (Gerechtigkeit) und Eirene (Friede).

Horen [nach den griech. Göttinnen] (Die H.), Titel einer epochemachenden, von Schiller 1795–97 herausgegebenen und von Cotta verlegten Zeitschrift.

Horen [griech.-lat.] ↑Stundengebet.

Hören ↑Gehörorgan.

Hörfunk (Tonrundfunk), Teilbereich des ↑Rundfunks, Aufnahme, Übertragung und Wiedergabe hörbarer Vorgänge mit Hilfe elektromagnet. Wellen, gewöhnlich drahtlos, seltener auch über Kabel. *Sender und Empfänger:* Akust. Signale (Sprache, Musik, Geräusche) werden von Mikrophonen in elektr. Wechselspannungen umgesetzt und dem Sender zugeleitet. Diese Wechselspannungen werden auf der dem H.sender eigenen Sendefrequenz übertragen. Die Antenne des H.teilnehmers fängt Wellen der verschiedensten Sender ein und leitet sie über das Antennenkabel dem Empfangsgerät zu. Wird dessen Empfangsfrequenz auf die Sendefrequenz der entsprechenden H.station abgestimmt, können die elektromagnet. Wellen passieren, und der Empfänger gewinnt aus ihnen die urspr. Informationen in Form der Wechselspannungen wieder zurück. Die geringen Ausgangsspannungen des Empfangsgerätes werden durch einen nachgeschalteten Verstärker vergrößert und dem Lautsprecher zugeführt, der sie wieder in hörbare Schallwellen umwandelt. Die Frequenz der vom Sender ausgestrahlten modulierten Trägerwelle kann im Bereich der *Langwelle* (LW; 148,5 bis 283,5 kHz), *Mittelwelle* (MW; 526,5 bis 1606,5 kHz), *Kurzwelle* (KW; 3,95–26,1 MHz) und *Ultrakurzwelle* (UKW; 87,5–108 MHz) liegen. LW- und MW-Sender strahlen jeweils eine *Bodenwelle* (Reichweite mehrere 100 km) und eine *Raumwelle* aus, die bes. gut nachts an der Ionosphäre zur Erde zurückgestrahlt wird und so Empfang über große Entfernung gestattet. KW-Sender ermöglichen

Frederick Hopkins

Reinhard Höppner

Attila Hörbiger

Paul Hörbiger

Hörfunk

Hörgerät. Schnittbild eines Hinter-dem-Ohr-Gerätes, das mit Hilfe eines Adapters in eine Hörbrille integriert werden kann

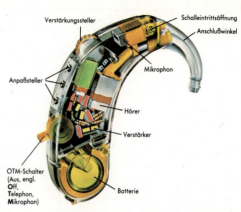

weltweite Verbindungen, da sie nur mit der Raumwelle arbeiten. UKW-Sender haben wegen der geradlinigen Ausbreitung der Ultrakurzwellen nur eine geringe Reichweite. LW-, MW- und KW-Sender arbeiten mit der *Amplitudenmodulation* (AM; Amplitude der hochfrequenten Trägerwelle ändert sich im Rhythmus der Tonfrequenz), UKW-Sender mit *Frequenzmodulation* (FM; die Trägerfrequenz ändert sich im Rhythmus der Tonfrequenz). FM erlaubt Übertragungen in Hi-Fi-Qualität (↑High-Fidelity) und von stereophonen Sendungen (↑Stereophonie).

Organisation: In der BR Deutschland gibt es die in der Arbeitsgemeinschaft der öffentlich-rechtl. Rundfunkanstalten Deutschlands (ARD) zusammengeschlossenen Landessender, die das Recht auf Selbstverwaltung besitzen, die durch bes. Organe wahrgenommen wird: Rundfunkrat, Verwaltungsrat, Intendant (bei NDR und WDR zusätzlich ein Programmbeirat) sowie private Rundfunkanstalten. Zu den rechtl. Grundlagen in der BR Deutschland, in Österreich und in der Schweiz ↑Fernsehen; zu den völkerrechtl. Vereinbarungen ↑Rundfunk.

Der H. ist ein Massenkommunikationsmittel, dem in Deutschland über 90% der Haushalte angeschlossen sind. Die Kosten der öffentlich-rechtl. Rundfunkanstalten werden in Deutschland in erster Linie aus den Rundfunkgebühren und in geringerem Maße aus Werbeeinnahmen gedeckt, die privaten Anbieter erhalten keine Gebühren und finanzieren sich hauptsächlich durch Werbung. Über die Sendernetze Mittelwelle (MW) und Ultrakurzwelle (UKW) verbreiten die Landesrundfunkanstalten je drei bis fünf Hörfunkprogramme. Als ARD-Gemeinschaftsprogramm senden die Anstalten (als Musikprogramm) abwechselnd Nachtprogramme. Fremdsprachenprogramme (Auslandsdienste, die der polit. Selbstdarstellung dienen) verbreiten Dt. Welle (DW) und Deutschlandradio.

Geschichte: Der H. basiert wesentlich auf der Entwicklung der 1896 von G. Marconi verwirklichten drahtlosen Telegraphie: 1898 führte K. F. Braun den Schwingkreis ein. 1906 erfanden L. De Forest und L. von Lieben die Triode. Mit der Einführung des Rückkopplungsprinzips durch A. Meißner (1913) setzte die bes. von G. Graf von Arco vorangetriebene Entwicklung des Röhrensenders ein. In Deutschland übertrug zum ersten Mal am 22. 12. 1920 der posteigene Langwellensender Königs Wusterhausen ein Instrumentalkonzert. Ab Sept. 1922 wurde der »Wirtschaftsrundspruchdienst« als erster regelmäßiger, gebührenpflichtiger Rundfunkdienst betrieben. Im Okt. 1923 wurde in Berlin der erste dt. Rundfunksender eröffnet und wenig später die Dt. Welle GmbH gegr., die ab 1926 den Deutschlandsender betrieb. Die zahlr. 1924 gegr. dt. Rundfunkgesellschaften wurden 1925 in der Reichs-Rundfunk-Gesellschaft zusammengefaßt, an der die Dt. Reichspost wesentlich beteiligt war. Durch die 1932 beschlossene Rundfunkreform wurden die Regionalgesellschaften völlig in Staatsbesitz übergeführt. 1933–45 war der H. wichtigstes Mittel der nat.-soz. Propaganda. 1950 wurden auf der Funkausstellung der dt. Öffentlichkeit erstmals der UKW-Empfang von H.sendungen, 1961 die Stereophonie, 1973 die Quadrophonie, 1975 schließlich die Kunstkopfstereophonie vorgeführt.

Hörgeräte (Hörhilfen), elektroakust. Verstärker für Schwerhörige. H. bestehen aus Batterie, Mikrophon, Verstärker und Hörer. *Taschen-H.* werden in der Oberbekleidung getragen; der Hörer ist über Kabel mit dem Gerät verbunden. *Kopfgeräte* werden hinter dem Ohr getragen (*Hinter-dem-Ohr-H., HdO-Geräte*; bananenförmig mit Schallschlauch zum individuell geformten Ohrpaßstück) oder in der Ohrmuschel und dem äußeren Gehörgang (*In-dem-Ohr-H., IdO-Geräte*). Bei *Hörbrillen* ist das H. komplett im Brillenbügel untergebracht; ein Schallschlauch führt zum Ohreinsatz.

Hörigkeit ↑Leibeigenschaft.

Horizont [griech.], **1)** (Gesichtskreis) die sichtbare *Grenzlinie*, an der Himmelsgewölbe und Erde zusammenzustoßen scheinen (*natürl. H.;* auf See als *Kimm* bezeichnet).

2) *Bodenkunde:* die einzelnen Schichten eines Bodens.

Horizontalablenkung, beim Fernsehen die horizontale ↑Ablenkung des Elektronenstrahls in der Bildröhre des Empfängers und der Abtaströhre des Senders.

Horizontale [griech.], eine waagerechte Gerade oder Ebene.

Horkheimer, Max, *Stuttgart 14. 2. 1895, † Nürnberg 7. 7. 1973, dt. Philosoph und Soziologe. 1933 Emigration; mit T. W. Adorno einer der Begründer und bedeutendsten Repräsentanten der ↑kritischen Theorie der sog. Frankfurter Schule. Vollzog unter dem Einfluß Nietzsches und Schopenhauers, im Rückbezug auf den jüd. Glauben, einen Wandel vom Kritiker spätkapitalist. Herrschaftsformen zum Vertreter einer Art »negativen Theologie«, der die »vollendete Gerechtigkeit« in den Bereich der Transzendenz verweist. –

Werke: Anfänge der bürgerl. Geschichtsphilosophie (1930), Dialektik der Aufklärung (1947; mit T. W. Adorno), Zur Kritik der instrumentellen Vernunft (1947), Sociologica II (1962), Krit. Theorie (1967).

Hormayr, Joseph Frhr. von [...maɪər], *Innsbruck 20. 1. 1781, † München 5. 11. 1848, österr. Historiker. Seit 1808 Direktor des Geheimen Hausarchivs in Wien, leitete neben A. Hofer den Tiroler Freiheitskampf.

Hormone [griech], vom menschl. und tier. Organismus, meist von bes. *Hormondrüsen,* auch bes. Zellarten oder Geweben gebildete und ins Blut abgegebene körpereigene Wirkstoffe, die zus. mit dem Nervensystem die Vorgänge des Stoffwechsels, des Wachstums, die Entwicklung und den emotionalen Bereich eines Individuums steuern. Chemisch gehören die H. zu den drei Stoffklassen der Steroide, Aminosäuren und Peptide; benannt werden sie nach den produzierenden Organen bzw. Hormondrüsen (z. B. Schilddrüsen-H., Nebennierenrinden-H.) oder nach dem Wirkungsbereich (z. B. Geschlechts-H.). Die H. wirken in kleinsten Mengen immer nur auf bestimmte Organe (Zieloder Erfolgsorgane) über spezif. Bindungsstellen (Rezeptoren) in den Zellmembranen und Zellkernen. Einige H. zeigen mehrere funktionelle Wirkungen. Die Ausschüttung der H. wird nach dem Rückkopplungsprinzip geregelt, wobei die Hypophyse bzw. die Hypophysenhormone als übergeordnetes System die Hormonausschüttung anderer Hormondrüsen kontrollieren, und zwar ebenfalls nach dem Prinzip eines Regelkreises. – Über hormonähnl. Substanzen bei Pflanzen ↑Pflanzenhormone.

Hormos, Straße von, Meeresstraße, verbindet den Golf von Oman mit dem Pers. Golf, 60–100 km breit, bed. Schiffahrtsweg. In der S. v. H. liegen die iran. Inseln *Gheschm* und *Hormos.*

Horn, Gyula, *Budapest 5. 7. 1932, ungar. Politiker. Ab 1959 im ZK der Ungar. Sozialist. Arbeiterpartei (USAP); 1989/90 Außenminister; seit 1992 Vors. der aus der USAP hervorgegangenen Ungar. Sozialist. Partei; seit 1994 Min.-Präsident.

Horn, 1) *Biologie:* hauptsächlich aus Keratin bestehende und von der Epidermis

Max Horkheimer

Gyula Horn

Hornantenne

gebildete harte, zähe, faserartige Eiweißsubstanz, die große mechan. und chem. Widerstandsfähigkeit besitzt.
2) Instrumentenkunde: 1. Kurzform für ↑Waldhorn; 2. Oberbegriff für ↑Blasinstrumente, deren Ton durch die schwingenden Lippen des Bläsers, häufig mit Hilfe eines Mundstücks, erzeugt wird.

Hornantenne, svw. ↑Hornstrahler.

Hornberg, Stadt im Gutachtal, im Schwarzwald, Bad.-Württ., 4700 E. Burgruine auf dem Schloßberg. – H. ist bekannt durch das *Hornberger Schießen,* bei dem die Bürger von H. einen Hzg. durch Schüsse begrüßen wollten, bei dessen Erscheinen aber kein Pulver mehr hatten. Redewendung: »Es ging aus wie das Hornberger Schießen«, d. h. ohne Ergebnis.

Hornblenden (Amphibole), Gruppe sehr verbreiteter gesteinsbildender Calcium-Magnesium-Silicatminerale.

Hörnchen (Sciuridae) mit Ausnahme von Australien und Madagaskar nahezu weltweit verbreitete Nagetier-Fam. mit rd. 250 Arten von etwa 10–80 cm Körperlänge.

Hörner (Gehörn), verschieden geformte Kopfwaffe (v. a. für Brunstkämpfe), auch Kopfschmuck, u. a. bei Ziegen, Schafen, Gemsen, Rindern. Die H. bestehen aus einem häufig (zur Gewichtsverringerung) lufthaltigen Knochenzapfen *(Hornzapfen),* der vom Stirnbein ausgeht, und einer hornigen, epidermalen Scheide *(Hornscheide).*

Horney, Brigitte, *Berlin 29. 3. 1911, † Hamburg 27. 7. 1988, dt. Filmschauspielerin. Filmstar der 1930er Jahre; nach dem Krieg Theaterschauspielerin; ab den 1960er Jahren auch Fernsehserien.

Hornfarn (Ceratopteris), Farn-Gatt. mit der einzigen, in den Tropen verbreiteten, sehr vielgestaltigen Art *Geweihfarn* (Wasserfarn); beliebte Aquarienpflanze.

Hornhaut, 1) *Biologie:* der Teil der ↑Haut, der der Hornschicht entspricht.
2) *Augenheilkunde:* (Cornea) ↑Auge.

Hornhautentzündung (Keratitis), häufigste Erkrankung der Hornhaut des Auges, meist von einer Bindehautentzündung ausgehend. Anzeichen: Rötung des Auges, vermehrter Tränenfluß, Fremdkörpergefühl, Lichtscheu und Schmerzen.

Hornklee. Wiesenhornklee

Hornisgrinde, mit 1163 m höchster Berg im nördl. Schwarzwald. An der SO-Flanke liegt der *Mummelsee,* ein eiszeitl. Karsee.

Hornisse ↑Wespen.

Hornklee (Lotus), Gatt. der Schmetterlingsblütler mit rd. 150 Arten in den gemäßigten Zonen, im subtrop. Eurasien, in S-Afrika und Australien; Stauden oder Halbsträucher; in M-Europa kommt v. a. der gelbblühende *Wiesen-H.* (Gemeiner H.) vor; 10–30 cm hoch.

Hornkraut, Gatt. der Nelkengewächse mit rd. 100 Arten in Eurasien; Kräuter oder Stauden; häufig ist das *Acker-H.* (bis 30 cm hoch).

Hornpipe ['hɔːnpaɪp], **1)** *Instrumentenkunde:* (Pibgorn) ein Rohrblattinstrument mit Windbehälter aus Tierhorn.
2) *Musik:* alter engl. Tanz in $^3/_2$-, später $^4/_4$-Takt.

Hornschröter ↑Hirschkäfer.

Hornstrahler (Hornantenne), trichterförmig ausgebildete Antenne; in der Höchstfrequenztechnik verwendet.

Horntiere (Hornträger, Bovidae), sehr formenreiche, hoch entwickelte, mit Ausnahme der austral. Region und S-Amerikas weltweit verbreitete Fam. der Paarhufer (Unterordnung Wiederkäuer); rd. 120 Arten, beide Geschlechter oder (seltener) nur die Männchen mit artspezif. gestalteten Hörnern, die (im Unterschied zum Geweih) nicht abgeworfen werden; fast ausschließlich Pflanzenfresser (u. a. Böckchen, Rinder, Gazellenartige, Ziegenartige).

Hornussen, dem Schlagballspiel ähnl. schweizer. Mannschaftsspiel.

Hornvipern, Gatt. bis 60 cm langer, gedrungener Vipern mit zwei Arten in den Wüsten N-Afrikas; ihr Gift schädigt die roten Blutkörperchen stark. Die *Hornviper* trägt fast stets über jedem Auge eine spitze, dornförmige Schuppe.

Horologium [griech.] (Pendeluhr) ↑Sternbilder (Übersicht).

Horos ↑Horus.

Horoskop [griech., eigtl. »Stundenseher«] ↑Astrologie.

Horowitz, Wladimir, *Berditschew 1. 10. 1904, †New York 5. 11. 1989, amerikan. Pianist ukrain. Herkunft. Gehört zu den herausragenden Pianisten des 20. Jahrhunderts.

Hörrohr, svw. ↑Stethoskop.

Horror [lat.], Schrecken, Abscheu.

Horrorfilm, in den 1920er Jahren entwickeltes Filmgenre; es treten auf: phantast., bedrohl. Wesen (Monster [King-Kong], Vampire [Dracula], Zombies, Werwölfe, Tiermenschen, Mumien) oder auch verrückte Wissenschaftler, die künstl. Wesen schaffen (Frankenstein).

Hörschwelle, derjenige Schalldruck, bei dem gerade eine Hörempfindung im menschl. Gehörorgan hervorgerufen wird. Die H. ist stark frequenzabhängig; das Maximum der Empfindlichkeit liegt zw. 1 000 und 2 000 Hz.

Horsd'œuvre [frz. ɔr'dœ:vr], Vorspeise.

Horsepower [engl. 'hɔːsˌpauə »Pferdestärke«], Einheitenzeichen hp, in Großbrit. verwendete Einheit der Leistung: 1 hp = 1,01387 PS = 0,7457 kW.

Hörsinn, svw. ↑Gehör.

Hörspiel, eigenständige Literaturgattung, deren Darstellungsweise und Handlungsführung an die speziellen Gegebenheiten des Hörfunks gebunden sind. Bestimmende Elemente des H. sind Ton, d. h. Sprache, Geräusch und Musik. Die ältesten H. sind »Danger« (R. A. W. Hughes) und »Zaubereien auf dem Sender« (Hans Georg Flesch [*1895, verschollen 1945]), beide 1924 gesendet. Das in seiner Wirkung spektakulärste H. ist O. Welles' »The war of the worlds« (Der Krieg der Welten), dessen Sendung am 30. 10. 1938 in New York Panikszenen auslöste. Die Jahre 1929–32 bildeten einen ersten Höhepunkt der H.geschichte. Ab 1933 wurde das nat.-soz. H. als »polit. Führungsmittel« eingesetzt. Nach bed. Anfängen wie W. Borcherts »Draußen vor der Tür« (gesendet 1947) setzte in der BR Deutschland v. a. Anfang der 1950er Jahre (bes. durch Autoren wie G. Eich, W. Hildesheimer, H. Böll, A. Andersch, W. Weyrauch, M. Frisch u. a.) eine Vielfalt von H.produktionen ein. Anfang der 1960er Jahre wurden neue Spielformen und -typen des literar. H. erprobt, so das *Sprachspiel,* die *Hörcollage,* das *akust. Spiel* an der Grenze zur Musik (v. a. von Jürgen Becker, P. O. Chotjewitz, P. Handke, L. Harig, G. Rühm, W. Wondratschek), eine Entwicklung, die sich v. a. durch den Einsatz des »O-Tons« (d. h. Verwendung von Originalaufnahmen wie zunächst nur in Reportagen und Interviews) auch im H.bereich sowie der Kunstkopftechnik fortsetzt.

Horst, 1) *Botanik:* Bez. für Strauch- und Gebüschgruppen, bei *Gräsern* für ein Büschel dicht beisammenstehender Bestockungstriebe.

2) *Jägersprache:* meist auf Bäumen angelegtes, hauptsächlich aus Reisig gebautes, umfangreiches Nest großer Vögel (bes. Greif- und Stelzvögel).

3) *Geologie:* Bez. für eine an Verwerfungen herausgehobene Scholle der Erdkruste, z. B. der Thüringer Wald.

Hörsturz, akuter einseitiger Hörverlust – Innenohrschwerhörigkeit – mit Völlegefühl im Ohr ohne Schwindel infolge Durchblutungsstörungen des Innenohrs u. a. bei Blutdruckschwankungen, Infektionen, tox. oder allerg. Reaktionen.

Hornkraut. Ackerhornkraut (Höhe 15–30 cm)

Horst-Wessel-Lied

Hortensie

Horst-Wessel-Lied, nach seinem Urheber, H. Wessel, benanntes polit. Kampflied der NSDAP (»Die Fahne hoch ...«, 1927), seit 1933 zus. mit dem Deutschlandlied Nationalhymne des Dritten Reiches.

Hort, 1) *allgemein:* sicherer Ort, Schutz, Zuflucht.

2) *Erziehungswesen:* Tagesstätte für schulpflichtige Kinder.

Horten AG, dt. Kaufhauskonzern, Sitz: Düsseldorf, gegr. 1936; seit 1968 AG; seit 1994 Teil der ↑Metro-Gruppe Deutschland.

Hortense [frz. ɔr'tãːs], * Paris 10. 4. 1783, † Schloß Arenenberg (Kt. Thurgau) 5. 10. 1837, Königin von Holland. Tochter der späteren Kaiserin Joséphine und des Generals A. de Beauharnais; heiratete 1802 Louis Bonaparte; Mutter Napoleons III.

Hortensie [wohl ben. nach Hortense Lepaute, der Reisegefährtin des frz. Botanikers Philibert Commerson, * 1727, † 1773] (Hortensia), Gatt. der Steinbrechgewächse mit rd. 90 Arten in O- und SO-Asien sowie in Amerika; meist Sträucher; zahlr. Zuchtformen.

Horthy, Miklós (Nikolaus H. von Nagybánya), * Kenderes 18. 6. 1868, † Estoril 9. 2. 1957, ungarischer Oberbefehlshaber der »Nationalarmee« (1919), Reichsverweser (seit 1920). Tendierte in den 1930er Jahren zu den revisionist. Kräften, die eine Annäherung Ungarns an das Dt. Reich und an Italien bewirkten; 1944 von Hitler zur Abdankung gezwungen und in Deutschland interniert; lebte seit 1948 in Portugal.

Horus (Horos), kinder- oder falkengestaltiger ägypt. Gott, postum von Osiris gezeugt und von Isis zur Welt gebracht. Jeder Pharao ist seine Inkorporation und nennt sich »Horus«.

Horváth, Ödön (Edmund) von, * Fiume (heute Rijeka) 9. 12. 1901,

Ödön von Horváth

† Paris 1. 6. 1938 (Unfall), österr. Schriftsteller. In seinen z. T. sozial- und moralkrit. Bühnenwerken versuchte H., das Wiener Volksstück neu zu beleben; v. a. »Geschichten aus dem Wiener Wald« (1931), »Glaube, Liebe, Hoffnung« (UA 1936). Den deklassierten Kleinbürger schildert der Roman »Der ewige Spießer« (1930); in »Jugend ohne Gott« (R., 1938) und »Ein Kind unserer Zeit« (R., 1938) gab er seinem Entsetzen über das Wesen der Diktatur Ausdruck.

Hosanna ↑Hosianna.

Hosea (Vulgata: Osee), Prophet im Nordreich Israel, etwa 755–725 v. Chr.; Kritik an Kult und Politik (im Buch H. des AT).

Hosenbandorden (engl. The Most Noble Order of the Garter »Hochedler Orden vom Hosenbande«), höchster brit. Orden; gestiftet 1348 durch Eduard III.; goldgesäumtes blaues Samtband, von Herren unter dem linken Knie, von Damen am linken Oberarm getragen; Devise: Honi soit qui mal y pense.

Hosenrolle, männl. Bühnenrolle, die von einer Frau gespielt wird, oder weibl. Rolle in Männerkleidung.

Hosianna (Hosanna) [hebr. »hilf doch!«], in Bibel und christl. Liturgie Fleh-, Jubel- und Huldigungsruf.

Hospital [lat.], Bez. für Krankenhaus, seltener für Armenhaus, Altersheim.

Hospitalismus [lat.], **1)** *Medizin:* (infektiöser H.) Infektion von Krankenhauspatienten (oder Personal) durch therapieresistente Keime.

2) *Psychologie:* Sammel-Bez. für die durch den Mangel an Zuwendung speziell bei längerem Aufenthalt in Pflegestätten, Heimen, Kliniken, Anstalten, Lagern entstehenden psych. und psychosomat. Schäden (v. a. bei Kleinkindern).

Hosenbandorden. Ordenszeichen »The Lesser George« und das Hosenband

Hospitaliter (lat. Hospitalarii), Ordensgemeinschaften, die sich bes. der Krankenpflege in Hospitälern widmen.
Hospitant [lat.], Gasthörer; **hospitieren,** als Gast teilnehmen, z. B. in der Lehrerausbildung dem Unterricht zuhören.
Hospiz [lat.], in bzw. bei Klöstern und Stiften Unterkunftsstätte für Reisende, v. a. Pilger; im ev. Bereich Bez. für einen Beherbergungsbetrieb mit christl. Hausordnung.
Hoßbachniederschrift, am 10. 11. 1937 von Hitlers Wehrmachtsadjutanten, Oberst Friedrich Hoßbach (* 1894, † 1980), aufgezeichnetes Dokument über eine Besprechung Hitlers am 5. 11. 1937, das Hitlers krieger. Absichten belegt.
Hosteß [engl., eigtl. »Gastgeberin«], zur Betreuung von Gästen bei Reise-, Flug- und Schiffahrtsgesellschaften, Verbänden, Hotels u. a. angestellte junge Frau.
Hostie [...i-ə; zu lat. hostia »Opfertier«], das in der kath. und luth. Eucharistie- bzw. Abendmahlsfeier verwendete ungesäuerte Weizenbrot.
Host-Rechner [hɔst..., engl. »Wirt«], ein Computer, in dem umfangreichere Aufgaben ausgeführt werden und deren Ergebnisse dann Teilnehmerstationen übernehmen können, deshalb auch als *Dienstleistungsrechner* bezeichnet.
Hot-Dry-Rock-Verfahren ['hɔtdraɪ..., engl.], eine Entwicklung zur Gewinnung von Heißwasser oder Dampf aus geotherm. Lagerstätten. Dabei wird heißes Tiefengestein hydraulisch aufgebrochen, damit großflächige Hohlräume entstehen. In diese wird kaltes Wasser gedrückt, das sich erhitzt, über eine Bohrung wieder zu Tage tritt und Turbinen treibt.
Hot Jazz [engl. 'hɔt 'dʒæz], Sammelbegriff für die älteren Stilbereiche des Jazz (New-Orleans, Dixieland usw.).
Hotmelts ['hɔtmelts, engl.], hochpolymere Werkstoffe, die bei Normaltemperatur fest sind, bei Erwärmung aber über den plast. Zustand in flüssige Schmelzen übergehen. Dadurch sind H. heißsiegel- und heißklebefähig und werden deshalb vor allem für Verpackungen eingesetzt.
Ho Tschi Minh ↑Ho Chi Minh.
Hot Springs [engl. hɔt 'sprɪŋz], Stadt am Ouachita River, Arkansas, 35 200 E.

Heiße Mineralquellen. 1921 Einrichtung des *H. S. National Park.*
Hottentotten (Eigenbez. Khoikhoin [»Menschen der Menschen«]), Volk der khoisaniden Rasse, Hirtennomaden; urspr. im südlichsten Afrika, von den Weißen nach N und O abgedrängt. Die nach Namibia abgewanderte Gruppe der *Nama* hat sich als einzige rein erhalten.
Hotzenwald, Teil des südl. Schwarzwalds zw. Wehra- und Schlüchttal.
Houdon, Jean-Antoine [frz. u'dõ], * Versailles 20. 3. 1741, † Paris 15. 7. 1828, frz. Bildhauer. Bed. Porträtbüsten mit klassizist. Einflüssen.
Hounsfield, Godfrey Newbold [engl. 'haʊnzfiːld], * Newark (Nottingham) 28. 8. 1919, brit. Elektroingenieur. Schuf ab 1967 unabhängig von A. M. Cormack die Grundlagen der Computertomographie, die er mit der Entwicklung des EMI-Scanners auch praktisch verwirklichte; erhielt hierfür 1979 zus. mit Cormack den Nobelpreis für Physiologie oder Medizin.
House of Commons [engl. 'haʊs əv 'kɔmənz] ↑Unterhaus.
House of Lords [engl. 'haʊs əv 'lɔːdz] ↑Oberhaus.
House of Representatives [engl. 'haʊs əv reprɪ'zentətɪvz] ↑Repräsentantenhaus.
Houssay, Bernardo Alberto [span. u'sai], * Buenos Aires 10. 4. 1887, † ebd. 21. 9. 1971, argentin. Physiologe. Ermittelte die Bedeutung des Hypophysenvorderlappens für den Zuckerstoffwechsel und erhielt (zus. mit C. F. und G. T. Cori) 1947 den Nobelpreis für Physiologie oder Medizin.
Houston [engl. 'hjuːstən], Stadt in der Golfküstenebene, SO-Texas, USA, 1,63 Mio. E (Agglomeration 3,7 Mio. E). Mehrere Univ., Theater, Opernhaus. Bedeutendstes Ind.- und Verkehrszentrum in Texas; Kontrollzentrum der NASA; Hafen, internat. ✈.
Hovercraft ® [engl. 'hɔvəkrɑːft, eigtl. »Schwebefahrzeug«] ↑Luftkissenfahrzeug.
Howard [engl. 'haʊəd], **1)** Henry, Earl of Surrey ↑Surrey, Henry Howard, Earl of.
2) Leslie, eigtl. Leslie Stainer, * London 3. 4. 1893, † 1. 6. 1943 (Flugzeugsturz), brit. Schauspieler. Filme: u. a.

Godfrey Newbold Hounsfield

Bernardo Alberto Houssay

Howrah

Alfred Hrdlicka. Mahnmal gegen Krieg und Faschismus in Wien (1988 errichtet)

»Das scharlachrote Siegel« (1934), »Vom Winde verweht« (1939).
3) Trevor, *Cliftonville (Margate) 29. 9. 1916, † Bushey bei London 7. 1. 1988, brit. Schauspieler. Bühnendarsteller, auch Filme, u. a. »Der dritte Mann« (1949), »Nora« (1973).
Howrah [engl. 'haʊrə], ind. Stadt gegenüber von Kalkutta, Gliedstaat West Bengal, 742 300 E. Werften, Hafen.
Hoxha (Hodscha), Enver [alban. 'hodʒa], *Gjirokastër 16. 10. 1908, † Tirana 11. 4. 1985, alban. Politiker. Gründer der KP Albaniens; 1944–54 Min.-Präs. (bis 1953 auch Außen- und Innen-Min.); ab 1954 1. Sekretär des ZK der »Partei der Arbeit« Albaniens.
Höxter, Kreisstadt an der Oberweser, NRW, 33 100 E. Abteilung der Gesamthochschule Paderborn. Kilianikirche (12.–16. Jh.) mit roman. Westbau, frühgot. Marienkirche (13. Jh.), Rathaus (1610–13, Weserrenaissance), Fachwerkhäuser.
Hoyerswerda [hɔyərs...], Kreisstadt in der Oberlausitz, Sachsen, 64 200 E. Theater. Spätgot. Pfarrkirche (Anfang des 16. Jh.), Renaissancerathaus und -schloß (beide Ende des 16. Jh.).
hp (HP) [engl. 'ɛitʃ'piː] ↑Horsepower.
Hrabal, Bohumil ['hrabal], *Brünn 28. 3. 1914, tschech. Schriftsteller. Gehört zu den großen Erzählern der tschech. Gegenwartsliteratur; u. a. »Die Bafler« (1964), »Die Schur« (1976), »Schöntrauer« (1979), »Harlekins Millionen« (1981), »Wollen Sie das goldene Prag sehen?« (1981).
Hrabanus Maurus (Rhabanus, Rabanus), *Mainz um 780, † ebd. 4. 2. 856, Universalgelehrter und Erzbischof von Mainz. Wurde 822 Abt des Klosters Fulda, dessen Schule sich unter seiner Führung zur bedeutendsten der damaligen Zeit entwickelte; 847 Erzbischof von Mainz; umfangreiche schriftsteller. Tätigkeit.
Hradschin, Burg und Stadtteil in Prag.
Hrdlicka, Alfred ['hɪrdlɪtska], *Wien 27. 2. 1928, österr. Bildhauer und Graphiker. Expressiv-realist. Steinskulpturen und Reliefs (Monument für Friedrich Engels in Wuppertal, 1978–81) sowie graph. Zyklen, die Themen wie Bedrohung, Gewalt, Tod und Sexualität ausleben.
Hrolf Krake (altnord. Hrólfr kraki »Rolf der Schmächtige«), letzter König aus dem myth. Geschlecht der dän. Skjöldunge (histor. Kern vielleicht aus dem 5./6. Jh.).
Hromádka, Josef Luki [tschech. 'hroma:tka], *Hodslavice 8. 6. 1889, † Prag 26. 12. 1969, tschech. ev. Theologe. Führendes Mgl. des Ökumen. Rates, Vize-Präs. des Ref. Weltbundes; bemüht um den Dialog zw. Christen und Marxisten; gründete 1958 die Christl. Friedenskonferenz, deren Präs. er bis 1968 war.

Hua Guofeng

Hubschrauber

Hrotsvit von Gandersheim ['ro:tsvit] (Roswita von G.), dt. Dichterin des 10. Jh. Verfaßte in mittellat. Sprache Verslegenden, Dramen in Reimprosa und histor. Dichtungen in leonin. Hexametern.

Hua Guofeng [chin. xuaguɔfəŋ], *in der Prov. Hunan 1920, chin. Politiker. 1975–76 stellv. Min.-Präs. und Min. für öffentl. Sicherheit; 1976–80 Min.-Präs. und 1976–81 Nachfolger Mao Zedongs als Vors. des ZK der KPCh.

Huanghe ↑Hwangho.

Huari [span. 'uari] (Wari), altamerikan. Ruinenstätte bei Ayacucho im westl. Z-Peru, Hauptstadt eines fast ganz Peru umfassenden Reiches (540–900), Kultzentrum der *Huarikultur;* polychrome Keramik.

Huascarán [span. uaska'ran], mit 6768 m höchster Berg der Cordillera Blanca in Z-Peru; vergletschert.

Huaxteken [huas'te:kən], zur Sprachgruppe Maya-Quiché gehörender Indianerstamm in NO-Mexiko.

Hubble, Edwin Powell [engl. hʌbl], *Marshfield (Mo.) 20. 11. 1889, † San Marino (Calif.) 28. 9. 1953, amerikan. Astronom. Begründer der modernen extragalakt. Astronomie.

Hubble-Effekt, von E. P. Hubble 1929 entdeckte Erscheinung, daß die Spektrallinien der Galaxien umso stärker nach dem roten Ende des Spektrums verschoben sind, je weiter sie entfernt sind. Da man dies mit dem ↑Doppler-Effekt erklärt, bedeutet der H., daß sich alle Sternsysteme vom Zentrum der Milchstraße entfernen. Diese *Fluchtbewegung* ist umso größer, je weiter die Objekte von dem Zentrum entfernt sind.

Hubble-Teleskop [ben. nach dem amerikan. Astronom E. P. Hubble], 1990 als Gemeinschaftsprojekt von NASA und ESA gestartetes Weltraumteleskop, das außerhalb der störenden Atmosphäre lichtschwache galakt. Objekte im opt. und ultravioletten Bereich beobachtet. Das mit einem 2,4-m-Hauptspiegel ausgestattete H.-T. lieferte im Dez. 1993 detaillierte Bilder entfernter Galaxien.

Hubei, Prov. in Mittelchina, 187 000 km², 54,76 Mio. E, Hauptstadt Wuhan.

Hubel, David Hunter [engl. 'hjubəl], *Windsor (Kanada) 27. 2. 1926, amerikan. Neurophysiologe. Für die Erforschung der Mechanismen bei der Informationsverarbeitung opt. Reize durch das Gehirn erhielt er zus. mit T. N. Wiesel und R. W. Sperry 1981 den Nobelpreis für Physiologie oder Medizin.

Huber, 1) Robert, *München 20. 2. 1937, dt. Chemiker. Erhielt mit J. Deisenhofer und H. Michel für die Bestimmung der dreidimensionalen Struktur des Reaktionszentrum der Photosynthese in einem Purpurbakterium den Nobelpreis für Chemie 1988.

2) Wolf, *Feldkirch (Vorarlberg) um 1485, † Passau 3. 6. 1553, dt. Maler, Zeichner und Baumeister der ↑Donauschule.

Hubertus (Hubert), hl., *um 655, † Tervuren bei Brüssel 30. 5. 727, Missionar und Bischof. Um 703/705 Bischof von Tongern-Maastricht (später Lüttich). Auf Grund einer Legende, wonach H. sich während der Jagd durch die Erscheinung eines Hirsches mit einem Kreuz im Geweih bekehrt habe, wurde er zum Patron der Jagd und Jäger. Fest: 3. November.

Hubraum (Hubvolumen), das zw. den ↑Totpunkten der Kolbenbewegung einer Kolbenmaschine befindliche Zylindervolumen; Produkt aus Zylinderquerschnitt und Hub. Die *Hubraumleistung (Literleistung)* ist der Quotient aus maximaler Nutzleistung und Gesamt-H. eines Motors (Angabe in Kilowatt/Liter).

Hubschrauber (Helikopter), Luftfahrzeuge, bei denen an Stelle starrer Tragflächen umlaufende Flügel vorhanden sind, *Rotoren,* die den Auf- und Vortrieb

Edwin Powell Hubble

David Hunter Hubel

Hubschrauber. Sowjetischer Hubschrauber MI 26 (bis zu 300 km/h)

1545

Hubstapler

Hubschrauber. Oben: MBB-Kawasaki BK 117, deutsch-japanische Gemeinschaftsentwicklung, acht- bis zwölfsitziger Mehrzweckhubschrauber, gelenkloser Rotorkopf (zwei Gasturbinen mit je 441 kW) ♦ Unten: Hughes AH-64, amerikanischer zweisitziger Kampfhubschrauber, besonders zur Panzerbekämpfung (zwei Gasturbinen mit je 1130 kW)

erzeugen. Die *Rotorblätter* (Einzelflügel) sind gelenkig oder elast. am *Rotorkopf* befestigt; sie sind zur Steuerung um ihre Holmachsen drehbar, der Blattwinkel kann im allg. kollektiv und/oder zykl. (in Abhängigkeit vom jeweiligen Umlaufwinkel des einzelnen Blattes) verstellt werden. Der Rotorantrieb erfolgt über Wellen durch [Kolben]motor oder Gasturbine. Drehmomentenausgleich um die Hochachse wird durch zwei gegenläufige Rotoren oder durch seitl. *Heckrotor* (Heckschraube) erreicht.

Hubstapler, Kraft- oder Elektrofahrzeug zum Transport und Stapeln von Stückgut, mit mechan. oder hydraul. Hebevorrichtung. *Gabelstapler* haben als Hebevorrichtung einen gabelförmigen Ausleger (Hubgabel) insbes. für Paletten.

Richard Huelsenbeck

Huch, 1) Friedrich, *Braunschweig 19. 6. 1873, † München 12. 5. 1913, dt. Schriftsteller. Vetter von Ricarda H.; schrieb Satiren, Romane und Essays.
2) Ricarda, Pseud. Richard Hugo, *Braunschweig 18. 7. 1864, † Schönberg (Taunus) 17. 11. 1947, dt. Erzählerin und Lyrikerin. Im Frühwerk von lyr. Subjektivismus geprägte Neuromantikerin; später objektive Darstellung histor. Gestalten und Ereignisse (»Der große Krieg in Deutschland«, 1912–14); Romane, u. a. »Aus der Triumphgasse« (1901), »Der Kampf um Rom« (1907); Gedichte.

Huchel, Peter, *Berlin 3. 4. 1903, † Staufen im Breisgau 30. 4. 1981, dt. Lyriker und Hörspielautor. 1945–48 Lektor, Chefdramaturg und Sendeleiter des Rundfunks in Berlin (Ost); 1948–62 Chefredakteur der Zeitschrift »Sinn und Form«; lebte ab 1972 in der BR Deutschland. Verfaßte v. a. zeitbezogene, auch politisch zu deutende Naturgedichte.

Huchen (Donaulachs, Rotfisch), bis 1,5 m langer, räuber. Lachsfisch in der Donau und ihren Nebenflüssen; Speisefisch.

Hudaydah (Al-H.) †Hodeida.

Hudson [engl. hʌdsn], **1)** Henry, *um 1550, † 1611, engl. Seefahrer. Unternahm Reisen auf der Suche nach einer kürzeren Seeverbindung nach China durch das Nordpolarmeer; erkundete den Hudson River und die Chesapeake Bay, erreichte 1610 die Hudsonstraße und die Hudsonbai.

2) Rock, eigtl. Roy Fitzgerald, *Winnetka (Ill.) 17. 11. 1925, † Beverly Hills (Calif.) 2. 10. 1985, amerikan. Filmschauspieler. Spielte u. a. in »Giganten« (1956) und »Bettgeflüster« (1959).

Hudsonbai [engl. hʌdsn 'beɪ; engl. Hudson Bay], nach H. †Hudson ben. Binnenmeer in NO-Kanada, über die *Hudsonstraße* mit dem Atlantik, über den nur im Sommer passierbaren *Foxe Channel* mit dem Nordpolarmeer verbunden, mit der südl. Bucht *James Bay* rd. 1,2 Mio. km².

Hudson River [engl. 'hʌdsn 'rɪvə], Fluß im O der USA, entspringt in den Adirondack Mountains, mündet bei New York in den Atlantik, 493 km lang.

Hudson's Bay Company [engl. 'hʌdsnz 'beɪ 'kʌmpəni], engl. Handelskompanie,

Hüftgelenkluxation

1670 gegr. und 1821 mit der North West Company vereinigt; verkaufte 1870 fast ihre gesamten Besitzrechte im Einzugsbereich der Hudsonbai an den Kanad. Bund; heute bed. Handelsfirma.

Hudsonstraße [engl. hʌdsn...] ↑Hudsonbai.

Huê, vietnames. Prov.hauptstadt im Zentralen Tiefland, 209 000 E. Univ.; Handelszentrum; Hafen. In der Altstadt Tempel- und Palastanlagen. – Alter Name *Phu Xuan;* 1687 Residenz der Nguyên und 1802 Hauptstadt des vereinigten Annam. – Im Vietnamkrieg 1968 stark zerstört.

Huelsenbeck, Richard [ˈhyl...], * Frankenau 23. 4. 1892, † Muralto (Tessin) 20. 4. 1974, dt. Schriftsteller. 1916/17 Teilnahme an der »Dada«-Bewegung (Zürich, Berlin). – *Werke:* Dada siegt (Schrift, 1920), Die Antwort der Tiefe (Ged., 1954), Mit Witz, Licht und Grütze (Erinnerungen, 1957).

Huelva [span. ˈuɛlβa], span. Prov.hauptstadt am Golf von Cádiz, 139 100 E. Eisen- und Stahlind., Erdölraffinerie; Hafen.

Huesca [span. ˈuɛska], span. Prov.-hauptstadt im Ebrobecken, 42 200 E. Marktzentrum. Roman. Kirche San Pedro el Viejo (12./13. Jh.), got. Kathedrale (13.–16. Jh.). – Das röm. *Osca* war etwa 77–72 v. Chr. Sitz des röm. Statthalters Sertorius (Gründung einer Bildungsstätte); 1096–1118 Hauptstadt des Kgr. Aragonien.

Huf (Ungula), die bei den Unpaarhufern (bei den Paarhufern ↑Klaue) das Endglied der dritten (mittleren) Zehe als Schutzeinrichtung schuhartig überdeckende Hornmasse *(Hornkapsel, Hornschuh),* i. w. S. auch Bez. für das ganze hornbedeckte Zehenendglied. – *Hufkrankheiten:* Die *Rehkrankheit* ist eine H.lederhautentzündung beim Pferd, die plötzl. Lahmheit verursacht; *H.fisteln* sind eitrige H.lederhautgeschwüre; *H.krebs* wird durch Wucherungen der H.lederhaut hervorgerufen.

Hufe (oberdt. Hube), im MA Sammelbegriff für die zum Lebensunterhalt notwendige Hofstätte der bäuerl. Familie mit Ackerland und Nutzungsrecht an der Allmende.

Hufeland, Christoph Wilhelm von (seit 1809), * Bad Langensalza 12. 8. 1762, † Berlin 25. 8. 1836, dt. Arzt. H., der Goethe, Schiller, Herder und Wieland zu seinen Patienten zählte, wurde bekannt v. a. durch sein Hauptwerk »Makrobiotik oder die Kunst, das menschl. Leben zu verlängern« (1796).

Hufenflur ↑Flurformen.

Huflattich (Tussilago), Gatt. der Korbblütler mit der einzigen, auf der Nordhalbkugel verbreiteten Art *Gemeiner H.;* Acker- und Schuttunkraut.

Hüftbein (Coxa), paariger Beckenknochen (↑Becken).

Hüfte (Coxa), bei Säugetieren und beim Menschen die seitl. Körperregion vom Ober- und Vorderrand des Hüftbeins bis zum Oberschenkelansatz.

Hüftgelenk (Koxalgelenk), Nußgelenk, das sich aus der Gelenkpfanne des Hüftbeins *(Hüftgelenkpfanne)* und dem Kopf des Oberschenkelknochens zusammensetzt und durch starke Bänder einen bes. festen Halt besitzt.

Hüftgelenkluxation, dominant vererbbare oder durch intrauterine Schädigungen hervorgerufene, häufigste Skelettmißbildung, die auf einer mangelhaften Ausbildung der Hüftgelenkpfanne, häufig auch einer Unterentwicklung des Oberschenkelkopfs beruht *(Hüftgelenkdysplasie).* Im Stadium der Dysplasie steht der Oberschenkelkopf noch in der knorpeligen Pfanne, die jedoch klein, steil und abgeflacht ist. Bei der *Subluxation* hat der Oberschenkel das Pfannendach deformiert, die Pfanne jedoch noch nicht verlassen. Bei der komplet-

Huflattich. Gemeiner Huflattich

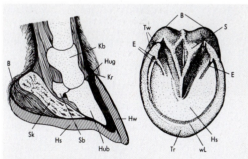

Huf. Längsschnitt (links) und Sohlenfläche (rechts) des Pferdehufes; **B** Ballen, **E** Eckstrebe, **Hs** Hornsohle, **Hub** Hufbein, **Hug** Hufgelenk, **Hw** Hornwand, **Kb** Kronbein, **Kr** Kronrand, **S** Strahl, **Sb** Strahlbein, **Sk** Strahlkissen, **Tr** Tragrand, **Tw** Trachtenwand, **wL** weiße Linie

Huftiere

Charles Huggins

Langston Hughes

ten *Luxation* (Verrenkung) ist der Oberschenkelkopf aus der Pfanne getreten und gleitet auf der Beckenschaufel nach oben und außen ab.
Huftiere (Ungulata), Sammelbez. für Unpaarhufer und Paarhufer, deren Zehenglieder von Hufen oder hufartigen Gebilden (Klauen) umgeben sind.
Hüftnerv (Ischiasnerv), längster und stärkster Nerv (nahezu kleinfingerdick) des menschl. Körpers; setzt sich aus motor. und sensiblen Nervenfasern zusammen; geht aus einem Nervengeflecht im Bereich des Kreuzbeins hervor, versorgt Muskulatur und Haut des Ober- und Unterschenkels und des Fußes.
Hügelgräberkultur, nach der Bestattung in Hügelgräbern ben. mittlerer Zeitabschnitt (16.–14.Jh.) der mitteleurop. Bronzezeit.
Hugenberg, Alfred, *Hannover 19. 6. 1865, †Kükenbruch 12. 3. 1951, dt. Wirtschaftsführer und Politiker. 1909 bis 18 Vors. des Direktoriums der Firma Krupp; Begründer des †Hugenbergkonzerns; 1928 Partei-Vors. der DNVP; arbeitete als Gegner des parlamentarisch-demokrat. Systems und der Außenpolitik der Weimarer Republik eng mit anderen republikfeindl. Parteien des äußersten rechten Spektrums, v. a. der NSDAP, zusammen; Jan.–Juni 1933 Reichswirtschafts- und Reichsernährungsminister.
Hugenbergkonzern, von A. Hugenberg seit 1914 aufgebauter nationalkonservativer Medienkonzern, der während der Weimarer Republik der Verbreitung antidemokrat., antirepublikan. und antisozialist. Meinungen diente; ab 1933 von den Nationalsozialisten kontrolliert und teilweise verstaatlicht.
Hugenotten [frz.], seit dem Eindringen des Kalvinismus in Frankreich (Mitte des 16.Jh.) Bez. für die frz. Protestanten, die 1559 in Paris ihr Bekenntnis (Confessio Gallicana) formulierten. Das Ringen der H. um Anerkennung ihres Glaubens sowie der bürgerl. und polit. Rechte und andererseits das Bemühen des frz. Königs, sie zu unterdrücken, führten zu blutigen konfessionellen Bürgerkriegen, den acht *Hugenottenkriegen*. Sie begannen mit dem Blutbad von Vassy (1. 3. 1562). 1563 wurde den H. im Edikt von Amboise eine an bestimmte Orte (»Sicherheitsplätze«) gebundene Kultusfreiheit zugesichert. Jedoch führte die Ermordung Tausender H. und zahlreicher ihrer Führer in der †Bartholomäusnacht zu weiteren H.kriegen (1572/73, 1574–76, 1576/77, 1579/80). Der Hugenotte HeinrichIII. von Navarra, seit 1589 als HeinrichIV. König von Frankreich, trat 1593 zum Katholizismus über, gewährte den H. aber im Edikt von Nantes (13. 4. 1598) freie Religionsausübung und eine polit. Sonderstellung (»Staat im Staat«). Doch schon unter Richelieu wurden den H. im »Gnadenedikt« von Nîmes (1629) die polit. Sonderrechte wieder entzogen und ihre Sicherheitsplätze in offene Städte umgewandelt; ihre religiösen Freiheiten wurden 1685 durch das Revokationsedikt von Fontainebleau unter Ludwig XIV. so stark eingeschränkt, daß die H. sich in Frankreich nur noch als »Église du désert« (»Kirche der Wüste«) in der Verborgenheit halten konnten; zahlr. H. wanderten aus. Erst nach der Frz. Revolution brachte der †Code Napoléon die endgültige Sicherung ihrer Glaubensfreiheit.
Huggins, Charles [engl. ˈhʌɡɪnz], *Halifax 22. 10. 1901, amerikan. Arzt kanad. Herkunft. Für seine Entdeckung der Möglichkeit wirksamer Behandlung von Prostatakrebs mit weibl. Geschlechtshormonen erhielt er 1966 (zus. mit F. P. Rous) den Nobelpreis für Physiologie oder Medizin.
Hughes [engl. hju:z], **1)** Howard Robard, *Houston 24. 12. 1905, † im Flugzeug zw. Acapulco und Houston 5. 4. 1976, amerikan. Industrieller, Filmproduzent und Erfinder. Stellte Flugweltrekorde auf und konstruierte Flugzeuge. H., der sich seit 1954 völlig zurückgezogen hatte, wurde auch durch eine gefälschte Biographie über ihn Gegenstand des öffentl. Interesses.
2) [James] Langston, *Joplin (Mo.) 1. 2. 1902, † New York 22. 5. 1967, amerikan. schwarzer Schriftsteller. Stellte anklagend die Rassendiskriminierung der amerikan. schwarzen Bevölkerung dar; schrieb Gedichte, Romane, Kurzgeschichten, Dramen, Opernlibretti und Musicals.
3) Richard Arthur Warren, *Weybridge (?Walton and Weybridge) 19. 4. 1900, † Moredrin (bei Harlech, Wales) 28. 4. 1976, engl. Schriftsteller. Verfasser des

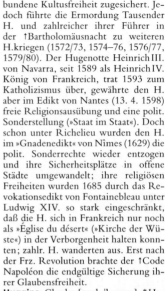

Hülsenfrüchtler

ersten Hörspiels (»Danger«, 1924); auch Lyrik, Kurzgeschichten und Romane.
Hugli, Mündungsarm des Ganges.
Hugo von Sankt Viktor (Hugues de Saint-Victor), *Hartingham (vermutlich bei Blankenburg/Harz) 1096, † Paris 11. 2. 1141, scholast. Theologe. Hatte als bedeutendster Lehrer der Schule von ↑Sankt Viktor großen Einfluß auf Scholastik und Mystik.
Hugo, Victor [frz. y'go], *Besançon 26. 2. 1802, † Paris 22. 5. 1885, frz. Dichter. Mußte 1851 (bis 1870) als Gegner Napoleons III. ins Exil gehen. In der Vorrede zu seinem Drama »Cromwell« (1827) entwickelte er programmat. Ideen über das Wesen romant. Dichtung; mit »Hernani oder die kastilian. Ehre« (Dr., 1830) beendete er die Zeit der klassizist. Tragödie; seine Gedichte, Dramen und Romane wurden maßgebl. Beispiele romant. Dichtung. Bes. in dem Roman »Der Glöckner von Notre Dame« (1831; u. a. verfilmt 1956 von J. Delannoy) entwickelte er die histor. Romankonzeption W. Scotts eigenständig weiter; Epos »Die Weltlegende«, 1859–83); soziale Romane (»Die Elenden«, 1862).
Hugo, Name von Herrschern:
Frankreich: **1) Hugo Capet** [frz. ka'pɛ], *um 940, † Paris 24. 10. 996, König (seit 987). Als Erbe Hzg. Hugos d. Gr. von Franzien (923–956) Rivale der Karolinger; 987 zum König erhoben; begründete Königtum und Dynastie der Kapetinger.
Italien: **2) Hugo,** *um 880, † Arles 948, Graf von Arles und Vienne, König von Italien (seit 926). Konnte die Nachfolge seines Sohnes (Lothar † 950) durchsetzen, aber nicht die Herrschaft in Rom ergreifen.
Huhn, 1) volkstüml. Bez. für das ↑Haushuhn.
2) Bez. für das ♀ vieler Hühnervögel.
Hühnerauge (Leichdorn, Clavus), Hornhautschwiele an den Füßen (bes. an den Zehen).
Hühnervögel (Galliformes, Galli), mit über 200 Arten weltweit verbreitete Ordnung kräftiger, kurzflügeliger, 10–150 cm körperlanger Bodenvögel; häufig an den Füßen mit Sporen versehen, die zum Ausscharren bes. pflanzl. Nahrung im Boden dienen; Kropf stark dehnungsfähig, dient der Einweichung (z. T. auch Vorverdauung) harter Pflanzenteile (bes. Körner), die im sehr muskulösen Magen (häufig mit Hilfe aufgenommener Steinchen) zermahlen werden; Männchen und Weibchen meist unterschiedlich gefärbt; Nestflüchter; Standvögel.
Huitzilopochtli [span. µitsilo'pɔtʃtli] (oft entstellt: **Vitzliputzli**), Stammes- und Kriegsgott der Azteken.
Huizinga, Johan [niederl. 'hœjziŋxa:], *Groningen 7. 12. 1872, † De Steeg (bei Arnheim) 1. 2. 1945, niederl. Kulturhistoriker. Schrieb über die burgund.-niederl. Welt des 14./15. Jh. »Herbst des Mittelalters« (1919), über die Bed. des Spielelements in der Kultur »Homo Ludens« (1938).
HUK-Verband, Abk. für **V**erband der **H**aftpflicht-, **U**nfall- und **K**raftverkehrsversicherer e. V.
Hulaebene, Teil des Jordangrabens im äußersten Norden Israels, zentraler Ort Qiryat Shemona.
Hull, Cordell [engl. hʌl], *im Overton County (Tenn.) 2. 10. 1871, † Washington 23. 7. 1955, amerikanischer Politiker (Demokrat. Partei). Außen-Min. 1933–44; erhielt 1945 den Friedensnobelpreis für die Vorbereitung der UN.
Hull [engl. hʌl] (Kingston upon Hull), engl. Hafen- und Ind.stadt an der Mündung des Hull in den Humber, 268 300 E. Verwaltungssitz der Gft. Humberside, Univ., Fischerei- und Schiffahrtsmuseum.
Hulse, Russel Alan [engl. hʌls], *New York 28. 11. 1950, amerikan. Physiker. Forscht über Plasmaphysik und Kernfusion. Erhielt 1993 zus. mit J. H. Taylor den Nobelpreis für Physik für ihre Entdeckung eines Pulsars in einem Doppelsternsystem.
Hülsenfrüchtler (Fabaceae, Leguminosae, Leguminosen), zur Ordnung der Fabales gehörende Pflanzenfamilie, die die Unterfam. Schmetterlingsblütler, Mimosengewächse und Caesalpiniengewächse umfaßt; über 17 000 Arten. Die meisten H. leben in Symbiose mit Bakterien der Gattungen Rhizobium und Bradyrhizobium. Diese bilden an den Wurzeln der Pflanzen Knöllchen und binden dort Luftstickstoff, der zum Proteinaufbau in der Pflanze genutzt wird.

Huitzilopochtli

Victor Hugo

Cordell Hull

Russel Alan Hulse

Hultschiner Ländchen

Alexander von Humboldt

Wilhelm von Humboldt

Hultschiner Ländchen [auch hʊl'tʃiːnər-], Hügelland in der Tschech. Rep., nw. von Ostrau, Hauptort Hlučin; fiel durch den Versailler Vertrag 1919 an die Tschechoslowakei.

human [lat.], menschenwürdig, nachsichtig; (in der Medizin:) beim Menschen vorkommend.

Humanae vitae [lat. »des menschl. Lebens«], Enzyklika Papst Pauls VI. vom 25. 7. 1968 über die christl. Ehe.

Humanismus [lat.], das Bemühen um Humanität, um eine der Menschenwürde und freien Persönlichkeitsentfaltung entsprechende Gestaltung des Lebens und der Gesellschaft durch Bildung und Erziehung und/oder Schaffung der dafür notwendigen Lebens- und Umweltbedingungen selbst. – Als Epochenbegriff (auch *Renaissance-H.*) bezeichnet H. eine literarisch-philosoph. Bildungsbewegung, die zunächst in Italien um 1350 (mit Blick auf die röm. Antike) v. a. von F. Petrarca und G. Boccaccio getragen wurde. Nach der Zerstörung Konstantinopels (1453) kam durch den Zustrom byzantin. Gelehrter, die zahlreiche Handschriften antiker Texte mitbrachten, die Beschäftigung mit der griech. Literatur hinzu (G. Pico della Mirandola, Marsilio Ficino [* 1433, † 1499], Gründer der Platon. Akademie in Florenz). Große Bedeutung erlangte der H. durch sein erfolgreiches Bestreben, die Schriften antiker Autoren aufzuspüren, zu übersetzen und durch krit. Ausgaben wiss. aufzuarbeiten. Die humanist. Bewegung in Italien wurde durch Fürstenhöfe (v. a. durch den Hof der ↑Medici in Florenz) und die Päpste gefördert. Durch die Konzile von Konstanz (1414–18) und Basel (1431–49) breitete sich die neue Strömung mit Erasmus von Rotterdam als führendem Kopf auch in den übrigen europ. Ländern aus. Beziehungen zw. F. Petrarca und dem Prager Hof Karls IV. sorgten für erste Einflüsse des H. in Deutschland. Die dt. Humanisten bedienten sich sowohl der lat. wie der dt. Sprache; lyr., ep. und dramat. Dichtungen nahmen einen breiten Raum ein; Zentren wurden u. a. Wien, Nürnberg, Bamberg, Augsburg, Heidelberg, Straßburg, Ulm, Basel, Tübingen, Erfurt. Namhafte Vertreter des deutschsprach. H. waren K. Celtis, J. Wimpfeling, J. Reuchlin, W. Pirckheimer, Nikolaus von Kues, U. von Hutten. ↑Neuhumanismus.

Humanistendrama, an antiken Vorbildern geschultes, lat. verfaßtes Drama der Humanisten des 15. und 16. Jahrhunderts.

humanitär [lat.-frz.], menschenfreundlich, wohltätig.

Humanität, Gesinnung, die die Verwirklichung der Menschenrechte anstrebt. – Im 16. Jh. zu lat. »humanitas« (»Menschlichkeit«) gebildet; v. a. vom dt. Idealismus als Bildungsideal vertreten.

Humanité, L' [frz. lymani'te »die Menschlichkeit«], frz. Zeitung, kommunist. Parteiorgan, erscheint in Paris; gegr. 1904 von J. Jaurés.

Humber [engl. 'hʌmbə], Mündung von Ouse und Trent, an der engl. O-Küste, 60 km lang, bis 12 km breit.

Humboldt, 1) Alexander Frhr. von, * Berlin 14. 9. 1769, † ebd. 6. 5. 1859, dt. Naturforscher. Bruder von Wilhelm Frhr. von H.; führte 1799–1804 zus. mit dem frz. Botaniker A. Bonpland in Lateinamerika genaue Ortsbestimmungen und Höhenmessungen durch und maß die Temperaturen des später nach ihm ben. Humboldtstroms. Danach wertete H. in Paris in Zusammenarbeit mit Wissenschaftlern aus aller Welt seine Amerikareise aus und veröffentlichte die Ergebnisse in dem 30bändigen Werk »Voyage aux régions équinoxiales du nouveau continent« (Reise in den Teil der »Neuen Welt«, der unter dem Äquator liegt; 1805–34). 1829 unternahm H. eine Expedition in das asiat. Rußland, deren wichtigstes Resultat die in Zusammenarbeit mit C. F. Gauß erfolgte Organisation eines weltweiten Netzes magnet. Beobachtungsstationen war. 1830 begann H. mit der Darstellung des gesamten Wissens über die Erde (»Kosmos. Entwurf einer phys. Weltbeschreibung«, hg. 1845–62). Durch seine Reisen und Berichte leistete H. wesentl. Beiträge zur Meeres-, Wetter-, Klima- und Landschaftskunde.

2) Wilhelm Frhr. von, * Potsdam 22. 6. 1767, † Tegel (heute zu Berlin) 8. 4. 1835, dt. Philosoph, Sprachforscher und preuß. Staatsmann. Bruder von A. Frhr. von H.; reformierte das preuß. Bildungswesen, gründete u. a. die Berliner

Hummeln.
Oben: Erdhummel ◆
Unten: Steinhummel

Universität. Zum Staats-Min. ernannt, nahm er 1814/15 am Wiener Kongreß als Gesandter teil. Im Dez. 1819 führte u. a. seine Ablehnung der ↑Karlsbader Beschlüsse zur Entlassung als Minister. – Im Mittelpunkt seines Denkens steht ein stets auf die Gesellschaft hin orientiertes Humanitätsideal. Als Sprachwissenschaftler befaßte sich H. v. a. mit amerikan. Sprachen, mit Sanskrit, Ägypt., Kopt., Chin., Japanisch. Die Grundthese seiner Sprachphilosophie ist, jeder Sprache liege eine spezif. Weise, die Welt wahrzunehmen, zugrunde, diese »Weltsicht« präge alle Sprecher einer Sprachgemeinschaft; Grundlegung einer philos. Anthropologie.

Humboldtstrom, kalte, nordwärts gerichtete Meeresströmung vor der W-Küste Südamerikas.

Humbug [engl.], Unsinn, Schwindel.

Hume, David [engl. hju:m], *Edinburgh 7. 5. 1711, †ebd. 25. 8. 1776, schott. Philosoph und Historiker. Wichtigster Vertreter des engl. Empirismus. Erkenntnis besteht für H. aus Eindrücken und Vorstellungen, angeborene Ideen gibt es demnach nicht. Seine Ethik, die er auf das ursprüngl. Gefühl der Sympathie gründet, das sich dem Allgemeinwohl verpflichtet weiß, ließ ihn zum Wegbereiter des ↑Utilitarismus werden.

humid [lat. »feucht«], bezeichnet ein Klima, in dem die jährl. Niederschlagsmenge größer ist als die mögl. jährl. Verdunstung.

Hummel, Johann Nepomuk, *Preßburg 14. 11. 1778, †Weimar 17. 10. 1837, österr. Komponist und Pianist. Klavier-, Violin-, Kammermusik und Bühnenwerke.

Hummeln (Bombini), auf der Nordhalbkugel verbreitete, rd. 200 stechende Arten umfassende Gattungsgruppe staatenbildender Bienen mit einem etwa 1–3 cm großen, plumpen, pelzig und oft bunt behaarten Körper. Die meist 100–500 Tiere zählenden Staaten sind in den warmen Gebieten mehrjährig, in den gemäßigten Zonen einjährig (es überwintern nur die begatteten Weibchen). Die Nester werden u. a. in Erdhöhlungen, unter Wurzeln, in alten Vogelnestern angelegt. In M-Europa kommen u. a. vor: *Erdhummel,* 20–28 mm groß; *Feldhummel* (Ackerhummel), 12 bis 22 mm groß; *Gartenhummel,* 24–28 mm groß; *Steinhummel,* bis 27 mm groß; *Wiesenhummel,* 15–20 mm groß.

Hummer [niederdt.] (Homaridae), Fam. mariner Zehnfußkrebse, von der Küstenregion bis in die Tiefsee verbreitet. H. ernähren sich hauptsächl. von Weichtieren und Aas; haben z. T. große wirtschaftl. Bedeutung; z. B. *Europ. H.,* bis 50 cm lang, Maximalgewicht 4 kg.

Humor [lat.], seit dem 18. Jh. – zurückgehend auf die den Charakter prägenden Körpersäfte (lat. »humores«) der antiken und mittelalterlichen Medizin – wohlwollende, gutmütige Heiterkeit; erhielt durch die englischen *Humoristen* seine eigentliche Bedeutung als bes. Anschauungs- und Darstellungsweise des Komischen.

humoral [lat.], *Medizin:* die Körperflüssigkeiten betreffend.

Humoreske [lat.], kontrastreiches Tonstück von humorigem Charakter.

Humperdinck, Engelbert, *Siegburg 1. 9. 1854, †Neustrelitz 27. 9. 1921, dt. Komponist. Märchenoper »Hänsel und Gretel« (1893); ferner sechs weitere Opern, Orchesterwerke, Klaviermusik und Lieder.

Humus [lat.], die gesamte abgestorbene tier. und v. a. pflanzl. Substanz in und auf dem Boden (mit Ausnahme frischer Streu der Waldbäume), die auf Grund mikrobiolog. und biochem. Vorgänge einem ständigen, als *Humifizierung* bezeichneten Ab-, Um- und Aufbau unterworfen und für die Fruchtbarkeit des Bodens von großer Bedeutung ist; dient v. a. zur Ernährung der im Boden befindl. Mikroorganismen (sog. *Nähr H.*) und verbessert die physikal.-chem. Ei-

Humus

Hummer. Europäischer Hummer (Länge 30–50 cm)

David Hume

Johann Nepomuk Hummel

Hunan

Hundspetersilie

genschaften des Bodens *(Dauer-H.)*. In warmen, trockenen und stickstoffreichen Wald- und Ackerböden entsteht aus leicht zersetzl. Stoffen eine lockere H.form, der *Mull* oder *Mulm*.
Hunan [chin. xunan], Prov. in China, südl. des mittleren Jangtsekiang, 210 000 km², 60,6 Mio. E, Hauptstadt Changsha.
Hund, Friedrich, * Karlsruhe 4. 2. 1896, dt. Physiker. Arbeiten zur Deutung der Atom- und Molekülspektren und zur Anwendung der Quantenmechanik.
Hunde, 1) *Biologie:* Gattungsgruppe meist größer, ihre Beutetiere oft rudelweise hetzender Raubtiere; zu ihr gehören u. a. Schakale, Wolf.
2) svw. ↑Haushunde.
Hundeartige (Canidae), mit rd. 40 Arten nahezu weltweit verbreitete Fam. durchschnittlich 35–135 cm körperlanger Raubtiere; orientieren sich vorwiegend nach dem Geruchs- und Gehörsinn. Zu den H. gehören u. a. Füchse, Schakale, Wolf.
Hundebandwurm, Bez. für verschiedene v. a. im Haushund vorkommende Bandwurmarten, z. B. ↑Blasenwurm.
Hundefloh ↑Flöhe.
Hunderassen, Bez. für die verschiedenen Kulturvarietäten des Haushundes, die sich durch (vererbbare) einheitl. äußere Erscheinung und einheitl. Wesensmerkmale (Rassenmerkmale) gegeneinander abgrenzen lassen. Es gibt ca. 400 Hunderassen.
Hundertfüßer (Chilopoda), mit rd. 2 800 Arten weltweit verbreitete Unterklasse der Gliederfüßer mit langgestrecktem, gleichmäßig segmentiertem Körper; bis über 25 cm lang, jedes Rumpfsegment (mit Ausnahme der beiden letzten) mit einem Beinpaar, insgesamt je nach Art 15 bis 173 Beinpaare. Der Biß mancher Arten ist für den Menschen sehr schmerzhaft, die Giftwirkung hält jedoch meist nur sehr kurz an.
Hundertjähriger Krieg, Bez. für die engl.-frz. Auseinandersetzungen des 14./15. Jh., die, mit langen Unterbrechungen, mehr als hundert Jahre währten (1337/39–1453) und ohne förml. Friedensvertrag endeten (↑Großbritannien, Geschichte; ↑Frankreich, Geschichte). Nach erneutem Aufleben des Konflikts kam es 1475 zum offiziellen Friedensschluß in Picquigny (bei Amiens), der England Calais (bis 1558) und die Kanalinseln beließ.
hundert Tage, Bez. für den Zeitraum zw. der Landung Napoleons I. in Frankreich (1. 3. 1815) nach seiner Verbannung auf Elba und seiner endgültigen Niederlage bei Belle-Alliance (18. 6. 1815).
Hundertwasser, Friedensreich, eigtl. Friedrich Stowasser, *Wien 15. 12. 1928, österr. Maler und Graphiker. Buntfarbige Bilder, oft spiralförmig angelegt (Wachstumsringe); Fassadenbemalung, Hausbaukonzepte (»Haus Hundertwasser in Wien«, 1983–85); auch Einband einer limitierten Ausgabe der 19. Auflage der Brockhaus Enzyklopädie (1989).
Hundestaupe (Staupe), weit verbreitete, ansteckende Viruskrankheit bei Hunden, bes. Jungtieren; äußerlich gekennzeichnet u. a. durch Fieber, Freßunlust, schleimigen Nasen- und Augenausfluß, Durchfall, Erbrechen, Beißsucht, Krämpfe; häufig tödl. Verlauf; Schutzimpfungen sind möglich.
Hundezecken ↑Schildzecken.
Hundsaffen (Hundskopfaffen, Cercopithecoidea), Über-Fam. der Schmalnasen mit den Fam. Meerkatzenartige und Schlankaffen.
Hundsgiftgewächse (Immergrüngewächse, Apocynaceae), zweikeimblättrige Pflanzen-Fam. mit rd. 200 Gatt. und über 2 000 Arten vorwiegend in den Tropen und Subtropen; bekannte Gatt. sind Immergrün und Oleander.
Hundsgugel ↑Helm.
Hundshai (Grundhai, Schweinshai), bis 2 m langer, schlanker, lebendgebärender Haifisch im östl. Atlantik (von Norwegen bis S-Afrika) und im Mittelmeer; wird dem Menschen nicht gefährlich.
Hundskamille (Anthemis), Gatt. kamillenähnl. Korbblütler mit rd. 100 Arten in Europa und im Mittelmeergebiet. Bekannte Arten sind: *Färberkamille,* mit goldgelben Blütenköpfchen; *Acker-H.,* bis 50 cm hohes Ackerunkraut; *Römische Kamille* (Doppelkamille), 15–30 cm hoch.
Hundskopfaffen, svw. ↑Hundsaffen.
Hundspetersilie [...i-ə] (Gartenschierling, Gleiße), Doldengewächs in Europa und Sibirien, petersilienähnl., weißblühendes Unkraut in Gärten, auf Äckern und auf Schuttplätzen; sehr giftig.

Hundertfüßer.
Brauner Steinläufer (Länge bis 32 mm)

Hundsstern, dt. Name für den Stern Sirius im Sternbild Großer Hund.
Hundstage, die Tage zw. dem 23. 7. und dem 23. 8., während der die Sonne in der Nähe des Hundssterns steht.
Hundszahngras, Gatt. der Süßgräser mit 12 Arten in den Tropen und Subtropen; bekannteste Art ist das *Finger-H. (Bermudagras),* ein wichtiges dürreresistentes Futtergras wärmerer Länder.
Hundszunge, Gatt. der Rauhblattgewächse mit rd. 90 Arten in gemäßigten und subtrop. Gebieten; in M-Europa u. a. die graufilzige *Gemeine Hundszunge.*
Hunedoara (dt. Eisenmarkt), rumän. Stadt im sw. Siebenbürgen, 89 800 E. Eisenhütten. Zum Schloß umgebaute Festung (14./15. Jh.), orth. Kirche (15. Jh.).
Hünengrab, Megalithgrab (↑auch Grab).
Hunger, das subjektiv als Allgemeinempfindung auftretende Verlangen nach Nahrung, das bei leerem Magen auftritt und nach der Nahrungsaufnahme verschwindet bzw. durch das Sättigungsgefühl verdrängt wird. Der H. wird im Zentralnervensystem durch zwei Faktoren ausgelöst: 1. durch reflektor. rhythm. Kontraktionen des leeren Magens, die auf nervalem Weg einem Appetitzentrum (H.zentrum) im Hypothalamus gemeldet werden; 2. durch Reizung von bestimmten Zellen (Glukostatzellen) im Sättigungszentrum des Hypothalamus. Die Aktivität des Sättigungszentrums wird von deren Glucoseverwertung geregelt. Durch fehlende Glucoseverwertung es gehemmt und löst das H.gefühl aus. Hohe Glucoseverwertung steigert die Aktivität des Sättigungszentrums und löst somit das Sättigungsgefühl aus. – Bei vollem Nahrungsentzug reichen die Energiereserven eines durchschnittlich ernährten, gesunden Menschen rd. 50 Tage aus.
Hungerblümchen, Gatt. der Kreuzblütler mit mehreren Arten in Europa, W-Asien und N-Afrika; u. a. das *Frühlings-H.,* 5–10 cm hoch.
Hungersteppe (Nördl. Hungersteppe), etwa 75 000 km² große Wüste in Kasachstan, südl. der Kasach. Schwelle.
Hungerstreik, Verweigerung der Nahrungsaufnahme als Form des passiven Widerstandes, praktiziert z. B. von

Hunsrück

Friedensreich Hundertwasser. Sonne und Spiraloide über dem Roten Meer (1960; Hamburg, Sammlung S. Poppe)

polit. Häftlingen oder Strafgefangenen bzw. in polit. und sozialen Auseinandersetzungen.
Hungertuch (Fastentuch), heute seltene Altarverhüllung in der Fastenzeit; mit Bildern vom Leiden Christi.
Hunnen, euras. Nomadenvolk, dessen Geschichte vor seinem Auftauchen in Osteuropa im 4. Jh. n. Chr. unbekannt ist. Die lange Zeit als sicher angenommene Abstammung von den älteren, in den chin. Geschichtswerken schon seit dem 3. Jh. v. Chr. bezeugten Xiongnu, auch *ostasiatische Hunnen* gen., wird von der neueren Forschung abgelehnt. Seit 375 drangen die H. aus den Steppen S-Rußlands nach W vor und unterwarfen verschiedene german. Stämme in SO-Europa, was zu panikartigen Fluchtbewegungen (↑Völkerwanderung) führte. Die in Europa wirksamste hunn. Gruppe war die unter Attila und Bleda, die in die Donauebene vordrang und ein Reich bildete. Ihre Kriegszüge führten bis nach Italien und Gallien, wo sie in der Schlacht auf den Katalaun. Feldern 451 n. Chr. geschlagen wurden. Seit dem 6. Jh. gingen sie in anderen Völkerschaften (Wolgabulgaren, Chasaren, Tschuwaschen) auf.
Hunsrück, sw. Teil des Rhein. Schiefergebirges zw. Saar, Mosel, Rhein und Nahe. Wellige Hochflächen (400 bis 500 m ü. M.) werden von 100–300 m höher liegenden, waldbestandenen

Hundszunge. Gemeine Hundszunge

Hunt

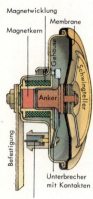

Hupe. Aufschlaghorn

Hüpfmäuse. Birkenmaus (Kopf-Rumpf-Länge 5–7 cm; Schwanzlänge bis 10 cm)

Jan Hus

Rücken überragt: *Soonwald* (bis 657 m hoch), *Bingerwald* (bis 637 m hoch), *Lützelsoon* (bis 597 m hoch), *Idarwald* (bis 766 m hoch), *Schwarzwälder Hochwald* (im Erbeskopf, der höchsten Erhebung des H., 816 m hoch) und *Osburger Hochwald* (bis 708 m hoch).

Hunt, William Holman [engl. hʌnt], *London 2. 4. 1827, † ebd. 7. 9. 1910, engl. Maler. Mitbegründer der ↑Präraffaeliten.

Hunte, linker Nebenfluß der Weser, 189 km lang.

Hunter [engl. 'hʌntə], in Großbrit. und Irland gezüchtetes Jagdpferd mit außerordentl. Springvermögen.

Hunyadi, János [ungar. 'hunjɔdi] (Iancu de Hunedoara), *in Siebenbürgen um 1408, † Semlin 11. 8. 1456, ungar. Reichsverweser (1446–52/53) und Feldherr. Vater von Matthias I. Corvinus; schlug 1442 die Türken, eroberte 1443 Niš und Sofia; siegte 1456 bei Belgrad über Sultan Mohammed II.

Hunza, 1) *Geographie:* Talschaft im Karakorum; durch die Karakorumstraße erschlossen; Pakistan.
2) *Ethnologie:* an der Sonnenseite des H.tals in 1600–2500 m Höhe lebendes ismailit. Bergvolk.

Hupe (Horn, Signalhorn), nach der Straßenverkehrs-Zulassungs-Ordnung (StVZO) vorgeschriebene akust. Warnanlage für Kfz. Mit der *Lichthupe* werden opt. Warnsignale durch kurzes Einschalten des Fernlichts gegeben.

Hüpfmäuse (Zapodidae), Fam. 5–10 cm körperlanger, langschwänziger, mausartiger Nagetiere mit rd. zehn Arten, v. a. in Steppen und buschigen Landschaften Eurasiens und N-Amerikas; einzige einheim. Art ist die *Birkenmaus,* 5–7 cm körperlang.

Huppert, Isabelle [frz. y'pε:r], *Paris 16. 3. 1953, frz. Filmschauspielerin. Bed. Charakterdarstellerin des internat. Films, u. a. »Die Spitzenklöpplerin« (1977), »Passion« (1982), »Eine Frauensache« (1988), »Malina« (1991).

Hürdenlauf, leichtathlet. Disziplin (Männer über 110 m, 400 m; Frauen über 100 m und 400 m), bei der in regelmäßigem Abstand aufgestellte Hürden (Höhe zw. 0,762 m und 1,067 m) überlaufen werden.

Hürdenrennen (Hindernisrennen) ↑Reitsport.

Hure, svw. Prostituierte (↑Prostitution).

Huri [arab.], Paradiesjungfrau im islam. Glauben.

Huronen, Konföderation von vier irokesisch sprechenden Indianerstämmen, urspr. seßhafte Bauern an der Georgian Bay des Huronsees; 1648 vom Irokesenbund unterjocht und in diesem aufgegangen.

Huronsee [hu'ro:n; engl. 'hjʊərən], mit 59596 km² zweitgrößter der Großen Seen Nordamerikas (USA und Kanada), Zufluß aus dem Michigansee, dem Oberen See und aus Flüssen, Abfluß zum Eriesee. Im NO liegt die etwa 15000 km² große *Georgian Bay.*

Hurrikan ↑Wirbelstürme.

Hurriter (Churriter), altorientalisches Volk in N-Mesopotamien und N-Syrien, in keilschriftlichen Quellen seit etwa 2150 v. Chr. bezeugt. Die H. bildeten im Euphratbogen 16.–14. Jh. v. Chr. das zeitweise mächtige Reich Mitanni (Hauptstadt Waschukkanni), das auf seinem Höhepunkt vom Mittelmeer bis zum Zagrosgebirge reichte und neben Babylonien und Ägypten zu den Großmächten Vorderasiens gehörte. Es erlag um 1335 v. Chr. dem Angriff der Hethiter.

Hürth, Gem. im N der Ville, NRW, 51000 E. Bundessprachenamt, Braunkohleabbau.

Hus, Jan (dt. Johannes Huß), *Husinec (Südböhm. Gebiet) um 1370 (?), † Konstanz 6. 7. 1415, tschechischer Reformator. Vertreter der Gedanken Wyclifs; durch eine Bulle Alexanders V. (1410) kam es in Prag zum Kampf gegen die Wycliffiten und zum Bann über H., der sich dem Konstanzer Konzil stellte, wo er den Widerruf der Wyclifschen Lehre verweigerte; auf dem Scheiterhaufen verbrannt; schuf eine einheitl. tschech. Schriftsprache und begründete durch seine Schriften eine nat. Literatur.

Husain, Saddam, *Tikrit 28. 4. 1937, irak. Politiker. 1966–79 stellv., seit 1979 Sekretär der regionalen Führung der Bath-Partei in Irak; 1968 maßgeblich an der Machtübernahme der Bath-Partei beteiligt; 1969–79 stellv., seit 1979 Vors. des Kommandorats der Revolution, seit 1979 auch Staatspräsident; löste mit dem Angriff irak. Truppen auf Iran den 1. ↑Golfkrieg aus. Im Aug.

1990 ließ H. das Emirat Kuwait von Irak. Truppen besetzen und löste damit im Jan. 1991 den Angriff einer multinationalen Streitmacht unter amerikan. Oberbefehl (2. ↑Golfkrieg) aus.

Husain (Hussein), Name von Haschimidenherrschern:
1) Husain I. ibn Ali *Konstantinopel etwa 1854, † Amman 4. 6. 1931, König des Hidjas (1917–25).
2) Husain II., *Amman 14. 11. 1935, König von Jordanien (seit 1952).

Husák, Gustav, *Dúbravka bei Preßburg 10. 1. 1913, † Preßburg 18. 11. 1991, tschechoslowak. Politiker (KPČ). 1954–60 in Haft; seit April 1968 stellv. Min.-Präs.; distanzierte sich nach der militär. Intervention von Truppen des Warschauer Paktes (21. 8. 1968) von A. Dubček und wurde 1. Sekretär der slowak. KP; 1969–87 Parteichef und Präsidiums-Mgl. der KPČ; wurde im Jan. 1990 ausgeschlossen; 1975–89 Staatspräsident.

Husaren [ungar.], ungar. Reiteraufgebot (seit dem 15. Jh.); später Bez. für leichte Reiter in ungar. Nationaltracht.

Husarenaffe, bodenbewohnende Art der Meerkatzenartigen in W- und Z-Afrika und in Teilen O-Afrikas; Körperlänge etwa 60–90 cm, Schwanz etwas kürzer; zwei Unterarten: *Patas (Schwarznasen-H.)* und *Nisnas (Weißnasenhusarenaffe).*

Hüsch, Hanns Dieter, *Moers 6. 5. 1925, dt. Kabarettist und Schriftsteller. 1956 Gründer und bis 1962 Leiter des Kabaretts »arche nova«; seither Solokabarettist, Schauspieler, Synchronsprecher.

Husky [engl. ˈhʌskɪ] (Siberian Husky), mittelgroßer (bis 58 cm Schulterhöhe), spitzähnl., kräftiger, aus Sibirien stammender Schlitten- und Haushund.

Huß, Johannes ↑Hus, Jan.

Hussein ↑Husain.

Husserl, Edmund, *Proßnitz (heute Prostějov bei Olmütz) 8. 4. 1859, † Freiburg im Breisgau 26. 4. 1938, dt. Philosoph. Begründer der ↑Phänomenologie. – *Werke:* Log. Untersuchungen (1900–01), Philosophie als strenge Wiss. (1911), Ideen zu einer reinen Phänomenologie und phänomenolog.. Philosophie (1913), Formale und transzendentale Logik (1929), Cartesian. Meditationen (1929–32).

Hussiten, von Jan Hus abgeleiteter Name für mehrere unterschiedl. kirchenreformer. bzw.-revolutionäre Bewegungen in Böhmen unter dem gemeinsamen religiösen Symbol des Laienkelchs: 1. die sog. *Kalixtiner* (bzw. *Utraquisten),* deren Forderungen die »Vier Prager Artikel« von 1420 zusammenfassen (freie Predigt; Laienkelch; Säkularisation des Kirchenguts und Rückkehr des apostol. Armut; strenge Kirchenzucht im Klerus); 2. die *Taboriten,* die darüber hinaus chiliast. und sozialrevolutionäre Motive zur Geltung bringen (Aufrichtung des Reiches Gottes durch das Schwert).

Hussitenkriege, die 1419–36 aus dem Aufstand der Hussiten resultierenden Feldzüge. Das Heer der Taboriten besiegte unter der Führung J. Žižkas das kaiserl. Kreuzheer und führte seit 1426/27 den Krieg auch offensiv mit Einfällen in die Nachbarländer. Die ↑Prager Kompaktaten (30. 11. 1433) und die Iglauer Kompaktaten (15. 1. 1437) beendeten den Krieg.

Husten (Tussis), Ausstoßen der Luft aus der Luftröhre und den Bronchien mit Hilfe einer plötzlich, meist reflektorisch ausgelösten Ausatmungsbewegung unter Sprengung der geschlossenen Stimmritze. Mit dem Luftstrom werden gleichzeitig meist kleine Schleimpartikel oder evtl. eingedrungene Fremdkörper herausgeschleudert; Husten kann Anzeichen verschiedener Erkrankungen (z. B. Bronchitis, Lungenentzündung u. a.) sein. *Hustenmittel* (Antitussiva) sind schleimlösende oder hustenstillende Arzneimittel.

Huston, John [engl. ˈhjuːstən], *Nevada (Mo.) 5. 8. 1906, † Newport (Mass.) 28. 8. 1987, amerikanischer Filmregisseur. Drehte u. a. »Der Malteserfalke«

Saddam Husain

Husain II., König von Jordanien

Gustav Husák

Husarenaffe
(Körperlänge 50 bis 75 cm; Schwanzlänge 50–75 cm)

Husum

(1941), »Asphalt Dschungel« (1950), »African Queen« (1951), »Moby Dick« (1956), »Nicht gesellschaftsfähig« (1960), »The Dead« (1987).

Husum, Stadt an der nordfries. Küste, Schlesw.-Holst., 20 900 E. Forschungsstelle Westküste, Museen; Außen- und Binnenhafen. Klassizist. Marienkirche (1829–33); vom Schloß sind der Hauptbau (1577–82) und das Torhaus (1612) erhalten; Rathaus (1601).

Hutpilze, volkstüml. Bez. für Ständerpilze mit gestieltem, hutförmigem Fruchtkörper.

Hutschlangen, svw. ↑Kobras.

Hütte (Hüttenwerk), industrielle Anlage, in der metall. (z. B. Eisen, Kupfer, Blei oder Zink) oder nichtmetall. Werkstoffe (Schwefel, Glas, Ziegel u. a.) aus Erzen, Mineralen, Konzentraten u. a. oder aus Alt- und sonstigen Rücklaufmaterialien gewonnen und teilweise weiterverarbeitet werden.

Hutten, Ulrich Reichsritter von, *Burg Steckelberg (bei Schlüchtern) 21. 4. 1488, † Insel Ufenau im Zürichsee 29. 8. 1523, dt. Humanist und Publizist. 1517–19 im Dienst des Erzbischofs Albrecht II. von Mainz; dann Gegner des Papsttums; Verfasser des zweiten Teils der ↑Dunkelmännerbriefe; trat seit 1519 für Luther ein; verband sich mit Franz von Sickingen; mußte nach dem gescheiterten Reichsritteraufstand (1521) zu Zwingli in die Schweiz fliehen.

Hutu, Bantuvolk in Ostafrika, überwiegend Feldbauern; heute in Ruanda und Burundi größte Bevölkerungsgruppe.

Huxley [engl. 'haksli], brit. Gelehrtenfamilie. Bed. Vertreter: **1)** Aldous, *Godalming bei London 26. 7. 1894, † Los Angeles-Hollywood 22. 11. 1963, Schriftsteller und Kulturkritiker. Bruder von Andrew und Sir Julian Sorell H.; neben Essays, Lyrik und Novellen v. a. satir. Romane gegen den Fortschrittsglauben, u. a. »Kontrapunkt des Lebens« (1928), und die Anti-Utopie »Schöne neue Welt« (1932).
2) Andrew, *London 22. 11. 1917, Physiologe. Bruder von Aldous und Sir Julian Sorell H.; erkannte in Zusammenarbeit mit A. L. Hodgkin, daß die Nervenmembranen nur für bestimmte Ionen durchlässig sind. Damit gelang ihnen auch der Nachweis einer Auslösung und Weiterleitung von Aktionspotentialen durch Ionenverschiebung an den Nervenzellmembranen; Nobelpreis für Physiologie oder Medizin 1963 (zus. mit Hodgkin und J. C. Eccles).
3) Sir (seit 1958) Julian Sorell, *London 22. 6. 1887, † ebd. 14. 2. 1975, Biologe und Schriftsteller. Bruder von Aldous und Andrew H.; befaßte sich hauptsächlich mit Problemen des Bevölkerungswachstums bzw. der Welternährung; auch Essays, Lyrik.

Hu Yaobang, *Liuyang (Prov. Hunan) 1915, † Peking 15. 4. 1989, chin. Politiker. 1956–67 und seit 1977 Mgl. des ZK der KPCh; seit 1978 Mgl. des Politbüros (seit 1980 in dessen Ständigem Ausschuß), 1981–87 Parteivorsitzender.

Huygens, Christiaan [niederl. 'hœyxəns] (latinisiert Hugenius), *Den Haag 14. 4. 1629, † ebd. 8. 7. 1695, niederl. Physiker, Mathematiker und Astronom. H. lieferte wichtige Beiträge zur Wahrscheinlichkeitsrechnung sowie zur Differential- und Integralrechnung. Im Zusammenh. mit seiner Erfindung der Pendeluhr (1656/57) entwickelte er u. a. die Theorie des physikal. Pendels. Seine Konstruktion einer Uhr mit Spiralfeder und Unruh (1675) führte zu einem Prioritätsstreit mit R. Hooke. Am bekanntesten sind seine Leistungen in der Optik (↑Huygenssches Prinzip). H. entdeckte 1655 den ersten Saturnmond, 1656 den Saturnring und den Orionnebel.

Huygenssches Prinzip ['hɔygəns-], eine von C. Huygens 1690 formulierte, auf mechan. Grundlage beruhende Theorie der Lichtausbreitung in einem von unvorstellbar kleinen Kügelchen erfüllten Äther. Das Licht breitet sich in Form einer räuml. [Stoß]welle aus, die im Äther durch mechan. Stöße übertragen wird. Jeder Punkt einer Welle wird als Ausgangspunkt einer sog. *Elementarwelle* betrachtet. Die Einhüllende dieser Elementarwellen bildet eine neue Wellenfront. Mit Hilfe des H. P. lassen sich Brechung und Reflexion von Wellen anschaulich deuten.

Huysmans, Joris-Karl [niederl. 'hœismans, frz. ɥis'ma:s], eigtl. Georges Charles H., *Paris 5. 2. 1848, † ebd. 12. 5. 1907, frz. Schriftsteller. Bed. Vertreter des ästhetisierenden Romans. – *Hauptwerke:* Gegen den Strich (R., 1884), Da unten (R., 1891).

Aldous Huxley

Hyazinthe. Hyacinthus orientalis (Höhe 20–45 cm)

Hybridzüchtung

Hüyük ↑Tell.
Hvannadalshnúkur [isländ. 'hwanadalshnu:kʏr], mit 2119 m höchste Erhebung Islands.
Hvar, mit 300 km² die viertgrößte der kroat. Adriainseln, bis 626 m hoch, Hauptstadt Hvar.
Hwaiyangschan (Dabieshan [chin. dabiɛʃan]), Gebirgszug im mittleren China, Schwelle zw. der Großen Ebene und dem mittel- und südchin. Gebirgsland, bis 1900 m hoch.
Hwange [hwaŋge] (bis 1982 Wankie), Bergbaustadt in W-Simbabwe, 39 200 E. Zentrum des größten Kohlebergbaugebiets im südl. Afrika.
Hwangho [ˈxvaŋho] (Huanghe [chin. xuaŋxʌ]), Fluß in N-China, 4 845 km lang, entspringt im NO des Hochlands von Tibet, umfließt in einem Bogen das Wüstengebiet des Ordosplateaus. Auf Grund der Erosion im Lößgebiet hat er eine starke Lößführung (daher *Gelber Fluß* gen.); durchströmt die Große Ebene als Dammfluß und mündet in den Pohaigolf (Gelbes Meer).
Hyaluronsäure [griech./dt.], ein Mukopolysaccharid; Bestandteil des Binde- und Stützgewebes.
Hyänen [griech.] (Hyaenidae), seit dem Pleistozän bekannte, mit den Schleichkatzen verwandte Fam. sehr gefräßiger Raubtiere mit drei Arten, v. a. in offenen Landschaften Afrikas, SW-Asiens bis Vorderindiens; Körper etwa 90–160 cm lang, Gebiß sehr kräftig. – H. sind überwiegend nachtaktiv; ernähren sich vorzugsweise von Aas und Kleintieren oder von (im Rudel erjagten) Großtieren. Arten: *Schabracken-H.* (Braune H., Strandwolf), etwa 1 m Körperlänge; *Streifen-H.*, etwa 1 m Körperlänge; *Erdwolf* (Zibet-H.), etwa 0,8 m Körperlänge; *Tüpfel-H.* (Flecken-H.), bis 1,6 m Körperlänge.
Hyänenhund (Afrikan. Wildhund), 75–100 cm körperlanges Raubtier (Fam. Hundeartige), v. a. in Steppen und Savannen Afrikas südl. der Sahara; im Rudel laufende, überwiegend dämmerungsaktive Hetzjäger.
Hyazinth [griech.], durchsichtiges, hyazinthrotes Mineral, Zirkonvarietät; beliebter Schmuckstein.
Hyazinthe [griech.] (Hyacinthus), Gatt. der Liliengewächse mit rd. 30 Arten im Mittelmeergebiet und Orient; Zwiebelpflanzen; beliebte Zierpflanze mit duftenden Blüten in vielen Farbvarietäten.
hybrid [griech.], hochmütig, vermessen; von zweierlei Herkunft.
Hybridantrieb, Kombination aus verschiedenen Antriebsarten oder Energieträgern. Im *Kfz-Bereich:* Kombination z. B. aus Verbrennungsmotor, Generator und Elektromotor bei Bussen im öffentl. Nahverkehr. Raketen mit H. *(Fest-Flüssig-Antrieb)* verwenden *Hybridtreibstoffe,* d. h. festen Brennstoff und in getrenntem Tank mitgeführte flüssige Oxidatoren.
Hybridrechner, Rechenanlage mit gekoppelten analogen und digitalen Funktionseinheiten; werden z. B. zur Lösung von Differentialgleichungen und zur Simulation eingesetzt. H. werden zunehmend durch moderne Digitalrechner ersetzt.
Hybridzüchtung (Hybridisierung), in der landwirtschaftl. Tier- und Pflanzenzüchtung häufig angewandtes Züchtungsverfahren zur Erzielung einer hohen markt- oder betriebsgerechten tier. oder pflanzl. Produktion durch Bastardwüchsigkeit (Nachkommen der 1. Generation wachsen üppiger als die Eltern

Hyänenhund
(Körperlänge bis 1 m)

Andrew Huxley

Hyäne

Hybris

Hydrochinon

[Luxurieren], die folgenden Generationen sind wieder weniger leistungsfähig).
Hybris [griech.], Überheblichkeit; frevelhafter Stolz gegenüber Göttern und Gesetzen (zentraler Begriff der griech. Ethik).
Hyde, Douglas [haɪd] (irisch Dubhglas de h'Ide) *Frenchpark bei Sligo 17. 1. 1860, † Dublin 12. 7. 1949, ir. Dichter und Gelehrter. Bemühte sich um die Wiederbelebung der ir. Sprache; 1938 bis 1945 erster Präs. der Republik Irland.
Hyderabad ['haɪdərɑːbaːd], 1) Hauptstadt des ind. Gliedstaats Andhra Pradesh, auf dem mittleren Dekhan, 3,0 Mio. E. Drei Univ., TU; Museum für Kunst und Archäologie, Staatsmuseum, botan. Garten, Zoo. Vielseitige Ind.; Verkehrsknotenpunkt. In der von einer zwölftorigen Mauer umschlossenen Altstadt u. a. der Torbau Car Minar (»Vier Minarette«, 1591), die Jami Masjid (1598), der Hauptmoschee Mekka Masjid (1614–92), der Chaumallapalast (18. Jh.). – 1589 gegr.; 1687 an das Mogulreich; 1724–1947 unabhängig unter der Nisamdynastie. 1948 wurde der Staat Hyderabad von ind. Truppen besetzt und 1956 auf die Gliedstaaten Andhra Pradesh, Bombay und Madras aufgeteilt.
2) pakistan. Ind.- und Handelsstadt am Unterlauf des Indus, 751 500 E. Univ., Brückenort; Kunsthandwerk.
hydr..., Hydr... ↑hydro..., Hydro...
Hydra ↑Herakles.
Hydrant [griech.-engl.], Zapfstelle zur Wasserentnahme aus einem Versorgungsnetz; z. B. zur Löschwasserentnahme.
Hydratation [griech.] (Hydration), Anlagerung der als Dipole wirkenden Wassermoleküle an Ionen oder polare Moleküle unter Bildung von *Hydraten.*
Hydraulik, Gesamtheit der Steuer-, Regel-, Antriebs- und Bremsvorrichtungen eines Fahrzeugs, Flugzeugs oder Geräts, deren Kräfte mit Hilfe einer Flüssigkeit *(H. öl)* übertragen werden.
Hydraulis [griech.] (Hydraulos, Organum hydraulicum), antike Wasserorgel, deren Luftdruck mittels Wasserverdrängung erzeugt wurde.
hydraulisch [griech.], unter Mitwirkung von Wasser erfolgend; mit Wasser- oder anderem Flüssigkeitsdruck arbeitend.

hydraulischer Widder (Stoßheber), eine die Bewegungsenergie strömenden Wassers ausnutzende Pumpe.
Hydrazin (Diamid), giftiges Stickstoffanalogon des Wasserstoffperoxids; Reduktions- und Lösungsmittel in der chem. Industrie, Derivate werden als Raketentreibstoff verwendet.
Hydride [griech.], binäre chem. Verbindung des Wasserstoffs mit Metallen oder Nichtmetallen.
Hydrierung [griech.], allg. die Synthese von Stoffen durch Anlagerung (Addition) von Wasserstoff.
hydro..., Hydro..., hydr..., Hydr..., hyd..., Hyd... [griech.], Bestimmungswort von Zusammensetzungen mit der Bedeutung »Wasser«.
Hydrochinon (1,4-Dihydroxybenzol), starkes Reduktionsmittel; Verwendung als Entwickler in der Photographie.
Hydrodynamik, Teilgebiet der Strömungslehre, das sich mit den Strömungen dichtebeständiger (inkompressibler) Stoffe befaßt, also v. a. mit strömenden Flüssigkeiten. Strömungen mit erhebl. Dichteänderungen werden in der Gasdynamik behandelt. Im Grenzfall der Ruhe reduziert sich die H. zur Hydrostatik.
hydrogen..., Hydrogen... [griech.], Hinweiswort der chem. Nomenklatur; kennzeichnend für saure Salze, z. B. *Hydrogencarbonate* (Salze der Kohlensäure).
Hydrogenium [griech.], svw. ↑Wasserstoff.
Hydrographie ↑Hydrologie.
Hydroidea (Hydroiden) [griech.], mit über 2400 Arten vorwiegend im Meer verbreitete Ordnung der Nesseltiere mit fast stets festsitzenden, meist koloniebildenden Polypen.
Hydrokortison (Hydrocortison, Kortisol, Cortisol, 17-Hydroxykortikosteron), zu den Glukokortikoiden gehörendes Hormon der Nebennierenrinde mit entzündungshemmender Wirkung.
Hydrokultur (Wasserkultur, Hydroponik), Bez. für Kultivierungsmethoden von Nutz- und Zierpflanzen in Behältern mit Nährlösungen anstelle des natürl. Bodens als Nährstoffträger.
Hydrolasen [griech.] ↑Enzyme.
Hydrologie, die Lehre von den Erscheinungsformen des Wassers über, auf und unter der Erdoberfläche. Umfaßt neben Hydrobiologie und -chemie v. a. die *Hy-*

hygroskopische Stoffe

drographie (Gewässerkunde) mit den Teilgebieten *Grundwasser-, Fluß-, Seen-* und *Gletscherkunde,* i. w. S. auch die *Meereskunde.*

Hydrolyse [griech.] (hydrolytische Spaltung), Spaltung eines Moleküls durch Reaktion mit Wasser (häufig unter Mitwirkung von Katalysatoren, z. B. Enzymen). Techn. oder biolog. Bedeutung haben z. B. die Fett-, die Rohrzucker- und die Proteinspaltung.

Hydromedusen (Saumquallen), fast nur bei meerbewohnenden Arten auftretende, freischwimmende, mit Geschlechtsorganen ausgestattete, meist getrenntgeschlechtl. Medusengeneration der Hydrozoen (nicht bei Staatsquallen); Schirm meist von 1 bis 3 cm Durchmesser.

Hydronephrose (Wassersackniere, Harnstauungsniere), Erweiterung des Nierenbeckens und der Nierenkelche mit Verdrängung und Untergang des Nierengewebes infolge Druckanstiegs bei Behinderung des Harnabflusses durch Steine, seltener Entzündungen, Tumoren oder angeborene Mißbildungen.

Hydropathie [griech.], svw. ↑Hydrotherapie.

Hydrophon [griech.] ↑Geophon.

Hydrophyten [griech.], svw. ↑Wasserpflanzen.

Hydropolypen, die etwa 1 mm bis über 2 m großen Polypen der Hydrozoen; stellen die ungeschlechtl. Generation der Hydrozoen dar.

Hydrosol ↑Sol.

Hydrosphäre, Wasserhülle der Erde: Meere, Grundwasser, Binnengewässer, das in Gletschereis gebundene sowie das in der Atmosphäre vorhandene Wasser.

Hydrostatik, die Lehre von den Gleichgewichtszuständen ruhender dichtebeständiger (inkompressibler) Flüssigkeiten bei Einwirkung äußerer Kräfte, v. a. der Schwerkraft; ihre Hauptaufgabe ist die Ermittlung der Druckverteilung in derartigen Flüssigkeiten, daneben auch die Ermittlung der sich unter Einwirkung von inneren oder äußeren Kräften ausbildenden Flüssigkeitsoberflächen.

hydrostatischer Druck, der im Inneren einer ruhenden Flüssigkeit herrschende Druck; er ist in jeder Richtung gleich groß, wachst mit der Höhe der Flüssigkeitssäule über der betreffenden Stelle.

Hydrotherapie (Hydriatrie, Hydropathie), Gesamtheit der ärztl. Behandlungsmethoden mit (äußerer) Anwendung von Wasser in Form von Waschungen, Bädern, Güssen, Wickeln, Dämpfen, Kneippkuren u. a.

Hydroxide, allg. Bez. für chem. Verbindungen mit abdissoziierbaren Hydroxylgruppen (OH-Gruppen), die dadurch in Lösung basisch reagieren (z. B. Natriumhydroxid, NaOH).

Hydroxylgruppe (Hydroxygruppe), Bez. für die einwertige funktionelle Gruppe –OH.

Hydroxynaphthaline, svw. ↑Naphthole.

Hydrozephalus (Hydrocephalus) [griech.], svw. ↑Wasserkopf.

Hydrozoen (Hydrozoa) [griech.], Klasse der Nesseltiere mit rd. 2 700 überwiegend im Meer lebenden Arten von etwa 1 mm bis 2 m Länge.

Hyères, Îles d' [frz. il'dje:r], französische Inselgruppe im Mittelmeer sö. von Toulon.

Hygiene [griech.] (Gesundheitslehre), Fachgebiet der Medizin; die Lehre von der Gesundheit, einschließlich Gesundheitspflege und Gesundheitsfürsorge sowie die dafür getroffenen Maßnahmen, die sich mit den Wechselbeziehungen zw. Mensch und seiner belebten und unbelebten Umwelt befaßt.

hygro..., Hygro... [griech.], Bestimmungswort von Zusammensetzungen mit der Bedeutung »Feuchtigkeit«.

Hygrograph, Gerät zur Registrierung der Luftfeuchtigkeit.

Hygrometer, Geräte zur Messung der Luftfeuchtigkeit. Das *Absorptions-H.* beruht auf der Gewichtszunahme wasseranziehender, d. h. hygroskop. Stoffe. Die Wirkungsweise des *Haar-H.* beruht auf der feuchtigkeitsbedingten Längenänderung von Haaren o. ä. *Taupunkt-H. (Kondensations-H., Taupunktspiegel):* Eine spiegelnde Metalloberfläche wird so weit abgekühlt, bis sich Wasserdampf darauf niederschlägt *(Taupunkt);* aus der Temperatur am Taupunkt folgt die absolute Feuchtigkeit.

hygroskopische Stoffe [griech./dt.], Stoffe, die die Feuchtigkeit der Luft aufnehmen, z. B. Calciumchlorid, konzentrierte Schwefelsäure, Phosphorpentoxid, werden als Trockenmittel verwendet.

1559

Hyksos

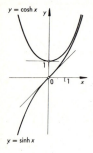

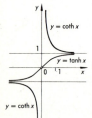

Hyperbelfunktionen

Hyksos, aus Asien stammende Könige der 15. und 16. ägypt. Dynastie (1650–1540 v. Chr.). Ihre Residenz war Auaris.

hyl..., Hyl... [griech.], Bestimmungswort von Zusammensetzungen mit der Bedeutung »Holz, Wald, Materie«.

Hymen [griech.] (Jungfernhäutchen), sichel- bis ringförmige, dünne Schleimhautfalte zw. Scheidenvorhof und Scheideneingang bei der Frau.

Hymir, Riese der nord. Mythologie.

Hymne [griech.] (Hymnos), feierl., meist religiöser Lob- und Preisgesang. – Im antiken Griechenland Preislied auf Heroen und Götter. Formen und Motive der griech. H.dichtung (v. a. Pindar und Kallimachos) wurden in der röm. Literatur übernommen (»Carmina«). Seit dem Urchristentum ist *Hymnus* ein Lobgesang in der Art der Psalmen. Die lat. Liturgie versteht darunter das seit dem 4. Jh. entstandene religiöse, streng metr. Strophenlied für das Stundengebet; jedoch erst seit dem 13. Jh. liturgisch zugelassen; um 1400 begann man, den H.gesang polyphon zu gestalten (auch Instrumentalsätze; bis ins 19. Jh. gepflegt). Für die H. in der dt. Dichtung als freie Form war die griech. H.dichtung vorbildlich, bes. bei Klopstock, Goethe, Schiller, Hölderlin.

Hyoscin [griech.], svw. ↑Scopolamin.

Hyoscyamin [griech.], opt. aktive Form des Alkaloids ↑Atropin.

hyp..., Hyp... ↑hypo..., Hypo...

Hyperämie [griech.], *Medizin:* 1) (arterielle H., aktive H.) Mehrdurchblutung infolge einer Gefäßerweiterung, z. B. bei vermehrter Organtätigkeit oder Histaminausschüttung.

2) (passive H., venöse H., Stauungs-H., Stauungsblutfülle) ↑Blutstauung.

Hyperbel [griech.], 1) *Geometrie:* eine zu den Kegelschnitten gehörende ebene Kurve; der geometr. Ort aller Punkte P der Ebene, für die der Betrag der Differenz ihrer Abstände ρ_1 und ρ_2 von zwei gegebenen Punkten F_1 und F_2 (den Brennpunkten) konstant (= $2a$) ist. Der Mittelpunkt M der Strecke zw. F_1 und F_2 (Länge $2a$) ist zugleich der Mittelpunkt der Hyperbel. Trägt man auf der Geraden durch F_1 und F_2 von M aus die Strecke a nach beiden Seiten ab, so erhält man die beiden Hauptscheitel A_1 und A_2; die Strecke $\overline{A_1 A_2}$ bezeichnet man als die *reelle Achse (Hauptachse)* der Hyperbel. Errichtet man in M die Senkrechte zu $\overline{F_1 F_2}$ und schlägt um einen der Hauptscheitel einen Kreis mit dem Radius $\overline{MF_1} = e$, so erhält man als Schnittpunkt die »reellen Vertreter« der *imaginären Nebenscheitel* B_1 und B_2. Die Strecke $\overline{B_1 B_2}$ bezeichnet man als die *imaginäre Achse (Nebenachse)* der H. (Länge $2b$). Als *lineare Exzentrizität* der H. wird die Größe $e = \sqrt{a^2 + b^2}$ bezeichnet. Die H. ist eine algebr. Kurve zweiter Ordnung; liegt der Mittelpunkt im Ursprung eines kartes. Koordinatensystems, so lautet ihre Gleichung

$$\frac{x^2}{a^2} - \frac{y^2}{b^2} = 1$$

2) *rhetor. Figur:* starke Übertreibung des Ausdrucks, z. B. »zahlreich wie *Sand am Meer*«.

Hyperbelfunktionen (hyperbolische Funktionen), Sammelbez. für die tran-

---

Hymne. Letzte Strophe des »Prometheus« in Goethes eigener Handschrift. Der Text lautet: Hier sitz' ich, forme Menschen / Nach meinem Bilde, / Ein Geschlecht, das mir gleich sei, / Zu leiden, weinen, / Genießen und zu freuen sich, / Und dein nicht zu achten, / Wie ich.

szendenten Funktionen *Hyperbelsinus (Sinus hyperbolicus)*, *Hyperbelkosinus (Cosinus hyperbolicus)*, *Hyperbeltangens (Tangens hyperbolicus)* und *Hyperbelkotangens (Cotangens hyperbolicus)* mit den Funktionszeichen sinh, cosh, tanh und coth. Mit den trigonometr. Funktionen Sinus und Kosinus sind sie durch die Beziehung $\sinh z = -i \cdot \sin iz$, $\cosh z = \cos iz$ verknüpft (mit $i = \sqrt{-1}$). Ferner gilt:

$$\tanh z = \frac{\sinh z}{\cosh z} \quad \text{bzw.} \quad \coth z = \frac{\cosh z}{\sinh z}$$

Hyperboloid [griech.], eine Fläche 2. Ordnung bzw. der von ihr begrenzte Körper. In kartes. Koordinaten lautet die Mittelpunktsgleichung eines H., das die z-Achse als Symmetrieachse besitzt:

$$\frac{x^2}{a^2} + \frac{y^2}{b^2} - \frac{z^2}{c^2} = 1 \text{ (einschaliges H.)}$$

$$\frac{x^2}{a^2} + \frac{y^2}{b^2} - \frac{z^2}{c^2} = -1 \text{ (zweischaliges H.)},$$

Rotations-H. kann man sich durch Rotation einer Hyperbel um die die Brennpunkte verbindende Achse (zweischaliges H.) oder um die dazu senkrechte Symmetrieachse (einschaliges H.) entstanden denken.

Hyperglykämie [griech.], Erhöhung des in nüchternem Zustand bestimmten Glucosegehaltes (»Blutzuckerspiegel«) auf Werte über 120 mg pro 100 ml Blut; Vorkommen v. a. bei Zuckerkrankheit, Überfunktion der Nebennieren oder der Hypophyse.

Hyperonen ↑Elementarteilchen.

Hypersomnie [griech./lat.], svw. ↑Schlafsucht.

Hyperthyreose [griech.], svw. Schilddrüsenüberfunktion (↑Schilddrüse).

Hypertonie [griech.], svw. Bluthochdruck (↑Blutdruck).

Hypertrophie [griech.], Vergrößerung eines Organs oder Gewebes durch Größenzunahme seiner einzelnen Zellen, deren Anzahl (anders als bei der Hyperplasie) insgesamt nicht zunimmt.

Hyphen ['hyfən; griech.], fadenförmige, oft zellig gegliederte und verzweigte Grundstrukturen der Pilze, aus denen sich das Myzel und der Fruchtkörper aufbaut.

Hypnos, bei den Griechen Begriff und personifizierter Dämon des Schlafes.

Hypoglykämie

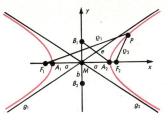

Hyperbel 1).
F_1, F_2 Brennpunkte; A_1, A_2 Hauptscheitel; B_1, B_2 Nebenscheitel; g_1, g_2 Asymptoten; ϱ_1, ϱ_2 Brennpunkte;

Hypnose [griech.], durch Suggestion herbeigeführte, weitgehend an den sozialen Kontakt mit der Person des Hypnotiseurs verengte Bewußtseinsänderung, die in physiolog. Hinsicht (Gehirnaktivität, Pulsfrequenz, Grundumsatz u. a.) mehr einem partiellen Wachsein als einem Schlafzustand gleicht. Die Hypnotisierbarkeit sowie die erreichbare Intensität der H. hängt jeweils weniger vom Hypnotiseur ab als von der Charakterstruktur – speziell der Beeinflußbarkeit (Suggestibilität) – des zu Hypnotisierenden. Die genaue Natur der H. ist gegenwärtig nicht bekannt. Medizin. findet die H.therapie v. a. als *Auto-H.* (Selbsthypnose), bei der die hypnotisierte Person durch Autosuggestion in den hypnot. Zustand versenkt wird, Anwendung.

Hypnotika [griech.], schlaffördernde Arzneimittel (↑Schlafmittel).

hypo..., Hypo..., hyp..., Hyp... [griech.], Vorsilbe mit der Bedeutung »unter, darunter«.

Hypochondrie [griech.], Bez. für die gestörte psych. Einstellung eines Menschen zum eigenen Körper, insbes. durch übertriebene Neigung, ständig seinen Gesundheitszustand zu beobachten.

Hypoglykämie (Glukopenie), Verminderung des Blutzuckergehaltes unter 40 bis 70 mg pro 100 ml Blut; z. B. bei Ent-

Hypnos.
Bronzekopf; griechisches Original oder römische Kopie. Höhe 20,3 cm, gefunden bei Perugia (London, Britisches Museum)

Hypokaustum. Blick auf die Heizungsanlage eines römischen Bades (Budapest, Historisches Museum)

haltung von Nahrung, Insulinüberdosierung, Erkrankungen der Leber, der Bauchspeicheldrüse und Schilddrüse oder Funktionsstörungen der Nebennierenrinde.

Hypoidgetriebe [griech./dt.] (Kegelschraubgetriebe), Kegelradgetriebe, dessen Wellen sich in geringem Abstand kreuzen (z. B. beim Hinterradantrieb von Kfz). Die versetzten *Hypoidräder* sind infolge ihrer sog. *Hypoidverzahnung* bes. tragfähig und laufruhig; Schmierung wegen der Gleitbewegung an den Zahnflanken mit chemisch aktiviertem Öl *(Hypoidöl)*.

Hypokaustum [griech.-lat.], röm. Zentralheizung, v. a. durch Kanäle im Steinoder Ziegelfußboden, später auch durch Hohlziegel oder Tonrohre der Wände; bes. bei Thermen.

Hypokotyl [griech.], bei Samenpflanzen Bez. für das unterste Sproßglied des Keimlings, das sich zw. Wurzelhals und Keimblättern befindet. Ist das H. knollig verdickt, dient es als Reservestoffspeicherorgan, z. B. beim Radieschen und bei der Roten Rübe.

Hypophyse [griech.] (Hirnanhang[sdrüse], Gehirnanhang[sdrüse]), Hormondrüse der Wirbeltiere, die an der Basis des Zwischenhirns hängt. Sie ist beim Menschen walzenförmig (etwa 14 mm lang) und ragt in eine Höhlung des Keilbeins hinein. Die H. besteht aus zwei histolog. und funktionell verschiedenen Teilen: der (gefäßreiche) *H.vorderlappen (Adeno-H.)* hat viele verschiedenartige Drüsenzellen. Die Hauptzellen machen etwa 50% aus; ihre Bedeutung ist nicht voll geklärt. Während der Schwangerschaft gehen aus ihnen die Schwangerschaftszellen hervor, die Prolaktin produzieren. Andere Zellen synthetisieren u. a. das Wachstumshormon Somatotropin. Der *H.hinterlappen (Neuro-H.)* enthält zahlr. (markarme) Nervenfasern, die Neurosekret aus den Nervenzellkörpern im Hypothalamus enthalten.

Hypostase [griech.], v. a. in *Religionswiss.* und *Theologie* die Vergegenständlichung oder Personifikation eines Begriffes sowie Bez. für die göttl. Person selbst.

Hyposulfate, svw. Dithionate (↑ Schwefelsauerstoffsäuren).

Hypotaxe [griech.] (Hypotaxis), grammat. Bez. für die syntakt. Unterordnung von Sätzen (in einem Satzgefüge sind einem Hauptsatz ein oder mehrere Nebensätze untergeordnet).

Hypotenuse [griech.], in einem rechtwinkligen Dreieck die dem rechten Winkel gegenüberliegende Seite.

Hypothek [griech.], ein zu den Grundpfandrechten gehörendes beschränktes dingl. Grundstücksrecht zur Sicherung einer Geldforderung. Dem H.gläubiger haftet das belastete Grundstück, das er bei Fälligkeit zur Befriedigung der gesicherten Forderung im Wege der Zwangsvollstreckung verwerten kann. *Arten:* 1. die *Verkehrs-H.,* die Regelform der Hypothek. Sie kommt vor als lediglich im Grundbuch eingetragene *Buch-H.* oder als *Brief-H.,* über die ein Hypothekenbrief ausgestellt ist; 2. die *Sicherungs-H.,* eine Buch-H., bei deren Geltendmachung der Gläubiger den Bestand der Forderung nachweisen muß, wozu die Eintragung im Grundbuch nicht genügt; 3. die *Gesamt-H.,* die für dieselbe Forderung an mehreren Grundstücken besteht; 4. die *Tilgungs-H.,* deren Rückzahlung durch jährl. Zahlungen erfolgt.

Hypothekenbanken, privatrechtl. Kreditinstitute, deren Geschäftsbetrieb darauf gerichtet ist, inländ. Grundstücke zu beleihen und auf Grund der erworbenen Hypotheken Schuldverschreibungen

Hypophyse

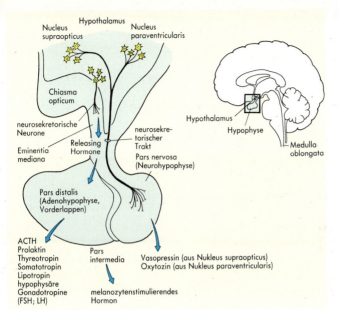

auszugeben sowie Darlehen an inländ. Körperschaften und Anstalten des öffentl. Rechts zu gewähren.

Hypothermie [griech.], Unterkühlung, erniedrigte Körpertemperatur. Die kontrollierte, therapeutisch herbeigeführte H. (künstl. Hibernation) dient der Herabsetzung der Stoffwechselvorgänge und Reflexe und ermöglicht eine kurze Unterbrechung der Blutzufuhr zu lebenswichtigen Organen (z. B. bei Herzoperationen).

Hypothese [griech.], eine widerspruchsfreie Aussage, deren Geltung nur vermutet ist und die in den Wiss. als Annahme eingeführt wird, um mit ihrer Hilfe schon bekannte wahre Sachverhalte zu erklären.

Hypothyreose [griech.], svw. Schilddrüsenunterfunktion (↑Schilddrüse).

Hypotonie [griech.], svw. niedriger ↑Blutdruck.

Hypotrophie [griech.], unterdurchschnittl. Größenwachstum, Schwund von Organen oder Geweben (Vorstufe der Atrophie).

Hypovitaminosen [Kw.], svw. ↑Vitaminmangelkrankheiten.

Hypoxie [griech.], Verminderung des Sauerstoffgehaltes bzw. der Zellatmung im Organismus u. a. infolge Beeinträchtigung der Atmung oder als Folge von Kreislaufstörungen.

Hypozentrum ↑Erdbeben.

hypso... [griech.], Vorsilbe mit der Bedeutung »hoch, Höhen-«.

Hysterese [griech. »das Zurückbleiben«] (Hysteresis), das Zurückbleiben einer Wirkung hinter der sie verursachenden veränderlichen physikalischen Größe. Die graphische Darstellung einer Hysterese wird als *Hysteresisschleife* bezeichnet.

Hysterie [griech.], Form der Neurose, überspannte psych. Einstellung der Extraversion; früher (heute auch umgangssprachl.) Sammelbez. für abnormes Verhalten *(hyster. Reaktion),* das auf psychot. Grundlage beruht oder aus Affekten heraus entsteht und mit vielfachen phys. und psych. Symptomen (Lähmungen, Krampfanfällen, Bewußtseinstrübungen u. a.) ohne klar umschriebenes diagnostizierbares Krankheitsbild einhergeht.

Hz, Einheitenzeichen für ↑Hertz.

Ii

I, der 9. Buchstabe des Alphabets, im Griech. ι (↑Jota). Der vokal. Lautwert [i] wurde dem Buchstaben erst im Griech. zugelegt. Der Punkt über der Minuskel i kam im Spät-MA (als »Lesehilfe«) auf.
I, chem. Symbol für Iod (↑Jod).
i, mathemat. Zeichen für die imaginäre Einheit (↑Imaginärteil).
i. a., Abk. für im allgemeinen.
i. A., Abk. für im Auftrag, im Aufbau.
IAA, Abk. für Internat. Arbeiterassoziation, ↑Internationale.
Iacopo de' Barbari ↑Barbari, Iacopo de'.
Iacopo della Quercia [italien. 'ja:kopo dɛla 'kuɛrtʃa], * Quercia Grossa bei Siena 1374(?), † Siena 20. 10. 1438, italien. Bildhauer. Bed. Vertreter der Renaissanceplastik: 1414/15–19 Fonte Gaia für die Piazza del Campo in Siena, 1417–28 Taufbrunnen (Gesamtentwurf und Relief) von San Giovanni in Siena und 1425 ff. Hauptportal von San Petronio in Bologna.
Iacopone da Todi, eigtl. Iacopo dei Benedetti, latin. Jacobus Tudertinus oder de Benedictis, * Todi um 1230, † San Lorenzo bei Collazzone (Prov. Perugia) 25. 12. 1306, italien. Dichter. Franziskaner; schrieb bed. Satiren, geistl. Lobgesänge (»Lauden«, hg. 1490), Bußpredigten, dialog. Marienklagen.
Iamblichos, * um 250, † um 330, griech. Philosoph aus Chalkis (Syrien). Begründer der syr. Schule des Neuplatonismus (Platonauslegung); vervollständigte das Emanationssystem Plotins und machte es v. a. durch die Hereinnahme spätantiker und oriental. Göttervorstellungen zur Grundlage eines Polytheismus.
Ianus ↑Janus.
Iapetos ↑Titanen.
Iași ['jaʃi], Stadt in NO-Rumänien, 346 000 E. Univ., TH, Museen, Staatsoper und -philharmonie. Industriezentrum. Kirche Sankt Nikolaus (1493). – Ab 1565 Hauptstadt des Ft. Moldau. – Mit dem *Frieden von Iași* (9. 1. 1792) beendete Rußland den Türkenkrieg 1787–92.
Iason ↑Jason.
IATA [i'a:ta; engl. 'aɪ-eɪtɪ'eɪ], Abk. für ↑International Air Transport Association.
iatro... [griech. iatrós »Arzt«], Vorsilbe mit der Bed. »ärztl., Arzt...«.
iatrogen, durch den Arzt hervorgerufen, verursacht (v. a. von Krankheiten gesagt).
ib., Abk. für lat. ibidem (»ebenda«).
Ibadan, Hauptstadt des Gliedstaates Oyo, SW-Nigeria, 1,26 Mio. E. Univ., Akademie der Wissenschaften, Nationalarchiv, Handelszentrum eines Kakaoanbaugebiets; moderne Industrie.
Ibagué [span. iβa'ɣe], Dep.-Hauptstadt in Z-Kolumbien, 291 000 E. Univ.; Handelszentrum; Eisenbahnendpunkt.
Ibáñez, Vicente Blasco ↑Blasco Ibáñez, Vicente.
Ibbenbüren, Stadt im nw. Teutoburger Wald, NRW, 44 700 E; Steinkohlenbergbau (1 420 m tiefer Schacht), Großkraftwerk.
ibd., Abk. für lat. ibidem (»ebenda«).
Iberer (lat. Iberi), Volk in Spanien, das wahrscheinlich während des Neolithikums aus Afrika einwanderte, sich im O und S niederließ *(Iberia)* und eine blühende Stadtkultur entfaltete (u. a. Sagunt). Nach dem Kantabr. Krieg des Augustus 26–19 erschlossen sich die I. rasch der Romanisierung. ↑Keltiberer.
Iberger Tropfsteinhöhle ↑Höhlen (Übersicht).
Iberia, Líneas Aéreas de España S. A. [span. i'βeria 'lineas a'ereaθ ðe es'paɲa 'ese 'a], span. Luftverkehrsunternehmen, gegr. 1927, Sitz: Madrid.
Iberisch, die nichtindogerman. Sprache des vorröm. Spanien, die die Iberer in Katalonien, Aragonien und der span. Levante sprachen und auf ihren Inschriften in iber. (und vorher seit dem 5. Jh. v. Chr. in griech.) Schrift nieder-

Jacques Ibert

Entwicklung des Buchstabens I

Ƶ Semitisch	𐤉𐤉 Textur
𐌉 Griechisch	
I Römische Kapitalschrift	Ii Renaissance-Antiqua
I Unziale	𝔍𝔦 Fraktur
1 Karolingische Minuskel	Ii Klassizistische Antiqua

legten; obwohl die Entzifferung der iberischen Schrift, einer Mischung aus Buchstaben- und Silbenschrift, gelungen ist, sind die iber. Texte bis heute noch wenig verständlich.

Iberische Halbinsel (Pyrenäenhalbinsel), Halbinsel SW-Europas, umfaßt ↑Spanien und ↑Portugal.

Iberisches Randgebirge, NW–SO gerichtetes Gebirge in Z-Spanien zw. der Meseta im S und dem Ebrobecken im N, bis 2313 m hoch.

Iberisches Scheidegebirge, Gebirgszug im Zentrum der Iber. Halbinsel, umfaßt das Kastil. und das Portugies. Scheidegebirge, bis 2592 m hoch.

Iberoamerika, svw. ↑Lateinamerika.

Ibert, Jacques [frz. i'bɛːr], *Paris 15. 8. 1890, † ebd. 5. 2. 1962, frz. Komponist. Wurde v. a. mit Opern und sinfon. Werken bekannt.

ibid., Abk. für lat. **ibid**em (»ebenda«).

Ibisse [ägypt.] (Threskiornithidae), Fam. storchähnlicher, gesellig lebender und brütender Vögel mit rd. 30 mittelgroßen bis großen sumpf-, ufer- oder steppenbewohnenden Arten, v. a. in den wärmeren Gebieten der Alten und Neuen Welt; zwei Unter-Fam.: Sichler und Löffler.

Ibiza [span. i'βiθa], **1)** (amtl. katalan. Eivissa), span. Hafenstadt an der SO-Küste der Insel Ibiza, 25 500 E. Archäolog. Museum; Fischerei, Handel, Fremdenverkehr, ⚓. Got. Kathedrale (im 18. Jh. umgestaltet), mächtige Befestigungsmauern.
2) Insel der Balearen, 568 km^2, bis 475 m ü. M., Hauptort Ibiza.

Ibla ↑Tall Mardich.

IBM [engl. 'aɪbiː'ɛm], Abk. für ↑International **B**usiness **M**achines Corp.

Ibn [arab.], Sohn; häufig Teil arab. Personennamen.

Ibn Chaldun, Abd-ar-Rahman ibn Mohammed, *Tunis 27. 5. 1332, † Kairo 19. 3. 1406, arab. Geschichtsschreiber. Schrieb eine Weltgeschichte mit berühmter ausführl. Einleitung, in der aus histor. Ereignissen allg. Gesetze abgeleitet werden.

Ibn Gabirol, Salomon Ben Jehuda ↑Gabirol, Salomon.

Ibn Saud, Abd al-Asis III., *Riad 24. 11. 1880, † Taif 9. 11. 1953, König von Saudi-Arabien. Eroberte 1902 Riad zurück und wurde zum Herrscher des Nedjd und Führer der Wahhabiten proklamiert; unterwarf 1921 Hail, 1924/25 Mekka und das Kgr. Hidjas; annektierte das Emirat Asir (1923); gab seinem Land 1932 den Namen Saudi-Arabien; betrieb die Modernisierung und Technisierung des Landes.

Ibo, Volk der Sudaniden in SO-Nigeria; spricht eine Kwasprache. Die I. nahmen früh Christentum und europ. Kultur an und rückten zur Führungsschicht Nigerias auf. Ihr Versuch, 1967 einen eigenen Staat, Biafra, zu gründen, endete 1970 nach einem Bürgerkrieg mit der Kapitulation und ihrer weitgehenden Ausrottung oder Reintegration.

Ibsen, Henrik, Pseud. Brynjolf Bjarme, *Skien 20. 3. 1828, † Christiania (heute Oslo) 23. 5. 1906, norweg. Dramatiker. Lebte u. a. 20 Jahre in Deutschland. Seine *Ideendramen* (»Brand«, 1866; »Peer Gynt«, 1867) und *Gesellschaftsstücke* (u. a. »Stützen der Gesellschaft«, 1877) waren von großem Einfluß nicht nur auf den ↑Naturalismus, sondern auf das Drama des 20. Jh. überhaupt. – *Weitere Werke:*

Iacopo della Quercia. Erschaffung Evas; Steinflachrelief am Hauptportal von San Petronio in Bologna (1425 ff.)

Nora oder Ein Puppenheim (1879), Gespenster (1881), Volksfeind (1882), Die Wildente (1884), Hedda Gabler (1890), Baumeister Solness (1892), John Gabriel Borkmann (1896), Wenn wir Toten erwachen (1899).

IC, 1) Abk. für Intercity (↑Intercity-Züge).
2) Abk. für engl. integrated circuit ↑integrierte Schaltung.

Icarus [griech., nach der Sagengestalt Ikarus] (Ikaros), ein Planetoid mit sonnennächstem Bahnpunkt innerhalb der Merkurbahn.

ICBM [engl. 'aɪsiːbiː'ɛm], Abk. für engl. Intercontinental ballistic missile (»interkontinentale ballist. Rakete«), ballist. Rakete mit sehr großer Reichweite.

ICE, Abk. für Intercity Expreß (↑Intercity-Züge).

Ich, 1) die Summe dessen, wodurch sich ein Subjekt von der Gesamtheit der außer ihm liegenden Objekte unterscheidet.
2) *Psychoanalyse:* die zw. dem (triebhaften) Es und dem (moral.) Über-Ich agierende Substanz.

I-ching (Yijing, I Ging) [chin. idzɪŋ »Buch der Wandlungen«], eines der fünf Kanon. Bücher des ↑Konfuzianismus.

Ichneumone [griech.], svw. ↑Mangusten.

Ichthyo... [griech], Bestimmungswort von Zusammensetzungen mit der Bedeutung »Fisch«.

Ichthyol ® [Kw.], schwarzbraune [als *Leukichthol* ® farblose], in Wasser und Alkohol lösl. Flüssigkeit, die eine antisept., entzündungsh. und schmerzstillende Wirkung besitzt; als *I.salbe* u. a. gegen Furunkel u. a. Hauterkrankungen, bei Quetschungen, Schleimhautentzündungen angewendet.

Ichthyologie (Fischkunde), Wiss. und Lehre von den Fischen.

Ichthyosauria [griech.], svw. ↑Fischechsen.

Ichthyose [griech.] (Ichthyosis), svw. ↑Fischschuppenkrankheit.

Icterus [griech.], svw. ↑Gelbsucht.

Ictus [lat.] ↑Iktus.

id., Abk. für lat. ↑idem.

Ida, 1) Gebirgsmassiv in M-Kreta, 2 456 m hoch. In der Mythologie Geburtsstätte des Zeus.
2) der Kybele hl. Gebirge in Mysien (nw. von Edremit, Türkei).

Idaho [engl. 'aɪdəhəʊ], Staat der USA, in den nördl. Rocky Mountains, 216 432 km², 998 000 E, Hauptstadt Boise.
Geschichte: 1863 wurde das Territorium I. eingerichtet, 1864 Abtrennung von Montana, 1868 von Wyoming. 1890 43. Staat der USA.

Idar-Oberstein, Stadt im Saar-Nahe-Bergland, Rheinl.-Pf., 34 000 E. Dt. Edelsteinmuseum, Diamanten- und Edelsteinbörse, Schmuckwarenindustrie. Spätgot. Felsenkirche von Oberstein (1482); Ruinen des Alten und Neuen Schlosses.

Idarwald ↑Hunsrück.

Ideal [griech.-lat.-frz.], Inbegriff der Vollkommenheit; erstrebenswertes Ziel.

Idealgewicht ↑Körpergewicht.

Idealismus [griech.-lat.],**1)** allg. [auch mit Selbstaufopferung verbundenes] Streben nach Verwirklichung von eth. oder ästhet. Idealen; durch Ideale bestimmte Weltanschauung.
2) in der *Philosophie* ein seit dem 18. Jh. verwendeter Begriff zur Bez. verschiedener philosoph. Grundpositionen, die im Ggs. zum ↑Materialismus vom Primat des Bewußtseins (der Idee) über das Sein (die Materie) ausgeht.

Idee [griech.-lat.], allg. plötzl. Einfall, Gedanke, Auffassung; mit unbestimmtem Artikel svw. »ein bißchen«. – Von Platon in die *Philosophie* eingeführter Begriff, durch den die den Erscheinungen zugrundeliegenden Urbilder bestimmt werden (↑Idealismus). In der Erkenntnistheorie des neuzeitl. Rationalismus entstehen I. erfahrungsunabhängig im Denkprozeß *(angeborene Ideen)* und sind die Namen menschl. Allgemeinvorstellungen. Hegel definiert die I. als Einheit von Begriff und Realität, Subjektivem und Objektivem. Die »absolute I.« ist das, was durch seine Selbstverwirklichung das Sein hervorbringt.

idem [lat.], Abk. id., derselbe (v. a. bei bibliograph. Angaben).

Iden (lat. Idus), im altröm. Kalender in den Monaten März, Mai, Juli und Oktober der 15., in den übrigen Monaten der 13. Monatstag.

Identifizierung [lat.] (Identifikation), Gleichsetzung; Feststellung der Identität (Wiedererkennen).

Identität [lat.], **1)** *allgemein:* vollkommene Gleichheit oder Übereinstim-

mung (in bezug auf Dinge oder Personen); Wesensgleichheit; v. a. durch Schriftstücke nachzuweisende Echtheit einer Person *(Identitätspapiere)*.
2) *Psychologie:* die als »Selbst« erlebte innere Einheit der Person *(Ich-Identität)*.
3) *Mathematik:* 1. eine Gleichung, die für den ganzen Definitionsbereich gültig ist, z. B. $(x+1) \cdot (x-1) = x^2 - 1$ *(identische Gleichung);* 2. eine Abbildung, die jedes Element a einer Menge M auf sich abbildet *(identische Abbildung)*.
4) *Psychoanalyse:* Bez. für emotionales Sichgleichsetzen mit einer anderen Person oder einer Gruppe und Übernahme ihrer Motive und Ideale in das eigene Ich.

ideo..., Ideo... [griech.], Bestimmungswort von Zusammensetzungen mit der Bedeutung »Begriff, Vorstellung«, z. B. Ideologie.

Ideogramm, Schriftzeichen, das nicht eine bestimmte Lautung, sondern einen ganzen Begriff repräsentiert (z. B. bei Hieroglyphen oder der chin. Schrift).

Ideographie, Schrift, deren Elemente Ideogramme sind.

Ideologie, heute meist abwertend für weltanschaul. Konzeptionen, die auf Ideen beruhen, die zur Erreichung gesellschaftl., polit. Ziele absolut (anderes ausschließend) gesetzt werden. Von der ideologiekrit. Richtung in den Sozialwiss. wird I. als »falsches Bewußtsein« bezeichnet, das v. a. zur Absicherung von Macht benutzt wird.

id est, Abk. i. e.; lat. »das ist, das heißt«.

Idfu (Edfu), Stadt in Oberägypten, am Nil, 28 000 E. Horustempel (237–57 v. Chr.). I. ist das antike *Appolinopolis Magna*.

idio..., Idio... [griech.], Bestimmungswort von Zusammensetzungen mit der Bedeutung »eigen[tümlich], selbst«.

Idiokrasie, svw. ↑Idiosynkrasie.

Idiom [griech.], eigentüml. Sprachgebrauch einer Gruppe, bes. einer regionalen Gruppierung (Mundart).

idiorrhythmische Klöster, seit Ende des 14. Jh. bestehende ostkirchl. Klöster (z. B. ↑Athos) mit einer »eigenen Art« des monast. Lebens (demokrat. Verwaltung, Privatbesitz, eigener Haushalt u. a.), oft als Mönchs- bzw. Nonnendörfer organisiert.

Idiosynkrasie [griech.] (Idiokrasie), 1) *Medizin:* (Atopie) anlagebedingte Überempfindlichkeit; Form der Allergie.
2) *Psychologie:* hochgradige Abneigung oder Überempfindlichkeit eines Menschen gegenüber bestimmten Erscheinungen und v. a. auch Personen.

Idiotie [griech.], angeborener oder in frühester Kindheit erworbener hochgradiger Schwachsinn.

Idiotikon [griech.], Wörterbuch einer Mundart, z. B. »Schweizerisches Idiotikon«.

Idol [griech. »Gestalt, Bild«], 1) *Religionswissenschaft:* (Gottesbild, Götterbild) eine durch Menschen gefertigte Repräsentation von Gottheiten.
2) *allgemein:* [falsches] Leitbild, Trugbild; Person oder Sache als Gegenstand übermäßiger Verehrung (z. B. Leinwandidol).

Idololatrie [griech.] (Idolatrie) ↑Bild.

Idomeneus, Gestalt der griech. Mythologie. Sohn des Deukalion, Enkel des Minos, König von Kreta.

Idra, griech. Insel vor der argol. Küste, 52 km², bis 592 m hoch, Hauptort Idra.

Idrisi, *Ceuta 1100, †auf Sizilien um 1165, arab.-maghrebin. Geograph. Verfertigte am Hof Rogers II. von Sizilien in Palermo eine große silberne Erdkarte mit ausführl. Beschreibung.

Idyll [griech.-lat., eigtl. »Bildchen«], Zustand oder Bild eines einfachen Lebens.

Idylle [griech.-lat.], in lyr. und ep. Dichtung (auch Malerei) die Darstellung einer (idyllischen) sehr persönl. Atmosphäre.

i. e., Abk. für lat. ↑id est.

Ife, Stadt in SW-Nigeria, 214 500 E. Sitz des Oni (geistl. Oberhaupt der Yoruba); Univ.; Kakaoverarbeitung; Fundort einzigartiger Plastiken (Terrakotten und Gelbguß) der Yoruba (vor 1500 n. Chr.).

Ife, zur Yorubagruppe gehörender Stamm in W-Nigeria.

Iffezheim, Gem. 8 km nw. von Baden-Baden, Bad.-Württ., 4 100 E. Pferderennbahn.

Iffland, August Wilhelm, *Hannover 19. 4. 1759, †Berlin 22. 9. 1814, dt. Schauspieler, Dramatiker und Theaterleiter. 1779 am Mannheimer Nationaltheater; großer Erfolg als Franz Moor in der Uraufführung von Schillers »Die Räuber« (1782); 1796 Direktor des Ber-

August Wilhelm Iffland

IFO-Institut für Wirtschaftsforschung e.V.

Igel. Europäischer Igel (Körperlänge bis 30 cm)

Igelkaktus. Goldkugelkaktus (Höhe bis 1,3 m)

Ignatius von Loyola

liner Nationaltheaters und 1811 Generaldirektor der Königl. Schauspiele; schrieb über 60 zu seiner Zeit sehr erfolgreiche Dramen.
Ifo-Institut für Wirtschaftsforschung e. V. (IFO Abk. für Information und Forschung), gemeinnütziges, unabhängiges wirtschaftswiss. Forschungsinstitut; gegr. 1949, Sitz München.
IG, Abk. für Industriegewerkschaft.
Igel (Erinaceidae), Fam. 10–45 cm langer, kurzbeiniger, meist nachtaktiver Insektenfresser mit rd. 20 Arten. Die Unter-Fam. *Stachel-I.* (Echte I.) hat rd. 15 Arten in Europa, Afrika und Asien; Haare zu harten Stacheln umgebildet. Eine bes. Rückenmuskulatur ermöglicht ein Zusammenrollen des Körpers und Aufrichten der kräftigen, spitzen Stacheln. Am bekanntesten ist die Gatt. *Kleinohr-I.* mit dem bis 30 cm langen *Europ. I.;* kommt v. a. in buschigem Gelände und in Gärten vor; nützlich als Schädlingsvertilger. Von Ende Oktober bis Ende März hält er seinen Winterschlaf in einem Nest aus Moos und Blättern.
Igelkaktus (Kugelkaktus, Echinokaktus), Gatt. der Kakteen mit zehn Arten in Mexiko; kugelige oder zylindr., oft meterdicke Pflanzen; bekannteste Art ist der *Goldkugelkaktus,* bis 80 cm breit, bis 1,20 m hoch.
I. G. Farbenindustrie AG, ehem. dt. und größter Chemiekonzern der Erde. Gründung 1925 als Zusammenschluß von BASF, Bayer, Hoechst, Agfa, der »Chem. Fabriken vorm. Weiler-ter-Meer«, Uerdingen, und der »Chem. Fabrik Griesheim-Elektron«, Frankfurt am Main. Im Sommer 1945 wurde das gesamte Vermögen des Konzerns von den vier Besatzungsmächten beschlagnahmt; 1952 entstanden die IG-Farben-Nachfolgegesellschaften als eigenständige Unternehmen.
Iglau (tschech. Jihlava), Stadt im Südmähr. Gebiet, Tschech. Rep., 53 800 E. Mittelalterl. Stadtbild; Jakobskirche (13./14. Jh.), Jesuitenkirche (17./18. Jh.). – Anfang des 13. Jh. von dt. Bergleuten gegründet.
Iglu [eskimoisch], aus Schneeblöcken errichtete, kuppelförmige Hütte der Eskimo.
Ignatius (Ignatios) **von Antiochia** [...tsiʊs], hl., † Rom zw. 107 und 117, Bischof, Märtyrer und Kirchenvater. Seine Briefe sind ein wichtiges Zeugnis für die Entwicklung der altkirchl. Glaubenslehre und Gemeindeverfassung. – Fest: 17. Oktober.
Ignatius von Loyola [...tsiʊs], hl., eigtl. Íñigo López Oñaz y Loyola, * Schloß Loyola bei Azpeitia (bei San Sebastián) 1491, † Rom 31. 7. 1556, kath. Ordensgründer kast. Herkunft. Zunächst in höf. und militär. Dienst; wurde 1521 durch myst. Erlebnisse bekehrt; 1537 Priesterweihe. I. stellte sich mit seinen Gefährten in Rom dem Papst zur Verfügung; dort Aufbau seiner Gemeinschaft (↑Jesuiten), deren erster Generaloberer I. 1541 wurde. Seine Schriften und seine Ordensgründung hatten entscheidende Bedeutung für die kirchl. Erneuerung des 16. Jh. – Fest: 31. Juli.
Ignorant [lat.], unwissender Mensch, Dummkopf.
Igor, *877 (?), † 945, Großfürst von Kiew (seit 912). Sohn Ruriks; unternahm Feldzüge gegen Byzanz, mit dem er 944 einen Handelsvertrag abschloß.
Igorlied, etwa um 1185–87 geschriebenes Heldenepos, das den mißglückten Feldzug Fürst Igors (*1150, † 1202; Fürst seit 1178) 1185 gegen die Steppennomaden (Polowzer) besingt. Bedeutendstes Denkmal der altruss. Literatur.
Iguaçu, Rio [brasilian. 'rriu iguɐ'su] (span. Río Iguazú), linker Nebenfluß des Paraná in S-Brasilien, entspringt in der Serra do Mar, mündet an der argentin. Grenze, 1 320 km lang. Bildet nahe der Mündung auf einer Breite von 4 km 60–80 m tiefe Wasserfälle (Nationalpark).

Ihering ['je:rɪŋ], Rudolf von, * Aurich 22. 8. 1818, † Göttingen 17. 9. 1892, dt. Jurist. Vorkämpfer der Interessenjurisprudenz (»Der Zweck im Recht«, 1877–83).

IHK, Abk. für Industrie- und Handelskammer.

IHS ↑Christusmonogramm.

IJsselmeer [niederl. ɛisəl'me:r], Restsee der ehem. ↑Zuidersee, Niederlande.

Ikarus griech. Sagengestalt; Sohn des ↑Dädalus. Mit Hilfe von Flügeln aus Federn und Wachs entkommt er mit seinem Vater dem Labyrinth auf Kreta, kommt jedoch im Flug der Sonne zu nahe, die Flügel schmelzen, und I. stürzt in das seither nach ihm benannte *Ikarische Meer.*

Ikbal ↑Iqbal.

Ikebana [jap.], Blumenstecken mit symbol. Bedeutung, u. a. Himmel (oben), Erde (unten), Mensch (Mittelpunkt).

Ikonen [griech.], transportable, meist auf Holz gemalte Kultbilder der Ostkirchen, auf denen Christus, Maria, andere Heilige oder bibl. Szenen wiedergegeben sind. Die Verehrung der I. gilt nach theolog. Definition dem Urbild (↑auch Bild). Die Hintergründe der I. sind meist mit Gold ausgelegt. Seit dem 13. Jh. sind Metallbeschläge üblich, die manchmal nur Gesicht und Hände freilassen. Die I.malerei verbreitete sich über Byzanz nach S-Italien, Armenien, in die slaw. Balkanländer und nach Rußland (Schulen von Nowgorod, Susdal, Moskau).

Ikonographie [griech.], *Kunstwissenschaft:* Bedeutungslehre, die einzelne Dinge sowie Formen, Farben und Zahlen beschreibt und als Inhalte (Symbole) erschließt; setzte im 19. Jh. als christl. I. ein.

Ikonoklasmus [griech.] ↑Bild.

Ikonostase (Ikonostas) [griech.], mit Ikonen nach festen Regeln besetzte dreitürige Holzwand, die in orth. Kirchen Altar- und Gemeinderaum voneinander trennt.

Ikosaeder (Zwanzigflach, Zwanzigflächner), von 20 kongruenten gleichseitigen Dreiecken begrenztes Polyeder; einer der 5 ↑platonischen Körper.

Iktinos, griech. Baumeister des 5. Jh. v. Chr. Erbaute den ↑Parthenon sowie vermutl. den Apollontempel von Bassai.

Ikone. Thronende Muttergottes mit Engeln, umgeben von Heiligen und Evangelienszenen (Ende des 16. Jh.; Athen, Benaki Museum)

Iktus (Ictus) [lat. »Wurf, Schlag«], Bez. für die durch verstärkten Druckakzent ausgezeichnete Hebung im Vers.

i. L., Abk. für in Liquidation als Firmenzusatz (↑Liquidation).

Île de France [frz. ildə'frã:s], histor. Gebiet in Frankreich; Region (12 012 km², 10,66 Mio. E); Kernraum des Pariser Beckens.

Ileus ['i:le-ʊs; griech.-lat.], svw. Darmverschluß (↑Darmkrankheiten).

Ilex [lat.], svw. ↑Stechpalme.

Ilf, Ilja, eigtl. Ilja Arnoldowitsch Fainsilberg, * Odessa 15. 10. 1897, † Moskau 13. 4. 1937, russ.-sowjet. Schriftsteller. Sein Hauptwerk ist der zus. mit J. Petrow verfaßte satir. Roman »Zwölf Stühle« (1928).

Ilias, Epos Homers von den 51 entscheidenden Tagen des Trojan. Krieges.

Ilion (Ilium), svw. ↑Troja.

Iljuschin, Sergei Wladimirowitsch, * Diljalewo (Gouv. Wologda) 30. 3. 1894, † Moskau 9. 2. 1977, sowjet. Flugzeugkonstrukteur.

Ill, 1) rechter Nebenfluß des Alpenrheins, in Vorarlberg, 75 km lang.
2) linker Nebenfluß des Oberrheins, im Elsaß, 208 km lang.

Illampu

Iltisse. Links: Waldiltis (Körperlänge bis 45 cm) ♦ Rechts: Tigeriltis (Körperlänge bis 40 cm) ♦ Unten: Frettchen (Körperlänge bis 45 cm)

Illampu [span. i'jampu], vergletscherter Berg in den bolivian. Anden, 6427 m hoch.
illegal [lat.], gesetzwidrig, ungesetzlich.
illegitim [lat.], unrechtmäßig, im Widerspruch zur Rechtsordnung [stehend]; außerehelich, nichtehelich.
Iller, rechter Nebenfluß der Donau, in Bayern, 165 km lang.
Illertissen, Stadt im Illertal, Bayern, 13600 E. Pfarrkirche Sankt Martin (1590), Renaissanceschloß (um 1550).
Illimani [span. iji'mani], höchster Berg in den bolivian. Anden, 6403 m hoch.
Illinois [engl. ılı'nɔı(z)], einer der nördl. Staaten des Mittleren Westens der USA, 145 934 km², 11,63 Mio. E, Hauptstadt Springfield.
Geschichte: Kam 1783 aus brit. in den Besitz der USA, wurde 1809 selbständig, 1818 21. Staat der USA.
Illinois [engl. ılı'nɔı(z)] ↑Algonkin.
illoyal [lat.], den Staat nicht respektierend; vertragsbrüchig.
Illuminatenorden, 1776 gegr., über die Freimaurerei hinausgehender Geheimbund mit dem Ziel, die Prinzipien der Aufklärung zu fördern; 1925 Zusammenschluß zum »Weltbund der Illuminaten«, Sitz: Berlin.
Illumination [lat.], festl. Beleuchtung; **illuminieren,** festlich erleuchten; Buchmalereien ausführen.
Illusion [lat.-frz.], einem Wunschdenken entsprechende Selbsttäuschung über einen in Wirklichkeit weniger positiven Sachverhalt; in der Psychologie subjektive Verzerrung und Mißdeutung von Sinneseindrücken, denen (im Ggs. zu Halluzinationen) objektive Erscheinungen zugrunde liegen.
illuster [lat.-frz.], glänzend, erlaucht.
Illustration [lat.], Bebilderung eines Druckwerks (Zeitschrift, Buch).
Illustrierte [lat.], Form der Publikumszeitschrift; erscheinen meist wöchentl.; bieten ihre häufig aktuellen [Unterhaltungs]beiträge mit starker Bebilderung.
Illyrer (Illyrier), indogerman. Volk, das, in viele Stämme aufgesplittert, spätestens seit dem 8./7. Jh. ↑Illyrien besiedelte. Als erste größere illyr. Staatsbildung entstand von etwa 400 bis etwa 260 das Taulantierreich. 260/250–168 bestand das südillyr. Reich von Skodra (Shkodër). An seine Stelle trat von 158 v. Chr. bis 9 n. Chr. die Eidgenossenschaft der Dalmater. Nach den illyr. Kriegen Oktavians (35–33) und dem pannon. Aufstand (6–9) standen die I. unter röm. Herrschaft.
Illyrien (lat. Illyria, Illyricum), im Altertum der vom Volk der ↑Illyrer abgeleitete Name für die gebirgige Landschaft im O des Adriat. Meeres mit zahlr. Inseln nördl. von Epirus. – Im 19. Jh. Bez. für die von Österreich 1809 abgetretenen und von Napoleon I. als *Illyrische Provinzen* zusammengefaßten Gebiete W-Kärntens, O-Tirol, Teile Kroatiens mit Istrien und Dalmatien (1816–49 ohne Dalmatien und Kroatien zum Kgr. I. umgebildet).
Ilmenau, Kreisstadt am Austritt der Ilm aus dem Thüringer Wald, Thüringen,

28 100 E. TH, Glas- und Porzellanindustrie. Einschiffige Renaissancestadtkirche (17./18. Jh.), Amtshaus (ehem. Schloß, 1616), Renaissancerathaus (1625).

Ilmenit (Titaneisen), schwarz[braun]es, metall. glänzendes Mineral, chem. $FeTiO_3$; Mohshärte 5–6; Dichte 4,5 bis 5,0 g/cm^3; wichtiges Titanerz.

Ilmensee, See im W des europ. Teils Rußlands, unmittelbar südl. von Nowgorod, 610–2 100 km^2 (je nach Wasserstand).

ILO [engl. 'aɪ-ɛl'əʊ] ↑Internationale Arbeitsorganisation.

ILS, Abk. für ↑Instrumentenlandesystem.

Iltisse, Gruppe bis 45 cm körperlanger nachtaktiver Marder mit vier Arten in Wäldern und offenen Landschaften Eurasiens und N-Amerikas; Schwanz bis 20 cm lang. Zu den I. gehören u. a. *Waldiltis* (Europ. I., Ratz, Ilk) Körperlänge 30–45 cm; sondert bei Gefahr ein übelriechendes Sekret ab (»Stinkmarder«); eine domestizierte Albinoform ist das *Frettchen* (u. a. zur Kaninchenjagd verwendet); *Steppeniltis* (Eversmann-Iltis), von Asien bis nach Mitteleuropa vorgedrungen, Körperlänge 40 cm.

Im, mathemat. Zeichen für den ↑Imaginärteil einer komplexen Zahl.

Image [engl. 'ɪmɪdʒ], v. a. im Bereich der Werbepsychologie, Motiv- und Marktforschung verwendeter Begriff, der in Vorstellungsbild bezeichnet, das die Erwartungen umfaßt, die subjektiv mit einem Meinungsgegenstand (z. B. einer Persönlichkeit, einem Markenartikel) verbunden sind.

imaginär [lat.-frz.], nur scheinbar, in der Einbildung vorhanden; unwirklich.

imaginäre Achse, die Ordinate (y-Achse) in der ↑Gaußschen Zahlenebene.

imaginäre Zahlen, diejenigen ↑komplexen Zahlen, deren Realteil Null ist.

Imaginärteil, mathemat. Zeichen Im, in einer ↑komplexen Zahl $z = x + iy$ die bei der imaginären Einheit $i = \sqrt{-1}$ stehende reelle Zahl: Im $z = y$.

Imagination [lat.], (schöpfer.) Einbildungskraft; bildhaftes Denken.

Imaginisten [lat.], russ. Dichterkreis in Moskau (1919–24); bedeutendster Vertreter: S. A. Jessenin.

Imagismus [lat.-engl.] (Imagism), angloamerikan. literar. Bewegung (etwa 1912–17); markierte den Beginn der modernen englischsprachigen Lyrik; führende Vertreter waren E. Pound, später A. Lowell, daneben v. a. Frank Stewart Flint (*1885, †1960), Hilda Doolittle (*1886, †1961), R. Aldington.

Imago [lat.] (Mrz. Imagines), **1)** *Biologie:* (Vollinsekt, Vollkerf) das fertig ausgebildete, geschlechtsreife Insekt.
2) *Tiefenpsychologie:* Bez. für das idealisierte Bild von Personen der sozialen Umwelt, insbes. von Vater und Mutter.

Imago Dei [lat.] ↑Gottebenbildlichkeit.

Imam [arab. »Vorbild, Vorbeter«], **1)** Vorbeter in der Moschee.
2) Oberhaupt aller Muslime als Nachfolger des Propheten. Über die Frage der Rechtmäßigkeit des I. spaltete sich die muslim. Gemeinschaft früh in die Sunniten und Schiiten.

Imamiten, Anhänger der ↑Zwölferschia.

Imatra, Stadt in SO-Finnland am ehem. Wasserfall des Vuoksi, 35 400 E. Größtes finn. Wasserkraftwerk, Holzindustrie.

imbezil [frz.], mittelgradig schwachsinnig.

IMF [engl. 'aɪ-ɛm'ɛf], Abk. für International Monetary Fund, ↑Internationaler Währungsfonds.

Imgur-Enlil, assyr. Stadt, ↑Balawat.

Imhotep, altägypt. Baumeister und Berater des Pharao Djoser um 2600 v. Chr.; erbaute die Stufenpyramide in Sakkara als erste steinerne Pyramide.

Imitatio Christi [lat.] ↑Nachfolge Christi.

Imitation [lat.], allg. das Nachahmen; bes. auch die [minderwert.] Nachahmung eines wertvolleren Originals.

Imkerei (Bienenhaltung, Bienenzucht, Zeidelwesen), Haltung und Zucht von Honigbienen zur Gewinnung von Honig und Wachs.

Immaculata [lat. »die Unbefleckte«], in der *kath. Kirche* Ehrenname für Maria, die Mutter Jesu (↑Unbefleckte Empfängnis).

Immanenz [lat.], in der *Philosophie* Bez. für das Verbleiben in einem vorgegebenen Bereich. – Ggs. ↑Transzendenz.

Immanuel [hebr. »Gott mit uns«] (Emmanuel, Emanuel), symbol. Name des Sohnes einer jungen Frau (bzw. Jungfrau), dessen Geburt Jesaja weissagt, auf

Immaterialgüterrechte

Impala (Körperlänge bis 1,8 m)

Immergrün.
Kleines Immergrün
(Höhe 10–20 cm)

**Karl Leberecht
Immermann**

Jesus Christus (oder den erwarteten jüd. Messias) gedeutet.
Immaterialgüterrechte, Rechte an Geisteswerken, geistigen Leistungen, gewerbl. Mustern und Modellen (sog. Geschmacksmustern), Erfindungen, Gebrauchsmustern und Warenzeichen. Die I. sind absolute Rechte.
Immatrikulation [lat.], Einschreibung in die Matrikel (Liste der Studierenden) einer Hochschule.
Immediat [lat.], im staatl. Bereich eine der obersten staatl. Instanz ohne Einschaltung von Zwischeninstanzen untergeordnete Person bzw. Behörde oder eine jener unmittelbar zukommende Sache.
Immediatstände, im Hl. Röm. Reich Bez. für die Stände mit Reichsunmittelbarkeit.
Immendorf, Jörg, *Bleckede bei Lüneburg 14. 6. 1945, dt. Maler und Bildhauer. Trat zunächst in Aktionen (auch mit seinem Lehrer J. Beuys) hervor; kritisiert in seinen Werken Gesellschaft, Politik und Kunstbetrieb (Serie »Café Deutschland«, 1977 ff.).
Immenkäfer (Bienenwolf), behaarter, 10–16 mm großer Buntkäfer in M-Europa; Larven oft in Wildbienennestern.
immens [lat.], unermeßlich (groß).
Immergrün (Singrün, Vinca), Gatt. der Hundsgiftgewächse mit sechs Arten in Europa, N-Afrika und Vorderasien; eine häufig als Zierpflanze verwendete Art ist das *Kleine I.,* das in Wäldern M-Europas wächst.
immergrüne Pflanzen, Pflanzen, deren Blätter über mehrere Vegetationsperioden funktionsfähig sind.

Immergrüngewächse, svw. ↑Hundsgiftgewächse.
Immermann, Karl Leberecht, *Magdeburg 24. 4. 1796, †Düsseldorf 25. 8. 1840, dt. Schriftsteller. Bekannt durch die Romane »Münchhausen« (1838/39; mit der später auch selbständig erschienenen Bauerngeschichte »Der Oberhof«) und »Die Epigonen« (1836).
Immersion [lat. »Eintauchung«], Einbettung eines Präparats in eine Flüssigkeit mit bestimmtem Brechungsindex; v. a. beim Immersionsmikroskop zur Erhöhung des Auflösungsvermögens.
Immigration [lat.], svw. Einwanderung.
Immission [lat.], die Einwirkung von Luftverunreinigungen, Geräuschen, Licht, Wärme, Strahlung und vergleichbaren Faktoren auf Menschen, Tiere, Pflanzen oder Gegenstände.
Immissionsschutz, gesetzl. Schutz vor rechtswidrigen Einwirkungen auf die Person oder das eigene Grundstück durch Zuführung von Luftverunreinigungen, Geräuschen und Erschütterungen; weitgehend geregelt im *Bundesimmissionsschutzgesetz* i. d. F. vom 14. 5. 1990. Danach sind Immissionen, die nach Art, Ausmaß und Dauer geeignet sind, Gefahren, erhebl. Nachteile oder erhebl. Belästigungen für die Allgemeinheit oder die Nachbarschaft herbeizuführen, *schädl. Umwelteinwirkungen.* Der I. in der BR Deutschland wird dadurch verwirklicht, daß Anlagen mit umweltschädl. Emissionen genehmigungspflichtig sind (Überwachung durch einen Immissionsschutzbeauftragten).
Immobilien [lat.] (unbewegl. Sachen, Liegenschaften), Grundstücke und grundstücksgleiche Rechte im Ggs. zu Mobilien (bewegl. Sachen und Forderungen).
Immobilienfonds [...fɔ̃], Investmentfonds, der eine Beteiligung an Haus- und Grundbesitz ermöglicht.
Immortellen [lat.-frz. »Unsterbliche«] (Strohblumen), Sammel-Bez. für verschiedene Korbblütler, deren Blüten strohartig trockene, sehr lang haltbare und oft auffällig gefärbte Hüllblätter besitzen.
Immunisierung [lat.], Erzeugung einer Immunität zum Zwecke der Vorbeugung oder der Behandlung von Krankheiten (oder Vergiftungen). *Aktive I.*

nennt man die Erzeugung einer langdauernden Immunität durch die Anregung der hochspezif. Antikörperbildung im Wirtsorganismus. Dies geschieht durch die Zufuhr der betreffenden Antigene in Form lebender (abgeschwächter) oder abgetöteter Mikroorganismen bzw. abgewandelter Toxine. Als *passive I.* wird dagegen die Übertragung der fertigen Antikörper aus dem Blutserum von Menschen und Tieren bezeichnet (durch aktive und passive Schutzimpfung).

Immunität [lat.], 1) *Biologie:* Fähigkeit eines Organismus, sich gegen von außen eindringende schädigende Stoffe (sog. *Noxen;* bes. Krankheitserreger und deren Gifte) zur Wehr setzen zu können. *Angeborene I. (natürl. I.)* nennt man die unspezif. Abwehr von Noxen ohne vorausgegangenen Kontakt mit ihnen. Die *erworbene I. (spezif. I.)* beruht darauf, daß gegen die Noxen hochspezif. Abwehrstoffe gebildet werden (Antigen-Antikörper-Reaktion; ↑Antikörper). 2) *Geschichtswissenschaft:* Befreiung weltl. und kirchl. Institutionen und Personen sowie ihrer Güter von finanziellen Belastungen und v. a. von der ordentl. Gerichtsbarkeit. I. e. S. auch der Bezirk, für den eine bes. Privilegierung galt. 3) *Staatsrecht:* 1. die materielle I., auch ↑Indemnität gen., 2. die formelle I. Ihr zufolge dürfen Abg. des Bundestages und der Länderparlamente nur mit deren Genehmigung strafgerichtlich zur Verantwortung gezogen oder verhaftet werden, außer wenn sie auf frischer Tat oder im Laufe des folgenden Tages festgenommen werden. Im *Völkerrecht* das Recht der diplomat. Vertreter, von der Gerichtsbarkeit des Empfangsstaates ausgenommen zu sein.

Immunologie [lat./griech.], die Lehre von der Immunität, den Immunreaktionen (einschließlich Allergie) und ihren Voraussetzungen.

Imola, italien. Stadt in der Emilia-Romagna, am Santerno, 61 400 E. Museen, Gemäldegalerie; Textilindustrie. Motorsportrennstrecke. Zahlr. Kirchen, u. a. San Domenico (14. Jh.), Santa Maria dei Servi (15. Jh.), Dom (18. Jh.); Palazzo Comunale (12. Jh.; mehrmals umgebaut).

imp., Abk. für ↑Imprimatur.

Impair [ɛ̃'pɛːr; lat.-frz.] ↑Roulett.

Imperialismus

Impala [afrikan.] (Pala, Schwarzfersenantilope), etwa 1,3–1,8 m körperlange Antilope, v. a. in den Steppen O- und S-Afrikas; kann bis 10 m weit und 3 m hoch springen.

Impeachment [engl. ɪmˈpiːtʃmənt], Antrag einer parlamentar. Körperschaft (brit. Unterhaus, Repräsentantenhaus der USA) auf Amtsenthebung oder Bestrafung einer Person, über den eine andere parlamentar. Körperschaft (brit. Oberhaus, Senat der USA) entscheidet.

Impedanz [lat.], Gesamtwiderstand eines elektr. Leiters oder Stromkreises. Der Widerstand gegenüber einem Gleichstrom wird *Resistanz, Wirkwiderstand* oder *Ohmscher Widerstand* genannt. Beim Fließen eines Wechselstroms macht sich die *Reaktanz* bemerkbar; diese setzt sich zusammen aus *Induktanz (induktiver Widerstand;* bes. bei Spulen) und *Kapazitanz (kapazitiver Widerstand;* bes. bei Kondensatoren). Die I. ist die Summe aus Resistanz und Reaktanz. Bei Lautsprechern gibt die I. den Widerstand gegenüber einer tonfrequenten Wechselspannung an.

Imperativ [lat.], Befehlsform des Verbs, z. B. *Komm* her!

Imperator [lat.], 1) röm. Bez. für den Inhaber des Imperiums, zugleich ein siegreiche Magistrate verliehener Ehrentitel; Kaisertitel. 2) Titel der Kaiser im MA.

Imperfekt (Imperfektum) [lat.], Verbform, die die unabgeschlossene, »unvollendete« Vergangenheit bezeichnet. ↑Präteritum.

Imperia, italien. Prov.-Hauptstadt an der Riviera di Ponente, Ligurien, 41 400 E. Nahrungsmittel-Ind.; Häfen.

Imperial Chemical Industries Ltd. [engl. ɪmˈpɪərɪəl ˈkɛmɪkəl ˈɪndəstrɪz ˈlɪmɪtɪd], Abk. ICI, größter brit. Chemiekonzern, Sitz London; entstanden 1926 durch Fusion; zahlr. Tochtergesellschaften.

Imperialismus, polit.-ökonom. Herrschaftsverhältnis mit dem Ziel, die Bevölkerung eines fremden Landes mit polit., diplomat., kulturellen und ideolog. Mitteln zu beeinflussen, auszubeuten, abhängig zu machen und direkt oder indirekt zu beherrschen. Histor. wurde die Bez. zuerst auf die Beherrschung von Absatz- und Kapitalmärkten angewandt, dann auch auf die Expansi-

1573

Imperial Valley

onspolitik der europ. Großmächte, Japans und der USA vom letzten Drittel des 19. Jh. bis zum 1. Weltkrieg, deren Ziel die Bildung von Kolonialreichen oder Interessensphären in unterentwikkelten, meist überseeischen Gebieten war.

Imperial Valley [engl. ɪmˈpɪərɪəl ˈvælɪ], großes Bewässerungsfeldbaugebiet im S-Teil der Colorado Desert, Kalifornien.

Imperium [lat.], **1)** *Antike:* 1. im alten Rom die den höchsten Beamten übertragene unumschränkte Amtsgewalt (Heereskommando und Rechtsprechung); 2. seit Cicero das Gebiet, in dem das röm. Volk durch seine Beamten die Herrschaft ausübte *(Imperium Romanum)*.
2) *Mittelalter:* die Machtkompetenz des Kaisers, die sakrale Züge trug und zumeist als weit über den realen Machtbereich des Kaisers hinausgehend gedacht wurde. ↑Heiliges Römisches Reich.
3) *Neuzeit:* Bez. für Groß- bzw. Weltreich.

impertinent [lat.], unverschämt frech.
impetuoso [italien.], musikal. Vortrags-Bez.: ungestüm, heftig.
Impetus [lat.], (innerer) Antrieb, Impuls, Schwung (Kraft), Ungestüm.
Impfung, 1) *Bakteriologie:* die Übertragung von Mikroorganismen auf feste oder flüssige Nährmedien zum Zweck ihrer Züchtung.
2) *Medizin:* die Vornahme einer Schutzimpfung mit sog. *Impfstoffen* (Vakzinen), d. h. antigenhaltigen Lösungen zur aktiven Immunisierung bei Infektionskrankheiten. Man unterscheidet *Lebendimpfstoff*, hergestellt aus lebenden Organismen, deren krankmachende Fähigkeiten abgeschwächt sind, und *Totimpfstoff* aus inaktivierten Erregern. Die Haftung für durch I. verursachte Gesundheitsschäden *(Impfschäden)*, die meldepflichtig sind, wird durch das Bundesseuchengesetz geregelt.

Imphal, Hauptstadt des ind. Gliedstaats Manipur, nördl. des Logtaksees, 101 000 E.

Implantation [lat.] (Einpflanzung), Einbringung von biolog. Material oder chem. Substanzen in den Körper eines Individuums: I. von Geweben oder Organen (Transplantation), I. von Medikamenten (Depotpräparate).

Implementierung [lat.], in der *Datenverarbeitung* die Realisierung eines Entwurfs oder Konzepts durch ein lauffähiges Programm.

Implikation [lat.], die Einbeziehung einer Sache in eine andere, bes. die log. Folgebeziehung.

implizit [lat.], [stillschweigend] mitenthalten, mitgemeint. – Ggs. explizit (↑Explikation).

Implosion [lat.], schlagartiges Eindrükken oder Zertrümmern eines Hohlkörpers durch äußeren Überdruck.

Imponderabilien [lat.], Unwägbarkeiten; nicht vorhersehbare Faktoren.

Imponiergehabe [lat./dt.], in der *Verhaltensforschung* Bez. für im Tierreich, v. a. bei Männchen, weit verbreitete Verhaltensweisen, die Drohwirkung (auf einen Rivalen gerichtet) und Werbewirkung (an ein Weibchen gerichtet) in sich vereinigen (z. B. das Sträuben der Kopf- und Nackenhaare beim Gorilla).

Import [engl.] (Einfuhr), Bezug von Waren und Dienstleistungen aus dem Ausland; Ggs. Export (Ausfuhr). Der I. kann durch Einfuhrkontingentierung, Zölle oder Devisenbewirtschaftung eingeschränkt werden.

imposant [lat.-frz.], überwältigend, großartig.

Impotenz (Impotentia) [lat.], allg. svw. Unvermögen, Unfähigkeit; *im sexuellen Bereich* die Zeugungsunfähigkeit infolge Sterilität oder das Unvermögen des Mannes, den Geschlechtsverkehr auszuüben (insbes. die Unfähigkeit zur Peniserektion). Darüber hinaus gilt als I. auch die Unfähigkeit, zum Orgasmus zu gelangen. – Die I. kann zugleich phys. und psych. bedingt sein sowie vorübergehend oder auf Dauer bestehen. Phys. Ursachen sind u. a. Penis- oder Hodenmißbildungen, allg. körperl. Schwäche, Rückenmarks- und Stoffwechselerkrankungen, Drogenmißbrauch oder starker Alkoholgenuß; psych. Ursachen sind v. a. in mangelndem Selbstvertrauen, Nervosität, Schüchternheit, Haß, Ekel, Angst oder Depressionen zu suchen.

impr., Abk. für ↑Imprimatur.

Imprägnierung [lat.], die gründl. Durchtränkung eines porösen Werkstoffes mit flüssigen Imprägnierungsmitteln als Schutz u. a. gegen Feuer, Feuchtigkeit, Schädlinge.

Impresario [lat.-italien.], veraltet für Theater- und Konzertagent.
Impression [lat.], Sinneseindruck.
Impressionismus [lat.-frz.], eine in der frz. *Malerei* um 1870 entstandene Kunstrichtung, die bes. Licht- und Farbeindrücke zur Geltung bringt. Der Name wurde von C. Monets Landschaftsbild »Impression, soleil levant« (1872, Paris, Musée Marmottan) abgeleitet, das 1874 in der ersten Gruppenausstellung der Impressionisten in Paris gezeigt wurde. Von großer Bedeutung für den I. waren die schon vor 1870 gemalten Figurenbilder É. Manets, der meist zum I. gerechnet wird, ebenso wie E. Degas. Hauptvertreter impressionist. Freilichtmalerei sind C. Monet und A. Renoir sowie C. Pissarro und A. Sisley. G. Seurat und P. Signac vertraten den *Neoimpressionismus*, der die Farbwerte in mosaikartig aneinandergereihte Punkte zerlegt *(Pointillismus)*, wobei komplementäre Kontrastfarben nebeneinandergesetzt werden *(Divisionismus)*. P. Bonnard und É. Vuillard knüpften an I. und Neo-I. an. – In Deutschland entwickelte sich der I. aus dem bes. von A. von Menzel vertretenen Realismus (F. von Uhde, M. Slevogt, M. Liebermann, W. Leibl, L. Corinth, C. Schuch, W. Trübner). In London ist J. Whistler zu nennen. Auf die Plastik wirkte der I. v. a. in der Oberflächenbehandlung (Spiel von Licht und Schatten): bei A. Rodin, E. Degas, auch Monet.
Als I. wird auch eine *literar. Strömung* (1890–1910) bezeichnet, für die (bes. in Lyrik, Prosaskizzen und Einaktern) eine betont subjektive Wiedergabe von Stimmungen und des Augenblickhaften charakteristisch ist; dt.sprachige Vertreter: D. von Liliencron, M. Dauthendey, A. Schnitzler, der junge H. von Hofmannsthal, der junge R. M. Rilke.
In der *Musik* bezeichnet I. eine v. a. durch C. Debussy und M. Ravel vertretene Stilrichtung. Wichtige Stilmittel sind Auflösung tonalharmon. Verhältnisse, Verwischen melod. und rhythm. Konturen sowie ein vielfältiges Mischen und Wechseln instrumentaler Klangfarben unter Bevorzugung extremer Lagen. Der I. bildet einen Wendepunkt von der tonalitätsgebundenen Kompositionsweise des 17.–19. Jh. zur Neuen Musik ab etwa 1910.

Impulsivität

Impressionismus. Claude Monet. »Impression, soleil levant« (1872; Paris, Musée Marmottan)

Impressum [lat.], die pressegesetzlich vorgeschriebene Herkunftsangabe in jeder Druckschrift; bei Zeitungen o. ä. auch über einen verantwortl. Redakteur.
Imprimatur [lat. »es werde gedruckt«], Abk. **impr., imp.**, die vom Autor oder vom Verleger erteilte Druckerlaubnis; auch die nach *kath. Kirchenrecht* erforderl. bischöfl. Druckerlaubnis für Bibelausgaben, theol. Schriften.
Impromptu [frz. ēprõ'ty:], eine der ↑Fantasie nahestehende Komposition.
Improvisation [lat.-italien.], die freie (spontane) Gestaltung eines Themas, bes. in den Bereichen Theater, Musik und Tanz. In der Musik Gegenbegriff zu Komposition. V. a. im Jazz, in einigen Bereichen der Neuen Musik und in den meisten außereurop. Musikkulturen spielt die I. eine wichtige Rolle.
Impuls [lat.], 1) *allg.:* die kurzzeitige Wirkung einer physikal. Größe bzw. ihre kurzzeitige Abweichung von einem Normal- oder Grundwert; speziell das Produkt aus Masse und Geschwindigkeit *(Bewegungsgröße)* eines bewegten Körpers.
2) *Psychologie:* Verhaltensanstoß in Form eines Antriebs oder Auslösers.
Impulsgenerator, elektron. Gerät zur Erzeugung von elektr. Impulsen mit einstellbarer Frequenz, Dauer und Form (Sinus, Rechteck, Sägezahn u. a.).
Impulsivität [lat.], die Neigung, ohne Bedenken der mögl. Konsequenzen plötzlich Impulsen zu folgen.

Impulssatz

Impulssatz, Satz von der Erhaltung des Impulses: In einem System, auf das keine äußeren Kräfte wirken, ist die Summe der Impulse der einzelnen Systemteile (Teilchen) zeitlich konstant, der Gesamtimpuls bleibt damit nach Größe und Richtung erhalten.

İmroz ['imroz], vulkan. Insel im Ägäischen Meer, mit 279 km^2 größte Insel der Türkei.

in, Einheitenzeichen für ↑Inch.

In, chem. Symbol für ↑Indium.

in..., In... [lat.], Vorsilbe mit Bedeutungen *ein..., hinein* und *ohne, nicht, un...*; wird vor l zu *il...*, vor r zu *ir...*, vor m, b und p zu *im...*, z. B. implizit.

inadäquat [lat.], nicht angemessen.

inaktiv, untätig, passiv.

Inanna (Innin), sumer. Name der ↑Ischtar.

Inari (schwed. Enare), Binnensee im finn. Lappland, 1 000 km^2, bis 60 m tief.

Inauguraldissertation [lat.], svw. ↑Dissertation.

Inauguration, feierl. (akadem., polit.) Amtseinsetzung, Verleihung einer Würde.

Inc., Abk. für **In**corporated **C**ompany (dt. eingetragenes Unternehmen), Kapitalgesellschaft nach amerikan. Recht, entspricht der dt. Aktiengesellschaft und der Ltd. (limited company) in Großbritannien.

Inch [engl. ɪntʃ], Einheitenzeichen: in oder ″, in Großbrit. und in den USA verwendete Längeneinheit: 1 in = 1/36 yard; 1 in = 25,4 mm.

Inchon [korean. intʃhʌn], Ind.- und Hafenstadt am Gelben Meer, Süd-Korea, 1,7 Mio. E. TH; Hafen.

incl., Abk. für lat. **in**clusive [»einschließlich«].

Incorporated Company [engl. ɪnˈkɔːpəreɪtɪd ˈkʌmpəni], ↑Inc.

Indanthrenfarbstoffe, urspr. Bez. für Anthrachinonfarbstoffe; heute ist *Indanthren* ® allg. Warenzeichen für zahlreiche licht- und waschechte Farbstoffe aller Farbstoffklassen.

Indefinitpronomen (Indefinitum, unbestimmtes Fürwort), Pronomen für Lebewesen und Dinge, die nicht näher bezeichnet werden, z. B. *jemand, etwas.*

Indemnität [lat.-frz.], 1) (Verantwortungsimmunität) neuere Bez. für die Nichtverantwortlichkeit des Abg. wegen einer Abstimmung, Äußerung oder sonstigen Amtshandlung im Parlament, dessen Ausschüssen und in den Fraktionen; persönl. Strafausschließungsgrund, dauert auch nach Beendigung des Mandats fort. 2) nachträgl. parlamentar. Entlastung der Regierung für verfassungswidrige oder im Ausnahmezustand ergriffene Maßnahmen.

Independenten [lat.-engl.], aus den Religionskämpfen des 16. Jh. in England hervorgegangene Benennung der radikalen Puritaner, die gegenüber der anglikan. Kirche völlige Unabhängigkeit und Autonomie der einzelnen Gemeinden forderten; nach ihrer Niederlassung in Neuengland (Überfahrt der »Mayflower« 1620) wurden sie zu Vätern des amerikan. Demokratieverständnisses; auch *Kongregationalisten* genannt.

Indeterminismus, in der *Philosophie* im Ggs. zum Determinismus die Lehrmeinung, nach der ein Geschehen [grundsätzlich] nicht durch Kausalität bzw. durch Naturgesetze bestimmt ist und nach dem Prinzip der Kausalität erkannt und vorausgesagt werden kann.

Index [lat.], **1)** *allg.*: (Mrz. Indexe, Indizes, Indices) alphabet. Verzeichnis (Namen-, Titel-, Schlagwortregister), v. a. bei Druckwerken. **2)** *Naturwissenschaften* und *Technik:* (Mrz. Indizes) Zahl oder Buchstabe (im allg. tiefgesetzt) zur Unterscheidung bzw. Kennzeichnung gleichartiger Größen.

Index librorum prohibitorum (Index) [lat.], amtl. Verzeichnis der vom Apostol. Stuhl verbotenen Bücher; 1967 außer Kraft gesetzt.

Indexzahlen (Indexziffern), statist. Zahlen, die Veränderungen von Größen angeben; z. B. Preis-, Mengen- und Umsatzindizes.

Indiaca ®, dem Volleyball verwandtes, aus S-Amerika stammendes Rückschlagspiel mit einem federballähnl. Spielgerät, das mit der Handfläche geschlagen wird.

Indiana, Robert [engl. ɪndɪˈænə], *New Castle (Ind.) 13. 9. 1928, amerikan. Maler. Zahlen- und Buchstabenbilder (Pop-art).

Indiana [ɪndiˈaːna, engl. ɪndɪˈænə], Staat im Mittleren Westen der USA, 93 720 km^2, 5,53 Mio. E, Hauptstadt Indianapolis.

Indianer

Geschichte: 1763 brit.; 1783 an die USA, Teil des Northwest Territory, 1800 eigenes Territorium (umfaßte die heutigen Staaten I., Illinois, Wisconsin und große Teile von Michigan und Minnesota); mit seinen heutigen Grenzen 1816 19. Staat der USA.

Indianapolis [engl. ɪndɪəˈnæpəlɪs], Hauptstadt des Staates Indiana, USA, 719800 E. Mehrere Univ.; bed. Ind.-Standort. Automobilrennstrecke.

Indianer (span. Indio[s]), die Ureinwohner (mit Ausnahme der Eskimo) des amerikan. Doppelkontinents; der Name geht auf den Irrtum des Kolumbus zurück, der bei seiner Landung in Amerika glaubte, Indien auf dem westl. Seeweg erreicht zu haben. Die I. sind wahrscheinlich in mehreren Schüben über eine im Bereich der heutigen Beringstraße bestehende Landbrücke aus Asien eingewandert (seit etwa 40000 v. Chr.). Sie bilden insgesamt die Rassengruppe der Indianiden, den amerikan. Zweig der Mongoliden, die sich dann in Amerika in zahlr. »Lokalrassen« differenzierte. Die Schätzungen über die Zahl der I. vor der europ. Kolonisation schwanken erheblich (wohl etwa 15 Mio.). Älteste Zeugnisse indian. Kultur reichen bis etwa 20000 v. Chr. zurück (zur allg. vorkolumb. indian. Geschichte ↑altamerikanische Kulturen; zu den Hochkulturen Mittel- und Südamerikas ↑Azteken, ↑Inka, ↑Mayakultur). Von Alaska bis Feuerland entwickelten sich zahlreiche einzelne Stämme auf Grund der variierenden natürl. Bedingungen; grundlegende Veränderungen (Akkulturation) bewirkte die europ. Kolonisation (v. a. durch Spanier, Portugiesen, Engländer, Franzosen und Amerikaner), deren Landnahme bis heute anhält.

Die I. *Nordamerikas* kann man grob nach verschiedenen Kulturarealen (Kulturräumen) ordnen, wobei von N nach S eine fortschreitende »Höherentwicklung« zu beobachten ist: Die Stämme der Subarktis (Algonkin, Athapasken, Cree) und der NW-Küste (Tlingit, Haida, Chinook) waren einfache Jäger und Binnen- und Küstenfischer (auch Walfang; nur die Cree traten schon früh als Handelspartner der Europäer, v. a. der 1670 gegr. engl. Hudson's Bay Company, auf), die I. Kaliforniens (Pomo, Yokuts) und des Great Basin (Shoshone, Paiute, Ute) mit den anschließenden Plateaus (Nez Percé, Flathead) waren Fischer (Lachs), Wildbeuter und Sammler (Eicheln) mit allerdings hoch entwickelter Korbflechtkunst, deren gesellschaftl. Organisationsformen kaum die Grenzen der Sippen bzw. Lokalgruppen überschritten; dagegen waren die I. des nordöstl. (Algonkin, Irokesen) und südöstl. Waldlandes (Cherokee, Creek, Natchez) sowie des SW (Apachen, Navajo, Hopi) weitgehend seßhafte und intensive Bodenbauer (Mais, Bohne, Kürbis), die künstl. Bewässerungssysteme und Tongefäße kannten, in (oft größeren und befestigten) Dörfern oder auch in Bünden organisiert waren und meist feste Häuser (Langhäuser aus Holz, z. T. mehrstökkige Lehmziegelhäuser [Pueblos]) bewohnten. In den stammesübergreifenden Zusammenschlüssen z. B. der *Irokesenföderation,* die aus den sechs Nationen der Onondaga, Mohawk, Seneca, Cayuga, Oneida und Tuscarora bestand, und der sog. *Fünf Zivilisierten Nationen* (Creek, Choctaw, Chickasaw, Seminolen, Cherokee) zeigten sich Ansätze zu einer Staatenbildung, die diese I. kulturell in die Nähe der Hochkulturen Mittelamerikas und des westl. Südamerika rückt. Eine Sonderstellung nahmen die I. der *Prärien* des Mittleren Westens (Sioux, Arapaho, Cheyenne, Komantschen) ein. Urspr. Gartenbauer (Mais) und Saisonjäger, entwickelten sie sich seit der Übernahme des Pferdes von den Spaniern (um 1630) schnell zu (auch krieger.) Jagdnomaden, die nahezu ihren gesamten Lebensbedarf aus der Bisonjagd deckten. Typ. Waffen der I. waren vor der Verbreitung der Feuerwaffen Wurfbeil (Tomahawk), Keule sowie Pfeil und Bogen.

Der Widerstand der Ureinwohner begleitete die Landnahme der Europäer: 1680 verbündeten sich die Puebloindianer im SW gegen die Spanier und konnten bis 1692 ihre Freiheit bewahren. 1754 vereinigte der Häuptling der Ottawa, Pontiac, mehrere Stämme im Gebiet der Großen Seen gegen die Engländer, mußte aber 1765 Frieden schließen. Tecumseh (Tecumtah), Häuptling der Shawnee im nö. Waldland, bemühte sich ab 1805 um ein Bündnis aller

Stämme im MW und S gegen die nach W fortschreitende Grenze. Ab 1830 wurden die Stämme, die östlich des Mississippi lebten, u. a. die Fünf Zivilisierten Nationen, in das heutige Oklahoma umgesiedelt. Die fast völlige Ausrottung der etwa 50 Mio. Bisons zw. 1830 und 1885 entzog auch den Prärie- und Plains-Indianern westlich des Mississippi zunehmend die Existenzgrundlage, die sich dagegen sowie gegen die Einweisung in Reservationen in verschiedenen Kriegen seit 1862 wehrten. Trotz einzelner Siege, u. a. am Little Bighorn River 1876, wurde der indian. Widerstand bald gebrochen, zuletzt mit dem Massaker am Wounded Knee 1890. Nach 1890 lebten die einzelnen Stämme zunächst ausschließlich in Reservationen, die vom Bureau of Indian Affairs (BIA) verwaltet werden. – In den 1960er Jahren formierte sich ein neuer Widerstand (»Red Power«). Die »Neuen I.« forderten – mit z. T. spektakulären Aktionen – die Erneuerung der gebrochenen Verträge bzw. Wiedergutmachung. Seit 1972 konnten einige Stämme Schadensersatzansprüche für Landwegnahme in einer Höhe von mehreren hundert Mio. Dollar gerichtlich durchsetzen. – Heute leben in Nordamerika rd. 2 Mio. I. (davon 1,42 Mio. in den USA und 370 000 in Kanada).

Die I. *Lateinamerikas* kann man grob in hochentwickelte Staaten in Mittelamerika und im westl. Südamerika und in Stammesvölker des trop. Tieflands im O und SO Südamerikas gliedern. Von den archäolog. bekannten und z. T. staatl. organisierten hochentwickelten Völkern *Mittelamerikas* (Olmeken, Azteken, Zapoteken, Mixteken, Tarasken, Totonaken, Maya) sowie von den Inka im *westl. Südamerika* leben nur noch die Nachfahren der bäuerl. Grundbevölkerung. Während die Unterwerfung der hochentwickelten I.staaten schon bald nach der Ankunft der Spanier durch sog. Staatsstreiche (mit der Gefangennahme des Herrschers war auch das Volk besiegt) geschah, erfolgte der Kontakt mit den Weißen in den trop. Regenwäldern nur zögernd, z. T. erst im 20. Jh. (v. a. über Missionare). Dennoch sind heute bis auf einige Stämme im Amazonasgebiet sämtl. I. Lateinamerikas unterdrückt, z. T. auch ganze Stämme ausgerottet (z. B. Patagonier, Feuerland-I.). Die weitere Existenz der trop. Stämme ist durch die großflächige Gewinnung von Bodenschätzen und Entwaldung zugunsten der Viehzucht sowie durch die zunehmende Verbreitung von Krankheiten gefährdet. – Heute leben in Lateinamerika noch etwa 15 Mio. Indianer.

Ebenso vielgestaltig wie die Stämme, Sprachgruppen und Kulturen der I. sind ihre *Religionen* und mytholog. Vorstellungen. Eine einheitl. Religion der I. gibt es nicht, so daß man nur einige wenige gemeinsame Züge nennen kann. Bei den I. *Nordamerikas* war der Glaube an einen Hochgott (Großer Geist) weit verbreitet; in vielen Stämmen ist daneben die Gestalt eines Heilbringers nachweisbar, auf den auch der Besitz der Kulturgüter zurückgeführt wird. Typ. Erscheinungen sind Totemismus und Initiationsriten. Der Seelen- und Unsterblichkeitsglaube verband sich mit der Vorstellung von einem Jenseitsreich, das an unterschiedl. Orten gedacht wurde und von den Jägerstämmen als »ewige Jagdgründe« angesehen wurde. Die Verbindung zur Geister- und Dämonenwelt wurde vielfach von einem ↑Medizinmann aufrechterhalten, der auch Funktionen eines Priesters hatte. – Ähnl. Vorstellungen lassen sich auch bei den indian. Naturvölkern *Lateinamerikas* feststellen.

Indianersprachen, Sprachen der indian. Bevölkerung Amerikas, deren Verbreitung seit der europ. Entdeckung bes. in N-Amerika stark zurückgegangen ist. Unbestritten ist der in indian. Zeit große Sprachenreichtum Amerikas; die neuere Forschung rechnet mit etwa 3 500–4 000 Sprachen.

Die wichtigsten Sprachgruppen im N sind das Athapaskische und das weitverbreitete Algonkin. Vom heutigen Staat Utah bis Nicaragua waren die Utoazteken verbreitet, mit dem Hopi und dem shoshon. Sprachen im N, sowie den Nahua mit dem Pipil und dem Nicarao im S und dem Toltek. und Aztek. im Zentrum Mexikos, das Nahuatl genannt wird. Die zweite große Sprachgruppe Mittelamerikas umfaßt die Mayasprachen, deren Sprachgebiet von der pazif. Küste Guatemalas bis nach Yucatán reicht. Verkehrssprache in Brasilien und Teilen Boliviens und Paraguays war das in mehrere Dialekte aufgespaltene Tupí-Guaraní. In der Andenregion waren das Quechua, das Amtssprache des alten Inkareiches war (heute wieder Amtssprache in Peru), und das Aymará verbreitet, südl. davon das Araukanische. – Zahlr. indian. Wörter haben in europ. Sprachen Eingang gefunden, z. B. Tabak, Kanu, Kannibale, Mais.

Indianide ↑Menschenrassen.

Indian National Congress [engl. 'ɪndɪən 'næʃənəl 'kɔŋɡrɛs] (Ind. Nationalkongreß, Kongreßpartei), Abk. **INC**, größte ind. Partei; 1885 zur Vertretung eigenständiger ind. Interessen gegr.; wurde unter Führung M. K. Gandhis zu einer Massenbewegung, die seit 1920 zunehmend Einfluß auf die polit. Entwicklung Indiens zur Unabhängigkeit nahm; nach 1947 von J. Nehru zu einer modernen Massenpartei ausgebaut; unter seiner Tochter Indira Gandhi nach einer vernichtenden Wahlniederlage 1977 Spaltung des INC (1978); der urspr. kleinere Flügel Frau Gandhis (INC-I) erreichte bei den Wahlen 1980 fast die Zweidrittelmehrheit; nach dem Verlust der Mehrheit unter ihrem Sohn Rajiv Gandhi 1989 seit 1991 wieder Regierungspartei.

Indien (englisch India, amtlich Hindi Bharat), Staat in Asien, grenzt im NW an Pakistan, im N an China, Nepal und Bhutan, im O an Birma und Bangladesh. Im S wird I. vom Ind. Ozean begrenzt. Zu I. gehören die Andamanen, Nikobaren und Lakkadiven.

Staat und Recht: Parlamentar. Demokratie mit bundesstaatl. Ordnung; *Verfassung* von 1950. *Staatsoberhaupt* ist der Staats-Präs., der für fünf Jahre von einem aus Mgl. des Zentralparlaments und der Landtage gebildeten Wahlmännerkollegium gewählt wird. Er ernennt als oberster Träger der *Exekutive* den Führer der stärksten Unterhausfraktion zum Premier-Min. und auf dessen Vorschlag die übrigen Min., die einem der beiden Häuser des Parlaments angehören müssen. Die *Legislative* liegt beim Parlament, bestehend aus dem Staats-Präs., dem Oberhaus (Vors.: der von beiden Häusern gewählte Vize-Präs.) und dem Unterhaus. Während 236 Mgl. des Oberhauses von den Landtagen entsandt und acht weitere Abg. vom Staats-Präs. bestimmt werden, werden die 544 Abg. des wesentlich bedeutenderen Unterhauses auf fünf Jahre direkt nach dem Mehrheitswahlrecht in Wahlkreisen gewählt. Wichtigste *Parteien:* ↑Indian National Congress (INC), Bharatiya Janata Party, Nat. Front, Kommunist. Partei Indiens.

Landesnatur: I. gliedert sich von N nach S in drei Großlandschaften: Hochgebirge (Himalaja, Karakorum), Tiefland (Ganges-Brahmaputra-Tiefland und ind. Anteil am Pandschab) sowie die dreiecksförmige Halbinsel Vorderindien. Das Hochgebirge erreicht im K 2 (Karakorum) 8607 m, im Kangchendzönga (Östlicher Himalaja) 8586 m. Quer durch Nord-I. zieht sich am S-Fuß des Himalaja in einer Breite von 300–500 km das Ganges-Brahmaputra-Tiefland entlang. Östl. des N-S verlaufenden Industieflandes liegen der Pandschab und südlich anschließend die Wüstensteppe Thar. Vorder-I. wird vom Hochland von Dekhan eingenommen. Seine aufgewölbten Ränder erreichen in den Westghats 2695 m und in den Ostghats 1640 m Höhe. Beide küstenparallel verlaufenden Gebirge fallen steil zum Meer ab. I. besitzt subtrop. bis trop., vom Monsun geprägtes Klima. Vom trop. immergrünen Regenwald an

Indien

Indien

Staatsflagge

Indien

Fläche:	3 287 590 km²
Einwohner:	879,548 Mio.
Hauptstadt:	Delhi
Amtssprachen:	Hindi, Englisch
Nationalfeiertage:	26. 1. und 15. 8.
Währung:	1 Ind. Rupie (iR) = 100 Paise (P.)
Zeitzone:	MEZ + 4,5 Std.

Staatswappen

	1970	1992	1970	1992
	539	880	147	310

Bevölkerung (in Mio) | Bruttosozialprodukt je E (in US-$)

☐ Stadt Land ☐

26% / 74%

Bevölkerungsverteilung 1992

☐ Industrie
☐ Landwirtschaft
☐ Dienstleistung

27% / 41% / 32%

Bruttoinlandsprodukt 1992

Indien

der Malabarküste und den Monsunregenwäldern des nordind. Tieflands bis hin zu den Trockenwäldern und Savannen des Dekhan reichen die Vegetationsformen.
Bevölkerung: An ethn. Gruppen finden sich Indide, Melanide, Mongolide und Weddide. Rund 75% der Bevölkerung sind Hindus, 18% Muslime, 3% Christen, 3% Sikhs. I. hat ein hohes Bevölkerungswachstum (jährl. Zuwachsrate etwa 14 Mio. Menschen). 64% der Bevölkerung sind Analphabeten.
Wirtschaft, Verkehr: Trotz der stark agrarisch geprägten Erwerbsstruktur kann das Schwellenland I. zu den zehn höchstindustrialisierten Ländern der Erde gezählt werden, ist aber, gemessen am Bruttosozialprodukt, auch einer der 20 ärmsten Staaten der Erde. Auf etwa 80% der Landwirtschaftsfläche werden Reis, Weizen, Hirse, Mais und Hülsenfrüchte angebaut. Getreide muß darüber hinaus eingeführt werden. 20% des landwirtschaftlich genutzten Bodens verbleiben für den exportorientierten Anbau von Baumwolle, Jute, Kautschuk, Tee, Tabak, Kaffee, Zuckerrohr und Gewürze. I. verfügt über $^1/_5$ der Rinderbestände der Erde. Die Rinder dürfen jedoch in weiten Gebieten aus religiösen Gründen nicht geschlachtet werden. Rohstoffbasis des Landes sind Braun- und Steinkohle- sowie Eisenerzvorkommen. 70% des Erdölbedarfs werden im Lande gefördert. I. verfügt über mehrere Kernkraftwerke; bed. Eisen- und Stahlindustrie; Baumwollverarbeitung, Woll-, Jute- und Seidenerzeugung sowie Maschinenbau, Elektro-, Elektronik-, Nahrungs- und Genußmittelindustrie. Die Streckenlänge der Eisenbahn beträgt 61 810 km, die der Straßen 1,8 Mio. km (davon 47% mit fester Decke). Die wichtigsten Häfen sind Bombay, Kalkutta, Madras, Cochin und Kandla. Internat. ✈ besitzen Bombay, Kalkutta, Madras und Delhi.
Geschichte: *Von der vedischen Periode bis zum Einbruch des Islams*: Bereits vor der Einwanderung der Arier (wohl Mitte des 2. Jt. v. Chr.) gab es in der †Harappakultur in N-I. eine hochentwickelte Zivilisation. Beendet wird die ved. Periode, über deren frühe polit. Geschichte nichts bekannt ist, mit dem Auftreten des Buddha († wohl 480 v. Chr.), der ersten belegten bed. Persönlichkeit. Gleichzeitig entstand das Reich von Magadha. Weit darüber hinaus reichte das Reich der Nandadynastie (360–322 v. Chr.). Unter Ashoka (⚭ 273/268 bis 232) umfaßte das Reich der Mauryadynastie, gegr. von Candragupta Maurya (⚭ um 322–um 300), den größten Teil von I. und griff im NW über I. hinaus. Von 50 n. Chr. bis ins 3. oder 4. Jh. bestand das Großreich der Kushana, das sich unter Kanishka (wohl ab 120) von Z-Asien bis Benares erstreckte. Das *Guptareich,* das im 4. Jh. ganz N-I. beherrschte, erlag um 500 dem Hunnensturm. König Harshavardhana vereinte in der ersten Hälfte des 7. Jh. noch einmal den größten Teil von N-I. von Kanauj aus unter seiner Herrschaft. Dem Rajputen-Klan der Gurjara-Pratihara gelang ab 750 von Kanauj aus eine Machtkonzentration, die bis 1018 dem Vordringen des Islams standhielt.
Der Islam in Nordindien: Zu einer dauerhaften islam. Besetzung des Landes kam es erst 1192. 1206 gründete Qutb-uddin Aibak das Sultanat von Delhi. Auf die sog. Sklavendynastie (bis 1290) folgte die Khiljidynastie (1290–1318). Nach dem Zusammenbruch des Sultanats unter dem Ansturm Timurs 1398 begann erst unter der Lodidynastie (1451–1526) eine erneute Festigung der Herrschaft über N-I. von Delhi aus. Der Timuride Babur († 1530) wurde 1526 durch einen Sieg über den Sultan von Delhi zum Begründer des Mogulreiches (Eroberung von N-I. vom Pandschab bis an die Grenze von Bengalen). Sein Enkel Akbar (1556–1605) konnte u. a. Bengalen (1576), Kandesh (1577), Kabul (1581), Kaschmir (1586) und Belutschistan (1595) hinzugewinnen. Seine größte Ausdehnung erreichte das Reich unter Aurangseb (⚭ 1658–1707) durch Annexion u. a. von Bijapur (1686) und Golkonda (1687). Das Mogulreich löste sich im 18. Jh. in einen lockeren Staatenbund auf, bis die Briten 1858 den letzten Mogul absetzten.
Südindien bis zur Kolonialzeit: Seit etwa 570 n. Chr. regierte von Badami aus die Calukyadynastie, die um 750 von den Rashtrakutas gestürzt wurde, die bis ins 10. Jh. den Dekhan beherrschten. Vom 10. bis 12. Jh. gewann noch einmal die Calukyadynastie aus die Oberhand. Um

Indien

die Mitte des 7. Jh. hatten die Pallavas von Kanji aus einen Höhepunkt ihrer Macht erreicht (642 Eroberung von Badami). Seit dem 9. Jh. entwickelte sich an der O-Küste das Colareich, das im 10./11. Jh. bis nach Ceylon und Birma ausgriff. Sein Erbe übernahm im 13. Jh. die Pandyadynastie von Madurai. 1336 wurde das hinduist. Großreich von Vijayanagar (bis 1565) im südl. Dekhan gegründet. Ebenso entstand in der 1. Hälfte des 14. Jh. im Dekhan das Reich der Bahmanidynastie (bis 1527) von Gulbarga.
Kolonialzeit und Unabhängigkeit: Mit der Entdeckung des Seewegs nach I. (1498) entstanden die portugies. Stützpunkte Daman, Diu und Goa. Im 17. Jh. gründeten die engl. Ostind. Kompanie Niederlassungen u. a. in Madras (1639), Kalkutta (1690) und Bombay (1661), die frz. Ostind. Kompanie in Pondicherry (1674) und Chandernagar (1688). Im 18. und 19. Jh. kamen $^3/_5$ von I. unter die Herrschaft der brit. Ostind. Kompanie, während $^2/_5$ durch ind. Fürsten regiert wurden, die jedoch in der Außen- und Verteidigungspolitik den Briten unterstellt waren. Unter dem Generalgouverneur Lord W. H. Cavendish-Bentinck (1833–35) wurde das Englische Verwaltungssprache, die Witwenverbrennung wurde untersagt. Die Furcht vor einer westl. Überfremdung des Landes war letztlich Ursache des großen Aufstandes von 1857/58, mit dessen Niederwerfung das Mogulreich aufgelöst und I. direkt der brit. Krone unterstellt wurde; der Generalgouverneur wurde Vizekönig. Die ind. Unabhängigkeitsbewegung nahm ihren Anfang mit der Konstituierung des Indian National Congress (1885). Wegen der weit verbreiteten Unruhe im Land sollten die Montagu-Chelmsford-Reformen (Montford-Reformen) 1918 den Indern in den Prov. eine Teilverantwortung an der Regierung gewähren. Der Protest gegen die hinausgezögerte Durchführung der Reformen ist mit dem ersten Auftreten M. K. Gandhis in I. verbunden (1920 bis 1922 von Kongreßpartei und Muslimliga getragene Satjagraha-Kampagne). Beim Scheitern der Forderung nach dem Dominionstatus für I. bis Ende 1929 kam es erneut unter Gandhis Führung zu einem (ergebnislosen) Satjagraha-Feldzug (»Salzmarsch«). Die Entfremdung zw. Kongreßpartei und Muslimliga zwang 1947 zur Teilung des Landes in I. und Pakistan. Nachdem beide Staaten am 15. 8. 1947 unabhängig geworden waren, wurden die 562 Fürstenstaaten der Union eingegliedert. Eine Verfassung trat am 26. 1. 1950 in Kraft.
Die Indische Union: Seit den ersten Wahlen 1951/52 regierte mit einer Unterbrechung 1977–80 die Kongreßpartei. Die Außenpolitik I. Nehrus machte I. zu einem führenden Mitglied der blockfreien Staaten. Die innenpolit. Situation der letzten Jahre ist gekennzeichnet durch zahlr. Unruhen, z. T. infolge der Gegensätze zw. Hindus und Muslimen (z. B. in Assam und Bombay 1983, Ayodhya 1993), z. T. als Ausdruck sozialen Protests oder regionalist. Tendenzen; in Punjab, wo die Partei der Sikhs Autonomie fordert, kam es 1983 nach einem Terroranschlag im Goldenen Tempel von Amritsar zu blutigen Auseinandersetzungen, im Juni 1984 zur Erstürmung des Tempelbezirks durch Soldaten. Die Ermordung Indira Gandhis durch Sikhs am 31. 10. 1984 führte zu zahlr. Racheakten gegen Sikhs. Frau Gandhis Nachfolger wurde ihr Sohn Rajiv. Im Dez. 1984 forderte in Bhopal die bisher größte industrielle Giftgaskatastrophe mehr als 2 000 Todesopfer und mindestens 200 000 Verletzte. Bei den Parlamentswahlen 1984 konnte die regierende Kongreßpartei eine Zweidrittelmehrheit im Unionsparlament erreichen. Die Parlamentswahlen 1989 verlor der INC knapp; neuer Min.-Präs. wurde V. P. Singh, der einer Koalition aus fünf Parteien vorstand. 1987 wurden die Gebiete Mizoram, Arunchal Pradesh und Goa zu Gliedstaaten erhoben. Westbengalen erhielt nach blutigen Unruhen 1988 einen halbautonomen Rat der Gurkhas. Nach krieger. Konflikten mit Pakistan 1965 und 1971 suchte I. seine Beziehungen dorthin zu verbessern; bes. wegen Kaschmir kommt es aber immer wieder zu Spannungen. In Sri Lanka unterhielt I. ein Truppenkontingent, um die dortigen blutigen Unruhen einzudämmen. Im Mai 1991 wurde der Vors. des INC, Rajiv Gandhi, ermordet. Nach den Parlamentswahlen im Juni 1991 wurde P. V. N. Rao als neuer Premier-Min. vereidigt. Im

Indigostrauch.
Indigofera tinctoria
(Höhe 1–1,5 m)

Indigo.

indifferente Stoffe

Juli 1992 wurde S. D. Sharma zum Staats-Präs. gewählt.

indifferente Stoffe (indifferente oder inerte Materialien), Substanzen, die nicht oder nur unter extremen Bedingungen mit Chemikalien reagieren.

Indifferenz [lat.], Gleichgültigkeit gegen bestimmte (religiöse, eth., polit.) Wertvorstellungen.

Indigenismo [span. indixe'nizmo; lat.-span.], Bewegung in Lateinamerika mit dem Ziel der Rückbesinnung auf die indian. Vergangenheit und der Integration der indian. Bevölkerung.

indigniert [lat.], peinlich berührt, entrüstet.

Indigo [lat.-span.] (Indigoblau), der älteste und früher wichtigste pflanzl. Farbstoff (ein Küpenfarbstoff). In reinem Zustand ist I. ein dunkelblaues, kupfern schimmerndes Pulver. I. kommt v. a. in Indigostraucharten in Form des farblosen Glucosids *Indikan* vor. Zum Färben wird I. in alkal. Medium gelöst, wobei das farblose *Indigoweiß* (Leukindigo, Dihydroindigo) entsteht, mit dem das Gewebe getränkt wird. Beim Trocknen an der Luft bildet sich der blaue Farbstoff auf der Faser oxidativ zurück.

Indigostrauch, Gatt. der Schmetterlingsblütler mit rd. 300 Arten in den Tropen und Subtropen; liefern z. T. Indigo.

Indikation svw. ↑Heilanzeige.

Indikator [lat.], in der *Chemie* Sammel-Bez. für Substanzen, mit deren Hilfe der Verlauf einer chem. Reaktion verfolgt werden kann. Beispiel: *pH-Indikatoren* ändern ihre Farbe in Abhängigkeit vom pH-Wert der Lösung (z. B. Lackmus, Phenolphthalein).

Indikatormethode (Leitisotopenmethode, Tracer-Methode), Methode zur Untersuchung eines biolog., physikal. oder chem. Prozesses, insbes. eines Stofftransportes im atomaren und molekularen Bereich, wobei ein stabiles (z. B. Deuterium) oder radioaktives Isotop (z. B. Kohlenstoff ^{14}C) als Indikator (*Leitisotop, Indikatorsubstanz, Tracer-Isotop*) einer Substanz oder einem Organ zugeführt wird und durch seine Anwesenheit den Ablauf der Reaktion markiert.

Indio, span. Bez. für den ↑Indianer in Lateinamerika.

indirekte Rede (Oratio obliqua), im Konjunktiv referierte Aussage eines anderen, z. B. »Er sagte, er komme morgen«.

indirekte Steuern, Steuern, die von Wirtschaftssubjekten erhoben werden, welche sie nicht unbedingt selbst tragen, aber vorschießen sollen, z. B. Umsatz- und Verbrauchsteuern.

Indisch-Antarktischer Rücken, untermeer. Schwelle im südl. Ind. Ozean, bis 1922 m u. M. ansteigend.

indische Kunst. Vorwiegend auf eigenen Überlieferungen (↑Harappakultur) fußend, auch von hellenist.-röm. Kunst angeregt, schufen ind. Künstler Zweckbauten und Kultstätten mit Götterbildern für Hindus, Buddhisten und Jainas; im islam. Einflußbereich kamen starke pers. Einflüsse hinzu. Die i. K. entwickelte einen bes. Reichtum an menschengestaltigen Götterbildern, die mit Hilfe des Sanskrit-Schrifttums interpretiert werden.

Frühe historische Reiche: Im iran.-ind. Grenzgebiet (Baktrien) entstand eine hellenist.-buddhist. Mischkunst (Ausgrabungen in Ay Chanum, Balkh, Begram [Afghanistan] sowie Taxila [NW-Pakistan]), im südafghan.-nordpakistan. Grenzland die romano-buddhist. Kunst von Gandhara (1.–3. Jh.?). Zum Gedächtnis an Buddha wurden ↑Stupas errichtet.

Guptakunst: Unter den hinduist. Guptaherrschern um 325 bis zum 7. Jh. Grundlegung der ind. Baukunst. Eine Terrasse trägt den Tempel mit der Versammlungshalle (Mandapa) und dem Allerheiligsten (Garbhagriha) mit dem Götterbild; darüber Tempeltürme, die den gestuften Bau des Kosmos und den myth. Weltberg Meru bedeuten, so in Deogarh (bei Bhopal). Daneben wurden hinduist. Kulthöhlen errichtet (↑Elephanta, ↑Elura) bzw. weiter ausgestaltet (↑Ajanta).

Frühes und hohes MA: Etwa 700–1300 entstanden die großen Hindutempel, im N z. B. in Konarak und Khajuraho mit

Indischer Ozean

hochaufstrebenden Turmgruppen, im S in Pattadakal und Thanjavur.
Frühislamische Epoche (in N-Indien): Moscheen aus dem Material (Stein) der Hindu-Heiligtümer (erster Bau in Delhi, 1199ff., mit hohem Minarett [Kutub Minar]), indoislam. Sonderformen, bes. Backsteinbauten von Bengalen, Moscheen und Gräber in Gulbarga und Bidar, Paläste von Mandu.
Mogulreich: Im 16. Jh. unter Babur und Humayun (Grabmal in Delhi, 1565ff.) starke pers. Einflüsse. Akbar unterstützte die geistige Durchdringung von ind. Überlieferung und islam. Formenwelt auf allen Gebieten der Kunst: Bauten in Fatehpur-Sikri (1569–74; u. a. Moschee, 1571), Agra (Rotes Fort) und Sikandra (sein Grabmal). Hauptwerke der Folgezeit (in weißem Marmor) sind das Grabmal des Großwesirs Itimad-ud-Daulas (1628), unter Shah Jahan Rotes Fort (1639ff.) und Große Moschee (Jami Masjid, 1650ff.) in Delhi und das Taj Mahal von ↑Agra (1630–48); bed. Buchmalerei.
Kunst des Vishnuismus: Im 16.–19. Jh. in den nordind. Staaten Zentren der Buchmalerei; uralte ind. Symbole der erot. Kunst wurden in Szenen der myst. Liebe zw. der Hirtin Radha und dem Gott und Geliebten Krishna wieder aufgenommen. Der Hindutempel erweiterte sich in S-Indien v. a. im 15.–17. Jh. zu einem großen Komplex mit zahlr. Höfen, Stützenhallen, Kolonnaden, Teichen, mehreren Umfassungsmauern und vier großen Tortürmen.
Ende 18.–20. Jahrhundert: Nach 200 Jahren Kolonialarchitektur faßte Mitte des 20. Jh. auch die funktionalist. Architektur Fuß (Chandigarh, Ahmadabad und Bangalore), u. a. von Le Corbusier und L. I. Kahn. Auch Bildhauerei und Malerei nahmen Anregungen der europ. Moderne auf.

indische Literaturen. Die älteste ind. Literatur, die altertüml. Sanskrit verfaßten Verse des ↑Veda, wurde mündlich überliefert. Am Ende der *vedischen Periode* (um 1200–500), in der auch die ↑Upanishaden entstanden, legte die Grammatik des Panini (6./5. Jh.) die Grundlage für das *klassische Sanskrit.* Älteste erhaltene Zeugen dieser Literatur, in die die Ursprünge der Epen »Mahabharata« und »Ramayana« reichen, bilden die Fragmente der buddhist. Dramen des Ashvaghosha (um 100 n. Chr.). Neben einer reichen Belletristik (von weltliterar. Rang die Fabelsammlung ↑Pancatantra) stand eine ausgedehnte wiss. Literatur (Philosophie, Medizin, Poetik, Astronomie, Mathematik). Seit etwa 1000 wurde Sanskrit als Literatursprache allmählich von den neuind. Sprachen zurückgedrängt. Die älteste ist die um 1000 mit buddhist. Versen einsetzende *Bengali-Literatur.* In ihr entstand unter westl. Einfluß im Werk Bankimcandra Chatterjees (* 1838, † 1894) der moderne ind. Roman; der bekannteste Autor der neueren Zeit ist R. Tagore. – In der Mitte des 20. Jh. gewann die *Hindi-Literatur* eine Vorrangstellung, die durch Premcand (* 1880, † 1936) wesentlich mitbegründet wurde. – Die Literatur der dravid. Sprachen in S-Indien beginnt im 1. Jh. n. Chr. in ↑Tamil. Durch Subramanya Bharati (* 1892, † 1921) fand die moderne Volkssprache Eingang in die *Tamil-Literatur.* – Daneben besteht in Indien eine reiche schriftlose Volksliteratur.

indische Musik, die traditionelle Musik in Indien. Als früheste Quelle gilt das zweite der vor, um 1000 v. Chr. entstandene Buch »Samaveda« (»Buch der Gesänge«), das dem Erlernen der Melodien und der Texte für den Sänger beim Opferritual diente. Diesem lag eine siebenstufige Tonleiter zugrunde, deren Tonabstände nach dem kleinen Maßintervall Schruti bestimmt wurden (22 Schruti ergeben eine Oktave); es gab zwei Grundskalen mit verschiedenem Zentralton (Sagrama, Magrama). Die Haupttöne verliehen der häufig improvisierten Melodie ihre bes. »Farbe« (Raga). Der karnat. Musik S-Indiens entfalteten sich seit dem 14. Jh. in N-Indien islam.-arab. Einflüsse (Hindustanimusik).

Indischer Elefant ↑Elefanten.

indischer Mungo, bis 45 cm körperlange Mangustenart in Arabien, Indien und auf Ceylon; kann relativ hohe Giftdosen von erbeuteten Giftschlangen überleben.

Indischer Nationalkongreß ↑Indian National Congress.

Indischer Ozean (Indik), mit 75,43 Mio. km² (ohne Nebenmeere) kleinster

indische Kunst. Stehender Buddha aus Gandhara; Schiefer, Höhe 70 cm (Rom, Nationalmuseum für orientalische Kunst)

1583

Indischer Pfeffer

der drei Ozeane. Er liegt zw. Afrika, Asien, Australien und der Antarktis. Vorderindien teilt den nördl. I. O. in Arab. Meer im W und Golf von Bengalen im O; Nebenmeere sind das Rote Meer und der Pers. Golf. Die mittlere Tiefe beträgt 3872 m, die größte 7455 m (im Sundagraben). Der I. O. ist in elf Tiefseebecken gegliedert; er wird im Zentrum vom N nach S durchzogen in Form eines umgekehrten Y. Außerdem erstreckt sich der Ostind. Rücken von den Andamanen aus 4000 km nach Süden. Die Sedimente bestehen östl. des Zentralind. Rückens überwiegend aus rotem Tiefseeton, westl. von ihm aus Globigerinenschlamm, im antarkt. Teil aus Diatomeenschlamm. Nur im S kommt Eis vor (Eisberge und Treibeis). Die wichtigste Meeresströmung im südl. I. O. ist der Südäquatorialstrom, der sich bei Madagaskar in drei Zweige spaltet. Im N werden die Meeresströmungen durch den jahreszeitl. Wechsel der Monsune bestimmt. Die Fischerei beschränkt sich im allg. auf Küstennähe, im äquatorialen I. O. wird v. a. von Japanern Hochseefischerei betrieben. Im Pers. Golf wird Erdöl gefördert.

Indischer Pfeffer, svw. ↑Paprika.

indische Schriften. Mit Ausnahme der ältesten i. S., der noch nicht entzifferten Indusschrift, und der Kharoshthischrift gehen alle i. S. auf die Mitte des 1. Jt. v. Chr. aus einem semit. Alphabet entstandene *Brahmischrift* zurück; diese Schriften sind rechtsläufige Silbenschriften; jede Schrift kennt Zeichen für Vokale und Konsonanten sowie Zusatzzeichen, z. B. für Vokallosigkeit oder Nasalierung. – Die etwa 200 aus der Brahmischrift entstandenen Alphabete werden in eine nördl. und eine südl. Gruppe aufgeteilt. Zur nördl. Gruppe mit dem Guptaalphabet (4.–6. Jh.) als Grundlage gehört u. a. die *Devanagari* (entstanden seit etwa 700 n. Chr.), in der u. a. Hindi und Marathi geschrieben werden, das *Bengali-* und das *Oriyaalphabet,* die für das Panjabi verwendete Gurmukhischrift und die Schrift des Gujarati. Zur südl. Gruppe, ausgehend von der Granthaschrift, gehören die kanares. Schrift, die Telugu- und die Malayalamschrift. Der Ursprung der Tamilschrift ist umstritten.

indische Sprachen. Auf dem ind. Subkontinent zählt man etwa 150 Sprachen, von denen die meisten jedoch weniger als 100 000 Sprecher haben. Nach Anzahl der Sprecher stehen die indoar. und die dravid. Sprachen an der Spitze.
Die Träger der zu den indogerman. Sprachen gehörenden *indoarischen Sprachen* sind die um die Mitte des 2. Jt. v. Chr. nach Indien eingewanderten Arier. Über die Sprache der Urbevölkerung kann keine sichere Aussage gemacht werden. Die Sprache der ältesten erhaltenen Texte ist das Vedische oder ved. Sanskrit. Gegen Ende der ved. Periode (etwa 1200–500) beschreibt der Grammatiker Panini das Sanskrit. Als Literatursprache wird das Ved. abgelöst durch einen altertüml. Prakritdialekt, das Pali. Im 1. Jh. n. Chr. beginnt eine Renaissance des Sanskrit, das nun als tote Sprache unter der Bez. klass. Sanskrit zur beherrschenden Literatursprache wird; noch heute Sprache der religiösen Überlieferung; gehört zu den 15 in der Verfassung Indiens offiziell anerkannten Sprachen. Um 1000 n. Chr. kann man den Beginn der neuindoar. Sprachen ansetzen, die ein agglutinierendes System herausbilden. Die neuindoar. Sprachen lassen sich in sechs Gruppen teilen: 1. nördl. Gruppe: Sindhi, Panjabi; 2. westl. Gruppe: Gujarati, Rajasthani; 3. zentrale Gruppe: Westhindi; 4. östl. Gruppe: Osthindi, Bihari, Oriya, Bengali, Assami; 5. südl. Gruppe: Marathi; 6. dardische Sprachen (u. a. mit Kaschmiri).
Seit dem 13. Jh. beginnt sich das Urdu auf der grammat. Grundlage des Hindi mit arab.-pers. Wortschatz und als Träger arab.-pers. Literaturtraditionen herauszubilden. Hof- und Verwaltungssprache der Herrscher in Delhi und im Dekhan wird das Persische, als allg. Verkehrssprache (Lingua franca) entsteht das Hindustani. – Die ind. Gliedstaaten sind seit 1956 nach sprachl. Gesichtspunkten gegliedert, was die Regionalsprachen stärkte.
Die *dravidischen Sprachen,* die zu den agglutinierenden Sprachen zählen, werden v. a. im S Indiens und in Sri Lanka von über 100 Mio. Menschen gesprochen. Von den etwa 30 Sprachen zählen vier zu den offiziellen ind. Sprachen (Telugu, Tamil, Malayalam, Kannada).

indogermanische Sprachen

indiskret [lat.], ohne den gebotenen Takt.

indiskutabel [lat.], nicht der Erörterung wert, unannehmbar.

indisponiert [lat.], in schlechter Verfassung, unpäßlich.

Indium [zu lat. indicum »Indigo«], chem. Symbol **In**, metall. chem. Element aus der III. Hauptgruppe des Periodensystems der chem. Elemente. Ordnungszahl 49; relative Atommasse 114,82; Schmelztemperatur 156,61 °C; Siedetemperatur 2080 °C; Dichte 7,31 g/cm^3. Das silberglänzende I. kommt spurenweise in Zink- und Bleierzen vor.

Individualismus [lat.-frz.], Betrachtungsweise, die das Individuum zum Ausgangspunkt des Denkens und Handelns, der (eth., religiösen, gesellschaftl.) Wertvorstellungen und Normen macht.

Individualität [lat.-frz.], 1) das, was die Besonderheit eines Menschen ausmacht.

2) die einzelne Persönlichkeit.

Individualversicherung (Privatversicherung, Vertragsversicherung), im Ggs. zur Sozialversicherung durch Versicherungsbedingungen und Versicherungsgesetz geregeltes, meist auf freiwilliger Vereinbarung beruhendes Vertragsverhältnis.

Individuum [lat. »das Unteilbare«] (Mrz. Individuen), urspr. svw. Atom, später zunächst der einzelne Mensch im Ggs. zur Gesellschaft, dann auch das einzelne Lebewesen.

Indizien [lat.], Umstände, aus denen das Vorliegen eines bestimmten Sachverhalts geschlossen werden kann, so z.B. beim Indizienbeweis.

Indochina (Französisch-I.), die 1887 von Frankreich zur »Indochin. Union« vereinigten Protektorate Annam, Tonkin, Kambodscha und die Kolonie Cochinchina; 1893 um Laos erweitert. Am 10. 3. 1945 proklamierte Japan ein unabhängiges Vietnam (Tonkin, Annam und Cochinchina). Ho Chi Minh rief am 2. 9. 1945 die »Demokrat. Republik Vietnam« (DRV) aus. Das Scheitern der Verhandlungen mit Frankreich über die Eingliederung der DRV als selbständiger Staat in die »Indochines. Union« führte zur 1. Phase des ↑Vietnamkrieges (*Indochinakrieg*).

Indochina-Konferenz ↑Genfer Konferenzen.

Indogermanen (Indoeuropäer), alle Völker, die eine indogerman. Sprache sprechen.

indogermanische Sprachen, außerhalb des dt. Sprachgebiets *indoeuropäische Sprachen* genannt, eine Gruppe von Sprachen, die in Laut- und Formenstruktur, in Syntax und Wortschatz so viele Übereinstimmungen zeigen, daß sie sich als genetisch verwandt und als Fortsetzer einer gemeinsamen, rekonstruierten Grundsprache (»Indogermanisch«) erweisen. Diese Grundsprache ist flektierend (und demzufolge sind alle i.S. flektierend, soweit sie nicht sekundär durch äußere Einwirkung umgebildet wurden) und zeigt als auffälliges Charakteristikum das System des Ablauts. – Im einzelnen umfaßt die Familie folgende Sprachgruppen bzw. Einzelsprachen: 1. die indoarischen Sprachen in Indien; 2. die iranischen Sprachen in Iran und dessen weiterem Umkreis; 3. die Nuristansprachen in einigen Tälern des Hindukusch; 4. die armenische Sprache im südl. Kaukasusgebiet; 5. das sog. Tocharische, das bis ins 7./8. Jh. in Chin.-Turkestan gesprochen wurde; 6. die hethit.-luw. Sprachen in Kleinasien; 7. das Phrygische in Zentralanatolien; 8. das Thrakische und das Dakische im

Indonesien.
Dorf auf Borneo

indoiranische Sprachen

NO-Balkanraum; 9. das Makedonische; 10. die griechische Sprache; 11. die albanische Sprache im W-Balkanraum; 12. das Illyrische in demselben Gebiet; 13. das Messapische in Kalabrien und Apulien; 14. das Venetische im östl. Oberitalien; 15. die ital. Sprachen, die im Altertum über fast die gesamte Apenninhalbinsel verbreitet waren; 16. die keltischen Sprachen; 17. die germanischen Sprachen; 18. die baltischen Sprachen; 19. die slawischen Sprachen.

indoiranische Sprachen ↑arische Sprachen.

Indoktrination, (massive) Beeinflussung zur Durchsetzung einer Ideologie.

Indolylessigsäure (Auxin), Abk. IES, weit verbreitetes Pflanzenhormon.

Indonesien, Staat in Asien, umfaßt den Hauptteil des Malaiischen Archipels mit den Großen Sundainseln Borneo (Kalimantan; ohne den NW), Sumatra, Java (Jawa) und Celebes (Sulawesi), den kleinen Sundainseln, den Molukken sowie Irian Jaya (W-Teil Neuguineas). Von den insgesamt 13 677 Inseln sind 6044 bewohnt. – Abb. S. 1585.

Staat und Recht: Einheitsstaat mit Präsidialsystem; *Verfassung* von 1945. *Staatsoberhaupt* und *Regierungschef* mit umfassenden Befugnissen ist der Präsident. Formell höchstes Verfassungsorgan ist der Beratende Volkskongreß, der sich zur einen Hälfte aus den 500 Abg. des Repräsentantenhauses, zur anderen aus gewählten bzw. vom Präs. ernannten Vertretern der Parteien, der Berufsstände (»funktionale Gruppen«), der Streitkräfte und der Prov. zusammensetzt. Zuständigkeiten sind u. a. Wahl des Präs., Richtlinien der Politik, Verfassungsänderungen. Das Repräsentantenhaus bildet zusammen mit dem Präs. das eigtl. *Legislativorgan.* Von 500 Abg. werden 100 vom Präs. ernannt. Die übrigen 400 Abg. werden auf fünf Jahre nach dem Verhältniswahlrecht gewählt. *Parteien:* Golkar Karya, Vereinigte Entwicklungspartei, Indones. Demokrat. Partei.

Landesnatur: Die indones. Inseln, durchweg stark gebirgig, liegen beiderseits des Äquators mit einer W-O-Erstreckung von 5110 km und einer N-S-Erstreckung bis zu 1888 km; sie nehmen eine Brückenstellung zw. dem asiat. und dem austral. Kontinent ein. Die höchste Erhebung liegt in Irian Jaya (Neuguinea) mit 5033 m (Puncak Jaya). Eine Vulkankette mit zahlr. tätigen Vulkanen durchzieht das westl. Sumatra, Java und die Kleinen Sundainseln, die N-Spitze von Celebes und die Molukken. Auf Sumatra, W-Java, Borneo, Celebes, den Molukken und Irian Jaya herrscht trop. immerfeuchtes Klima, auf M- und O-Java, den Kleinen Sundainseln trop.-monsunales Klima mit einer feuchtschwülen Regenzeit. Die mit immergrünem trop. Regenwald und Bergregen- und Bergnebelwäldern bedeckten Flächen nehmen durch Holzeinschlag ab.

Bevölkerung: Altindonesier (früher Altmalaien gen.: Dajak, Batak) und Jungindonesier (früher Jungmalaien: Javaner, Sundanesen, Maduresen, Balinesen) stellen die größten Bevölkerungsgruppen. Im O leben Angehörige der melanes. Rasse und Papua, in Rückzugsgebieten Negritos. Rd. 91% der E sind Muslime, 6% Christen.

Wirtschaft, Verkehr: Obwohl I. zu den an Bodenschätzen reichsten Ländern der Erde gehört, ist der Agrarsektor noch strukturbestimmend. Angebaut werden Reis, Getreide, Sojabohnen, Gewürzpflanzen und Erdnüsse. Bei den Bergvölkern wird Brandrodungsfeldbau

Indonesien

Staatsflagge

Staatswappen

1970 1992 1970 1992
Bevölkerung Bruttosozial-
(in Mio.)   produkt je E
             (in US-$)

Bevölkerungsverteilung
1992

Bruttoinlandsprodukt
1992

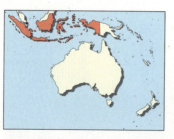

Indonesien

Fläche:	1 904 569 km²
Einwohner:	191,70 Mio.
Hauptstadt:	Jakarta
Amtssprache:	Bahasa Indonesia
Nationalfeiertag:	17. 8.
Währung:	1 Rupiah (Rp.) = 100 Sen (S)
Zeitzone:	MEZ + 6 Std.

Indonesien

betrieben. In den Plantagen werden Kautschuk, Tee, Kaffee, Ölpalmprodukte und Chinarinde erzeugt. Erdöl und Erdgas werden ebenso gefördert wie Steinkohle (Sumatra), Kupfer- (Irian Jaya, Timor) und Zinnerze (Bangka, Belitung) abgebaut werden. Wichtigster Ind.-Zweig ist die Nahrungs- und Genußmittel-Ind., gefolgt von Textil-Ind., Kfz-Montage, Reifenproduktion, Kunstdünger-, Zement-, Holz-, Papier- und Lederindustrie. Die Ind.-Betriebe liegen überwiegend auf Java. Verkehrsmäßig gut erschlossen sind nur Java und Teile von Sumatra und Bali. Das Eisenbahnnetz ist rd. 6500 km lang (Java, Madura, Sumatra). Das Straßennetz ist 205000 km lang. Wichtigste Häfen sind Tanjungpriok bei Jakarta und Surabaya. I. verfügt über je einen internat. ✈ auf Java, Bali und Sumatra.

Geschichte: *Indisierung und muslim. Königreiche:* In den ersten Jh. n. Chr. entstanden auf Sumatra, Java, Borneo und Celebes kleine Kgr. unter dem Einfluß der ind. Kultur. Das bedeutendste Staatsgebilde war das im 7. Jh. in O-Sumatra (Palembang) gegr. Reich von Srivijaya, dessen Dynastie der Shailendra ihre Herrschaft fast über den gesamten Archipel einschließl. der Halbinsel Malakka ausdehnte, aber im 9. Jh. allmählich ihre Vormachtstellung verlor. 1377 wurde Srivijaya von dem mächtigen Reich Majapahit (1293–1520), das M- und O-Java sowie Madura beherrschte, erobert. Der Einfluß Majapahits erstreckte sich schließlich über Malakka und den ganzen indones. Archipel. Sein Untergang wurde bedingt durch den raschen Aufstieg Malakkas zum führenden Handelszentrum SO-Asiens und die Gründung islam. Sultanate: Demak (1518), Banten (1552) und Mataram (1586).

Niederländische Kolonialisierung und indonesischer Freiheitskampf: Nach der Entdeckung des Seeweges nach Indien (1498) stießen die Europäer (Portugiesen, Spanier, Engländer, Niederländer) in den südostasiat. Raum vor, um den bisher von Orientalen unterhaltenen erträgreichen Gewürzhandel zu übernehmen. Die 1602 gegr. niederl. Vereinigte Ostind. Kompanie schuf die Grundlage für das niederl. Kolonialreich in Indonesien. Nach ihrer Auflösung (1800) übernahm die niederl. Regierung ihre Besitzungen *(Niederl. Indien)*, die sie erst nach langwierigen Kämpfen gegen aufständ. Fürsten konsolidieren konnte. 1908 nahm die indones. Nationalbewegung ihren Anfang. 1927 gründete A. Sukarno die Indones. Nationalpartei (PNI), die 1931 in der Indones. Partei aufging. Die niederl. Regierung bekämpfte die nationalist. Bewegungen mit äußerster Härte. Während des 2. Weltkrieges beendete die jap. Invasion 1942 die niederl. Herrschaft.

Aufbau des modernen Staates: Am 17. 8. 1945 riefen Sukarno und M. Hatta die freie Republik I. aus. Auf der Konferenz von Den Haag 1949 verpflichteten sich die Niederlande, die nach zwei militär. Aktionen 1947/48 den indones. Widerstand nicht endgültig hatten brechen können (»Sowjetrepublik I.« in O-Java), am 27. 12. 1949 bedingungslos ihre Souveränitätsrechte an I. zu übergeben; W-Neuguinea (Irian Jaya) wurde erst 1969 offiziell dem indones. Staat einverleibt. Sukarno wurde zum Präs. gewählt und regierte zentralist. Republik errichtet. Bei den Wahlen von 1955 siegte die Nationalpartei Sukarnos. Sukarno überschritt bedenkenlos seine Befugnisse. Nach dem Verbot der Oppositionsparteien ersetzte er, mittlerweile Präs. auf Lebenszeit und Oberbefehlshaber der Armee, das parlamentar. System durch die »gelenkte Demokratie«; Aufstandsbewegungen auf Celebes und Sumatra wurden niedergeschlagen. Nach der Annäherung an China und an die UdSSR sowie polit., wirtschaftl., militär. Aktionen gegen Malaysia (1963) trat I. 1965 aus den UN aus. 1965 wurde ein kommunist. Putschversuch von der (konservativen) Armee unter General Suharto niedergeschlagen. Sukarno, dessen wahre Rolle in diesem Zusammenhang nie ganz aufgedeckt werden konnte, blieb nur nominell Präsident. 1966 wurde Suharto zum provisor. Präs., 1968 zum Präs. gewählt; er verfolgt seither eine antikommunist. und bündnisfreie Außenpolitik; I. wurde Mgl. der ASEAN; Wiedereintritt in die UN 1966. Im Juni 1976 erfolgte der formelle Anschluß von Portugies.-Timor nach militär. Eingreifen (Dez. 1975) in den dortigen Bürgerkrieg; der Widerstand der Guerillas konnte jedoch nicht

Indonesier

gebrochen werden, die Annexion wurde international nicht anerkannt. Weiteren innenpolit. Konfliktstoff bietet seit etwa 1980 das Wirken islam.-fundamentalist. Gruppen.

Indonesier, 1) die Bevölkerung der Rep. Indonesien.
2) (früher Malaien), die autochthone Bevölkerung der Inselwelt SO-Asiens, deren Kulturen eine deutl. Prägung durch die indones. Grundkultur (seit dem 2. Jt. v. Chr.; Träger: Mongolide) aufweisen. Unterschieden wird die bäuerliche Kultur der Alt-Indonesier (früher Altmalaien) von der erst nach der Zeitenwende entstandenen, durch Handel und höfisches Leben geprägten Küstenkultur der Jung-I. (früher Jungmalaien).

indonesisch-malaiische Sprachen, zum westl. Zweig der austronesischen Sprachen gehörende Sprachgruppe, deren Verbreitungsgebiet neben Indonesien und Malaysia auch Madagaskar sowie die Philippinen, Taiwan und Mikronesien umfaßt.

Indore, ind. Stadt in der Vindhya Range, im Staat Madhya Pradesh, 829 300 E. Univ.; Markt- und Handelszentrum. Neben Tempeln und Palästen prächtige Häuser mit holzgeschnitzten Fassaden.

Indossament [lat.-italien.] (Giro), die Anweisung auf einem Orderpapier, daß der Schuldner der verbrieften Forderung nicht an den bisherigen Gläubiger *(Indossant),* sondern an einen Dritten *(Indossatar)* leisten solle.

Indris. Links: Indri (Kopf-Rumpf-Länge 90 cm; Schwanzlänge bis 5 cm) ♦ Rechts: Wollmaki (Kopf-Rumpf-Länge 30 cm; Schwanzlänge 40 cm)

Indra, ind. Gott; in der ved. Religion krieger. Gott, im Hinduismus Regengott.

Indris [Malagassi] (Indriartige, Indriidae), Fam. 30–90 cm körperlanger (mit Schwanz bis 1,4 m messender), schlanker Halbaffen, v. a. in den Wäldern Madagaskars; u. a. der *Wollmaki* (Avahi).

in dubio pro reo [lat. »im Zweifel für den Angeklagten«], Grundsatz des Strafverfahrens, wonach nicht behebbare Zweifel bei der *Tatsachenfeststellung* sich zugunsten des Angeklagten auswirken. Hegt der Richter Zweifel an der Schuld des Angeklagten, so muß er ihn – auch bei dringendem Tatverdacht – freisprechen.

Induktanz [lat.], svw. ↑induktiver Widerstand. ↑Impedanz.

Induktion [zu lat. inductio »das Hineinführen«],
1) *allg.:* im Ggs. zur ↑Deduktion das Schließen von Einzelfällen auf das Allgemeine, Gesetzmäßige.
2) *Physik:* (elektromagnet. I.) Erzeugung einer elektr. Spannung in einem Leiter bei Änderung des ihn durchsetzenden magnet. Kraftflusses. Die induzierte Spannung *(I.spannung)* ist die Ursache des dann fließenden sog. *I.stromes.* Eine Induktionsspannung wird erzeugt, wenn eine Leiterschleife im Magnetfeld oder ein Magnet relativ zur Leiterschleife so bewegt wird, daß die Zahl der sie durchsetzenden Feldlinien sich ändert, oder wenn das Magnetfeld bei ruhendem Magnet und Leiter geändert wird.

Induktionsapparat, svw. ↑Funkeninduktor.

Induktionsmotor ↑Wechselstrommaschinen.

Induktionszähler, Elektrizitätszähler für Wechsel- oder Drehstrom; Wirkungsweise beruht auf dem Induktionsprinzip. Ein mechan. Zählwerk zählt die Läuferumdrehungen; Anzeige meist in kWh.

induktiv [lat.], **1)** *Elektrotechnik:* durch Induktion wirkend oder entstehend.
2) *Philosophie:* nach Art der ↑Induktion vom Einzelnen zum Allgemeinen hinführend.

induktiver Widerstand (Induktanz), Bez. für den Blindwiderstand in einem Wechselstromkreis mit Spule (↑Induktivität).

Induktivität [lat.] (Induktionskoeffizient, Selbstinduktion[skoeffizient], Selbstinduktivität], in der *Physik* das Verhältnis der durch eine Änderung der magnet. Feldstärke in einem Leiter induzierten Spannung zur zeitl. Änderung der Stromstärke. Auch Bez. für eine von Wechselstrom durchflossene Spule.

Indus, größter Strom des Ind. Subkontinents, entspringt im Transhimalaya, mündet mit einem Delta südl. von Karatschi in das Arab. Meer, 3200 km lang, jahreszeitlich stark schwankende Wasserführung. Die Nutzung des I.wassers und des Wassers der ihm durch den Panjnad zugeführten Pandschabflüsse ist vertraglich zw. Indien und Pakistan geregelt.

Indusi [Kw. aus **indu**ktive Zug**si**cherung] ↑Eisenbahn.

Induskultur ↑Harappakultur.

Indusschrift (protoindische Schrift), die noch nicht entzifferte, bildhafte Schrift, die auf Inschriften an den Hauptfundplätzen der Harappakultur und in Mesopotamien gefunden wurde (2. Hälfte des 3. Jt. v. Chr.).

Industrie [frz., von lat. industria »Fleiß, Betriebsamkeit«], die gewerbl. Gewinnung von Rohstoffen sowie die Bebzw. Verarbeitung von Rohstoffen und Halbfabrikaten. Merkmale der I. sind Arbeitsteilung und Spezialisierung, Mechanisierung und Rationalisierung der Produktion.

Industriearchäologie, Ausdehnung der Ziele und Methoden von Archäologie und Denkmalschutz auf techn. Denkmale (Industriebauten und -anlagen, Maschinen und Produkte industrieller Fertigung).

Industriedesign [...dızaın] (Industrial design, ästhet. Produktdesign), die bewußte Gestaltung von Industrieerzeugnissen, entspringt der bes. vom ↑Bauhaus getragenen Auffassung, daß die ästhet. Gestalt eines Produkts material- und funktionsgerecht sein soll und daß die funktionsgerechte Gestalt wiederum auf die Eignung des Erzeugnisses für seine Zwecke zurückwirkt.

Industriegesellschaft, zunächst jede Gesellschaft, in der der sekundäre Sektor (Ind.) gegenüber dem primären (Landwirtschaft) und tertiären (Handel, Transport, Dienstleistungen) überwiegt. Merkmale einer I. sind u. a. eine hochgradige Konzentration des Produktivkapitals, ein hohes Niveau in der Anwendung wiss. Erkenntnisse auf die Produktion und eine ausgeprägte Arbeitsteilung zw. den Produktionsstätten. Folgeerscheinungen: Verstädterung durch Konzentration der Arbeitskräfte an großen Produktionszentren sowie eine stark differenzierte Berufsstruktur.

Industriegewerkschaft, Abk. **IG,** Gewerkschaft, die nach dem Industrieverbandsprinzip alle in einem Wirtschaftszweig oder in einem Bereich des öffentl. Dienstes beschäftigten Arbeitnehmer erfaßt. ↑Gewerkschaften, ↑Deutscher Gewerkschaftsbund.

industrielle Revolution, Bez. für den durch wiss.-techn. Fortschritt bewirkten Übergang von der Agrar- zur Ind.-Gesellschaft. Heute wird als i. R. insbes. jene Phase beschleunigter technolog., ökonom. und gesellschaftl. Veränderungen verstanden, die in der etwa seit 1760 Großbrit. und seitdem fast alle europ. Staaten, die nordamerikan. Staaten und Japan den Schritt aus einer -agrar. Gesellschaft zur Ind.-Gesellschaft getan haben. I. e. S. Bez. für die Periode des »großen Spurts« im Verlauf der Industrialisierung (in Großbrit. etwa seit 1820, in Deutschland seit 1850). Zu den wichtigsten Resultaten der i. R. in Europa gehörten die Beseitigung der Massenarmut, die sprunghafte Vergrößerung des realen Sozialprodukts insgesamt und pro Kopf, die Entstehung neuer, aus dem industriell-kapitalist. Produktionsprozeß folgender Klassengegensätze, die Zerstörung traditioneller Wert- und Gesellschaftssysteme, langfristig schließlich die Verfestigung der ungleichmäßigen Entwicklung industrieller Sektoren sowie der Industrieländer und der Entwicklungsländer. Neuerdings wird mitunter von einer zweiten i. R. gesprochen; gemeint ist damit das Zeitalter der Automation. Als dritte i. R. bezeichnet man (dann) die durch Miniaturisierung eingeleitete Phase techn.-wirtschaftl. Entwicklung.

Industrie- und Handelskammer

Industrie- und Handelskammer, Abk. **IHK,** regionale Selbstverwaltungsorganisation aller gewerbl. Unternehmen mit Ausnahme des Handwerks; Körperschaft des öffentl. Rechts mit Zwangsmitgliedschaft. *Aufgaben:* u. a. Interes-

1589

senvertretung der gewerbl. Wirtschaft nach außen, Mitgliederberatung, Errichtung eigener Schulen, Organisierung von Messen, Erstellung von Gutachten, Lehrabschlußprüfungen. – Die IHK sind im Deutschen Industrie- und Handelstag (DIHT) zusammengeschlossen.

Indy, Vincent d' [frz. dɛ̃'di], *Paris 27. 3. 1851, † ebd. 2. 12. 1931, frz. Komponist. Von R. Wagner angeregte sinfon. Dichtung, Chor- und Kammermusik.

ineffizient [lat.], unwirksam, nicht leistungsfähig; unwirtschaftlich.

Inertgase, reaktionsträge Gase, z. B. Edelgase, Stickstoff.

inf, mathemat. Zeichen für untere ↑Grenze.

Infallibilität [lat.] ↑Unfehlbarkeit.

Infamie [lat.], Ehrlosigkeit, Niedertracht; **infam,** ehrlos, niederträchtig.

Infant [lat.-span.], Titel der königl. Prinzen und Prinzessinnen *(Infantin)* in Spanien und Portugal seit dem 13. Jahrhundert.

Infanterie [italien.], Bez. für die Gesamtheit der Fußtruppen der Streitkräfte eines Landes, meist deren Hauptbestandteil; seit Ende des 1. Weltkriegs beweglicher gemacht; heute meist voll motorisiert.

infantil [lat.], zurückgeblieben, unentwickelt; kindisch.

Infarkt [lat.], das plötzliche Absterben eines Organs oder eines Organteils infolge mangelhafter Durchblutung.

Infektion [lat.] (Infekt, Ansteckung), in der *Medizin* und *Biologie* das aktive oder passive Eindringen lebender Krankheitserreger in den menschl., tier. oder pflanzl. Organismus und deren Vermehrung.

Infektionskrankheiten (ansteckende Krankheiten), durch ↑Infektion verursachte akute oder chron. verlaufende Krankheiten.

infektiös [lat.-frz.], ansteckend.

Infeld, Leopold, *Krakau 20. 8. 1898, † Warschau 15. 1. 1968, poln. Physiker. Arbeitsgebiete u. a. nichtlineare Elektrodynamik, allg. Relativitätstheorie.

infernalisch [lat.] (infernal), höllisch, teuflisch.

Inferno [lat.-italien.], Unterwelt, Hölle; Ort eines unheilvollen Geschehens, entsetzl. Geschehen.

infertil [lat.], unfruchtbar.

Infiltration [mittellat.], 1) *allg.:* svw. Eindringen, Einsickern; bes. von Flüssigkeiten.

2) *polit. Sprachgebrauch:* das geheime Eindringen von Agenten oder das Einschleusen von Ideen, Meinungen und Informationen zur personellen Unterwanderung, zur Ausforschung oder zur politisch-ideolog. Beeinflussung eines gegner. Staates oder einer rivalisierenden Organisation.

Infimum [lat.], svw. untere ↑Grenze.

infinite Form [lat.] (Nominalform), Verbform, die nicht nach Person, Numerus usw. bestimmt ist; zu den i. F. gehören im Dt. der Infinitiv und das 1. und 2. Partizip.

Infinitesimalrechnung, zusammenfassende Bez. für Differential- und Integralrechnung.

Infinitiv [lat.] (Nennform, Grundform), Form des Verbs, die nicht durch Person, Numerus, Modus und Tempus bestimmt ist. Im Dt. kann der I. substantiviert werden *(das Singen).*

Inflation.
1 000-Mark-Schein von 1922 mit späterem Aufdruck »Eine Milliarde Mark«

infizieren [lat.] (anstecken), eine Infektion verursachen.

inflammabel [lat.], entzündbar (v. a. von Gasen und Dämpfen gesagt).

Inflation [lat.], anhaltende Zunahme des Preisniveaus mit Kaufkraftverlust des Geldes, wobei nach dem Ausmaß der Zunahme unterschieden wird zw. *schleichender, trabender* und *galoppierender I.*; die *zurückgestaute I.* entsteht i. d. R. durch staatl. Unterdrückung von Preissteigerungen, ohne deren Ursachen zu beseitigen. Nach den Ursachen der I. wird u. a. *Nachfrage-I.* (bei Nachfrageüberhang gegenüber dem Angebot; *inflator. Lücke*), *Angebots-I.* (durch Verknappung des Angebots) und *Kosten-I.* (z. B. durch steigende Lohnkosten ohne gleichzeitigen Produktivitätszuwachs) unterschieden. Bei der *importierten I.* liegt der Ursprung im Ausland. Die wesentlichsten negativen Folgen der I. sind außenwirtschaftlich die Verschlechterung der ↑Terms of trade eines Landes, nach innen die Vergrößerung der Vermögensschere, da die (meist reicheren) Besitzer von Sachwerten von dem Geldwertschwund nicht betroffen werden.

Inflationsrate, Prozentsatz, der den Anstieg des Preisniveaus in einem bestimmten Zeitraum (meist einem Jahr) ausdrückt.

Influenz [lat.] (elektrostat. Induktion, elektr. Verteilung), Ladungstrennung auf der Oberfläche eines urspr. elektr. neutralen Leiters unter dem Einfluß eines elektr. Feldes.

Influenza [lat.-italien.] ↑Grippe.

Influenzaviren, RNS-Viren, Erreger der Grippe; nach den Antigeneigenschaften unterscheidet man drei Typen (A, B, C) mit zahlr. Untergruppen.

Informatik [lat.] (engl. computer science), die Wiss. von den elektron. Datenverarbeitungsanlagen und den Grundlagen ihrer Anwendung (↑Datenverarbeitung).

Information [lat.], 1) Unterrichtung, Benachrichtigung, Aufklärung (z. B. durch die Presse).
2) Nachricht, Mitteilung, auch Bez. für Daten, bes. wenn diese eine logische, in sich abgeschlossene Einheit bilden.

informationelle Selbstbestimmung, vom Bundesverfassungsgericht in seinem Urteil vom 15. 12. 1983 zum Volkszählungsgesetz 1983 aus dem allg. Persönlichkeitsrecht abgeleitetes Grundrecht, das die Befugnis des einzelnen gewährleistet, grundsätzlich selbst über die Preisgabe und Verwendung seiner persönl. Daten zu bestimmen.

Informationsbank, svw. ↑Datenbank.

Informationsfreiheit, das Grundrecht, sich aus allg. zugängl. Quellen ungehindert zu unterrichten; Voraussetzung der Meinungsfreiheit. Die I. kann zum Schutz der Jugend und der persönl. Ehre gesetzlich beschränkt werden.

Informationstheorie, mathemat. Theorie, die sich mit den Gesetzmäßigkeiten der Übermittlung und Verarbeitung von Informationen befaßt; Teilgebiet der ↑Kybernetik.

Informationsverarbeitung, Auswertung von Informationen, die durch Rezeptoren (Sensoren) aufgenommen und an eine zentrale Speicher- und Verarbeitungseinrichtung weitergeleitet werden. Eine auf techn. Hilfsmitteln beruhende I. ist die ↑Datenverarbeitung. Auf den Menschen bezogen spricht man von ↑Denken.

informell, 1) ohne (formalen) Auftrag.
2) ohne Formalitäten.
3) im Stil des ↑abstrakten Expressionismus (Malerei).

infra..., Infra... [lat.], Vorsilbe mit der Bedeutung »unter[halb]«.

Infrarotblitzlampe (Dunkelblitz), infrarotes Licht abstrahlende Blitzlampe (mit schwarzem Glaskolben) zum Photographieren auf Infrarotfilm in der Dunkelheit.

Infrarotstrahlung (IR-Strahlung, Ultrarotstrahlung, Wärmestrahlung), vom menschl. Auge nicht wahrnehmbare elektromagnet. Strahlung, die an die langwellige Grenze (Rot) des sichtbaren Lichts bei 700 nm Wellenlänge anschließt und sich bis ins Mikrowellengebiet bei 1 mm Wellenlänge erstreckt. I. erkennt man u. a. an ihrer Wärmewirkung. I. durchdringt fast ungehindert Nebel und Wolken. Die *Infrarotphotographie* verwendet Filmmaterial, das für I. empfindlich ist. Damit kann sowohl durch Dunst und Wolken als auch bei Nacht photographiert werden. Für ähnl. Zwecke werden auch *Infrarotsichtgeräte* verwendet. Sie enthalten als Hauptbestandteil eine Vorrichtung, durch die die auf das Gerät treffende I. in sichtbares Licht umgewandelt wird.

Infraschall

Infraschall, Schwingungen mit Frequenzen unter 16 Hz.

Infrastruktur, die Gesamtheit aller öffentl. Einrichtungen der sog. Vorsorgeverwaltung (z. B. die der Allgemeinheit dienenden Einrichtungen für Verkehr und Beförderung, Fernsprech- und Fernmeldewesen, Gas-, Wasser- und Elektrizitätsversorgung, Bildung und Kultur, Krankheitsvorsorge und Krankenbehandlung).

Inful [lat.], svw. ↑Mitra.

Infusion [lat.], die (meist langsame) Einführung größerer Flüssigkeitsmengen (z. B. physiolog. Kochsalzlösung, Blut oder Blutersatz) in den Organismus, bes. über den Blutweg, über das Unterhautgewebe oder durch den After.

Infusorien [lat.] (Aufgußtierchen), Sammel-Bez. für kleine, meist einzellige, im Aufguß von pflanzl. Material sich entwickelnde Organismen (bes. Flagellaten, Wimpertierchen).

Ingäwonen ↑Ingwäonen.

Ingeborg-Bachmann-Preis, von der Stadt Klagenfurt und dem österr. Rundfunk gestifteter Literaturpreis; wird seit 1977 jährlich verliehen (150 000 Schilling); Preisträger u. a. H. Burger (1985), K. Lange-Müller (1986), Uwe Saeger (*1948; 1987), Angela Krauß (*1950; 1988), W. Hilbig (1989), Birgit Vanderbeke (*1956; 1990), Emine Sergi Özdamar (*1947; 1991), Alissa Walser (*1961; 1992), K. Drawert (1993), R. Hänny (1994), Franzobel (eigtl. Stefan Griebl, 1995).

Ingelheim am Rhein, Stadt 12 km östl. von Bingen, Rheinl.-Pf., 21 300 E. Chem.-pharmazeut. Industrie; Großmarkt für Obst und Gemüse. Geringe Reste der karoling. Kaiserpfalz; spätgot. Burgkirche mit roman. Turm.

Ingenieur [ɪnʒəniˈøːr; frz.], in Deutschland eine durch die I.gesetze der Länder, in Österreich durch ein Bundesgesetz geschützte Berufs-Bez. für wiss. oder auf wiss. Grundlage ausgebildete Fachleute der Technik.

Ingenieurwissenschaften [ɪnʒəniˈøːr...], zusammenfassende Bez. für techn. Fachrichtungen, die sich heute zu eigenen Wiss.bereichen entwickelt haben.

Ingermanland, russ. Landschaft zw. Finn. Meerbusen, Newa, Ilmensee und Peipussee. – Das vom westfinn. Stamm der *Ingrier* bewohnte Land gehörte im MA zu Nowgorod, kam 1478 zum Groß-Ft. Moskau, 1617 an Schweden; seit 1721 in russ. Besitz.

Inglin, Meinrad, *Schwyz 28. 7. 1893, †ebd. 4. 12. 1971, schweizer. Schriftsteller. Schrieb u. a. die Romane »Schweizerspiegel« (1938), »Erlenbüel« (1965).

Ingolstadt, Stadt an der Donau, Bayern, 109 700 E. Bayer. Armeemuseum, Dt. Medizinhistor. Museum; Theater. Automobilindustrie, Erdölraffinerien. Zahlr. Kirchen, u. a. spätgot. Pfarrkirche Zu Unserer Lieben Frau (1425 ff.), Pfarrkirche Sankt Moritz (14. Jh.), gotische Minoritenkirche (1275 ff.). Vom alten Schloß (13. Jh.) ist der sog. Herzogskasten erhalten; spätgot. neues Schloß (15. Jh.). – Um 1250 gegr.; 1392–1447 Residenz des Teil-Hzgt. Bayern-I.; 1472–1802 Universität.

Ingres, Jean Auguste Dominique [frz. ɛ̃:gr], *Montauban 29. 8. 1780, † Paris 14. 1. 1867, frz. Maler und Zeichner. Bed. Porträts, weibl. Akte (Rückenakte); charakteristisch ist die Betonung der »Zeichnung«; Werke u. a. »Mademoiselle Caroline Rivière« (1805), »Die große Odaliske« (1814), »Die Badende von Valpençon« (1808), »Das türk. Bad« (1862; alle Paris, Louvre).

Ingwer. Echter Ingwer (Höhe der Blattsprosse 0,8–1,2 m)

Jean Auguste Dominique Ingres

Ingrier ↑Ingermanland.
Ingrisch, Lotte, *Wien 20.7.1930, österr. Schriftstellerin. ∞ mit G. von Einem; Romane, skurrile Theaterstücke und Opernlibretti.
Inguschien, autonome Republik innerhalb Rußlands, im N des Kaukasus, 3200 km², 300 000 E, Hauptstadt Nasran − 1992 auf Beschluß des russ. Parlaments als separate Rep. (unter Teilung der Rep. der Tschetschenen und Inguschen) gebildet; 1993 wurde R. Auschew zum ersten Präs. gewählt (1994 bestätigt).
Ingwäonen (Ingäwonen), nach Plinius d. Ä. und Tacitus eine der drei großen Stammesgruppen der ↑Germanen; siedelte an der Nordseeküste; wahrscheinlich ein aus zahlr. Stämmen (u. a. Chauken) gebildeter religiös-polit. Kultverband, der den german. Gott Ing verehrte.
Ingwer [Sanskrit-griech.-lat.] (Ginger), Art der Ingwergewächse; überall in den Tropen und Subtropen kultiviert; der Wurzelstock wird als Gewürz genutzt.
Inhaberpapiere, Wertpapiere, die nicht eine namentlich bestimmte Person, sondern den Inhaber der Urkunde als Gläubiger des beurkundeten Rechts ausweisen.
Inhalation [lat.], das Einatmen von Gasen, Dämpfen bzw. Aerosolen zur Therapie von Erkrankungen der Atemwege.
Inhibition [lat.], Hemmung oder Unterdrückung der spezif. Wirkung eines Stoffes durch einen anderen Stoff.
Inhibitoren [lat.] (Hemmstoffe), alle Substanzen, die im Ggs. zu den Katalysatoren chem. oder elektrochem. Vorgänge einschränken oder verhindern (z. B. Antienzyme und Antivitamine, Antioxidantien, Korrosions-I. und Alterungsschutzmittel).
inhomogen, an verschiedenen Punkten unterschiedl. [physikal.] Eigenschaften aufweisend.
inhuman, menschenunwürdig.
Inisheer [engl. ɪnɪˈʃɪə] ↑Aran Inseln.
Inishmaan [engl. ɪnɪʃˈmæn] ↑Aran Inseln.
Inishmore [engl. ɪnɪʃˈmɔː] ↑Aran Inseln.
Initial... [lat.], Bestimmungswort von Zusammensetzungen mit der Bedeutung »Anfangs...«, z. B. Initialzündung.

Initiative

Jean Auguste Dominique Ingres. Die Badende von Valpençon (1808; Paris, Louvre)

Initialen [lat.], [in Handschriften und Büchern oft am Kapitelanfang stehende] vergrößerte, meist verzierte Anfangsbuchstaben.
Initialisierung [lat.], in der *Datenverarbeitung* das Herstellen eines bestimmten Anfangszustands von Computern, Programmeinheiten oder Peripheriegeräten.
Initialzündung, Zündung eines schwer entzündl. Sprengstoffs durch einen leicht entzündl., die erforderlich hohe Temperatur liefernden Sprengstoff *(Initialsprengstoff).*
Initiation [lat.], durch bestimmte Gebräuche geregelte Aufnahme in eine Standes- oder Altersgemeinschaft o. ä., bes. die Einführung von Jugendlichen in den Kreis der Männer oder Frauen bei Naturvölkern.
Initiative [lat.,-frz.], erster tätiger Anstoß zu einer Handlung bzw. die Fähigkeit dazu.

Initiativrecht

Inka. Tonfigur mit Amphore (15. Jh.; Berlin, Staatliche Museen)

Inka. Ausschnitt eines Gewebes in Gobelintechnik aus Peru (Washington, Dumbarton Oaks Collection)

Initiativrecht, das Recht, zuständigen Organen Vorlagen für Gesetze zuzuleiten *(Gesetzesinitiative)*.

Initiator [lat.], 1) *allg.*: jemand, der etwas veranlaßt.
2) *Chemie:* eine Substanz, die eine Kettenreaktion auslöst.

Injektion [lat.], das Einspritzen von (sterilen) Flüssigkeiten mit einer I.spritze und einer I.nadel *(Kanüle)* in den Körper; man unterscheidet subkutane (unter die Haut), intramuskuläre (ins Muskelgewebe) und intravenöse (in die Vene) Injektionen.

Inka, Herrschertitel des I.reiches und Name der Großfamilie, die die höchsten Beamten und Priester stellte. Das *Inkareich* (seit etwa 1200) im westl. S-Amerika erlangte bis 1438 die Vorherrschaft im Hochtal von Cuzco. Unter Huaina Cápac (1493–1527) erreichte es seine größte Ausdehnung zw. der N-Grenze Ecuadors und dem Río Maule in M-Chile. Unter dem I. verwalteten vier »Vizekönige« die vier Reichsviertel. 1532 landeten die Spanier und eroberten das Reich. – *Inkakultur:* Bed. der Straßenbau, der Festungs-, Palast- und Tempelbau (aus gut behauenen Steinblöcken); kaum Dekor oder Großplastik; verbreitet Kleinkunst und Gebrauchsgerät aus Stein, Keramik (Amphoren) und Bronze. Statist. Zwecken dienten Quipuschnüre (Knotenschrift). Die Staatsreligion der I. *(Inkareligion)* war urspr. die Religion der Quechua. Der Schöpfergott Viracocha wurde in der Spätzeit durch die als Gott gedachte Sonne (Inti) verdrängt. Der Herrscher galt als sein Sohn.

Inkarnation [lat.], in zahlr. Religionen die Vorstellung vom Eingehen eines göttl., himml. oder jenseitigen Wesens in menschl. Gestalt. – Im christl. Sprachgebrauch die Menschwerdung Jesu Christi.

Inkasso [lat.-italien.], Einzug fälliger Forderungen.

inkl., Abk. für ↑inklusive.

Inklusion [lat.], Einschluß kleiner Stoffmengen in anderen Substanzen. In der *Mathematik* die Teilmengenbeziehung (↑Mengenlehre).

inklusive [lat.] (inclusive), Abk. inkl., incl., einschließlich, inbegriffen.

Innenwelt

inkognito [lat.-italien.], unerkannt, unter fremdem Namen.

Inkohärenz [lat.], in der *Psychologie* Bez. für Gedankenverwirrung.

Inkohlung, Umbildung pflanzl. Substanz (bes. Zellulose, Lignin) über die Stadien Torf, Braunkohle, Steinkohle zu Anthrazit (u. U. Graphit) im Verlauf langdauernder geolog. Prozesse.

Inkompatibilität, Unverträglichkeit, Unvereinbarkeit. Im *Recht* die Unvereinbarkeit der gleichzeitigen Ausübung mehrerer öffentl. Funktionen in verschiedenen Staatsgewalten durch ein und dieselbe Person.

inkompetent, unfähig; nicht zuständig.

Inkompressibilität, Bez. für den idealen Grenzfall eines Mediums bzw. Materials, das bei beliebigen Druckänderungen keine Volumenänderung erleidet.

Inkontinenz [lat.], Unfähigkeit zur willkürl. Regulierung von Stuhl- bzw. Harnentleerung.

inkorporierende Sprachen [lat./dt.] (holophrast. Sprachen), Sprachen, die einen ganzen Satz praktisch in einem Wort ausdrücken (z. B. das Eskimoische, viele amerikan. Indianersprachen).

Inkreis, im Innern eines Vielecks liegender Kreis, der sämtl. Seiten berührt.

Inkrete [lat.], Stoffe, die vom körpereigenen Stoffwechsel gebildet und ins Blut abgegeben werden (z. B. Harnstoff, Blutzucker der Leber); auch Bez. für Hormone.

inkriminieren [lat.], (eines Verbrechens oder Vergehens) beschuldigen.

Inkrustation [lat.], 1) *Baukunst:* Verkleidung von Wand- und Bodenflächen mit zu Mustern gefügten verschiedenfarbigen Steinplatten (Marmor, Porphyr).
2) *Petrologie:* mineral. Überzug um Gesteine, Fossilien u. a. durch chem. Ausscheidungen.

Inkrustierung [lat.], in der *Botanik* Bez. für die nachträgl. Einlagerung von Stoffen in das Zellulosegerüst pflanzl. Zellwände (z. B. Verholzung durch Lignineinbau).

Inkubation [lat.], 1) *Biologie:* Bebrütung, entwicklungsfördernde Erwärmung, z. B. von Bakterienkulturen oder Vogeleiern.
2) *Medizin:* svw. ↑Inkubationszeit.

3) *Religionsgeschichte:* Bez. für die Sitte, am Tempel *(Tempelschlaf)* bzw. an Kultstätten (Wallfahrtskirchen) zu schlafen, um im Schlaf ein Gebot (oder Orakel), Heilung von Krankheiten u. a. zu erlangen.

Inkubationszeit (Inkubation, Latenzzeit, Latenzperiode), Zeitspanne zw. dem Eindringen von Erregern in den Organismus und dem Auftreten der ersten Symptome einer Infektionskrankheit.

Inkubator [lat.], svw. ↑Brutkasten.

Inkunabeln [lat.] (Wiegendrucke), die ältesten (etwa 1450–1500) Drucke.

Inlandeis, weite Gebiete bedeckende Eismasse, die sich unabhängig vom Relief des darunterliegenden Landes entwickelte.

Inlandsee, Binnenmeer zw. den jap. Inseln Hondo, Schikoku und Kiuschu.

Inlett, dichtes Hüllgewebe für Federn und Daunen; meist aus Baumwolle.

in medias res [lat. »mitten in die Dinge«], unmittelbar und ohne Umschweife zur Sache (kommen) (nach Horaz' »Ars poetica«).

in memoriam [lat.], zum Gedächtnis.

Inn, rechter Nebenfluß der Donau, entspringt in den Rätischen Alpen, Schweiz, mündet als dt.-österr. Grenzfluß in Passau, 510 km lang.

Innenarchitektur, Gestaltung von Innenräumen durch architekton. Mittel (Höhe, Grundriß, Wandgliederung, Säulen, Pfeiler, Treppen, Balustraden, Fenster, Türen u. a.) sowie unmittelbar zugehörige Ausstattungen (z. B. Fußboden, Kamine); auch Innenausstattung, Innendekoration.

Innenohr ↑Gehörorgan.

Innenpolitik, Gesamtheit der polit. Maßnahmen in einem Staat, die auf seine inneren gesellschaftl. Verhältnisse gerichtet sind. Zur I. im weitesten Sinn zählen außer Verwaltung, Polizei, Verfassungspolitik auch Wirtschafts-, Rechts-, Finanz-, Handels- und Kulturpolitik. Mit der Ausweitung der staatl. Aufgaben im 19./20. Jh. wurden neue Ressorts geschaffen (Agrar- und Verkehrspolitik, Soziales, Arbeit, Gesundheit, Umweltschutz usw.).

Innenreim, svw. ↑Inreim.

Innenwelt, Bez. für den von der physikal. und sozialen Umwelt *(Außenwelt)* getrennten und nur dem Ich zugehöri-

Innenwiderstand

Papst Innozenz XI.

gen Bereich des Subjektiv-Psychischen (Erleben, Denken, Wollen usw.).
Innenwiderstand, elektr. Widerstand eines Meßgerätes oder einer Spannungsquelle (z. B. Batterie).
Innenwinkel, der durch zwei benachbarte Seiten gebildete Winkel im Innern einer geometr. Figur.
innere Emigration, von F. Thieß 1933 geprägte Bez. für die polit.-geistige Haltung derjenigen Schriftsteller, die während der nat.-soz. Herrschaft in Deutschland blieben und mit den ihnen verbliebenen literar. Möglichkeiten bewußt gegen den Nat.-Soz. Widerstand leisteten.
innere Führung, in der Bundeswehr Bez. für das Konzept der gesellschaftl. Integration der Streitkräfte in der freiheitl. Demokratie; Leitbild vom (Staats-)Bürger in Uniform.
Innere Hebriden ↑Hebriden.
innere Medizin (interne Medizin), Lehre von den Erkrankungen der inneren Organe und ihre unblutige Behandlung; heute mehrfach untergliedert.
Innere Mission ↑Diakonisches Werk der Evang. Kirche in Deutschland e.V.
Innere Mongolei (Nei Monggol Zizhiqu), Autonome Region in N-China, an der Grenze gegen die Mongolei, 1,18 Mio. km², 21,11 Mio. E, Hauptstadt Hohhot. – Gegr. 1947.
innerer Monolog, Erzähltechnik in Roman, Erzählung und Hörspiel, die den »Bewußtseinsstrom« *(Stream of consciousness)* eines Menschen bzw. Unbewußtes, Tabuisiertes o. ä. in komplexer, assoziativer Gedankenfolge (in Ichform und Präsens) darstellt; zunächst u. a. bei É. Dujardin, A. Schnitzler, dann v. a. wesentlich für die Struktur großer Romane des 20. Jh., u. a. von J. Joyce, M. Proust.
innere Uhr, svw. ↑physiologische Uhr.
Innervation [lat.], **1)** die (natürl.) Versorgung der Gewebe und Organe mit motor., sensiblen oder vegetativen Nerven.
2) Leitung der von den Nerven aufgenommenen Reize an Gewebe und Organe.
Innitzer, Theodor, *Weipert (tschech. Vejprty, Nordböhm. Gebiet) 25. 12. 1875, † Wien 9. 10. 1955, österr. kath. Theologe. Ab 1933 Kardinal in Wien; befürwortete zunächst den Anschluß Österreichs an das nat.-soz. Deutschland; wandte sich später gegen den Nationalsozialismus.
Innovation [lat.], Entwicklung neuer Ideen, Techniken, Produkte.
Innozenz, Name von Päpsten:
1) Innozenz III., *Anagni 1160 oder 1161, † Perugia 16. 7. 1216, vorher Lothar Graf von Segni, Papst (seit 8. 1. 1198). Erstrebte durch Diplomatie (v. a. im dt. Thronstreit) die Unabhängigkeit der päpstl. Hauptstadt Rom und des Kirchenstaates; behauptete innerkirchlich die päpstl. Führungsrolle durch berühmte Rechtsentscheide (Dekretalen), durch Reform der Kurie, des Welt- und Ordensklerus, Einführung der Inquisition, durch Bestätigung und Förderung neuer Orden; Höhepunkt seines Pontifikates wurde das 4. Laterankonzil (1215).
2) Innozenz XI., sel., *Como 19. 5. 1611, † Rom 12. 8. 1689, vorher Benedetto Odescalchi, Papst (seit 21. 9. 1676). Verurteilte den Laxismus verschiedener Jesuiten und mißbilligte die Hugenottenverfolgung durch Ludwig XIV.
3) Innozenz XII., *bei Spinazzola (Region Basilicata) 13. 3. 1615, † Rom 27. 9. 1700, vorher Antonio Pignatelli, Papst (seit 12. 7. 1691). Wandte sich gegen Quietismus, Jansenismus und Probabilismus.
Innsbruck, 1) Hauptstadt des österr. Bundeslandes Tirol, im Inntal zw. Karwendelgebirge und den Zentralalpen, 118 000 E. Verwaltungs-, Kultur- und Wirtschaftszentrum Nordtirols, Kongreß- und Messestadt; Univ.; Tiroler Landesmuseum Ferdinandeum, Tiroler Volkskunstmuseum; Landestheater, Alpenzoo, botan. Garten.
Stadtbild: Zahlr. Kirchen, u. a. Hofkirche (1553–63) mit dem Renaissancegrabmal Maximilians I., barocke Stadtpfarrkirche Sankt Jakob (1717–24), Univ.- oder Jesuitenkirche (1627–46). In der Hofburg (15. und 18.Jh.) der sog. Riesensaal mit Deckenfresken; Erker (Goldenes Dachl, Zuschauerloge des Hofes; 15. Jh.). In der Altstadt Häuser mit Laubengängen; am S-Ende der Maria-Theresien-Straße Triumphpforte (1716), weiter nördl. die Annasäule (1706). Im Stadtteil *Wilten* Rokokopfarrkirche und barocke Stiftskirche.

Innsbruck 1)
Stadtwappen

Geschichte: 1187 wird *Inspruke* erstmals genannt; seit etwa 1200 Stadtrecht; ab 1363 habsburgisch; 1420–1665 Residenz; erhielt 1669 die Univ.; 1805–14 bayer.; 1809 Hauptquartier A. Hofers. 2) Bistum, 1968 für das Bundesland Tirol gegr.; Suffragan von Salzburg.

Innung, freiwilliger Zusammenschluß der selbständigen Handwerker des gleichen Handwerks. I. sind in Deutschland fachlich gegliederte Verbände zur Förderung gemeinsamer gewerbl. Interessen und der berufl. Fortbildung der Mgl., Überwachung der Lehrlingsausbildung und – mit Ermächtigung der Handwerkskammer – Abnahme von Gesellenprüfungen. – Seit dem 11. Jh. in Mittel- und Niederdeutschland als freiwillige Vereinigungen freier Handwerker bekannt, die im 14./15. Jh. im städt. Bereich Einfluß hatten (↑Zunft).

Innviertel, fruchtbares, dicht besiedeltes Hügelland in Oberösterreich zw. Salzach, Inn und Traun sowie Hausruck.

İnönü, İsmet [türk. 'inœny], bis 1934 Mustafa İsmet Pascha, *İzmir 24. 9. 1884, † Ankara 25. 12. 1973, türk. Politiker. Ab 1920 einer der engsten Mitkämpfer Kemal Atatürks; siegte als Generalstabschef im Griech.-Türk. Krieg 1921 bei İnönü; 1922–24 Außen-Min., 1923/24 und 1925–37 Min.-Präs.; 1938–50 Staats-Präs.; 1946–72 Vors. der Republikan. Volkspartei (RVP); 1961–65 erneut Ministerpräsident.

inopportun, nicht angebracht, unpassend.

Inowrocław [poln. inɔ'vrɔtsuaf] (dt. Hohensalza), Stadt in Polen, an der oberen Netze, 73 400 E. Kurort mit jod- und bromhaltigen Solquellen. – Anfang des 15. Jh. zu Polen, ab 1772 zu Preußen (1807–15 zum Hzgt. Warschau), ab 1919 zu Polen.

in petto [lat.-italien., eigtl. »in der Brust«], beabsichtigt, geplant, im Sinne [haben].

Input [engl.], der mengenmäßige Einsatz von Produktionsfaktoren (primäres I.), aber auch von sachl. Vorleistungen (sekundäres I.) im Produktionsprozeß. – Ggs. ↑Output.

Input-Output-Analyse [engl. 'ɪnpʊt-'aʊtpʊt...], von W. W. Leontief entwickeltes Modell zur Untersuchung quantitativer Zusammenhänge zw. den verschiedenen Produktions- und Verbrauchssektoren einer Volkswirtschaft, insbes. zur Gewinnung von Aussagen über die Produktionsänderungen aller Sektoren als Folge einer Änderung der Endnachfrage.

Inquisition [lat.], von kirchl. Institutionen durchgeführte Untersuchung und staatlich betriebene Verfolgung sog. Häretiker zur Reinerhaltung des Glaubens *(Ketzerverfolgung).* Urspr. eine bischöfl. Einrichtung, wurde die I. seit Innozenz III. durch Sonderbeauftragte des Papstes geleitet. 1215 forderte das 4. Laterankonzil die Auslieferung der verurteilten Ketzer an die weltl. Gewalt. Gregor IX. zentralisierte 1231/32 die I. zu einer päpstl. Behörde, die von *Inquisitoren* (vornehmlich Dominikaner) verwaltet wurde. 1252 wurde von Innozenz IV. die Anwendung der Folter gestattet. Die Strafen reichten von harmlosen Kirchenstrafen bis zum Tod durch Verbrennen. Von Anfang an verquickten sich mit der Ketzerverfolgung auch polit. und wirtschaftl. Interessen, so daß ganze mißliebige Gruppen vernichtet wurden (z. B. der Templerorden). In Spanien wurde die I. ab 1478 eine staatl. Einrichtung unter einem *Großinquisitor;* charakteristisch für die span. I. waren die ↑Autodafés. Die im Zuge der Gegenreformation 1542 von Paul III. errichtete oberste Instanz für alle Glaubensgerichte (das »Hl. Offizium«) wurde erst auf dem 2. Vatikan. Konzil (1965) zur Glaubenskongregation umgewandelt, womit auf die I. verzichtet wurde.

Inquisitionsprozeß, vom Spät-MA bis ins 19. Jh. praktizierte Form des Strafprozesses, wobei die Verfolgung von Straftaten (im Ggs. zum ↑Anklagegrundsatz) durch das Gericht selbst eingeleitet und durchgeführt wurde.

Inreim (Innenreim), Reim eines Wortes im Versinnern mit dem Wort am Versende: z. B. »O Sonne der Wonne« (P. Fleming).

I. N. R. I., Abk. für Iesus Nazarenus Rex Iudaeorum (lat. »Jesus von Nazareth, König der Juden«), lat. Form der nach Joh. 19, 19 von Pilatus gesetzten Inschrift am Kreuz Christi.

inschallah [arab. »wenn Gott will«], Redensart der Muslime, v. a. wenn von einem zukünft. Ereignis die Rede ist.

İsmet İnönü

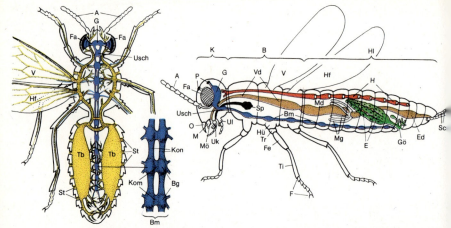

Insekten. Körperbauschemata (links Nerven- und Tracheensystem mit Ausschnitt aus dem Bauchmark): A Fühler (Antennen), B Brust, Bg Bauchganglien, Bm Bauchmark (Strickleiternervensystem), E Eierschläuche, Ed Enddarm, F Fuß (Tarsus; mit Krallen), Fa Facettenauge, Fe Schenkel (Femur), G Gehirn (Oberschlundganglion), Gö Geschlechtsöffnung, H Herz (mit Ostien), Hf Hinterflügel, Hl Hinterleib, Hü Hüfte (Coxa), K Kopf, Kom Kommissur, Kon Konnektiv, M Oberkiefer (Mandibeln), Md Mitteldarm, Mg Malpighi-Gefäße, Mö Mundöffnung, O Oberlippe (Labrum), P Punktaugen (Ozellen), Sch Schwanzborsten (Cerci), Sp Speicheldrüse, St Stigmen (Atemöffnungen), Tb Tracheenblase (bei guten Fliegern), Ti Schiene (Tibia), Tr Schenkelring (Trochanter), Uk Unterkiefer (1. Maxillen), Ul Unterlippe (2. Maxillen), Usch Unterschlundganglion, V Vorderflügel, Vd Vorderdarm

Inschriftenkunde ↑Epigraphik.
Insekten [lat.] (Kerbtiere, Kerfe, Hexapoda, Insecta), seit dem Devon bekannte, heute mit rd. 775 000 Arten in allen Biotopen verbreitete Klasse 0,02 bis 33 cm langer Gliederfüßer, davon in M-Europa rd. 28 000 Arten; Körper mit starrem, aus Chitin bestehendem, segmentiertem Außenskelett (muß bei wachsenden Tieren öfter durch Häutung gewechselt werden). Der Körper gliedert sich in drei Abschnitte: den Kopf (aus sechs miteinander verschmolzenen Körpersegmenten), die Brust (Thorax; mit den Segmenten Pro-, Meso- und Metathorax) und den Hinterleib (Abdomen; aus bis zu elf Segmenten). Meist sind zwei Flügelpaare, je eines am Meso- und Metathorax, ausgebildet. Jedes der drei Brustsegmente trägt ein Beinpaar. – Am Kopf liegen die oft sehr großen Facettenaugen. Daneben können noch auf der Stirn bzw. auf dem Scheitel Nebenaugen vorkommen. Außerdem trägt der Kopf als umgebildete Gliedmaßen ein Paar Fühler und drei Paar Mundgliedmaßen. – Die Atmung erfolgt über Tracheen. – Der Darm gliedert sich in Vorder-, Mittel- und Enddarm. Unter dem Darm liegt als Bauchmark ein Strickleiternervensystem. Die Entwicklung verläuft über eine ↑Metamorphose. Die Sinnesleistungen der I. sind hoch entwickelt. Sehr mannigfaltig ist das Anpassungsvermögen vieler I. an die Umwelt (↑Mimikry). – Man unterteilt die I. in 35 Ordnungen.
Insektenfresser (Insektivoren, Insectivora), 1) *allg.:* Bez. für insektenfressende Tiere und Pflanzen.
2) *Biologie:* mit rd. 375 Arten nahezu weltweit verbreitete Ordnung etwa 3,5–45 cm langer Säugetiere, die sich v. a. von Insekten u. a. Wirbellosen ernähren (u. a. Igel, Spitzmäuse).
Insektenstiche, Stiche, bes. von weibl. Insekten (v. a. Bienen, Wespen, Hornissen, Stechmücken), die örtl. (z. B. Rötung) oder allg. krankhafte Veränderungen (z. B. Schocksymptome, Kollaps) infolge Einwirkung von Giftstoffen in den Organismus verursachen.

Insektizide ↑Schädlingsbekämpfungsmittel.
Insel, mit Ausnahme der Kontinente allseitig von Wasser (Meer, See, Fluß) umgebener Teil des Festlandes.
Inselberg, i. w. S. alle inselartig über kaum gegliederte Flächen aufragende Einzelberge, i. e. S. durch Verwitterung entstandene Bergform in den wechselfeuchten Tropen mit steilen Flanken.
Inseln über dem Winde ↑Antillen.
Inseln unter dem Winde ↑Antillen.
Insemination [lat.], das künstl. Einbringen von Samen in die Gebärmutter.
Inserat [lat.] ↑Anzeige.
Insichgeschäft, Rechtsgeschäft, das ein Stellvertreter im Namen des Vertretenen entweder mit sich selbst im eigenen Namen *(Selbstkontrahieren)* oder mit sich als Vertreter eines Dritten *(Mehrvertretung)* vornimmt; nur in Ausnahmefällen zulässig.
Insignien [...i-ən; lat.], Abzeichen der Macht, des Standes und der Würde.
insinuieren [lat.], unterstellen, durchblicken lassen.
insistieren [lat.], auf etwas bestehen.
insolvent [lat.], zahlungsunfähig.
in spe [lat. »in der Hoffnung«], zukünftig.
Inspekteur [...tø:r; frz.], in der Bundeswehr Bez. für die Dienststellung des jeweils ranghöchsten Soldaten jeder Teilstreitkraft und des Sanitäts- und Gesundheitswesens. ↑Generalinspekteur der Bundeswehr.
Inspektion [lat. »das Betrachten«], allg. svw. Prüfung, Besichtigung, Kontrolle (z. B. eines Autos).
Inspiration [lat.], 1) *Physiologie:* ↑Atmung.
2) *Psychologie:* intuitiver schöpfer. Einfall.
3) *Theologie:* göttl. Eingebung.
Inspizient [lat.], Person mit kontrollierender Funktion; beim Theater sowie bei Hörfunk und Fernsehen verantwortlich für den Ablauf der Aufführungen.
Installation [lat.], das fachmänn. Einbauen und Instandhalten (bzw. Instandsetzen) von Gas-, Wasser-, Abwasser-, Lüftungs-, Heizungs- sowie elektr. Anlagen durch den *Installateur* bzw. *Elektroinstallateur*.
Instant... [engl. 'ɪnstənt...], Bestimmungswort in Zusammensetzungen mit

Institut

Insekten. Haupttypen der Metamorphose; oben: unvollständige Verwandlung (Hemimetabolie) bei der Heuschrecke; **L1** etwa 3 mm langes erstes Larvenstadium, **L2** etwa 1 cm langes Larvenzwischenstadium, **V** etwa 3 cm langes Vollinsekt ♦ Unten: vollständige Verwandlung (Holometabolie) beim Maikäfer; **L** Larve, **P** Puppe, **V** Vollinsekt

der Bedeutung »sofort löslich«, ohne Vorbereitung, nur durch Hinzufügen einer Flüssigkeit in kürzester Zeit zubereitet.
Instanz [lat.], 1) Bez. der Gerichtssprache für den Verfahrensabschnitt, den ein Prozeß bei einem Gericht durchläuft.
2) die für eine Entscheidung zuständige Stelle.
Insterburg (russ. Tschernjachowsk), Stadt in Ostpreußen, Rußland, an der Angerapp, 34000 E. Burg des Dt. Ordens (1336 gegr.), Lutherkirche (1610 bis 1612). – Seit 1583 Stadt.
Instinkt [von mittellat. instinctus naturae »Naturtrieb«], Fähigkeit von Tieren und Menschen, mittels ererbter Koordinationssysteme des Zentralnervensystems bestimmte vorwarnende, auslösende und richtende Impulse mit wohlkoordiniertem lebens- und arterhaltendem Verhalten zu beantworten. I.verhalten ist angeboren. Es kann jedoch, bes. bei höheren Tieren, durch Erfahrung modifiziert werden. – Vielfach ist eine gewisse Stimmung (Bereitschaft, Trieb) Voraussetzung für den Ablauf des I.verhaltens (z. B. Hunger, Brunst). Die I.handlungen werden durch spezif. Schlüsselreize über einen angeborenen ↑Auslösemechanismus ausgelöst.
Institut [lat.], 1) *allg.*: Einrichtung, Anstalt, die wiss. Arbeit und Forschung, auch kulturellen Aktivitäten oder dem Unterricht dient.

Institut de France

Inseln (Auswahl)

Name	km²	Lage	Staat
Grönland	2 175 600	Nordatlantik	Dänemark
Neuguinea	771 900	Pazifik	Indonesien/Papua-Neuguinea
Borneo (Kalimantan)	746 951	Australasiat. Mittelmeer	Indonesien/Malaysia/Brunei
Madagaskar	586 500	Ind. Ozean	Madagaskar
Baffinland	507 451	Nordatlantik	Kanada
Sumatra	425 000	Australasiat. Mittelmeer	Indonesien
Honshū	227 414	Pazifik	Japan
Victoria Island	217 290	Nordpolarmeer	Kanada
Großbritannien (brit. Hauptinsel)	216 777	Atlantik	Großbritannien
Ellesmere Island	196 236	Nordpolarmeer	Kanada
Celebes (Sulawesi)	189 035	Australasiat. Mittelmeer	Indonesien
Neuseeland (Südinsel)	150 718	Pazifik	Neuseeland
Java	118 000	Australasiat. Mittelmeer	Indonesien
Neuseeland (Nordinsel)	114 453	Pazifik	Neuseeland
Neufundland	108 860	Atlantik	Kanada
Kuba	105 007	Karib. Meer	Kuba
Luzon	104 688	Australasiat. Mittelmeer	Philippinen
Island	102 269	Atlantik	Island
Irland	84 403	Atlantik	Großbritannien/Irland
Hokkaidō	77 900	Pazifik	Japan
Sachalin	76 400	Ochotsk. Meer	Rußland
Hispaniola (Haiti)	76 192	Karib. Meer	Haiti/Dominikan. Republik
Ceylon	65 610	Ind. Ozean	Sri Lanka
Tasmanien	63 326	Pazifik	Australien
Marajó	48 000	Amazonas	Brasilien
Feuerland	47 000	Atlantik	Argentinien/Chile
Spitzbergen	39 043	Nordpolarmeer	Norwegen
Taiwan (Formosa)	35 873	Pazifik	Taiwan
Kyūshū	35 660	Pazifik	Japan
Hainan	34 380	Südchin. Meer	China
Timor	32 300	Australasiat. Mittelmeer	Indonesien
Vancouver Island	31 284	Pazifik	Kanada
Sizilien	25 426	Mittelmeer	Italien
Sardinien	23 813	Mittelmeer	Italien

2) *Recht:* im Sinne von *Rechts-I.* eine Einrichtung des materiellen oder formellen Rechts, z. B. das I. des Eigentums.

Institut de France [frz. ɛ̃stitydˈfrɑ̃:s], 1795 begründete Körperschaft zur Förderung der Wiss. und Künste mit Sitz in Paris; besteht aus: ↑Académie française; *Académie des inscriptions et belles-lettres* (heute v. a. Edition von Quellen und Inschriften und Inventarisierung von Kunstdenkmälern), *Académie des sciences* (Naturwissenschaften); *Académie des beaux-arts* (bildende Künste und Musik); *Académie des sciences morales et politiques* (Philosophie und Gesellschaftswissenschaften).

Institut für deutsche Sprache

Institut für deutsche Sprache, Abk. **IdS,** gegr. 1964; dient der Erforschung der dt. Gegenwartssprache; Sitz Mannheim.

Institut für Weltwirtschaft, Abk. **IfW,** gegr. 1914 an der Univ. Kiel; Ziel: Pflege und Förderung der wiss. Erforschung der weltwirtschaftlichen Beziehungen.

Institut für Zeitgeschichte, seit 1952 Name des 1950 gegr. »Dt. Instituts für Geschichte der nat.-soz. Zeit«; Sitz München; zahlr. Veröffentlichungen (u. a. »Vierteljahreshefte für Zeitgeschichte«).

Institution [lat.], **1)** *allg.:* Einrichtung, öffentl. oder privates Unternehmen.

Integralrechnung

2) *Anthropologie und Soziologie:* die durch Moral, Sitte oder Recht gebundene Form menschl. Zusammenlebens.

institutionelle Garantie [lat./frz.], verfassungsrechtliche Gewährleistung bestimmter *Einrichtungen* des öffentlichen Rechts (z. B. Berufsbeamtentum) oder des Privatrechts (auch *Institutsgarantie* genannt, z. B. Eigentum) als solcher, ohne daß dabei auf die Gewährung individueller Rechte abgezielt wird.

Instruktion [lat.], Anleitung, Vorschrift, Dienstanweisung.

Instrument [lat. »Ausrüstung«], 1) *allg.:* Mittel oder Gerät zur Ausführung bestimmter wiss. oder techn. Arbeiten. 2) *Musik:* ↑Musikinstrumente.

Instrumental [lat.] (Instrumentalis), u. a. in indogerman. Sprachen vorkommender Kasus, der das Mittel oder Werkzeug bezeichnet; im Dt. durch den Präpositionalfall ersetzt (z. B. »mit dem Messer«).

Instrumentalmusik, die ausschließlich mit Musikinstrumenten auszuführende Musik im Ggs. zur ↑Vokalmusik.

Instrumentalsatz, Nebensatz, der das Mittel nennt, durch das der im Hauptsatz genannte Sachverhalt eintritt, z. B. »Er rettete sich dadurch, daß er ...«.

Instrumentation [lat.] (Instrumentierung, Orchestration), die Ausarbeitung einer Komposition für die Stimmen verschiedener Instrumente. Die erste und zugleich grundlegende *Instrumentationslehre* stammt von H. Berlioz (1844).

Instrumentenflug (Blindflug), Flug ohne Bodensicht, unter alleiniger Verwendung von Instrumenten wie Fahrtmesser, Höhenmesser, Kreiselhorizont, Kompaß und Wendezeiger sowie von Einrichtungen und Geräten der Funk-, Astro- und Trägheitsnavigation.

Instrumentenlandesystem (engl. instrument landing system), Abk. **ILS,** ein als Hilfsmittel bei der Landung von Flugzeugen dienendes *Funknavigationsverfahren.* Ein *Landeskurssender* strahlt ein vertikales Funkfeld *(Landekursebene)* aus, ein *Gleitwegsender* eine schräge (rd. 3°) *Gleitwegebene.* Die Schnittlinie stellt den idealen Anflugkurs dar; ein *Kreuzzeigerinstrument* an Bord zeigt die Lage des Flugzeugs relativ zu beiden Ebenen an. Zwei *Einflugzeichensender* vor der Landebahn geben Information über die Entfernung zur Landebahnschwelle.

Insuffizienz [lat.], Funktionsschwäche eines Organs (z. B. Herz-I.) oder eines Organsystems (z. B. Kreislaufversagen).

Insulin [lat.], in den β-Zellen der Langerhans-Inseln der Bauchspeicheldrüse gebildetes, blutzuckerherabsetzendes und Glykogen aufbauendes Proteohormon der Wirbeltiere; Gegenspieler des I. sind Glucagon, auch Adrenalin und Glukokortikoide (blutzuckersteigernde Wirkung). Durch I.mangel entsteht die ↑Zuckerkrankheit. I. wurde erstmals 1921 von F. G. Banting und C. H. Best isoliert. Erst Mitte der 60er Jahre gelang Helmut Zahn (* 1916) und zwei anderen Forschergruppen gleichzeitig die Totalsynthese.

Insulinde, svw. ↑Malaiischer Archipel.

Insulinschock, durch Abfall des Blutzuckerspiegels bedingter hypoglykäm. Schock infolge übersteigerter Insulingaben oder überhöhter Insulinfreisetzung nach Verabreichung bestimmter oraler Antidiabetika (↑Zuckerkrankheit).

Insult [lat.], 1) *bildungssprachlich:* [schwere] Beleidigung. 2) *Medizin:* svw. Anfall.

Insurgenten [lat.], Aufständische, Rebellen.

Insurrektion [lat.], Erhebung, Aufstand.

Inszenierung [lat.], von einem Regisseur in bestimmter Weise in Szene gesetzte Aufführung eines dramat. Werkes.

Intarsien [italien.] (Intarsia), Einlegearbeiten in Holz, v. a. aus Ebenholz, auch aus Elfenbein, Perlmutt, Schildpatt, Metall. Die Muster werden entweder aus dem Holzkörper ausgehoben und mit anderem Material gefüllt oder, aus kleinen Stücken zusammengefügt, aufgeleimt *(Holzmosaik).* Seit dem 16. Jh. werden in Schichten aufgeleimte Furniere ausgesägt *(Marketerie).* – Abb. S. 1602.

integer [lat.], charakterfest.

integral, vollständig, für sich bestehend.

Integralbauweise, Bauweise des Metallbaus, insbes. beim Flugzeugbau, bei der ein größeres Bauteil nicht aus einzelnen Bauelementen zusammengesetzt, sondern aus einem Stück hergestellt wird.

Integralrechnung, Teilgebiet der *höheren Mathematik,* das sich mit einer als *Integration* bezeichneten Operation befaßt,

Institut für
Weltwirtschaft

Integration

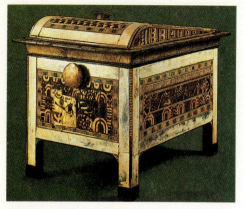

Intarsien. Holztruhe aus dem Grab des ägyptischen Königs Tut-ench-Amun im Tal der Könige, Theben (1347–37 v. Chr.)

tion), dann ist das *unbestimmte Integral*

$$\int_a^x f(t)\,dt \quad \text{oder einfach} \quad \int f(x)\,dx$$

eine Funktion von x, die sog. *Stammfunktion* von f. Der *Hauptsatz der Differential- und Integralrechnung* besagt, daß eine Funktion unter gewissen Bedingungen mit der Ableitung ihrer Stammfunktion übereinstimmt.

Integration [lat.], **1)** *allg.:* [Wieder]herstellung eines Ganzen, einer Einheit durch Einbeziehung außenstehender Elemente; Vervollständigung.
2) *Soziologie:* Verbindung einer unterschiedl. Vielheit von Menschen zu einer gesellschaftl. (und kulturellen) Einheit.
3) *Völkerrecht:* der Zusammenschluß von Staaten in polit., wirtschaftl. und/oder militär. Hinsicht.
4) *Mathematik:* ↑Integralrechnung.

integrieren [lat. »wiederherstellen«], **1)** *allg.:* in ein gr. Ganzes einbeziehen. **2)** *Mathematik:* ein Integral berechnen.

integrierte Schaltung (integrierter Schaltkreis), Abk. **IS** oder **IC** (vom engl. integrated circuit), Bez. für die im Rahmen der Miniaturisierung elektron. Bauteile entwickelten »Funktionsblöcke« (sog. »ICs«). Auf ein ca. 2 mm² großes Siliciumplättchen (sog. *Chip* oder *Bar*) sind bis zu 1 000 000 aktive (Transistoren) und passive (Widerstände, Kondensatoren) Bauelemente aufgebracht, die eine betriebsbereite Schaltung darstellen (z. B. Verstärker, Zähler, Frequenzteiler, log. Bausteine). Prakt. Ausführung: Plastikgehäuse mit zweireihigen Anschlüssen (sog. Dual-in-Line-Gehäuse).

Integument (Integumentum) [lat. »Bedeckung, Hülle«], in der *Anatomie* und *Morphologie* Bez. für die Gesamtheit aller Hautschichten der Körperoberfläche bei Tier und Mensch, einschließlich Haare, Federn usw.

Intellekt [lat.], Denk-, Erkenntnisvermögen.

intellektuell, den Intellekt betreffend; von Intellektuellen bestimmt, zu ihnen gehörig; (auch abwertend) einseitig auf log., rationales Denken reduziert.

Intellektuelle [lat.], wiss. oder künstlerisch arbeitender Mensch; Kopfarbeiter; (auch abwertend) jemand, der Denken auf Rationales reduziert.

die einer vorgegebenen Funktion entweder einen festen Zahlenwert oder eine andere Funktion zuordnet. Man versteht unter dem *bestimmten Integral*

$$I = \int_a^b f(x)\,dx$$

den Inhalt der Fläche, die von der x-Achse, den Ordinaten a und b und der Kurve $y = f(x)$ begrenzt wird und bezeichnet $f(x)$ als den *Integranden* des Integrals I, das Intervall $[a, b]$ als *Integrationsbereich* und die Variable x als *Integrationsvariable*.

Wählt man statt der festen Integrationsgrenzen a und b des Integrals I eine variable obere Grenze *(unbestimmte Integra-*

Integralrechnung. Bestimmtes Integral

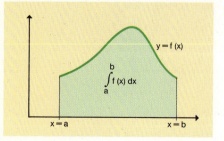

Intelligenz [lat.], im allg. Verständnis die übergeordnete Fähigkeit (bzw. eine Gruppe von Fähigkeiten), die sich in der Erfassung und Herstellung anschaulich und abstrakter Beziehungen äußert, dadurch die Bewältigung neuartiger Situationen durch problemlösendes Verhalten ermöglicht und somit Versuch-und-Irrtum-Verhalten und Lernen an Erfolgen, die sich zufällig einstellen, entbehrlich macht. Ein in der Psychologie häufig verwendetes I.modell umfaßt folgende (als *Primärfähigkeiten* bezeichnete) *I.faktoren:* sprachl. Verständnis, Assoziationsflüssigkeit, Rechengewandtheit, räuml. Denken, Gedächtnis, Auffassungsgeschwindigkeit und schlußfolgerndes Denken.

Die *I.entwicklung* wird durch eine Wechselwirkung von Erbanlagen und Umweltbedingungen bestimmt; beim *Menschen* handelt es sich dabei um soziale und kulturelle Einflüsse, die durch erzieher. Anregungen, systemat. Schulung und Bildung u. a. vermittelt werden. Solche sind nach Befunden neuerer Untersuchungen v. a. in der frühesten Kindheit von Bedeutung. Die zw. verschiedenen Individuen feststellbaren *I.unterschiede* sind dementsprechend bis zu einem gewissen Grade auf sozioökonom. bedingte Chancenungleichheiten zurückzuführen. – Faßt man die I. als Funktion des Lebensalter auf, läßt sich über die Bestimmung des *I.quotienten* folgender Verlauf der I.entwicklung feststellen: Nach einer Periode starker positiver Beschleunigung in der frühen und mittleren Kindheit verlangsamt sich die I.entwicklung ab dem 10. Lebensjahr bis zum Erreichen des Erwachsenenalters. Als unhaltbar hat sich die Behauptung erwiesen, daß die I. ihren Höhepunkt je frühen Erwachsenenalter habe und dann absinke.

Bei *Tieren* ist I. im Sinne von einsichtigem Verhalten zu verstehen. Intelligentes Verhalten ist z. B. bei Schimpansen der spontane Einsatz körperfremder Gegenstände (Kisten, Stöcke), um außerhalb der eigentl. Reichweite liegendes Futter zu erreichen.

Intelligenzquotient, Abk. **IQ,** Maß für die allg. intellektuelle Leistungsfähigkeit, das sich aus dem Verhältnis von Intelligenzalter (IA) zum Lebensalter (LA) nach der Formel IQ = (IA/LA) · 100 ergibt. Hierbei bedeutet ein Ergebnis von rund 100 durchschnittl. Intelligenz *(I.norm).*

Intelligenztests ↑psycholgische Tests.

INTELSAT [engl. 'ɪntelsæt; Kw. aus engl. **In**ternational **Tel**ecommunications **Sat**ellite Consortium (Internationales Fernmeldesatellitenkonsortium)], 1964 gegr. Konsortium zur Schaffung eines globalen Kommunikationssatellitennetzes. Seit 1966 wurden zahl. Kommunikationssatelliten in eine geostationäre Bahn gebracht, die u. a. der Übertragung von Fernsehsendungen und Telefongesprächen dienen. 1989 wurde der erste einer neuen Generation von Fernmeldesatelliten (INTELSAT VI mit einer Übertragungskapazität von 120 000 gleichzeitig geführten Telefongesprächen und drei Farbfernsehkanälen) ins All befördert.

Intendant [lat.-frz.], 1) *allg.:* Leiter eines Theaters, einer Rundfunk- bzw. Fernsehanstalt; *Generalintendant,* Leiter eines Theaterbetriebs mit verschiedenen dramat. Gattungen.
2) *Geschichte:* im Frankreich des Ancien régime wichtigster Verwaltungsbeamter in den Provinzen.

intendieren [lat.], auf etwas hinarbeiten.

Intension [lat.], 1) *bildungssprachlich:* Anspannung, Kraft.
2) *Logik:* Inhalt, Sinn einer Aussage.

Intensität [lat.], 1) *allgemein:* Eindringlichkeit.
2) *Physik:* ein Maß für den Energiefluß, d. h. für die je Zeiteinheit durch eine Einheitsfläche ein- bzw. ausgestrahlte Energie.

intensive Wirtschaft, in der *Landwirtschaft* eine Wirtschaftsweise, bei der durch hohen Einsatz an Kapital und Arbeit je Flächeneinheit ein hoher Rohertrag erwirtschaftet wird.

Intensivstation (Intensivpflegestation), optimal ausgestattete Krankenstation zur raschen Diagnosestellung, intensiven Behandlung und ständigen Überwachung akut bedrohl. Krankheitsfälle (z. B. Herzinfarkt, Nierenversagen).

Intention [lat.], Absicht, Bestreben, Vorhaben.

inter..., Inter... [lat.], Vorsilbe mit der Bedeutung »zwischen«, z. B. interplanetarisch.

Interaktion

Interferenz. Links: Interferenzfigur einer Quarzplatte in divergentem polarisiertem Licht ◆ Rechts: Interferenzaufnahme in weißem Licht: Rauhigkeitsuntersuchung einer Werkstückoberfläche

Interaktion, Wechselbeziehungen, bes. die Kommunikation zw. Individuen innerhalb einer Gruppe.
Intercity-Züge [...'sɪti...], Abk. **IC,** Netz von bes. schnellen Zugverbindungen zw. dt. Großstädten (↑Eurocity-Züge) im Ein- oder Zwei-Stunden-Takt. Seit 1991 verkehren Intercity-Express-Züge (ICE) mit Reisegeschwindigkeiten von bis zu 280 km/h. In der Nacht verkehrende und daher mit Schlafwagen ausgestattete I.-Z. heißen Intercity-Night-Züge (ICN).
interdisziplinär [lat.], mehrere Disziplinen umfassend bzw. deren Zusammenarbeit betreffend.
Interessengemeinschaft, 1) jede Gemeinschaft, die ohne einen auf ihre Entstehung gerichteten Willen der Beteiligten zustande gekommen ist, z. B. durch letztwillige Verfügung.
2) der Zusammenschluß rechtlich selbständig bleibender Unternehmungen zur Gewinnerzielung.
Interessensphäre (Einflußzone), im Völkerrecht ein Gebiet, an dem ein Staat von dritten Staaten anerkannte polit. Interessen hat.
Interessenverbände, Zusammenschlüsse von Personengruppen mit dem Ziel, in organisierter Form gemeinsame Interessen zu vertreten und durchzusetzen (*Pressure-groups, Lobby*). Zu unterscheiden: polit. I. (Parteien), kulturelle und gesellige I., wirtschaftl. I. (Berufsverbände, Kammern, Gewerkschaften, Unternehmerverbände, Verbraucher-, Mietervereinigungen u. a.).

Interferenz. Modelldarstellung zweier sich überlagernder Kreiswellenzüge gleicher Amplitude durch Aufeinanderlegen zweier Glasscheiben mit je einer konzentrischen Kreisschar. Man sieht deutlich die auf Hyperbeln liegenden Maxima (weiß) und Minima (schwarz)

Interface ['ɪntəfeɪs; engl.], svw. ↑Schnittstelle.
Interferenz [lat.], in der *Physik* Bez. für die Gesamtheit der charakterist. Überlagerungserscheinungen, die beim Zusammentreffen zweier oder mehrerer Wellenzüge (elast., elektromagnet. Wellen, Materiewellen, Oberflächenwellen) mit fester Phasenbeziehung untereinander am gleichen Raumpunkt beobachtbar sind. Die I. beruht auf dem Überlagerungs- oder Superpositionsprinzip, nach dem die momentane Stärke der resultierenden Welle in jedem Punkt gleich der Summe der jeweiligen Stärken der sich überlagernden Einzelwellen ist.
I. des Lichts: Eine I.erscheinung läßt sich nur dann beobachten, wenn Licht einer Lichtquelle in Teilbündel aufgespalten wird und diese nach Durchlaufen verschiedener, aber nahezu gleich langer Lichtwege zur I. gebracht werden. Die Phasenbeziehungen der Wellenzüge jedes Teilbündels für sich sind ungeordnet, aber zw. entsprechenden Wellenzügen der verschiedenen Bündel besteht eine zeitlich konstante Phasenbeziehung. Nur Wellenzüge, die derartigen *kohärenten* Strahlenbündeln angehören, liefern beobachtbare Interferenzen. Als Folge der I. von Licht ergeben sich zahlr. opt. Erscheinungen *(I.erscheinungen)* in Form von meist regelmäßig angeordneten Figuren *(I.streifen, I.ringe),* die bei Verwendung von weißem Licht oft ausgeprägte Farberscheinungen *(I.farben)* aufweisen. Das Auftreten der I. des Lichts war der entscheidende Beweis für die Wellennatur des Lichts.
Interferometer [lat./griech.], Sammelbez. für alle optischen Geräte, mit denen unter Ausnutzung von Interferenzerscheinungen des Lichtes z. B. äußerst

genaue Längenmessungen, Winkelmessungen oder Messungen der Brechzahl eines Stoffes vorgenommen werden können.

Interferone [lat.], Virusinhibitoren; säure- und hitzeresistente artspezif. Glykoproteine, die von Zellen der verschiedensten Wirbeltiere und Pflanzen bei Virusinfektionen gebildet werden und nichtinfizierte Zellen vor demselben Virus (wie auch vor anderen Viren, einschließlich Tumorviren) schützen. – Die therapeut. Verwendung wird durch schwere Nebenwirkungen selbst der Reinstpräparate und geringe Verfügbarkeit eingeschränkt. – Die I. wurden 1957 durch Alick Isaacs (* 1921, † 1967) und Jean Lindenmann (* 1924) entdeckt.

intergalaktisch, zw. den Sternsystemen (Galaxien) [gelegen].

Interieur [ɛ̃terˈjøːr; lat.-frz.], **1)** *bildungssprachlich:* Innenausstattung eines Raumes; Innenraum. **2)** *Kunst:* in der Malerei selbständige Bildgattung seit dem 17. Jh., u. a. J. Vermeer, P. de Hooch und G. Terborch.

Interim [lat. »inzwischen, einstweilen«], Zwischenzeit, vorläufige Regelung, Übergangslösung.

Interior Plains [engl. ɪnˈtɪərɪə ˈpleɪnz], Großlandschaft in Nordamerika zw. den Rocky Mountains im W und dem Kanad. Schild sowie den Appalachen im O. Der westl. Teil, die bis zu 700 km breiten *Great Plains,* senkt sich von 1 200–1 500 m Höhe auf 400–500 m ab zum *Zentralen Tiefland,* das im S an die Golfküstenebene, das Ozark Plateau und die Ouachita Mountains grenzt. Im NO, im Grenzbereich zum Kanad. Schild, liegen die Großen Seen.

Interjektion [lat. »das Dazwischenwerfen«], Ausrufewort, Empfindungswort, z. B. *pfui, oh.*

Interlaken, schweizer. Gem. an der Aare zw. Thuner und Brienzer See, Kt. Bern, 5 500 E. Fremdenverkehrszentrum. Von der Kloster-(Schloß-)kirche sind der hochgot. Chor (14. Jh.) und Reste des Kreuzgangs (um 1445) erhalten.

interlinear, zw. den Zeilen (geschrieben).

Interludium [lat.], (*musikal.*) Zwischenspiel.

intermediär [lat.], dazwischen liegend.

Internationale

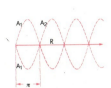

Interferenz. Interferenz zweier Wellenzüge mit verschiedener Phasendifferenz ($\pi/2$ und π); R = resultierende Schwingung, A1, A2 = Wellenzüge

intermetallische Verbindungen (intermediäre Phasen), chem. Verbindungen zweier oder mehrerer Metalle, die in einem von den Kristallgittern der sie bildenden Elemente wesentl. verschiedenen Gitter kristallisieren (im Ggs. zu den ↑Mischkristallen).

Intermezzo [lat.-italien.], musikalische Einlage; ↑Charakterstück für Klavier. – Übertragen auch: unbed. Episode.

Intermodulation ↑Verzerrung.

International Business Machines Corp. [engl. ɪntəˈnæʃənəl ˈbɪznɪs məˈʃiːnz kɔːpəˈreɪʃən], Abk. IBM, größter Hersteller der Welt von EDV-Anlagen, Sitz Armonk (N. Y.), gegr. 1911; zahlr. Tochtergesellschaften.

Internationale [lat.], allg. Bez. für eine internat. Vereinigung von Parteien und Gewerkschaften; i. e. S. Bez. für verschiedene internat. sozialist. Vereinigungen im Rahmen der ↑Arbeiterbewegung, die sich i. d. R. auf den *proletar. Internationalismus* berufen, der als Prinzip der internat. Solidarität der Arbeiterklasse (↑Proletariat) mit dem gemeinsamen Ziel des »weltweiten Sturzes des Kapitalismus« verstanden wurde. Die *Erste Internationale* wurde am 18. 9. 1864 auf Initiative brit. und frz. Gruppen in London als *Internat. Arbeiterassoziation (IAA)* gegründet. Sie war bis zu ihrer Auflösung 1876 (nach Auseinandersetzungen mit den Anarchisten) ein lockerer Zusammenschluß verschiedener sozialist. Gruppen aus 13 europ. Ländern sowie den USA. Statutenentwurf und Grundsatzpapier stammten von K. Marx. – Sozialist. Parteien und

Internationale, Die

Internationale. Mitgliedskarte der Ersten Internationalen für das Jahr 1869, unterschrieben u. a. von Karl Marx als Korrespondierendem Sekretär für Deutschland

Gewerkschaften aus 20 Ländern gründeten im Juli 1889 in Paris die marxistisch ausgerichtete *Zweite Internationale*, die v. a. die anarchist. Arbeiterbewegung (seit 1896) ausschloß. Bei Ausbruch des 1. Weltkriegs vertraten fast alle Parteien die Position der »Vaterlandsverteidigung« und des »Burgfriedens« mit den jeweiligen Regierungen, was zum Zusammenbruch der Zweiten I. führte (1919 Neugründung durch reformist. Sozialisten). – Die *Dritte Internationale* entstand auf Anregung Lenins im März 1919 als in Moskau gegr., straff organisierte Zusammenfassung aller kommunist. Parteien (mit nat. Sektionen); ihre Führung lag beim Exekutivkomitee (EKKI) in Moskau. Ziel der rasch in polit. Abhängigkeit von der KPdSU geratenden »Komintern« war die Weltrevolution zur Errichtung der Diktatur des Proletariats und der Rätemacht. Im Interesse des Bündnisses der Sowjetunion mit den Westmächten wurde die Dritte I. am 15. 5. 1943 aufgelöst. – Auf Initiative Stalins wurde im September 1947 in Schreiberhau (Schlesien) das Informationsbüro der kommunist. und Arbeiterparteien (Kominform) gegr., das von Stalin als Kontrollinstrument benutzt und im Zuge der Entstalinisierung im April 1956 aufgelöst wurde. – Die 1921 in Wien als Zusammenschluß mehrerer linker sozialist. Parteien (aus Deutschland die USPD) gegr. *Internat. Arbeitsgemeinschaft Sozialist. Parteien (Wiener Internationale)* ging in der 1923 in Hamburg gegr. *Sozialist. Arbeiter-Internationale* (SAI) auf, die sich von der Dritten I. abgrenzte, jedoch 1940 wieder auflöste. An die Tradition der SAI knüpft die 1951 in Frankfurt am Main gegr. *Sozialist. Internationale* (SI) an, deren Mitgliedsparteien (u. a. aus Deutschland die SPD, aus Österreich die SPÖ, aus Frankreich der Parti Socialiste) und Vors. (u. a. 1976–92 W. Brandt, seit 1992 P. Mauroy) sich zum demokrat. ↑Sozialismus bekennen. – Die 1938 von Trotzki gegr. *Vierte Internationale* blieb bedeutungslos.

Internationale, Die, Kampflied der sozialist. Arbeiterbewegung, 1888 komponiert von Pierre Degeyter (*1848, †1932) nach dem 1871 verfaßten frz. Text von Eugène Pottier (*1816, †1887). Die gebräuchlichste dt. Fassung (1910) stammt von Emil Luckhardt.

Internationaler Gerichtshof

Internationale Arbeitsorganisation (engl. International Labour Organization [Abk. ILO], frz. Organisation Internationale du Travail), Abk. **IAO,** 1919 mit dem Völkerbund entstandene Organisation; seit 1946 Spezialorganisation der UN; Sitz Genf. Aufgaben: Abstimmung und Verbesserung der Arbeitsbedingungen der einzelnen Länder. Organe: Internat. Arbeiterkonferenz, Verwaltungsrat, Internat. Arbeitsamt (Abk. IAA).

Internationale Atomenergie-Organisation (engl. International Atomic Energy Agency [Abk. IAEA], 1957 gegr. internat. Organisation zur Förderung der friedl. Anwendung und Nutzung der Atomenergie; Sitz Wien. Die IAEA bildet innerhalb der UN eine eigenständige Organisation.

Internationale Bank für Wiederaufbau und Entwicklung (Weltbank; engl. International Bank for Reconstruction and Development [Abk. IBRD]), Sonderorganisation der UN; gegr. 1944; Sitz Washington. Mittels Vergabe von Anleihen an Mitgliedsregierungen und Privatunternehmen sucht sie die wirtschaftl. Entwicklung ihrer Mitgliedsstaaten zu fördern.

internationale Brigaden, militär. Freiwilligenverbände (zunächst Ausländer) im Span. Bürgerkrieg, kämpften auf republikan. Seite.

Internationale Energie-Agentur, Abk. **IEA,** im Rahmen der OECD 1974 gegr. Organisation, Sitz Paris; Aufgabe der IEA ist es v. a., die Erdölversorgung der Mitgliedsländer in Notlagen sicherzustellen.

Internationale Entwicklungs-Organisation (engl. International Development Association [Abk. IDA]), 1960 gegr. Tochtergesellschaft der Internat. Bank für Wiederaufbau und Entwicklung, deren finanziell schwächste Mitgliedsländer von der IDA als Mittel der Entwicklungshilfe Kredite erhalten.

Internationale Fernmelde-Union (frz. Union Internationale des Télécommunications [Abk. UIT], engl. International Telecommunication Union [Abk. ITU]), 1932 gegr. internat. zwischenstaatl. Organisation zur Regelung des internat. Fernmelde- und Nachrichtenverkehrs; seit 1947 Sonderorganisation der UN; Sitz Genf.

Internationaler Bund Christlicher Gewerkschaften, Abk. IBCG, ↑Gewerkschaften.

Internationaler Bund Freier Gewerkschaften, Abk. IBFG, ↑Gewerkschaften.

Internationaler Frauenrat (engl. International Council of Women [Abk. ICW]), Abk. **IFR,** 1888 in den USA gegr. Dachverband von Frauenverbänden; Sitz Paris.

Internationaler Gerichtshof, Abk. **IGH,** Rechtsprechungsorgan der UN, Sitz Den Haag, Funktionsnachfolger des Ständigen Internat. Gerichtshofs des Völkerbundes. Der IGH ist nur zuständig, wenn die beteiligten Staaten sich seiner Gerichtsbarkeit generell oder für den konkreten Fall unterwerfen.

Internationale Atomenergie-Organisation

Internationaler Gerichtshof. Zusammensetzung des Gerichts und schematische Darstellung des Verfahrens

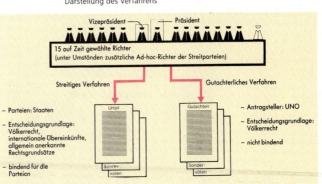

Internationaler Gewerkschaftsbund

Internationaler Gewerkschaftsbund ↑Gewerkschaften.

Internationaler Währungsfonds [...fɔ̃] (engl. International Monetary Fund [Abk. IMF]), Abk. **IWF**, Sonderorganisation der UN, gegr. 1944 in Bretton Woods; das Abkommen über den IWF trat 1945 in Kraft. Die BR Deutschland ist seit 1952 Mitglied. – *Ziele:* 1. Förderung der internat. Zusammenarbeit auf dem Gebiet der Währungspolitik; 2. Erleichterung des Welthandels, Entwicklung der Produktivkraft der Mgl.; 3. Sicherung geordneter Währungsbeziehungen; 4. Schaffung eines multilateralen Zahlungssystems und Beseitigung von Beschränkungen im Devisenverkehr; 5. Erleichterung des Zahlungsbilanzausgleichs durch Kreditgewährung an Mgl.länder. Um die internat. Währungsordnung flexibler zu gestalten, wurde 1969 eine neue internat. Geld- und Reserveeinheit geschaffen, die *Sonderziehungsrechte* (SZR), Gutschriften des IWF zugunsten der Mgl.länder, deren Höhe sich nach den jedem Mgl. zugewiesenen Einzahlungsquoten richtet; die SZR können dazu benutzt werden, über die normalen Ziehungsrechte hinaus fremde Währungen zu erwerben oder Verbindlichkeiten bei anderen Zentralbanken zu begleichen.

Internationales Arbeitsamt ↑Internationale Arbeitsorganisation.

Internationales Einheitensystem (SI-System), 1954 von der X. Generalkonferenz für Maße und Gewichte eingeführtes Einheitensystem, bestehend aus den sog. SI-[Basis]einheiten (↑Einheit).

Internationales Olympisches Komitee (frz. Comité International Olympique [Abk. CIO]; engl. International Olympic Committee [Abk. IOC]), Abk. **IOK**, höchste Instanz, die für die Durchführung der Olymp. Spiele zuständig ist; gegr. 1894 von P. Baron de Coubertin; Sitz Lausanne.

Internationalisierung [lat.], nach *Völkerrecht* die Beschränkung der Gebietshoheit über ein bestimmtes Staatsgebiet zugunsten mehrerer anderer Staaten oder überhaupt der gesamten Völkerrechtsgemeinschaft.

International Telephone and Telegraph Corporation [engl. ɪntəˈnæʃənəl ˈtɛlɪfəʊn ənd ˈtɛlɪɡrɑːf kɔːpəˈreɪʃn], Abk. **ITT**, einer der größten Elektronikkonzerne der Erde, Sitz New York, gegr. 1920.

Internet [engl.], weltweites Datennetz für den paketvermittelten Datenaustausch insbes. über Telefonleitungen. Hervorgegangen aus dem 1969 vom amerikan. Verteidigungsministerium zu militär. Zwecken eingerichteten *ARPAnet,* entwickelte sich das I. zunächst als reines Wissenschaftsnetz. Neben dem Austausch von schriftl. Dokumenten *(E-mail)* ermöglichte das I. seit der Einführung des *WWW (World wide web)* 1993 auch Multimedia-Anwendungen und den Übergang zu On-line-Diensten.

Internierung [lat.-frz.], nach Völkerrecht die zwangsweise Festhaltung von Personen oder Sachen durch eine kriegführende Partei oder einen Neutralen auf deren (dessen) Staatsgebiet.

Internist [lat.], Facharzt für innere Medizin.

Internodium [lat.] (Stammglied, Stengelglied), der zw. zwei Blattansatzstellen

Internationales Olympisches Komitee. Mitglieder des ersten Internationalen Olympischen Komitees; von links: W. K. A. Gebhardt (Deutschland), P. de Coubertin (Frankreich), J. Guth-Jarkowsky (Böhmen), D. Bikelas (Griechenland), F. Kemény (Ungarn), A. D. Butowskij (Rußland), V. von Balck (Schweden)

interstellare Materie

(Knoten) liegende, blattfreie Sproßabschnitt einer Pflanze.

Interparlamentarische Union, Abk. **IPU,** nichtstaatl. internat. Vereinigung zur Förderung der persönl. Kontakte zw. den Abg. der Parlamente aller Länder zur Fortentwicklung internat. Zusammenarbeit; 1888 in Paris gegr., Sitz Genf.

Interpellation [lat.], im Verfassungsrecht das an die Regierung gerichtete Verlangen des Parlaments um Auskunft in einer bestimmten Angelegenheit.

interplanetare Materie [...i-ə], die zw. Sonne und Planeten vorhandene Materie in Form von Staub und mikrometeorit. Kleinkörpern sowie einem in der Hauptsache aus Wasserstoffatomen und -ionen sowie aus Elektronen bestehenden Gas.

Interpol [...po:l], Abk. für **Internat.** kriminal**pol**izeil. Organisation, 1956 aus der seit 1923 bestehenden, in Wien gegr. Internat. kriminalpolizeil. Kommission entstanden; Sitz des Generalsekretariats: Lyon. Aufgabe: wechselseitige Unterstützung bei der grenzüberschreitenden Verfolgung von Verbrechen, ausgenommen polit., militär. oder religiöse Delikte.

Interpolation [lat.], nachträgl. Einschub in einen Text; oft Fälschung.

Interpret [lat.], jemand, der eine Interpretation durchführt; reproduzierender Künstler.

Interpretation [lat.] (Auslegung), 1) *allg.:* Erklärung, Analyse, Deutung (eines Textes); künstler. Wiedergabe, bes. von Musik.
2) *Logik und Mathematik:* die eindeutige Zuordnung der Ausdrücke eines Kalküls zu Aussagen einer Theorie.

Interpreter [ɪn'tɜːprɪtə; engl. »Dolmetscher«], in der *Datenverarbeitung* ein Programm, das eingegebene Befehle sofort in die Maschinensprache übersetzt und den Ablauf von Unterprogrammen bewirkt. Die interpretierende Arbeitsweise ist bes. für dialogorientierte Programmiersprachen (z. B. BASIC) geeignet. Eine andere Arbeitsweise bietet der ↑Compiler, der das Programm erst abarbeitet, nachdem alle Anweisungen übersetzt wurden.

Interpunktion [lat.], Gliederung eines geschriebenen Textes mit graph. Zeichen, die z. T. Betonung, Pausen usw.

des gesprochenen Textes ersetzen (z. B. Doppelpunkt [Kolon] als Ankündigungszeichen [v. a. der wörtl. Rede]).

Interregio-Züge, Abk. **IR,** Netz einer seit 1988 die D-Züge schrittweise ablösenden, zw. Systembahnhöfen liniengebunden verkehrenden Zuggattung mit neu gestalteten Personenwagen für Reisegeschwindigkeiten bis 200 km/h.

Interregnum [lat. »Zwischenherrschaft«], allg. die Zeit zw. Tod, Absetzung oder Abdankung eines Herrschers und der Inthronisation seines Nachfolgers, im Hl. Röm. Reich v. a. die Zeit zw. dem Tod Konrads IV. und der Wahl Rudolfs I. (1254–73).

Interrogativpronomen [lat.] (Fragepronomen), ↑Pronomen.

Interrogativsatz [lat./dt.], Satz, der eine Frage ausdrückt (Fragesatz).

Intersex (Scheinzwitter, Pseudohermaphrodit), Individuum mit (krankhafter) Mischung ♂ und ♀ Merkmale bei einer Art, die normalerweise getrenntgeschlechtlich ist.

Interstadial [lat.], im Ggs. zur Zwischeneiszeit nur kurzfristige Erwärmung innerhalb einer Eiszeit.

interstellare Materie [...i-ə], den Raum zw. den Sternen unregelmäßig erfüllende Materie sehr geringer Dichte. Die i. M. macht sich bemerkbar in leuchtenden, unregelmäßig gestalteten, diffusen Materieansammlungen *(galakt. Nebel),* aber auch durch mehr oder weniger starke Absorption des Sternenlichts der hinter nichtleuchtender i. M. stehenden Sterne, wodurch sie

Interregio-Züge. Abteil des neugestalteten Personenwagens eines IR-Zugs

Intervall

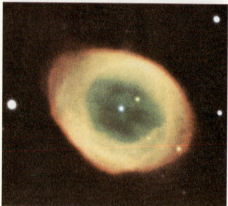

interstellare Materie. Oben: Der Pferdekopfnebel im Sternbild Orion; der »Pferdekopf« ist die Ausbuchtung einer Dunkelwolke, der rosa Schimmer stammt von ionisiertem Wasserstoff (Emissionsnebel), die helle Wolke links unten ist ein Reflexionsnebel. ♦ Unten: Ringnebel im Sternbild Leier, ein planetarischer Nebel, entstanden durch den Ausstoß einer Gashülle von dem hellen Stern in seiner Mitte, der das Gas durch Ionisation zum Leuchten bringt

stark wolkige Strukturen *(Dunkelwolken)*, aber auch Sternleeren vortäuschen kann. – Chem. Zusammensetzung: 60% Wasserstoff, 38% Helium, 2% alle anderen Elemente. 99% der i. M. bestehen aus *interstellarem Gas,* 1% aus *interstellarem Staub* (vermutlich schwere Elemente in kleinen Körnchen von 0,0001 bis 0,001 mm Durchmesser).

Intervall [lat.], **1)** *allg.:* Zeitabstand.
2) *Mathematik:* eine zusammenhängende Teilmenge der reellen Zahlen. Sind a und b zwei reelle Zahlen, so bezeichnet man die Menge der reellen Zahlen x, für die $a < x < b$ gilt, als *offenes I.*, Schreibweise $]a, b[$ oder (a, b), die Menge aller x, für die $a \leq x \leq b$ gilt, als *abgeschlossenes I.*, Schreibweise $[a, b]$.
3) *Musik:* Tonhöhenabstand sowie Schwingungsverhältnis zweier nacheinander oder gleichzeitig erklingender Töne. Die I. bezeichnen den Abstand der Töne innerhalb des in der abendländ. Musik geltenden diaton. Tonsystems, sie berücksichtigen nicht den Wechsel von Ganz- und Halbtönen. Prime, Quarte, Quinte und Oktave haben je eine sog. reine Sekunde, Terz, Sext und Septime je eine große und kleine Grundform. Die Grundformen können um einen Halbton erweitert *(übermäßiges I.)* oder verengt *(vermindertes I.)* werden.

Introduktion

Intervallschachtelung, eine Folge von Intervallen $[a_n, b_n]$ derart, daß $a_n \leq a_{n+1} < b_{n+1} \leq b_n$ und $\lim(b_n - a_n) = 0$ gilt. Jede reelle Zahl kann durch eine I. (mit rationalen Zahlen als Grenzen) definiert werden.

Intervalltraining ↑Training.

Intervention [lat.-frz.], 1) *Völkerrecht:* die Einmischung eines Staates in eine für ihn fremde Angelegenheit ohne die Absicht der Annexion. 2) *Wirtschaft:* das Eingreifen der Notenbank zur Regulierung von Wechselkursen und Goldpreisen.

Interventionismus [lat.], in einer Wirtschaftsordnung mit Privateigentum an Produktionsmitteln und grundsätzlich freier Marktpreisbildung fallweises, punktuelles Eingreifen des Staates zur Verfolgung bestimmter Zwecke, z. B. Vollbeschäftigung.

Interventionsklage, svw. ↑Drittwiderspruchsklage.

Interview [...vju:; lat.-frz.-engl.], im *Journalismus* Gespräch über ein bestimmtes Thema, in dem sich ein Befragter zu gezielten Fragen des *Interviewers* äußert; auch Erhebungsmethode der *empir. Sozialforschung*.

Interzellularen [lat.] (Zwischenzellräume), meist mit Luft erfüllte Räume zw. den Zellen pflanzl. Gewebe; stehen mit der Außenluft in Verbindung.

Interzellularflüssigkeit, die zw. den Zellen der tier. und menschl. Gewebe befindl. Gewebsflüssigkeit, die Substanzen aus dem Blut in die Zellen und umgekehrt transportiert. Aus der I. wird auch die Lymphe gebildet.

Interzession [lat.], das Eingehen einer Verbindlichkeit für einen anderen, z. B. durch Bürgschaft.

Intestaterbe, gesetzl. Erbe eines Erblassers, der kein Testament hinterlassen hat.

intestinal [lat.], in der *Anatomie* für: zum Darmkanal gehörend, vom Verdauungskanal ausgehend, die Eingeweide betreffend.

Inthronisation, Thronerhebung; im Kirchenrecht die feierl. Besteigung des bischöfl. oder päpstl. Stuhles.

Intifada [arab.], Aufstand der Araber im Gazastreifen und im Westjordanland; begann 1987 und endete 1994 mit der palästinens. Selbstverwaltung in diesen Gebieten.

intim [zu lat. intimus »innerst«], sehr nahe und vertraut; die Geschlechtsorgane betreffend, sexuell; (von Wünschen) unbewußt; (von Kenntnissen) bis ins einzelne; gemütlich, vertraut.

intolerant, nicht im Sinne der ↑Toleranz.

Intonation [lat.-mittellat.], 1) *Musik:* 1. das Anstimmen eines Gesanges, um dessen Tonart und Tonhöhe anzugeben; 2. ↑Stimmung, i. e. S. die Reinheit einer instrumentalen und vokalen Interpretation.
2) *Sprachwissenschaft:* in der Phonetik die Veränderung der Tonhöhe beim Sprechen.

in toto [lat.], im ganzen.

Intoxikation [lat./griech.], svw. ↑Vergiftung.

intra... [lat.], Vorsilbe von Adjektiven mit der Bedeutung »innerhalb; während«.

Intracoastal Waterway [engl. ɪntrə-'kəʊstəl 'wɔːtəweɪ], Schiffahrtsstraße in den USA, entlang der Atlantik- und der Golfküste, zw. Boston (Mass.) und Brownsville (Tex.), etwa 4 800 km lang; dient v. a. der Küstenschiffahrt.

Intrada [lat.-italien.] (Entrada), Eröffnungsmusik zu Vokal- oder Instrumentalstücken, bes. 16./17. Jh.

intramontanes Becken, Verebnung innerhalb eines Gebirges.

intramuskulär [lat.], Abk. i. m., in der *Medizin* für: innerhalb des Muskels, in den Muskel hinein.

Intransigenz [lat.], Unversöhnlichkeit, mangelnde Bereitschaft zu Konzessionen.

intransitiv [lat.], von Verben gesagt, die normalerweise kein Akkusativobjekt nach sich ziehen und kein persönl. Passiv bilden können, z. B. leben, rennen.

Intrauterinpessar [...a-u...] ↑Empfängnisverhütung.

intravenös, Abk. i. v., in der *Medizin* für: in einer Vene, in eine Vene hinein.

Intrige [frz.], üble Machenschaften.

Intrinsic factor [engl. ɪnˈtrɪnsɪk ˈfæktə], zur Resorption von Vitamin B_{12} notwendiges sialinsäurehaltiges Glykoproteid im Magensaft. ↑Anämie.

intro..., Intro... [lat.], Vorsilbe mit der Bed. »hinein, nach innen«.

Introduktion [lat.], freier Einleitungsteil zum ersten Satz von Sinfonien und Kammermusikwerken.

Introitus

Introitus [lat. »Eingang, Einzug«], Eröffnungsgesang der röm. Messe.

introspektiv [lat.], in sich hineinschauend, auf sich selbst hörend.

Introversion [lat.], von C. G. Jung eingeführte Bez. zur Charakterisierung von Menschen, deren psych. Energie nach innen gerichtet ist und deren Denken, Fühlen und Handeln durch die Innenwelt bestimmt wird. Der *introvertierte Typ* wirkt verschlossen, kontaktarm, mißtrauisch und reserviert (Ggs. Extraversion).

Intrusion [lat.], Eindringen und Erstarren von Magma in Gesteine der Erdkruste.

Intrusivgesteine [lat./dt.] ↑Gesteine.

Intubation [lat.], die Einführung eines Rohrs oder Schlauches in eine Körperhöhle oder ein Hohlorgan; bes. über Mund- oder Nasenhöhle in die Atemwege, z. B. zur Durchführung einer Narkose *(Intubationsnarkose)*.

Intuition [lat.], spontane, nicht auf diskursiver Reflexion beruhende Erkenntnis; ein Moment wiss. Forschens und künstler. Gestaltens.

invalide [lat.-frz.], arbeits-, dienst- oder erwerbsunfähig (infolge Unfalls, Verwundung oder Krankheit).

Invalidität [lat.] ↑Erwerbsunfähigkeit.

Invarianz [lat.], die Unveränderlichkeit bestimmter physikal. oder mathemat. Größen *(Invarianten)* gegenüber einer Gruppe von [Koordinaten]transformationen.

Invar ®, Eisen-Nickel-Legierung (36% Ni, 64% Fe) mit extrem niedrigem Wärmeausdehnungskoeffizienten.

Invasion [lat.-frz.], 1) *Militärwesen:* militär. Operation einer kriegführenden Partei zur Einnahme (auch Rückeroberung) feindl. bzw. vom militär. Gegner besetzten Gebietes.

2) *Medizin und Schädlingskunde:* der Befall eines Organismus durch Endo- oder Ektoparasiten, die sich (im Ggs. zur Infektion) nicht vermehren, da Eier bzw. Larven den Wirt wieder verlassen. – Auch das Einwachsen von Krebszellen in die Nachbarschaft.

Invektive [lat.], Schmährede, Schmähschrift, beleidigende Äußerung.

Inventar, 1) sämtl. bewegl. Sachen, die der Führung eines Betriebes dienen.

2) das bei Geschäftsbeginn und für den Schluß eines jeden Geschäftsjahres vom Kaufmann mittels der *Inventur* aufzustellende Verzeichnis seiner Vermögensgegenstände und seiner Schulden.

3) das Verzeichnis derjenigen Vermögensgegenstände und Verbindlichkeiten, aus denen ein Nachlaß besteht.

Inventionen [lat.], den ↑Kontrapunkt imitierendes (Klavier)stück mit nur einem Thema (z. B. J. S. Bachs zwei- und dreistimmige I.).

Inverness [engl. ɪnvəˈnɛs], schott. Hafenstadt an der Mündung des River Ness in den Firth of Inverness, Region Highland, 39 700 E. – Alte pikt. Festung.

invers [lat.], umgekehrt.

inverses Element, einem Element a einer algebraischen Struktur A mit Einselement e (bezüglich einer in A definierten zweistelligen Verknüpfung °) zugeordnetes Element $a^{-1} \in A$, für das die Gleichheit $a^{-1} \circ a = a \circ a^{-1} = e$ gilt, a ist invertierbar.

Inversion [lat.], 1) *Sprachwissenschaft:* die Umkehrung der Wortstellung Subjekt-Prädikat, z. B.: *Er kommt: Kommt er?*

2) *Meteorologie:* (Temperaturumkehr) die Zunahme der Lufttemperatur mit der Höhe in einer mehr oder weniger dikken Schicht der Atmosphäre (im Normalfall nimmt die Temperatur mit der Höhe ab). I. wirken als Sperrschichten in der Atmosphäre, an denen es zur Anreicherung von Staub und Dunst kommt.

3) *Chemie:* die Umkehrung des opt. Drehvermögens von Stoffen, z. B. bei der hydrolyt. Spaltung des rechtsdrehenden Rohrzuckers in das linksdrehende Fructose-Glucose-Gemisch *(Invertzucker)*.

Invertebrata [lat.], svw. ↑Wirbellose.

investieren [lat. »einkleiden«], in ein Amt einführen; etwas zweckgerichtet einsetzen (Zeit, Mühe, Geld, Geduld).

investigieren [lat.], Nachforschungen anstellen, befragen.

Investition [lat.], langfristige Anlage von Kapital in Sachgütern. Die Gesamtheit der I. einer Periode wird *Brutto-I.* genannt, die sich zusammensetzt aus der *Ersatz-* oder *Re-I.* und der *Erweiterungs-* oder *Netto-Investition*. I. in Anlagen (Maschinen, Fahrzeuge, Bauten) heißen *Anlage-I.*, solche in Beständen *Lager-* oder *Vorratsinvestitionen*. Als *I. quote* wird der

Anteil der I. am Sozialprodukt bezeichnet, die *I.rate* ist das Verhältnis der I. einer Periode zum bestehenden Kapitalstock. Wegen der zentralen Funktion der I. für die Volkswirtschaft kommt der Frage der *I.lenkung* eine wesentl. Bedeutung zu. Darunter werden alle Maßnahmen verstanden, die das Ziel haben, die privatwirtschaftl. I.entscheidungen der Unternehmer auf marktexterne Weise zu beeinflussen.

Investitur [mittellat. (↑investieren)], 1) *röm.-kath. Kirchenrecht:* förml. Einweisung in ein Kirchenamt.
2) *Lehnsrecht:* der aus german. Rechtsvorstellungen kommende symbol. Akt der Übertragung v. a. von Lehen.

Investiturstreit, Konflikt zw. Reformpapsttum und engl., frz. und dt. Königtum in der 2. Hälfte des 11. Jh. um die Einsetzung (Investitur) der Bischöfe und Äbte in ihre Ämter; er wurde zur grundsätzl. Auseinandersetzung um das Verhältnis von weltl. und geistl. Gewalt. Bes. im Hl. Röm. Reich hatten sich die Könige mit dem ↑Reichskirchensystem ein Herrschafts- und Verwaltungsinstrument geschaffen. In der kirchl. Reformbewegung gewann eine Richtung die Führung, die die Investitur durch Laien als ↑Simonie verurteilte und dies erstmals auch auf den König bezog. Der Machtkampf zw. Papsttum und Königtum erreichte seinen Höhepunkt in der Auseinandersetzung zw. Gregor VII. und Heinrich IV. (Canossa 1077) und wurde im Hl. Röm. Reich erst durch das Wormser Konkordat (1122) beigelegt: Der König verzichtete auf die Investitur mit Ring und Stab, belehnte den Gewählten aber mit den Kirchenbesitz. Ein ähnl. Kompromiß war schon 1104 vom frz., 1107 vom engl. König akzeptiert worden.

Investivlohn [lat./dt.] ↑Vermögensbildung.

Investmentgesellschaften [lat.-engl./dt.] (Investmenttrusts), Kapitalanlagegesellschaften; Unternehmen, die für zahlr. Anleger meist kleinerer Beträge Kapitalwertsicherung durch Risikostreuung im Wege der Fondsbildung *(Investmentfonds)* betreiben.

Investmentzertifikat [lat.-engl./dt.], Wertpapierurkunde, die einen Anteil am Wertpapierfonds einer Investmentgesellschaft repräsentiert.

in vino veritas [lat.], »im Wein [ist] Wahrheit«.

In-vitro-Fertilisation, Abk. IVF, in der Humanmedizin die außerhalb des Körpers in einer Nährlösung (in vitro) erfolgende Befruchtung von Eizellen.

Invokavit [lat. »er hat (mich) angerufen«], Name des 1. Sonntags der Fastenzeit.

involvieren [lat.], enthalten, einschließen.

Inzell, Luftkurort sö. von Traunstein, Bayern, 3700 E. Kunsteisstadion mit Eisschnellaufbahn, Skilifte, Gletschergarten.

Inzens [lat.] (Inzensation), kult. Beräucherung mit Weihrauch.

Inzest [lat.], sexuelle Beziehungen zw. Eltern und Kindern oder zw. Geschwistern (↑Beischlaf zwischen Verwandten). Bei Naturvölkern ist das *I.tabu* offenbar nicht biologisch definiert, z. B. erstreckt es sich auf Angehörige desselben Totems, ist also sozial bestimmt.

Inzision [lat.] (Einschnitt), in der *Medizin* das Einschneiden von Epithel, Abszessen u. a. mit einem scharfen Instrument.

Inzucht, Paarung von Individuen, die näher verwandt sind, als dies im Durchschnitt bei einem zufallsmäßig aus einer Population entnommenen Individuenpaar der Fall wäre. I. beschleunigt auf Grund der Zunahme der Reinerbigkeit die Bildung erbreiner Stämme und ist daher bei der Zucht von Nutztieren und Kulturpflanzen von großer Bedeutung. Sie birgt jedoch die Gefahr von I.schäden in sich, d. h., daß unerwünschte, erbl. rezessive Anlagen erbrein werden und in Erscheinung treten.

Io, Gestalt der griech. Mythologie. Priesterin der Hera und Geliebte des Zeus, der sie in eine Kuh verwandelt.

Ioannina, griech. Stadt am W-Ufer des Sees von Ioannina, 44800 E. Univ.; wirtschaftl. Mittelpunkt des Epirus. Über der Stadt das Kastell (11. Jh.) mit Moschee (17. Jh.). – Anfang des 13. Jh. Hauptstadt von Epirus.

IOC [engl. 'aɪ-əʊ'siː], Abk. für **International Olympic Committee,** ↑Internationales Olympisches Komitee.

Iod, nach der chem. Nomenklatur Bez. für ↑Jod.

Ioffe (Joffe, Joffé), Abraham Fjodorowitsch, *Romny bei Sumy (Ukraine)

IOK

Nicolae Iorga

29. 10. 1880, † Leningrad (heute Sankt Petersburg) 14. 10. 1960, sowjet. Physiker. Pionier der Halbleiterphysik.

IOK, Abk. für ↑Internationales Olympisches Komitee.

Iokaste, Gestalt der griech. Mythologie, Mutter des ↑Ödipus.

Ion [griech.-engl.], ein Atom (oder eine Atomgruppe), das eine oder mehrere entweder negative (bei Elektronenüberschuß) oder positive (bei Elektronenmangel) elektr. Elementarladungen besitzt. Nach der Art des zugrundeliegenden neutralen Teilchensystems unterscheidet man Atomionen, Molekülionen, Radikalionen und Clusterionen. Nach Anzahl der Ladungen unterscheidet man einfach, zweifach, dreifach usw. geladene Ionen. Positive I. werden *Kationen* genannt, da sie im elektr. Feld zur Kathode wandern, negative I. *Anionen* (Wanderung zur Anode).

Ionenaustauschchromatographie ↑Chromatographie.

Ionenaustauscher, anorgan. oder organ., meist in Körnerform vorliegende Feststoffe, die aus Elektrolytlösungen positive oder negative Ionen aufnehmen und dafür eine äquivalente Menge Ionen gleichen Vorzeichens abgeben; dementsprechend gibt es *Kationen-* und *Anionenaustauscher;* Verwendung z. B. bei der Wasserenthärtung.

Ionenbindung ↑chemische Bindung.

Ionenleitung, der durch die Wanderung von Ionen eines Festkörpers, Elektrolyten oder Gases in einem elektr. Feld bewirkte Transport elektr. Ladung.

Ionenstrahlung, aus Ionen bestehende Teilchenstrahlung; wird durch magnet. oder elektr. Felder abgelenkt.

Ionesco, Eugène (rumän. Eugen Ionescu), * Slatina bei Craiova 26. 11. 1909, † Paris 28. 3. 1994, frz. Dramatiker rumän. Herkunft. Lebte seit 1938 in Frankreich; gilt als der Hauptvertreter des absurden Theaters, u. a. »Die kahle Sängerin« (1953), »Die Stühle« (1954), »Die Nashörner« (1959), »Der König stirbt« (1963), »Reisen zu den Toten« (1981); auch Tagebücher (»La quête intermittente«, 1988) und Essays; seit 1970 Mgl. der Académie française.

Eugène Ionesco

Ionien (Jonien), die Küstengebiete Westkleinasiens südl. von Äolien zw. Phokäa und Iasos einschließlich der vorgelagerten Inseln, in der *ion. Wanderung* (etwa 11.–9. Jh.) von Griechenland aus besiedelt. Die ion. Stadtstaaten trieben intensiv Handel und kolonisierten bes. die nördl. Schwarzmeerküste (v. a. Milet im 7./6. Jh.). Mißbehagen über die pers. Herrschaft (seit 546 v. Chr.) und über die pers. Bevorzugung des phönik. Handels führten zum *Ion. Aufstand* (500–494), der trotz Unterstützung durch Athen und Eretria zusammenbrach. Nach 480 wieder frei; Mgl. des Att.-Del. Seebundes; Grenzfestlegung gegen Persien durch den Kalliasfrieden 449/448; seit 413 wieder pers.; durch Alexander d. Gr. 334 befreit; einzelne Städte zeitweilig unter ägypt. Herrschaft, 188 v. Chr. wieder selbständig.

Ionisation (Ionisierung) [griech.], der Vorgang der Ionenbildung durch Abtrennen mindestens eines Elektrons aus einem neutralen Atom oder Molekül bzw. durch Anlagerung eines oder mehrerer Elektronen an ein neutrales Atom oder Molekül. Im Fall der Abtrennung ist das gebildete Ion *positiv,* im Fall der Anlagerung *negativ* geladen.

Ionisationskammer, kernphysikal. Gerät zum Nachweis und zur Intensitätsmessung ionisierender Strahlung.

Ionisator [griech.], Gerät zur Ionisation der Luft, verwendet zur Beseitigung elektrostat. Aufladungen und zur Schaffung günstigerer bioklimat. Verhältnisse in geschlossenen Räumen.

Ionische Inseln, griech. Inselgruppe im Ionischen Meer, Hauptinseln sind Korfu, Lefkas, Kefallinia, Ithaka und Sakinthos.

Geschichte: Im 8. Jh. v. Chr. von korinth. Kolonisten besiedelt; ab 800 n. Chr. byzantin., 1209 venezian.; 1799 an Rußland (*Republik der Sieben vereinigten Inseln,* gegr. 1800); 1815 als *Vereinigter Staat der Sieben I. I.* unter brit. Protektorat; 1864 an Griechenland.

ionische Ordnung ↑Säulenordnung.

Ionischer Aufstand ↑Ionien.

ionischer Dialekt, auf Euböa, den Kykladeninseln und an der kleinasiat. W-Küste gesprochene altgriech. Dialektgruppe; Sprache des Epos (seit Homer) und der ältesten griech. Kunstprosa.

Ionisches Meer, Teil des Mittelmeers zw. Griechenland, Sizilien und Unteritalien.

ionische Wanderung ↑Ionien.

Irak

ionisierende Strahlung [griech./dt.], Sammelbez. für Strahlung aus geladenen Teilchen (z. B. Alpha-, Beta-, Protonen- sowie energiereiche Ionenstrahlung) oder hochenerget. Photonen (z. B. Röntgen-, Gammastrahlung), die beim Zusammentreffen mit Materie eine Ionisation bewirken.

Ionisierung, svw. ↑Ionisation.

Ionosphäre [griech.], Teilbereich der oberen Erdatmosphäre (↑Atmosphäre).

Iorga, Nicolae, *Botoșani 17. 6. 1871, † bei Ploiești 27./28. 11. 1940 (ermordet), rumän. Historiker, Schriftsteller und Politiker. 1931/32 Min.-Präs.; schrieb u. a. »Geschichte des Osman. Reiches nach den Quellen dargestellt« (1908–13).

Ios, griech. Insel im Ägäischen Meer, 108 km², Hauptort Ios.

Iowa [engl. 'aɪəwə], Siouxstamm im Gebiet des heutigen Bundesstaats Iowa; urspr. Ackerbauern, später Bisonjäger.

Iowa [engl. 'aɪəwə], Staat im Mittleren Westen der USA, 145 753 km², 2,81 Mio. E, Hauptstadt Des Moines. **Geschichte:** 1762 span.; 1803 an die USA, 1838 eigenes Territorium, 1846 29. Staat der USA.

Iphigenie [...i-ə], Gestalt der griech. Mythologie, Tochter Agamemnons und der Klytämnestra, Schwester des Orestes. Zur Ermöglichung der Ausfahrt der griech. Flotte nach Troja der Artemis geopfert, von dieser nach Tauris entführt. Bei der Ausführung seines Auftrags, das Kultbild der Artemis wieder nach Griechenland zu bringen, erkennt Orestes seine Schwester und flieht mit ihr nach Attika.

Ipoh, Hauptstadt des malays. Sultanats Perak, im W der Halbinsel Malakka, 300 700 E. Zentrum des wichtigsten Zinnerzbergbaugebietes Malaysias.

Ipsilantis (Ipsilandis, Hypsilantis), Alexandros, *Konstantinopel 12. 12. 1792, † Wien 31. 1. 1828, griech. Freiheitskämpfer. Mit dem Einfall der von I. geführten Heiligen Schar in die Moldau (6. 3. 1821) begann der griech. Befreiungskampf.

Ipswich ['ɪpswɪtʃ], Stadt in O-England, 120 000 E. Verwaltungssitz der Gft. Suffolk; wichtige Hafen-, Markt- und Ind.-Stadt des sö. East Anglia.

IPTS, Abk. für Internationale Praktische Temperaturskala.

IQ, Abk. für ↑Intelligenzquotient.

Iqbal, Sir (seit 1922) Mohammed, *Sialkot 22. 2. 1873, † Lahore 21. 4. 1938, ind. Politiker und Dichter. Sprach sich für die Schaffung eines selbständigen, islamisch ausgerichteten Staates aus, daher »geistiger Vater« Pakistans gen.; bed. dichter. Werk.

Iquitos [span. i'kitɔs], peruan. Dep.-Hauptstadt, 225 300 E; Erdölraffinerie. Endpunkt der Überseeschiffahrt auf dem Amazonas.

Ir, chem. Symbol für ↑Iridium.

IR, 1) Abk. für Infrarot.
2) Abk. für ↑Interregio-Züge.

ir..., Ir... ↑in..., In...

i. R., Abk für im Ruhestand.

IRA ['iːra, engl. 'aɪ-ɑː'eɪ], Abk. für ↑Irisch-Republikanische Armee.

Irak ['iːrak, i'raːk], Staat in Asien, grenzt im N an die Türkei, im O an Iran, im SO an Kuwait, im S an Saudi-Arabien, im W an Jordanien und im NW an Syrien.

Staat und Recht: Präsidialrepublik; *Verfassung* von 1968 (verkündet 1970, zuletzt 1990 geändert). Wichtigstes Gremium ist der Revolutionäre Kommandorat (8 Mgl.); sein von ihm gewählter Vors. ist als Staats-Präs. zugleich *Staatsoberhaupt*. Die Min. der *Regierung* sind dem Staats-Präs. verantwortlich, der sie ernennt. *Legislative* ist der erstmals 1980 gewählte Nationalrat (250 auf 4 Jahre gewählte Mgl.). Außerdem besteht das

Irak

Staatsflagge

Staatswappen

1970 1992 1970 1992
Bevölkerung (in Mio.) Bruttosozialprodukt je je (in US-$)

Bevölkerungsverteilung 1990

Bruttoinlandsprodukt 1989

Irak

Fläche:	434 924 km²
Einwohner:	19,29 Mio.
Hauptstadt:	Bagdad
Amtssprache:	Arabisch
Nationalfeiertag:	14. 7
Währung:	1 Irak-Dinar (ID) = 1 000 Fils
Zeitzone:	MEZ + 2 Std.

1615

Irak

zuletzt 1992 gewählte kurd. Regionalparlament (115 Mgl.). Dominierende *Partei* ist die arabisch-sozialist. Bath-Partei.

Landesnatur: I. umfaßt den größten Teil von Mesopotamien mit den Flüssen Euphrat und Tigris. Westlich des Euphrat erstreckt sich ein Schichtstufenland, das z. T. aus Kieswüste besteht. Im W und SW hat I. Anteil an der Syr. Wüste. I. hat sommerheißes und wintermildes Klima. Gebüsch- und Gehölzformationen sowie Trockenwälder kommen im NO, Dattelpalmen- und Schilfbestände in Mesopotamien vor. In den übrigen Landesteilen herrschen Halbwüste und Wüste.

Bevölkerung: 77% der Bevölkerung sind Araber, 19% Kurden, der Rest Chaldäer und Türken. 96% der Bevölkerung bekennen sich zum Islam (davon 62% Schiiten, v. a. im S, und 34% Sunniten, v. a. die Kurden).

Wirtschaft, Verkehr: Grundlagen sind die Erdöllagerstätten (nach Saudi-Arabien die zweitgrößten Erdölreserven der Welt) und das Bewässerungspotential von Euphrat und Tigris, das durch Staudämme in der Türkei und Syrien eingeschränkt wurde. Die Landwirtschaft nutzt 15% der Landesfläche; angebaut werden Weizen, Gerste, Baumwolle, Hülsenfrüchte, Sesam, Mais und Reis, im unmittelbaren Bereich der Ströme und Kanäle gedeihen Dattelpalmen, Zitrusfrüchte, Granatäpfel und Obst. I. ist in hohem Maße auf Lebensmittelimporte angewiesen. Wichtigste Zweige der überwiegend verstaatlichten Wirtschaft sind die petrochem., die Textil- und Nahrungsmittelindustrie. Das Eisenbahnnetz hat eine Länge von rd. 2030 km, das Straßennetz von 29000 km. Wichtige Häfen sind Basra und Umm Kasr. Internat. ✈ ist Bagdad.

Geschichte: Zum Altertum ↑Assyrien, ↑Babylonien (↑altmesopotamische Kunst), ↑persische Geschichte. 635 n. Chr. von den Arabern erobert und I. gen. (↑Kalifenreich), war das Gebiet von 1638 bis zum 1. Weltkrieg osmanisch. Am 23. 8. 1921 wurde König Faisal I. durch Großbrit. eingesetzt. 1932 erfolgte die brit. Anerkennung der Unabhängigkeit. Nach der nationalist. Revolution vom 14. 7. 1958, dem Sturz der Monarchie und dem Austritt aus dem Bagdadpakt (1959) wurden die letzten brit. Basen geräumt. 1962 brach ein erbittert geführter Kurdenaufstand aus. Mit dem Staatsstreich der nationalist. sozialist. Bath-Partei am 17. 7. 1968 gelangte als Folge des verlorenen 3. Israel.-Arab. Krieges (Juni 1967) Ahmed Hasan Al-Bakr an die Macht, der 1971 die diplomat. Beziehungen zu Großbrit. und Iran abbrach und 1972 ein irak.-sowjet. Freundschaftsvertrag unterzeichnete. 1972 wurde die Iraq Petroleum Co. (IPC) verstaatlicht. 1973 nahm der I. am 4. Israel.-Arab. Krieg (Okt. 1973) teil. Nach der Verzahnung von Bath-Partei und Reg. durch die Ernennung der Mgl. der obersten Parteiführung zu Min. und zu Mgl. des Revolutionären Kommandorates trat im Juli 1979 Staatsoberhaupt und Regierungschef Ahmed Hasan Al-Bakr zurück; Nachfolger wurde Saddam Husain. 1980 brach der Krieg mit Iran u. a. um die Vorherrschaft am Pers. Golf (1. ↑Golfkrieg) aus. Gegen die im Grenzgebiet zu Iran wohnenden Kurden, die sich an den Kämpfen beteiligt hatten, um ihre Autonomie zu erzwingen, setzte die irak. Armee chem. Waffen ein. Nach einer Reihe militär. Erfolge konnte durch Vermittlung des UN-Generalsekretärs Pérez de Cuéllar 1988 eine Waffenruhe erreicht werden. 1990 erfolgte die Anerkennung der Grenze zum Iran in der Mitte des Schatt el-Arab. Anfang Aug. 1990 besetzte I. das Emirat Kuwait; die kuwait. Regierung ging ins Exil. Ein internat. Wirtschaftsembargo sowie zwölf UN-Resolutionen mit der ultimativen Forderung, Kuwait bis 15. 1. 1991 zu räumen, blieben erfolglos. Dies löste im Jan. 1991 den 2. ↑Golfkrieg aus, in dessen Verlauf I. Kuwait wieder räumen mußte. I. mußte sich außerdem zur Vernichtung seines Potentials an ABC-Waffen verpflichten und akzeptieren, daß seine Öleinnahmen zur Beseitigung von Kriegsschäden verwendet werden. Nach Wahlen im kurd. Teil des I., die Saddam Husain für ungültig erklärte, rief das kurd. Nationalparlament ein konföderiertes Kurdistan innerhalb des I. aus; die blutige Verfolgung der Kurden durch die irak. Führung hielt jedoch an. Wiederholte Verstöße gegen das Waffenstillstandsabkommen zogen seit 1992 mehrfach

Iran

Vergeltungsaktionen der ehem. Golfkriegsalliierten, bes. der USA, nach sich; die UN-Sanktionen blieben deshalb bis auf weiteres in Kraft.

Iraklion (Heraklion), griech. Stadt an der N-Küste Kretas, 102 400 E. Univ.; archäolog. Museum mit Funden von ↑Knossos. Hafen; Bastionen und Tore der venezian. Befestigung. Die Kirche San Marco (1239) war 1669–1915 Moschee. – 828 arab. *(Chandax)*, 961 wieder byzantin., 1204 venezian. *(Candia)*, 1669–1908/13 (fast nur von Türken und Juden bewohnt) türkisch.

Iran, Staat in Asien, grenzt im N an Armenien, Aserbaidschan und Turkmenien, im O an Afghanistan und Pakistan, im S an den Persischen Golf und den Golf von Oman, im W an Irak, im NW an die Türkei.

Staat und Recht: Islam. Republik; *Verfassung* von 1979 (geändert 1989) basiert auf der Ethik des Islams schiit. Richtung. *Staatsoberhaupt* ist der vom Volk auf 4 Jahre gewählte Präs. mit *exekutiven* Vollmachten; er ernennt die Minister. Seine Machtbefugnisse sind jedoch eingeschränkt durch die religiöse höchste Instanz, den »Führer der Nation« (seit 1989 H. A. Khamenei). *Legislative* ist das Einkammerparlament (Nationalversammlung; 270 vom Volk auf 6 Jahre gewählte Abg.), Gesetze und Verordnungen bedürfen der Zustimmung eines »Rates der Wächter des Islams« (sechs vom »Führer der Nation« ernannte islam. Rechtsgelehrte und sechs vom Parlament gewählte Juristen), einem 1989 eingerichteten Kontrollorgan zur Überprüfung der Vereinbarkeit der Gesetze mit dem islam. Recht. *Parteien* spielen bei der polit. Willensbildung keine Rolle.

Landesnatur: I. erstreckt sich vom Ararathochland und dem Ostrand Mesopotamiens zw. Kasp. Meer und Pers. Golf über den größten Teil des Iran. Hochlands. Es ist vorherrschend gebirgig: Im N erreicht das Elbursgebirge 5 671 m ü. M., im S die vom Ararathochland nach SO zum Pers. Golf ziehenden Randgebirge im Zagrosgebirge über 4 500 m ü. M. Im weitläufigen Gebirgsland des NW liegt der Urmiasee, der größte See des Landes. Tiefland besitzt I. nur als schmalen Saum am Kasp. Meer und am N-Saum des Pers. Golfs. Das Hochland ist im Zentrum und im O weitgehend Wüste (Dasht-e Kawir, Lut). I. hat kontinentales Klima und liegt im Übergangsbereich vom Trokkengürtel der Passatzone zum zentralasiat. Wüstengürtel. Es dominieren Wüsten und Halbwüsten. Im W und NW tritt Trockenwald auf.

Bevölkerung: Etwa $^2/_3$ der Bevölkerung sind Perser; daneben gibt es Aserbaidschaner, Kurden, Araber und Armenier, außerdem Masandaraner, Luren und Belutschen. 99 % der Einwohner sind Muslime (91 % Schiiten), daneben Christen (v. a. Angehörige der Armen. Kirche), Angehörige der verbotenen Bahai-Religionsgemeinschaft, Juden und Parsen.

Wirtschaft, Verkehr: Die Landwirtschaft nutzt 36 % der Landesfläche und erzeugt Weizen, Gerste, Reis (im südkasp. Küstenfläche), Tabak, Zitrusfrüchte, Baumwolle und Tee; bed. ist der Störfang (Kaviargewinnung) im Kasp. Meer. Größte wirtschaftl. Bed. besitzen die Erdöl- und Erdgasvorkommen, die sich in staatl. Besitz befinden und durch die petrochem. Ind. erschlossen werden. Das Rohöl wird zum größten Teil mittels Rohrleitungen auf die Insel Charg bzw. auf die Ladeplätze Sirri und Larate gepumpt und von dort aus exportiert. Weitere bed. Bodenschätze sind Eisen- und Kupfererz sowie Stein-

Staatsflagge

Iran

Fläche:	1 648 000 km²
Einwohner:	61,565 Mio.
Hauptstadt:	Teheran
Amtssprache:	Persisch
Nationalfeiertag:	11. 2. und 1. 4.
Währung:	1 Rial (RI) = 100 Dinars (D.)
Zeitzone:	MEZ + 2 Std.

Staatswappen

1970 1992   1970 1992
Bevölkerung   Bruttosozialprodukt je E
(in Mio.)   (in US-$)

☐ Stadt   Land ☐

Bevölkerungsverteilung 1992

☐ Industrie
☐ Landwirtschaft
☐ Dienstleistung

Bruttoinlandsprodukt 1992

Iran

Iran.
Wüstenlandschaft im Südosten am Kuh-e Taftan

Iran.
Die Oase von Isfahan im inneriranischen Hochland

kohle. Zentren der Eisen- und Stahl-Ind. sind Ahwas und Isfahan. Das Eisenbahnnetz ist 4567 km, das Straßennetz 138 592 km lang, davon 12% asphaltiert. Die wichtigsten Häfen sind Khorramshar, Bender Khomeini und Bender Abbas. Internat. ✈ bei Teheran.

Geschichte: Die moderne Entwicklung Persiens (↑persische Geschichte), seit 1934 I. gen., begann unter Schah Resa Pahlewi (⚭ 1925–41); gleichzeitig beschleunigte sich der Prozeß der Enteignung der Kleinbauern. Nach dem Versuch einer Annäherung an das nat.-soz. Deutschland wurde 1941 der Schah durch die Alliierten zugunsten seines Sohnes Schah Mohammed Resa Pahlewi abgesetzt. Der 1950 unternommene Versuch von Min.-Präs. Mossadegh, das Land von der wirtschaftl. Vorherrschaft Großbrit. und dem zunehmenden Einfluß der USA zu lösen, scheiterte 1953. Das Erdölabkommen von 1954, durch das die Erdöl-Ind. theoretisch nationalisiert wurde, billigte den Gesellschaften der USA, Frankreichs und der Niederlande weiterhin eine Kontrollfunktion zu. Wirtschaftl. und soziale Reformen (»Weiße Revolution«) wurden auf Grund anhaltender Streiks in der Erdöl-Ind. in Angriff genommen (1956–61). Neben einer Intensivierung der polit. und wirtschaftl. Beziehungen zu Westeuropa und den USA bemühte sich der I. auch um ein gutes Verhältnis zur UdSSR.

Versäumnisse bei der Durchführung der »Weißen Revolution«, die sozialen Folgen überstürzter Industrialisierung, Angst vor westl. Überfremdung des Landes, Widerstand der schiit. Geistlichkeit gegen die Modernisierung und die brutalen Methoden der Geheimpolizei führten zum Scheitern des Schahregimes. Nach einem Generalstreik und der revolutionären, von Ajatollah R. M. Khomeini von Paris aus geführten Bewegung zw. Aug. 1978 und Jan. 1979 war Schah Resa Pahlewi zum Verlassen des Landes gezwungen (16. 1. 1979). Im

Febr. 1979 kehrte Khomeini aus dem Pariser Exil zurück. Am 30. 3. 1979 wurde in einer Volksabstimmung die von Khomeini verkündete »Islam. Republik« angenommen. Die latente Bürgerkriegssituation in I. kennzeichneten zahlr. Anschläge auch gegen hohe Repräsentanten des Staates und die rücksichtslose Verfolgung der Opposition bis zu Hinrichtungen. Als Folge der angespannten Wirtschaftslage, v. a. verschärft durch den Krieg mit Irak (1. ↑Golfkrieg), wurde im Jan. 1983 das staatl. Außenhandelsmonopol aufgegeben. Nachdem I. mehrere Niederlagen im Golfkrieg hatte hinnehmen müssen, ernannte Khomeini den Parlaments-Präs. A. A. H. Rafsandjani zum neuen Oberbefehlshaber der Streitkräfte. 1988 konnte I. unter Vermittlung des UN-Generalsekretärs Pérez de Cuéllar eine Waffenruhe mit Irak vereinbaren. Erst als Folge der Besetzung Kuwaits durch Irak kam es im Sept. 1990 zu einem Gefangenenaustausch und der irak. Anerkennung der Grenze zu I. in der Mitte des Schatt el-Arab. Nach dem Tod von Khomeini (1989) wurde Staats-Präs. H. A. Khamenei zum Nachfolger gewählt; neuer Staats-Präs. wurde Parlaments-Präs. Rafsandjani (zuletzt 1993 bestätigt), der eine vorsichtige Öffnung des Landes einleitete. Im 2. ↑Golfkrieg zw. Irak und den Alliierten unter Führung der USA (1991) bemühte sich I. um Neutralität. Nach der irak. Niederlage strebte I. verstärkt nach einer Vormachtrolle im Gebiet des Pers. Golfs und in Konkurrenz zur Türkei um Einfluß in den unabhängig gewordenen zentralasiat. Republiken der ehem. UdSSR.

iranische Sprachen, Gruppe indogerman. Sprachen, die im Iran und seiner Umgebung gesprochen wurden bzw. noch heute gesprochen werden. – Die *altiran. Periode* (bis ins 4./3. Jh.) ist in zwei mundartl. verschiedenen Formen belegt: dem südwestiran. Altpersischen und dem ostiran. Awestischen. – Vom 4./3. Jh. bis ins 8./9. Jh. reicht die *mitteliran. Periode;* das Mittelpersische war urspr. der Dialekt von Fars (Farsi = Neupersisch), wurde dann aber die Amtssprache der Sassaniden. Daneben steht das nordwestiran. Parthische. Südostiranisch sind dagegen das Sakische und das Baktrische. Die *neuiran. Periode* (seit etwa 8./9. Jh.), in der das Verbreitungsgebiet der i. S. allmählich eingeengt wird, ist äußerlich erkennbar an der Verwendung der arab. Schrift. Überliefert sind aus älterer Zeit nur das Neupersische und das Paschtu, daneben viele noch heute gesprochene Mundarten. Neupersisch wird seit dem 9. Jh. als Literatursprache verwendet; es ist heute im gesamten Iran und in leicht abweichenden Formen über Teile Afghanistans, M-Asiens und Pakistans verbreitet. Ostiran. Herkunft ist das Paschtu in O- und S-Afghanistan und angrenzenden Gebieten Pakistans; es ist seit 1936 zweite Staatssprache Afghanistans.

Irawadi (Irrawaddy), Fluß in Birma, entspringt im sö. Assamhimalaya, mündet mit einem Delta in den Golf von Martaban (Andamanensee), rd. 2 000 km lang.

IRBM [engl. 'aɪ-ɑː.biː:'em], Abk. für engl. **I**ntermediate **R**ange **B**allistic **M**issile (»Flugkörper mittlerer Reichweite«), Mittelstreckenrakete (Reichweite bis 4 000 km).

Irenäus von Lyon [frz. -ljõ], hl., * in Kleinasien etwa 140/150, † Gallien nach 200, Bischof und griech. schreibender Kirchenlehrer. Gilt als »Vater der kath. Dogmatik«. – Fest: 28. Juni.

Irene, * Athen 752, † auf Lesbos 9. 8. 803, byzantin. Kaiserin (797–802). Seit 780 Regentin für ihren Sohn Konstantin VI., den sie 797 blenden ließ und entthronte; berief 787 das 7. ökumen. Konzil in Nizäa ein, das die Bilderverehrung erlaubte.

Irian Jaya [indones. i'rian 'dʒaja], indonesische Provinz, umfaßt den W-Teil der Insel Neuguinea westlich des 141. Längengrads sowie vorgelagerte Inseln, 421 981 km², 1,55 Mio. E, Hauptort Jayapura.

Iridium [griech.], chem. Symbol **Ir**, metall., chemisch sehr beständiges, sehr seltenes chem. Element aus der VIII. Nebengruppe des Periodensystems der chem. Elemente; Ordnungszahl 77; relative Atommasse 192,22; Schmelztemperatur 2410 °C; Siedetemperatur 4130 °C; Dichte 22,42 g/cm³; Legierungszusatz zu Platin.

Iris, 1) *Botanik:* svw. ↑Schwertlilie.
2) *Anatomie:* die Regenbogenhaut des Auges.

Irisch, zur goidel. Gruppe der kelt. Sprachen gehörende Sprache, im W der Republik Irland (v. a. im W der Gft. Galway) von etwa 35 000 Menschen gesprochen; z. T. noch heute in einer eigenen Schrift geschrieben.

irische Kunst ↑keltische Kunst.

irische Literatur, die in irischer Sprache verfaßte Literatur. Hauptwerke der *frühen Epoche* (600–1200) sind die in Zyklen eingeteilten *Heldensagen*: u. a. der *Königszyklus* (auch *histor. Zyklus*) mit Sagen und Erzählungen um je einen histor. oder prähistor. König. Die Literatur der *mittleren Epoche* (1200–1650) umfaßt einerseits die Bardendichtung (↑Barden), andererseits die Prosadichtung, die größtenteils dem *Finn-Zyklus* (↑Finn) angehört. Die *späte Epoche* (1650–1850) stand im Zeichen der Unterdrückung durch die Engländer. An die Stelle der professionellen Dichtung trat Volksdichtung, bes. in der Prov. Munster (S-Irland): sog. »Munster-Dichtung«. Die *moderne Epoche* (seit Ende des 19. Jh.) brachte mit der Gründung der Gaelic League (1893) durch D. Hyde eine Erneuerung der ir. Sprache und Literatur (kelt. Renaissance). 1904 Gründung des ir. Nationaltheaters, für das u. a. W. B. Yeats und J. M. Synge schrieben. Weitere bed. Vertreter: P. O'Leary, P. H. Pearse, L. O'Flaherty sowie B. Ó h-Eithir. – Zur i. L. in engl. Sprache ↑englische Literatur.

Irische See, Flachmeer auf dem brit. Schelf zw. den Inseln Großbritannien und Irland.

Irisch-Republikanische Armee, Abk. **IRA,** radikalnationalist. und sozialrevolutionäre illegale Terrororganisation in der Rep. Irland und in Nordirland mit dem Ziel eines gesamtirischen Einheitsstaates; gegr. 1919; 1921 z. T. in der Armee aufgegangen, z. T. im Untergrund tätig. Der abgespaltene militante »provisor. Flügel« gehörte neben den prot. Extremisten zu den Hauptverantwortlichen für die Terroranschläge in Nordirland.

Irisdiagnose, svw. ↑Augendiagnose.

irisieren [griech.], in Regenbogenfarben schillern.

Irkutsk, russ. Gebietshauptstadt in S-Sibirien, 641 000 E. Univ. und Hochschulen; Planetarium. U. a. Schwermaschinenbau. – 1652 gegründet.

Irland (irisch Éire, englisch Ireland), Staat in NW-Europa, umfaßt den größten Teil der westlich von Großbritannien gelegenen Insel Irland. Im N und NO grenzt I. an ↑Nordirland.

Staat und Recht: Parlamentar. Republik; *Verfassung* von 1937. Staatsoberhaupt ist der vom Volk direkt auf 7 Jahre gewählte Staatspräsident. Dieser ernennt auf Vorschlag des Unterhauses den Premier-Min. (Taoiseach) und auf dessen Vorschlag die Min.; er beruft das Unterhaus ein und löst es auf. Beratend steht ihm ein Staatsrat zur Seite. Die *Exekutive* bildet die Regierung aus dem Premier-Min. und dem Kabinett; sie ist dem Unterhaus verantwortlich und bedarf des Vertrauens von dessen Mehrheit. Die *Legislative* liegt beim Parlament, das vom Staats-Präs., dem Unterhaus (Dáil Éireann; 166 Abg., für 5 Jahre nach Verhältniswahlrecht vom Volk gewählt) und dem Senat (60 Mgl.; elf vom Premier-Min. ernannt, sechs von den Univ. und 43 von den Standesvertretungen für 5 Jahre gewählt) gebildet wird. *Parteien:* Fianna Fáil, Fine Gael, Labour Party, Progressive Democrats, Democratic Left.

Landesnatur: Irland besteht aus einem an Seen und Mooren reichen zentralen Tiefland, das von Bergländern umrahmt wird. Die höchste Erhebung liegt im SW mit 1 041 m (Carrauntoohill). Das Klima ist extrem ozeanisch mit milden Wintern und kühlen Sommern. Weit verbreitet sind Heiden und Grasflächen.

Bevölkerung: Die Iren sind überwiegend kelt. Abstammung. Obwohl Irisch erste Amtssprache ist, sprechen es nur 2 % der Bevölkerung als Muttersprache, 29 % gelten als irischsprechend. Seit dem Bevölkerungshöchststand Mitte des 19. Jh. (6,5 Mio.) ging die Einwohnerzahl, bedingt durch Auswanderung infolge der schlechten Lebensbedingungen, bis 1961 (2,82 Mio.) ständig zurück. 94 % der E sind Katholiken.

Wirtschaft, Verkehr: Wichtigster Wirtschaftszweig ist die Landwirtschaft. Rd. 70 % der Gesamtfläche werden landwirtschaftlich genutzt. Bed. ist die Rinder- und Schafhaltung. Angebaut werden Kartoffeln, Futter-, Brauerei- und Brotgetreide. Abgesehen von Zink- und Bleierzvorkommen ist I. arm an

Irland

Staatsflagge

Staatswappen

Irland
Fläche:	70 283 km²
Einwohner:	3,486 Mio.
Hauptstadt:	Dublin
Amtssprache:	Irisch, Englisch
Nationalfeiertag:	17.3.
Währung:	1 Irisches Pfund (Ir.) = 100 New Pence (p)
Zeitzone:	MEZ – 1 Std.

Bodenschätzen. Wichtig sind die Nahrungs- und Genußmittel-Ind. sowie die Textil-Ind. (Tweedherstellung). Das Eisenbahnnetz ist 2 975 km, das Straßennetz 92 302 km lang. Handelshäfen sind Dublin, Cork, Galway und Waterford. Internat. ✈ Dublin, Shannon Airport, Cork.

Geschichte: *Vom Altertum bis zur Unterwerfung durch England:* Eine Besiedlung des Landes, das nicht unter german. und nur unwesentlich unter röm. Einfluß geriet, erfolgte bereits vor der kelt. Einwanderung (wohl 2. Hälfte des 1. Jt. v. Chr.). Nach der Missionierung durch den hl. Patrick (432–465) spielten seit dem 7. Jh. die Klöster eine tragende Rolle (auch für die iroschott. Mission auf dem europ. Festland). Ab 795 legten Wikinger in I. Handels- und Militärstützpunkte an. Die engl. Herrschaft begann 1171/72 mit dem Eroberungszug des engl. Königs Heinrich II. (Begründung der Lordschaft Irland), blieb aber meist auf die O-Küste beschränkt. Die eigtl. Unterwerfung geschah unter Heinrich VIII., der 1534 den Grafen von Kildare als Stellvertreter absetzte und sich 1541 vom ir. Parlament den Titel eines Königs von I. übertragen ließ.

Festigung der engl./brit. Herrschaft (1541 bis 1801): Während in England die Reformation eingeführt wurde, blieben die Iren katholisch. Nach dem Scheitern des Aufstandes von Ulster (1593–1603) und der Flucht des gälischen Adels (1607) wurden ab 1609 etwa 100 000 presbyt. Schotten in Ulster angesiedelt. Der von Cromwell 1649–52 niedergeschlagene Aufstand der enteigneten kath. Landbesitzer in Ulster gegen die engl. Siedlungspolitik führte zur völligen Umstrukturierung der Besitz- und Herrschaftsverhältnisse in I.; die Ausdehnung der engl. Strafgesetze gegen die Katholiken auf die Iren bedeutete auch die polit. Entrechtung. 1782 er-

Bevölkerungsverteilung 1992

Bruttoinlandsprodukt 1992

Irland. County Mayo in der Nähe von Westport

Irländisches Moos

reichte die patriot. prot. Partei faktisch die polit. Gleichberechtigung für I. und sein Parlament. Auf Grund der sozialen Probleme (Hungerkatastrophen 1727 bis 1729, 1740/41; Abhängigkeit der kleinen Pächter) und der ungelösten Frage der Katholikenemanzipation kam es im Gefolge der Frz. Revolution 1798 zu einem Aufstand, der die prot. Herrschaft erschütterte. Auch in Reaktion darauf wurde 1801 die Union von Großbrit. und I. vollzogen (Aufhebung des ir. Parlaments, gemeinsames Parlament in Westminster, Vereinigung der Staatskirchen).

Irischer Nationalismus und Home Rule-Bestrebungen (1801–1921): Seit der Katholikenemanzipation (1829) verstärkte sich die Massenbewegung für die Aufhebung der Union. Der Aufstand des Jungen Irland (1848), zu dem u. a. jahrelange Mißernten und in deren Gefolge Massenhunger sowie millionenfache Auswanderung beigetragen hatten, scheiterte in blutiger Unterdrückung. In Großbrit. setzte sich v. a. Gladstone erfolgreich für die wirtschaftl. Reform in I. ein (Verbesserung der Rechtsstellung der ir. Pächter). 1886 spaltete seine Vorlage eines ↑Home Rule die Liberalen. Die zweite Vorlage scheiterte 1893 am Oberhaus. Die Folge war eine Stärkung der radikal-nationalist. Strömung in I. (Gründung des Sinn Féin, 1900). 1912 brachten die Liberalen die Home Rule Bill ein (1914 bis Kriegsende suspendiert). Gegen das Gesetz drohte ein Aufstand der prot. Unionisten in Ulster; in I. rüstete man für den Bürgerkrieg, als der 1. Weltkrieg ausbrach. Nach einem Aufstand der ir. Nationalisten (1916) und einer Welle von Gewalttätigkeiten schlossen Lloyd George und E. de Valera am 6. 12. 1921 einen Vertrag ab, der – ohne Preisgabe von Ulster – das restl. I. als Freistaat von Großbrit. trennte, jedoch seinen Verbleib im Commonwealth sicherte.

Freistaat und Unabhängigkeit (ab 1921): Die Annahme des Anglo-Irischen Vertrags am 8. 1. 1922 löste in I. eine jahrelange innere Krise und einen Bürgerkrieg aus. 1938 kam es unter der ersten Regierung de Valera (1932–1948) angesichts der europ. Kriegsgefahr zum ir.-brit. Ausgleich (Beendigung des Handelskriegs). Im 2. Weltkrieg blieb I. neutral. Die formelle Proklamation der Republik I. 1949 hatte verschärfte Spannungen mit Ulster zur Folge. S. Lemass (Premier-Min. 1959–66) sicherte zu, daß eine Vereinigung beider Teile von I. nur unter Zustimmung beider Seiten erfolgen könne. Ab 1969 führte eine neue Welle organisierter Gewalt zu massivem Einsatz brit. Truppen in Nordirland, zur Auflösung des nordir. Parlaments (Stormont) und zur vorübergehenden Übernahme direkter Kontrolle durch die brit. Regierung in Nordirland. 1973 trat I. der EG bei. 1985 schloß I. mit Großbritannien ein Abkommen, das der ir. Regierung eine konsultative Rolle in der Verwaltung Nordirlands gab. Seit 1990 amtiert Mary Robinson (parteilos) als Staatspräsidentin. 1992 wurde C. J. Haughey (Fianna Fáil) als Premier-Min. von A. Reynolds (Fianna Fáil) abgelöst. Nachdem die Labour Party bei den Wahlen von 1992 einen starken Stimmenzuwachs verzeichnen konnte, kam es Jan. 1993 zu einer Koalitionsregierung von Fianna Fáil und der Labour Party unter A. Reynolds. Hoffnungen auf eine friedliche Lösung des Nordirlandkonflikts verknüpften sich mit den Gewaltverzichtserklärungen, die 1994 die kath. und prot. Terrororganisationen Nordirlands abgaben. Nach dem Rücktritt von Premier-Min. Reynolds im Nov. 1994 bildeten Fine Gael, Labour Party und Democratic Left im Dez. 1994 eine Regierungskoalition unter Premier-Min. J. Bruton (Fine Gael).

Irländisches Moos (Karrageen, Gallertmoos, Knorpeltang), getrocknete, gebleichte Thalli verschiedener Rotalgenarten, die an den Küsten des Atlantiks vorkommen; enthält 80% Schleimstoffe, Eiweiß, Jod und Bromverbindungen. Mittel gegen Husten und Darmkatarrh, Geliermittel.

Irmingerstrom ↑Golfstrom.

Irminonen ↑Herminonen.

Irminsul, Heiligtum der heidn. Sachsen; auf dem Feldzug Karls d. Gr. gegen die Sachsen 772 nach der Einnahme der Eresburg zerstört.

Irokesen, urspr. im nö. Waldland N-Amerikas lebende Indianerstämme, v. a. der Mohawk, Oneida, Onondaga, Cayuga und Seneca, die sich um 1575 zum I.bund zusammengeschlossen hatten; 1722 kamen noch die Tuscarora zu dem nun auch »Sechs Nationen« bzw. I.föderation gen. I.bund. Die I. lebten in Großfamilien in Langhäusern, die Bewohner mehrerer Langhäuser bildeten einen Klan. Polit. Einheit war der Stamm. Der mächtige I.bund, der ein stehendes Heer unterhielt, unterwarf alle benachbarten kleineren Stämme und adoptierte die Gefangenen.

Ironie [griech.-lat.], Denkweise, Haltung, die sich durch den (polemischen) Stil der bewußten Verkehrung des Gesagten und des Gemeinten auszeichnet, in diesem Sinne Figur der Rhetorik.

Irons, Jeremy [engl. 'aɪənz], *Cowes (Isle of Wright) 19.9.1948, brit. Schauspieler. Charakterdarsteller am Theater und in Filmen, u.a. »Die Geliebte des französischen Leutnants« (1981), »Die Affäre der Sunny von B.« (1989), »Kafka« (1991), »Das Geisterhaus« (1993).

iroschottische Kirche, weitgehend eigenständige Kirche der von den Kelten besiedelten Insel Irland, um 400 von Britannien aus missioniert. Als erster Missionar gilt Palladius, eigtl. Apostel ist ↑Patrick. Die Klöster bildeten die kirchl. Zentren (»Mönchskirche«). Die i. K. schwand vom 7.Jh. an durch die Romanisierung der Insel.

iroschottische Mission, die an das frühmönch. Ideal der asket. Heimatlosigkeit anknüpfende Mission der ir. Mönche, die sie an die W-Küste Schottlands und aufs europ. Festland führte, wo sie ihre heimatl. Tradition (Klosterregel, Mönchstonsur, Ostertermin, Privatbeichte) einführten.

Irradiation [lat.-nlat.], 1) *Medizin:* Ausbreitung von Erregungen oder von Schmerzen im Bereich peripherer Nerven.
2) *Psychologie:* (Überstrahlung) scheinbare Vergrößerung heller Objekte auf dunklem Hintergrund.

irrational, durch log. Denken nicht faßbar.

irrationale Zahlen, Zahlen, die sich nicht als Bruch zweier ganzer Zahlen darstellen lassen; man unterscheidet *algebraisch-i. Z.* (z.B. $\sqrt{2}$), die einer algebraischen Gleichung mit rationalen Koeffizienten genügen ($x^2 = 2$), und *transzendent-i. Z.* (z.B. die Zahl π), bei denen dies nicht zutrifft.

Irrationalismus, 1) Begriff (des 18.Jh.), der eine philosoph. Sicht bezeichnet, die der Intuition, Inspiration o.ä. produktivere Erkenntnisdimensionen zuschreibt als die des rein log. Diskurses.
2) (abwertend für eine) Haltung, Argumentation, die vernunftwidrig, nicht nachvollziehbar ist.

irreal, unwirklich. – Ggs.: real.

Irrealis [lat.] (Irreal), Modus, der ausdrückt, daß ein Geschehen nur gedacht ist, z.B. »Wenn du dich beeilt *hättest, hättest* Du mitfahren *können*«.

Irredentismus [lat.-italien., zu irredenta »unerlöstes (Italien)«] (Irredenta), allg. polit.-kulturelle Bewegung, die den Anschluß nat. Minderheiten an den zugehörigen Nationalstaat erstrebt, bes. die nach der Einigung Italiens 1861/66 aufgekommene und v.a. gegen Österreich-Ungarn gerichtete Bewegung.

irrelevant, unerheblich, ohne Bedeutung.

Irreligiosität [lat.], Ablehnung von Religion.

irreversibel, nicht umkehrbar; z.B. von bestimmten physikal. Vorgängen, biolog. Veränderungen, entwicklungsgeschichtl. Prozessen.

Irrigator [lat.], Gefäß mit angesetztem Schlauch für Einläufe.

Irrlehre, (von Dogmatikern) für falsch gehaltene Lehre. ↑Häresie.

Irrlicht (Irrwisch), nachts sichtbare Leuchterscheinung in Sümpfen; entsteht durch Selbstentzündung von Methan (Sumpfgas) oder Phosphorwasserstoff.

Irrtum [mhd.], 1) *allg.:* die falsche Bewertung eines Sachverhaltes, das fälschl. Fürwahrhalten einer Aussage, das auf falschen Annahmen beruhende Handeln und seine Konsequenzen im Unterschied zu Lüge, Täuschung oder Irreführung; gründet im subjektiven Fürwahrhalten von objektiv Falschem. Der I. bildet eine Grunderfahrung menschl. Existenz; er wird immer erst nachträglich erkannt.
2) *Recht:* die unbewußte Unkenntnis des wirkl. Sachverhalts. Man unterscheidet: *Erklärungs-I.* (der Erklärende benutzt ein anderes Erklärungszeichen, als er wollte, z.B. er verschreibt sich), *Inhalts-I.* (I. über den Inhalt der abgegebenen Erklärung); *Tatbestands-I.* (ein Umstand, der zum gesetzl. Tatbestand

Irtysch

Washington Irving

gehört, ist nicht bekannt); *Verbots-I.* (bei Begehung der Tat fehlt Einsicht in das Unrecht, z. B. jemand hält das Züchtigen fremder Kinder für erlaubt).

Irtysch, linker und Hauptnebenfluß des Ob, Rußland und China, entspringt im Mongol. Altai, mündet bei Chanty-Mansisk, 4248 km lang.

Irún, span. Ind.-Stadt im Baskenland, Grenzübergang nach Frankreich, 53500 E.

Irving [engl. 'ə:vɪŋ3, 1) John, *Exeter (N. H.) 2. 3. 1942, amerikan. Schriftsteller. Schreibt komisch-groteske Romane über die amerikan. Gesellschaft, u. a. »Garp und wie er die Welt sah« (1978).

2) Washington, *New York 3. 4. 1783, † bei Tarrytown (N. Y.) 28. 11. 1859, amerikan. Schriftsteller. Humorist und Satiriker; Pionier der amerikan. Kurzgeschichte, schrieb u. a. »Gottfried Crayon's Skizzenbuch« (1819/20), das u. a. ins amerikan. Milieu übertragene dt. Sagenstoffe (z. B. »Rip Van Winkle«) enthält.

is..., Is... ↑iso..., Iso...

Isaac, Heinrich, *in den Niederlanden um 1450, † Florenz 26. 3. 1517, fläm. Komponist. Lebte hauptsächlich in Florenz; herausragender Komponist des mehrstimm. Satzes, v. a. Motetten, Messen, dt. Liedsätze (u. a. »Innsbruck, ich muß dich lassen«).

Isaak, bibl. Gestalt, zweiter der Erzväter; erscheint als der verheißene Sohn Abrahams.

Isabeau [frz. iza'bo], eigtl. Isabelle von Bayern, *München 1371, † Paris Sept. 1435, Königin von Frankreich. Seit 1385 ∞ mit Karl VI. von Frankreich; schloß 1420 den Vertrag von Troyes mit Heinrich V. von England, den sie gegen ihren Sohn Karl (VII.) als Erben des frz. Thrones anerkannte.

Isabela, Isla ↑Galapagosinseln.

Isabella, Name von Herrscherinnen:

Kastilien-León: **1) Isabella I., die Katholische,** *Madrigal de las Altas Torres 22. 4. 1451, † Medina del Campo 26. 11. 1504, Königin von Kastilien-León (seit 1474) und Aragonien (seit 1479). Ihre Heirat (1469) mit Ferdinand II. von Aragonien schuf wichtige Voraussetzungen für die Entstehung des Kgr. Spanien. I. konsolidierte Kastilien nach bürgerkriegsähnl. Zuständen und baute eine zentralist. Verwaltung auf. Die Eroberung des maur. Kgr. Granada 1492 schloß die Reconquista ab. I. unterstützte die Entdeckungsfahrten des Kolumbus (1492).

Mantua: **2) Isabella** (d'Este), *Ferrara 1474, † ebd. 1539, Markgräfin (seit 1490). ∞ mit Francesco II. Gonzaga; Hof war Mittelpunkt für viele Künstler und Gelehrte.

Spanien: **3) Isabella II.,** *Madrid 10. 10. 1830, † Paris 9. 4. 1904, Königin. 1843 für mündig erklärt, regierte I. bis zu ihrem Sturz am 26. 9. 1868 im Zeichen heftiger Parteikämpfe.

Isai (Vulgata: Jesse), bibl. Gestalt, Vater Davids.

Isaias ↑Jesaja.

Isar, rechter Nebenfluß der Donau, entspringt im Karwendelgebirge (Österreich), mündet bei Plattling (Bayern), 295 km lang.

ISBN, Abk. für Internat. Standard-Buchnummer, eine aus vier Zahlengruppen (Landes- bzw. Gruppennummer, Verlags-, Titelnummer, Prüfzahl) bestehende zehnstellige Kennzahl, die seit 1973 jedes neu erscheinende Buch (seit 1985 auch Computersoftware) zur Identifizierung erhält.

Ischewsk, Hauptstadt der autonomen Republik Udmurtien innerhalb Rußlands, 647000 E. Univ., Hochschulen.

Ischia [italien. 'iskja], **1)** Hauptort der italien. Insel Ischia, 16000 E. Museum, Thermen.

2) italien. Insel im NW des Golfes von Neapel, 46,4 km², bis 788 m hoch.

Ischias [griech.] (Ischialgie, Ischiassyndrom, Hüftweh, Ischiodynie), anfallsweise auftretende oder längere Zeit bestehende Neuralgie im Bereich des Hüftnervs (Ischiadikus, I.nerv), oft in eine Nervenentzündung ausartend (als Folge von Reizzuständen, organ. Veränderungen, Infektionen im Ausbreitungsgebiet des Hüftnervs).

Ischtar (Eschtar), die babylon.-assyr. Hauptgöttin (entspricht kanaanäisch Astarte, sumer. Inanna), galt als Tochter des Himmelsgotts Anu; v. a. Liebesgöttin.

ISDN [engl. aɪesdi:'en; Abk. für Integrated services digital network »diensteintegrierendes digitales Netz«], im Aufbau befindl. Telekommunikationsnetz in digitaler Vermittlungs- und Übertra-

Isabella I., die Katholische

Ischia. Kastell des Ortes Ischia; im wesentlichen 15. Jh.

gungstechnik, das unterschiedl. Fernmeldedienste aller Kommunikationsarten (Sprache, Text, Daten, Bild) in einem gemeinsamen öffentl. Netz anbieten soll. Der Ersatz von Kupferkabeln durch Glasfaserkabel (↑Glasfaseroptik) soll eine ↑Breitbandkommunikation (Übertragungsgeschwindigkeit 140 Mbit/s) ermöglichen, z. B. für Videokonferenzen. Fernziel ist das universelle *integrierte Breitbandfernmeldenetz (IBFN),* über das auch Fernsehen und Hörfunk verteilt werden können.

Ise, jap. Stadt auf Honshū, 106 000 E. Hier steht seit frühgeschichtl. Zeit das höchste Heiligtum des Shintoismus, der *Iseschrein.*

Iseosee, italien. Alpenrandsee, 65 km^2, vom Oglio durchflossen.

Iseran, Col de l' [frz. kɔldəli'zrã] ↑Alpenpässe (Übersicht).

Isère [frz. i'zɛ:r], linker Nebenfluß der Rhone in Frankreich, 290 km lang.

Isergebirge, Gebirge der Westsudeten zw. Riesengebirge und Lausitzer Neiße, Tschech. Rep. und Polen, bis 1127 m hoch.

Iserlohn, Stadt im unteren Sauerland, NRW, 96 500 E. Fachhochschule, Nadelmuseum; Metallindustrie. Bed. sind u. a. die spätgot. Marienkirche mit Schnitzaltar (um 1420) und die urspr. roman. Pankratiuskirche (spätgotisch umgebaut).

Isfahan (pers. Esfahan), zweitgrößte Stadt Irans, Oase in einem weiten Becken zw. Sagros- und Kuhrudgebirge, 1 Mio. E. Kultur- und Handelszentrum; Univ.; Museen; bed. traditionelles Handwerk; nahebei Stahlwerk. Zentrum von I. ist der Paradeplatz (Meidan-e Schah, 1598), an dem die Königsmoschee (1612–37), die Frauenmoschee (Lotfollah-Moschee; vollendet 1619), der Palast Ali Kapu (15. Jh.) und der Basar liegen. Bed. auch der Palast der vierzig Säulen, die Freitagsmoschee (im Kern 11. Jh.), die Medrese Madar-e Schah (1706–14) und die über den Sajande Rud führenden alten Brücken. –

Isfahan. Lotfollah-Moschee, 1619 vollendet

1625

Isherwood

Isis. Thronende Isis mit dem Horusknaben; Bronze, Höhe 22,5 cm (6. oder 5. Jh. v. Chr.; Leiden, Rijksmuseum van Oudheden)

In der Antike *Aspadana* gen.; gegen Ende des 11. Jh. Hauptstadt der Seldschuken; von Abbas I., d. Gr., zur pers. Hauptstadt erhoben (bis 1722).

Isherwood, Christopher [William Bradshaw] [engl. 'ɪʃəwʊd], *Disley bei Manchester 26. 8. 1904, † Santa Monica (Calif.) 4. 1. 1986, engl. Schriftsteller. Schrieb v. a. Romane, bekannt wurde sein Bericht über das Berlin vor 1933 (»Leb' wohl, Berlin«, 1939).

Isidor von Sevilla, hl., *Cartagena um 560, † Sevilla 636, Bischof und Kirchenlehrer. Gilt als der letzte abendländ. Kirchenvater; setzte sich v. a. für die kirchl. Disziplin und die Ausbildung des Klerus ein. Die 20 Bücher umfassenden »Etymologiae« (auch »Origines« gen.) enthalten enzyklopädisch das gesamte Wissen seiner Zeit. – Fest: 4. April.

Isin, altoriental. Stadt, heute Ruinenhügel Ischam Bahrijat in S-Irak; die 1. Dynastie von I. (etwa 1955–1730 v. Chr.) erwarb die Oberherrschaft über Babylonien. Bedeutendster Herrscher der sog. 2. Dynastie von I. (1155–1023) war Nebukadnezar I.

Isis, ägypt. Göttin, meist in Gestalt einer Frau mit dem Schriftzeichen des Thronsitzes auf dem Kopf, aber auch mit Kuhgehörn und Sonnenscheibe, Schwestergemahlin des †Osiris, Mutter des †Horus; verehrt wegen ihrer Gattentreue.

Iskariot †Judas Ischarioth.

İskenderun (früher Alexandrette), türk. Hafenstadt an der O-Küste des Golfes von İskenderun (Mittelmeer), 173 600 E. Hütten-, Superphosphatwerk; Export- und Marinehafen, Eisenbahnendpunkt.

Isker, rechter Nebenfluß der Donau in Bulgarien, 368 km lang.

Islam [arab. »völlige Ergebung (in Gottes Willen)«], die jüngste der drei Weltreligionen, gestiftet von †Mohammed. Die Anhänger des I., weltweit etwa 1 Mrd. Menschen, nennen sich Muslime. Der I. ist heute die vorherrschende Religion im Vorderen Orient, N-Afrika, Pakistan, Irak, Iran und Indonesien. Starke muslim. Gemeinschaften leben in Albanien, Bosnien und Herzegowina, Zentralasien, Indien, China, auf den Philippinen und in vielen Ländern Afrikas. In fast allen Ländern mit überwiegend muslim. Bevölkerung ist der I. Staatsreligion.

Grundlehren: Grundlegend für den im †Koran, der hl. Schrift des I., niedergelegten Glauben ist die Überzeugung, daß es nur einen Gott gibt; dieser strenge Monotheismus verbietet die »Zugesellung« anderer Götter zu Allah. Gott ist der Schöpfer und Erhalter aller Dinge, er ist allmächtig, allwissend und barmherzig; am Jüngsten Tag richtet er die Menschen: Ungläubigen droht das Höllenfeuer, den Gläubigen winkt das schattige Paradies. Im Laufe der Geschichte hat Gott zu den Völkern immer wieder Propheten (Abraham, Moses, Jesus Christus) gesandt, der Bestätiger aller früheren Offenbarungen und der Überbringer der letztgültigen, fortan für alle Menschen verbindl. Offenbarung aber ist Mohammed, das »Siegel der Propheten«.

Der I. ist wesentlich Gesetzesreligion. Auf der Grundlage des Korans und des im Hadith überlieferten exemplar. Handelns des Propheten (†Sunna) entwarfen die islam. Rechtsgelehrten eine umfassende Lehre gottgewollten Verhaltens (†Scharia), die außer Rechtsnormen i. e. S. auch Kultvorschriften, eth. Normen und Verhaltensregeln umfaßt.

Islam

Dem Gläubigen sind fünf Hauptpflichten (»Säulen des I.«) vorgeschrieben: Schahada (das Glaubensbekenntnis »Es gibt keinen Gott außer Allah, und Mohammed ist der Gesandte Gottes«), Salat (das fünfmal täglich stattfindende Gebet), Zakat (Almosengeben), Saum (das Fasten während des Monats Ramadan) und die Hadjdj, die Pilgerfahrt nach Mekka, die einmal im Leben ausgeführt werden soll. Wein, Schweinefleisch und Glücksspiel sind im I. verboten. Der Koran beschränkt die Polygamie auf vier Ehefrauen. Die islam. Glaubensgemeinschaft ist zum Glaubenskrieg (↑Djihad) verpflichtet. Der I. kennt weder einen Priesterstand noch Kult noch oberste Autorität, da die Regelungen des Koran und der Scharia gelten; die wichtigste Gruppe von Repräsentanten der Religion sind die Gelehrten (Ulema). Als zentrales Heiligtum gilt der »Schwarze Stein« (die ↑Kaaba) in Mekka; daneben sind Medina und Jerusalem Wallfahrtsorte. Die Moschee ist Stätte des Gebets und der Lehre. Aus altoriental. Brauchtum übernahm der I. die Beschneidung und den Frauenschleier.

Geschichte: Mohammed nahm sein prophet. Wirken nach einem Berufungserlebnis 609 oder 610 n. Chr. in Mekka auf. Mangelnde Bekehrungserfolge und wachsende Gegnerschaft in den führenden Kreisen Mekkas veranlaßten ihn 622 zur Auswanderung nach Medina (»Hidjra«), von der die islam. Zeitrechnung datiert. Noch vor seinem Tod (632) unterstellten sich ihm fast alle seßhaften Bewohner und Beduinenstämme der Arab. Halbinsel. Die ersten Spaltungen und theolog. Diskussionen entzündeten sich an dem Streit um die Nachfolge Mohammeds. Aus der »Partei« (arab. schia) Alis (Ali ibn Abi Talib), dem Vetter und Schwiegersohn Mohammeds, gingen die ↑Schiiten hervor, von denen sich 657 die ↑Charidjiten abspalteten. Im 9. und 10. Jh. bildete sich im wesentlichen der traditionalist. Lehre der ↑Sunniten (heute etwa 90% aller Muslime) heraus, die sich an dem vorbildhaften »Brauch« (arab. sunna) Mohammeds orientierten. Als Gegengewicht zur Vergesetzlichung des Glaubensbewußtseins entstand eine reiche islam. Mystik (↑Sufismus), die sich vom 9. Jh. an ausbreitete; der im 12. Jh. entstandene und im Sufismus wurzelnde Derwischorden prägte die Volksfrömmigkeit mit ihrer Heiligenverehrung stark mit.

Islam. Betende Muslime vor der großen Moschee in Kano, Nigeria

Die Nachfolger Mohammeds, die Kalifen, unterwarfen in wenigen Jahrzehnten den Vorderen Orient von Marokko bis Transoxanien und eroberten im 8. Jh. Spanien; der kurzzeitige Griff über die Pyrenäen scheiterte 732. Nach dem Niedergang des ↑Kalifenreichs begann im 10. Jh. die Islamisierung der Türken Zentralasiens, im 11. Jh. die muslim. Herrschaft in Indien. Das Osman. Reich vernichtete durch die Einnahme Konstantinopels 1453 das Byzantin. Reich und trug den I. über den Balkan weit nach Europa (1529 und 1683 bis vor Wien). Im Malaiischen Archipel wurde der I. vorwiegend durch Händler verbreitet (12.–15. Jh.), ebenso in Schwarzafrika seit dem 9. Jh.; eine organisierte islam. Mission entstand erst im 20. Jh. in Reaktion auf die christl. Mission. Um die Wende zum 19. Jh. begann sich die islam. Welt angesichts der polit. und ökonom. Übermacht europ. Staaten, unter deren direkte Kolonialherrschaft sie größtenteils geriet, der moderneren westl. Zivilisation allmählich zu öffnen. Dieser Prozeß der Verwestlichung zog im späten 19. Jh. einerseits einen auf weitere Reformen drängenden Modernismus nach sich, andererseits die Ideologie des Panislamismus, der das europ. Joch durch Vereinigung aller Muslime und Rückbesinnung auf die zivilisator. Kräfte der islam. Religion abzuschütteln strebte. Seit den 1960er Jahren geriet die gesamte islam. Welt unter den Einfluß eines ↑Fundamentalismus,

Islam. Muslimische Frau im traditionellen Gewand

Islamabad

Islamabad. Die Faisal-Moschee, 1976–84

Islamabad, Hauptstadt von Pakistan, bei Rawalpindi, 236 000 E. Drei Univ., Forschungsinstitute, Nationalbibliothek. Die Faisal-Moschee (1976–84) ist der größte islam. Andachtsbau der Erde. – Seit 1961 erbaut.

islamische Kunst, vom Islam geprägte Kunst in N-Afrika, Kleinasien, dem Vorderen und Mittleren Orient *(arab. Kunst)* sowie in Teilen Z-Asiens, Pakistans und Indiens. – Aufgaben der religiösen Baukunst waren Moscheen, Medresen, Klöster und Grabbauten, im Profanbau Befestigungen, Schlösser, Zisternen, Bäder, Hospitäler, Basarbauten und Karawansereien. Da man figürl. Darstellungen aus religiösen Gründen vermied, fehlt die große Plastik, doch waren Mosaikkunst, Wand- und Buchmalerei, Stuckarbeit (Stalaktiten) hoch entwickelt. Im Mittelpunkt steht das Ornament (Linien-, Stern- und Flechtwerkmuster, Zierschriften, Arabeske). Stilprägende Dynastien und führende ethn. Gruppen haben den Epochen der i. K. ihren Namen gegeben: Omaijadenstil (661–750; in Córdoba 756 bis 1030); Abbasidenstil (749–1258); Fatimidenstil (909–1171) in Ägypten und Syrien; Seldschukenstil (11.–13. Jh.) in Iran, Kleinasien und Mesopotamien; pers.-mongol. Stil (13.–15. Jh.) in Iran und Transoxanien (Buchara); Mameluckenstil (1250–1517) in Ägypten und

dessen Ziel der »Reislamisierung« sich auf das staatl. und gesellschaftl. Leben in ihr bezieht, wozu eine rigorose Wendung gegen als säkularistisch und modernistisch empfundene Tendenzen in diesem Bereich gehört.

islamische Kunst. Tonflasche mit Metallglasur aus Persien; Höhe 33,5 cm (17. Jh.; London, Victoria and Albert Museum)

islamische Kunst. Innenraum der Rüstem Pascha Camii in Istanbul (1561)

Syrien; maurischer Stil (12.–15. Jh.) in Spanien und N-Afrika; Safawidenstil (1500–1722) in Persien; Mogulstil (16.–18. Jh.) in Hindustan; osmanischer Stil (14.–19. Jh.) in der Türkei.

islamischer Staat, nach der Vorstellung heutiger islam. Fundamentalisten ein Staat, in dem Verfassung und Gesetze auf den Rechtsvorschriften des Koran basieren. Kennzeichnend ist eine enge Verbindung von Religion und Politik; alle Bereiche des polit. und gesellschaftl. Lebens müssen sich am Geist des Islam ausrichten; Mandatsträger müssen sich durch Frömmigkeit (im Sinne des Islam) und Sachkunde ausweisen. Im Rahmen der iran. Verf. übernehmen Theologen und islam. Rechtsgelehrte Kontrollfunktionen.

islamisieren, zum Islam bekehren, dem islam. Herrschaftsbereich einverleiben.

Islamkunde (Islamwissenschaft), Teilgebiet der Orientalistik, das die Kultur der islam. Völker erforscht.

Island, Staat im Europ. Nordmeer, umfaßt die gleichnamige Insel und ihr vorgelagerte Inseln.

Staat und Recht: Parlamentar. Republik; *Verfassung* von 1944. Staatsoberhaupt und oberster Inhaber der durch die Regierung unter dem Min.-Präs. gebildeten *Exekutive* ist der für 4 Jahre vom Volk gewählte Präsident. Das Parlament (Althing; 63 Abg., für 4 Jahre gewählt vom Volk, das 20 Mgl. in die obere Kammer und 43 in die untere Kammer wählt) bildet die *Legislative*. *Parteien:* liberal-konservative Unabhängigkeitspartei, Sozialdemokraten, linkssozialist. Volksallianz, Fortschrittspartei, Frauenpartei, Volksbewegung. Keine *Streitkräfte,* Verteidigung durch die USA.

Landesnatur: I. ist die zweitgrößte Insel Europas. Sie ist vulkan. Ursprungs und sitzt dem nördl. Mittelatlant. Rücken auf. Der Hvannadalshnúkur (2119 m) ist der höchste Berg des Landes. Der Vulkanismus schuf eine Landschaft mit Schildvulkanen, Explosionskratern, Spalten, Lavafeldern und Lavaströmen. Erdbeben, heiße Quellen, Geysire, Solfataren und Fumarolen sind typ. Anzeichen vulkan. Tätigkeit. Das zweite prägende Element der Insel ist das Eis. I. ist zu 11% von Gletschern bedeckt. Der Vatnajökull ist mit 8300 km² der größte Plateaugletscher der Erde. Die Küsten sind durch Fjorde stark gegliedert. I. liegt in der Übergangszone von kühlgemäßigtem zu subpolarem Klima. Die S- und W-Küste bleiben unter dem Einfluß des warmen Irmingerstromes eisfrei. I. gehört zur subpolaren Tundrenzone. Die Baumgrenze liegt bei 300–400 m.

Bevölkerung: Die überwiegend ev.-luth. Bevölkerung lebt an den Küsten und im sw. Flachland. Das Landesinnere ist fast unbewohnt.

Wirtschaft, Verkehr: In der Landwirtschaft überwiegt die Weidewirtschaft (Schaf- und Rinderhaltung). Lebenswichtige wirtschaftl. Grundlage ist die Hochseefischerei (1975 Ausdehnung der Hoheitsgewässer auf 200 Seemeilen). Fischverarbeitung und Textil-Ind. sind die wichtigsten Wirtschaftszweige. Große Energiereserven (Wasserkraft, Heißwasser) sind vorhanden. Die Länge des Straßennetzes beträgt 12 435 km. Wichtigster Seehafen ist Reykjavík. Neben dem internat. ✈ Keflavík (24 km sw. von Reykjavík) gibt es zahlr. Flug- und Landeplätze.

Geschichte: Anfang des 9. Jh. wurde I. durch iroschott. Mönche besiedelt, um 875 durch Wikinger. 930 trat erstmals der Althing als zentrale Institution der Rechtsprechung und Gesetzgebung zusammen, das 1000 die Annahme des

Island

Island

Staatsflagge

Island

Fläche:	103 000 km²
Einwohner:	260 000
Hauptstadt:	Reykjavík
Amtssprache:	Isländisch
Nationalfeiertag:	17. 6.
Währung:	1 Isländische Krone (iKr) = 100 Aurar (aur.)
Zeitzone:	MEZ – 1 Std.

Staatswappen

1970 1992   1970 1992
Bevölkerung   Bruttosozial-
(in Tausend)   produkt je E
(in US-$)

Bevölkerungsverteilung 1992

Bruttoinlandsprodukt 1992

1629

Isländisch

Island.
Durch Winderosion geformte Lavafelsen am Ostufer des Mývatn

Christentums verfügte. 1262 übertrug der Althing Norwegen die Oberhoheit. 1541 wurde es von Dänemark unterworfen, 1550 wurde die Reformation eingeführt. 1918 wurde I. als selbständiger Staat anerkannt (Personalunion mit Dänemark). 1940 wurde I. von Großbrit., 1941 von den USA besetzt und zum militär. Stützpunkt ausgebaut. 1944 erklärten die Isländer durch Volksabstimmung die Auflösung der Union mit Dänemark und die Gründung der Republik. 1946 erfolgte der Beitritt zu den UN, 1949 zur NATO. 1951 wurde das Schutzabkommen mit den USA unterzeichnet. Seit 1958 wiederholten sich Fischereikonflikte (»Kabeljaukriege«). Seit 1980 (zuletzt 1992 bestätigt) ist Vigdís Finnbogadóttir Staatspräsidentin. Nach den Wahlen von 1991 bildeten Unabhängigkeitspartei und Sozialdemokraten eine Koalitionsregierung unter D. Oddsson, die 1995 mit knapper Mehrheit bestätigt wurde.

Isländisch, zur german. Gruppe (Nordgerman.) der indogerman. Sprachen gehörende Sprache auf Island. Großer Reichtum an Flexionsformen. Die gebräuchl. Form der Lateinschrift kennt folgende von der dt. abweichende Zeichen: ð, Ð, Þ, þ (stimmhaftes oder stimmloses engl. th); æ, Æ (wie dt. ai).

isländische Literatur. Nach der Blütezeit der altisländ. Literatur vor 1400 (↑altnordische Literatur) wurden zahlr. Stoffe, insbes. Sagas, in erzählende Lieder (»Rímur«) umgedichtet. Im 16. Jh. religiöse Dichtung von Arason. Reformation: Bibelübersetzungen. Bed. die Romantik des 19. Jh.: B. V. Thórarensen, J. Hallgrímsson, S. Thorsteinsson, M. Jochumsson. Im 20. Jh. besteht sie als Neuromantik weiter: E. Benediktsson, G. Kamban, G. Gunnarsson, T. Guðmundsson. Neben T. Thórðarson ist H. Laxness, der in seinen sozialkrit. Romanen die Tradition des ep. Sagastils verarbeitet, der bedeutendste Schriftsteller Islands.

Isländisch Moos (Isländisches Moos, Brockenmoos), Art der Schlüsselflechten, verbreitet auf moorigen Böden und in lichten Wäldern von der arkt. Tundra bis M-Europa; wird in getrockneter

Island.
Der Vulkan Askja

Isolierstoffe

Form als Schleim- und Bitterdroge verwendet.

Islandpony ↑Ponys.

Islay [engl. 'aɪleɪ], südlichste Insel der Inneren Hebriden, 608 km², bis 491 m hoch, Hauptort Bowmore.

Ismael ['ɪsmaɛl], bibl. Männername; Sohn Abrahams und seiner Nebenfrau Hagar.

Ismailija, Gouvernementshauptstadt im NO von Ägypten, am N-Ufer des Timsahsees, 236 000 E.

Ismailiten, schiit. Sekte; auch *Siebenerschiiten* genannt, weil sie als 7. Imam Ismail († 760), den Sohn des 6. Imams Djafar as-Sadik († 765), anerkennen.

Isny im Allgäu [...ni], Stadt im westl. Allgäu, Bad.-Württ., 13 000 E. Heilklimat. Kurort. Got. ev. Stadtpfarrkirche (1284 ff.), barocke kath. Stadtpfarrkirche (1661 ff.).

iso..., Iso..., is..., Is... [griech.], Bestimmungswort von Zusammensetzungen mit der Bedeutung »gleich«.

Isobare, in der *Kernphysik* Bez. für Nuklide, deren Atomkerne gleiche Massenzahl, aber verschiedene Ordnungszahlen, d. h. gleiche Nukleonenzahl bei verschiedener Protonen- und Neutronenzahl, besitzen, z. B. $^{16}_{7}N$, $^{16}_{8}O$ und $^{16}_{9}F$.

Isobaren ↑Isolinien.

Isocyanate, Salze und Ester der *Isocyansäure* (HNCO), Verwendung zur Herstellung von Polyurethanen, Waschmitteln, Bleichmitteln, Pharmazeutika, Farbstoffen, Herbiziden und Klebstoffen.

isocyclische Verbindungen ↑cyclische Verbindungen.

Isohypsen [griech.] ↑Isolinien.

Isokrates, *Athen 436 v. Chr., † ebd. 338 v. Chr., griech. Rhetor und Schriftsteller. Gründete die bedeutendste Rhetorenschule in Athen.

Isolation, 1) *Technik:* svw. Isolierung; auch Bez. für die dabei verwendeten ↑Isolierstoffe.

2) *Soziologie:* Absonderung bzw. Getrennthaltung, Vereinzelung von Menschen (Einzelgänger, Kranke, Kriminelle, auch Angehörige bestimmter Rassen, Religionen oder polit. Überzeugungen).

Isolationismus [lat.-roman.], allg. die Tendenz, sich vom Ausland abzuschließen und staatl. Eigeninteresse zu betonen.

Isolationshaft (Isolierhaft), Haft, bei der die Kontakte des Häftlings zur Außenwelt aus Sicherheitsgründen eingeschränkt oder ganz unterbunden werden (z. B. bei Terroristen).

Isolator [lat.-roman.], *allg.:* svw. Isolierstoff; i. e. S. svw. elektr. Nichtleiter.

Isolde ↑Tristan und Isolde.

isolieren [lat.-roman.], 1) absondern, abtrennen.

2) *Bautechnik und Elektrotechnik:* mit Hilfe von Isolier- oder Dämmstoffen Wärme-, Kälte-, Feuchtigkeits- oder Schallschutzmaßnahmen treffen oder spannungsführende elektr. Leiter ummanteln.

isolierende Sprachen, Sprachen, bei denen im Ggs. zu den ↑agglutinierenden Sprachen die Gestalt der Wörter nicht geändert wird; grammat. Beziehungen werden durch Wortstellung und sparsamsten Gebrauch gewisser Formwörter ausgedrückt (u. a. bei südostasiat. Sprachen).

Isolierglas, spezielle, meist mehrscheibige Verglasung, insbes. für Fenster. *Schallschutz-I.:* mindestens zwei in Dicke und Abstand aufeinander abgestimmte Scheiben mit Luftpolster. *Wärmeschutz-I.:* Mehrscheibenglas mit feuchtigkeits- und luftdichtem Zwischenraum, der getrocknete Luft oder Edelgas enthält, bei *Sonnenschutzgläsern* ist zusätzlich eine Edelmetallschicht aufgedampft.

Isolierstoffe, Materialien mit geringer elektr. Leitfähigkeit, mit feuchtigkeitsabweisenden Eigenschaften, mit schalldämmender Wirkung oder geringer Wärmeleitfähigkeit. In der *Elektrotechnik* werden Stoffe mit geringer elektr. Leitfähigkeit bzw. hohem elektr. Widerstand verwendet, um spannungsführende Teile gegeneinander und/oder gegen Erde zu isolieren sowie vor Berührung zu schützen *(Isolierung). Gasförmige I.* (z. B. Luft, Schwefelhexafluorid SF_6) werden in Schaltanlagen verwendet, *flüssige I.* (v. a. Isolieröle) für Transformatoren, *feste I.* (z. B. Papier, Glas, Porzellan, Kunststoffe) für Isolatoren, Sicherungskörper, Schalter. In der *Bautechnik* dienen zum Schutz gegen Bodenfeuchtigkeit teergetränkte bzw. bitumenhaltige Pappen (als waagrechte Sperrschichten in den Grundmauern) oder Bitumenanstriche bes. an Keller-

Isolinien

außenwänden. Gegen Regenwasser sowie Luftfeuchtigkeit schützen Silikon- oder Kunstharzsperranstriche, Metall- oder Kunststoffolien. Dem Kälte- bzw. Wärmeschutz und der Lärmbekämpfung dienen ↑Dämmstoffe.

Isolinien (Isarithmen), Linien, die v. a. auf Karten benachbarte Punkte oder Orte mit gleichen Merkmalen oder gleichen Werten einer bestimmten Größe (z. B. Luftdruck, Meerestiefe) miteinander verbinden (z. B. Luftdruck: *Isobaren;* Niederschlagsmenge: *Isohyeten;* Temperatur: *Isothermen;* Höhe [auf topograph. Karten]: *Isohypsen*).

Isomerasen [griech.] ↑Enzyme.

Isomerie [griech.], in der *Chemie* das Auftreten von zwei oder mehreren Verbindungen (isomere Verbindungen, Isomere) mit derselben Bruttoformel, jedoch mit unterschiedl. Anordnung der Atome innerhalb der Moleküle (= verschiedenen Strukturformeln) und unterschiedl. physikal. und (mit Ausnahme der opt. I.) chem. Eigenschaften. I. tritt v. a. in der organ. Chemie auf, in der anorgan. Chemie hauptsächlich bei Koordinationsverbindungen. – Man unterscheidet zwei I.arten: 1. *Konstitutions-I.* (Struktur-I.), bei der die Atome in unterschiedl. Reihenfolge im Molekül angeordnet sind. Konstitutionsisomer zueinander sind u. a. Alkohole und Äther, Aldehyde und Ketone. 2. *Stereo-I.* (räuml. I.) entsteht durch unterschiedl. räuml. Anordnung der in gleicher Anzahl vorhandenen Atome im Molekül. Hierzu gehört die *cis-trans-Isomerie* und die *opt. Isomerie* (Spiegelbild-I., Enantiomerie), bei der sich die opt. Isomeren (oder opt. Antipoden) wie ein nicht deckungsgleiches Bild und Spiegelbild verhalten. Voraussetzung dafür ist meist ein ↑asymmetrisches Kohlenstoffatom.

Isomerisierung [griech.] (Umlagerung), die unter der Wirkung eines Katalysators *(katalyt. I.)* oder bei hohen Temperaturen und meist hohen Drücken *(therm. I.)* erfolgende Überführung einer organ. Verbindung in eine zu ihr isomere Verbindung.

Isometrie [griech.], **1)** *allg.:* svw. Längengleichheit, Längentreue.
2) *Biologie:* (isometr. Wachstum), das gleichmäßige Wachstum der Teile eines Körpers in Relation zum Gesamtwachstum.

CH_3-CH_2OH
Äthanol

CH_3-O-CH_3
Dimethyläther

$$\begin{array}{c} CH-COOH \\ \| \\ CH-COOH \end{array}$$
Maleinsäure
(cis-Butendisäure)

$$\begin{array}{c} HOOC-CH \\ \| \\ CH-COOH \end{array}$$
Fumarsäure
(trans-Butendisäure)

$$\begin{array}{c} COOH \\ | \\ H-C-OH \\ | \\ CH_3 \end{array}$$
D-Milchsäure
(D-2-Hydroxypropansäure)

$$\begin{array}{c} COOH \\ | \\ HO-C-H \\ | \\ CH_3 \end{array}$$
L-Milchsäure
(L-2-Hydroxypropansäure)

Isomerie

Isonzo (slowen. Soča), Zufluß des Adriat. Meeres, mündet in den Golf von Triest, entspringt in den Jul. Alpen, Slowenien, 138 km lang.

Isonzoschlachten, die nach dem Isonzo ben. elf bzw. zwölf Schlachten am Ostabschnitt der österr.-italien. Front (1915–17).

Isopren [Kw.] (Methylbutadien), der monomere Baustein des Rohkautschuks und vieler anderer Naturstoffe (z. B. der Karotinoide und der Terpene); wird v. a. zu synthet. Kautschuk polymerisiert und bei der Herstellung z. B. von Butylkautschuk verwendet.

Isothermen [griech.] ↑Isolinien.

Israel

Isotone [griech.], Atomkerne mit gleicher Neutronenzahl.

Isotope [griech.-nlat.], Bez. für verschiedene Atomarten eines chem. Elements (Nuklide), deren Atomkerne die gleiche Ordnungszahl (Protonenzahl), aber verschiedene Neutronenzahlen und somit auch verschiedene Massenzahlen haben. I. werden durch die Angabe der Massenzahl ihrer Kerne am chem. Symbol unterschieden, z. B. ^{12}C, ^{13}C und ^{14}C bei den I. des Kohlenstoffs. Neben den stabilen natürl. I. gibt es natürliche sowie künstlich hergestellte instabile I. (Radionuklide, Radioisotope).

Isotopenbatterie, Gerät zur Erzeugung elektr. Energie durch Umwandlung der Energie radioaktiver Strahlung von Radionukliden. Hauptvorteile: Wartungsfreiheit und durch die Halbwertszeit der verwendeten Radionuklide bedingte lange Lebensdauer; Leistung bis über 10 kW; Verwendung insbes. für Satelliten.

Isotopentrennung, Verfahren zur Abtrennung oder Anreicherung einzelner Isotope aus einem natürl. Isotopengemisch. Da die einzelnen Isotope eines Elements sich chemisch gleich verhalten, werden zur I. hauptsächlich physikal. Effekte ausgenutzt. Techn. Bedeutung haben v. a. die Thermodiffusion von Gasen im *Clusius-Dickelschen Trennrohr* und das *Hertzsche Diffusionsverfahren* gewonnen, das die verschiedenen Diffusionsgeschwindigkeiten der Isotope durch poröse Schichten ausnutzt. Bei der *Destillation* und in der *Gaszentrifuge* wird das Ausgangsvolumen des Isotopengemischs auf ein Restvolumen eingeengt, in dem sich das gewünschte Isotop anreichert. Großtechn. ausgenutzt wird die *Elektrolyse* zur Herstellung schweren Wasserstoffs (Deuterium) und die *Gaszentrifuge* zur I. bei schweren Elementen. Mit Hilfe von Lasern werden Isotope, die sich in ihren Anregungsenergien geringfügig unterscheiden, selektiv angeregt, ionisiert und abgetrennt *(laserinduzierte I.).* Getrennte oder angereicherte Isotope werden z. B. als Kernbrennstoffe, für Isotopenbatterien sowie bei vielen physikal. und chem. Untersuchungsverfahren benötigt.

Israel, im AT nach dem zweiten Namen des Erzvaters †Jakob Bez. für die Gesamtheit der im 13. Jh. v. Chr. im Gebiet westlich und südlich des Jordans seßhaft gewordenen zwölf Stämme (Ruben, Simeon, Levi, Juda, Dan, Naphtali, Gad, Aser, Issakar, Zabulon, Joseph, Benjamin). Trotz ihrer Selbständigkeit war den Stämmen I. der Glaube an den einen Gott Jahwe gemeinsam. Der polit. Zusammenschluß erfolgte erst mit der Errichtung des Königtums durch Saul. Unter seinem Nachfolger David wurde I. zum Großreich. Nach dem Tod Salomos (926) zerfiel das Reich in das Südreich †Juda und das Nordreich, das nun allein den Namen I. führte. Hauptstadt war zunächst Sichem, dann Penuel und Tirza, bis Omri Samaria als Residenz gründete und ausbaute. In dem ständigen Wechsel von Herrschern und Usurpatoren in I. zeigte sich die innere Schwäche des Reichs ebenso wie in der zunehmenden Kanaanisierung des Kults. Gegen beides traten die großen Propheten des Nordreichs I. mit ihren Droh- und Gerichtsreden auf. Unter den assyr. Königen Tiglatpileser III. und Salmanassar V. kam es zur Zerstörung I. und 722/721 v. Chr. mit der Eroberung Samarias zur endgültigen Auslöschung des Reichs I., das nun zur assyr. Provinz Samaria wurde; die Bevölkerung wurde größtenteils deportiert.

Israel (amtlich hebräisch Medinat Jisrael), Staat in Asien, grenzt im N an Libanon, im NO an Syrien, im O an Jor-

Israel

Staatsflagge

Staatswappen

Israel

Fläche:	20 770 km²
Einwohner:	5,131 Mio.
Hauptstadt:	Jerusalem
Amtssprachen:	Hebräisch, Arabisch
Nationalfeiertag:	Ijar 5 (zw. Mitte April und Mitte Mai)
Währung:	1 Neuer Schekel (NIS) = 100 Agorot
Zeitzone:	MEZ + 1 Std.

Bevölkerung (in Mio.) — 2,9 (1970), 5,1 (1992)
Bruttosozialprodukt je E (in US-$) — 3278 (1970), 13220 (1992)

□ Stadt   Land □

Bevölkerungsverteilung 1992
Stadt 92%, Land 8%

■ Industrie
□ Landwirtschaft
□ Dienstleistung

Bruttoinlandsprodukt 1992
Industrie 32%, Landwirtschaft 3%, Dienstleistung 65%

1633

Israel

Israel.
Kibbuz Tel Yosef im Jordantal; im Hintergrund links die Gilboaberge

danien, im S an das Rote Meer, im SW an Ägypten, im W an das Mittelmeer.
Staat und Recht: Parlamentar. Republik; keine geschriebene *Verfassung*. Regierungsgrundlage sind verschiedene 1958 vom Parlament verabschiedete Grundgesetze. *Staatsoberhaupt* ist der auf 5 Jahre vom Parlament gewählte Staatspräsident. *Exekutive* ist die Regierung unter Leitung des (nach der Wahlreform von 1992 künftig direkt für 4 Jahre gewählten) Premierministers. *Legislative* ist das Einkammerparlament (Knesset; 120 auf 4 Jahre gewählte Abg.). Wichtigste *Parteien:* Israel. Arbeiterpartei, Likud-Block, zahlreiche religiöse Parteien. *Streitkräfte* (allg. Wehrpflicht): 141 000 Männer und Frauen.
Landesnatur: I. erstreckt sich rd. 420 km von N nach S und 20–116 km von W nach O. Der N ist ein Berg- und Hochland, das im Hochland von Galiläa 1 208 m erreicht. Das Hochland fällt steil zum Jordangraben ab, in dem der See von Genezareth liegt. Der S wird vom Trockengebiet des Negev eingenommen. Im nö. Negev hat I. Anteil am Toten Meer. Das Klima ist mediterran, die überwiegenden Teile des Negev sind Halbwüstengebiete.

Bevölkerung: Die Bevölkerung besteht aus Israelis (82 %) und Palästinensern (18 %, etwa 1,1 Mio. im besetzten Westjordanland). An Religionen sind Judentum, Islam und Christentum vertreten, daneben gibt es noch Drusen, Samaritaner und Bahai.
Wirtschaft, Verkehr: I. hat unter ungünstigen Bedingungen (Wüsten, Wassermangel, Rohstoffknappheit, Kriege) einen modernen Ind.staat mit leistungsfähiger Landwirtschaft aufgebaut. Starke Impulse gingen dabei vom öffentl. Sektor wie vom Kapitalzustrom aus dem Ausland (Spenden, westl. Kapitalanleihen, Wiedergutmachungsleistungen nach dem Wiedergutmachungsabkommen mit der BR Deutschland [1952] über 3,45 Mrd. DM bis 1965) aus. Die Landwirtschaft nutzt etwa 20 % der Landesfläche und konzentriert sich auf die Küstenebene und die nördl. Landesteile; Bewässerungsanlagen ermöglichen auch in der Wüste Negev den Anbau der Haupterzeugnisse (u. a. Getreide, Gemüse, Zitrusfrüchte, Baumwolle, Blumen). 90 % des in Erbpacht bewirtschafteten Bodens befinden sich in Staatsbesitz; die jüd. Landwirte sind entweder in Kollektivsiedlungen (Kib-

Israel

buzim) oder kooperativen Dörfern (Moshavim) organisiert. An Bodenschätzen werden Salze (Totes Meer), Kupfererze, Phosphate sowie Malachit abgebaut. Neben der Baustoff-Ind. ist die chem., metallverarbeitende, feinmechan. und elektrotechn. Industrie von Bed.; herausragendes Gewicht kommt den rd. 650 Diamantenschleifereien zu. Das Eisenbahnnetz hat eine Länge von 867 km, das Straßennetz von 12 800 km. Wichtigste Häfen sind Haifa, Ashdod und Elat (am Roten Meer). Internat. ✈ ist »Ben Gurion« sö. von Tel Aviv.

Geschichte: *Die Entstehung des Staates:* Mit dem Erlöschen des brit. Mandats (15. 5. 1948) wurde unter Berufung auf den Teilungsbeschluß der UN durch den Nationalrat der Juden in ↑Palästina der unabhängige Staat I. proklamiert, der 77% des Landes umfaßte und durch die USA und die UdSSR anerkannt wurde. Der sofortige Angriff der arab. Nachbarländer löste den 1. Israel.-Arab. Krieg (1948/49) aus (↑israelisch-arabische Kriege, ↑Nahostkonflikt); 852 000 Araber flohen in die benachbarten arab. Staaten (im Lande blieben nur 156 000). Am 11. 5. 1949 erfolgte der Beitritt zu den UN.

Innenpolitische Entwicklung: Die Bewältigung der Masseneinwanderung und des wirtschaftl. Ausbaus zählten zu den Hauptaufgaben des noch jungen Staates. 1949–77 amtierten sozialdemokrat. Regierungen (Premier-Min. D. Ben Gurion, M. Scharett, L. Eschkol, G. Meir, Y. Rabin). 1977 und 1981 wurde die Regierung (Premier-Min. M. Begin) durch eine Koalition unter Führung des nat.-konservativen Likud-Blocks gebildet. Die Besetzung des Libanon im Juni 1982 belastete I. wirtschaftlich und politisch schwer. 1983 wurde M. Begin von Y. Schamir abgelöst. Nach Neuwahlen regierte ab 1984 eine große Koalition (Israel. Arbeiterpartei und Likud-Block; Premier-Min. für jeweils zwei Jahre S. Peres und Y. Schamir). In den von I. besetzten Gebieten kam es im Verlauf des Jahres 1987 zu den schwersten antiisrael. Unruhen seit der Besetzung von 1967; am 8. Dez. 1987 brach ein bis 1994 währender Aufstand (↑Intifada) aus. Aus den Wahlen 1988 gingen die ultrakonservativen religiösen und die rechten Parteien gestärkt hervor, Likud-Block und Arbeiterpartei einigten sich aber auf eine Fortsetzung der großen Koalition unter Premier-Min. Schamir. Die Koalition zerbrach jedoch im März 1990; der Likud-Block regierte seither in einer Koalition mit ultrareligiösen Parteien und Gruppen. Nach ihrem Sieg bei den Wahlen 1992 bildete die Israel. Arbeiterpartei eine Koalitionsregierung mit Liberalen und Orthodoxen unter Y. Rabin. 1993 wurde E. Weizman zum Staats-Präs. gewählt. Nach der Ermordung Rabins

Israel.
Die Wüste Negev im Bereich des Paranplateaus

israelisch-arabische Kriege

(4. 11. 1995) durch einen israel. Extremisten wurde S. Peres zu seinem Nachfolger gewählt.
Außenpolitik: Die fortgesetzte aggressive polit.-militär. Haltung der arab. Staaten und die Intensivierung des arab.-palästinens. Guerillakrieges ab 1955 veranlaßten I. 1956 zum 2. Israel.-Arab. Krieg. Die Mobilisierung des arab. Kriegswillens durch Ägypten und Syrien seit Herbst 1966, Aktionen der ↑Palästinensischen Befreiungsbewegung, die Sperrung des Golfes von Akaba und der Aufmarsch ägypt., syr., saudiarab. und jordan. Truppen verursachten 1967 den 3. Israel.-Arab. Krieg (Sechstagekrieg). Die israel. Weigerung zum Rückzug aus den in diesem Krieg besetzten Gebieten führte zum polit. Widerstand der arab. Bevölkerung dieser Gebiete, zu terrorist. Guerillaaktionen der Befreiungsbewegungen (und massiven israel. Gegenaktionen), zu Solidaritätserklärungen der meisten asiat. und afrikan. Staaten mit den Arabern sowie zum Abbruch der diplomat. Beziehungen durch die UdSSR und fast alle anderen kommunist. Staaten. Ein ägypt.-syr. Überraschungsangriff löste 1973 den 4. Israel.-Arab. Krieg (Jom-Kippur-Krieg) aus. Erst der Besuch des ägypt. Staats-Präs. A. as-Sadat in I. im Nov. 1977 leitete eine Phase intensiver israel.-ägypt. Friedensgespräche ein (unter direkter Beteiligung der USA), die am 26. 3. 1979 in einen Friedensvertrag mündeten: Anerkennung der internat. Grenzen zw. Ägypten und dem ehem. brit. Mandat Palästina, Abzug der israel. Streitkräfte vom Sinai (vollständige Rückgabe der Halbinsel an Ägypten im April 1982), Aufnahme diplomat. Beziehungen, Verhandlungen mit dem Ziel einer palästinens. Autonomie. Dennoch setzte I. seine Siedlungspolitik in den besetzten Gebieten fort und erklärte 1980 ganz Jerusalem zu seiner Hauptstadt. Im Dez. 1981 annektierte I. die seit 1967 besetzten Golanhöhen. Der ab Juni 1982 erfolgte Einmarsch der israel. Armee in den Libanon (zur Ausschaltung der PLO) führte zu erhebl. internat. Spannungen; der Rückzug der israel. Truppen begann im Jan. 1985. Als Folge des 2. Golfkriegs Anfang 1991 suchte I. zu einem Ausgleich mit seinen arab. Nachbarn zu kommen; im Okt. 1991 begann in Madrid die erste Nahost-Friedenskonferenz, an der auch die PLO teilnahm. Unter Premier-Min. Y. Rabin (seit 1992) kam es zu verstärkten Bemühungen um Kompromisse bei den seit 1992 festgefahrenen Nahost-Friedenskonferenzen; seine Politik des Ausgleichs mit der PLO führte maßgeblich zur Unterzeichnung des Gaza-Jericho-Abkommens am 13. 9. 1993 und des Autonomieabkommens am 4. 5. 1994, die die Bildung einer Selbstverwaltung der Palästinenser im Gazastreifen und in Jericho sowie den israel. Rückzug aus diesen Gebieten nach sich zogen. Diese Vereinbarungen wurden durch die zw. I. und Jordanien am 25. 7. 1994 unterzeichnete »Washingtoner Erklärung« ergänzt, die in den Friedensvertrag zw. beiden Staaten vom 26. 10. 1994 mündete.

israelisch-arabische Kriege, Kriege, die aus dem ununterbrochenen, mit unterschiedl. Schärfe ausgetragenen Konflikt zw. Arabern und Israelis (↑Nahostkonflikt) erwuchsen, ausgelöst durch die zunehmende jüd. Einwanderung nach Palästina seit dem Ende des 19. Jh. (↑Zionismus). *1. Israel.-Arab. Krieg* (15. 5. 1948–15. 1. 1949): Von Transjordanien, Ägypten, Irak, Syrien und Libanon begonnen, um die Errichtung eines Staates Israel zu verhindern. Waffenstillstandsabkommen: u. a. Teilung Jerusalems, Verbleib des Gazastreifens unter ägypt. Kontrolle, Gebiete westlich des Jordans an Transjordanien. – *2. Israel.-Arab. Krieg (Sinaifeldzug)* (29. 10.–8. 11. 1956): Präventivkrieg Israels; Besetzung des Gazastreifens und der Halbinsel Sinai durch Israel, aus denen es sich nach dem von der UdSSR und den USA erzwungenen Waffenstillstand 1956/57 gegen die Garantie freier Schiffahrt im Golf von Akaba zurückzog. – *3. Israel.-Arab. Krieg (Sechstagekrieg)* (5.–11. 6. 1967): Präventivkrieg Israels; nach der Vernichtung der ägypt. Luftwaffe Eroberung des Gazastreifens, der Sinaihalbinsel, der Golanhöhen und W-Jordaniens sowie Besetzung des jordan. Teils von Jerusalem durch Israel; beendet durch Waffenstillstand. – *4. Israel.-Arab. Krieg (Jom-Kippur-Krieg)* (6.–22./25. 10. 1973): Nach Unterstützung durch die UdSSR überraschend von Ägypten und Syrien

Istanbul

Istanbul. Blick vom Goldenen Horn auf die Süleymaniye Camii, 1550–56 von Sinan erbaut

begonnen; unentschiedener Ausgang; Waffenstillstand und Truppenentflechtungsabkommen (1974/75) durch diplomat. Einsatz der Supermächte, v. a. der USA; unter Vermittlung der USA zw. Israel und Ägypten im März 1979 Abschluß eines Friedensvertrags. – *5. Israel.-Arab. Krieg* (ab 6. 6. 1982): Israel. Libanonfeldzug v. a. zur Vertreibung der Palästinenser; Belagerung der in Beirut eingeschlossenen PLO-Kämpfer, syrische Soldaten und drusische Milizen; 21. 8. – 1. 9. 1982 Abzug der meisten Palästinenser.

Israelische Arbeiterpartei, 1968 aus dem Zusammenschluß von ↑Mapai, Rafi (»Arbeiterliste Israels«) und Ahdut Haavoda (»Einheit der Arbeit«) hervorgegangene sozialdemokrat. Partei in Israel; 1968–77, 1984–90 (mit Likud) und seit 1992 Regierungspartei.

Israeliten [...ra-e...] (Hebräer, Kinder Israel), Angehörige der semit. Stämme, die vom 15. bis 13. Jh. v. Chr. in Palästina eindrangen. Sie gehen nach 1. Mos. auf den Erzvater Israel zurück.

Issos, antike kilik. Stadt am Golf von İskenderun; berühmt durch die Entscheidungsschlacht zw. Alexander d. Gr. und Darius III. (im Herbst 333 v. Chr.).

Issykkul [russ. is'sikkulj], mit rd. 6236 km² größter See im Tienschan, Kirgistan, 1608 m ü. M., bis 702 m tief, abflußlos.

Istanbul ['ıstambu:l] (türk. İstanbul), größte Stadt der Türkei, beiderseits des Bosporus, dessen Ufer durch Fähren und zwei Hängebrücken verbunden sind, 6,62 Mio. E. Wirtschafts- und Kulturzentrum des Landes. Sechs Univ., TU, Museen, u. a. Topkapı-Serail-Museum, Antikenmuseum, archäolog. Museum. Sitz zahlr. Banken, Handelsfirmen, handwerkl. und industrieller Betriebe. Endpunkt des Eisenbahnnetzes in der europ. Türkei; Hafenanlagen im Goldenen Horn, im Bosporus und am N-Ende des Marmarameers. Internat. ✈ im SW der Stadt.

Bauten: Zahlr. byzantin. Kirchen, deren bedeutendste die ↑Hagia Sophia ist. Byzantinisch sind auch die Ruinen des Hippodroms (203; nach 324 vergrößert), die über 7 km lange Theodosian. Stadtmauer (v. a. von 414), die Ruine des sog. Palastes des Konstantin VII. Porphyrogennetos (Tekfur Serail; 13. bis 15. Jh.). Unter den türk. Bauten sind die drei Moscheen von Sinan hervorzuheben: die Prinzenmoschee, die Süleiman-Moschee und die Rüstem-Paşa-Moschee (alle 16. Jh.). Die heutige Hauptmoschee ist die Sultan-Ahmad- oder Blaue Moschee (1609–16). Der ehem. Sultanspalast Topkapı-Serail wurde 1462 begonnen, der Große Basar 1461 angelegt (nach Bränden und Erdbeben wieder aufgebaut).

Istanbul.
Ahmed-Moschee, die »Blaue Moschee«, von Mehmed Ağa (1609–16)

Istäwonen

Geschichte: Konstantin I., d. Gr., gründete das um 658 v. Chr. gegr. griech. *Byzantion* (Byzantium, Byzanz) unter dem Namen *Konstantinopolis* neu als zweite Hauptstadt des Röm. Reiches (330). Unter Justinian I. erlebte es eine Glanzzeit (wohl über 500 000 E, im 14./15. Jh. nur noch etwa 50 000). 626 Belagerung und Angriffe durch die Perser und Awaren, 674–678 und 717/718 durch die Araber, 813, 913 und 924 durch die Bulgaren, 860, 907, 941 und 1043 durch die Waräger bzw. Rus, 1090/91 durch die Petschenegen; 1203/04 Eroberung der Stadt durch das Heer des 4. Kreuzzugs, 1392 und 1422 Belagerung durch die Osmanen sowie Eroberung am 29. 5. 1453; Hauptstadt des Osman. Reichs (bis 1923).

Istäwonen ↑Istwäonen.

Isthmus [griech.], Bez. für eine natürl. schmale Landenge, z. B. I. von Korinth.

Istrati, Panait, *Brăila 10. 8. 1884, † Bukarest 16. 4. 1935, rumän. Schriftsteller. Schrieb realist. Romane in frz. Sprache, u. a. »Kyra Kyralina« (1924), »Die Haiduken« (1925), »Die Disteln des Baragan« (1928).

Istrien [...i-ɛn], Halbinsel an der Küste des Adriat. Meeres, Slowenien und Kroatien, rd. 4000 km², bis 1396 m hoch, größte Stadt Pula.

Geschichte: Römisch etwa ab 178 v. Chr.; byzantinisch 538; fränkisch 788; 1040 eigene Markgrafschaft (1209 bis 1420 an Aquileja); danach v. a. an Venedig); 1797/1815 an Österreich; 1919/20 an Italien; 1947/54 ohne Triest in jugoslaw. Besitz.

Istwäonen (Istäwonen), nach Tacitus einer der drei großen Stammesverbände der ↑Germanen. Die I. (u. a. Chamaven, Chatten und sal. Franken) siedelten im Gebiet zw. Rhein, Main und Weser; sie waren vielleicht – wie Herminonen und Ingwäonen – nur Kultverbände ohne polit. Gewicht.

Istwert ↑Sollwert.

Iswestija [russ. iz'vjestije »Nachrichten«], russ. Tageszeitung; erscheint seit 1918 in Moskau.

it., Abk. für lat. ↑item.

i. T. (i. Tr.), Abk. für in der Trockenmasse; v. a. zur Kennzeichnung des Fettgehaltes bei Käse.

Itai-Itai-Krankheit [jap./dt.], sehr schmerzhafte Knochenerweichung infolge Einbaus von Cadmium in die Knochensubstanz bei chron. Cadmiumvergiftung; erstmals 1955 in Form einer Massenvergiftung durch Industrieabwässer in Japan (Honshū) beobachtet.

Itaipú [span. itaj'pu], von Brasilien und Paraguay errichtetes Wasserkraftwerk

Rolf Italiaander

Italien

am I.-Staudamm (6,4 km lang, bis 195 m hoch) im Paraná, nahe Foz do Iguaçu; mit 12 600 MW Leistung eines der größten Wasserkraftwerke der Erde.
Itala [lat.], altlat. Bibelübersetzungen.
Italiaander, Rolf [itali'andər], *Leipzig 20. 2. 1913, † Hamburg 3. 9. 1991, dt. Schriftsteller niederl. Herkunft. Veröffentlichte u. a. Reisebücher, Essays, Monographien und Jugendbücher.
Italien (italienisch Italia), Staat in Europa, grenzt im W an Frankreich, im N an die Schweiz und Österreich, im O an Slowenien, im S umgibt das Mittelmeer das übrige Staatsgebiet. Zu I. gehören Sizilien und Sardinien sowie eine Anzahl kleinerer Inseln.
Staat und Recht: Parlamentar.-demokrat. Republik; *Verfassung* von 1948 (zuletzt 1993 geändert). *Staatsoberhaupt* ist der für 7 Jahre von einer Wahlversammlung (beide Kammern des Parlaments und je drei Vertreter der Regionen) gewählte Staats-Präs.; seine Funktionen gehen über die der reinen Repräsentation hinaus: u. a. aufschiebendes Veto bei der Gesetzgebung, Auflösung des Parlaments oder einer der beiden Kammern. Die *Exekutive* liegt beim Min.-Präs., der die Richtlinien der Politik bestimmt, und den Min., die gemeinsam den Ministerrat bilden. Die *Legislative* liegt beim Zweikammerparlament, dem Senat (315 für 5 Jahre gewählte Senatoren, ferner 5 vom Staats-Präs. auf Lebenszeit ernannte Bürger sowie die ehem. Staatspräsidenten) als Vertretungsorgan der Regionen und der Abg.kammer (630 für 5 Jahre gewählte Abg.); das Wahlrecht sieht seit 1993 eine Mischung aus Mehrheits- und Verhältniswahlrecht ($^3/_4 : ^1/_4$) vor. Wichtigste *Parteien* sind: Italien. Volkspartei (PPI; gegr. 1994 als Nachfolgepartei der Democrazia Cristiana, DC), Vereinte Christl. Demokraten (CDU; bis 1995 Teil der Italien. Volkspartei), Christl.-Demokrat. Zentrum (CCD; gegr. 1994 als Nachfolgepartei der DC), Italien. Sozialisten (SI; bis 1994 Partito Socialista Italiano, PSI), Demokrat. Partei der Linken (PDS; bis 1991 Partito Communista Italiano, PCI), Altkommunisten (Rifondazione Communista), Grüne (Verdi), Nationale Allianz (Alleanza Nazionale; darin 1995 aufgegangen: Soziale Italien. Bewegung – Nat. Rechte, MSI – DN), Lega Nord und die Bewegung »Vorwärts Italien« (Forza Italia).
Landesnatur: I. hat Anteil an den Alpen. Die höchsten Berge liegen in den W-Alpen mit über 4 000 m Höhe (Montblanc). In den S-Alpen werden in den Dolomiten 3 342 m (Marmolada) erreicht. Zw. Alpen und Apennin liegt die Poebene, eine bis 150 km breite, nach O geöffnete Senkungszone. Rückgrat der Halbinsel ist der Apennin; er erreicht in den Abruzzen 2 912 m (Corno Grande). Erdbebenhäufigkeit und aktiver Vulkanismus (Vesuv und Ätna) sind Folgen junger tekton. Vorgänge. Während der Alpenanteil zum mitteleurop. Klimagebiet zählt, herrscht im übrigen I. mediterranes Klima. In Nord-I. und im nördl. Apennin überwiegen Laubwälder. Südlich dieser Zone sind Macchie, Steineichen, Lorbeer, Myrte und Ölbäume charakteristisch.
Bevölkerung: Neben den Italienern finden sich Sarden, Rätoromanen und 300 000 deutschsprachige Südtiroler. Die Bev. ist überwiegend röm.-katholisch.
Wirtschaft, Verkehr: Trotz des grundlegenden Strukturwandels vom Agrar- zum Industriestaat konnten die räuml. Ungleichgewichte zw. dem hochindustrialisierten N und dem vergleichs-

Staatsflagge

Italien	
Fläche:	301 278 km²
Einwohner:	57,782 Mio.
Hauptstadt:	Rom
Amtssprache:	Italienisch, daneben regional Französisch und Deutsch
Nationalfeiertag:	1. Sonntag im Juni
Währung:	1 Italien. Lira (Lit) = 100 Centesimi (Cent)
Zeitzone:	MEZ

Staatswappen

Bevölkerung (in Mio.) — 53,8 (1970) / 57,8 (1992)
Bruttosozialprodukt je E (in US-$) — 3072 (1970) / 20460 (1992)

☐ Stadt 70% / 30% Land ☐
Bevölkerungsverteilung 1992

☐ Industrie
☐ Landwirtschaft
☐ Dienstleistung

32% / 65% / 3%
Bruttoinlandsprodukt 1992

Italien

weise zurückgebliebenen S (Mezzogiorno) nicht wesentlich verringert werden. Hauptanbauprodukte der Landwirtschaft, die 57% der Landesfläche nutzt, sind Weizen, Reis, Mais, Kartoffeln, Gemüse, Oliven, Zitrusfrüchte, Tabak und Wein (größter Weinerzeuger in Europa). I. ist relativ arm an Bodenschätzen. Wichtig sind die Erdöl- und Erdgasvorkommen (u. a. in der Poebene), abgebaut werden Quecksilber, Schwefel, Marmor (bei Carrara) sowie Antimon- und Kupfererze. Hauptstandorte der chem. Industrie liegen in N- und M-Italien. Die wichtigsten Ind.-Zweige sind die Metallurgie, der Kfz- und Schiffbau, der Maschinenbau, Elektrotechnik, chem. Industrie, Nahrungs- und Genußmittel-Ind., ferner Textil-, Bekleidungs- und Schuhindustrie. Der Fremdenverkehr ist als Devisenquelle von entscheidender Bed. (1992: 50 Mio. Touristen). Das Schienennetz ist 19 750 km lang, das Straßennetz rd. 300 000 km. Eine durchgehende Autobahnverbindung besteht vom Brenner bis Reggio di Calabria. Die wichtigsten Häfen sind Genua, Neapel, Palermo, Triest, Venedig. Von den internat. ✈ sind Rom und Mailand die verkehrsreichsten.

Geschichte: Zum Altertum ↑Italiker, ↑Etrusker, ↑römische Geschichte.

Vom Ende des Weström. Reiches bis zum Ende der fränk.-dt. Vorherrschaft (476 bis 1260): Dem Untergang des Weström. Reiches (476) folgten, formell unter oström. (byzantin.) Oberhoheit, die Herrschaft des Skiren Odoaker (476 bis 493) und das Ostgotenreich (ab 493). Unter Kaiser Justinian I. (527–565) wurde das Land (bis 552/553) in das Byzantin. Reich eingegliedert. 568 brachen die german. Langobarden in Oberitalien ein; ihre Landnahme beschränkte sich auf die Poebene mitsamt der Toskana (Hauptstadt Pavia) und die Herzogtümer Spoleto und Benevent. Die gegen die langobard. Bedrohung gerichtete polit. Verbindung zw. Papst Stephan II. und dem Frankenkönig Pippin III. (751–768) begründete den Anfänge des späteren Kirchenstaates: Die Pippinsche Schenkung (754) sicherte dem Papsttum außer Rom den Besitz des byzantin. Ravenna zu. 774 wurde der Langobardenkönig Desiderius durch Karl d. Gr. unterworfen; mit dem Schutz Karls für den päpstl. Besitz seit 800 war das erneuerte abendländ. Kaisertum verbunden. Nach dem Tod Ludwigs II., des letzten karoling. Königs in I., kämpften in- und ausländ. Fürsten um die Kaiserwürde und die Krone von Ober- und Mittel-I. (seit dem 8. Jh. »Reichs-I.« gen.). Unter-I. wurde von den Sarazenen bedroht, die im 9. Jh. Sardinien, Korsika und Sizilien eroberten. Otto I. sicherte 951 das Langobardenreich der kaiserl. Herrschaft. Im Laufe des 11. Jh. nahmen die Normannen Unter-I. in Besitz und wurden 1059 vom Papst mit Unter-I. und Sizilien belehnt; 1127 wurden Sizilien und Unter-I. durch den Normannen Roger II. vereint (Verleihung der Königswürde durch den Papst). Nach dem Investiturstreit erstarkten im 11./12. Jh. sowohl das Papsttum als auch die aufblühenden Städte (u. a. Mailand, Venedig). Die Versuche zur Wiederherstellung der Reichsgewalt und zum Ausbau der Hausmacht unter den Staufern Friedrich I. Barbarossa, Heinrich VI. (Heirat mit der normann. Erbin Konstanze) und Friedrich II., der auf Sizilien einen gut organisierten Staat begründete, scheiterten mit dem Tod Konrads IV. (1254). Papst Innozenz III. (1198–1216) gelang die Vollendung des Kirchenstaats.

Frz. Vorherrschaft, Zeit der Renaissance und span. Vorherrschaft (1260–1706): 1265 wurde Karl I. von Anjou mit dem Kgr. Sizilien (↑Neapel [Königreich]) durch Papst Klemens IV. belehnt. Seit der Sizilian. Vesper (1282) wuchs die Rivalität zw. den Anjou in Unter-I. und den aragones. Herrschern von Sizilien. Nach dem Scheitern der Machtpolitik Bonifatius' VIII. und dem Avignonischen Exil (1309–76), während dessen das Papsttum ganz unter frz. Einfluß geriet, erlangte der Kirchenstaat erneute Machtstellung erst unter Martin V. (1417–31). Die Herrschaftsausweitung der Stadtstaaten auf das Umland (u. a. 1390–1430 Eroberung der Festlandsbesitzungen durch Venedig) leitete einen Territorialisierungsprozeß ein. Nach jahrzehntelangen Hegemoniekämpfen bestand seit dem Frieden von Lodi (1454) ein labiles Gleichgewicht des italien. Staatensystems (Hauptmächte: Florenz, Kirchenstaat, Mailand, Neapel, Venedig). Stör-

Italien

faktoren bildeten die Verbindung italien. Staaten mit Aragonien, die Reichsrechte in Ober- und Mittel-I. und der frz. Interventionswille. Im 15. Jh. war I. trotz der polit. Krisen Mittelpunkt des Humanismus und der Renaissance. Der Italienzug Karls VIII. von Frankreich (1494/95) eröffnete die Auseinandersetzungen zw. Frankreich und dem Haus Habsburg um die Vorherrschaft in Italien. Im Zuge der Gegenoffensive gegen den 1499 erneut in I. eingefallenen Ludwig XII. von Frankreich 1504 wurden Neapel und Sizilien (bis 1713) durch Ferdinand II. von Aragonien vereint. Die Entscheidung fiel in I. in vier Kriegen zw. Franz I. von Frankreich und Kaiser Karl V. zugunsten der Habsburger (Frieden von Cambrai 1529 bzw. von Cateau-Cambrésis 1559). Nach der Teilung des Hauses Österreich geriet I. unter span. Vorherrschaft. Seit Anfang des 17. Jh. machte sich u. a. durch die Verlagerung der Welthandelswege (abnehmende Bed. des Mittelmeers) eine wirtschaftl. Rezession bemerkbar. Der wachsenden Bedrohung durch die Osmanen begegnete Venedig in den Türkenkriegen (1645–71, 1684–99).

Neuverteilung der Macht und Zeit der Revolution (1706–1815): Nach dem Aussterben der span. Habsburger (1700) setzte ein bourbon.-habsburg. Ringen um das span. Erbe in I. ein. Der Aachener Frieden (1748) sah die Neuregelung der Territorialverhältnisse vor: Habsburger in N- und M-Italien, span. Nebenlinien der Bourbonen u. a. im Kgr. Neapel-Sizilien, das Haus Savoyen u. a. im Kgr. Sardinien, daneben die Republiken Venedig, Genua, Lucca sowie den polit. einflußlose Kirchenstaat. In den Koalitionskriegen gegen das revolutionäre und Napoleonische Frankreich seit 1792/1793 brach dieses System zusammen. 1796–99/1802 kam es zur Gründung demokrat. Republiken sowie des Kgr. Etrurien, 1805 des Kgr. I., 1806 des Kgr. Neapel, 1805–09 zur frz. Annexion des restl. Italiens.

Zeit des Risorgimento (1815–70): Auf dem Wiener Kongreß (1814/15) wurde die vornapoleon. Ordnung in I. erneuert, der Gedanke der nat. Einheit blieb aber lebendig. Träger der Bewegung des Risorgimento (»Wiedererstehung«) waren v. a. der Geheimbund der Carboneria und seit 1831 die von G. Mazzini gegr. Gruppe »Giovine Italia« (»Junges I.«). Unter dem Druck liberaler und demokrat. Forderungen erhielt das »Kgr. beider Sizilien«, der Kirchenstaat, die Toskana und das Kgr. Sardinien Verfassungen. Nach dem erfolglosen Krieg Sardiniens gegen Österreich 1848/49 konnte die Regierung Sardiniens unter Min.-Präs. Cavour (ab 1852) die Hilfe Napoleons III. gewinnen, der Hoffnungen auf die frz. Vormachtstellung in Europa mit Sympathien für die nationalstaatl. Bewegungen verband. Der nachfolgende Sardin.-Frz.-Österr. Krieg 1859 endete nach österr. Niederlagen mit dem von Napoleon III. vorzeitig geschlossenen Vorfrieden von Villafranca di Verona und dem Frieden von Zürich, der Sardinien zwar den Erwerb der Lombardei brachte, Österreich jedoch den Besitz von Venetien ließ. Erst im Frühjahr 1860 erreichte C. Cavour den durch Volksabstimmungen legitimierten Anschluß von Parma-Piacenza, Modena, der Toskana und der päpstl. Legationen von Ferrara und Bologna. Die frz. Zustimmung wurde durch die schon 1858 vereinbarte Abtretung Nizzas und Savoyens erkauft. Im Mai 1860 eroberte G. Garibaldi mit einem Freiwilligenkorps Sizilien und danach Unteritalien. Plebiszite in den bis 1860 an das neue I. angeschlossenen Gebieten bestätigten die staatl. Neuordnung (schrittweise Übertragung der Verfassungs- und Verwaltungsordnung des Kgr. Sardinien auf das neue I.). Nach ersten Parlamentswahlen im Jan. 1861 wurde am 17. 5. 1861 das Kgr. I. offiziell proklamiert; König wurde Viktor Emanuel II. von Sardinien. Venetien wurde durch die Teilnahme auf preuß. Seite im Dt. Krieg 1866 gewonnen. Der Abzug der frz. Truppen aus Rom nach Ausbruch des Dt.-Frz. Krieges (1870/71) erlaubte die Einnahme der Stadt (20. 9. 1870); der Restkirchenstaat wurde annektiert und Rom zur Hauptstadt erklärt.

Der junge italien. Einheitsstaat, die Zeit des 1. Weltkrieges und des Faschismus (1870 bis 1944/45): Die von Sardinien geprägte polit. Elite der »Rechten« wurde 1876 durch die »Linke« abgelöst, die unter A. Depretis u. a. die Schulpflicht einführte und 1882 eine Wahlreform vornahm. Außenpolitisch schloß sich I.

Italien

Italien. Olivenbaumkulturen bei Alcamo, Sizilien

(v. a. nach der frz. Besetzung von Tunis 1881) 1882 dem zum Dreibund erweiterten dt.-österr. Zweibund an. Die italien. Kolonialpolitik begann mit der Inbesitznahme von Eritrea (1890) und Italien.-Somaliland (1885–1905) sowie dem 1896 gescheiterten Versuch der Eroberung Äthiopiens. Im Innern versuchte G. Giolitti (mehrfach Min.-Präs. ab 1892/93), den polit. Katholizismus zu gewinnen und die Arbeiterbewegung gegen den Widerstand der Liberalkonservativen (A. Salandra, G. S. Sonnino) in die monarch. Staatsordnung zu integrieren; er scheiterte an den innenpolit. Auswirkungen des Italien.-Türk. Krieges 1911/12 (Erwerb von Tripolis, der Cyrenaika, des Dodekanes), die zu einer Spaltung der sozialist. Partei und zu einer Stärkung der extremen Rechten und Linken führten. 1915 trat I. auf der Seite der Entente in den 1. Weltkrieg ein. Mit den Friedensverträgen von Versailles und Saint-Germain-en-Laye erhielt es die Brennergrenze, Julisch-Venetien, Triest, Istrien, nicht aber, wie erhofft, Fiume (heute Rijeka), Dalmatien und S-Albanien. Die Nachkriegskrise schuf das Klima für eine gewaltsame Reaktion: Ab Ende 1920 stieg die von B. Mussolini geführte faschist. Bewegung (↑Faschismus) mit Duldung oder Unterstützung von Militär, Polizei, staatl. Bürokratie und Justiz in wenigen Jahren zur Macht auf (Marsch auf Rom, Okt. 1922) und schuf in I. ein

diktator. Einparteiensystem. Machtpolit. Schwäche und der Aufbau des faschist. Regimes im Innern nötigten I. außenpolitisch trotz weitreichender Absichten auf Vorherrschaft im Mittelmeerraum (Besetzung Korfus 1923) zunächst zur Mitarbeit an der von Frankreich und Großbrit. bestimmten Nachkriegsordnung. Das Ende der dt.-frz. Verständigungspolitik und die Machtergreifung Hitlers gaben I. eine Mittlerstellung, die ihren Ausdruck im Viererpakt fand (15. 7. 1933). Nach dem italien. Krieg gegen Äthiopien (1935/36; okkupiert bis 1941) gründeten I. und das nat.-soz. Deutschland die »Achse Berlin–Rom«, 1937 trat I. dem Antikominternpakt bei und aus dem Völkerbund aus. Im Mai 1939 schloß es einen Militärpakt mit Deutschland (»Stahlpakt«). Am 10. 6. 1940 trat I. unter dem Eindruck der dt. Siege in den 2. Weltkrieg ein; im Sept. 1940 erfolgte der Abschluß des Dreimächtepakts. Die Unfähigkeit Mussolinis, I. angesichts schwerer Niederlagen aus dem Bündnis mit Deutschland zu lösen, führte – nach der Landung der Alliierten in Sizilien – am 24./25. 7. 1943 im Zusammenspiel von Großrat des Faschismus und Krone zu seinem Sturz (Verhaftung). Die von König Viktor Emanuel III. ernannte Regierung P. Badoglio löste die faschist. Partei auf, schloß am Tag der Landung der Alliierten in S-I. (3. 9. 1943) einen Waffenstillstand (verkündet am 8. 9.)

Italien

und erklärte Deutschland am 13. 10. den Krieg. König und Regierung flohen nach Bari (Gründung des sog. Regno del Sud). Der von dt. Fallschirmjägern befreite Mussolini gründete in N-I. die Italien. Soziale Republik (Republik von Salò). Die seit 1942 im Untergrund neu gegr. Parteien bildeten im Sept. 1943 ein Nat. Befreiungskomitee, das nach der Befreiung Roms (4. 6. 1944) den durch seine Verbindung mit dem Faschismus belasteten König zur Einsetzung seines Sohnes Umberto als Statthalter zwang und die Regierung Badoglio durch ein Sechs-Parteien-Kabinett unter I. Bonomi ersetzte.

Nachkriegszeit und Republik Italien (seit 1944): I. mußte im Pariser Frieden (10. 2. 1947), abgesehen von seinem Kolonialbesitz, auf Istrien, Teile Julisch-Venetiens, den Dodekanes und Triest (zurückgegliedert 1954) verzichten; Südtirol und Aostatal erhielten Minderheitenrechte. Eine Volksabstimmung vom 2. 6. 1946 entschied zugunsten der Republik. Der gemäßigte Reformkurs des Führers der Christdemokraten, A. De Gasperi (Min.-Präs. in acht Kabinetten 1945–53), führte im Mai 1947 zum Ausscheiden von Kommunisten und Sozialisten aus der Regierung. Das in der Nachkriegszeit entstandene Parteiensystem war nahezu 50 Jahre lang bestimmt einerseits durch die hegemoniale Stellung der Christdemokraten (die jedoch auf Mitarbeit der Mittelparteien und/oder der Sozialisten angewiesen waren), die bis 1981 alle Min.-Präs. stellten, andererseits durch eine ähnl. Stellung der Kommunisten auf der Linken. Die Regierungsinstabilität (durchschnittl. Amtszeit nach 1945: 10 Monate) beruhte u. a. auf den Schwierigkeiten der Koalitionsbildung. Die »Öffnung nach links« ab 1962 sicherte lediglich den drei Kabinetten A. Moro (1963–68) durch Beteiligung der Sozialisten (»Mitte-Links-Regierung«) eine beträchtl. Kontinuität. Im Juni 1981 bildete G. Spadolini als erster Min.-Präs. nach dem Krieg, der nicht der DC angehörte, eine Koalitionsregierung (PRI, DC, PSI, PSDI, PLI), die aber bereits im Nov. 1982 scheiterte. A. Fanfani (Min.-Präs. Dez. 1982 bis April 1983) wurde nach Neuwahlen im Juni 1983 von dem Sozialisten B. Craxi abgelöst, der 1987 zurücktrat. Die folgende Legislaturperiode brachte zwar wieder eine Mehrheit für die DC, doch wechselten die Reg. mehrmals (Kabinette u. a. G. Goria, C. De Mita, G. Andreotti). Seit Beginn der 1990er Jahre zeichnete sich ein fundamentaler innenpolit. Umbruch ab: Die Kommunist. Partei, seit 1946 zweitstärkste Kraft, änderte im Febr. 1991 ihren Namen in »Demokrat. Partei der Linken« (PDS) und gab sich ein neues Programm, Staats-Präs. F. Cossiga trat kurz vor dem Ende seiner Amtszeit zurück. Die hohe Staatsverschuldung, das unverändert starke Gefälle zw. Norden und Süden, bes. aber die Ausweitung des organisierten Verbrechens tru-

Italien.
Landschaft bei Castelfiorentino, südwestlich von Florenz

Italienisch

gen zu einem massiven Glaubwürdigkeitsverlust der etablierten polit. Kräfte bei. Bei den Parlamentswahlen im April 1992 gewannen Regionalparteien (v. a. die Lega Nord) erhebl. Stimmenzuwächse. Eine Koalitionsregierung (DC, PSI und PLI) unter G. Amato (PSI) suchte zwar das Vertrauen in den Staat wiederherzustellen, doch das Bekanntwerden von Korruptionsskandalen, die dokumentierte Nähe führender Politiker (u. a. Andreotti und Craxi), Spitzenmanager und Beamter zum organisierten Verbrechen sowie die Mafiamorde an hohen Justizbeamten führte im Frühjahr 1993 zu einer tiefgreifenden Staatskrise. In einem Referendum sprach sich die Bev. im April 1993 mit großer Mehrheit für polit. Reformen (v. a. Einführung des Mehrheitswahlrechts) aus. Staats-Präs. L. Scalfaro (seit Mai 1992) beauftragte daraufhin den parteilosen Gouv. der Zentralbank, C. Ciampi, mit der Regierungsbildung. Nach erdrutschartigen Verlusten der Christdemokraten (seit 1993 Italien. Volkspartei) und Sozialisten bei den Kommunalwahlen im Nov. 1993 gewann bei den vorgezogenen Parlamentswahlen im März 1994 die rechtsgerichtete Allianz des Medienunternehmers S. Berlusconi die Mehrheit; Berlusconi wurde im Mai 1994 zum Min.-Präs. einer Regierungskoalition (Forza Italia, Lega Nord, Nationale Allianz u. a.) gewählt. Nach dem Ausbleiben der von ihm zugesagten Reformen und dem Vorwurf der Verquikkung von staatl. Macht und polit. Berichterstattung mußte Berlusconi mit dem Auseinanderbrechen dieser Koalition jedoch bereits im Dez. 1994 zurücktreten. 1995 führte Min.-Präs. L. Dini mehrere innenpolit. Reformen durch, die zu einer vorläufigen Beruhigung der innenpolit. Situation führten. – Die italien. Außenpolitik suchte seit 1947 den Anschluß an das westl. Bündnissystem und die europ. Integration: I. war Mitbegründer der NATO (1949), des Europarats (1949), der Montanunion (1951), der WEU (1955), der EWG sowie der EURATOM (1957).

Italienisch, zu den ↑romanischen Sprachen gehörende Sprache, die sich in eine Vielzahl stark voneinander abweichender Mundarten gliedert; die Schriftsprache hat sich im wesentl. aus der toskan. Mundart entwickelt. Außerhalb Italiens werden italien. Mundarten im schweizer. Kt. Tessin und in den südl. Talschaften Graubündens gesprochen, ebenso auf Korsika, in Teilen Istriens, in Dalmatien, im Gebiet Nizza und im Ft. Monaco. Mundarten: 1. im N die galloitalien. Mundarten in Piemont, der Lombardei, in der Emilia-Romagna, in Ligurien und Venetien; 2. das Toskanische (mit den kors. Dialekten) und das Umbrische; 3. die Mundarten S-Italiens südlich der Linie Ancona–Rom.

Der Lautstand des I. hat sich seit dem MA kaum verändert. Eine einschneidende Neuerung gegenüber dem Lateinischen ist jedoch die Beseitigung aller Auslautkonsonanten; zus. mit der Bewahrung der Auslautvokale hat dies zur Folge, daß das italien. Wort gewöhnl. auf einen Vokal endet. Für die Flexion ist charakterist., daß sich im Plural der lat. Nominativ durchgesetzt hat und daß sich in der Verbalflexion sehr viele unregelmäßige Formen erhalten haben.

italienische Kunst, die Kunst der italien. Halbinsel.

Mittelalter: *Vorromanik:* In der *Baukunst* dominiert bis zum 11. Jh. die querschifflose, flachgedeckte Basilika. In der Lombardei setzt sich der Chorabschluß mit drei Apsiden sowie Arkaden durch; u. a. Kernbau der Basilika Sant'Ambrogio (Mailand, 824–859). In Rom *Mosaikkunst* (Santa Prassede) sowie *Wand-*

italienische Kunst. Palazzo Vecchio in Florenz (1299 – 1314)

italienische Kunst

malerei (San Clemente). *Romanik*: In der Lombardei Wandgliederung durch Wölbung mit Stützen (Sant'Ambrogio, 12. Jh.). In der Toskana, Süditalien und Sizilien Verkleidung durch Marmorinkrustation (toskan. »Protorenaissance« [San Miniato al Monte, 1018 ff. und 1070 ff.]). Roman. *Bauplastik* (Comasken) v. a. in der Lombardei (San Michele, Pavia). Meist byzantin. Einfluß zeigen die in ganz Italien verbreiteten Bronzetüren sowie *Wandmalerei* und *Mosaiken*, v. a. in benediktin. Klöster; auch *Buchmalerei*. In Rom erneuern die Cosmaten die spätröm. *Inkrustationstechnik*. Bei der Übernahme der *Gotik* von den Zisterziensern und den Bettelorden wurde die Betonung der Wand (San Francesco, Assisi, 1228 ff.) beibehalten. Die Gewölbebauten zeichnet eine oft hallenartige Weite aus (Arnolfo di Cambio, Florenz, Dom, 14. Jh.). Ausnahmen bilden der spätgot. Mailänder Dom sowie der Zierstil venezian. Paläste. In der *Plastik* zeigt sich got. Anregung im Werk B. Antelamis (Parma, Dom); bahnbrechend waren N. Pisano und Arnolfo di Cambio sowie G. Pisano (Siena, Dom, um 1285). Die einer strengen »maniera greca« verpflichtete *Malerei* empfing um 1300 erneuernde Impulse (Duccio, Cimabue, P. Cavallini). Mit Giottos Fresken in der Arena-Kapelle, Padua (1305/06) wurde das Bild im modernen Sinne geschaffen.

Renaissance und Manierismus: Abbildung der Natur nach mathemat., opt. und perspektiv. Regeln gilt der Renaissance als ästhet. Vollkommenheit. Die *Baukunst* will Abbild der göttl. Weltordnung sein: bes. F. Brunelleschis quadrat. Basiliken (Santo Spirito, Florenz, 1436 ff.) und symmetr. Zentralbauten (Pazzi-Kapelle, Florenz, um 1430). Mit der Kirche Sant'Andrea in Mantua (1470 ff.) orientiert sich L. B. Alberti am röm. Gewölbebau und wirkt damit auf die Architektur der *Hochrenaissance,* die seit 1500 in Rom entsteht. In Michelangelos Entwürfen für Sankt Peter wird die europ. Architektursprache entwickelt. Seit 1520 manierist. Durchbrechung der architekton. Logik (Michelangelo, Florenz, Biblioteca Laurenziana, 1530 ff.). *Plastik*: Antikes Menschenbild und die Vorstellung der Würde der Persönlichkeit trennen im 15. Jh. die Florentiner Plastik von der im übrigen Europa (Donatello). Der Schönlinigkeit (Ghiberti) und drast. Realismus (Brüder Pollaiuolo, Verrocchio, L. Della Robbia) umfassende Stil Florentiner *Frührenaissance* breitet sich in der 2. Hälfte des 15. Jh. in ganz Italien aus. Das »Non finito«, das unvollendete Werk bei Leonardo und Michelangelo, ist charakteristisch für die Suche der röm. *Hochrenaissance* nach der vollkommenen Form, die im Manierismus in Frage gestellt wird (Michelangelo selbst, B. Cellini, G. da Bologna). Die *Malerei* gewinnt mit der Renaissance an Bedeutung, v. a. in Form des Tafelbildes, neben religiösen Inhalten Porträt (Raffael), Landschaft (Leonardo) und mytholog. Szenen (Botticelli). An der Antike geschulte, z. T. harte Plastizität (A. Mantegna). Licht und Farbe werden, bei Piero della Francesca und Leonardo im Sinne von Farb- und Luftperspektive, zu idealisierenden Medien; in der venezian. Malerei werden sie Vermittler einer leuchtenden Vision Arkadiens (Giorgione, Tizian). Für kurze Zeit bringt die *Hochrenaissance* antike Ideali-

italienische Kunst. Giorgio De Chirico. »Großes metaphysisches Interieur« (1917)

italienische Kunst. Bischofsstuhl des Elia in der Basilika San Nicola in Bari (12. Jh.)

italienische Literatur

sierung und naturwiss. Erkenntnisse in Übereinstimmung (Leonardo, Raffael, Michelangelo), was der *Manierismus* (Tintoretto, G. Romano, Parmigianino, Bronzino, I. da Pontormo) bewußt nicht anstrebt. Die illusionist. Deckenmalerei Correggios bildet die Brücke zw. Renaissance und Barock.

Barock: In Opposition zum Manierismus entwickelt sich die barocke Kunst um 1600 in Rom, wobei sie jedoch dessen Mittel zur Ausdruckssteigerung nutzt. *Architektur:* Im Langhausbau des Petersdoms behauptet sich die Kuppel (Michelangelos) als zentralisierendes Motiv, wird Massenwirkung durch plast. Kontraste demonstriert; das gilt auch für die Barockfassaden von P. Cortona bis zu Borromini. Der als Synthese von Längs- und Zentralbau formulierte ovale Grundriß Berninis (Sant'Andrea al Quirinale) oder der als Durchdringung verschiedener Formen konzipierte Borrominis (Sant'Ivo della Sapienza) sind die ersten genialen Raumlösungen des Barock. Zentren sind Rom, Turin (Guarini, Iuvarra) und Venedig (Longhena). Röm. *Plastik* ist durch G. L. Bernini geprägt; die *Malerei* entfaltet sich zw. den polaren Temperamenten von Annibale Caracci, der Klassizität mit höchster Lebendigkeit verbindet, und Caravaggio, bei dem große Form sich in klarer Einfachheit darbietet.

18., 19. und 20. Jahrhundert: Klassizist. Ideale prägen die *Architektur* Roms (C. Fontana) sowie die *Skulptur* (A. Canova), zum Rokoko neigt die venezian. *Malerei*, v. a. Veduten (F. Guardi), die Hauptwerke der Deckenmalerei entstehen im Ausland (Tiepolo, Würzburger Residenz, 1750–53). An den Frühimpressionismus Corots schließen die sog. Macchiaioli (ideale. Landschaftsmalerei) an. Der Futurismus tritt um 1910 mit aggressiver Kunstsprache hervor. In der *Architektur* bleibt es bei Entwürfen, die Aufträge gehen an neoklassizist. Architekten. Nach 1945 entfaltet sich eine phantasievolle Architektur (F. Albini, P. L. Nervi, G. Ponti, G. Michelucci). Futurist. *Plastik* (U. Boccioni) findet keine Nachfolge; M. Marini und G. Manzù arbeiten traditionell figurativ; Experimente an der Grenze von Plastik und Malerei bei L. Fontana, Arte povera. In der *Malerei* stehen sich um 1910 zukunftsgläubige Dynamik der Futuristen (U. Boccioni, C. Carrà) und symbolist. Kontemplation (Pittura metafisica von G. De Chirico; G. Morandi) gegenüber, daneben bewußter Realismus (R. Guttuso). Nach dem Krieg Aufnahme internat. Formen von Abstraktion (A. Corpora, A. Magnelli), Pop- und Op-art und neuem Realismus (G. Baruchello).

italienische Literatur, die in italien. Sprache verfaßte Literatur.

Anfänge (Le origini): Erste schriftl. Zeugnisse der literar. Verwendung italien. Dialekte sind in dem »Toskan. Spielmannslied« aus dem 12. Jh. und bei dem provenzal. Troubadour Raimbaut de Vaqueiras (Ende 12./Anfang 13. Jh.) nachweisbar; durch ihn wurde das Provenzalische zur Literatursprache in Italien, dessen Vorherrschaft jedoch später durch die *Sizilian. Dichterschule* und die umbr. *Laudendichtung* (Franz von Assisi, Iacopone da Todi) beendet wurde. Daneben entwickelte sich zw. 1250 und 1260 der †Dolce stil nuovo.

14. Jahrhundert (Trecento): Dante Alighieri gab mit der »Göttl. Komödie« (»Divina Commedia«, vollendet 1321, gedruckt 1472) eine umfassende literar. Deutung der Stellung von Individuum und Gesellschaft, privater Passion und öffentl. Engagement im geistigen Kosmos des MA; sein Traktat »Über die Volkssprache« (um 1304) handelt von einer literar. Hochsprache, für deren Kraft auch das Toskanische steht. Dagegen schätzte F. Petrarca sein umfangreiches Werk in lat. Sprache selbst stets höher als sein in italien. Sprache geschriebenes Liederbuch mit Gedichten an Laura (»Il canzoniere«, hg. 1470). G. Boccaccios Novellensammlung »Il Decamerone« (entstanden 1348–53, gedr. 1470) machte aus der ital. *Novelle* eine europ. Kunstform.

15. und 16. Jahrhundert (Quattrocento und Cinquecento): Die philolog. Wiederentdeckung der Antike prägte die geistesgeschichtl. Entwicklung des 15. Jh., den *Humanismus*. In der Bemühung um die Synthese von antiker Philosophie und Christentum kam der »Platon. Akademie« in Florenz (seit 1459) unter M. Ficino bes. Bedeutung zu. Durch L. B. Alberti gewann die ital. Volkssprache an Ansehen. Literatur und bildende Künste erfuhren in der *Renaissance* zentrale Unterstützung durch Mäzene. Bahnbrechend für andere europ. Nationalliteraturen wirkten die staatspolit. Schriften N. Machiavellis und F. Guicciardinis, die burlesk-parodist. Verarbeitung der nordfrz. Epik bei L. Pulci, M. M. Boiardo, L. Ariosto und T. Tasso, die Erneuerung der arkad. Traditionen durch I. Sannazaro sowie v. a. auch die ↑Commedia dell'arte. Die Normierung der Literatursprache begann mit der Gründung der Accademia della Crusca (1582).

17. Jahrhundert (Seicento): Die *barocke Dichtung* wurde v. a. durch die phantast.-grotesken Welten des G. Marino und den nach ihm benannten Stil *(Marinismus)* bestimmt. Weit verbreitet war Mundartdichtung (G. Basile).

18. Jahrhundert (Settecento): Um die Wende zum 18. Jh. brachte die 1690 in Rom gegr. Accademia dell'Arcadia eine Wendung ins Spielerische, zur *Rokokolyrik*, z. B. bei dem Opernlibrettisten P. Metastasio. Neben den Komödien C. Goldonis, den Märchenspielen C. Gozzis, den klass. Tragödien V. Alfieris und den satir.-didakt. Gedichten G. Parinis stand die Philosophie und Geschichts-Wiss. (G. B. Vico).

19. Jahrhundert (Ottocento): Die Romantik in Italien war enger als in anderen europ. Ländern mit polit. Zielen verbunden. Der eigtl. Bahnbrecher der italien. Romantik, A. Manzoni, und der Lyriker G. Leopardi hielten sich jedoch tagespolitisch zurück. Eine zweite Generation romant. Dichter versuchte nach 1848 die Absichten der ersten zu intensivieren, v. a. die Mailänder Gruppe *Scapigliatura*. Die Entwicklungen in der frz. Literatur prägten die italien. gegen Ende des Jh.: G. Verga verarbeitete Elemente von Realismus und Naturalismus in seinen Gegenwartsromanen, die die typ. italien. Variante des Realismus, den *Verismus,* verkörpern. G. D'Annunzio ließ sich von den Symbolisten und Nietzsche anregen.

20. Jahrhundert (Novecento): Reaktionen u. a. auf die Rhetorik eines D'Annunzio demonstrierten die am frz. Symbolismus orientierten *Crepuscolari* sowie der Begründer des europ. Futurismus, F. T. Marinetti. Auf den polit. Umbruch reagierten die Lyriker, z. B. G. Ungaretti und E. Montale, mit der »reinen Dichtung« (»poesia pura«) einer hermet. Symbolik (»poesia ermetica«). L. Pirandello gab mit seinem dramat. Werk dem Theater des 20. Jh. neue Impulse, Thema seines umfangreichen Novellenwerks ist die Persönlichkeitsspaltung. A. Moravia setzte sich nach Kriegsende mit *neorealist.* Romanen durch. Auf diese Poetik sozialer Wirklichkeit, bes. vertreten durch E. Vittorini, C. Pavese, V. Pratolini, C. Levi, P. P. Pasolini und I. Silone, psycholog. thematisiert bei C. E. Gadda, folgten Introversion und Melancholie (z. B. bei G. Piovene) oder Experiment, Allegorie und Zerstörung vertrauter Romanstrukturen (z. B. bei D. Buzzati, I. Calvino). Auch das Drama (U. Betti, D. Fabbri, D. Fo) bewegt sich zw. diesen Polen, wobei auffällig ist, daß sich die bed. dramat. Talente lieber dem Film zuwandten (M. Antonioni, B. Bertolucci, F. Fellini, P. P. Pasolini). In den 1960er und 70er Jahren erfolgte (parallel zu frz. Entwicklungen) die intensive Aufnahme literar. und literaturtheoret. Diskussionen um die literar. Gestaltung der Wirklichkeit mit experimentellen Mitteln, v. a. in literar. Gruppierungen wie z. B. dem »Gruppo 63« (1963–69, L. Anceschi, U. Eco, E. Sanguineti). Der Theorie des »Industrieromans« wurde von G. Testori, P. Volponi oder N. Balestrini Gestalt gegeben. Auffällig ist der zeitgenöss. Boom des histor. Erzählens (E. Bartolini, C. Cassola, U. Eco).

italienische Musik, die Musik und Musikpflege in Italien. Im frühen MA kam es zur Ausbildung der liturg. Musik der lat. Kirche (Zentren: Rom, Mailand, Benevent; ↑Gregorianischer Gesang). Aus Guido von Arezzos System der musikal. Aufzeichnung (1. Hälfte des 11. Jh.) ging die heutige Notenschrift hervor. Erst in der weltl. Musik des 14. Jh. (Trecento) entstand in Oberitalien auch eine eigenständige, sprachverbundene Musik.

Im 15. und in der 1. Hälfte des 16. Jh. wirkten an den italien. Fürstenhöfen v. a. niederländ. Komponisten: G. Dufay, Josquin Desprez, H. Isaac, A. Willaert. Bed. Gattungen waren Madrigal, Motette, Messe, daneben die volkstüml. Frottola, Villanelle, Lauda. Vom 16. bis ins 18. Jh. behauptete die i. M. ihre europ. Vorrangstellung, z. B. durch die

Italiker

Itō Hirobumi

»klass. Vokalpolyphonie« G. P. da Palestrinas oder die Madrigalmusik von C. de Rore, L. Marenzio, Don C. Gesualdo, A. Willaert. Ende des 16. Jh. entstand in Venedig die monumentale Mehrchörigkeit der »venezian. Schule«, u. a. mit C. Monteverdi, C. Merulo, A. und G. Gabrieli. In Florenz entwickelte sich um 1600, basierend auf dem monod. Gesang, die Oper (I. Peri, G. Caccini, C. Monteverdi). Das Concertoprinzip und der Generalbaßsatz wurden zum tragenden Klang- und Stilprinzip des Barock, bedeutendster Meister war C. Monteverdi. – Seit etwa 1650 erlebte die instrumentale Ensemblemusik einen Höhepunkt. Die »Bologneser Schule« (A. Corelli, G. Torelli u. a.) entwickelte die Gattungen Triosonate, Concerto grosso und Solokonzert. Nach Florenz wurde Venedig (F. Cavalli, P. A. Cesti u. a.) und um 1700 Neapel (A. Scarlatti) zum Zentrum der Oper.
Zu Beginn des 18. Jh. lösten Opernarie und -sinfonia das Concerto grosso und die Triosonate als musikal. Leitformen ab. Die Gattung der *Opera seria* beherrschte bis gegen Ende des 18. Jh. die europ. Bühnen. An Komponisten sind zu nennen: G. B. Pergolesi, J. A. Hasse, C. W. Gluck, N. Jommelli und T. Traetta. Um 1730 trat neben diese die *Opera buffa* (G. B. Pergolesi). Die italien. Buffokomponisten (B. Galuppi, G. Paisiello, D. Cimarosa u. a.) wirkten in allen europ. Opernzentren. Auch nach 1800 behielt die italien. Oper durch Werke von G. Rossini, V. Bellini und G. Donizetti Weltgeltung. Durch die seit Mitte des 19. Jh. beherrschende Erscheinung G. Verdis nahm das italien. Opernheater eine Schlüsselstellung ein. An dem späten Verdi orientierten sich die Vertreter des sog. Verismo: R. Leoncavallo, P. Mascagni und G. Puccini.
An der Entfaltung bed. zeitgenöss. Musik sind italien. Komponisten wesentlich beteiligt: L. Dallapiccola, G. Petrassi, L. Nono, L. Berio.

Italiker, indogerman. Bauern- und Hirtenstämme, die etwa von 1200 bis 1000 v. Chr. aus M-Europa über die Alpen nach Italien einwanderten. Gruppen: *Latino-Falisker, Osko-Umbrer* oder *Umbro-Sabeller.* Kennzeichnend sind u. a.: Brandbestattung (Urnenfelderkultur), tempellose Heiligtümer.

italisch, das antike (röm. oder vorröm.) Italien betreffend.
ITAR-TASS ↑TASS.
item, Abk. it., lat. für ebenso.
Iteration [lat. »Wiederholung«], in der *Mathematik* Näherungsverfahren an eine gesuchte Zahl, bei dem jedesmal derselbe Rechenvorgang auf den zuvor berechneten Wert angewendet wird.
Iterativum [lat.], Verb, das häufige Wiederholung ausdrückt.
Ithaka, eine der Ion. Inseln vor der W-Küste Griechenlands, 96 km^2, bis 806 m ü. M., Hauptort Ithaki. – Im griech. Mythos die Heimat des Odysseus.
Itō Hirobumi, Fürst (seit 1907), *Chōshū 16. 10. 1841, † Harbin 26. 10. 1909, jap. Politiker. Führender Politiker der Meiji-Reform (Schöpfer der Verfassung von 1889); erreichte die Großmachtstellung für Japan.
ITT [engl. ˈaıtiːˈtiː], Abk. für ↑International Telephone and Telegraph Corporation.
Itúrbide, Agustín de [span. iˈturβiðe], *Valladolid (heute Morelia) 27. 9. 1783, † Padilla 19. 7. 1824, span.-mex. General, als Augustin I. Kaiser von Mexiko (1822/23).
Itzehoe [...ˈhoː], Kreisstadt nw. von Hamburg, Schl.-H., 32 900 E. U. a. Zementfabriken; Binnenhafen. Barocke Laurentiuskirche (1718) mit Orgel von A. Schnitger; Prinzeßhof (1744; jetzt Museum).
IUPAC [Abk. für International Union of Pure and Applied Chemistry »Internationale Union für Reine und Angewandte Chemie«], 1919 gegr. internat. Verband zur Festlegung der chem. Nomenklatur, chem. Symbole, chem. Konstanten und einheitl. Analysemethoden.
Ives, Charles [engl. aıvz], *Danbury (Conn.) 20. 10. 1874, † New York 19. 5. 1954, amerikan. Komponist. Experimentierte mit atonalen Klängen und bewegten Klanggruppen; verarbeitete Elemente der populären amerikan. Musik.
Ivory, James Francis [engl. ˈaıvərı], *Berkeley (Calif.) 7. 6. 1928, amerikan. Filmregisseur. Internat. Erfolge mit Verfilmungen von Romanen von E. M. Foster, u. a. »Zimmer mit Aussicht« (1986) und »Howard's End« (1991), daneben u. a. »Was vom Tage

übrigblieb« (1993), »Jefferson in Paris« (1994).

Ivrea, italien. Stadt in Piemont, 27700 E. Herstellung von Schreib- und Rechenmaschinen. Dom (um 1100 neu errichtet).

Iwan, Name russ. Herrscher:
1) Iwan I. Danilowitsch, gen. Kalita (»Geldbeutel«), *1304, † Moskau 31. 3. 1340, Fürst von Moskau (seit 1325) und Großfürst von Wladimir (seit 1328). Schuf die Grundlage für den Aufstieg Moskaus.
2) Iwan III. Wassiljewitsch, gen. Iwan d. Gr., *Moskau 22. 1. 1440, † ebd. 27. 10. 1505, Großfürst von Moskau (seit 1462). Vollendete die polit. Vereinigung der großruss. Territorien durch den Moskauer Staat und erreichte 1480 die formelle Beendigung der tatar. Oberherrschaft.
3) Iwan IV. Wassiljewitsch, gen. I. der Schreckliche, *Moskau (?) 25. 8. 1530, † ebd. 18. 3. 1584, Großfürst (seit 1533) und Zar (seit 1547). Ließ sich 1547 als erster russ. Herrscher zum Zaren krönen. Nach außen erstmals imperiale Machtpolitik (Einverleibung von Kasan [1552] und Astrachan [1556]); erste intensive Handelskontakte mit England und Holland; der Einfall nach Livland (1558) bewirkte bis 1582/83 Krieg mit Polen-Litauen und Schweden. Die Persönlichkeit Iwans IV. war gekennzeichnet durch Mißtrauen, maßlosen Jähzorn (1581 erschlug er seinen ältesten Sohn), brutale Grausamkeit einerseits und hohe Bildung andererseits.

Iwan [pers.-arab.] (Liwan), in der oriental. Baukunst gewölbte Halle, die sich auf einen Innenhof öffnet.

Iwanow, 1) Wjatscheslaw Iwanowitsch, *Moskau 28. 2. 1866, † Rom 16. 7. 1949, russ. Dichter. Emigrierte 1924 nach Italien; bed. Vertreter der 2. Generation der russ. Symbolisten.
2) Wsewolod Wjatscheslawowitsch, *Lebjaschje (Gebiet Pawlodar) 24. 2. 1895, † Moskau 15. 8. 1963, russ. Schriftsteller. Schrieb u. a. den Roman »Panzerzug 14–69« (1922).

Iwanowo, russ. Gebietshauptstadt am Uwod, 479000 E. Univ., Hochschulen; Zentrum der Baumwoll-Ind. Rußlands.

Iwaszkiewicz, Jarosław [poln. ivaʃˈkjɛvitʃ], Pseud. Eleuter, *Kalnik (Gebiet Winniza) 20. 2. 1894, † Stawisko bei Warschau 2. 3. 1980, poln. Schriftsteller. Begann mit Lyrik, später v. a. Hinwendung zur Erzählung (»Mutter Joanna von den Engeln«, 1946) und zum histor. Roman.

Iwein, Held der Artussage (↑Artus) und Hauptgestalt höf. Romane von Chrétien de Troyes und Hartmann von Aue.

IWF, Abk. für ↑Internationaler Währungsfonds.

Iwrith (Iwrit) ↑Hebräisch.

Ixion, neben Sisyphus und Tantalos bekanntester Frevler und Büßer der griech. Mythologie, der, wegen Mordes an ein Feuerrad gefesselt, in der Unterwelt büßt.

Izetbegović, Alija [serbokroat. izɛtˈbɛɡɔvitɕ], *Bosanski Šamac 8. 8. 1925, bosn. Politiker. Rechtsanwalt, 1990 Mitbegründer und seitdem Vors. der islamisch orientierten Partei der demokrat. Aktion; seit 1990 Vors. des Staatspräsidiums von Bosnien und Herzegowina.

İzmir [türk. ˈizmir], türk. Stadt, 1,7 Mio. E, am inneren Ende des *Golfes von İ.,* einer Bucht des Ägäischen Meeres, Sitz des NATO-Kommandos Europa-Südost; archäolog. Museum, Atatürk-Museum. İ. ist das zweite Wirtschaftszentrum des Landes mit internat. Handelsmesse und zahlr. Ind.betrieben; Hafen. Spärl. Reste des alten Smyrna; Moscheen aus osman. Zeit (16. Jh.). – Beim heutigen Stadtteil Bayrakli lag das griech. *Smyrna,* eine äol. Gründung (um 1000 v. Chr.). Im 4./3. Jh. wurde an der Stelle des heutigen İ. »Neu-Smyrna« gegründet; gehörte seit 1415 zum Osman. Reich; 1919–22 griech. besetzt.

İzmit [türk. ˈizmit], türk. Ind.-Stadt, 257000 E, am inneren Ende des *Golfes von İ.,* einer Bucht des Marmarameeres; Erdölhafen. – Geht auf *Nikomedeia (Nikomedia)* zurück, das, um 264 v. Chr. durch König Nikomedes I. gegr., Hauptstadt von Bithynien war; in der Spätantike eine Residenz des Röm. Reiches.

İznik [türk. ˈiznik], türk. Stadt, 13200 E, am O-Ufer des Sees *İznik gölü.* Archäolog. Museum; Stadtmauer mit Toren (1., 2. und 3. Jh. n. Chr.; später verstärkt); Reste des Theaters (2. Jh.) und der Hagia Sophia (6. Jh.; wiederaufgebaut im 11. Jh.); Grüne Moschee (14. Jh.). – İ. ist das antike *Nizäa.*

Charles Ives

Iwan III. Wassiljewitsch

Iwan IV. Wassiljewitsch (zeigenössischer Holzschnitt)

Jj

J, 10. Buchstabe des dt. Alphabets, der (nach griech. Jota) Jot genannt wird; erst im Spät-MA wurde J, insbes. im Wortanlaut, aus I differenziert.
J, Einheitenzeichen für ↑Joule.
J, Münzbuchstabe für die Münzstätte Hamburg.
Jabalpur [engl. 'dʒɔ'bælpʊə], ind. Stadt im nördl. Dekhan, Staat Madhya Pradesh, 740 000 E. Universität.
Jacht (Yacht), schnelles, für Sport- und Erholungszwecke verwendetes größeres Boot mit Kajüte oder kleineres Schiff, wobei größere J. auch zu Kreuzfahrten dienen (Antrieb durch Motor oder Segel).
Jáchymov [tschech. 'jaːximɔf] (dt. Sankt Joachimsthal), Stadt im Erzgebirge, Tschech. Rep., 3 200 E. Heilbad (radioaktive Quellen).
Jackbaum [engl. dʒæk...] (Jackfruchtbaum), Maulbeergewächs aus Vorderindien mit kopfgroßen, eßbaren Scheinfrüchten *(Jackfrüchte);* wichtiger Obstbaum der Tropen.
Jacketkrone [engl./dt.; 'dʒɛkɪt...] (Mantelkrone), Zahnkrone aus Porzellan oder Kunststoff.
Jackson [engl. dʒæksn], **1)** Andrew, *Waxhaw Settlement (S. C.) 15. 3. 1767, † auf dem Besitz »The Hermitage« bei Nashville (Tenn.) 8. 6. 1845, 7. Präs. der USA (1829–37; Demokrat. Partei). Siegte über die Briten bei New Orleans (8. 1. 1815); rigoroses Vorgehen gegen das span. Florida; als Präs. Führer einer von agrar.-kleinbürgerl. Interessen getragenen liberal-demokrat. Bewegung *(Jacksonian democracy)*.
2) Mahalia, *New Orleans 26. 10. 1911, † Chicago 27. 1. 1972, amerikan. Sängerin. Wurde in den 1950er Jahren als Interpretin von Gospelsongs weltberühmt.
3) Michael, *Gary (Ind.) 24. 8. 1958, amerikan. Popsänger. Machte in den 70er (zus. mit seinen Geschwistern als »The Jackson Five«) und 80er Jahren als (auch tanzender) Popstar Karriere, u. a. mit den Plattenalben »Thriller« (1982) und »Dangerous« (1991).
Jackson [engl. dʒæksn], Hauptstadt des Staates Mississippi, USA, 208 400 E. Kunst-, Staatsmuseum. U. a. Verarbeitung von Erdöl und Erdgas.
Jacksonville [engl. 'dʒæksnvɪl], Ind.- und Hafenstadt in NO-Florida, USA, 635 000 E. Univ.; Marinestützpunkt.
Jacob [ja:kɔp], **1)** François, *Nancy 17. 6. 1920, frz. Genetiker und Physiologe. Erhielt zus. mit A. Lwoff und J. Monod 1965 für die gemeinsame Entdeckung eines die anderen Gene steuernden Gens (bei Bakterien) den Nobelpreis für Physiologie oder Medizin.
2) Max, *Quimper 11. 7. 1876, † KZ Drancy bei Paris 5. 3. 1944, frz. Dichter und Maler. Protagonist surrealist. Lyrik; u. a. »Der Würfelbecher« (1917, 2. Tl. hg. 1955).
Jacobi, **1)** Carl Gustav Jacob, *Potsdam 10. 12. 1804, † Berlin 18. 2. 1851, dt. Mathematiker. Schuf unabhängig von N. H. Abel die Theorie der ellipt. Funktionen und leistete bed. Beiträge zur Lösung von Differentialgleichungen, zur Variationsrechnung und zur Algebra.
2) Friedrich Heinrich, *Düsseldorf 25. 1. 1743, † München 10. 3. 1819, dt. Philosoph. Bekannt mit Wieland, Herder, Goethe u. a.; bezog Gegenpositionen zu Kant.
Jacobsen, **1)** Arne, *Kopenhagen 11. 2. 1902, † ebd. 24. 3. 1971, dän. Architekt und Designer. Internat. bekannter Vertreter des ↑Funktionalismus, u. a. SAS-Gebäude in Kopenhagen (1958–60) sowie die Hauptverwaltung der Hamburgischen Electricitätswerke AG (1962–70).
2) Jens Peter, *Thisted 7. 4. 1847, † ebd. 30. 4. 1885, dän. Dichter. Schrieb neben Lyrik und Novellen die Romane »Frau Marie Grubbe« (1876) und »Niels Lyhne« (1880).
Jacobson-Organ [nach dem dän. Chirurgen Louis Levin Jacobson, *1783, † 1843], sensor. Riechepithel, das von dem der Nasenhöhle weitgehend abgesetzt ist; spezialisiertes Geruchssinnesorgan v. a. für die Aufnahme von Ge-

Carl Gustav Jacob Jacobi

Entwicklung des Buchstabens J

| Jj | Fraktur | Jj | Renaissance-Antiqua |
| Jj | Klassizistische Antiqua | | |

Jagdwaffen

ruchsreizen über die Mundhöhle bei Amphibien, den meisten Reptilien (Züngeln) und vielen Säugetieren.

Jacquard, Joseph-Marie [frz. ʒaˈkaːr], *Lyon 7. 7. 1752, † Oullins bei Lyon 7. 8. 1834, frz. Seidenweber und Erfinder. J. erfand 1805 die nach ihm ben. *J.maschine*, eine Vorrichtung an Webstühlen zur Bildung des Fachs für den Schußfaden (beliebige Musterungen).

Jacquerie [frz. ʒakəˈriː; nach Jacques Bonhomme, Spottname für den frz. Bauern], v. a. gegen den Adel gerichteter Bauernaufstand in N-Frankreich vom 28. 5. bis zum 10. 6. 1358.

Jade, Sammel-Bez. für die feinverfilzten, völlig dicht erscheinenden Aggregate der zu den Augiten zählenden Minerale Jadeit und Chloromelanit sowie des zu den Hornblenden zählenden Minerals Nephrit; wird bei guter Polierbarkeit v. a. zur Herstellung von Schmuckgegenständen verwendet. Im Altertum weit verbreitet J.schnitzereien (China, altamerikan. Kulturen).

Jadebusen, Nordseebucht in Ndsachs., durch den Ems-Jade-Kanal mit dem Dollart verbunden. Durch Meereseinbrüche während schwerer Sturmfluten entstanden.

Jadeit [frz.], weißlichgrünes, durchscheinendes Augitmineral, $NaAl[Si_2O_6]$, mit feinverfilzter, dichter Struktur; Dichte 3,3–3,4 g/cm³, Mohshärte 6,5–7; Schmuckstein, für Kunstgegenstände.

Jaeggi, Urs [ˈjegi], *Solothurn 23. 6. 1931, schweizer. Soziologe und Schriftsteller. Veröffentlichungen zur Ind.-Gesellschaft (u. a. »Sozialstruktur und polit. Systeme«, 1976), Erzählungen und Romane (»Brandeis«, 1979).

Jaén [span. xaˈen], span. Prov.-Hauptstadt am S-Rand des Guadalquivirbeckens, 102 800 E. Kathedrale (16. bis 18. Jh.), maur. Castillo de Santa Catalina (13. Jh.). – In maur. Zeit als *Chien* bed. Festung.

Jaffa ↑Tel Aviv-Jaffa.

Jaffna [engl. ˈdʒæfnə], Stadt im N Sri Lankas, 133 000 E. Univ.; Hauptort der tamil. Bevölkerung Ceylons.

Jagd (Weidwerk, Waidwerk), Aufspüren, Verfolgen und Erlegen von Wild durch Jäger. Durch Abschuß von kranken und schwachen Tieren sowie durch Populationsregulierung wird die J. zur Hege.

Jagdarten, Bez. für die verschiedenen weidmänn. Methoden zur Ausübung der Jagd: *Suche,* das Wild (z. B. Federwild, Hasen) wird mit Hilfe eines Hundes gesucht und aufgescheucht; *Pirsch,* das Durchstreifen eines Jagdreviers auf der Suche nach Schalenwild; vom *Ansitz* oder *Anstand* (2–5 m hohe, getarnte Stelle) aus; *Treibjagd,* das Wild wird von Treibern aufgescheucht und den Schützen zugetrieben; *Fangjagd* mit Netzen und Fallen; *Beizjagd,* Jagd auf Vögel und Kleinwild mit abgerichteten Raubvögeln (z. B. Falken); *Hüttenjagd* (auf Krähen aus einer Ansitzhütte); *Hetzjagd,* das Wild wird mit Hunden gehetzt; *Parforcejagd,* das Wild wird mit laut bellenden Hundemeuten gehetzt. Hetz- und Parforcejagd sind in Deutschland verboten.

Jagdbomber, Abk. **Jabo,** Flugzeug zur Bekämpfung gegner. Flugzeuge (mit Maschinenwaffen und Luft-Luft-Raketen) und zur unmittelbaren Luftunterstützung des Feldheeres (mit Luft-Boden-Raketen, Bomben und panzerbrechender Munition).

Jagdflugzeug (Jäger), schnelles, wendiges, ein- bis zweisitziges Kampfflugzeug mit hoher Steiggeschwindigkeit und Dienstgipfelhöhe; Maschinenwaffen, Luft-Luft-Raketen.

Jagdhorn, das zur Jagd geblasene Horn aus Metall; heute v. a. das lederumwickelte kleine Pleßhorn in B (nach Herzog Heinrich XI. von Pleß) und das großwindige, um die Schulter gelegte Parforcehorn.

Jagdhunde ↑Sternbilder (Übersicht).

Jagdhunde, zur Jagd verwendete Hunde; nach ihrem Einsatzzweck unterscheidet man Apportierhunde, Brakken, Stöberhunde, Schweißhunde, Erdhunde und Vorstehhunde.

Jagdschein, Ausweis, der zur Ausübung der Jagd berechtigt; von der Ablegung einer Jägerprüfung abhängig.

Jagdwaffen, Sammel-Bez. für alle bei der Jagd verwendeten Waffen zum Erlegen, Abfangen bzw. Abnicken, Aufbrechen und Zerlegen von Wild. Als *Jagdgewehre* werden *Büchsen* (gezogener Lauf; Kugelgeschosse aus Patronen), *Flinten* (glatter Lauf; Schrotschuß) und *kombinierte Gewehre* (für Schrot- und Kugelschuß) verwendet, sog. *blanke J.* sind *Saufeder* (kurze, zweischneidige Klinge mit etwa 2 m langer [Parier]stange),

Jade (geschliffen)

Mahalia Jackson

François Jacob

1651

Jagdzauber

Friedrich Ludwig Jahn

Hans Henny Jahnn

Weidblatt (bes. starkes und breites Jagdmesser), *Nicker* (feststehendes Jagdmesser) und *Hirschfänger* (kurzes, an der Spitze zweischneidiges Messer).
Jagdzauber, *Religionsethnologie:* mag. Praktiken, die das Erlegen des Wildes begünstigen sollen.
Jagdzeiten (Schußzeiten), Zeiten, in denen die einzelnen Wildarten bejagt werden dürfen. Die Jagd- und Schonzeiten sind in einer Bundesverordnung festgelegt.
Jagełło (Jagiełło; Jagiełło [poln. ja'gjɛu̯ɔ]), * um 1351, † Gródek bei Białystok 1. 6. 1434, Großfürst von Litauen (seit 1377), als Wladislaw II. König von Polen (seit 1386). Getauft und ab 1386 ∞ mit der poln. Thronerbin Hedwig; siegreiche Kriege gegen den ↑Deutschen Orden. Die von ihm gegründete Dynastie der *Jagellonen* beherrschte bis 1572 Polen-Litauen, 1471–1526 Böhmen sowie 1440–44 und 1490–1526 Ungarn.
Jagen, die durch Schneisen begrenzte, kleinste Wirtschaftseinheit eines Forstes.
Jäger 90 ↑Eurofighter 2000.
Jäger und Sammler ↑Wildbeuter.
Jagiełło (Jagiełło) ↑Jagełło.
Jagst, rechter Nebenfluß des Neckars, 203 km lang.
Jagsthausen, Gem. an der Jagst, Bad.-Württ., 1 300 E. Schloßmuseum in der Götzenburg; Burgfestspiele.
Jaguar (Onza), vom südlichsten Teil der USA bis S-Amerika verbreitete Großkatze; Körperlänge etwa 110 bis 185 cm, Schwanz etwa 45–75 cm lang; lebt v. a. in Waldgebieten, gern in Gewässernähe, klettert und schwimmt gut; jagt überwiegend am Boden (v. a. Säugetiere, Vögel, Reptilien).
Jahn, Friedrich Ludwig (gen. »der Turnvater«), * Lanz bei Wittenberge 11. 8. 1778, † Freyburg/Unstrut 15. 10. 1852, dt. Pädagoge. Initiator der Turnbewegung als vormilitär. Jugenderziehung in Deutschland; rief 1811 zur Volkserhebung und Errichtung eines dt. Nationalstaates auf; 1819–25 als »Demagoge« inhaftiert; 1848 Abg. der Frankfurter Nationalversammlung.
Jahnn, Hans Henny, * Stellingen (heute zu Hamburg) 17. 12. 1894, † Hamburg 29. 11. 1959, dt. Schriftsteller. 1915–18 und 1933–50 Emigration; schrieb Dramen (u. a. »Armut, Reichtum, Mensch und Tier«, 1948) und v. a. Romane, u. a. »Perrudja« (Bd. 1 1929, Bd. 2 hg. 1968) und »Fluß ohne Ufer« (Teil 1 und 2 1949/50, Teil 3 hg. 1961). Psychoanalyse, Expressionismus, Naturalismus sowie eine verzweifelte Suche nach Sinn in einer von J. als durch Verlogenheit und Schmerz gekennzeichneten Welt bestimmten sein schwer deutbares, umstrittenes Werk. – J. baute auch rd. 100 Orgeln und verfaßte mehrere musikwiss. Abhandlungen.
Jahr, die Dauer eines Umlaufs der Erde um die Sonne. Da sich die wirkl. Bewegung der Erde um die Sonne in der scheinbaren Bewegung an der Himmelskugel widerspiegelt, kann das J. auch im Hinblick auf den scheinbaren Lauf der Sonne definiert werden. Das *siderische Jahr (Sternjahr)* umfaßt das Zeitintervall zw. zwei einander folgenden Durchgängen der Sonne durch denselben Punkt der scheinbaren Sonnenbahn, der Ekliptik; Länge: 365,2565 mittlere Sonnentage (= 365 d 6 h 9 min 9,54 s mittlere Sonnenzeit). Das *tropische Jahr (Sonnenjahr)* ist das Zeitintervall zw. zwei aufeinanderfolgenden Durchgängen der Sonne durch den mittleren Frühlingspunkt auf ihrer scheinbaren Bahn an der Himmelskugel. Durch die rückläufige Bewegung des Frühlingspunktes in der Ekliptik ist das trop. J. etwas kürzer als das sider. J., und zwar 365,2422 mittlere Sonnentage (= 365 d 5 h 48 min 46,98 s mittlere Sonnenzeit). Das *bürgerliche Jahr* ist im Kalenderwesen und in der Chronologie der Zeitabschnitt, der in ganzen Tagen etwa dem Umlauf der Erde um die Sonne entspricht.
Geschichte: Fast alle Völker verwendeten in frühen Kulturstufen als Kalender-J. wegen der leichteren Beobachtbarkeit der Mondphasen das *Mondjahr,* bestehend zu 12 synod. Monaten zu insges. 354/355 Tagen. Das Mond-J. wird noch jetzt z. B. von Juden und Muslimen benutzt. Dem Julian. bzw. Gregorian. Kalender liegen das *Julian. J.* (Länge 365,25 Tage) und das *Gregorian. J.* (Länge 365,2425 Tage) zugrunde.
Jahresabschluß, Rechnungslegung zum Ende eines Geschäftsjahres, bestehend aus der ↑Bilanz und der ↑Gewinn- und-Verlust-Rechnung, evtl. auch aus

Jakob

dem ↑Geschäftsbericht (↑Aktiengesellschaft).

Jahrespläne, für ein Jahr oder für mehrere Jahre (z. B. Fünf-J.) aufgestellte Volkswirtschaftspläne in Planwirtschaften.

Jahresringe, jährl. Dickenzuwachszonen von Baumstämmen (auf dem Querschnitt als konzentr. Ringe erkennbar, im Längsschnitt als Maserung). J. werden durch period. Änderung der Teilungstätigkeit des Kambiums in Gebieten mit temperatur- bzw. feuchtebedingtem Wechsel von Vegetationszeit und -ruhe (Sommer/Winter, Regenzeit/Trockenzeit) verursacht. – Die Bestimmung der Lebensalter von Bäumen oder Baumstämmen aus der Anzahl der J. wird *Jahresringchronologie* genannt.

Jahreszeiten, die Einteilung des trop. Jahres in vier durch die scheinbare Sonnenbahn an der Sphäre gegebene Zeitabschnitte *(Frühling, Sommer, Herbst, Winter),* die durch die Äquinoktien und die Solstitien festgelegt werden. Die unterschiedl. Länge der J. ist bedingt durch die unterschiedlich schnelle Bewegung der Erde in ihrer Bahn um die Sonne; Frühling und Sommer haben auf der Nordhalbkugel der Erde eine Länge von zus. 186 d 10 h, Herbst und Winter hingegen eine Länge von zus. 178 d 20 h. Die klimat. Unterschiede der J. beruhen auf der Neigung der Erdbahnebene gegen den Äquator.

Jahwe ['ja:ve], hebr. Name des Gottes Israels. Herkunft und Bedeutung sind heute noch sehr umstritten. Wahrscheinlich heißt J. urspr.: »Er ist, er erweist sich«. In den ersten Jh. v. Chr. begannen die Juden aus Scheu statt J. Adonai (»mein Herr«) zu lesen und entsprechend zu vokalisieren; daraus entstand die falsche Form »Jehova«. Die vier Konsonanten JHWH werden auch als *Tetragramm* bezeichnet.

Jahwist [hebr.], eine der Quellenschriften des ↑Pentateuch.

Jailagebirge, Gebirge im S der Krim, Ukraine, bis 1 545 m hoch.

Jainismus [Sanskrit] (Dschainismus, Jinismus), indische Religion, deren Entstehungszeit mit der des Buddhismus zusammenfällt. Ihr Verkünder war Wardhamana († um 447 v. Chr.), mit dem Ehrentitel Jina ausgezeichnet. –

Der J. beruht auf einer streng asket. Erlösungslehre. Oberstes Prinzip der Ethik ist das strenge Verbot der Tötung lebender Wesen.

Jaipur [engl. 'dʒaɪpʊə], Hauptstadt des ind. Staates Rajasthan, in der nördl. Aravalli Range, 1,5 Mio. E. Univ., Museen; kultureller Mittelpunkt von Rajasthan. Von einer 6 m hohen Mauer mit 8 Toren umgeben; Palast des Maharadschas.

Jak (Yak) [tibet.] ↑Rinder.

Jakarta [indones. dʒa'karta], Hauptstadt Indonesiens, an der westl. N-Küste Javas, 7,8 Mio. E. Staatl. Univ. und zahlreiche private Univ., Nationalarchiv, Museen, Theater. Bed. Ind.-Standort; Tiefwasserhafen Tanjung Priok, internat. ✈.

Geschichte: Zu Beginn des 16. Jh. hinduist. Niederlassung *Sunda Kelapa;* 1527 von islam. Eroberern in *Djakarta* umbenannt; 1619 niederl. Küstenfort sowie neue Siedlung *Batavia* (Sitz des Generalgouverneurs von Niederl.-Indien); seit 1949 Hauptstadt von Indonesien.

Jakob, im AT dritter der Erzväter. Sohn Isaaks und der Rebekka, übervorteilt seinen Bruder Esau, flieht zu seinem Onkel Laban, heiratet dessen Töchter Lea und Rahel, kehrt als reicher Mann zurück, versöhnt sich mit Esau; umbenannt in ↑Israel, gilt er als Vater der zwölf Stammväter Israels.

Jakob, Name von Herrschern:
Aragonien: **1) Jakob I., der Eroberer** (span. Jaime I el Conquistador), *Mont-

Jahresringe

Jakob von Compostela

Jakob I., König von England

pellier 22. 2. 1208, † Valencia 27. 7. 1276, König (seit 1213). Eroberte Mallorca, Ibiza (1229–35) und das maur. Kgr. Valencia (1232–38).
England: **2) Jakob I.,** *Edinburgh 19. 6. 1566, † Theobalds Park (Hertford) 27. 3. 1625, König (seit 1603), als J. VI. König von Schottland (seit 1567). Sohn Maria Stuarts und Lord Darnleys; gestützt auf die anglikan. Staatskirche einer der markantesten Vertreter der Lehre vom »göttl. Recht der Könige«.
3) Jakob II., *London 14. 10. 1633, † Saint-Germain-en-Laye 16. 9. 1701, König (1685–89), als J. VII. König von Schottland. Seine Rekatholisierungspolitik führte zur »Glorious Revolution« und zur Landung Wilhelms von Oranien in England; 1689 vom Parlament für abgesetzt erklärt.
Schottland: **4) Jakob IV.,** *17. 3. 1473, ⚔ Flodden Field (Northumberland) 9. 9. 1513, König (seit 1488). Ihm gelang die endgültige Einigung Schottlands.
Jakob von Compostela ↑Jakobus der Ältere.
Jakobiner, Mgl. des nach ihrem Versammlungsort (Kloster Saint-Jacques, Paris) ben., im Mai 1789 gegr. wichtigsten polit. Klubs der Frz. Revolution. Zunächst von den Girondisten beherrscht, ab Sommer 1791 Mittelpunkt der radikalen Republikaner, organisierte der Klub 1793/94 die Diktatur des Wohlfahrtsausschusses. Am 11. 11. 1794 wurde er geschlossen.
Jakobinermütze (phryg. Mütze; Freiheitsmütze), in der Frz. Revolution seit 1792 als Freiheitssymbol getragene beutelförmige rote Mütze.
Jakobsleiter, 1) (Himmelsleiter) vom Erzvater Jakob auf der Flucht vor Esau im Traum geschautes Symbol einer Gotteserscheinung.
2) *Seefahrt:* (Seefallreep) eine meist mit Holzsprossen versehene Strickleiter.
Jakobson, Roman, *Moskau 23. 10. 1896, † Boston (Mass.) 18. 7. 1982, russ.-amerikan. Sprachwissenschaftler und Slawist. Verließ Rußland 1921, ab 1939 USA; Vertreter einer strukturalist. Sprach-Wiss.; bed. für den russ. ↑Formalismus.
Jakobus, »Bruder des Herrn«, hatte nach dem Tod Jesu in der Jerusalemer Urgemeinde eine führende Position.

Jakobinermütze

Jakobus der Ältere, Apostel, Bruder des Evangelisten Johannes. Herodes Agrippa I. ließ ihn 44 n. Chr. hinrichten. Nach späteren Legenden ist er in Spanien begraben *(Jakob von Compostela).* – Fest: 25. Juli.
Jakobus der Jüngere, Apostel; wird im NT nur in den Apostellisten erwähnt.
Jakobusbrief, Abk. Jak., erster der ↑Katholischen Briefe; der Verfasser ist nicht sicher. Inhalt: Sprüche und Ermahnungen.
Jakutien, autonome Republik innerhalb Rußlands, in NO-Sibirien, 3 103 200 km², 1,1 Mio. E, Hauptstadt Jakutsk.
Jakutsk [russ. jɪ'kutsk], Hauptstadt Jakutiens, an der mittleren Lena, 188 000 E, Universität.
Jalalabad [dʒalala'baːt], Prov.-Hauptstadt in O-Afghanistan, am Kabul, 30 000 E. Univ. mit archäolog. Museum; Handelszentrum.
Jalapa Enríquez [span. xa'lapa en'rrikes], Hauptstadt des mex. Staates Veracruz, auf der O-Abdachung des zentralen Hochlandes, 288 000 E. Univ.; archäolog. Museum; Kathedrale (18. Jh.).
Jalisco [span. xa'lisko], mex. Staat am Pazifik, 80 137 km², 5,3 Mio. E, Hauptstadt Guadalajara.
Jalousie [frz. ʒalu'ziː], Sonnenschutz- und Verdunkelungseinrichtung an Fenstern aus verstellbaren Lamellen.
Jalta, Stadt an der S-Küste der Krim, Ukraine, 89 000 E. Ganzjährige Kursaison; Hafen.
Jalta-Konferenz (Krimkonferenz), vom 4. bis 11. 2. 1945 zw. Churchill, Roosevelt und Stalin in Jalta abgehaltene Gipfelkonferenz, deren Zweck die Vereinbarung polit. und militär. Maßnahmen zur Beendigung des 2. Weltkrieges und zur Gründung der UN war. Für Europa wurde u. a. vereinbart: Aufteilung des Dt. Reichs in vier Besatzungszonen und Mitwirkung Frankreichs im Alliierten Kontrollrat; Entmilitarisierung und Entnazifizierung Deutschlands; Forderung der Oder-Neiße-Linie als W-Grenze und Festlegung der Curzon-Linie als O-Grenze Polens; Bildung einer provisor. poln. Regierung unter Beteiligung der Londoner Exilregierung und des Lubliner Komitees; Bildung einer jugoslaw. Reg. durch Tito und Šubašić.

Jalu, Grenzfluß zw. Nord-Korea und China, mündet in die Koreabucht, 790 km lang.

Jamaika (englisch Jamaica), Staat im Bereich der Westind. Inseln, umfaßt die gleichnamige Insel sowie einige vorgelagerte Inseln.

Staat und Recht: Parlamentar. Monarchie; *Verfassung* von 1962. *Staatsoberhaupt* ist der brit. Monarch, vertreten durch einen Generalgouverneur. Die *Exekutive* liegt beim Kabinett unter Leitung des Premier-Min., die *Legislative* hat das Zweikammerparlament (Senat 21 ernannte Mgl., Repräsentantenhaus 60 für 5 Jahre gewählte Abg.). *Parteien:* People's National Party, Jamaica Labour Party.

Landesnatur: Abgesehen von einigen versumpften Küstenebenen bestehen etwa zwei Drittel der Insel aus Kalksteinplateaus mit Höhen bis 900 m. Im O des Landes liegen die Blue Mountains (bis 2292 m im Blue Mountain Peak). Das Klima ist tropisch. Die urspr. Vegetation ist weitgehend zerstört. An den Küsten wachsen Kokospalmen und Mangroven.

Bevölkerung: Die überwiegend christl. Bevölkerung setzt sich zusammen aus 97% Schwarzen und Mulatten, 0,4% Indern sowie Europäern, Chinesen und Japanern.

Wirtschaft, Verkehr: In der Landwirtschaft dominiert der exportorientierte Plantagenanbau von Zuckerrohr, Bananen, Zitrusfrüchten, Kakao und Gewürzen. J. verfügt über reiche Bauxitlagerstätten. Die Nahrungsmittel-Ind. (Zucker- und Melasseherstellung) nimmt eine bed. Rolle ein. Das Eisenbahnnetz ist 208 km, das Straßennetz rd. 16 600 km lang. Wichtigster Hafen ist Kingston. Internat. ✈ Kingston und Montego Bay.

Geschichte: Wohl um 900 n. Chr. Einwanderung der Aruakbevölkerung. Am 4. 5. 1494 von Kolumbus entdeckt; Besiedelung durch Spanier ab 1509; Einführung schwarzer Sklaven; 1670 an England abgetreten, 1866 (nach Sklavenaufstand 1865) Kronkolonie; 1938 erneut Aufstände; 1962 Unabhängigkeit als parlamentar. Monarchie (brit. Königin) im Commonwealth. Die Parlamentswahlen 1989 gewann die People's National Party, sie loste die Jamaica Labour Party in der Regierung ab und stellte den Premier-Min., M. Manley, der 1992 aus Gesundheitsgründen zugunsten von P. J. Patterson zurücktrat. Vorgezogene Parlamentswahlen bestätigten 1993 die absolute Mehrheit der People's National Party.

Jambus [griech.], Versfuß aus kurzer (unbetonter) und langer (betonter) Silbe: ◡–. Wichtigste jamb. Verse der dt. Dichtung: ↑Alexandriner und ↑Blankvers.

James [engl. dʒeɪmz], 1) Henry, *New York 15. 4. 1843, † Chelsea (heute zu London) 28. 2. 1916, amerikan. Schriftsteller. Lebte überwiegend in Europa; u. a. befreundet mit G. Flaubert; verfaßte Romane (»Bildnis einer Dame«, 1881; »Die Gesandten«, 1903, u. a.) und Erzählungen, deren Struktur von der Erzähltechnik des Bewußtseinsstroms (»Stream of consciousness«) bestimmt ist; auch Dramen, Essays.

2) William, *New York 11. 1. 1842, † Chocorua (N. H.) 26. 8. 1910, amerikanischer Philosoph und Psychologe. Bruder von Henry J.; richtungweisender Vertreter des (amerikan.) ↑Pragmatismus.

James Bay [engl. 'dʒeɪmz 'beɪ] ↑Hudsonbai.

Jameson Raid [engl. 'dʒeɪmsn 'reɪd], bewaffneter Einfall des Briten Leander

Jameson Raid

Jamaika

Staatsflagge

Jamaika

Fläche:	10 990 km²
Einwohner:	2,469 Mio.
Hauptstadt:	Kingston
Amtssprache:	Englisch
Nationalfeiertag:	1. Montag im August
Währung:	1 Jamaika-Dollar (J$) = 100 Cents (c)
Zeitzone:	MEZ − 6 Std.

Staatswappen

1970 1992   1970 1992
Bevölkerung   Bruttosozial-
(in Mio.)   produkt je E
              (in US-$)

Bevölkerungsverteilung 1992

Bruttoinlandsprodukt 1992

Jammerbucht

Ernst Jandl

Leoš Janáček

Jameson (* 1853, † 1917) von Betschuanaland nach Transvaal am 29. 12. 1895; einer der auslösenden Faktoren des ↑Burenkriegs.
Jammerbucht, Bucht des Skagerraks an der N-Küste Jütlands.
Jamming ['dʒæmɪŋ, engl.], vorsätzl. Störung von Funksendungen (z. B. Rundfunksendungen) durch Störsender.
Jammu and Kashmir [engl. 'dʒæmu: ənd kæʃmɪə], ind. Staat im NW-Himalaya, umfaßt formal den ehem. unabhängigen Fürstenstaat ↑Kaschmir, somit also auch die 1949 unter pakistan. Verwaltung gestellten Teile, 144 122 km², 7,719 Mio. E (ohne den pakistanisch verwalteten Teil), Hauptstadt Srinagar, im Winter Jammu.
Jamnitzer, Wenzel, *Wien 1508, † Nürnberg 19. 12. 1585, dt. Goldschmied der Renaissance in Nürnberg. Prunkgefäße mit antikem Dekor; v. a. kaiserl. Aufträge (Karl V. bis Rudolf II.).
Jamsbohne [afrikan.-portugies./dt.] (Yamsbohne), Schmetterlingsblütler aus Mittelamerika; trop. Nutzpflanze, in der Alten Welt eingebürgert. Die stärkereichen Wurzelknollen werden gegessen oder zur Gewinnung von Stärke und Mehl verwendet.
Jam Session [engl. 'dʒæm 'seʃən], urspr. Bez. für eine zwanglose Zusammenkunft von Jazzmusikern, bei der aus dem Stegreif gespielt wird; später auch organisiert und Programmteil von Jazzkonzerten.
Jamswurzel [afrikan.-portugies./dt.] (Yamswurzel), Gatt. der Jamswurzelgewächse mit mehr als 600 Arten in den Tropen und den wärmeren Bereichen der gemäßigten Zone; z. T. wichtige trop. Nutzpflanzen, z. B. die *Brotwurzel,* deren bis 20 kg schwere, stärkereiche Knollen *(Jams, Yams)* gekocht wie Süßkartoffel und Kartoffel verwendet werden.
Jamswurzelgewächse (Dioscoreaceae), Pflanzen-Fam. der Einkeimblättrigen mit 10 Gatt. und rd. 650 Arten, vorwiegend in den (Sub)tropen verbreitet.
Jämtland, histor. Prov. im südl. N-Schweden; bis ins MA ausschließlich von Lappen bewohnt, im 12. Jh. zu Norwegen, 1645 endgültig schwedisch.

Janáček, Leoš [tschech. 'jana:tʃɛk], *Hochwald (Hukvaldy) bei Příbor 3. 7. 1854, † Ostrau 12. 8. 1928, tschech. Komponist. Schrieb Opern »Jenufa« (1904), »Das schlaue Füchslein« (1924), »Aus einem Totenhaus« (1928), Orchesterwerke, Kammermusik, Lieder.
Jandl, Ernst [...dəl], *Wien 1. 8. 1925, österr. Schriftsteller. Schreibt mit akust. und visuellen Möglichkeiten spielende Sprechgedichte (u. a. »Laut und Luise«, 1966; »stanzen«, 1992) und Hörspiele (u. a. »Aus der Fremde. Sprechoper in 7 Szenen«, 1980); gilt als einer der führenden Vertreter der experimentellen Literatur im Umfeld der Wiener Gruppe. 1984 Georg-Büchner-Preis.
Jane Grey [engl. 'dʒeɪn 'greɪ] ↑Grey, Lady Jane.
Jane Seymour [engl. 'dʒeɪn 'siːmɔː], *Wolf Hall (Wiltshire) um 1509, † Hampton Court 24. 10. 1537, dritte Gattin Heinrichs VIII. von England. Starb kurz nach der Geburt des Thronfolgers Eduard VI..
Jangtsekiang (Yangzi Jiang), Fluß in China, mit 6 300 km der längste Fluß Asiens. Sein Einzugsgebiet umfaßt rd. $\frac{1}{5}$ der Gesamtfläche Chinas. Der J. entspringt im Hochland von Tibet, durchbricht die ostibet. Randketten, quert das Becken von Sichuan, bildet zahlr. Schluchten und Stromschnellen im östl. Randgebirge des Beckens. Bei Nanking beginnt das große Delta, bei Schanghai mündet der Strom mit zwei Armen in das Ostchin. Meer. Insgesamt sind für Dampfer 2 800 km schiffbar. Die frühere Überschwemmungsgefahr wird durch Wasserbauten (Überlaufbecken, Kanäle, Deiche) immer mehr gebannt, die Wasserkräfte werden als Energiequelle genutzt.
Janiculum (lat. Mons Ianiculus), einer der sieben Hügel Roms, auf dem rechten Tiberufer.
Janitscharen [zu türk. yeniceri, eigtl. »neue Truppe«], vom 14. Jh. bis 1826 die Kerntruppe des osman. Sultans, unter der christl. Jugend der Balkan-Prov. ausgehoben, zum Islam erzogen.
Janitscharenmusik (türkische Musik), die Militärmusik der Janitscharen und die dabei verwendeten Instrumente (große und kleine Trommel, Becken, Pauke, Tamburin, Triangel, Schellenbaum).